Ferdinand Gregorovius

Geschichte der Stadt Rom im Mittelalter vom V. bis zum XVI. Jahrhundert

Ferdinand Gregorovius

Geschichte der Stadt Rom im Mittelalter vom V. bis zum XVI. Jahrhundert

ISBN/EAN: 9783742868800

Hergestellt in Europa, USA, Kanada, Australien, Japan

Cover: Foto ©ninafisch / pixelio.de

Manufactured and distributed by brebook publishing software (www.brebook.com)

Ferdinand Gregorovius

Geschichte der Stadt Rom im Mittelalter vom V. bis zum XVI. Jahrhundert

Geschichte
der
Stadt Rom
im Mittelalter.

Vom V. bis zum XVI. Jahrhundert.

Von

Ferdinand Gregorovius.

Zweite durchgearbeitete Auflage.

Fünfter Band.

Stuttgart.
Verlag der J. G. Cotta'schen Buchhandlung.
1871.

Buchdruckerei der J. G. Cotta'schen Buchhandlung in Stuttgart.

Inhalt des fünften Bandes.

Neuntes Buch.

Erstes Capitel.

1. Das XIII. Jahrhundert. Das Reich, die Kirche, das Bürgertum, die Stadt Rom. Wahl Innocenz' III. Das Haus Conti. Geldausteilung des kaum gewählten Papsts an die Römer. Seine Weihe und Krönung. Schilderung des päpstlichen Krönungsritres zur Besitznahme des Lateran. S. 3.

2. Innocenz III. macht aus dem Stadtpräfecten einen päpstlichen Beamten. Verhältnisse der Stadtpräfectur. Die Präfecten vom Haus Vico. Verhältnisse des Senats. Scottus Paparone, Senator. Innocenz III. erlangt das Recht auf die Senatswahl. Schwurformel des Senators. Die Stadtgemeinde Rom bleibt autonom. Erste römische Podestaten in auswärtigen Städten. S. 17.

3. Innocenz III. restaurirt den Kirchenstaat. Aufrichtung der germanischen Feudalität in Italien durch Heinrich VI., und Zerfall seiner Lehensfürstentümer nach seinem Tode. Philipp von Schwaben, Herzog von Toscana. Markwald, Herzog von Ravenna. Konrad, Herzog von Spoleto. Der tuscische Städtebund. Wiederherstellung der Patrimonien der Kirche. Die Volkspartei in Rom erhebt sich. Johann Capocci und Johann Pierleone Rainerii. Kampf Rom's mit Viterbo, wegen Vitorchiano. Pandulph von der Suburra, Senator. Viterbo unterwirft sich dem Capitol. S. 26.

4. Neue Adelsgeschlechter in Rom. Die Orsini. Ihre Erbfehde mit den Verwandten von Innocenz III. Richard Conti und das Haus Poli. Die Güter Poli kommen an Richard. Stadtkrieg. Flucht von Innocenz III. nach Anagni, 1203. Kampf der Factionen um den Senat. Rückkehr von Innocenz, 1204. Gregor Pierleone Rainerii, Senator. Erbitterter Ver=

faffungskampf. Charakter solcher Bürgerkriege. Innocenz erlangt nochmals die Anerkennung des päpstlichen Rechts auf die Senatswahl, 1205. S. 38.

Zweites Capitel.

1. Verhältnisse Sicilien's. Innocenz III. wird Vormund Friedrich's. Markwald. Walther von Brienne. Die germanischen Landbarone in Latium. Die Communen in Latium. Richard Conti wird Graf von Sora. Rückkehr des Papsts aus Latium nach Rom. S. 50.

2. Innocenz III. in seinem Verhältniß zum deutschen Kronstreit. Otto vom Hause Welf, und Philipp von Schwaben. Die Capitulation von Neuß. Der reichsrechtlich anerkannte Kirchenstaat und dessen Umfang. Proteste der Partei Philipp's gegen die Einmischung des Papsts in die Königswahl. Krönung des Petrus von Aragon in Rom. S. 64.

3. Umschwung in Deutschland zu Gunsten Philipp's. Dessen Unterhandlungen mit dem Papst. Die Ermordung König Philipp's. Die Anerkennung Otto's als König in Deutschland. Otto's IV. Romfahrt und Kaiserkrönung. Kampf in der Leonina. S. 74.

4. Bruch Otto's IV. mit dem Papst. Enttäuschung von Innocenz. Völlige Verwandlung des Welfenkaisers in einen Ghibellinen. Einmarsch Otto's in Apulien. Der Bannstral des Papsts. Die Deutschen rufen Friedrich von Sicilien auf den Tron. Otto IV. kehrt nach Deutschland heim. S. 85.

Drittes Capitel.

1. Friedrich entschließt sich nach Deutschland zu gehen. Er kommt nach Rom. Er wird in Aachen gekrönt, 1215. Er gelobt einen Kreuzzug. Lateranisches Concil. Tod von Innocenz III. Sein Charakter. Weltherrliche Größe des Papsttums. S. 94.

2. Bewegung der Ketzer. Doctrin von der christlichen Armut. Stiftung der Bettelorden. S. Franciscus und S. Dominicus. Die ersten Klöster ihres Ordens in Rom. Wesen und Einfluß des Bettelmönchtums. Die Secte der Spiritualen. S. 103.

3. Honorius III. wird Papst. Das Haus Savelli. Krönung Peter's von Courtenay zum Kaiser von Byzanz in Rom, 1217. Friedrich verzögert den Kreuzzug. Tod Otto's IV., 1218; Wahl Heinrich's von Sicilien zum Nachfolger Friedrich's in Deutschland. Unruhen in Rom, unter dem Senator Parentius. Romfahrt und Krönung Friedrich's II. 1220. Kaiserliche Constitutionen. S. 116.

4. Rückkehr Friedrich's II. nach Sicilien. Friedlicher Besitz des Kirchenstaats durch Honorius III. Die Romagna durch einen kaiserlichen Grafen

regiert. Mißverhältnisse in Spoleto. Rom und Viterbo. Demokratische Bewegungen in Perugia. Rom und Perugia. Flucht des Papsts aus Rom. Parentius, Senator. Unterhandlungen wegen des mehrmals verschobenen Kreuzzuges. Angelo de Benincasa, Senator. Feindliche Stellung der Lombarden zum Kaiser. Spannung zwischen Kaiser und Papst. Bruch zwischen Friedrich und Johann von Brienne. Tod Honorius III., 1227. S. 126.

Viertes Capitel.

1. Hugolinus Conti wird Papst Gregor IX. Er fordert den Kreuzzug vom Kaiser. Abfahrt, Wiederausschiffung und Excommunication des Kaisers, 1227. Manifeste von Kaiser und Papst. Die kaiserliche Faction vertreibt Gregor IX. aus Rom. Kreuzzug des Kaisers. Invasion Apuliens durch den Papst, 1229. Rückkehr des Kaisers, und Flucht der Päpstlichen. S. 140.

2. Tiberüberschwemmung, 1230. Die Römer rufen Gregor IX. zurück. Friede zu S. Germano, 1230. Erstes massenhaftes Ketzergericht in Rom. Der Senator Anibal erläßt ein Edict wider die Ketzerei. Ketzerverfolgung und Inquisition überhaupt. S. 150.

3. Neue Unruhen in Rom. Johann von Poli Senator, 1232. Die Römer wollen die Campagna der päpstlichen Herrschaft entreißen. Der Kaiser vermittelt den Frieden zwischen Rom und dem Papst. Vitorchiano fedele. Neue Rebellion der Römer. Ihr politisches Programm. Sie erheben sich im Jahr 1234 zu dem ernstlichen Versuch, sich frei zu machen. S. 160.

4. Lucas Sabelli, Senator 1234. Die Römer erklären das Patrimonium S. Peters für Eigentum der Stadt. Der Papst bietet die Christenheit gegen sie auf. Der Kaiser leistet ihm Hülfe. Niederlage der Römer bei Viterbo. Angelo Malabranca, Senator 1235. Rom unterwirft sich durch Vertrag dem päpstlichen Regiment. S. 169.

Fünftes Capitel.

1. Friedrich II. in Deutschland und Italien. Er beschließt den Krieg gegen den Lombardenbund. Die Communen und der Papst. Der umbrisch-toscanische Städtebund. Ansicht des Papsts von seinem Recht auf Italien und auf die Weltherrschaft. Der Proconsul-Titel der Römer. Petrus Frangipane. Johannes Poli und Johannes Cinthii, Senatoren. Rückkehr des Papsts, 1237. Schlacht bei Cortenuova. Das Mailänder Carrocium in Rom. Johannes de Jubice, Senator. S. 177.

2. Unmaß des Kaisers den Lombarden gegenüber. Der Papst bannt ihn, und erklärt ihm den Krieg, 1239. Friedrich schreibt voll Zorn an die Römer. Sein Manifest an die Könige. Gegenmanifest des Papsts. Schwierige Stellung Friedrich's II. in seinem Verhältniß zum Zeitgeist. Widersprüche in seinem eignen Wesen. Eindruck seiner Briefe auf die Welt. Die römische Curie durch ihre Gelderpressung verhaßt. Gruppirung der kämpfenden Parteien. Friedrich trägt den Krieg nach dem Kirchenstaat. S. 190.

3. Die Städte des Kirchenstaats gehn zu Friedrich über. Er schlägt sein Hauptquartier in Viterbo auf. Verzweifelte Lage des Papsts in Rom. Warum die Stadt guelfisch blieb. Die große Procession Gregor's IX. begeistert die Römer, welche das Kreuz nehmen. Abzug Friedrich's II. Waffenstillstand. Abbruch desselben durch den Papst. Abfall des Cardinals Johann Colonna. Gregor IX. schreibt ein Concil aus. Die Priester bei Monte Cristo gefangen, 1241. Die Tartaren. Erfolglose Friedensunterhandlungen. Anibaldi und Odo Colonna, Senatoren. Matheus Rubeus Orsini, alleiniger Senator. Friedrich schließt Rom ein. Tod Gregor's IX. 1241. S. 200.

4. Friedrich II. kehrt ins Königreich zurück. Wahl und schneller Tod Cölestin's IV. Die Cardinäle zerstreuen sich. Die Kirche bleibt ohne Haupt. Bund zwischen Rom, Perugia und Narni, 1242. Die Römer rücken gegen Tivoli; Friedrich nochmals gegen Rom. Bau von Flagellä. Friedrich wieder auf dem Lateinergebirg. Die Saracenen zerstören Albano. Verhältnisse des Lateinergebirgs. Albano. Aricia. Die Via Appia. Nemi. Civita Lavinia. Genzano. Das Haus Gandulfi. Orte auf der tusculanischen Seite des Gebirgs. Grotta Ferrata. Dortige Statuen von Bronze. S. 211.

Sechstes Capitel.

1. Wahl Sinibald's Fieschi zum Papst Innocenz IV., 1243. Friedensunterhandlungen. Der Papst kommt nach Rom. Abfall Viterbo's vom Kaiser, welcher von dieser Stadt zurückgeschlagen wird. Anibaldi und Napoleon Orsini, Senatoren. Präliminarfrieden von Rom. Der Kaiser tritt von ihm zurück. Flucht des Papsts nach Genua, 1244. S. 223.

2. Innocenz versammelt das Concil in Lyon, 1245. Absetzung des Kaisers. Folgen dieser Sentenz. Friedrich's Aufruf an die Fürsten Europa's. Gegenmanifest des Papsts. Die Stimmung in Europa. Was der Kaiser wollte. Innocenz IV. beschließt den Krieg auf Leben und Tod wider das hohenstaufische Geschlecht. S. 235.

3. Verschwörung sicilianischer Barone gegen den Kaiser, und ihre Unterdrückung. Waffenglück Friedrich's. Viterbo und Florenz kommen in seine Gewalt. Zustände in Rom. Mahnbrief des Senators an den Papst zur Rückkehr. Päpstliche Belehnung der Frangipani mit Tarent. Der Kaiser will gegen Lyon ziehen. Abfall Parma's; Unglück des Kaisers. Enzius von den Bolognesen gefangen. Fall des Petrus de Vineis. Tod Friedrich's II., 1250. Seine Gestalt in der Geschichte. S. 248.

4. Die Söhne Friedrich's II. Konrad IV. Rückkehr des Papsts nach Italien. Dortige Verhältnisse. Manfred's Lage als Stellvertreter Konrad's. Konrad IV. kommt nach Italien, und nimmt Besitz vom Königreich. Innocenz IV. trägt die Investitur desselben erst Carl von Anjou, dann einem englischen Prinzen an. Der Senator Brancaleone zwingt ihn, seinen Sitz wieder in Rom aufzuschlagen, 1253. Der Prinz Edmund wird mit Sicilien vom Papst beliehen. Verhängnißvoller Tod Konrad's IV., 1254. S. 265.

Siebentes Capitel.

1. Brancaleone, Senator von Rom, 1252. Näheres über das Amt des Senators, und die Einrichtung der römischen Republik jener Zeit. Widerstand der römischen Barone, und kraftvolles Auftreten des neuen Senators. S. 277.

2. Innocenz IV. kommt nach Anagni. Tivoli unterwirft sich dem Capitol. Der Papst rüstet sich, vom Königreich Sicilien Besitz zu nehmen. Manfred wird sein Vasall. Einzug von Innocenz IV. in Neapel. Flucht Manfred's. Sein Sieg bei Foggia. Innocenz IV. stirbt, 1254. Alexander IV. kehrt nach Rom zurück. S. 291.

3. Regierung Brancaleone's in Rom. Aufstreben der Zünfte. Ihre Verhältnisse in Rom. Verfassung der Zunft der Kaufleute. Die Stiftung des Populus. Brancaleone, der erste Capitän des römischen Volks. Sein Sturz und seine Gefangennahme, 1255. Bologna mit dem Interdict belegt. Emanuel de Madio, Senator. Befreiung Brancaleone's und Rückkehr desselben nach Bologna. S. 302.

4. Sturz des Emanuel de Madio, 1257. Der Demagog Matheus de Bealvere. Zweiter Senat Brancaleone's. Bestrafung des Adels. Zerstörung der Adelstürme in Rom. Tod Brancaleone's 1258. Sein ehrenvolles Andenken. Seine Münzen. Castellano degli Andalò, Senator. Sein Sturz und seine Gefangennahme. Napoleon Orsini, und Richard Anibaldi, Senatoren. Fall des Hauses der Romano. Das Phänomen der Flagellanten. S. 313.

Zehntes Buch.

Erstes Capitel.

1. Das deutsche Reich. Manfred, König von Sicilien. Seine Stellung zum Papst, zu Italien. Großer Sieg der Ghibellinen bei Montaperto. Florenz und andere Städte huldigen Manfred. Die Guelfen wenden sich an Konradin in Deutschland. Tod Alexander's IV. 1261. Urban IV., Papst. S. 329.

2. Kämpfe in Rom um die Senatorwahl. Johann Savelli und Anibaldo Anibaldi, Senatoren, 1261. Die Guelfen stellen Richard von Cornwall, die Ghibellinen Manfred zum Senator auf. Carl von Anjou, Candidat der Senatswahl. Urban IV. trägt ihm Sicilien an. Unterhandlungen wegen des Senats. Gaucelin und Cantelmi, erste Prosenatoren Carl's. Krieg der Guelfen und Ghibellinen im römisch Tuscien. Petrus von Bico. Manfred's Absichten wider Rom vereitelt. Petrus von Vico aus Rom zurückgeschlagen. Urban IV. stirbt 1264. S. 337.

3. Clemens IV., Papst 1265. Er betreibt den Zug Carl's zur Eroberung Siciliens. Gegenrüstungen Manfred's. Schwierige Lage der Guelfen in Rom. Carl's Abfahrt und glückliche Landung; sein Einzug in Rom. Er wird aus dem Palast des Lateran gewiesen. Er nimmt Besitz vom Senat. Die Legaten des Papsts investiren ihn mit Sicilien. S. 852.

Zweites Capitel.

1. Märsche Manfred's ins Römische. Erster feindlicher Zusammenstoß. Klägliche Lage Carl's in Rom. Das provençalische Landheer zieht durch Italien und rückt in Rom ein. Carl im S. Peter zum König Siciliens gekrönt. S. 367.

2. Aufbruch Carl's aus Rom. Er bringt siegreich über die Vertheidigungslinie des Liris. Schlacht bei Benevent. Glorreicher Fall Manfred's. Depeschen Carl's an den Papst. Charakter Manfred's. Ursachen seines schnellen Sturzes. Das Schicksal seiner Gemahlin Helena und seiner Kinder. Carl von Anjou zieht in Neapel ein. S. 376.

3. Carl legt die Senatsgewalt nieder. Konrad Beltrami Monaldeschi und Lucas Savelli, Senatoren, 1266. Demokratische Regierung in Rom unter Angelus Capocci. Don Arrigo von Castilien, Senator 1267. Die Ghibellinen sammeln sich in Toscana. Gesandte eilen nach Deutschland, Konradin zur Romfahrt einzuladen. Er beschließt dies Unternehmen. S. 394.

Drittes Capitel.

1. Die Ghibellinen bereiten den Zug Konradin's. Carl geht als Haupt der guelfischen Liga nach Florenz. Aufstand Siciliens und Apuliens. Don Arrigo ergreift die Partei der Ghibellinen. Guido von Monteseltro, Prosenator. Konradin bricht nach Italien auf. Galvan Lancia in Rom. Der Senator bemächtigt sich der Guelfen-Häupter. Bund zwischen Rom, Pisa, Siena und den Ghibellinen Tusciens. S. 403.

2. Ueble Lage Konradin's in Norditalien. Er erreicht Pavia. Carl geht zum Papst nach Viterbo. Excommunicationsbulle. Empfang Konradin's in Pisa. Verunglückter Versuch Carl's gegen Rom. Erster Sieg Konradin's. Sein Marsch nach Rom. Sein prachtvoller Empfang. Die ghibellinischen Häupter. Aufbruch aus Rom. Schlacht bei Taglicozzo. Sieg und Niederlage Konradin's. S. 414.

3. Konradin flieht vom Schlachtfeld nach Rom. Sein kurzer Aufenthalt daselbst. Seine Flucht, Gefangennahme und Auslieferung in Astura. Die Gefangenen im Schloß zu Palestrina. Galvan Lancia hingerichtet. Carl zum zweitenmal Senator. Schicksale Konrad's von Antiochien, und Don Arrigo's. Ende Konradin's. Tod Clemens' IV. 1268. S. 429.

Viertes Capitel.

1. Langes und strenges Regiment Carl's durch seine Prosenatoren in Rom. Seine Münzen. Seine Ehrenbildsäule. Er kommt wieder nach Rom, 1271. Unschlüssigkeit der Cardinäle in Viterbo wegen der Papstwahl. Guido von Montfort ersticht den englischen Prinzen Heinrich. Wahl Gregor's X. Wahl Rudolf's von Habsburg. Ende des Interregnum. S. 444.

2. Gregor X. reist nach Lyon. Die Guelfen und Ghibellinen in Florenz. Concil zu Lyon. Gregor X. erläßt das Gesetz vom Conclave. Diplom Rudolf's zu Gunsten der Kirche. Ansichten Gregor's X. über das Verhältniß der Kirche zum Reich. Privilegien von Lausanne. Gregor X. in Florenz. Er stirbt. Innocenz V. Hadrian V. Johann XXI. S. 455.

3. Vacanz des heiligen Stuls. Nicolaus III. Orsini Papst. Reichsrechtliche Anerkennung des Kirchenstaats. Die Romagna dem Papst abgetreten. Bertold Orsini, erster päpstlicher Graf der Romagna. Carl legt den Vicariat in Tuscien und die Senatsgewalt nieder. Constitution Nicolaus' III. über die Besetzung des Senats. Matheus Rubeus Orsini, Senator. Johann Colonna und Pandulf Savelli, Senatoren. Nepotismus. Nicolaus III. stirbt 1280. S. 466.

X Inhalt des fünften Bandes.

4. Petrus Conti und Gentilis Orsini, Senatoren. Stürmische Papstwahl in Viterbo. Die Anibaldi und die Orsini. Martin IV. Er überträgt dem Könige Carl den Senat. Martin von Carl beherrscht. Aufstand Siciliens. Die Vesper. Aufstand in Rom. Der französische Prosenator verjagt. Giovanni Cinthii Malabranca, Capitän des Volks. Der Papst gibt nach. Anibaldo Anibaldi und Pandulf Savelli, Senatoren. Tod Carl's I., und Martin's IV. S. 480.

Fünftes Capitel.

1. Honorius IV. Pandulf Savelli, Senator. Verhältnisse zu Sicilien und zum Reich. Einjährige Vacanz. Nicolaus IV. Carl II. in Rieti gekrönt. Die Colonna. Cardinal Jacob Colonna. Johann Colonna, und dessen Söhne Cardinal Petrus und Graf Stephan. Rebellion der Romagna. Die Orsini wider die Colonna. Pertold Orsini, Senator. Johann Colonna, Senator 1289. Viterbo, dem Capitol unterworfen. Pandulf Savelli, Senator 1291. Stephan Colonna und Matheus Rahnaldi Orsini, Senatoren 1292. Nicolaus IV. stirbt 1292. S. 492.

2. Die Papstwahl streitig zwischen den Factionen der Orsini und Colonna. Anarchie in Rom. Agapitus Colonna und ein Orsini, Senatoren 1293. Petrus Stefaneschi und Oddo von S. Eustachio, Senatoren. Conclave zu Perugia. Petrus vom Murrone zum Papst gewählt. Leben und Gestalt dieses Einsiedlers. Sein seltsamer Einzug in Aquila, wo er als Cölestin V. geweiht wird, 1294. König Carl II. bemächtigt sich seiner. Cölestin V. in Neapel. Er dankt ab. S. 504.

3. Benedict Gaetani, Papst. Er geht nach Rom. Flucht des Erpapsts. Prachtvolle Krönung Bonifacius VIII. Ende Cölestin's V. Sicilien. Jacob von Aragon unterwirft sich der Kirche. Constanza in Rom. Vermälungsfeier. Die Sicilianer unter König Friedrich setzen den Krieg fort. Bonifacius VIII. gibt Sardinien und Corsica an Jacob. Hugolinus de Rubeis, Senator. Pandulf Savelli, Senator 1297. Das Haus Gaetani. Loffred, Graf von Caserta. Cardinal Francesco. Petrus Gaetani, lateranischer Pfalzgraf. S. 515.

4. Familienzwist im Haus Colonna. Die Cardinäle Jacob und Peter verfeinden sich mit Bonifacius VIII. Opposition wider den Papst. Beide Cardinäle abgesetzt. Fra Jacopone von Tobi. Manifest wider den Papst. Die Colonna excommunicirt. Pandulf Savelli sucht zu vermitteln. Kreuzzug wider die Colonna. Belagerung von Palestrina. Die Colonna unterwerfen sich in Rieti. Der Papst zerstört Palestrina. Flucht und Aechtung der Colonna. Sciarra und Stephan im Exil. S. 529.

Sechstes Capitel.

1. Die hundertjährige Jubelfeier in Rom. Richard Anibaldi vom Colosseum und Gentilis Orsini, Senatoren 1300. Toscanella dem Capitol unterworfen. Dante und Johann Villani als Pilger in Rom. S. 545.

2. Friedrich siegreich in Sicilien. Bonifacius VIII. ruft Carl von Valois nach Italien. Das Reich. Adolf und Albrecht. Toscana. Die Weißen und die Schwarzen. Dante im Vatican. Unglückliches Auftreten Carl's von Valois. Friede von Caltabellota. Streit zwischen Bonifacius VIII. und Philipp dem Schönen. Bulle Clericis Laicos. Eine Bulle öffentlich in Paris verbrannt. Ganz Frankreich wider den Papst. Novemberconcil in Rom. Das französische Parlament appellirt an ein Generalconcil. Der Papst anerkennt Albrecht von Oesterreich. Herabwürdigung des Reichs. S. 553.

3. Französischer Plan zum Sturz des Papsts. Sciarra und Nogaret kommen nach Italien. Verschwörung der lateinischen Barone. Nachweis, wie die Hausmacht der Gaetani in Latium gegründet wurde. Katastrophe von Anagni. Rückkehr des Papsts nach Rom. Seine verzweifelte Lage im Vatican. Sein Tod, 1303. S. 565.

4. Benedict XI., Papst. Seine verzweifelte Lage. Er hebt die Erlasse seines Vorgängers auf. Gentilis Orsini und Luca Savelli, Senatoren. Die Colonna wieder hergestellt. Benedict XI. erhebt Proceß gegen den Frevel von Anagni und stirbt, 1304. Langer Wahlstreit. Rachekrieg der Gaetani in der Campagna. Clemens V. Papst. Der heilige Stul wird in Frankreich festgehalten. S. 582.

Siebentes Capitel.

1. Die Wissenschaft im XIII. Jahrhundert. Gelehrte Päpste und Cardinäle. Uncultur Rom's. Römer studiren in Paris und Bologna. Keine Universität in Rom. Die päpstliche Palastschule. Innocenz IV. befiehlt die Stiftung einer Rechtsschule. Die Decretalensammlungen. Herrschaft des Rechtsstudiums im XIII. Jahrhundert. Die Statuten der Communen. Carl von Anjou befiehlt die Gründung einer Universität in Rom. Urban IV. Thomas von Aquino, Bonaventura. Römer als Professoren in Paris. Bonifacius VIII., der wahre Gründer der römischen Universität. S. 592.

2. Aufschwung der Geschichtschreibung. Erste Vulgärhistoriker. Rom ohne Geschichtschreiber, ohne Stadtannalen. Das capitolinische Archiv ohne Documente des Mittelalters. Historiographen der Päpste und der

Kirche. Saba Malaspina. Johann Colonna. Egidius Colonna. Sein Tractat von der „Regierung der Fürsten." Der Oculus Pastoralis. Die Poeten. Die Dichtung der Franciscaner. Fra Jacopone. Die römische Vulgärsprache, und Dante's Urteil über sie. Der Cardinal Jacob Stefaneschi, Dichter und Mäcen. S. 603.

3. Kirchenbauten. S. Peter und der Vatican. S. Paul. Lateran. Die Capelle Sancta Sanctorum. Ausbau von S. Lorenzo vor den Mauern. S. Sabina. Hospitäler. S. Spirito. S. Thomas in Formis. Das Hospital am Lateran. S. Antonio Abbate. Das gothische Kunstprincip in Rom. S. Maria sopra Minerva. Casamari, Fossanova. Gothische Tabernakel in römischen Kirchen. Die Künstlerfamilie der Cosmaten. Die Grabmäler des XIII. Jahrhunderts. Charakter der römischen Monumentalschrift. S. 612.

4. Die bildende Kunst. Sculptur. Das Standbild Carl's von Anjou auf dem Capitol. Ehrenstatuen für Bonifacius VIII. Die Malerei. Wandgemälde. Giotto malt in Rom. Aufschwung der Mosaikmalerei. Die Tribunenwerke Jacob's de Turrita. Giotto's Musiv, Navicella im Vatican. S. 628.

5. Allgemeines Bild von Rom im XIII. Jahrhundert. Die römischen Türme und Adelsburgen. Der Turm der Grafen, und der Turm der Milizen. Die Burg Capo di Bove an der Via Appia. Der Stadtpalast auf dem Capitol. S. 636.

Geschichte

der

Stadt Rom.

Fünfter Band.

Neuntes Buch.

Geschichte der Stadt Rom im XIII. Jahrhundert

von der Regierung Innocenz' III. bis A. 1260.

Erstes Capitel.

1. Das XIII. Jahrhundert. Das Reich, die Kirche, das Bürgertum, die Stadt Rom. Wahl Innocenz' III. Das Haus Conti. Geldausteilung des kaum gewählten Papsts an die Römer. Seine Weihe und Krönung. Schilderung des päpstlichen Krönungsritts zur Besitznahme des Lateran.

Nach der ritterlichen und religiösen Begeisterung des XII. Jahrhunderts zeigt das XIII. Säculum die gereiftere Menschheit in heißen Kämpfen um ihre bürgerliche Verfassung, doch schon im Genusse eines durch Arbeit, Wissen und Künste veredelten Lebens. Das XIII. Jahrhundert ist die Höhe des Mittelalters, auf welcher die Kirche in ihrer glänzendsten Machtgestalt triumfirt, und das alte germanische Reich mit den Hohenstaufen aus der Geschichte Abschied nimmt, um selbständigen Nationalstaaten den Weg frei zu lassen. Das Reich setzte noch mit einer letzten riesigen Anstrengung unter Friedrich II. den Kampf um seine legitime Existenz gegen zwei Zeitrichtungen fort, deren vereinigter Gewalt es erliegen mußte. Es bekämpfte die weltbeherrschende Macht des Papsttums, und dieses verbündete sich, wie in der zweiten Hälfte des XII. Jahrhunderts, mit den italienischen Demokratieen, welche das germanische Feudalsystem als fremde Institution durch das lateinische Bürgertum zerstörten. Das XIII. Jahrhundert ist das Zeitalter eines großen Freiheitskampfes gegen eine veraltende Legitimität: der Revolution des Bürgertums gegen den Feudal-Adel, der Demokratie gegen die Kaisermonarchie, der Kirche gegen das Reich, des Ketzertums gegen das Papsttum. Es glänzt von der republikanischen Freiheit Italiens heller als von jeder andern Erscheinung. Dieses Mutterland der europäischen Civilisation erhob sich zum ersten, noch unvollständigen Bewußtsein seiner eigenen Nationalität in festummauerten, gleichartig regierten Städten, worin eine erstaunliche Summe von Geist, Vermögen und Arbeitskraft aufgesammelt war. Dies war die mittelaltrige Epoche der Städte. Der Mensch wurde wieder vorzugsweise der Stadtbürger, wie im Altertum. Die Stadt mit ihren Geschlechtern und Sippschaften, mit ihren geordneten Zünften, ward zum zweiten mal in der Geschichte zum Begriff des Staats. Die Rückkehr Italiens, des wahren Landes der Städte, zum politischen Gemeindecultus, sobald es aus dem morschen Rahmen des Reichs herausfiel, möchte als Rückschritt erscheinen, wenn man übersieht, was dieser merkwürdige Municipalgeist ausdrückte: die Ueberwindung der barbarischen Feudalität, die Besitznahme der Lebensgüter durch das Wissen und die Arbeit, die Erschaffung einer eigenen Nationalcultur, die das Werk der bürgerlichen Gesellschaft war. Die in einem langen Proceß erzeugten Kräfte des Laientums beburften eines schützenden Gefäßes, worin sie sich sammelten; dies war die starke Individualität der freien Städte, der schönsten Blüten des Mittelalters, und der rastlosen Werkstätten einer neuen Civilisation. Italien blühte noch einmal selbständig in seinen Demokratieen auf, und fiel nochmals in das tiefste Elend, sobald diese herrlichen Freistädte abgeblüht waren.

Die Beschränkung des Staats auf die Stadt, der Nation auf das communale Bürgertum ist jedoch ein sehr unzulänglicher Zustand, in welchem das Höhere nicht ausgedrückt werden kann. Es bildeten sich Städteconföderationen wie im Altertum, aber ihre Erweiterung zu einer italienischen Eidgenossenschaft blieb unmöglich. Das noch immer hereinragende Reich und das mit einem Staat ausgerüstete Papsttum hinderten dies, und die Kirche, welche die Unausführbarkeit der guelfischen Idee von einer päpstlichen Theokratie Italiens erkannte, vereitelte jede Vereinigung bald durch die Gründung einer französischen Monarchie im Süden. Gleich unfähig, die politische Nation zu schaffen, fielen die Städte in das beschränkteste Sonderwesen. Der energische Parteitrieb, der ihr Staatsleben wach erhielt, ein Ausdruck vom Bedürfniß eines Symbols für einen allgemeinen politischen Cultus, ergriff den Gegensatz von Kirche und Reich, und schuf die weltgeschichtlichen Factionen der Guelfen und Ghibellinen. Die verhinderte Nationaleinigung machte die Lebenssäfte, welche nicht, wie im antiken Italien und in Hellas, durch Colonisation abgeleitet wurden, in engen Kanälen stocken, und nach dem Erlöschen des befruchtenden und befreienden Weltkampfs zwischen Kirche und Reich mußten die von Kraft strotzenden Städte im wütenden Klassen- und Bürgerkrieg sich auskämpfen, woraus sich mit Notwendigkeit erst die Pöbelherrschaft, dann die Stadttyrannis, endlich das Kleinfürstentum ergab.

Auch die Stadt Rom brachte die municipale Richtung in ähnlicher Weise zur Erscheinung. Sie beseitigte den letzten praktischen Zusammenhang mit dem Reiche folgerichtig in derselben Epoche, als dies Feudalreich von den Bürgerschaften

im Verein mit dem national gewordenen Papsttum zum Rück=
zug aus Italien gezwungen wurde. Es waren die Päpste,
welche die Stadt jenem Zusammenhang enthoben, den anti=
ken Begriff der Republica Romana als der Quelle des
Imperium auslöschten, Rom des Halts am Kaisertum be=
raubten, und zur Kirche allein in ein Schutzverhältniß brachten.
Die Stadt kämpfte unabläſſig und um so heftiger gegen den
Papst, der die Kaiserrechte über sie beanspruchte; sie erlangte
ihre bürgerliche Autonomie, und sogar in einigen glänzenden
Augenblicken ihre völlige Unabhängigkeit als Republik. Un=
fähig sich zu dem Anspruch zu erheben, noch als die Stadt
an sich, die Urbs Orbis zu gelten, oder das Haupt einer
allgemeinen Städteconföderation Italiens zu werden, stimmte
sie ihren Ehrgeiz dazu herab, den Umfang des alten römi=
schen Ducats vom Capitol aus zu beherrschen. Sie zeigt sich
im XIII. Jahrhundert in einer durchaus praktischen munici=
palen Beschränkung, wie Mailand oder Florenz, aus welcher
sie sich erst im folgenden Jahrhundert wieder zu einem phan=
tastischen Ideale erhoben hat. Es ist in Wahrheit über=
raschend, das römische Volk mit seiner häuslichen Republik
ernsthaft und um die Welthändel unbekümmert sich beschäf=
tigen zu sehen. Während das Reich zum Schatten aufge=
zehrt ward, während die Kirche an ihr großes Ziel gelangte,
die Weltverfaſſung zu sein, hielten die Römer ihre Blicke fest
auf das graue Capitol gerichtet, verschloßen sie den Päpsten
wie dem Kaiser die Tore, und dachten sie allein an die beste
Verfassung ihrer Republik. Die Municipalgeschichte Rom's
enthält im XIII. Jahrhundert einige rühmliche Blätter, die
zur Achtung des römischen Volkes zwingen, weil es doch
unter schwierigen Verhältnissen periodenweise seine Selb=

ständigkeit behauptete. Denn das Papsttum war, auf dem Gipfel seiner Weltherrlichkeit, im XIII. Jahrhundert durchaus ohnmächtig in Rom.

Am Beginne und Ende dieses großen Säculum, welches unser fünfte Band schildert, stehen Innocenz III. und Bonifacius VIII. als die beiden Grenzsäulen des bedeutendsten Zeitraums der mittelalfrigen Culturgeschichte, und sie bezeichnen zugleich den höchsten Emporschwung und den Niedergang des Papsttums überhaupt.

Am 8. Januar 1198 wurde im Septizonium auf dem Palatin der Cardinaldiaconus Lothar einstimmig zum Papst gewählt, und als Innocenz III. ausgerufen. Lothar, ein Sohn des Grafen Trasmund von Segni, stammte aus einem alten Herrengeschlechte Latiums, welches in Anagni, Segni und Ferentino begütert war. Sein Haus mochte einer Familie angehören, die im X. Jahrhundert, wie in der Sabina die Crescentier, so in der Campagna das Grafenamt geführt hatte; doch erst nach Innocenz III. wurde der Grafentitel zum bleibenden Geschlechtsnamen de Comitibus oder dei Conti.[1] Die väterlichen Ahnen Lothar's waren germanisch

Innocenz III. Papst A. 1198 bis A. 1216.

---

[1] Ex patre Trasmundo, de Comitibus Signiae (Gesta Innoc. III. c. 1.). Contelorius Geneal. famil. Comitum, Rom 1650. Unkritisch ist Marco Dionigi, Geneal. di Casa Conti, Parma 1663. Ratti Hist. della Fam. Sforza II. hat gute Capitel über die Conti. Aus des Marchese Camillo Trasmondi Compendio Storico-Genealogico della Patricia fam. Trasmondi, Rom 1832, stammt der unkritische Abriß bei Hurter. Ich las Acten, Stammtafeln und die Schrift selbst im Archiv des Capitols, übergehe aber Trasmondi's fabelhafte Hypothesen und die von Hurter, dessen gelehrtes Werk über Innocenz III. manche Irrtümer in den Geschichten der Stadt enthält. Er sagt: „es gab keine Graffschaft Campanien;" doch sie bestand schon im Saec. X. (Bd. III, 871 dieser Gesch.). Daß es vor Saec. XIII. keine Grafen von Segni gab, widerlegt Amatus comes Signie Anno 977 (Bd. III. 471). Die Graffschaft Campania

und in Latium eingewandert. Dies bezeugen die bei den Conti fortdauernden Namen Lothar, Richard, Trasmund und Adenulf. In der Geschichte der Stadt hatten sie sich nicht bemerkbar gemacht, aber Claricia, die Mutter von Innocenz III., war Römerin vom Geschlecht des Romanus de Scotta.[1]

Der junge und reiche Lothar hatte auf den Hochschulen von Paris und Bologna studirt, viel scholastisches Wissen, sehr große Rechtskenntnisse erworben, und nach vollendeten Studien unter den Nachfolgern Alexanders III. als Cleriker mit Auszeichnung gedient, bis ihn Clemens III. zum Cardinal der Diaconie S. Sergius und Bacchus am Capitol erhob. Mit 37 Jahren bestieg er den heiligen Stul.

Kaum gewählt, wurde Innocenz III. vom römischen Volk mit lautem Geschrei nach Geld bestürmt. Die habgierigen Römer forderten von ihren Päpsten Huldigungsgeschenke, statt sie zu bieten. Ihr Eid der Treue wurde fortdauernd erkauft, und überdieß beanspruchte die römische Stadtgemeinde von jedem neu gewählten Papst einen Tribut von 5000 Pfund. Der Tron von Innocenz war in Gefahr umgestürzt zu werden, ehe er ihn noch wirklich bestieg. Als

---

regierten päpstliche Consuln, Duces, oder Comites, wie die Sabina. Es ist auch irrig das Haus Conti mit den Crescentiern zusammen zu werfen. Es war ein langobardischer Stamm, dessen Größe erst jener Papst gründete. Mit dessen Epoche beginnt auch Contelorius die Reihe der Conti.

[1] Die Gesta schreiben irrig Scorta statt Scotta. Ein Romanus de Scotto A. 1109 (Bd. IV. 319); ein Senator Bobo Donnae Scottae A. 1188 (ebend. 585). Grimaldi, Liber Canonicor. S. Vaticanae Basilicae (Mscr. Vatican. 6437 fol. 162), nennt die Scotti wohnhaft in der Region Arenula neben S. Benedicti Scottorum, heute S. Trinitatis Peregrinorum. Das Geschlecht war in Rom zahlreich.

er dem wütenden Verlangen der Römer nachgab, beschloß er aus einem Mißbrauche bleibenden Gewinn zu ziehen. Er kargte nicht, wie es Lucius III. zu seinem Unglück gethan hatte, sondern gab reichlich und gewann die Massen des Volks; aber eine päpstliche Geldausteilung von so großem Umfang war tief beschämend, und ein Kaufpreis der Herrschaft zu nennen.¹

Am 22. Februar 1198 wurde Lothar im S. Peter ge- weiht, worauf er seinen Festzug nach dem Lateran hielt, begleitet vom Stadtpräfecten und Senator, vom Adel, von den Landbaronen, den Consuln und Rectoren der Städte, die zur Huldigungsfeier erschienen waren. *Er wird zum Papst geweiht, 22. Feb. A. 1198.*

Sein Krönungszug gibt uns die passende Gelegenheit, diese merkwürdigen Schauspiele des Mittelalters mit einigen Linien zu zeichnen. Nicht minder prunkvoll als die Krönungsritte der Kaiser, doch ohne deren fremden militärischen Pomp, und ohne die Leonina-Schlachten, stellten sie den Glanz des Papsttums in einem national-römischen Schaugepränge dar. Schon im XI. Jahrhundert pflegte der im S. Peter geweihte Papst in feierlichem Aufzuge nach dem Lateran, seiner Residenz, zurückzukehren, und seit Nicolaus I. wurde diese Procession zu einem triumfartigen Krönungsritt des Papsts mitten durch Rom auf einem Wege, der als Via Sacra oder Papae herkömmlich ward.² Sein Ziel war der Palast des Lateran

---

¹ Roger Hoveden, Annal. p. 778. Innocenz ließ damals die Bürger nach den Kirchensprengeln zählen; leider haben uns diese statistischen Rollen nicht erreicht. Cancellieri del Tarantismo p. 19 berechnet die damalige Seelenzahl Roms auf 35,000 Einwohner, was aber ganz unerweisbar ist.

² Cancellieri Storia de' Solenni Possessi de' Sommi Pontefici. Die älteste Beschreibung dieser Gebräuche in Vita Paschalis II. (1099),

und die Basilika Constantins, wovon der Papst unter seltsamen Ceremonien Besitz nahm; und damit bezeichnete er den Antritt seiner Regierung überhaupt, auch als weltlicher Herr von Rom und dem Kirchenstaat.

Schauspiel des päpstlichen Krönungszuges.

Sobald der Papst durch die Bischöfe von Ostia, Albano und Portus geweiht war, ließ er sich über der Plattform der S. Peterstreppe auf einem Sessel nieder. Der Archibiaconus nahm ihm die bischöfliche Mitra vom Haupt und setzte ihm unter dem Zuruf des Volks das fürstliche Regnum auf. Dies war die runde, zugespitzte Tiara, jene fabelhafte Krone, welche Constantin dem Papst Sylvester geschenkt haben sollte; ursprünglich bestand sie aus weißen Pfauenfedern und war schmucklos, dann wurde sie mit funkelnden Edelsteinen verziert, erst von einem Goldreif, später sogar von drei Diademen umschlossen, und auf der Spitze mit einem Karfunkelstein geschmückt.[1] Der Archibiaconus sprach, indem er den Papst krönte, die stolze Formel: „nimm die Tiara und wisse, daß du der Vater der Fürsten und Könige, der Regierer der Welt, auf Erden der Vicar unseres Heilandes Jesus Christus bist, dessen Ehre und Ruhm währet in alle Ewig-

enthält schon die Formen der Ritualbücher aus Saec. XII. und XIII. Siehe die Ordines Romani beim Mabillon Mus. Ital. II.; am genauesten ist Ordo XIV. des Carb. Jacob Stefaneschi, der die Krönungsprocession von Bonifacius VIII. auch in einem Poem beschrieb. (De coronatione Bonif. VIII., Murat. III. 644).

[1] Regnum oder Phrygium; abgebildet bei Garampi Del Sigillo della Garfagnana. Die Beschreibung der Tiara von Bonifac. VIII., ibid. p. 91. Nicol. I. soll die erste, Bonif. VIII. die 2., Urban V. die 3. Krone angenommen haben, was indeß unerweisbar ist. Garampi bemerkt die Stelle bei Benzo, wonach Nicolaus II. (1059) zwei Kronen getragen haben muß. Man sieht heute bei großen Festen diese funkelnden Tiaren einhertragen, aber ihrer keine stammt aus dem Mittelalter.

keit."¹ Christus und seine barfüßig wandelnden Apostel würden mit tiefem Staunen die in prachtvolle, von Gold und Edelsteinen stralende Gewänder gehüllte Gestalt ihres Nachfolgers betrachtet haben, der sich nun vom Tron erhob, das Regnum auf dem Haupt, und als Papstkönig ein mit Scharlach gedecktes Roß bestieg. Kaiser oder Könige hielten ihm den Steigbügel, und gingen eine Strecke lang am Zügel einher, wenn sie anwesend waren; wenn nicht, so verrichteten diesen Dienst die ersten Edeln und die Senatoren Rom's.² Alle geistliche und weltliche Teilnehmer des Zugs bestiegen ihre Pferde, denn dies war eine Prozession zu Roß. Sie zog in folgender Reihenfolge: zuerst ein leeres, reich geziertes Pferd des Papst's; dann der Kreuzträger (crucifer) zu Pferd; zwölf reitende Bannerträger, rote Fahnen in der Hand; zwei andere Reiter, goldene Cherubim auf Lanzen tragend; die zwei Seepräfecten; die Scriniarien, die Advocaten, die Richter, in langen schwarzen Amtstalaren; die Sängerschule; die Diaconen und Subdiaconen; die auswärtigen Aebte; die Bischöfe; die Erzbischöfe; die Aebte der zwanzig Abteien Rom's; die Patriarchen und Cardinalbischöfe, die Cardinalspresbyter; die Cardinaldiaconen;³ alle zu Roß, auf dem sich mancher

---

¹ Accipe Tiaram, ut scias te esse Patrem Principum et Regum. Rectorem orbis, in terra Vicarium Salvatoris nostri Jesu Christi, cujus est honor et gloria in saecula saeculorum. Note Papebroch's zum Text des Card. Jacob (Murat. III. 648).

² Senatores Urbis D. Papam debent adextrare; dafür erhielten sie zehn Solidi. Ordo XII. des Cencius. Beim Processus Gregor's IX. führten sein Pferd der Senator und Stadtpräfect. Die Päpste ritten; erst Paul IV. ließ sich in einer Sänfte tragen. Diese prachtvollen Züge sieht man in Rom hie und da auf Gemälden des 16., 17. und 18. Jahrhunderts.

³ XII. bandonarii cum XII. vexillis rubeis. Im Ordo Benedict's, Mitte Saec. XII.: milites draconarii, portantes XII. vexilla

zitternde Greis nur mit Mühe aufrecht halten mochte. Hierauf folgte der Papst auf einem weißen Zelter, welchen Senatoren oder Edle links und rechts am Zügel führten. In der Nähe ritten Subdiaconen, und der Stadtpräfect, begleitet von Richtercollegien. Es folgten die städtischen Körperschaften, die Milizen, die Ritter und die Großen Rom's, in stralenden Harnischen, mit den Wappenzeichen und Farben ihrer Geschlechter. Der stundenlange Zug dieser geistlichen und weltlichen Herren, die feierlichen Gesänge, das Geläute aller Glocken, der Zuruf des Volks, die Ordnungen, Würden und Aemter, die Mannigfaltigkeit der Trachten, das Gemisch des Kirchlichen mit dem Weltlichen, boten ein seltsames Schauspiel dar, welches das Wesen des Papsttums in einem einzigen Gemälde entfaltete. Aber dieser Zug von Greisen, Priestern und singenden Mönchen bewegte sich schattenhaft zwischen Ruinen fort, und er stellte den Fall wie die Verwandlung Rom's in einem mehr düstern als glänzenden Bilde dar.

Die Stadt war bekränzt; Ehrenpforten erhoben sich auf dem Papstweg, von römischen Laien errichtet, unter welche

---

quae bandora vocantur; damals noch ritterliche Milizen der XII Regionen. Dagegen erklärt schon Cencius diese Fahnenträger durchaus als Schole der Bandonarii colossaei et cacabarii (Mabill. Mus. It. II. 199). Diese Schole wird aber neben Schmieden, Lampen- und Kesselarbeitern im Dienst des Papsts aufgeführt, und erscheint demnach als Handwerkerzunft, welche Fahnen und dergleichen arbeitete. Im saec. XVI. hießen die XII Bannerträger einfach cursores, und waren päpstliche Couriere oder Vorreiter. So in der Procession von Innocenz VIII. A. 1484: duodecim cursores Papae cum XII. vexillis rubeis, bini et bini. — Duo praefecti navales; Stefaneschi sah sie beim Zug Bonif. VIII.; sie kommen auch noch im saec. XV. vor zum Zeichen, daß der Papst auch über das Meer herrsche.

dafür eine Geldentschädigung verteilt wurde.¹ Durch den grauen Triumfbogen der Kaiser Gratian, Theodosius und Valentinian bewegte sich die Procession nach dem Viertel Parione, wo der Papst am Turm des Stephan Petri anhielt, um den Zuruf der Judenschole zu empfangen.² Denn eine Deputation der Kinder Israel, der heroischen Verehrer eines reinen und unverfälschten Monotheismus, stand hier voll Furcht oder voll scheuer Hoffnung, den Rabbi der Synagoge an ihrer Spitze, welcher die geheimnißvoll verschleierte Rolle des heiligen Pentateuch auf der Schulter trug. Die römischen Juden mußten in jedem neuen Papst ihren Landesherrn begrüßen, der ihnen huldvoll ein Asyl in Rom gab, gleich den alten Kaisern, bei deren Tronbesteigung ihre Vorfahren bereits huldigend erschienen waren. Sie lasen in den finstern oder wolwollenden Blicken des neuen Papsts ihr Schicksal, ihre Duldung oder ihre Unterdrückung, während der Rabbi dem Stellvertreter Christi das Gesetzbuch Mosis zur Bestätigung darbot. Der Papst warf nur einen flüchtigen

¹ Ehrenpforten, zuerst in Vita Calixti II. A. 1119; auch bei der Procession am 2. Ostertag üblich. Im Ordo XII. sind sie durch Türme, Häuser und Kirchen bezeichnet. Aber schon Cencius bemerkt, daß viele Namen von Stationen eingegangen seien. Er nennt schon den Palast Massimo (domus Maximi). Mabillon's Text vom Ordo des Cencius wimmelt von Fehlern, wie ich aus der Vergleichung mit den florent. Handschriften sah. 3. B. statt arcus de Cairande, lies Arcus de Miranda; statt dem Unsinn salacia fragmina pannorum lies palatia Frajapanorum. Auch die Kirchennamen sind entstellt. Eine correcte Ausgabe des Ordo ist wünschenswert.

² Die älteren Ordines nennen den Turm turris Stephani Serpetri; die späteren de Campo (Campo di Fiore); es ist der Turm in Parione, welcher dem Stadtpräfecten Stefan, dem Vater des berüchtigten Cencius zur Zeit Gregor's VII. gehört hatte; er stand noch lange mit einer Uhr, bis er im Bau des Palasts Pio auf den Trümmern des Pompejustheaters verschwand.

Blick auf den Pentateuch, reichte die Schriftrolle hinterwärts dem Rabbi wieder, und sagte mit herablassendem Ernst: „wir anerkennen das Gesetz, aber wir verdammen die Ansicht des Judentums; denn das Gesetz ist durch Christus bereits erfüllt, welchen das blinde Volk Juda noch immer als Messias erwartet." [1] Die Kinder Israel verschwanden unter dem Hohngeschrei des römischen Pöbels, und die Procession zog durch das Marsfeld weiter, während hie und da der römische Clerus Weihrauch opfernd und Hymnen singend den Papst begrüßte, und das in carnevalischer Lustbarkeit ausgelassene Volk Freudenlieder erschallen ließ. [2] Um den zu großen Andrang des Pöbels zu zerstreuen, vielleicht auch noch in Erinnerung uralter consularischer Traditionen, warfen Kämmerer an fünf bestimmten Orten Geld aus. [3]

Ueber die Fora, durch die Triumfbogen des Septimius Severus und Titus, am Colosseum vorüber, an S. Clemente vorbei, erreichte der Zug den lateranischen Platz. Hier empfing

---

[1] Et veniunt illuc Judaei cum Lege, facientes ei laudem, et offerunt ei Legem, ut adoret: et tunc Papa commendat Legem, et damnat observantiam Judaeorum sive intellectum, quia quem dicant venturum, Ecclesia docet et praedicat, jam venisse dominum Jesum Christum. Ordo XIV. Und dazu die merkwürdigen Verse desselben Cardinals Jacob (Murat. III. 652):
— Judaea canens, quae caecula corde est
Occurrit vaesana Duci, Parione sub ipso — — —
Ignotus Judaea Deus, tibi cognitus olim;
Qui quondam populus, nunc hostis —
Die Juden lieferten bei dieser Gelegenheit an die päpstliche Küche 1 Pf. Pfeffer und 2 Pf. Zimmt. Ordo XII. p. 200.

[2] In der Vita Gregor's IX: et puerilis linguae garrulitas procacia fescennia cantabat — sicherlich, nach altrömischer Art, auch Spottlieder darunter.

[3] Vor S. Peter; am Turm Stephani Petri; am Palatium Centii Muscae in Punga; bei S. Marco; bei S. Adriano.

den Papst der Clerus des Lateran mit feierlichem Gesange.¹ Man geleitete ihn zum Porticus, wo er sich auf einem antiken Marmorsessel, der sella stercoraria, niederließ. Die symbolische Ceremonie tiefster Erniedrigung des Oberhaupts der Christenheit auf einem Stul solches Namens ist vielleicht der bizarrste Gebrauch des Mittelalters, von dem man heute nur mit Lächeln hören kann. Aber herzueilende Cardinäle erhoben den heiligen Vater vom Sessel der Ungebür mit den tröstlichen Worten der Schrift: „Er richtet den Dürftigen aus dem Staube auf, und vom Kote den Armen."² Der Papst blieb stehen, nahm aus dem Schooße eines Kämmerers drei Handvoll Gold, Silber und Kupfer, und warf sie unter das Volk mit dem Spruch: „Gold und Silber ist nicht für mich; was ich aber habe, gebe ich dir."³ Er betete im Lateran, empfing auf einem Trone hinter dem Altar die Huldigung des Capitels der Basilika, durchschritt den Palast, von welchem er wandelnd oder sich setzend Besitz nahm, und ließ sich in der Stellung eines Liegenden vor der Kapelle S. Sylvesters auf einem antiken Porphyrsessel nieder, worauf ihm der Prior des Lateran den Hirtenstab und die Schlüssel der Kirche wie

---

¹ Bd. IV. 622: S. Clemente blieb damals dem Zug rechts, nicht wie heute links. Jacob Stefaneschi sagt:
    Romulei qua Templa jacent, celsusque Colossus,
    Quoque pius colitur Clemens, qui dexter eunti est —

² Ducitur a cardinalibus ad sedem lapideam, quae sedes dicitur Stercoraria — Ut vere dicere possit: suscitat de pulvere egenum, de stercore erigit pauperem: ut sedeat cum principibus et sollum gloriae teneat. Ordo XII. Die erste Erwähnung der Stercoraria mit Namen. Noch Julius II. setzte sich darauf, und zum letztenmal Leo X. Pius VI. ließ die Porphyrsessel polieren und im Vatican. Museum aufstellen. Dort sieht man noch einen derselben.

³ Argentum et aurum non est mihi; quod autem habeo, hoc tibi do. Ordo XIV. Das schöne Wort ward oft genug zur Ironie.

des Palasts übergab, jenen als Symbol seiner regierenden, diese als Symbol seiner lösenden und bindenden Gewalt. Er setzte sich auf einen zweiten Porphyrsessel, gab dem Prior jene Symbole zurück, und wurde mit einem rotseidenen Gürtel umgürtet, woran eine purpurne Börse hing, enthaltend Moschus und zwölf Siegel aus kostbarem Stein, Sinnbilder der Apostelgewalt und der christlichen Tugend.[1] Alle Officianten des Palasts wurden jetzt von ihm zum Fußkusse zugelassen. Er warf dreimal Silberdenare unter das Volk und sprach: „Er zerstreute und gab's den Armen; seine Gerechtigkeit dauert in Ewigkeit." Er betete sodann in der päpstlichen Hauskapelle Sancta Sanctorum vor den Reliquien; er ruhte wieder auf einem Trone in S. Sylvester, während der Reihe nach Cardinäle und Prälaten vor ihm niederknieten, mit aufgehaltener Mitra, in welche er das herkömmliche Geldgeschenk oder Presbyterium legte.[2]

Es folgte der Huldigungseid des römischen Senats im Lateran, und endlich das Bankett im Speisesaal. Der Papst

---

[1] In der Vita Paschalis II heißt es noch: baltheo succingitur, cum septem ex eo pendentibus clavibus, septemque sigillis. Cancellieri, p. 6. Die sieben Schlüssel sind jetzt in einen goldenen, und einen silbernen verwandelt, welche dem Papst in einer Schaale überreicht werden.

[2] Jeder Dienst, auch bei den Advent- und Osterprocessionen, wo der Papst unter Krone ging, wurde bezahlt. Alle Scholen des Papsts, Beamte, Kirchen, Klöster, Richter, Schreiber, der Präfect, die Senatoren erhielten ein Geschenk. Die Summen waren gering, doch die Empfänger zahlreich. 35 Pfund kosteten alle Ehrenbogen. Die Juden erhielten 20 Solidi, mehr als die andern Scholen; die Senatoren zu Advent und Ostern, wo die Hälfte von ihnen beim Papst speiste, jeder 1 Melechin (eben so viel etwa jeder Richter und Advocat); an jedem Fest, wo der Papst gekrönt erschien, 1 Faß Wein, 1 Faß Claret, und Speise für 40 Gedecke (Ordo XII.). Der Stadtpräfect: 15 Gedecke, 1 Barile (noch heute gebrauchtes Maß) Wein, 1 Barile Claret.

saß allein an einer mit kostbaren Gefäßen besetzten Tafel, während an andern Tischen die Prälaten und Großen, die Senatoren und der Präfect mit den Richtern Platz nahmen. Die edelsten Herren bedienten ihn; beim Festmal anwesende Könige trugen die ersten Schüsseln auf, und nahmen dann bescheiden ihre Plätze am Tisch der Cardinäle ein.

Dies sind die Grundzüge jener großen päpstlichen Krönungsprocession. Sie dauerte in ihrer mittelalterigen Gestalt bis auf Leo X.; dann kamen die alten symbolischen Gebräuche ab, und die Ceremonie verwandelte sich in die zeitgemäßere Form des Possessus, oder der prunkvollen Besitznahme vom Lateran.

2. Innocenz III. macht aus dem Stadtpräfecten einen päpstlichen Beamten. Verhältnisse der Stadtpräfectur. Die Präfecten vom Haus Vico. Verhältnisse des Senats. Scottus Paparone, Senator. Innocenz III. erlangt das Recht auf die Senatswahl. Schwurformel des Senators. Die Stadtgemeinde Rom bleibt autonom. Erste römische Podestaten in auswärtigen Städten.

Von seinem Trone warf Innocenz III. einen Blick auf das, was er beherrschte, und er sah nur Trümmer; auf das, was er unternehmen sollte, und er sah die Welt in solcher Verfassung, daß sie sich einem Cäsarengeiste zur Beherrschung darbot. Die weltliche Macht St. Peter's war unter seinem schwachen Vorgänger völlig zerstört worden; denn die entfernteren Provinzen des alten Kirchenstaats befanden sich im Besitze deutscher Grafen, der damit belohnten Generale Heinrich's VI.; die Landschaften bei Rom in der Gewalt des Adels oder des Senats.[1] Die erste Aufgabe von Innocenz war daher diese:

[1] Heinrich VI. hatte den Kirchenstaat auf dieselben Grenzen des römischen Ducats reducirt, auf welche er heute, im Jahr 1864, beschränkt und durch die französische Occupation erhalten ist.

die Herrschaft des Papsttums in den nächsten Kreisen wieder herzustellen. Wenn ihm dies und noch Größeres unerwartet schnell gelang, so verdankte er es der Bestürzung, in welche der Tod Heinrich's VI. und die plötzliche Verwaisung des Reichs die kaiserliche Partei versetzt hatte. Das Papsttum erhob sich am Sarge seines Bedrängers aus tiefer Schwäche plötzlich zur Nationalmacht Italiens.

Da die Republik auf dem Capitol ihren Halt verloren hatte, gelang es Innocenz, das päpstliche Regiment in der Stadt mit einem ersten kühnen Anlaufe wieder aufzurichten. Hier standen der Herrschaft des heiligen Stules noch zwei Magistrate im Wege, der Präfect als Repräsentant der Rechte des römischen Reichs, und der Senator als Vertreter der Rechte des römischen Volks. Die Stadtpräfectur war durch Heinrich VI. wieder zur kaiserlichen Vogtei, der Stadtpräfect Petrus zu seinem Lehnsmann gemacht worden. Jetzt sah sich dieser ohne Schutz, und unterwarf sich um den Preis seiner Anerkennung dem Papste. Am 22. Februar 1198 leistete Petrus im öffentlichen Consistorium Innocenz' III. den Vasalleneid, und nahm aus seiner Hand als Belehnungszeichen den purpurnen Präfectenmantel.[1] In der uns erhaltenen Schwurformel ist von den Befugnissen der Präfectur nur undeutlich die Rede. Der Präfect huldigt der Kirche als päpstlicher Dienstmann, der mit zeitweiser Procuration eines Landes betraut ist; er schwört darin die Rechte der Kirche aufrecht zu halten, die Straßen zu sichern, Justiz zu üben, die Festungen für den Papst gut zu verwahren, willkürlich

Innocenz III. unterwirft sich der Stadtpräfectur A. 1198.

---

[1] Ad ligiam fidelitatem recepit — de praefectura eum publice investivit, qui usque ad id tempus juramento fidelitatis Imperatori fuerat obligatus. Gesta, c. 8. und Ep. I. 23.

keine neuen zu bauen; keine Vasallen im Patrimonium der Kirche zu seinen eignen zu machen; seine Verwaltung niederzulegen, sobald es der Papst gebiete. Aber das dem Präfecten untergebene Land wird nicht bezeichnet.[1] Im alten Rom hatte seine Gerichtsbarkeit hundert Meilensteine umfaßt, und daraus leiteten die Römer noch im Mittelalter ihr Recht her, den ganzen Stadtdistrict durch Gemeinde-Richter zu regieren. Selbst noch im XV. Jahrhundert übergab ein Stadtsecretär Martin dem V. eine Schrift, worin er folgende Grundsätze aussprach: „Die Stadt Rom wurde nach der Uebertragung des Imperium auf einen Fürsten in eine Präfectur verwandelt; sie hat stets eigene Präfectur-Gewalt gehabt; weil nun diese bis zum hundertsten Meilensteine reicht, so umfaßt auch das Stadtgebiet ebensoviel; alles, was darin liegt, ist der Jurisdiction Rom's unterworfen; die Stadt besitzt dort die Rechte der Republik: das merum und mixtum imperium, die Regale, Flüsse, Wege, Häfen, Zölle, Münze und dergleichen."[2] Die römische Commune beanspruchte die Verwaltung des ganzen Stadtdistricts von Nabicofani bis Ceperano, von den Bergen der Sabina bis an's Meer, aber von der dortigen Gerichtsbarkeit des Präfecten verlautete nichts. Die Macht dieses einst gefürchteten Blutrichters war durch die Demokratie auf

---

[1] Ego Petrus Urbis praefectus juro, quod terram, quam mihi D. Papa procurandam commisit, fideliter procurabo ad honorem et profectum Ecclesiae — Schwurformel in Ep. 577. lib. I. Epistolar. Innoc. Nach den Reg. Innoc. III. I. ep. 23 zerfällt diese Huldigung in zwei Acte: erstens Investitur mit dem Amt durch den Mantel; dann ligium homagium und Investitur mit dem Kelch; das letztere halte ich für die Belehnung mit dem Präfectenlande.

[2] Eine Schrift des Antiquars Signorilis (Mscr. Vatican. 3536). Der Schreiber sagt, daß er das Obige gefunden habe in principio Censuarii antiqui dictae urbis jam in novitatibus Romanis amissi.

dem Capitol zerstört worden; der Senator hatte den Präfecten, das Haupt der Stadtgemeinde den kaiserlichen Vogt aus seiner Stellung verdrängt.[1] Welcher Art diese am Anfange des XIII. Jahrhunderts nach dem Erlöschen aller kaiserlichen Fiscalrechte noch war, ist gänzlich dunkel. Ein polizeiliches Tribunal besaß er noch in der Stadt, wie außerhalb. Aber sein Einfluß beruhte nicht mehr in seinem Amt, sondern in seinem Landbesitz. Der Stadtpräfect war nämlich Herr von großen Gütern in Tuscien geworden, wo er manche mathildische Capitanien an sich gebracht hatte. Schon seit dem Ende des XII. Jahrhunderts erscheint als Local für seine ehrgeizigen Bestrebungen ein Landgebiet bei Viterbo, und die Präfectur selbst zeigt sich im

Das tuscische Präfectenland. XIII. Säculum erblich im Dynasten-Geschlecht von Vico, einer jetzt verfallenen Stadt in jener Provinz. Die Präfectur überhaupt muß seit lange mit den Einkünften von tuscischen Gütern als förmlichem Präfecturlehen begabt gewesen sein; und dies amtliche Lehen verwandelte sodann das Herrenhaus von Vico nebst der Präfectur selbst in seinen durch Kauf und Raub vielfach vergrößerten Erbbesitz. Innocenz III. suchte diese Erblichkeit vergebens zu hindern, indem er dem Präfecten Petrus, welcher jenem Geschlechte angehörte, nur die zeitweise Procuration übergab.[2]

---

[1] Wie groß noch im saec. XII. seine Privilegien waren, ergeht auch aus dem Gebrauch, daß jedes in der Leostadt kinderlos Verstorbenen Vermögen dem Stadtpräfecten zufiel. Dies hob Calixt auf durch Bulle dat. Albae VI. Id. Julii A. 1122; bei Moretto Ritus dandi Presbyterium, Rom 1741; App. III. 332.

[2] Nur so ist die Fortdauer der Präfectur im Haus Vico erklärlich. Amtlich läßt sich damals der Stadtpräfect nur im tuscischen Patrimonium bemerken. Daß das tuscische Präfectenland alt war, sahen wir schon im saec. XII. Noch A. 1453 unterwarf Calixt III. der Gerichtsbarkeit des Präfecten eine Reihe nur tuscischer Städte. (Contelori, del Prefetto. n. 45.)

Im Jahre 1198 erlosch der letzte nur noch scheinbare Rest der imperatorischen Gewalt in Rom, welche unter den Carolingern der Missus, später der Präfect dargestellt hatte. Dies Amt überhaupt war so ganz zusammengeschwunden, daß der Papst eigentlich nicht recht wußte, was er mit der veralteten Figur des Präfecten anfangen sollte.[1] Als päpstlichem Missus gab ihm schon Innocenz III. im Jahr 1199 die Gewalt eines Friedensrichters in den Städten von Tuscien, Umbrien und Spoleto;[2] und dies blieb das Gebiet, wo die Präfecten von Vico später eine glänzende Rolle spielten. Denn die Hauptsache war, daß der Stadtpräfect fortan eine sehr hervortretende Dynasten=Stellung als Capitaneus in Tuscien gewann. Seine richterliche Befugniß dauerte übrigens in Rom und dem städtischen Gebiete fort. Man kann ihn als Stadtgouverneur betrachten. Er ernannte fortdauernd Richter und Notare;[3] er besaß polizeiliche Gewalt; er sorgte für die Sicherheit der Straßen, und beaufsichtigte die Kornpreise und den Markt. Der Papst, der ihn als die älteste Magistratur Rom's ehrte, suchte durch ihn den Senator in Schatten zu stellen. Er gab ihm eine repräsentative Würde voll Pomp und Glanz; denn bei allen Krönungsprocessionen fungirte

---

[1] Praefectusque urbis, magnum sine viribus nomen, so sagt die Vita Bonif. VIII (Murat. III. 648); offenbar an die Stelle des Boethius (III. prosa IV.) erinnernd: praefectura magna olim potestas, nunc inane nomen est. Es ist ein seltsamer Irrtum, wenn Leo Gesch. Ital. II. 206 behauptet, daß seit Innocenz III. der durch den Papst zu ernennende Präfect die Stellung und den Titel eines Senators annahm.

[2] Ep. II. 467. Der Papst nennt ihn dilectum filium Petrum Praefectum urbis, virum nobilem et potentem.

[3] Es findet sich im saec. XIII. fortdauernd die Formel: Ego. N. auctoritate Alme Urbis Praefecti Notarius, oder Ego N. Dei gratia Sacrae Romanae Praefecturae Judex et Scriniarius.

der praefectus urbis in der nächsten Nähe des Papsts. Am vierten Sonntag der Quadragesima wurde er regelmäßig mit der goldnen Rose beschenkt, die er dann in feierlichem Aufzuge zu Pferde durch die Stadt zu tragen pflegte.[1]

Mit gleichem Glück erlangte Innocenz III. an demselben Tage auch die Oberherrlichkeit über die römische Stadtgemeinde. Der wieder aristokratisch gewordenen Republik auf dem Capitol fehlten noch immer die Grundlagen einer auf der Volkskraft ruhenden Ordnung. Ihre executive Gewalt schwankte zwischen oligarchischer und monarchischer Form, zwischen zu vielen Regierern und einem einzigen Podestà. So hatte man im Jahr 1197 56 Senatoren gewählt, doch als Innocenz III. geweiht wurde, gab es nur einen Senator.[2] Das municipale Haupt Rom's bestritt unablässig die Ansprüche S. Peters. Benedict Carushomo und dessen Nachfolger hatten sich vom heiligen Stule unabhängig gemacht, in den römischen Landstädten Rectoren eingesetzt, und selbst in die Sabina und Maritima Communalrichter geschickt; denn diese Provinzen,

Innocenz III. unterwirft sich den römischen Senat, A. 1198.

---

[1] Contelori, n. 18. Das Abbild des Präfectensiegels beim Pietra Sancta, Tesserae Gentiliciae, Rom 1638, p. 656; auch bei Vettori, Il Florino d'Oro, p. 129: Der Präfect Johann sitzt auf einem Sessel mit Hundsköpfen, in der Rechten ein Schwert, in der Linken die Rose. Die Inschrift sagt: Attinui Papae Munus Auream Rosam. Die Umschrift: Joannes Dei Gr. Almae Urbis Praefectus Caesare Absente Pontificis Ductor. Es gehört ungefähr dem Jahr 1340. Das Wappen der Präfecten: weißer Adler im Purpurfeld, bisweilen die Rose in den Krallen. Um den Adler sechs Brode, als Zeichen des täglichen Tributs der Stadtöfen. Auch erhielt der Präfect täglich ein Maß Wein von den Weinschenken, und einen Hammelskopf von den Fleischern. Rom besitzt kein Monument eines Präfecten, wol aber Viterbo das Grabmal des Petrus de Bico († 1268). Abbildungen bei Buffi, p. 158 und 159.

[2] Bei der Krönungsprocession: comitantibus Praefecto et Senatore. Gesta, c. 8.

so behaupteten die Römer, waren von Rechtswegen Domanial=
güter der Stadt.¹ Die capitolinische Gemeinde forderte die
Jurisdiction des Stadtdistricts, und unter ihm verstand sie
den Umfang des ehemaligen römischen Ducats. Wie andere
Städte Italien's die alten Comitate (contado) an sich ge=
bracht hatten, so wollte auch Rom die Gebieterin ihres Du=
cates sein. Als nun Innocenz III. den Tron bestieg, war
Senator Scottus Paparone, ein edler Römer aus altem, viel=
leicht dem Papste selbst durch dessen Mutter verwandtem
Hause.² Er bewog ihn abzutreten; das mit Geldspenden
gewonnene Volk verzichtete sogar auf das wichtige Recht der
freien Senatswahl überhaupt, welches Innocenz für ein
päpstliches Privilegium erklärte. Er ernannte jetzt einen
Wahlherrn (Medianus), und dieser den neuen Senator,
worauf die bisher vom Capitol eingesetzten Justitiare
überall im städtischen Gebiet durch päpstliche Richter ersetzt

Scottus Paparone, Senator. A. 1198

¹ A tempore Benedicti Carissimi Senatum Urbis perdiderat, et idem B. — subtraxerat illi Maritimam et Sabinium. Gesta, c. 8.

² Diesen Senator stelle ich her durch eine Urkunde vom 27. Januar 1198, aus S. M. in Trastevere: anno I. D. Innoc. III. PP. Ind. I.; in curia senatoris ante Eccl. b. M. in Campitolio. Et hoc factum est tempore Dni. Scotti Paparonis Urbis Rome Senatoris (Mscr. Vat. 8051. fol. 33). Auf dem Boden von S. M. Maggiore zeigt eine Steinplatte, moderne Copie der ursprünglichen, die eingravirten Bildnisse zweier Ritter zu Roß mit den Namen: SCOTVS PAPARONE JOHS PAPARONE FILI EI. Die Stadtbeschreibung III. 2 p. 275, und Valentini, Illustrazione della Basil. Liberiana p. 3 versetzen diese Römer irrig in die Zeit Eugen's III. Beide waren A. 1201 schon todt; dies zeigt eine Inschrift zu S. Pantaleo ai Monti: A. D. MCCI. Ind. V. Mense Octb. D. XX . . . Ego Aldruda Infelix Christi Famula Uxor Quondam SCOTTI PAPARONIS Roman. Consulis — Ob — Depositionem Animarum Praedicti Viri Et Filii Mei Johis Paparonis Ecclesiam Istam . . . Reintegrari Feci.

wurden.¹ So kam im Jahr 1198 der Senat in die Gewalt des Papsts.

Wir besitzen noch die Formel des damals vom Senator geleisteten Eides: „Ich Senator der Stadt werde von jetzt ab und künftig dir meinem Herrn, dem Papst Innocentius, treu sein. Weder thätlich noch rätlich will ich dazu beitragen, daß du Leben oder Leib verlierest, oder hinterlistig gefangen werdest. Was du mir anvertrauest persönlich, oder durch Briefe und Boten, will ich zu deinem Schaden Niemand offenbaren. Ich will deinen Nachteil hindern, wenn ich darum weiß; vermag ich das nicht, so will ich persönlich oder durch Briefe und sichre Boten ihn dir kundthun. Nach Vermögen und Wissen will ich dir helfen zur Erhaltung des römischen Papsttums und der Regale S. Peters, welche du besitzest, oder zur Wiedererlangung derer, die du nicht besitzest, und ich will dir das Wiedererlangte gegen alle Welt verteidigen: S. Peter, die Stadt Rom, die Leonina, Trastevere, die Insel, das Castell des Crescentius, S. Maria Rotunda, den Senat, die Münze, die Ehren und Würden der Stadt, den Hafen Ostia, die Domäne Tusculum, und überhaupt alle Gerechtsame in und außer der Stadt. Den Cardinälen und ihrem wie deinem Hofe will ich, wenn sie zur Kirche kommen, oder dort verweilen, und davon zurück kehren, volle Sicherheit gewähren. Ich schwöre alles Gesagte in guter Treue zu halten; so mir Gott helfe, und diese heiligen Evangelien."²

Senatorischer Lehneid.

---

¹ Et exclusis Justitiariis Senatoris, qui ei fidelitatem juraverat, suos Justitiarios ordinavit; electoque per Medianam suum alio Senatore tam infra urbem, quam extra, patrimonium recuperavit nuper amissum. Gesta c. 8. Der Name des neuen Senators ist unbekannt.

² Die Formel ist im florentiner Codex des Cencius mit dem Namen

Es wäre irrig zu glauben, daß der Papst fortan eine directe und königliche Gewalt über Rom erhielt. Die monarchische Regierungsweise im Sinne unserer Zeit war dem Mittelalter so völlig fremd, daß es Innocenz' III. nicht einmal beifiel, die Selbständigkeit der römischen Stadtgemeinde zu bezweifeln. Alle Päpste jener Epoche anerkannten die Stadt Rom nicht nur als bürgerliche, sondern auch als politische und souveräne Macht. Sie suchten dieselbe zu beeinflussen; sie sicherten ihre Oberherrlichkeit im Princip, sie ernannten oft oder bestätigten doch die Senatoren, aber sie verfügten weder über den Willen, noch über das Vermögen des Volks. Ihre Herrschaft war nur ein Titel der Autorität, nichts mehr. Denn die Römer fuhren fort, als ein freies Parlament auf dem Capitol zu tagen, ihre eigenen Finanzen, ihr eigenes Heer zu haben, und Beschlüsse über Krieg und Frieden zu fassen, ohne beim Papste deshalb anzufragen. Sie bekriegten Städte selbst des Kirchenstaats oder schlossen mit ihnen staatsrechtliche Verträge. Denn auch diese Städte waren meist freie Gemeinden, während andre Orte im römischen District vertragsmäßig Lehnszins an die capitolinische Kammer zahlten, und vom Senator ihre Podestaten erhielten.[1] Es spricht für das kräftige Wesen des damaligen römischen Adels, und für das ehrenvolle Ansehen, welches die Stadtgemeinde genoß, wenn sich in der ersten Hälfte des XIII. Jahrhunderts sehr viele Römer als Podestaten fremder Städte finden. Diese, meist im Schutzverbande mit Rom, ersuchten oft durch feier-

Politische Autonomie der Stadt Rom.

Innocenz bezeichnet; im Ordo Rom. XII. desselben Cencius mit dem Namen Urban; was besser Clemens III. wäre.

[1] Der Cod. D. 8. 17 der Bibl. Angelica zu Rom enthält die Ernennungsformel eines Podesta in einem dem Senat untergebenen Ort noch aus saec. XIV.

liche Gesandschaften das römische Volk, ihnen einen edeln Römer zum Regenten zu geben. Die Reihe solcher römischen Podestaten, die sich in allen Acten voll Stolz als Consules Romanorum bezeichneten, eröffneten schon im Jahr 1191 Stephan Carzullus, im Jahre 1199 Johann Capocci, beide in Perugia, und Petrus Parentius im Jahre 1199 als Podesta von Orvieto, wo er von den ghibellinisch gesinnten Ketzern erschlagen wurde, und noch heute im schönen Dom durch einen Altar geehrt wird.[1]

3. Innocenz III. restaurirt den Kirchenstaat. Aufrichtung der germanischen Feudalität in Italien durch Heinrich VI., und Zerfall seiner Lehensfürstentümer nach seinem Tode. Philipp von Schwaben, Herzog von Toscana. Markwald, Herzog von Ravenna. Konrad, Herzog von Spoleto. Der tuscische Städtebund. Wiederherstellung der Patrimonien der Kirche. Die Volkspartei in Rom erhebt sich. Johann Capocci und Johann Pierleone Rainerii. Kampf Rom's mit Viterbo, wegen Vitorchiano. Pandulph von der Suburra, Senator. Viterbo unterwirft sich dem Capitol.

Rom, die Lehnsmannen in Campanien, der Maritima, Sabina, und in Tuscien hatten Innocenz III. im Februar als Landesherrn anerkannt; der Papst war demnach wiederum Gebieter innerhalb der Grenzen des römischen Ducats. Nun galt es auch alle anderen italienischen Provinzen zu gewinnen, welche einst unter den Carolingern den Kirchenstaat ausgemacht hatten. Italien war in Folge der sicilianischen Erb-

[1] Der Name Parentius erscheint in Rom zuerst A. 1148, unter den Senatoren. Ueber Petrus Parentius, Raynald ad A. 1199 n. 22; Acta Sanctor. ad 21. Maji p. 86; Istoria antica latina del Martirio di S. Pietro di Parensio, von Anton Stefano Cartari edirt zu Orvieto A. 1662. In Orvieto predigte Petrus Lombardus Manichaeorum Doctor, der aus Viterbo, einer damals von Ketzern wimmelnden Stadt, dorthin gekommen war (p. 7). Siehe auch Gualterio Cronaca Inedita degli avvenimenti d'Orvieto, Torino 1846, I. 212.

schaft Heinrich's VI. in eine rückgängige Bewegung geraten. Die Verträge von Venedig und Constanz blieben ein Stachel im Herzen der staufischen Fürsten, welche weder die von den Städten errungene Freiheit, noch das den Päpsten überlassene Dominium Temporale anerkennen wollten. Heinrich VI. hatte das Reichsprincip wieder aufgenommen, und Sicilien zur Grundlage seiner monarchischen Bestrebungen gemacht. Er hatte die italienische Nationalität, die in den Stadtgemeinden unter dem Schutze des Papsttums von Alexander III. erwachsen war, durchbrochen, indem er das germanische Feudalwesen in Italien wieder aufrichtete, und von einem Meer zum andern deutsche Lehnsfürstentümer gründete, zum Teil aus den mathildischen Gütern, zum Teil aus Patrimonien des Kirchenstaats, den er als das hartnäckigste Hinderniß der Reichsherrschaft hatte vernichten wollen. Sein junger Bruder Philipp war von ihm zum Herzog von Toscana gemacht worden; sein Feldhauptmann Markwald mit dem Exarchat beliehen; während Konrad von Uerslingen schon von früher her als Herzog in Spoleto saß. So war Italien durch schwäbische Reichslehen zersprengt, in Zaum gehalten und mit dem Untergange seiner städtischen Demokratieen bedroht. Aber der planvolle Bau Heinrich's VI. zerfiel mit seinem Tode, und kaum gibt es ein auffallenderes Zeugniß von der Unhaltbarkeit aller Fremdherrschaft, als den schnellen Sturz jener kaiserlichen Stiftungen. Sie sanken weniger durch Waffen, als durch die Gewalt des nationalen Triebes, welchen der erste lombardische Unabhängigkeitskrieg erzeugt hatte. Das Interregnum und der deutsche Tronstreit warfen die staufische Partei in Italien nieder, und machten es den Städten leicht, ihre Unabhängigkeit vom Reiche zu erlangen. Der kluge

Innocenz erhob sich sofort als Befreier Italiens vom Regiment der Deutschen. Wenn er schon im Jahr 1198 erklärte, daß dieses Land, der Sitz beider Gewalten, durch göttliche Veranstaltung das Haupt der Erde sei, so fand sein Wort auch dort ein Echo, wo man es nicht im Sinne der päpstlichen Universalmacht, deren Grundlage Italien sei, verstehen mochte.[1]

Die Gruft Heinrich's VI. war die Bresche, durch die Innocenz, glücklicher als Gregor VII., in das Reich eindrang, zu dessen Schiedsrichter er sich aufwarf, während er einen Teil des italienischen Volks gegen die Zwingburgen zum Sturme führte, welche Heinrich errichtet hatte. Die feudale Fremdherrschaft hatte Gewalt gegründet; ihre Folge war hier harter Druck, und dort glühender Haß. Dies erfuhr als Mahnung der Zukunft zuerst Philipp von Schwaben, als er nach Italien gekommen war, Heinrich's Sohn Friedrich, den Erben Siciliens und schon erwählten König der Römer, zur Krönung nach Deutschland abzuholen. In Monte Fiascone meldete man ihm den Tod des Kaisers; bestürzt kehrte er um; nur mit Mühe entkam er dem wütenden Aufstande der Italiener. In Tuscien, in der Romagna, in den Marken entfaltete Innocenz III. das Banner der Unabhängigkeit; und wer konnte damals außer dem Papst die italienische Nation vertreten? Viele Städte warfen sich aus Fremdenhaß der Kirche in die Arme; andere folgten gezwungen einer

---

[1] Utraque vero potestas sive primatus sedem in Italia meruit obtinere, quae dispositione divina super universas provincias obtinuit principatum. Et ideo — specialiter — Italiae paterna nos convenit solicitudine providere. An die Rectoren des tuscischen Bundes, 30. Oct. 1198. I. Ep. 401.

großen Strömung, denn die verhaßt gewordenen deutschen Feudalherren sollten überall verjagt werden. Unter diesen Generalen Heinrich's war Markwald, Seneschall des Reichs, und Herzog von Ravenna, der mächtigste; ein tapfrer Degen, ein roher Kriegsmann voll Mut und List. Von Innocenz gleich nach seiner Papstwahl zur Unterwerfung unter die Kirche aufgefordert, unterhandelte der Seneschall erst mit schlauer Kunst, und wehrte sich dann mannhaft gegen die empörten Städte und die Truppen des Papsts, bis er doch sein schönes Lehn Ravenna aufgeben mußte.

Ravenna freilich und andere dem Reich gehörige Gebiete des Exarchats vermochte Innocenz III. nicht an sich zu ziehen; denn der Erzbischof jener Stadt leistete seinen Ansprüchen Widerstand. Dagegen eroberte er ohne Mühe die Mark Spoleto. Konrad, dort Herzog und Graf von Assisi, bot zwar Tribut, Heeresfolge und Auslieferung aller Festungen; doch der Papst wollte sich als italienischen Patrioten zeigen und ging nicht darauf ein.[1] Der Herzog mußte sich ohne Bedingung in Narni unterwerfen, seine Vasallen vom Eide der Treue lösen, und sogar Italien verlassen. So endete im Schwaben Konrad die lange Reihe der germanischen Herzoge Spoleto's, die mit dem Langobarden Faroald im Jahre 569 begonnen hatte.[2] Mit hohem Gefühle durchzog nun Innocenz im Sommer 1198 jene schönen, von der

Herzog Konrad von Spoleto unterwirft sich dem Papste.

---

[1] Multi scandalizabantur — tamquam vellet Theotonicos in Italia consovere, qui crudeli tyrannide relegerant eos in gravissimam servitutem, in favorem libertatis declinans, non acceptavit oblata. Gesta c. 9, wodurch die damalige Nationalstimmung scharf bezeichnet wird.

[2] Jatteschi, Duchi di Spoleto. Freilich wurden später noch vorübergehend von Otto IV. und Friedrich II. spoletische Herzöge aufgestellt.

Fremdherrschaft befreiten Landschaften, und er empfing im Namen der Kirche die Huldigung von Spoleto, Assisi, Rieti, Foligno, Norcia, Gubbio, Todi, Citta di Castello, und andern Orten, wo er den Cardinal von S. Maria in Aquiro zum Rector bestellte. Selbst Perugia, das damals schon mächtige Haupt Umbriens, huldigte zum erstenmale dem Papst; er bewilligte dieser Commune vertragsgemäß die städtische Gerichtsbarkeit und die freie Consulwahl.[1] Er suchte überhaupt die Städte durch die lockenden Verheißungen der Gemeindefreiheit zu gewinnen, welche er klug gewährte, ohne ihnen jedoch zu viel einzuräumen.[2]

Perugia huldigt dem Papste.

So erschien Innocenz III., ohne Kampf, von unerhörtem Glück emporgehoben, als Haupt und Führer der italienischen Unabhängigkeit. Wenn die guelfische Idee einer Conföderation Italiens unter der Oberleitung des Papsts je ausführbar sein konnte, so stand ihrer Verwirklichung Niemand näher, als er. Die glänzenden Triumfe seiner ersten Jahre zeigen, welche unwiderstehliche Kraft die Kirche erhielt, so oft sie sich mit den Trieben des Volks aus Politik verbinden mochte.[3]

Auch Toscana, das Lehen Philipp's von Schwaben, ver-

---

[1] Bulle aus Todi 2. Oct. 1198. Innocenz III. war der erste Papst, der wenigstens nominelle Oberhoheit über Perugia erlangte; so sagt Annibale Mariotti, Memorie di Perugia (1806) I. 62.

[2] So erlaubte er selbst Rabicofani die Consulwahl, doch unter Bestätigung des päpstlichen Castellan's. Ep. VIII. n. 211. — A. 1201 bestätigte er Consulat, Statuten und Gerichtsbarkeit für Jano, Jesi, Pesaro. Theiner, Cod. Dipl. I. 43. Dagegen verbot er, fremde Potestaten anzustellen ohne seine Erlaubniß; so in Sutri, Ep. IX. n. 201. Consuln gab es damals selbst in den kleinsten Orten.

[3] Die guelfische Idee eines conföderirten Italiens blieb ein Traum, an den die Päpste, aber nicht die Guelfen selbst glaubten. Sie wiederholte sich zum letztenmal in der Geschichte im Jahr 1846, und im Frieden von Villafranca, 1859.

suchte sich vom Reiche loszureißen, woraus der Papst die Hoffnung schöpfte, dies edle Land der Kirche zu unterwerfen. Florenz, Siena, Lucca, Volterra, Arezzo, Prato und einige andere Städte hatten schon am 11. November 1197 eine tuscische Eidgenossenschaft geschlossen, nach dem Vorbilde des Lombardenbundes, und unter Mitwirkung von Legaten des Papsts Cölestin III. In ihre Artikel hatten sie die Verpflichtung aufgenommen, die römische Kirche und deren Besitz zu verteidigen, nie einen Kaiser, Herzog oder Vicar in ihren Gebieten anzuerkennen, ohne die Genehmigung des Papsts. Diesen Bund, welchem das den Hohenstaufen dankbare Pisa beizutreten sich weigerte, suchte Innocenz III. zu beherrschen. Nach langen Vermittlungen erneuerte er im October 1198 den tuscischen Vertrag auf der Grundlage des Jahrs 1197; doch es gelang ihm keineswegs, sich in Besitz derjenigen mathildischen Güter zu setzen, welche jene Städte an sich genommen hatten. Die Communen gestanden der Kirche keine politischen Rechte im alten Herzogtum Tuscien zu. Ihr Widerstand gegen die Gelüste von Innocenz III. bewahrte die Republiken Florenz, Lucca und Siena vor dem Verlust ihrer Selbständigkeit.[1] Dagegen huldigten der Kirche alle einst mathildischen Orte, die ihr im tuscischen Patrimonium gehört hatten, aber von Heinrich VI. oder Philipp ihr waren entzogen worden. Innocenz reformirte dies Patrimonium nebst den andern Kirchenprovinzen; er setzte darin Legaten oder Rectoren ein, ernannte neue Burgvögte, und verstärkte

Toscana widersteht dem Papste.

Das tuscische Patrimonium huldigt dem Papste.

---

[1] Die Conföderationsacte vom 11. Nov. 1197 liegt im Archiv Siena n. 59, und ist mehrfach abgedruckt. Innocenz gestattete den Städten in römisch Tuscien und in der Mark Spoleto, der Eidgenossenschaft beizutreten. Gesta c. 11.

die Festungen. Eine Reihe von drohenden Schlössern, die als Patrimonialgüter der Kirche betrachtet werden sollten, wurde von den Marken bis nach Latium neu gebaut oder hergestellt, um jene Länder in Zaum zu halten.[1]

So gab das erste Auftreten von Innocenz einen Mann von ungewöhnlicher Kraft zu erkennen, der zum Monarchen geboren schien. Denn kaum saß er zwei Jahre lang auf dem heiligen Stul, so war er schon der Wiederhersteller des Kirchenstaats im Umfange der Pipinischen Schenkungen; zugleich Schiedsrichter des Reichs, um dessen erledigten Tron der Schwabe Philipp und der Welfe Otto kämpften, und anerkannter Lehnsherr von Apulien und Sicilien; zu gleicher Zeit der Schutzherr mächtiger Städteconföderationen, der wahre Protector von Italien. Indeß zum ruhigen Genusse seiner weltlichen Macht kam auch dieser Papst nicht. Seine glänzende Regierung zeigt vielmehr den mühevoll angestrengten und doch nur scheinbar siegreichen Kampf eines großen Willens gegen die Elemente des Zeitgeistes, deren Tiefen er nicht beherrschte, und gegen die feindlichen Gegensätze der mittelaltrigen Welt, die er nicht versöhnen konnte. Sie wurden durch ihn selbst zu schneidenden Contrasten geschärft, die bald nachher in furchtbaren Kriegen auseinanderbrachen.

---

[1] Gesta c. 14. Eine Bulle Gregor's IX. vom 22. Jan. 1235 gibt die noch genauere Liste dieser päpstlichen Castellaneien (patrimonialia). In Campanien: Fumone, Palliano, Serrone, Lariano. In der Maritima: Aqua Putrida, Ostia, Aritia, Nympha, Juliano, Cora, Cisterna, Terracina. In Tuscien: Monte Flascone, Orcla, Montalto, Radicofani, Prijeno, Aquapendente, Bolsena. Im Ducat Spoleto: Cesi und Gualdo. Im Bistum Spoleto: Rocca Sacrati, Brusium, Corinum, Rocca de Sazo. Im Bistum Narni: Narni, Castrum Sci. Gemini, Stroncone, Miranda, Otricoli. In der Sabina: Rocca Antiqua, et totam Sabiniam cum omnibus castris et villis. Cod. Vat. Reg. 385. fol. 104.

Gleich die Stadt Rom zeigte, daß in dem treibenden Volkstum eine Kraft lag, welche die Päpste noch nicht bewältigen konnten, wenn sie auch bisweilen ihre Herren wurden. Sie zwang den großen Innocenz sogar, als Flüchtling in's Exil zu gehen. Die Demokraten, die Männer der Constitution von 1188, die Gefährten von Benedict Carushomo, konnten es nicht verschmerzen, daß sich der Papst des Senats bemächtigt, und das Stadtgebiet der capitolinischen Jurisdiction entzogen hatte. Zwei Demagogen aus den ersten Häusern Rom's führten diese Partei der Unabhängigen, Johann Capocci, und Johann Pierleone Rainerii, beide kurz vor Innocenz die Nachfolger jenes kraftvollen Benedict im Senat. Capocci, in der Suburra wohnhaft, wo sein bestürmter Palast stand, war ein kühner, auch beredsamer Mann, höchst bedeutend im damaligen Rom. In antiker Zeit würde er als Tribun und Factionenhaupt geglänzt haben. Perugia ehrte ihn durch zweimalige Wahl zum Podestà; er war mit den vornehmsten Geschlechtern der Stadt verschwägert, und Haupt einer Familie, die das XIII. Jahrhundert hindurch in der Kirche, wie in der Republik großes Ansehen genoß.[1] Beide Exsenatoren erhitzten die Gemeinde durch die Vorstellung, daß der Papst die Stadt aller ihrer Herrschaften beraubt, und sie, „wie der Habicht das Huhn abgerupft" habe.[2] Das Mißvergnügen der Römer suchte

Die Stadt Rom widersteht dem Papste.

---

[1] Joh. Capoccius hatte drei Söhne, Petrus Card. von S. Georgio in Velabro († 1259, 20. Mai), Archius und Jacobus; seine Tochter Johannella war mit Pandulf Sabelli von Ariccia vermält. Geschichte des Geschlechts Capocci von Johann Vincentius Capoccius, Mscr. Vatican. n. 7934.

[2] Sicut auceps deplumat avem omnibus pennis, pro eo, quod

Gelegenheit zum Ausbruch, und Viterbo bot sie ihnen, wie ehedem Tivoli oder Tusculum; aber der Papst wußte noch voll Klugheit der Gefahr auszuweichen, indem er die Sache der Römer zur seinigen machte.

Viterbo, eine wolhabende Handelsstadt und freie Commune unter der Oberhoheit des Papsts, war schon seit lange im Krieg mit Rom, dessen Gerichtsbarkeit es sich nicht hatte unterwerfen wollen.[1] Es bedrängte im Jahre 1199 Vitorclanum; dies kleine Castell setzte sich unter römische Schutzherrlichkeit; Viterbo, zum Abzuge aufgefordert, weigerte ihn, und empfing hierauf vom römischen Parlament die Ausforderung zum Krieg.[2] Die Viterbesen, die sich aus Vorsicht in die tuscische Eidgenossenschaft hatten aufnehmen lassen, begehrten jetzt von deren Rectoren Hülfe gegen Rom, welche ohne Weiteres zugesagt wurde. Während also zwei päpstliche Städte einander den Krieg erklärten, nahm der tuscische Bund ohne Rücksicht auf den mit der Kirche beschworenen Vertrag daran Teil, und bedrohte sogar Rom, die Residenz des Papsts — dies sind Zustände, welche die Natur der päpstlichen Herrschaft im Mittelalter aufklären, und beweisen, daß der Papst und die Stadt Rom zwei von einander völlig getrennte Mächte waren. Die Einmischung des Städtebundes zwang die römischen Volkshäupter, die Hülfe desselben

Die Römer bekriegen Viterbo.

---

ipse Sabinum et Maritimum ad manum Ecclesiae revocaverat, et recuperaverat urbis Senatum. Gesta c. 134.

[1] Schon A. 1148 war Viterbo ein Gemeinwesen mit Consuln de communi populo, und de militia, und Zehnmännern (capudece). Orioli Florilegio Viterbese, Giorn. Arcadico T. 137. p. 255. Der Codex der ältesten Statuten Viterbo's datirt von 1251.

[2] Diffidati sunt a Romanis. Diffidare, heute sfidare — reaffidare nannte man die Aufhebung des Kriegszustands durch Vertragung

Papsts nachzusuchen, den sie in peinliche Widersprüche zu verwickeln gehofft hatten. Er bewilligte sie sofort. Nachdem er Viterbo vergeblich aufgefordert, seinem Spruche sich zu unterwerfen, that er diese Stadt in den Bann, um so mehr als sie dem rebellischen Narni kurz vorher Hülfe geleistet hatte. Seine Mahnungen bewogen auch die tuscische Conföderation, ihre Truppen abzurufen, worauf die Römer Vitorchiano entsetzten.

Der Krieg entbrannte am Ende desselben Jahrs 1199 von Neuem, wo ein kräftiger Mann, Pandulph von der Suburra, Senator war.¹ Wenn Innocenz der Stadtgemeinde fernere Unterstützung versagt hätte, so würde ein Volksaufstand erfolgt sein, und dies mußte er zu vermeiden suchen. Die Geldmittel fehlten; die Heeresfolge war schwach; zögernd wartete der Senator in den Zelten auf dem Felde des Nero. Da ließ des Papsts Bruder Richard Geld zur Anwerbung von Truppen; die Römer zogen in Masse aus, und während sie im Felde standen, betete der kluge Innocenz öffentlich im S. Peter für den Sieg seiner römischen Brüder. So wenig wurde der Kampf zwischen zwei päpstlichen Nachbarstädten als Bürgerkrieg angesehen, und so weit waren die Communen eines und desselben Gebiets vom Begriff des gemeinsamen Staatsverbandes entfernt. Die vom tuscischen Bund ver-

Pandulphus de Suburra, Senator, A. 1199.

---

¹ Dem Geschlecht Suburra soll Anastasius IV. angehört haben; als sein Nepot wird Gregor Bischof der Sabina bezeichnet. Ciaconius, vita Honorii II. et Anastasii IV. Der von der antiken Straße hergenommene Familienname dauerte fort. In der Vorhalle des Pantheon nennt eine Inschrift vom Jahr 1270 einen Pandulphus de Sebura Archipresbyter Ecclesiae S. Mariae Rotundae. Hurter's Schreibart Subuxa statt Saburra ist ein durch Irrtum einer Handschrift veranlaßter Fehler, den er selbst hätte verbessern sollen.

lassenen Viterbesen hatten mit dem Grafen Ilbebrandino von Santa Fiora einen Vertrag gemacht, ihn zu ihrem Podestà und Feldhauptmann ernannt, und noch andere Bundesgenossen herangezogen. Sie erlagen jedoch am 6. Januar 1200 in einer Schlacht, welche sie niederbeugte.¹ Das römische Heer brachte Kriegsbeute und Gefangene im Triumf nach Hause, und das dankbare Parlament übertrug dem Papst die Friedensvermittlung. Innocenz entzog einige edle Gefangene den grausamen Kerkern der Canaparia, um sie als Geißeln im Vatican zu verwahren. Als hierauf Viterbo die Unterhandlungen abzubrechen drohte, rettete er den Angesehensten von jenen, Napoleon, Vicegraf von Campilia, vor der Volkswut in die Burg von Larianum. Der Undankbare entfloh, die Römer aber schrieen, daß sie der Papst an Viterbo verraten habe.²

Der Friede wurde am Ende des Jahrs 1200, oder im Laufe des folgenden abgeschlossen, unter der Vermittlung des Papsts.³ Den Artikeln gemäß, die er den Römern im La-

---

¹ Chron. Sigardi ad A. 1200: Romani vero Bitervienses in forti brachio subjugarunt. Ilbebrandinus war damals das Haupt des pfalzgräflichen Hauses der Aldobrandeschi, Herren des Comitats ihres Namens, und von S. Flora. Am 31. Juli huldigte er dem Papst in Montefiascone wegen Montalto (Cencius fol. 138); am 23. Mai 1221 bestätigte ihm Friedrich II. zu Messina die Stadt Grosseto (Archivio delle Riformazioni di Siena, n. 143). Das Archiv von Siena ist reich an Documenten über diese Familie.

² Gesta c. 133. Des Papsts Brief V. 138, Lateran, 10. Jan. 1203 — ad arcem Lariani, quae est fere prae ceteris Roccis Italiae spatiosa; sie wird von Hurter irrig in der Capitanata gesucht; sie war eine der vier päpstlichen Burgen in römisch Latium am Algidus. A. 1174 hatte sie Raino de Tusculano der Kirche für Norma vertauscht. Cencius fol. 114.

³ Der Bischof Rainer von Viterbo erinnert daran in einem Brief an den Senator Johann Colonna: D. Innocentius omnia capitula re-

teran vorlesen und von ihnen bestätigen ließ, unterwarf sich Viterbo dem römischen Senat und Volk, bekannte Vasallenpflicht, leistete Tribut, trat Vitorclanum ab, riß einen Teil seiner Stadtmauern nieder, und empfing ohne Zweifel die Bestätigung seines Podestà von Rom.[1] Die besiegte Stadt mußte damals die bronzenen Thüren von S. Peter und andere Ornamente, welche sie im Jahr 1167 als Kriegsbeute aus Rom entführt hatte, wieder herausgeben, während die Römer die Gemeindeglocke Viterbo's im Capitol, eine Kette und die Schlüssel eines Tors als Spolien am Bogen des Gallienus bei S. Vito aufhingen.[2] Wenn der Papst einen Frieden dictirte, wodurch sich eine beträchtliche Stadt des Kirchenstaates nicht ihm, sondern der Gemeinde Rom's unterwarf, so dient auch dies zum Beweise, daß er das römische Volk als von ihm getrennte souveräne Macht anerkannte, und hauptsächlich um dieses Princips willen ist der Krieg zwischen Rom und Viterbo unserer Aufmerksamkeit wert gewesen.

<small>Die Römer unterwerfen sich Viterbo, A. 1200.</small>

formandae pacis inter Romanos et Viterbienses, in sua potestate posuit. (Giornale Arcadico T. 137. p. 210.)

[1] Die Artikel bietet eine fragmentarische Urkunde aus dem Stadtarchiv Viterbo's dar. Ibid. p. 200. Ego N. civis Viterbiensis ab hac hora in antea fidelis ero Senatui (et Populo Romano) .... Guerram et pacem faciam ad mandatum eorum .... Salva fidelitate Romani Pontificis et Ecclesiae Rom. Eine andre Friedensformel vom Jahr 1281 spricht ausdrücklich von vassalogium et fidelitatem senatui populoque Romano. Orioli, Bussi und die Chronik Viterbo's (Bibl. Angelica B. 7. 23) setzen den Frieden in's Jahr 1200. A. 1207 war Johanes Guidonis de l'apa dei gratia Consul Romanorum Potestas von Viterbo. (Giornale Arcad. T. 136. p. 125.)

[2] Obige handschriftliche Chronik: la campana del comune .... poserla nel campidoglio e poserli nome la paterina di Viterbo. Viterbo war voll von Ketzern. Von den bronzenen Thüren ꝛc. Gesta c. 135.

4. Neue Adelsgeschlechter in Rom. Die Orsini. Ihre Erbfehde mit den Verwandten von Innocenz III. Richard Conti und das Haus Poli. Die Güter Poli kommen an Richard. Stadtkrieg. Flucht von Innocenz III. nach Anagni, 1203. Kampf der Factionen um den Senat. Rückkehr von Innocenz, 1204. Gregor Pierleone Rainerii, Senator. Erbitterter Verfassungskampf. Charakter solcher Bürgerkriege. Innocenz erlangt nochmals die Anerkennung des päpstlichen Rechts auf die Senatswahl, 1205.

Innocenz hoffte jetzt Rom beruhigt zu haben;[1] jedoch Widerwille gegen die päpstliche Herrschaft, Verfassungskämpfe und Adelsfehden hielten die Stadt fortdauernd in Aufruhr. Mit dem XIII. Jahrhundert kamen aus dem Geschlechteradel einige Häuser zu neuer Macht empor, während die einst herrschenden Familien der Pierleoni und Frangipani zurücktraten. Die Päpste selbst wurden Stifter von Nepotenhäusern, welche nach der städtischen Tyrannis strebten. Das schon alte Geschlecht Colonna gehörte nicht zu diesen; auch nicht das Haus der Anibaldi; aber Conti, Savelli und Orsini verdankten den Päpsten ihren Reichtum und ihre Größe.

Cölestin III. hatte seine Neffen vom Stamme des Bobo mit Kirchengütern ausgestattet, und dieser zu den Orsini gehörenden Sippschaft eigentlich das Glück gegründet.[2] Das bald berühmte Geschlecht des Ursus glänzt im römischen Mittelalter durch mehre Päpste, durch eine lange Reihe von Cardinälen, von Staatsmännern und Hauptleuten im Krieg.

Das Geschlecht der Orsini.

---

[1] Er schrieb ans Anagni an den Legaten Guido in Deutschland: de urbe quoque scire vos volumus, quod eam per Dei gratiam ad beneplacitum nostrum habemus. Reg. Imp. Ep. 56, am Schluß.

[2] Gesta c. 135. Im cap. 136 heißt es: filii Ursi, quondam Coelestini P. nepotes, de bonis Ecclesiae Rom. ditati. Er verließ ihnen wol auch Vicovaro, Burbello und Cantalupo im Sabinischen. Unter den Orsini dauerte der Name Bobo fort. Auffallend häufig ist bei ihnen der Taufname Napoleon (wie bei den Torre in Mailand) und Matthäus.

Unter allen Familien Rom's blieben nur die Orsini den ghibellinischen Colonna gewachsen und ebenbürtig. Ihr Ursprung ist dunkel. Die unkritischen Familiengeschichten in den Archiven Rom's leiten sie von Spoleto ab, und erzählen nur Fabeln. Einige suchen ihre Wiege sogar am Rhein; doch der Name Ursus und Ursinus ist altrömisch, und wenigstens ist es nicht zu erweisen, daß unter den Ottonen eingewanderte Sachsen dies mächtige Römerhaus gegründet haben.[1] Ein glücklicher Mann, wol ein Krieger von rauher Kraft, Ursus, der Bär, genannt, wurde der Stammvater eines Geschlechts, dessen Zahl und Dauer Dynastieen beschämt. Die Zeit und die Person dieses alten Stammherrn ist in Dunkel gehüllt; nur dies gewiß, daß sich der Name Ursus schon in der ottonischen Epoche nachweisen läßt.[2]

[1] Gammurrini (famil. nob. Toscane et Umbre, Florenz 1671, Tom. II.) hat ein gutes Capitel über die Orsini, trotz manchen Fabeln. Als Ahn gilt ihm ein Cajus Orsus Flavius um 600 n. Chr. Siehe bei ihm die altrömischen Inschriften mit dem Namen Ursinus. Der Gegenpapst von Damasus hieß Ursicinus A. 366. Ein Firmilianus Ursinus zeichnet ein gothisches Instrument zu Ravenna, A. 499. Ich schweige von den Sagen, welche die römischen Orsini zu Stammvätern der deutschen Bären von Anhalt machen. Ich werde später bemerken, was Petrarca vom deutschen Ursprung der römischen Großen sagt. Muratori (Ant. III. 784) verwirft die antike Abstammung der Orsini, und leitet sie bescheiden ab von Urso quodam nobili viro.

[2] Das ganze Geschlecht heißt filii Ursi. Ein Orso de Baro schon A. 998; Bd. III. 393; ein Constantinus Ursi A. 1032, bei Garampi, Mem. di B. Chiara. Besser als Sansovino's Historia di Casa Orsina (1565) ist die Genealogie bei Litta, der dem Gammurrini und Muratori folgt, und die historischen Orsini erst am Ende Saec. XII. mit Orso beginnt, dem Urgroßvater Nicolaus III. (1277). Sein Stammbaum stimmt mit einem Abriß, den ich im Archiv Conti-Ruspoli fand, und der die fünf Linien des Geschlechts: Pitiliano, Castell S. Angelo, Bracciano, Monte Rotondo und Gravina kurz verzeichnet. Das Wappen der Orsini: rote Rose, gelber Querbalken, drei rote Streifen. Nur der Zweig Monte

Im Anfange des XIII. Jahrhunderts waren „die Söhne des Ursus" schon zahlreich und mächtig, in ihren römischen, auf antiken Monumenten aufgetürmten Palästen der Region Parione. Sie lagen in Erbfehde mit dem Stamme des Romanus de Scotta und des Johann Oedolinä, Verwandten der Conti.[1] Sie verjagten diese Geschlechter aus ihren Wohnungen, als Innocenz im Herbst 1202 in Velletri abwesend war.[2] Der heimkehrende Papst gebot Frieden, und der Senator Pandulph verbannte die feindlichen Parteien, die eine nach S. Peter, die andre nach S. Paul. Doch ein Meuchelmord aus Blutrache brachte alsbald die Stadt in wütenden Aufruhr. Theobald, ein Orsini, wurde auf dem Wege von S. Paul erschlagen, worauf das ganze Geschlecht des Ursus in die Stadt drang, den Leichnam des Ermordeten mit Rachegeschrei durch die Straßen trug, die Häuser der Feinde zerstörte und ganz Rom mit Schrecken erfüllte. Der grimme Haß gegen die Verwandten des Papsts wurde auf diesen selbst übertragen. Man beschuldigte ihn mit Grund des Nepotismus, denn Innocenz III. bemühte sich, seinem ehrgeizigen Bruder Richard einen fürstlichen Erbbesitz in Latium zu stiften, was ihm auch vollkommen gelang.

Richard, in Rom ansässig, wo er mit den Mitteln des Papsts den riesigen Turm der Conti erbaute, hatte den verschuldeten Grafen Odo vom Haus Poli von seinen Gläubigern befreit, aber die Güter desselben, alte Kirchenlehen,

---

Rotondo führte auf dem Helm noch einen sitzenden Bären mit einem Rosenstrauß in der Kralle.

[1] Der Stammvater der filii Johis Oedolinae (Ottolina, Name einer Römerin) erscheint Anno 1101. Bd. IV. 304.

[2] Den Regesten gemäß hielt sich Innocenz III. in Velletri auf mindestens vom 14. September bis 6. October.

vertragsmäßig an sich genommen. Der Graf Odo hatte zugesagt, seinen Sohn einer Tochter Richard's zu vermälen; er
zog sich indeß zurück und begehrte seine Güter wieder. Da
er keinen hinreichenden Rechtsgrund dafür besaß, so reizte
er das Volk gegen die Conti auf. Die Sippen der Poli,
durch wüste Wirtschaft und lange Processe herabgekommene
Edelleute, zogen als Schutzflehende, halbentblößt und Kreuze
tragend, oftmals durch die Stadt; sie drangen am Osterfest
mit Geschrei selbst in den S. Peter; sie störten durch Tumulte
sogar die päpstliche Procession, und endlich boten sie ihre
Richard verpfändeten Güter dem römischen Volk auf dem
Capitole dar. Das schöne Besitztum des Hauses Poli umfaßte neun Castelle im Grenzland der Sabina und Latium's;
die Römer streckten daher sogleich ihre Hände darnach aus, *erwirbt die*
aber der Papst eilte, seine Rechte auf diese Kirchenlehen vor *Güter des Hauses Poli.*
dem Senat darlegen zu lassen; er verlieh seinem Bruder die
streitigen Güter als Pfand im Namen der Kirche, und bald
darauf ging das Lehen Poli für immer auf die Conti über.[1]

Der dem Papst ergebene Senator Pandulph hatte jenem
Antrage der Poli aus Rechtsgründen widerstrebt, weshalb
sich der Haß des Volks auch gegen ihn wendete. Man bestürmte das Capitol; man warf Feuer in Pandulph's Turm
auf dem Quirinal; nur mit Mühe entrann der darin be-

---

[1] Ueber Odo, Sohn Gregor's, und die dem Haus Poli A. 1157
verliehenen Güter, Bd. IV. 529, Note. Den Proceß macht klar Innocenz' Brief an Richard, VII. 133, Rom 9. Oct. 1204. Es stimmen
damit oft wörtlich die actenmäßen Gesta. Die Conti besaßen 600 Jahre
lang Poli, bis sie A. 1808 ausstarben; dann kam der Ort an die Sforza
Cesarini; im Jahr 1820 an die Torlonia. Nibby Analisi II. 569, der
die Ereignisse irrig ins Jahr 1208 setzt. Ep. VII. 133 zeigt, daß die
Lehnsurkunde Richard's noch am 9. Oct. 1204 nicht erlassen war.

lagerte Senator, mit Mühe Richard des Papst's Bruder, dessen Turm das wütende Volk erstürmte und zum Eigentum der Stadt erklärte.¹ Innocenz selbst entwich, am Ende April 1203, nach der Campagna. In denselben Tagen, als die lateinischen Kreuzfahrer Byzanz eroberten, sah sich der große Papst von den kleinlichen Fehden römischer Barone bedrängt, der Furie des Volks ausgesetzt und zur Flucht gezwungen. Der Widerspruch zwischen seinem päpstlichen Machtgefühl und seiner beengten Wirklichkeit in Rom verstimmte ihn tief. Im Herbst, wo ihn schon die aufregende Kunde vom Falle Constantinopel's erreicht hatte, erkrankte er in Anagni so schwer, daß man seinen Tod verkündigte.²

Unterdeß nahte der November heran, wo der neue Senat gewählt werden sollte. Das mißvergnügte Volk verlangte 56 Senatoren, und der Papst, mit welchem man durch Boten unterhandelte, befahl den ihn vertretenden Cardinälen 12 Mediani einzusetzen, wozu er berechtigt war. Das Volk sperrte diese Wahlherren wie in ein Conclave, in den Turm eines seiner Häupter Johann de Stacio, der in den Trümmern des Circus Flaminius sein Haus gebaut hatte.³ Man

---

¹ Die Gesta sprechen nicht von Richard, aber wol des Papsts Brief VII. 133: turrem tuam acriter expugnarent, ita quod eum, te vix tandem per fugam liberato, ceperunt; et adhuc quidam sub nomine Communitatis detinent occupatam (noch im Oct. 1204). Hurter übersah, daß Ep. VII. 133 und die Gesta dasselbe Ereigniß schildern. Bei seinen begreiflichen Irrtümern auch über die Locale der Stadt (er versetzt die Balnea Neapolis auf den Cölius) halte ich mich nicht auf.

² Gesta c. 135. 136. Videns igitur D. Papa, quod furor erat in cursu, cessit. Chron. Fossae novae ad. A. 1203: nonas Maji indignatione Romanorum D. Papa venit Ferentinum. Nach den Regesten (bei Brequigny) batirt eine Bulle am 8. Mai aus Palestrina.

³ Der Circus hieß damals Castellum Aureum. Zwei Klöster standen dort, Domine Rose (heute S. Caterina dei Funari) und S. Lau-

zwang ihnen den Schwur ab, mindestens je zwei von der dem Papste feindlichen Partei zu wählen. Indeß der abtretende Senator Pandulph übergab das Capitol den Anhängern des Papsts, und der neugewählte Senat spaltete sich auf Grund des Processes mit Richard in zwei feindliche Hälften. Die Volkspartei erklärte die Güter Poli für städtisches Eigentum, die andere verwarf diesen Beschluß. Wüster Krieg zerriß Rom, bis das vom Adel geplagte Volk den Papst dringend zur Rückkehr einlud. Er weigerte sich erst, *Er kehrt nach Rom zurück.* dann kam er im März 1204, mit dem mutigen Entschluß, *März A. 1204.* den Unruhen Stand zu halten, und den Senat, dessen Neuwahl nach Ablauf von sechs Monaten wieder bevorstand, nach seinem Willen zu ordnen. Als Innocenz, mit allen Ehren in Rom aufgenommen, dort wieder Wohnung nahm, besänftigte er diese wilde Empörung sofort durch kluge Maßregeln; er ernannte zum Wahlherrn einen von allen Parteien geachteten Mann, Johann Pierleone, seinen früheren Widersacher, jetzt vielleicht seinen Freund. Dieser wählte Gregor Petri Leonis Rainerii, seinen nahen Verwandten, zum Senator, einen durch Rechtlichkeit, nicht durch Kraft, ausgezeichneten Edeln.[1] Aber die demokratische Gegenpartei wollte

rentii Pallacini et in Clausura. Bulle Cölestin's III. v. J. 1192 im Bullar. Vatican. I. 74: Castellum aureum cum parietibus altis, et antiquis in circuitu positis ...

[1] Die Rückkehr des Papsts um Ostern 1204 steht fest; also folgt auf sie die Wahl des Gregorius Petri Leonis Rainerii. Vitale behauptet, daß Gregorius di Giovanni Leone di Rainerio A. 1203 Senator war, und er bringt dessen Erlasse aus Cantatore's Geschichte von Terracina. Doch die Indictionen stimmen nicht. Die Geschichten des Senats auf Gigli's unkritische Manuscripte gestützt, sind lückenhaft. Urkunden fehlen. — Das Geschlecht Rainerii tritt schon in Rom auf A. 1164 mit Johes Petri Leonis de Rainerio (Nerini, p. 193).

nichts vom Frieden wissen, noch dem Papst überhaupt das Wahlrecht zugestehen; sie versammelte sich im Circus Flaminius, erklärte den Vertrag von 1198 für aufgehoben, und erwählte einen Gegensenat unter dem Titel: „Gute Männer der Gemeinde."[1]

So spaltete sich Rom in die päpstliche und die demokratische Faction. Pandulph von der Suburra, Richard Conti, Petrus Anibaldi, das Geschlecht Alexius, und Gilido Carbonis, führten jene; Johann Capocci, Baroncellus, Jacob Frajapane, Gregor und der zum Volk wieder übergetretene Johann Rainerii waren die Häupter der Gegenpartei.[2] Dieser erbitterte Stadtkrieg war ein Verfassungskampf, dem ein sehr ernsthaftes Princip zum Grunde lag. Die Anhänger der alten Gemeindeconstitution sträubten sich die Senatswahl dem Papst zu überlassen, und mit diesem Rechte nach und nach auch jedes andere einzubüßen. Außerdem wurde der Proceß Poli in diesen Streit hineingezogen, weil die wachsende Macht des Nepotenhauses Conti gerechten Grund zum Argwohn gab. An die Spitze des Volks stellte sich wieder der kräftigste Feind des Papsts, Johann Capocci, während der Exsenator Pandulph die Päpstlichen befehligte und Richard die Geldmittel hergab. Man kämpfte in der ganzen Region vom Colosseum bis zum Lateran und zum Quirinal, an dessen Abhängen die drei Capitäne Richard, Pandulph und Capocci ihre Türme besaßen.

Die Art und Weise dieser Stadtkämpfe ist höchst charak-

[1] Gesta c. 139. c. 141. Boni homines de Communi, ein in allen italienischen Demokratien gebräuchlicher Begriff.

[2] Petrus Anibaldi wird Sororius, Schwager, oder Schwesterkind von Innocenz III. genannt. Er war sein Seneschall, und später Rector von Cori, Ep. XIV. 86.

teristisch für jene energische und rohe Zeit. Wenn sich die Factionen in der Stadt erhoben, bauten sie mit rasendem Eifer Türme und Gegentürme, von Ziegelsteinen oder von Holz, um von dort aus mit der wilden Wut ungeschlachter Lapithen einander Steine zuzuschleudern. Diese Festungen des Augenblicks sproßten wie über Nacht auf, wurden unter Kampf und Geschrei gebaut und gezimmert, da die Gegenpartei die Werkleute daran zu hindern suchte, wurden heute niedergeworfen und morgen wieder von Neuem aufgebaut. Man türmte sie auf Resten von Tempeln, Thermen und Wasserleitungen empor und versah sie mit zermalmendem Wurfgeschoß, während man die engen Straßen mit schweren Eisenketten sperrte und die nahen Kirchen verschanzte.[1] Pandulph, der in den Bädern des Aemilius Paulus, wo heute die Straße Magnanapoli liegt, und wo er seinen Palast hatte, vom Capocci grimmig bestürmt wurde, erhob in Eile über einem alten Monument einen hölzernen Turm, und bedrängte nun von hier aus die nahe Burg seines Feindes mit gleicher Wut. Die Alexii bauten in voller Furie einen Turmcoloß auf dem Quirinal; Gilido Carbonis errichtete triumsirend sogar drei Türme, und Petrus Anibaldi erhob einen in der Nähe des Colosseum. Dies Amphitheater gehörte seit lange dem Geschlecht der Frangipani, welche zwar noch immer im Besitz der lateranischen Pfalzgrafenwürde waren, jedoch in der Stadt keine so große Macht mehr besaßen, wie ehedem, während sie auf der Campagna über

<small>Der Exsenator Pandulph, Haupt der päpstlichen.</small>

<small>Die Frangipani vom Colosseum.</small>

---

[1] Gesta c. 139. Fecerunt utrinque turres ligneas, ubi lapideas non habebant, aggeres et fossata, munientes thermas, et incastellantes ecclesias — Erexerunt enim petrarias, et mangonellos, conduxerunt balistarios.

viele Lehen geboten. Den fünf Söhnen des Obbo Frangipane, Jacob, Obbo, Manuel, Cencius und Adeobatus hatte zwar Innocenz III. im Anfange des Jahrs 1204 einen Dienst geleistet, indem er die Gemeinde Terracina zwang, ihnen das streitige Castell Traversa abzutreten, aber er hatte doch Terracina selbst gegen die Gelüste dieser Barone in Schutz genommen, was sie erbitterte.[1] Sie sahen nicht sobald, daß Anibaldi, ein Verwandter des Papsts, sich in ihren Festungsbezirk eindrängen wollte, als sie ihn voll Erbitterung bestürmten und von den grauen Zinnen des Colosseum herab durch einen Hagel von Wurfgeschossen am Turmbau zu hindern suchten.[2]

Die feindlichen Parteien führten Stammgenossen, Vasallen und Mietsvolk herbei, und Tag und Nacht wurde mit Wurfgeschoß, mit Pfeil und Bogen, Schwert und Feuer grimmig gestritten; Rom hallte vom Getöse der Waffen und vom Gekrach der Steine wieder, während der Papst im Lateran, in dessen Viertel seine Freunde, die Anibaldi, wohnten, verschlossen blieb, und in seinem innersten Gemache das Kampfgeheul der Parteien vernehmen konnte. Ihm mochte es dünken, in die Zeiten nicht des Sulla und Marius, sondern der mythischen Cyclopen zurückgekehrt zu sein." Der wilde Capocci eroberte am 10. August die Festung Pandulph's mit Sturm, und drang schon siegreich bis zum

---

[1] Ep. VI. 206 und Panvinius handschriftliche Geschichte des Hauses Frangipani. Der Papst bannte Terracina und zwang es, der Kirche den in jenem Brief enthaltenen Lehnseid zu schwören. Die Stadt blieb übrigens im Lehnsverhältniß auch zu den Frangipani.

[2] Gesta c. 139: prohibentibus Jacobo Fraiapane et relicta Naionis Frajapanis. Najone ist vulgäre Abkürzung eines Namens, oder man muß Rainone lesen. In Urkunden A. 1207 erscheint Jacoba uxor quondam Gratiani Frajopani.

Lateran, wo er die verschanzten Reste der neronischen Wasserleitung erbrach. Aber das Geld des Papsts kämpfte nachdrücklicher gegen diese Demokraten, und das müde Volk verlangte Frieden. Innocenz gewährte folgenden Vertrag: vier Schiedsmänner sollten innerhalb sechs Monaten den Streit zwischen dem Gegensenat und Richard Conti entscheiden, auch über die Senatswahl urteilen, und ihrem Spruch wollte sich der Papst für dieses Jahr unterwerfen. Diese Friedensformel mißfiel der Volkspartei, welche ihre Niederlage voraussah. Die Glocke des Capitols rief zum Parlament, wo über jenen Vertrag abgestimmt werden sollte, und Johann Capocci erhob sich dort und sprach: „Die Stadt Rom ist nicht gewöhnt, in ihren Kämpfen der Kirche zu weichen, nicht durch Rechtssprüche, sondern durch ihre Macht zu siegen. Doch heute erkenne ich, daß sie unterliegen will; sie überläßt der Kirche die Domänen wider den Beschluß des Volks und wider den Schwur der Senatoren, und sie bestätigt dem Papst den Senat. Wenn nun wir trotz unserer Menge und Macht uns beugen, wer wird ihm dann noch zu widerstehen wagen? Niemals hörte ich noch von einem für die Stadt so schimpflichen Frieden, und ich will ihm meine Zustimmung auf jede Weise versagen."[1] Der Widerspruch dieses Demagogen bewog auch Johann Pierleoni Rainerii sein Veto einzulegen.[2]

Kühne Rede Capocci's im Parlament.

---

[1] Non consuevit urbs in aliqua contentione succumbere, quam contra Ecclesiam assumpsisset, neque justitia, sed potentia vincere consuevit — Numquam tam turpem pacem audivi factam pro Urbe. Gesta, c. 141.

[2] Johann Pierleoni entzweite sich wieder mit dem Papst. Er riß tusculanische Güter an sich, und wurde excommunicirt. Er starb (1204 oder 1205), und ihm wurde das christliche Begräbniß nur gestattet, nachdem seine Erben dem Papst genug gethan.

Das Parlament trennte sich im Sturm, und man griff auf's Neue zu den Waffen. Indeß bald mußte man die dargebotene Friedensformel annehmen. Der Papst siegte; die vier Schiedsmänner sprachen ihm das Recht der Senatswahl zu, und mit diesem Spruch verlor die römische Commune einen wesentlichen Teil ihrer politischen Kraft.[1]

Der Papst erhält das Recht der Senatswahl.

Innocenz III. hatte mit großer Klugheit seine Zwecke durchgesetzt, und eben so klug machte er von seinem Siege nur mäßigen Gebrauch. Als sich kein einzelner Mann fand, der beiden Parteien als Senator angenehm war, willigte er in die Wahl von 56 Senatoren, sagte aber ihre unglücklichen Folgen voraus. Dies unpraktische Vielregiment wurde schon nach sechs Monaten für immer beseitigt, worauf der neue Senator, wahrscheinlich jener kraftvolle Pandulph von der Suburra, der Stadt die Ruhe wiedergab.[2] Der Lebensbeschreiber von Innocenz preist hier die Beharrlichkeit, mit der er die Kirche aus der Sclaverei des Senats befreite, und der Habgier ihrer Verfolger entriß, von denen sie sich bisher immer hatte schimpflich loskaufen müssen; und in der That erreichte die Standhaftigkeit des Papsts einen großen Erfolg. Nach der heißen Anstrengung von fünf Jahren unterwarf sich Innocenz III. das Capitol. Und so hatte das römische Volk von seinen großen Rechten eines nach dem andern eingebüßt: die Papstwahl, die Kaiserwahl und die Wahl des Senats.

---

[1] Et de communi omnium voluntate quatuor sunt electi, qui secundum praescriptam formam jurarunt, statimque dixerunt, quod ad summum Pontificem pertinebat, creare Senatum. Gesta, c. 141.

[2] Nach einer handschriftl. Geschichte des Senats im Besitz des Don Vincenzo Colonna zu Rom war, wie auch Vitale annimmt, der erste einzelne Senator neuen Systems Pandulph. Ob dies richtig ist, weiß ich nicht; unwahrscheinlich ist es nicht. Pandulphus de Suburra Romano-

Friede zwischen Rom und dem Papst.

Der Friede zwischen der Stadt Rom und dem Papst Ein einzelner Senator vom Papste eingesetzt, A. 1205. wurde endgültig im Jahre 1205 abgeschlossen. Er veränderte die Form des städtischen Regiments: denn die executive Gewalt wurde nun in der Hand eines einzigen Senators' oder Podestà vereinigt, welchen der Papst selbst durch directe oder indirecte Wahl ernannte. Mit dieser Constitution beginnt eine ruhigere, wenn auch oft durch Kämpfe unterbrochene Epoche für die Päpste in Rom.[1]

rum Consul findet sich noch dreimal als Podestà in Perugia, Anno 1209, 1210, 1217. (Nach Acten im dortigen Archiv.)

[1] Raynald verlegt diese Verfassungskämpfe irrig ins Jahr 1208. Die Ereignisse sind diese: Flucht des Papsts, Frühjahr 1203. Neuwahl des Senats, Nov. 1203. Rückkehr des Papsts, vor 1. April 1204. Sofortige Neuwahl. Senator, Gregorius Pierleone Raineril. Derselbe tritt ab, Nov. 1204. Während seiner Epoche wütender Stadtkrieg. Friedensversuche, im Nov. 1204. Einsetzung von 56 Senatoren bis April 1205. Einzelsenator.

Zweites Capitel.

1. Verhältnisse Sicilien's. Innocenz III. wird Vormund Friedrich's. Markwald. Walther von Brienne. Die germanischen Landbarone in Latium. Die Communen in Latium. Richard Conti wird Graf von Sora. Rückkehr des Papsts aus Latium nach Rom.

Während Innocenz III. mit der römischen Gemeinde im Kampfe lag, war er tief in die Angelegenheiten der politischen Welt verwickelt, die ihn zum Schiedsrichter von Europa machten. Die allgemeinen Geschichten schildern dies; die Geschichte der Stadt Rom wird nur vom deutschen Kronstreit und den Verhältnissen des Königreichs Sicilien berührt, welches fortan die höchste Wichtigkeit für das Reich, das Papsttum und Italien erhielt.

Die Wittwe Heinrich's VI. fand sich schutzlos den Stürmen ausgesetzt, die nach des Kaisers Tod über Sicilien hereinbrachen. Sie hatte ihren vierjährigen Sohn in Palermo krönen lassen, doch der Erbe eines verabscheuten Eroberers besaß wenig Aussicht, das schöne Königreich dereinst wirklich zu beherrschen. Die Sicilianer erhoben sich in gerechtem Nationalhaß gegen die Deutschen, welche ihnen nur als barbarische Unterdrücker ihres unter den normannischen Gesetzen von Reichtum, Industrie und edeln Künsten blühenden Vaterlandes erschienen. Die mäßigen Südländer empörte die ungeschlachte Völlerei der Landsknechte, und die zügellose Gier von rohen Junkern und Rittern, welche die reiche Insel als das Paradies für ihr abenteuerndes Glück betrachteten. Der entrüstete Geist eines classisch gebildeten Normannen, eines Geschichtschreibers von tiefem Ernst und dichterischem Feuer, sprach beim Falle der normannischen Dynastie das Nationalgefühl Sicilien's in leidenschaftlichen Ergüssen aus.[1] Die Patrioten erhoben das Geschrei: hinaus mit den Fremden! Eine sicilianische Vesper drohte; Constanza gab der Forderung der Nation nach, und verbannte alle Deutsche. Ratlos unter den Parteien, welche um die Gewalt stritten, und bekümmert um das Schicksal ihres Sohns, suchte die fromme Wittwe Heinrich's Schutz beim Papst, von dessen Namen Italien widerhallte. Niemals würde ihr Gemal das Lehnsrecht des heiligen Stules anerkannt haben; sie that es aus Not, und Innocenz bot ihr gern die Bestätigung der Krone für ihren Sohn, aber um den Verzicht der alten kirchlichen Freiheiten der Normannenkönige. Nach langem Sträuben gab Constanza nach, worauf ein Cardinal mit dem Lehnsbrief nach Sicilien ging. Die Kaiserin starb jedoch vor dessen Ankunft zu Palermo am 27. Nov. 1198, nachdem sie den Papst zum Vormund Friedrich's bestellt hatte.[2] Constanza schloß die Reihe der sicilischen Normannenkönige, und wurde die Stammmutter der sicilischen Hohenstaufen. Sie war die verhängnißvolle Pandoragestalt im deutschen Reich.

Constanza von Sicilien, † 27. Nov. A. 1198.

[1] Man lese den Brief des Hugo Falcandus, welcher seine ausgezeichnete Sicilianische Geschichte einleitet; Murat. VII. 251.
[2] Baliam regni D. Papae dimisit ab omnibus juramento firmandam, quoniam ad eum spectabat tanquam ad dominum principalem. Gesta c. 23. Die Lehnsurkunde vom 19. Nov. 1198 bei Huillard, Historia diplomatica Friderici II. I. 16.

Das Werk Heinrich's VI. zerfiel auch in Sicilien. Denn Innocenz stellte dort mit beispiellosem Glück nicht allein die Lehnsherrlichkeit der Kirche wieder her, sondern er wurde der regierende Vormund des Thronerben. Die päpstliche Protection erhielt dem jungen Friedrich die Krone Roger's, doch nie kam einem Fürsten ein ähnliches Schutzverhältniß teurer zu stehn.

Innocenz III. Regent Siciliens.

Innocenz übernahm die Regierung des Königreichs mit dem aufrichtigen Willen, den Sohn Heinrich's auf dem Trone zu befestigen, von seinen deutschen wie sicilischen Bedrängern zu befreien, und für die Dauer zum dankbaren Vasallen der Kirche zu machen.[1] Es kostete ihn lange Anstrengungen, die Hoheit dieser zur Anerkennung zu bringen, und die deutschen Lehnsgrafen Heinrich's zu unterwerfen; denn diese Feudalherren waren aus ihren apulischen Fürstentümern nicht so leicht zu vertreiben, wie in Mittelitalien. Einige herrschten im Grenzlande des Liris, wo Diepold von Vohburg, Graf von Acerra, Capitän der Burg Arce war, und Konrad von Marley Sora mit dem Schloß Sorella auf der steilen Felsenhöhe über jener Stadt besaß.[2] Sie drückten, wie vormals die eingewanderten normannischen Barone, eine widerstrebende Bevölkerung, schreckten Campanien und Apulien, oder drangen verwüstend in das päpstliche Latium ein.[3] Sie ver-

---

[1] Er schrieb ihm in seinem Trostbrief am Ende Januar 1199: exultes in Domino — qui pro temporali spiritualem tibi patrem providit, et in matris obitu matrem Ecclesiam — deputavit, ut factus vir et in regni solio solidatus eam amplius venereris per quam te noveris exaltatum.

[2] Mit Diepold waren seine zwei Brüder Otto und Siegfried. Alle diese Verhältnisse setzt gut auseinander Abel, Kaiser Otto IV. und König Friedrich II., Berlin 1856.

[3] Die Chronik von Fossa Nova verzeichnet schon zum Jahr 1198

einigten sich sofort mit Markwald, als dieser aus Ancona verjagte Seneschall in seine Grafschaft Molise kam, und dann nach Constanzen's Tode zum Protector Friedrich's sich aufwarf. S. Germano fiel in seine Gewalt; er unterhandelte voll Schlauheit mit den Cardinälen, und täuschte sie gröblich zu Veroli, im Sommer 1199.¹ Während nun seine Bundesgenossen Diepold und Konrad Apulien behaupteten, setzte Markwald selbst nach Sicilien über, sich dort der Vormundschaft und vielleicht des Trones zu bemächtigen. Innocenz warb Truppen aus dem Kirchenstaat, auch vom tuscischen Bunde; nur die Römer, welche gerade Viterbo bekriegten, halfen ihm nicht in Angelegenheiten, die ihren Zwecken ferne lagen. Ueberhaupt stand es dem Papst nicht zu, sich der Milizen Rom's zu bedienen, außer wenn die Stadt es genehmigte, und er sie wie Söldner bezahlte. Das neue päpstliche Heer führte ein Vetter von Innocenz, der sehr tüchtige Marschall Jacob, nach Sicilien, Markwald aus dem Felde zu schlagen.² Zugleich trat in des Papsts Dienste ein kriegserfahrener Abenteurer aus Frankreich, Walther Graf von Brienne, seit kurzem Gemal einer Tochter des letzten Normannenkönigs Tancred. Er beanspruchte im Namen seiner

<small>Die Lehnsgrafen Heinrich's VI. widerstehen ihm.</small>

---

einen solchen Raubzug Diepold's bis nach Ripi und Torrice — et sedit ibi tres hebdomadas et depraedavit et vastavit — ipsa — castella.

¹ Gesta c. 23. Des Papsts Brief an die Sicilianer vom Aug. 1199, bei Huillard I. 32. Markwald täuschte den Cardinalbischof von Ostia Octavian, Oheim des Obbo de Polo (Ughelli I. 67, Carbella I. 171). Mit ihm waren die Cardinäle Guido und der standhafte Hugolin, später Gregor IX., und auch der Consul Leo de Monumento.

² Jacobus von den Conti aus Anagni, A. 1202 Justitiar und Capitän von Campanien und Apulien, erhielt später zum Lohn Nympha auf Lebenszeit. Der Marschall hatte sich in Sicilien bereichert, und lieh dem Papst Geld. Ep. XV. 114.

Gattin Tarent und Lecce, welche Lehen Heinrich VI. dem unglücklichen Sohne Tancred's, Wilhelm, im Jahr 1194 zuerkannt, aber treulos nicht ausgeliefert hatte. Im Grunde war Walther ein neuer Prätendent Sicilien's, und mutmaßlich der Bluträcher des Normannenhauses. Die Zeiten Robert Guiscard's wiederholten sich, denn die Welt schwärmte von fahrenden Kriegshelden. Irrende Ritter aus Deutschland und Frankreich kämpften in Sicilien um die Gewalt, und tapfre Kreuzfahrer, darunter mächtige Vettern Walther's, aus Frankreich, Flandern und Venedig, eroberten mit beispielloser Kühnheit das große Byzanz, um dort ein lateinisches Kaiserreich nebst vielen Fürstentümern zu gründen. Walter von Brienne kam im Jahre 1200 nach Rom mit seiner Gemalin Albina, mit ihrer Mutter, der unglücklichen Wittwe Tancred's, und einem stattlichen Gefolge.[1] Er forderte vom Papst, dem Lehnsherrn und Gebieter Sicilien's, Lecce und Tarent. Dies brachte Innocenz in Verlegenheit. Nach langen Beratungen anerkannte er die Gültigkeit der Ansprüche Albina's und sprach deren Gemal jene Lehen wirklich zu; aber der Schwur Walther's, Friedrich als König Sicilien's nirgend zu beschädigen, schützte den Papst nicht vor der unwilligen Einsprache der sicilischen Räte des jungen Königs, und Friedrich selbst machte aus der Belehnung Walther's später der Kirche den Vorwurf, daß sie ihm schon in der Zeit ihrer Vormundschaft einen Prätendenten entgegengestellt habe.[2]

Walther von Brienne, Capitän des Papstes.

---

[1] Sibilla und ihre Kinder Wilhelm, Albina, Constanza und Manbonia waren vom eidbrüchigen Heinrich VI. nach Deutschland exilirt. Philipp ließ sie frei. Doch Wilhelm war schon todt. Sibylla ging nach Frankreich, wo Walther sich mit Albina vermälte. Raumer II. 613.

[2] Comitem G. de Brenna, qui velut gener Tancredi regis in-

Indeß war Innocenz froh, einen der besten Capitäne der damaligen Zeit in seinem und, wie er meinte, auch in Friedrich's Dienste zu verwenden, und so war es bereits dieser Papst, welcher den Franzosen den Weg in's Königreich öffnete.

Als nun Walther im Jahre 1201 mit einer kampflustigen Schaar französischer Ritter in Apulien auftrat, wandte sich dort alles zum Nachteil der Deutschen. Wir übergehen die Ereignisse in diesem verworrenen Kriege in beiden Sicilien, wo Walther, Diepold und Markwald hervorragten, alle drei echte Abenteurer ihres Jahrhunderts, Männer voll Mut, Verschlagenheit und Kraft, denen nur das Glück der Normannen, oder Simon's von Montfort im Albigenserlande fehlte. Markwald starb plötzlich in Sicilien, im September 1202. Sein Tod befreite Friedrich von einem tyrannischen Protector, und den Papst von dem schlimmsten Feinde aus der Schule Heinrich's VI. Walther, Sieger über Diepold auf dem alten Feld von Cannä, fiel verwundet im Jahr 1205 in die Gewalt seines listigen Gegners und starb einen ritterlichen Tod, worauf der nun mächtige Diepold sich für einige Zeit mit der Kirche aussöhnte.

In das von Hungersnot und Kriegsfurie gequälte Süditalien kehrte die Ruhe langsam wieder. Die Lehnsgrafen Heinrich's unterlagen; der letzte dieser Zwingherren am Liris, Konrad von Marley, wurde am Anfange des Jahres 1208 überwältigt; Sora ergab sich am 5. Januar dem Abt Roffried von Monte Casino und Richard dem Bruder des Papsts; die

Diepold und Markwald.

Sora ergibt sich dem Papste A. 1208.

trusi mortem nostram et sanguinem sitiebat, sub defensionis nostrae specie misit in regnum. Febr. 1246. Friedrich an die Franzosen; Huillard, Hist. Dipl. VI. 389.

Burgen Sorella und Arce capitulirten um dieselbe Zeit, und so waren jene Grenzlande von einer siebenzehnjährigen Fremdherrschaft befreit.¹

Auf diese glücklichen Erfolge verließ Innocenz am 15. Mai 1208 Rom, um nach S. Germano und Sora zu reisen, und die Angelegenheiten des neapolitanischen Festlandes auf einem Parlament der Barone zu ordnen. Denn trotz der schon eingetretenen Großjährigkeit Friedrich's betrachtete sich der Papst noch immer als den Regierer jenes Königreichs. Kurz zuvor, im Herbst 1207, hatte er die Bischöfe, Grafen, Barone, Potestaten und Consuln der Patrimonien von Tuscien, Spoleto und der Mark Ancona in Viterbo versammelt gehabt, ihnen den Treu-Eid nochmals abgenommen, und ein Statut erlassen, welches die Rechte der Kirche feststellte, den Landfrieden anbefahl, und das Tribunal der päpstlichen Rectoren zum obersten Apellhof bestellte. Dies Parlament bildete die Grundlage der Regierungsgewalt des Papsts in jenen neu gewonnenen Provinzen des Kirchenstaats.² Auch die Barone in Latium empfingen ihn auf seiner Reise als gehorsame Vasallen, und geleiteten ihn mit Gepränge von Ort zu Ort. Colonna, Frangipani, Conti, Anibaldi, Orsini, Savelli, die Grafen von Ceccano, und andere geringere Herren teilten sich in den Besitz der Campania und Maritima. Die wilden Barone dieser classischen Landschaft Virgil's saßen in finstern Burgen noch als Nachkommen der Eroberer germani=

Das Parlament von Viterbo A. 1207.

---

¹ Duravit hoc Theutonicorum jugum gravissimum decem et septem annis. Chron. Fossae Novae. — Gesta c. 39.
² Gesta c. 124. 125. Ep. X. 131. 132. Bulle Universis fidelibus per patrimonium B. Petri constitutis... dat. Viterbii IX. Kal. Oct. Pont. N. a. X. An demselben Tag erließ er ein strenges Ketzeredict, das er in die Communalstatuten zu schreiben befahl.

scher Einwanderung, welche jenes Land einst den Lateinern abgenommen und den Enkeln vererbt hatten. Manche Herren stammten noch aus der Zeit, wo die Langobarden ganz Latium mit Feudal-Geschlechtern erfüllt hatten; andre waren mit den Kaisern herübergekommen, von ihnen und den Päpsten belehnte Sachsen und Franken. Im Volskergebirg ragte das Haus der Grafen von Ceccano als uralte Landdynastie hervor, durch Reichtümer und Würden auch in der Kirche sehr angesehn. Diese Herren waren schon mächtig, bevor noch die Colonna emporkamen, denn schon in der Zeit Heinrich's IV. wurde einer ihrer Vorfahren, Gregor, dort als Graf bemerkt.[1] Ihre germanische Abkunft beweisen die in ihrem Haus fortdauernden Namen Guido, Landulf, Gottfried, Berald und Raynald. Sie besaßen viele Städte und Burgen in der heutigen Delegation Frosinone, und trugen sie von der Kirche zu Lehn. Derselbe Johann von Ceccano, welcher Innocenz den III. mit einem Gefolge von 50 Rittern, seinen Vasallen, in Anagni empfing, war von ihm im Jahr 1201 im Lehnsbesitz bestätigt worden.[2]

[1] In der Chronik von Fossa Nova, einem Kloster bei Ceccano, ist der Tod desselben verzeichnet, A. 1104. Obiit Gregorius Comes Ceccani, 12. Kal. Oct. feria III. Erste Erwähnung dieses Grafenhauses.

[2] Urkunde im Cencius fol. 123. Neuerdings bei Theiner, Cod. Dipl. I. n. 45. Johann, Sohn Landulf's und der Egidia, war A. 1189 vermält mit Rogasinta, der Tochter des Marsengrafen Petrus de Celano. Seine Schwester Mabilia vermälte sich A. 1182 mit Graf Jacob von Tricarico (Chron. Fossae Nov.). Johann's Oheim war Jordan Card. von S. Pudentiana. Ich las im Archiv Colonna viele Urkunden über diese Familie, auch das merkwürdige Testament Johann's vom 5. April 1224 (Originalpergament, Scafale XIII. n. 2). Er besaß demnach: Ceccano, Arnaria, Patrica, Cacumen, Montacuto, Julianum, S. Stephanum, Magentia, Rocca Asprano, Prosseum, Postertium, Carpinetum, und Gerechtsame im Castrum Metellanici, in Alatri, Frosinone, Turrice,

Während diese Grafen das untere Latium beherrschten, bildeten andre Vasallen der Kirche mehr oder minder lang dauernde Ritterhäuser; so die Herren von Sculgola im Volskergebirg aus dem deutschen Geschlecht des Galvan und Konrad;[1] so die Barone von Supino; die Guido von Norma; die Herren von Collebimezzo mit Namen Lando und Berald, und andere Lehnsmannen langobardischen Ursprungs.[2] Außerdem drangen die Colonna von Palästrina immer weiter in das Herz der Campagna vor, wo sie bereits Genazano und Olevano, auch Teile von Paliano und Serrone besaßen;[3] während die Frangipani von Astura bis Terracina in der Maritima den meisten Besitz erworben hatten.

Das ackerbauende und triftenreiche Latium, ohne Handel, ohne Gewerbe wie noch am heutigen Tag, war überhaupt der Sitz großer und kleiner Landbarone, seiner Gutsherren, denn bedeutende Städte gab es dort nicht. Die meisten Orte waren ummauerte Flecken (Castra), mit einem düstern Felsenschloß

Ceperano, Piperno, Setia, Nympha. Seine Kinder: Landulf, Berard, Thomasia und Abelasia.

[1] Cencius fol. 157: qualiter Gualganus de Sculcula recognovit castrum ipsum juris b. Petri esse, et habere, illud in custodia. Urkunde vom 13. Juli 1158, die erste über dies Geschlecht, so viel mir bekannt ist. — Im Archiv Colonna mehre Urkunden aus Saec. XIII. und XIV.; die älteste enthält das Testament des Conradus de Sculgula fil. quond. dni Galgani, vom 1. Jan. 1270 (Scaf. XIII. n. 3). Dessen Sohn Galganus hatte drei Söhne: Conrad, Simon und den Carb. Gotfried von S. Georg in Velabro. Ibid. Scaf. XVII. n. 4, Pergam. vom 28. Febr. 1270.

[2] Collismedii, zerstörte Burg im Volscischen, wo der Name des Locals noch dauert. Das späte Fortbestehen dieser germanischen Eroberer in vielen Rittergeschlechtern Latium's ist eine sehr merkwürdige Thatsache.

[3] Am 21. Dec. 1232 verkaufte Oddo de Columpna dominus Olibani seinen Anteil am Castrum Paliani und Serronis der Kirche. Cencius fol. 140.

(Rocca ober Arx) von meist noch saturnischer Anlage uralter Ringe aus Cyclopensteinen, worin der Baron, ein wilder und würdiger Nachfolger der Cyclopen, oder sein Vicar, oder ein Castellan des Papsts saß, während die Vasallen und die an die Scholle gebundenen Frohnleute zu Füßen der Rocca in einem elenden Ort zusammengedrängt wohnten.[1] Noch heute dauern in den lateinischen Berggegenden solche alte Orte mit dem Zunamen Rocca fort, als lebendige Monumente des noch nicht überwundenen Mittelalters. Der Baron, welcher dort gebot, war ein kleiner König in seinem Gebiet, alleiniger Besitzer des Landes, Herr über Leben und Tod seiner unglücklichen Einsaßen. Alle polizeiliche und richterliche Gewalt ging von ihm aus, denn er besaß das merum et mixtum imperium, die hohe Criminal- und Civiljustiz. Die Päpste waren zu schwach, dem Landadel so große Privilegien zu entziehn, wie es später Friedrich II. in seinem Königreiche that, als er zur Stärkung seiner Monarchie und zum Wole seines Landes den Trotz übermächtiger Feudalherren brach. In den päpstlichen Landen behaupteten die Barone fortdauernd die hohe Gerichtsbarkeit, und oft verliehen ihnen die Päpste selbst durch Lehnsbriefe dieses Recht, wie es viele Urkunden des XIII. Jahrhunderts zeigen. Baronale Jurisdiction übten außerdem Klöster und Kirchen aus, welche sich durch Schenkungen und Kauf eines unverhältnißmäßig großen Teils der Campagnagüter bemächtigt hatten. Wenn Castra

Baronalherrschaft in Latium.

[1] So heißt es oben Rocca et Castrum Paliani, Rocca et Castrum Serronis. Aber auch Arx et Castrum Fumonis, wo ein Vogt des Papsts saß. Nympha, Tiberia, Norma, Larianum, Falbateria, selbst Frosinone waren Castra. Dagegen civitas Tusculana cum arce ejusdem civitatis. In Actenstücken Latium's jener Zeit kommt die Formel vor: quaecunque civitas, seu castrum vel Baro.

noch eine Gemeinde von Freien (communitas oder populus) unter Consuln bildeten, so war doch ihr Municipalwesen durch die Eingriffe der Gerichtsbarkeit des weltlichen oder geistlichen Barons sehr beschränkt. Das völlige Vorherrschen eines rohen und gewaltsamen, weder durch eine Landesmonarchie, noch durch den bürgerlichen Geist gebändigten Landadels, der in seinen einsamen Wildnissen von den Fortschritten der Zeit nicht berührt wurde, erklärt die Thatsache, daß Latium bis auf den heutigen Tag hinter allen andern Provinzen der Kirche zurückgeblieben ist. In dieser erhabenen Wüste, deren Hügel und Täler statt des Korns die melancholische Asphodelosblume oder die Menthe bedeckt, bezeugen dies noch jetzt verrottete Castelle, welche dort, unheimlich und geisterhaft abgestorben, stehen geblieben sind; von einem schwarzen Baronalschloß, dem einzig bemerkbaren Charakter der Architectur überragt. Die Communen, die im übrigen Italien die feudale Barbarei zerbrachen und eine neue Nationalcultur erzeugten, entwickelten sich nicht in jenem spärlich bevölkerten, schlecht bewirtschafteten Lande der Schafhirten und Ackerbauern, wo Barone und Mönche in weiten Einöden die Herrscher blieben.

Bischöfliche Städte in Latium. Nur wenige größere Orte, von Alters her Bistümer, behaupteten sich dort als Civitates oder Stadtgemeinden unter dem Schutz ihrer Bischöfe und der Päpste, mit Consuln und Podestaten an ihrer Spitze, und in sich selbst in die einander feindlichen Klassen der Freibürger (populus) und der ritterlichen Leute (milites) getrennt. Anagni, Veroli, Belletri, Alatri, Frosinone und Ferentino kamen niemals unter die ausschließliche Gewalt eines Dynasten; sie besaßen vielmehr ihre statutarische Gemeindeverfassung, die Wahl ihrer

Rectoren, und das Recht Verträge jeder Art zu schließen.[1] Weil aber trotzdem an allen großen und kleinen Orten Barone mit mancherlei Gerechtsamen als Blutsauger hingen, war es für den päpstlichen Rector keine zu leichte Aufgabe, die große Verwirrung sich bestreitender Rechte, oder den ewigen Hader zwischen Gemeinden, Herren und ritterlichen Leuten zu schlichten. Die ganze Landschaft Campania und die Maritima zwischen den Volskerbergen und dem Meer, wo Terracina die einzige beträchtliche Stadt mit eigner Communalverfassung war, wurde nämlich von einem päpstlichen Legaten zeitweise regiert, unter dem Titel Rector Campaniae et Maritimae. Dies ehemalige Grafenamt der Campagna (Comitatus Campaniae) verwalteten bald vornehme Römer vom Laienstande mit blos weltlicher, bald Prälaten und Cardinäle mit doppelter Gewalt.[2]

<small>Campania u. Maritima.</small>

Die Reise von Innocenz III. durch Latium bot uns Veranlassung, einen Blick auf die Verhältnisse dieses berühmten Landes zu werfen. Wenn sie den Zweck hatte, die lateinischen

---

[1] Anagni und Velletri besaßen Podestà's; in Ferentino Potestas, Consilium et Populus (Theiner I. n. 195. A. 1241). Als Gregor XI. A. 1229 Suessa in den Schutz der Kirche nahm, sagte er in seiner Bulle: concedimus vobis, ut in preficiendis vobis Rectoribus, et in contractibus venditionis ... habeatis ad instar praedictarum civitatum Campanie libertatem, und vorher hob er heraus: sicut Anagniam et alias civitates. Theiner I. n. 153. A. 1231 bekriegten sich in Anagni Ritter- und Bürgerstand, worüber Gregor's Bulle dilectis filiis rectoribus, militibus et populo Anagninis, vom 11. Aug. 1231. Ibid. n. 161.

[2] Seit der Restauration durch Innocenz III. bildeten die Provinzen der Kirche folgende Gruppen: Campania et Maritima, Patrimonium B. Petri in Tuscia, Ducatus Spoletanus, Romandiola, Marchia Anconitana. Es findet sich bisweilen für Campania et Maritima noch der alte Begriff Comitatus Campaniae.

Vasallen und Städte in der Treue zur Kirche zu befestigen, so verband sich damit noch eine andre Absicht. Denn Innocenz schuf damals seinem Bruder Richard ein herrliches Fürstentum am Liris. Der junge König Friedrich, der es ihm abtrat, bezahlte damit seine Verpflichtungen an den Papst. Während sich dieser im Kloster Fossa Nova bei Ceccano befand, wurde Richard Conti unter Trompetenklang von einem sicilischen Protonotar als Graf von Sora ausgerufen. Sein Lehen umfaßte außer dieser alten Stadt ein ansehnliches Gebiet, die Heimat des Cicero und Marius, Arpino, Arce, Isola und andre Orte. Friedrich bestätigte Richard in ihrem Besitz nochmals im Jahr 1215, wo er jene Städte sogar dem Verband mit seinem Königreich enthob, und als Kirchenlehen förmlich anerkannte.[1] So hatte Innocenz III. jenseits des Liris ein dienstwilliges Nepotenland wie eine Schanze aufgerichtet, und den Kirchenstaat auf Kosten Friedrich's erweitert. Die Macht Richard's war nun fürstlich zu nennen. Er besaß bereits die Lehen des Hauses Poli, erhielt in demselben Jahr 1208 vom Papst auch Valmontone auf der Campagna, und wurde seither der Stammvater des Grafengeschlechts der Conti, welches sich in die beiden Zweige von Valmontone (später auch Segni) und von Poli teilte. Denn von seinen drei Söhnen stiftete Paul die erste, und Johann die zweite Linie.[2]

Richard Conti als Graf von Sora, A. 1208.

---

[1] Urkunde von Speier, 11. Oct. 1215, Murat. Antiq. Ital. V. 663. A. 1221 nahm Friedrich II. dem Grafen Sora wieder, und warf ihn selbst in den Kerker. Die Conti reclamirten das schöne Lehen vergebens A. 1288 von Nicolaus IV. Ratti, Hist. della fam. Sforza II. 231.

[2]

	Trasmundus	⌣	Claricia de Scotta	
	Innocenz III.		Richard Dux Sorae	
Johannes de Polo, Comes Albae.		Paulus Romanor. Proconsul. 1238.		Stephanus, Card. S. Adriani.

Am 6. October 1208 leistete Richard zu Ferentino für alle von ihm erworbenen Länder dem Papst den Vasalleneid.[1] Konnte man die Römer tadeln, wenn sie Innocenz des Nepotismus beschuldigten? Er versorgte seine Verwandten freigebig, verlieh ihnen Länder und gab ihnen die höchsten Würden. Er hatte ihre vielen Dienste zu belohnen, und sie alle scheinen Männer von bedeutenden Eigenschaften gewesen zu sein.

Von seiner Reise kehrte der Papst am 1. Nov. 1208 in den Lateran zurück, wo ihn die Römer mit großen Ehren begrüßten. Die Stadt war in dieser Zeit völlig beruhigt. Obwol die Gemeinde hie und da versuchte, einen Senator aus freier Wahl aufzustellen, so wurde doch die Constitution vom Jahre 1205 aufrecht gehalten, so lange als Innocenz III. lebte.[2]

Der Teilungsvertrag der Familie datirt vom 3. Mai 1226 (Contelori n. 4). Danach erhielt Paul Valmantone, Sacco, Plumbinaria oder Fluminaria rc.; Johannes Turrim Urbis — Ponte Mammolo, Monte Fortino. Paul's Sohn oder Enkel Johannes Comes machte die Güter Valmontone, Gabiniano, Sacco, Fluminaria zu einem Fideicommiß für seinen Sohn Adenulf und Enkel Johann. Die Urkunde vom 11. Aug. 1287 enthält die erste ausdrückliche Stiftung eines Majorats, welche wenigstens mir aus römischen Landen bekannt ist. Ich fand sie im Archiv Conti-Ruspoli (Busta 27, 8). Die Formel lautet: teneatur restituere ... ille primogenitus ... alteri primogenito suo masculo nato ex legitimo matrimonio in infinitum et in perpetuum, ita quod successive dicta castra et tota Terra praedicta et Baronagium semper applicentur et pervenient ad unum solum masculum haeredem primogenitum. (Actum in Castro Vallis Montonis in majori Palatio Curiae dicti Domini.)

[1] Ep. XII. 5. Nobili viro Ricardo germano nostro Sorano Comiti, dat. Lateran. VI. Kal. Martii a. XII., worin der Artikel vom 6. Oct. 1208 eingefügt ist. Es war ein Reichlehen (per cuppam deauratam). Siehe auch Cencius fol. 138, und Theiner I. 53.

[2] Chron. Andrense, D'Achery Spicil. II. 843, woraus hervorgeht, daß der damalige Senator freiwillig abtrat: Senatorem urbis, qui quasi ipso invito dominium tenuerat, sponte cessurum denuntiat.

2. Innocenz III. in seinem Verhältniß zum deutschen Kronstreit. Otto vom Hause Welf, und Philipp von Schwaben. Die Capitulation von Neuß. Der reichsrechtlich anerkannte Kirchenstaat und dessen Umfang. Proteste der Partei Philipp's gegen die Einmischung des Papsts in die Königswahl. Krönung des Petrus von Aragon in Rom.

Größere Schwierigkeiten, als der Kirchenstaat und Sicilien, bot Innocenz das deutsche Reich dar. Eine zwiespältige Königswahl nach Heinrich's VI. Tode, und die Berufung der Parteien, machten den Papst zum Protector des Kaisertums. Der großen Mehrheit der deutschen Wahlfürsten trat die Faction der Welfen entgegen, die Feindin der staufischen Erbmonarchie, und die Verbündete Englands, dessen König der von Heinrich VI. gedemütigte Richard war. Otto, Sohn Heinrich's des Löwen, Schützling und Vasall seines Oheims Richard, der ihn zum Herzog von Aquitanien und zum Grafen von Poitou gemacht hatte, erhob mit englischen Mitteln und durch die erkauften niederrheinischen Bischöfe sein Haus aus dem Ruin, in welchen es die Hohenstaufen gestürzt hatten. Am 12. Juli 1198 krönte ihn Adolf von Cöln in Aachen. Aber die meisten und größesten Fürsten hatten schon im März Philipp von Schwaben erwählt; am 8. September wurde dieser Bruder Heinrich's VI. in Mainz gekrönt. Wenn sich Philipp, um die Krone dem staufischen Hause zu erhalten, aus dem Vormunde Friedrich's in den Usurpator seiner Rechte verwandelte, und die Fürsten sich über den Huldigungseid hinwegsetzten, den sie Heinrich's kleinem Sohne bereits im Jahr 1196 geschworen hatten, so konnten sie durch die Verhältnisse entschuldigt werden; und wenn Innocenz III. die Rechte seines Schützlings nicht wahrte, so durfte er mit vollem Grunde sagen, daß er nur die Pflicht

Deutscher Kronstreit zwischen Otto und Philipp.

überkommen habe, Friedrich in seinem sicilischen Erbe zu schützen; während Philipp der von Heinrich VI. bestellte Vormund in Deutschland war. Wie Gregor VII. bediente sich auch Innocenz III. eines Kronstreits, um die Macht des Papsttums auf Kosten des Reiches zu erhöhen, und jenes war durch Einheit stark, dieses durch Spaltung gelähmt.[1] Die Acten des großen Reichsprocesses zeigen, mit welchem staatsmännischen Verstande Innocenz aus dem unheilvollen Streit den höchsten Gewinn für die Kirche zu ziehen wußte. Im Angesicht irdischer Machtverhältnisse wäre es wahrhaft töricht, von einem Papst zu verlangen, daß er den Vorteil seiner Kirche einer idealen Gerechtigkeit hätte aufopfern sollen. Innocenz mußte sich vorweg dem Sohne Heinrich's des Löwen zuneigen, dessen Haus seit lange als Stütze der Kirche galt.[2] Wer wird ihn tadeln, wenn er die gefürchteten Hohenstaufen für immer zu enttronen, und an ihre Stelle die Welfen zu setzen wünschte? Ich kann Philipp, so sprach er voll Aufrichtigkeit, nicht begünstigen, ihn, „der nur eben erst das Patrimonium der Kirche an sich riß, sich Herzog von Tuscien und Campanien nannte, und behauptete, daß seine Gewalt bis zu den Toren Rom's, ja bis nach Trastevere reiche."[3] Durfte er die Erhebung Friedrich's befördern? Der Sohn Heinrichs VI. würde Sicilien mit dem Reiche wieder verbunden

Innocenz III. begünstigt den Welfen Otto.

---

[1] Nunc autem Ecclesia per Dei gratiam in unitate consistit, et imperium peccatis exigentibus est divisum. Innocenz in der Antwort an die Boten Philipp's. Baluzius I. 693.

[2] Cum per se devotus existat Ecclesiae, ac descendat ex utraque parte de genere devotorum; Innocenz, Reg. Imperii Ep. 29 und 33.

[3] Siehe das berühmte Actenstück Deliberatio Domini Papae Innoc. super facto imperii de tribus electis, Ep. 29, wo er alle Verfolgungen der Hohenstaufen gegen die Kirche aufzählt.

haben.¹ Die Päpste bekämpften die staufischen Entwürfe, durch Unterwerfung Italiens und durch Aufhebung des Kirchenstaats die Reichsgewalt herzustellen und eine Erbmonarchie zu stiften, was der Lieblingsplan Heinrich's VI. gewesen war. Sie durften ein erbliches Kaisertum nicht entstehen lassen, nicht um idealer Vorstellungen willen, wonach das Reich dem Geburtsrecht einer Dynastie entzogen, dem päpstlichen Wahlreich ähnlich, und nur mit „den Frömmsten und Weisesten" als Kaisern besetzt sein sollte, sondern aus Furcht, daß ein starkes Deutschland alle anderen Länder und auch die Kirche erdrücken würde. Die Päpste waren die naturgemäßen Feinde der monarchischen Einheit Deutschlands, wie Italiens. Es ist daher nicht schwer, die Ansicht zu erraten, welche Innocenz den III. leitete, wenn er den Wahlfürsten vorstellte, daß Deutschland nie zum Erbreich werden dürfe.²

Das berühmte Instrument, welches er als Erwägung des Reichsprocesses nach Deutschland schickte, entwickelte alle seine Gründe für und wider die Prätendenten mit vorzüglicher Wahrheit und meisterhafter Kunst. Im Uebrigen war seine Sprache überall die von Gregor VII. und Alexander III., deren kühne Anschauungen von der Papstgewalt er noch steigerte. Wenn die Päpste in der carolinischen Zeit, wo sie kaum noch das bescheidene Gewand der Bischöfe abgelegt hatten, das Reich als die theokratische, auf den Grundlagen des Christentums ruhende Weltordnung auffaßten, worin die sichtbare Kirche in bürgerlichen Gesetzen zur Gestalt kam, so er-

---

1 Quod non expedit ipsum imperium obtinere, patet ex eo, quod per hoc regnum Siciliae uniretur imperio, et ex ipsa unione confunderetur Ecclesia. Reg. Imp. 29.

2 Brief 33, vom 1. März 1201.

niedrigten die Päpste seit Gregor VII. dieses Reich zum Begriffe blos materieller Gewalt, und sie wollten im Kaiser nichts mehr sehen, als den von der Kirche investirten ersten Vasallen, der zu ihrem Schutz sein plumpes irdisches Schwert zu ziehen, und als weltlicher Richter die Ketzerei niederzuschlagen habe.[1] Während die Kirche Gottes, das heißt das Papstthum, die das Universum erleuchtende Sonne war, kreiste, nach der Ansicht der Priester, das Reich nur als trüber Mond in der dunstigen Sphäre der Erdennacht, und dies geschickte Spiel mönchischer Phantasie drang wie eine astronomische Wahrheit in das Vorstellen der Welt.[2] Die Kirche erhob sich als eine erhabene Geistesmacht, als das Weltideal, und das Reich sank wie im Begriff, so in der Wirklichkeit nieder. Die feine Philosophie der Päpste erwog den Ursprung der Fürstengewalt, und kam dabei auf die Resultate Rousseau's oder die Ansichten, welche man heute demokratisch nennt. Doch jeder Kaiser voll Selbstgefühl und seiner uralten Legitimität sich bewußt, mußte sich gegen Ansprüche auflehnen,

Seine Ansicht von der Unterordnung des Reichs unter die Kirche.

[1] In Reg. Imp. Ep. 32 an Otto stellt Innocenz III. das Imperium nur dar als materialis gladii potestas zum Schutz des Glaubens und zur Ausrottung der Ketzer.

[2] Im Brief I. 401 an die Rectoren Tusciens: sic regalis potestas ab auctoritate pontificali suae sortitur dignitatis splendorem. Siehe auch Reg. Imp. Ep. 32 an Otto. Es wurde in päpstlichen wie in königlichen Briefen eine ganz arglose Phrase zu sagen: cum Sacerdotium et Imperium duo sint luminaria (majus et minus) in Ecclesiae firmamento, quibus mundus in spiritualibus et temporalibus veluti die ac nocte clarescat. — Dies schon von Gregor VII. (VIII. Ep. 21) aufgestellte Gleichniß wurde von den Mönchen mit kindischer Phantasie ausgeführt. Siehe Homilia II. des Cölner Cisterzienserts Cäsarius Heisterbach (um 1220) im lib. XII. Illustrium Miraculorum et Historiarum Memorabilium (Cöln 1691 p. 177 sq.); die Kirche ist das Firmament, Sonne Papst, Kaiser Mond, der Tag die Geistlichkeit, die Nacht das Laientum, die Sterne Bischöfe, Abbaten u. s. w.

welche die berüchtigten Grundsätze Hildebrand's wiederholten: daß die königliche Gewalt tief unter der priesterlichen stehe; daß der Papst als Stellvertreter Christi, „durch den Könige herrschen und Fürsten regieren," Herr des Erdkreises sei; daß das Amt der Fürsten als eine den Juden auferlegte Strafe von der Tyrannei Nimrod's, das Priesteramt allein von Gott stamme; daß der Papst Richter und Besteller des Reiches sei, weil dieses durch die Kirche von Byzanz auf das Frankenland übertragen worden, und weil der Kaiser seine Krone nur vom Papst empfange; daß dem Princip und Zweck gemäß das Imperium dem heiligen Stul gehöre; kurz, daß der Papst beide Schwerter, das weltliche wie das geistliche, besitze — ein Grundsatz, gegen den sich später die Forderung Dante's von der Trennung beider Gewalten so energisch erhoben hat.[1]

Während die Erwähler Otto's das Reich, ohne Rücksicht

---

[1] Für diese Maximen ist des Papsts Antwort an die Boten Philipp's (Reg. Imp. 18) sehr wichtig: Hinc est, quod Dominus sacerdotes vocavit Deos, reges autem principes. Ferner Ep. 30. 62. Der Anspruch des Papsts auf die Universalherrschaft wurde später im Streit Ludwigs des Baiern als Canon betrachtet. Ich bemerke vorweg drei Sätze aus des Alvar Pelagius De Planctu Ecclesiae: Papa potest privare imperatorem imperio et reges regno. — Qui non habet Papam pro capite nec Christum habet. — Christus rex temporalis, Papa ejus vicarius, habet in terris utramque potestatem. Ausdrücklich sagt Innoc.: — imperium noscatur ad eam (sedem Apost.) principaliter et finaliter pertinere. Reg. Imp. n. 29. — Im Reg. Imp. 18 behauptet er, daß eingesetzt sei: sacerdotium per ordinationem divinam, regnum autem per extorsionem humanam. Diese philosophische Ansicht der Päpste, welche kein Königtum von Gottesgnaden kannten, über den Ursprung der Könige bekennt übrigens Friedrich selbst, etwas modificirt, in der merkwürdigen Einleitung der Constitutionen von Melfi, A. 1231. Durch die irdische Not, die Trennung von Mein und Dein, welche an Stelle der natürlichen Gütergemeinschaft trat, aber auch durch göttliche Veranstaltung, seien die Fürsten geschaffen.

auf die Folgen, dem päpstlichen Tribunal unterworfen, er=
hoben sich die Fürsten auf Philipp's Seite voll Argwohn und
Entrüstung gegen die Einmischung des Papsts in die Kaiser=
wahl. Sie wiesen ihn in seine Grenzen zurück; sie drohten
sogar ihren König mit Waffengewalt zur Krönung nach Rom
zu führen. Der Papst antwortete ihren wiederholten Pro=
testen, daß er das Wahlrecht der Fürsten nicht bestreite, aber
daß sie selbst anzuerkennen hätten: wie das Recht den Er=
wählten zu prüfen und zum Kaiser zu erheben dem Papst
gebühre, der ihn salbe, weihe und kröne. So hatte sich das
geschichtliche Verhältniß vom Kaiser zum Papst im Lauf der
Zeit in sein völliges Gegenteil verkehrt.[1]

Drei Jahre lang hielt Innocenz sein Urteil zurück,
während Deutschland allen Furien des Bürgerkrieges ausgesetzt
blieb; dann erklärte er sich am 1. März 1201 für den Sohn
Heinrich's des Löwen. Die Römer erinnerten sich alter An=
sprüche auf die Kaiserwahl, aber nur um die päpstliche Ent=
scheidung anzuerkennen: denn der Welfe wurde auf dem
Capitol zum Könige der Römer ausgerufen.[2]

Innocenz III. anerkennt die Wahl Otto's, März A. 1201.

Der Preis Otto's für seine Anerkennung war der Ver=
zicht auf die alte Kaisergewalt in dem größten Teile Ita=
liens, und die Bestätigung der Souveränität des neuen
Kirchenstaats. Er unterwarf sich einer von ihm geforderten
Capitulation zu Neuß am 8. Juni. Dort wurden zum ersten
Mal die Grenzen des Kirchenstaats fast ganz so festgestellt,

---

[1] Reg. Imp. Ep. 14 und darauf später, als der Papst Philipp
verworfen hatte, Ep. 61. Die Erklärung von Innocenz, Ep. 62.

[2] Roger de Wendover, Chron. (ed. Coxe, London 1841, T. III.
142): in Capitolio autem et per totam urbem declamatum est: Vivat
et valeat imperator Otho.

wie sie bis auf die jüngste Umwälzung gedauert haben. Derselbe sollte das Land von Radicofani bis Ceperano, den Exarchat, die Pentapolis, die Mark Ancona, den Ducat Spoleto, die mathildischen Güter, und die Graffschaft Brittenoro umfassen, „mit anderen umliegenden Ländern, wie sie viele Privilegien der Kaiser seit Ludwig bezeichnet hatten."[1]

Die Capitulation von Neuß, 8. Juni A. 1201.

Otto schwor, der Kirche Sicilien zu erhalten, ohne dabei der Rechte Friedrich's zu erwähnen; in Bezug auf die zwei italienischen Städteconföderationen, und auf Rom, sich nach dem Willen des Papsts zu richten. Dies war von hoher Wichtigkeit, weil der Papst jeden kaiserlichen Einfluß auf den Lombardenbund fortan zu beseitigen gedachte. Der unterwürfige Welfe überging die Rechte des Reichs mit Schweigen. Die deutschen Lehnsfürstentümer in der Romagna und den Marken, die nie zuvor bezweifelten Rechte des Reichs auf die Länder von Spoleto und Ancona, alle Anstalten Heinrich's VI., die Kaisergewalt in Italien und Rom herzustellen, wurden mit diesem Instrument beseitigt. Es gab allen von Innocenz III. vollzogenen Umwälzungen die rechtgültige Bestätigung. Die berühmte Capitulation von Neuß wurde die erste authentische Grundlage für die praktische Herrschaft des Papsts im Kirchenstaat. Alle folgenden Kaiser haben sie anerkannt; und so verwandelten sich die früheren unerweisbaren Schenkungen seit Pipin in ein Document von unbestreitbarer Echtheit.[2] Darf man im Angesicht dieser großen Urkunde

---

[1] Juramentum Ottonis, actum Nuxiae in Coloniensi dioecesi a. 1201. VI. Id. Junii — Reg. Imp. Epp. 77. Monum. Germ. IV. 205. Es wird auf das Diplom Ludwigs I. Bezug genommen, welches seit Gregor VII. als authentisch galt. Doch von Corsica und Sardinien ist noch nicht die Rede.

[2] Die Romagna blieb jedoch beim Reich bis A. 1278. Siehe über

noch zweifeln, daß unter allen Gründen, welche Innocenz III. für Otto stimmen machten, der stärkste die Ueberzeugung war, daß Philipp ihm nimmer so bedeutende Zugeständnisse würde bewilligt haben, als sie der schwächere Welfe zu geben bereit sein mußte?

Der Spruch des Papsts entrüstete die Patrioten in Deutschland. Die Anhänger Philipp's protestirten gegen den Legaten Guido von Präneste, der ihr Wahlrecht verletzt habe. „Wo habt Ihr Päpste und Cardinäle gehört," so riefen sie, „daß Eure Vorgänger oder deren Boten sich in die Wahl der römischen Könige einmischten?" Sie erinnerten voll Unwillen an das ehemalige Kaiserrecht auf die Papstwahl; denn früher waren es die Kaiser, welche die Päpste einsetzten, jetzt setzten die Päpste die Kaiser ein. Das römische Imperium wurde ein Schattenbild.[1] Stolz und Vaterlandsgefühl waren durch die Erniedrigung des Reichs unter die Willkür frecher, päpstlicher Nuntien beleidigt, welche Deutschland in Verwirrung brachten, Bistümer und Länder spalteten, Philipp als gebannt verkündigten, und alle Welt zum Abfall von ihm ermahnten. Der Bürgerkrieg wütete fort. Sieg war jetzt für Philipp das einzige Mittel den Papst auch von seinem Recht zu überzeugen. Er verzweifelte nicht daran; aber die großen Versprechungen, die er Innocenz im Jahre 1203 machen ließ, fanden kaum ein halbes Gehör. Er knüpfte Verbin-

Teutscher Bürgerkrieg.

---

diese Verhältnisse Ficker, Forschungen zur Reichs- und Kirchengeschichte Italiens II. 469 sq.

[1] Reg. Imp. 61., worin der Grundsatz der Trennung beider Gewalten entschieden behauptet wird. Darauf Ep. 62 die Antwort des Papsts an Berthold von Zähringen. Auch Philipp August von Frankreich, der sich mit Philipp von Schwaben schon am 29. Juli 1198 verbündet hatte, protestirte. Ep. 63.

bungen an mit der der alten Partei Heinrich's VI. in Italien; im Jahr 1204 schickte er Lupold, den von ihm investirten, aber vom Papst verworfenen Bischof von Mainz, in die Marken, die Anhänger Markwald's zu bewaffnen. Dem Bischof gelang es, mehre Städte auf seine Seite zu ziehen, und bis in das Jahr 1205 den päpstlichen Truppen Stand zu halten.[1] Philipp verständigte sich außerdem mit den Feinden des Papsts in Unteritalien; auch Rom bot ihm Gelegenheit, Innocenz durch die Opposition der Volkspartei zu belästigen.[2]

Während man im Reich gegen das angemaßte Schiedsrichteramt des Papsts protestirte, zeigte dieser in ruhiger Majestät der Welt, daß es wirklich Könige gab, welche den Stellvertreter Christi als den Verleiher des Königtums freiwillig anerkannten. Der junge Petrus von Aragon, ein ritterlicher Glaubensschwärmer im Maurenkrieg, ein unerbittlicher Ketzervertilger, kam im November 1204 nach Rom, sich vom Papste krönen zu lassen, von ihm selbst dazu eingeladen, weil Innocenz zugleich die Vermälung Friedrich's mit Constanza, der Schwester Peter's, betreiben wollte. Die Könige von Aragonien hatten bisher nie eine Krönungsceremonie begehrt; ihr Enkel suchte sie aus Eitelkeit, und bezahlte

---

[1] Innocenz ermahnt die Anconitaner, VII. 228, mit Berufung auf das fingirte Testament Heinrich's VI. Er schickte ihnen den Cardinal Cencius, nicht von S. Laurentius am „Fischteich" (Piscina), wie Hurter irrig meint, sondern von S. L. in Lucina.

[2] Reg. Imp. Ep. 153. Quidam enim civium Romanorum adversarii tui corrupti pecunia, gravem seditionem adversus nos commoverunt in urbe... so der Papst A. 1208 an Otto, ihm versichernd, daß er seine Sache nicht verließ, als alle von ihm abfielen, und auch die Römer sich auflehnten. Der Aufstand ist jener von 1204 und 1205.

einen Flitter mit einem unschätzbaren Preis. Als er am 8. November auf der Insel bei Ostia landete, schickte ihm der Papst ein ehrenvolles Geleit entgegen, worunter sich auch der Senator als Repräsentant der Stadt befand.¹ Der Gast wurde im Palast des S. Peter beherbergt, aber seine Krönung (am 11. November 1204) fand nicht in dem heiligen Dome statt, sondern in der Basilika des S. Pancratius vor dem Tor. Der Cardinalbischof von Portus salbte, der Papst krönte ihn, und rüstete ihn mit allen Insignien des Königtums aus. Peter schwor der römischen Kirche gehorsam zu bleiben und die Ketzerei auszurotten; in den S. Peter zurückgekehrt legte er seine Krone am Apostelgrabe demutsvoll nieder, brachte sein Reich in aller Form als Weihgeschenk dem Apostelfürsten seines Namens dar, und verpflichtete sich zu einem jährlichen Zins an den heiligen Stul.² Die Schwärmerei dieses Fürsten, der sich ohne Not zum Vasallen des Papsts machte, ist bezeichnend für das spanische Wesen schon jener Zeit; die Stände Aragon's ziehen ihn bei seiner Rückkehr des Verrats an der Freiheit des Vaterlandes, und seine phantastische Handlung bot noch 80 Jahre später einem Papst das Recht dar, Aragon als Lehnsherr dem Stamme Peter's zu

Innocenz III. krönt Petrus' von Aragon als tributspflichtigen König.

---

¹ Gesta c. 120: Senatorem urbis — keineswegs, wie Hurter meint, Curialstil für die Mehrheit der Senatoren, sondern es gab damals nur einen Senator, Gregor Pierleone Rainerii, kurz vor seinem Abtreten. Des Präfecten geschieht keine Erwähnung.

² Gesta c. 121, worin auch die Lehnsurkunde. Ein König anerkannte, was Innocenz proclamiren wollte, daß der Papst Oberherr aller Fürsten sei: Cum corde credam et ore confitear, quod Rom. Pontifex qui est B. Petri successor, Vicarius sit illius per quem reges regnant et principes principantur, qui dominatur in regno hominum et cui voluerit dabit, ego Petrus — tibi — summe Pontifex — offero regnum meum ...

entziehen, und einem Prinzen Frankreichs zu übertragen.[1] Was indeß bedeutete der Vasalleneid von Aragon gegen den unermeßlichen Glanz, womit sich derselbe Papst Innocenz III. wenige Jahre später umgeben durfte, als ein Nachfolger jenes Wilhelm des Eroberers, welcher einst das Ansinnen Gregor's VII. die Oberherrlichkeit des heiligen Stuls anzuerkennen so ironisch zurückgewiesen hatte, als auch der König von England seine Krone aus den Händen eines päpstlichen Legaten als zinsbarer Vasall empfing!

3. Umschwung in Deutschland zu Gunsten Philipp's. Dessen Unterhandlungen mit dem Papst. Die Ermordung König Philipp's. Die Anerkennung Otto's als König in Deutschland. Otto's IV. Romfahrt und Kaiserkrönung. Kampf in der Leonina.

Das Glück der Waffen und die öffentliche Meinung wandten sich indeß in Deutschland Philipp zu. Recht, Einsicht und Vorteil siegten über eine engherzige und unnationale Politik. Mehre Reichsfürsten, bisher die hartnäckigsten Widersacher des Hohenstaufen, unterwarfen sich oder fielen von der welfisch-englischen Partei ab.

Philipp in Aachen gekrönt, Jan. A. 1205.
Im Januar 1205 wurde Philipp, neu gewählt und auch von den nieder-rheinischen Fürsten anerkannt, in Aachen vom Erzbischof Adolf von Cöln auf derselben Stelle gekrönt,

---

[1] Zurita Annales de Aragon ad A. 1204 p. 91: deste censo y reconocimiento que el Rey hizo al Papa, buelto a su reyno mostraron los ricos hombres y cavalleros muy descontentamiento. Peter schiffte sich wieder in Ostia ein, berührte Corneto, und gab dieser Stadt ein Handelsprivilegium; die Urkunde datirt Corneti mense Nov. A. D. 1204. (Codex des Archivs Corneto, genannt Margherita Cornetana, fol. 89 t.) Der König fiel schon A. 1213 bei Castel Maurel im Albigenserkriege, nachdem er seinem Schwager Raimund von Toulouse zu Hülfe gezogen war.

wo dieser Prälat einst Otto die Krone aufgesetzt hatte. Der Widerspruch des Papsts, dessen Mahnungen an die Fürsten fruchtlos blieben, war jetzt das einzige Hinderniß für die allgemeine Anerkennung des Hohenstaufen auf dem Tron. Innocenz lehnte es nicht mehr ab, mit Philipp wegen eines Friedens im Reich zu unterhandeln, und der König antwortete seiner Botschaft durch ein ausführliches Schreiben. Dieser merkwürdige Brief, die Rechtfertigung aller Handlungen Philipp's, zumal der Weise, wie er den Tron bestieg, trägt den Stempel aufrichtiger Versöhnlichkeit und unverfälschter Wahrheit. Die Erklärung, sich in allem was ihm die Kirche zur Last lege dem Spruch der Cardinäle und Fürsten unterwerfen zu wollen, dasjenige aber, was das Reich dem Papst zur Schuld anrechne, aus religiöser Ehrfurcht auf sich beruhen zu lassen, machte den günstigsten Eindruck.[1] Die katholische Gesinnung des Hohenstaufen bezeugten in Rom selbst der Patriarch von Aquileja und andre Boten, welche neue Vorschläge an den Papst brachten. Was Innocenz in dem Kronstreit bezweckte, seine richterliche Einmischung in ein von allen Parteien anerkanntes päpstliches Recht zu verwandeln, sah er schon erreicht; denn auch Philipp beugte sich aus Not vor ihm, wie es Otto gethan hatte. Der Umschwung in Deutschland nötigte Innocenz III. einzulenken, und seine Politik als Staatsmann den Umständen anzupassen. Sein Verkehr mit Philipp setzte ihn bereits dem Vorwurf der Zweideutigkeit aus, wie ihn einst Gregor VII. in ähnlichen Verhältnissen erfahren hatte. Noch im Anfange des Jahrs 1206 tadelte er Johann von England und die

Innocenz III. neigt sich dem siegreichen Philipp zu.

---

[1] Reg. Imp. 136 (vom Juni 1206, Böhmer Reg. S. 21).

brittischen Großen, daß sie Otto nicht hinreichend unterstützten; er ermahnte diesen selbst noch immer zur Ausdauer, die deutschen Fürsten, ihm Beistand zu leisten. Aber seit der Mitte 1206, und dem Falle von Cöln im August, wurden die Unterhandlungen mit Philipp lebhafter. Der siegreiche Hohenstaufe erklärte sich bereit, seinem Gegner einen Waffenstillstand zu bewilligen, welchen Innocenz vor allem begehrte. Im Sommer 1207 kamen hierauf die Cardinallegaten Hugolino und Leo nach Deutschland, den Frieden zwischen den beiden Prätendenten zu vermitteln, was freilich nicht gelang. Indem aber Philipp, ein Mann von mehr Güte als wirklicher Herrscherkraft, sich Bedingungen unterwarf, die ihm in Kirchensachen gestellt wurden, wurde er, zur tiefen Bestürzung Otto's, durch jene Legaten feierlichst vom Banne gelöst. Für die Verhältnisse Italien's war es von Bedeutung, daß Fürsten dieses Landes von Philipp, sogar noch vor dessen Absolution, Lehensbriefe empfangen hatten.[1] Schon im Frühling 1208 trat er völlig als römischer König auf, forderte von toscanischen Städten, zu denen er Wolfger von Aquileja als seinen Legaten gesendet hatte, die Rechte des Reichs, welche sie während des Interregnum an sich gerissen hatten, und wurde darin durchaus anerkannt.[2]

Er löst Philipp vom Bann.

---

[1] Thomas von Savoyen und Azzo von Este. Böhmer, p. 23. Im Stadtarchiv Assisi liegt ein Privilegium Philipp's der freien Consulwahl für diese Gemeinde, Ulm, 29. Juli 1205. Testes sunt: Heinricus marscalcus de Kalindin. Heinr. de Smalenecke. Fridericus dapifer de Walpurc. Wernher' de boulande. Diedo de Rabenspurc. Dat. ap. Ulmam a. dnice. Incarn. MCCV. Quarto Kl. Aug. Ind. VIII.

[2] Im Archiv delle Reformazioni di Siena n. 77 findet sich ein Vertrag zwischen Philipp und Siena vom 23. Mai 1208, der für dessen Anerkennung in Italien sehr bedeutend ist. (XXIII. die men. Maii feria VI. A. ab Incarn. Dom. MCCVIII. Ind. XI. Anno vero regni

Sein Sieg über Otto war entschieden, auch beim Papst; nur blieb die Auseinandersetzung wegen der Kaiserrechte, wie die Bestätigung der Erwerbungen der Kirche in Mittelitalien die schwierigste Aufgabe für die beiderseitigen Gesandten. Philipp, der einst die mathildischen Güter und Toscana als Herzog besessen hatte, mußte sich sträuben, die Rechte des Reichs so schmachvoll Preis zu geben, wie Otto es gethan hatte. Ob er auch damals den Antrag wiederholte, seine königliche Tochter einem Neffen des Papsts, dem Sohne des Emporkömmlings Richard zu vermälen, und ihr als Heiratsgut die streitigen Länder Toscana, Spoleto und Ancona zu überliefern, ist fraglich.[1] Im Jahre 1205 war ein solches Versprechen gegeben worden; aber dem Ehrgeiz eines Papsts, der unter allen Päpsten zuerst seinen Nepoten ein Fürstentum stiftete, lag es näher, solche Forderungen zu stellen,

Serenissimi Rom. Reg. Philippi XI.) Es schwören alle Bürger vom Bistum und Comitat, von 15 bis 70 Jahren, Treue dem König, und ihm alle Güter herzustellen, die das Reich beim Tode Heinrichs VI. besaß: assignabunt ea in manus Dni. Patriarche Aquilegensis et legatorum domini Regis... Haec omnia supradicta Ego Wolfgerus dei gr. Aquil. Patriar. tocius Italie legatus nomine et vice D. Regis Philippi tibi Johanni Struozi senensium Potestati recipienti nomine universitatis senensium — promitto... et de omnib. supradictis faciendis — osculum pacis tibi dedi una cum Henrico de Smalnecge et Eberhardo de Luottere. Actum in Sena. Folgen die Zeugen. Ego Albertus Notarius praed. Patriar. his omnib. interfui etc. Wolfger, den Burggraf von Magdeburg, und jene beiden Edeln hatte Philipp als seine Unterhändler nach Rom geschickt.

[1] Das Gerücht davon war in der Welt, wie der Abt von Ursperg es hörte, und Friedrich II. es im Jahr 1226 wiederholte: Hetruriam mihi adolescenti sublaturus per nuptias Philippum patruum delusit (Hist. Dipl. Frid. II. T. II. 933). La Ferina studi etc. I. 835. Abel, 224. 380. Promissa Philippi, M. Germ. IV. 209. zum Jahr 1205, worin Philipp ausdrücklich seine Tochter einem Nepoten des Papsts geben zu wollen erklärt.

als dem Könige, ihm damit entgegen zu kommen. Der wahre Inhalt seiner damaligen Anerbietungen ist zweifelhaft; schwerlich waren sie gering; denn die Forderungen des Papsts konnten nicht hinter der Capitulation von Neuß zurückbleiben. Das tief zerrissene Deutschland nahm es hin, daß seine innersten Angelegenheiten vor das Tribunal Rom's und wälscher Cardinäle gezogen wurden, aber die Stimme des verletzten Nationalgefühls spricht noch aus jener Zeit zu uns in den Versen patriotischer Dichter.[1] Bereits ließ sich voraussehen, daß Innocenz selbst in eine rechtsgültige Entsetzung Otto's willigen würde, wenn dieser sich nicht gütlich abfinden ließ; da zertrümmerte ein brutaler Schwertschlag das Werk großer Anstrengungen und die Hoffnungen Deutschlands. König Philipp fiel durch die Mörderhand Otto's von Wittelsbach, zu Bamberg am 21. Juni 1208. Der Sturz des jungen Fürsten nach so mühevoller Laufbahn, am Vorabend seines Triumfs, ist eins der am meisten tragischen Ereignisse in der deutschen Geschichte. Das staufische Geschlecht erlosch mit ihm in Deutschland. Von dem glanzvollen Hause Barbarossa's lebte nur noch ein einziger Erbe, und dies war der Schützling von Innocenz III., Friedrich, der Nation schon als Kind entfremdet, und unter Unglücksstürmen im fernen Sicilien zurückgeblieben. Ein Augenblick veränderte die Weltverhältnisse, verkettete aufs neue die Geschicke Italien's und Deutschland's, und riß beide Nationen, das Reich und das Papsttum in ein Labyrint von Kämpfen, welche zu beruhigen ein Jahrhundert nicht ausreichte; ihre Folgen sind als geschichtliche Wirkung im Leben der Menschheit erkennbar.

König Philipp wird ermordet, 21. Juni A. 1208.

[1] Walther von der Vogelweide hat manche Ausfälle wider den römischen Papst.

Als Innocenz III. den Tod Philipp's in Campanien erfuhr, wurde sein Geist von einem Ereigniß, welches seine Entwürfe plötzlich veränderte, tief aufgeregt. Doch begriffen hat er das unermeßliche Verhängniß jenes Moments damals nicht. Dem Politiker erschien er als ein Zufall, der ihn sofort wieder zum Herrn der Verhältnisse machte, und aus einem bereits erklärten Widerspruch befreite; dem Priester als ein im Reichsproceß gefälltes Gottesurteil.

Es blieb keine Wahl: der Welfe Otto, von dem man sich abgewendet hatte, mußte schnell anerkannt werden. Innocenz schrieb ihm sofort, versicherte ihn jetzt wieder seiner Liebe, zeigte ihm seine nahe und zweifellose Erhebung auf den Kaisertron, aber auch in der Ferne schon seinen Feind, den Neffen des ermordeten Philipp.[1] In dem nun großjährigen Könige Sicilien's, dem legitimen Erben der hohenstaufischen Rechte, lebte für Otto ein furchtbarer Nebenbuler, welchen die Kirche gegen ihn bewaffnen konnte, sobald sie es für vorteilhaft hielt. Es ist von mächtigem Reiz, die jugendliche Gestalt Friedrich's verhängnißvoll und drohend im Hintergrunde stehen zu sehn, aus welchem ihn dann nach kurzer Zeit der Papst selbst hervorrief, der Kirche wie dem Reiche gleich verderbensvoll.

Innocenz III. anerkennt Otto IV.

Innocenz wollte aufrichtig die Lösung des langen Tronstreits, und die damit verbundene rechtsgültige Anerkennung seines Kirchenstaats. Er zweifelte nicht, sie von Otto zu erlangen, denn er hielt ihn noch in der Fessel des Vertrages

---

[1] Reg. Imp. 153: quamvis nepos ipsius jam tibi adversarium se opponat — eine merkwürdige Ahnung. Siehe des Papsts Briefe zu Gunsten Otto's an die Deutschen 154—158 ꝛc. Otto's Brief, worin er um schleunige Anerkennung bittet, n. 160.

von Neuß. Das nach Frieden schmachtende Deutschland huldigte dem Welfen. Schmerz, Vaterlandsliebe und Not schufen eine feierliche Versöhnung, in welcher der alte Kampf beider Häuser aufgelöst zu sein schien, als Otto im Parlament zu Frankfurt am 11. November 1208 nun von allen Reichsständen zum Könige ausgerufen ward, und bald nachher mit der verwaisten Tochter seines Erbfeindes Philipp sich verlobte.[1]

Die Romfahrt wurde angesagt. Zuvor aber erneuerte Otto auf des Papsts Verlangen, am 22. März 1209 zu Speier die Capitulation von Neuß. Der ganze Umfang des Kirchenstaats ward anerkannt; große Zugeständnisse, die Freiheit der Kirche von der Staatsgewalt betreffend, wodurch das Concordat von Calixt II. seine Kraft verlor, wurden hinzugefügt.[2] Von den Kaiserrechten in den nun der Kirche abgetretenen Ländern bewahrte Otto nichts, als das armselige Foderum während der Romfahrt, was in diesen Vertrag wie zum Hohn aufgenommen wurde. Zum erstenmal, so lange das Reich bestand, nannte sich ein König der Römer „von Gott und des Papstes Gnaden." Otto mußte bekennen, daß er seine Erhebung diesem allein verdanke. Der König schwor, was der Kaiser nicht halten konnte.

In Augsburg erschienen huldigende italienische Gesandte mit den Schlüsseln ihrer Städte, worunter auch das große

---

[1] Erst am 7. Aug. 1212 vermälte sich Otto mit der jungen Beatrix. Die unglückliche Prinzessin reichte dem Feinde ihres Hauses die Hand, als er im Banne war, und starb nach 4 Tagen, am 11. Aug.

[2] Freie Capitelwahl der Geistlichen. Appellation nach Rom. Verzicht auf das Spolienrecht. Ketzervertilgung. Mon. Germ. IV. 216. Reg. Imp. 189. Siehe über diese Verhältnisse Ficker Forsch. zur Reichs- und Rechtsgesch. Italiens II. n. 365 sq.

Mailand war. Diese Stadt beglückwünschte die Tronbesteigung eines Welfen mit aufrichtiger Freude. Otto ernannte schon im Januar 1209 den Patriarchen Wolfger zu seinem Legaten in Italien, die noch bestehenden Reichsrechte in Lombardien, Toscana und Spoleto, in der Romagna und den Marken wahrzunehmen.[1] Denn auch nach dem Frieden von Constanz und den Verträgen mit dem Papst verblieb den Kaisern sowol ein Schein oberherrlicher Autorität in den Städten Italien's, als manches fiscalische Recht selbst in der Romagna und den Marken. Die Päpste leugneten das nicht. Innocenz selbst ermahnte die Städte in der Lombardei und Toscana, dem königlichen Machtboten folgsam zu sein, aber er erinnerte diesen, daß er die mathildischen Güter vertragsgemäß nur für die Kirche zu besetzen habe.

Als Otto hierauf im August 1209 durch Tyrol mit einem großen Heer in die Po-Ebene hinabstieg, hielt Niemand diese Romfahrt eines Welfen auf.[2] Es war das Unglück Italien's, daß seine Städte nicht für die Dauer eine Eidgenossenschaft zu begründen vermochten. Wäre dies geschehen, so hätte nach Heinrich's VI. Tode kein deutscher König mehr den Wall der volkreichen Lombardei durchbrechen können. Der ruhmvolle Unabhängigkeitskampf der Lombarden verlöschte weder die Tradition des römischen Reichs,

Romfahrt Otto's IV., A. 1209.

---

[1] Böhmer, Reg. 41. 42. Ich bemerke noch zwei Actenstücke aus dem Archiv Siena, n. 83 u. 84. Am 3. Juli 1209: die Sienesen erklären dem Patriarchen, als dem Legaten Otto's, sie würden dem Kaiser treu sein, und die Güter Heinrich's VI. für ihn bewahren. Am 4. Juli 1209: der Patriarch verweigert die vorläufige Bewahrung der Güter.

[2] Dux Saxonie — Otto venit in Lombardiam cum magno exercitu, in cujus terribili adventu tremuit Italia, et nimio pavore concussa est. Monach. Padov. Chron. Estense, Mur. XV. 301. Venit magno et inusitato exercitu, sagt die Chronik von Fossa Nova.

welche die Italiener noch in späterer Zeit so schwärmerisch begeisterte, noch brachte er der Nation im großen Ganzen dauernden Gewinn. Denn nach dem Siege von Legnano vermochten die italienischen Republiken ebensowenig die politische Nation zu schaffen, wie die griechischen nach den Tagen von Marathon und Platäa. Während die oberitalischen Städte in Verfassungskämpfen und Bürgerkriegen entbrannt lagen, erhoben sich bereits die Gestalten jener Stadttyrannen, welche der Geschichte Italiens seit dem XIII. Jahrhundert einen so merkwürdigen Charakter aufgedrückt haben. Ezzelino von Onara und Azzo Markgraf von Este, Feinde auf Leben und Tod, und einer des andern Ankläger vor Otto, waren damals die Häupter der beiden Parteien, welche das Land zwei Jahrhunderte hindurch zerrissen haben. Neben ihnen erschien der Ghibelline Salinguerra von Ferrara, nicht minder groß durch Herrschbegier und wilde Tapferkeit.[1]

Als zum ersten Mal ein Kaiser aus dem Hause Welf die Lombardei durchzog, mochten alle Feinde der Hohenstaufen seine ausschließliche Gunst erwarten. Doch sie täuschten sich; denn die Freunde der Kaisergewalt waren nicht mehr die Feinde eines Welfen, welcher Kaiser war. Azzo sah seine Gegner im Lager Otto's hoch geehrt; das guelfische Florenz wurde mit einer Strafe von tausend Mark bedroht, und das ghibellinische Pisa bald mit Privilegien beschenkt und zu einem Vertrage vermocht.

[1] Die Versöhnungsscene dieser drei großen Capitäne durch Otto ist eine köstliche Episode beim Gerhard Maurisius (Murat. VIII. 20). Salinguerra: salicus in guerram. Azzo war der erste Stadttyrann, da ihm Ferrara, woraus er jenen vertrieben hatte, A. 1208 die Signorie übertrug. Documente beim Murat. Ant. Est. I., 389, und La Farina studj I., 673.

Innocenz III. empfing Otto in Viterbo. Bei dieser ersten Zusammenkunft mußte sich der römische König sagen, daß ohne einen mörderischen Zufall derselbe Papst die Krone der Römer unfehlbar auf das Haupt seines Feindes würde gesetzt haben. Neigung kann man nicht zu Menschen empfinden, deren Wolthaten selbstsüchtiger Berechnung entsprangen, und mit einem zu hohen Preise erkauft wurden. Die Politik des Papsts mußte ein erbittertes Rachegefühl in der Seele Otto's zurückgelassen haben, und vielleicht durchbrang der Blick von Innocenz schon zu Viterbo die Maske dankbarer Devotion, hinter welcher der König seinen Groll verbarg. Der Papst eilte ihm nach Rom voraus; und Otto lagerte am 2. October am Monte Mario, wo der Curie und dem römischen Volk altem Herkommen gemäß die Sicherheit zugeschworen wurde.[1]

Die Krönung fand am 4. October 1209 im S. Peter statt, während das Heer in den Zelten blieb, ein Teil der Truppen aber (es waren Mailänder) die Tiberbrücke besetzt hielt, um einen Ueberfall der Römer zu verhindern. Der Leser dieser Geschichten wird sich eines ironischen Lächelns nicht enthalten, wenn er bemerkt, wie regelmäßig sich die Feindseligkeiten der Römer bei den Kaiserkrönungen wiederholten. Wenn die Deutschen ihrer Stadt nahten, versperrten jene deren Tore; ihr Kaiser und sein Gefolge warfen nur vom Vatican aus neugierige Blicke auf das große Rom,

Otto IV. zu :: Kaiser gekrönt, 4. Oct. A. 1209.

---

[1] Ratification Otto's, datum in castris in monte Malo; 4. Non. Octbr. Ind. XIII. Mon. Germ. IV. 218. Reg. Imp. Ep. 192. Das Chron. Slavor. (Leibnitz, Rer. Brunsw. II. 743) gibt die Zahl des Heers an, 6000 Gepanzerte, außerdem Bogenschützen und zahlloses Vasallenvolk.

dessen Wunderwelt ihnen verschlossen blieb. Es ist eine sonderbare Thatsache, daß nur die wenigsten Kaiser Rom betreten haben; auch Otto hat die Stadt nicht gesehen.[1] Die Römer, welche ihn im Jahre 1201 proclamirt hatten, würden ihn auch jetzt willig anerkannt haben, wenn er sich herbei= ließ, ihre Stimme mit Geldgeschenken zu bezahlen. Als Heinrich VI. achtzehn Jahre früher zur Krönung kam, hatte er die Wahlstimme der damals freien und mächtigen Stadt durch einen Vertrag gewinnen müssen, aber Otto IV. be= durfte dessen nicht. Dies erbitterte das Volk. Der Senat, selbst einige Cardinäle, widersprachen der Krönung; die Bür= ger tagten bewaffnet auf dem Capitol.[2]

Die Procession nach vollendeter Krönung bewegte sich nur bis zur Engelsbrücke mühevoll durch die Reihen der Krieger; hier verabschiedete sich der Papst vom Kaiser, um nach dem Lateran zurückzukehren, und er forderte ihn auf, folgenden Tags das römische Gebiet zu verlassen, was eine offenbare Beschimpfung der kaiserlichen Majestät war.[3] Den

---

[1] Die Darstellung des Krönungszuges sowol bei Hurter als bei La Farina ist irrig. Otto zog keineswegs gekrönt durch die Straßen der Stadt; das Bankett fand nur im Vatican statt. Von der Besetzung der Tiberbrücke, ne consecrationem ejus, sicut animo conceperant, Romani impedirent, Reineri Annales ad A. 1209, Mon. Germ. XVI. 662.

[2] Contradicentibus pro maxima parte Romanis: Rigord de Gestis Philippi Augusti p. 51. Die Braunschweiger Reimchronik (Leibnitz Rer. Brun. III. 120 sq.): Innen des was der Senat von Rohm und der Raht alle zumal komen über eine. Sie zorneten, dass mit Ine keine Rede were gethan, Dass man da solt han Die Weyhung keyserlich, Des wardt jr hertz zornesreich. Es fehlen die Docu= mente, um zu bestimmen, wer damals Senator war.

[3] ad — portam Romae (Engelsbrücke), et D. Papa ibi eum bene= dixit, licentiavit, et rogavit eum, ut alio die adveniente recederet a territorio Romano. Chron. Fossae Novae.

Haß der Römer setzte indeß irgend ein Streit in Flammen. Die althergebrachte Krönungsschlacht wurde mit Wut in der Leonina geschlagen, und nach starkem Verlust auf beiden Seiten bezog Otto IV. sein Lager am Monte Mario. Hier blieb er noch einige Tage verschanzt, während er von dem Papst und den Römern Schadenersatz oder Genugthuung forderte.[1]

4. Bruch Otto's IV. mit dem Papst. Enttäuschung von Innocenz. Völlige Verwandlung des Welfenkaisers in einen Ghibellinen. Einmarsch Otto's in Apulien. Der Bannstral des Papsts. Die Deutschen rufen Friedrich von Sicilien auf den Tron. Otto IV. kehrt nach Deutschland heim.

Kaum im Besitze der Kaiserkrone sah sich Otto IV. in einem aufregenden Widerspruch zu den Pflichten, welche er dem Reiche geschworen hatte. Er brach alsbald seinen dem Papst geleisteten Eid. Während er noch am Monte Mario lagerte, wurden die mathildischen Güter der Gegenstand mißgestimmter Erörterungen. Der Kaiser bat um eine Zusammenkunft, sei es auch in Rom, wohin er selbst mit Lebensgefahr kommen wolle; jedoch Innocenz lehnte sie mit höflicher Kälte ab, und wünschte Unterhandlung durch Abgesandte.[2]

[1] Die meisten Chronisten suchen die Ursache des Kampfs in der Weigerung Otto's, den Römern die herkömmlichen Geschenke zu geben (propter quasdam expensas, quas ab Imperatore Romani ex debito petebant, sagt Rigord und der ihm nachschreibende Franciscus Pipinus, Mur. IX. 637); ähnlich die ungedruckte Chron. Imp. et summor. Pontif. (Cod. 5. Plut. XXI in der Laurentiana zu Florenz). Nach Maurisius (Hist. Eccelini, Mur. VIII. 21) that sich im Kampf namentlich Ezzelin II. hervor. Die Braunschweiger Reimchronik läßt den abziehenden Kaiser irrig zwei Meilen weit vom Papst begleiten. Otto und Innocenz sahen sich seit der Krönung nicht wieder.

[2] Sub periculo personae nostrae ad vos urbem intrare decrevimus. Attendat tamen sanctitas vestra quod magnum periculum in introitu in urbem toti Ecclesiae posset provenire. Reg. Imp.

Empfindlicher Mangel an Lebensmitteln zwang Otto, das Stadtgebiet zu verlassen; er zog auf der Via Cassia in's Florentinische.¹ Auf seinem Marsch besetzte er alle Lande, welche in Tuscien zum mathildischen Erbe gehört hatten, erstürmte Montefiascone, nahm Radicofani, Aquapendente, Viterbo und das Gebiet von Perugia und Orvieto; kurz er bemächtigte sich solcher Orte, die er als Besitzungen des Papsts feierlich anerkannt hatte, jetzt aber als mathildische Güter beanspruchte. Einige Städte gaben sich ihm freiwillig, andre nahm er mit Gewalt.²

Otto IV. bricht den mit dem Papste geschlossenen Vertrag.

Ep. 193. Die Antwort des Papsts vom 11. Oct. aus dem Lateran, Ep. 194: de negotio vero terrae, ohne Frage „das Landt Frawen Mechtilde," wie die Reimchronik den ersten Gegenstand des Streits bezeichnet. Cäsarius Heisterbach (Homil. II. 173) bemerkte, daß nach vollkommener Eintracht bei der Krönung der Streit ausbrach propter quaedam allodia.

¹ Am 17. Oct. bei Isola Farnese (Böhmer n. 79). Am 25. in Poggibonzi, wo er das glänzende Diplom für Pisa ausstellte, welcher Stadt er Corsica verlieh. Am 29. in S. Miniato. Ich füge zu den Regesten Böhmer's noch hinzu ein Privileg für Siena (S. Miniato, 29. Oct.), beglaubigte Copie im Archiv Siena n. 85, und Kaleffo novo fol. 610, worin er die seit Heinrich's VI. Tod dem Fiscus schuldigen Summen erläßt. Ferner Originaldiplom für Siena (Foligno 14. Dec. 1209). Gratiose liberalitatis . . . Siena erhält die freie Consulwahl unter Vorbehalt kaiserlicher Investitur, gegen 70 Mark Silbers jährlich, 15 Tage nach Ostern an den kaiserlichen Vogt in S. Miniato zahlbar (Kaleffo novo ibid.). Sodann ein Privileg für den Bischof von Chiusi, dem er diese Stadt cedirt. Acta sunt haec A. . . 1209. Ind. XIII. — Dat. apud Fulgineum. Id. Decbr. Unter den Zeugen Dzilinus de Tervisio (Stadtarchiv Orvieto, 2. Fach). Am 24. Dec. erließ er in Terni ein Privileg für S. Maria und S. Anastasius in jener Stadt. Böhmer bringt dies nach Ughelli irrig unter dem 1. Jan. 1210. Das von mir copirte Instrument im Stadtarchiv Terni sagt Dat. Interamnes A. D. MCCVIIII. VIII. Klas. Januarii Ind. XIII.

² — paeno totam Romaniam, sagt Rigord; nicht die Romagna, sondern so wird bisweilen ganz römisch Tuscien genannt. — Riccardi Comitis S. Bonifacii Vita, Mur. VIII. 123.

In seinem Lager umgaben ihn nach Lehen begierige Bischöfe und Große Italien's, wie Salinguerra, Azzo, Ezzelin, und der Pfalzgraf Ildebrandino von Tuscien; bald fand sich auch Diepold von Acerra bei ihm ein. Es huldigte ihm auch derselbe Präfect Petrus, der schon zum Lehnsmann des Papsts geworden war. Otto IV. verwandelte sich unter der Kaiserkrone wunderbar schnell in einen Ghibellinen. Er nahm die Acte seines Vorgängers auf, wo dessen Tod sie abgebrochen hatte. Er beanspruchte offenbar alle Besitzungen wieder an's Reich zu bringen, welche Innocenz nach Heinrich's Tode so geschickt der Kirche einverleibt hatte. Er erneuerte die Privilegien Heinrich's, zog dessen Anhänger an sich, vergabte in hohenstaufischem Sinne italienische Länder, und suchte die vom Papst zerstörten deutschen Lehens-Fürstentümer wieder herzustellen. Am Anfange des Jahrs 1210 setzte er Azzo von Este in die Mark Ancona ausdrücklich mit allen Rechten ein, welche dort Markwald besessen hatte; zugleich belieh er Diepold mit dem Herzogtum Spoleto, wie es einst Konrad besaß; dem Salinguerra gab er die mathildischen Orte Medicina und Argelate, den Lionardo von Tricarico ernannte er zum Grafen der Romagna.[1]

---

[1] Der Lehnsbrief Azzo's (ohne den Exarchat Ravenna) datirt Chiusi 20. Jan. 1210 (Murat. Ant. Est. I. 392, Lünig .I. 1565) Schon Innocenz belieh Azzo 1208 mit der Mark (Murat. ibid. 391); nach dessen Tod im Nov. 1212 Azzo's Sohn Aldebrandino mit Ancona, Asculum ꝛc. für 200 Pfund Provisinen jährlich, unter Verpflichtung, der Kirche 100 Reisige zu stellen auf einen Monat im Jahr per totum ipsius Ecclesiae patrimonium a mare usque ad mare, et a Radicofano usque Ceperanum. Das merkwürdige Actenstück vom 10. Mai 1213 bei Theiner I. n. 56. Aldobrandino † 1215, worauf Lehnsherr der Marken sein Bruder Azzo VII. wurde. — Auch Salinguerra's Lehen wurde von Innocenz bestätigt, am 7. Sept. 1215. Idem I. n. 59.

Um den offenbaren Angriffen Otto's in Mittelitalien zu begegnen, suchte Innocenz wieder bei den tuscischen und umbrischen Städten Schutz; Perugia versprach am 28. Februar 1210, das Patrimonium S. Peters zu verteidigen.¹

Die Täuschung war beschämend und schrecklich. Die langen Anstrengungen des Papsts, einen Welfen auf den Kaisertron zu setzen, wurden durch sein eigenes Geschöpf verhöhnt. Er klagte, daß er von dem Manne gemißhandelt werde, den er wider den fast allgemeinen Willen erhoben hatte, und daß er nun die Vorwürfe derer erdulde, die sein Schicksal gerecht fänden, weil er sich durch ein von ihm selbst geschmiedetes Schwert verwunde.² Die gerechte Nemesis läßt sich in der verzweifelten Lage von Innocenz nicht verkennen; denn er hatte sich in jenem Reichsproceß doch zum Haupt einer Partei gemacht. Die Geschichte Otto's IV. spricht eine unumstößliche Wahrheit aus, welche zugleich die glänzendste Rechtfertigung der Hohenstaufen und aller jener Kaiser ist, die man als Feinde der Kirche mit so glühendem Hasse gebrandmarkt hat. Wenn der erste und einzige Kaiser, welchen die Päpste aus dem Stamm der befreundeten Welfen zu erheben vermochten, in ihren Händen aus einem gehorsamen Geschöpf augenblicklich in ihren größesten Feind sich verkehrte, so mußte diese Umwandlung durch unbezwingliche Verhältnisse

¹ Archiv Perugia, Liber Summissionum Vol. † fol. 102. Die Peruginer schwören mit dem Willen ihres Podestà Pandulfus de Eubora: quam defensionem facere promiserunt a civitate Perusii infra usque ad urbem Romanam. Der Papst verspricht dagegen: si venerit ad pacem cum Imperatore — civitatem Perusii ponet in pace cum Imp. Er verspricht die Gewohnheiten Perugia's, und die freie Wahl von Consuln und Podestà zu achten.

² Er rief aus: poenitet me fecisse hominem! Merkwürdiger Brief an den Erzbischof von Ravenna vom 4. März 1210. Ep. XIII. n. 210.

geboten sein. Otto IV. bekämpfte, wie nach ihm Friedrich II., *Otto IV. wird Ghibellin.* mit dem Schwert und dem Edict die Ketzerei, und niemals griff er in das dogmatische Gebiet der Kirche ein; aber sobald er Kaiser geworden war, erhob er sich gegen den Gründer des neuen Kirchenstaats, gegen den Papst, welcher die Herrschaft Italien's für sich selbst beanspruchte, und unumwunden erklärte, daß er Oberherr auch über das Reich sei. Wenn es den Lobrednern der päpstlichen Ansprüche gelingt nachzuweisen, daß es die Pflicht der Kaiser und Fürsten war, sich dem Papst zu unterwerfen, wie Aragon und England, und die Grundsätze Gregor's VII. und seiner Nachfolger ruhig anzuerkennen, daß dem römischen Bischof alle Monarchen, ja alle Creatur auf Erden untertan seien: so werden sie jeden Widerspruch verstummen machen. Doch das ruhige Urteil wird stets behaupten, daß die vernunftgemäßen Grenzen zwischen Kirche und Reich seit Gregor VII. durch ein übertriebenes Ideal vom Papsttum verschoben wurden, und daß der immer wiederkehrende Streit nur der notwendige Kampf um die Herstellung des Gleichgewichts zwischen der weltlichen und geistlichen Gewalt gewesen ist. Die Päpste strebten nach der europäischen Herrschaft erst aus einem moralischen Princip; aber weil das Moralische alle praktischen Verhältnisse der Gesellschaft tief durchdrang, so kam das Civilrecht überhaupt in Gefahr von dem Kirchenrecht verschlungen zu werden, und drohte das Priester-Tribunal auch zum politischen Richterstule zu werden. Die Kaiser erhoben sich im Namen der Unabhängigkeit des Reichs und seiner Gesetze gegen die römische Hierarchie. Sie faßten die Ideen von der Säcularisation der Kirche immer wieder auf, weil sie der Fortbestand des Reiches zu fordern schien; und sie griffen die kirchliche Uebermacht immer wieder an ihrer Achillesferse, dem weltlichen Besitz oder dem Kirchenstaate an. Sie waren conservativ, weil sie für das Dasein des Imperium kämpften, und die Päpste erschienen ihnen als Neuerer und revolutionär. Man mag es als eine Verblendung beklagen, daß sie nicht weder auf Italien, noch auf den päpstlichen Staat zu verzichten vermochten, aber dieser fatale Irrtum floß aus der Idee des Reichs, welche so hartnäckig blieb, daß sie dieses Reich selbst überlebte, und endlich wurde er durch die Eingriffe des Papsttums in die Reichsgewalt und das Kronrecht beständig genährt.

Den Meineid Otto's IV. wird jedes Urteil verdammen; seine Schuld wird jeder Richter durch den tragischen Conflict erklären, in welchen er durch sein Gelöbniß an das Reich und durch sein Concordat mit der Kirche geriet.¹ Ich habe geschworen, so sprach später dieser unglückliche Fürst, die Majestät des Reiches zu wahren und alle Rechte, die es verlor, wieder an mich zu nehmen; ich habe den Bann nicht verdient; ich taste die geistliche Gewalt nicht an; ich will sie vielmehr schützen; aber als Kaiser will ich alles Weltliche im ganzen Reiche richten.² So sprach freilich nur ein Kaiser, der kein Heinrich III., kein Barbarossa, kein Heinrich VI. mehr war, sondern welcher das päpstliche Schiedsgericht über das Reich anerkannt, um die Stimme des Lateran geworben, und dem Papst urkundlich Rechte abgetreten hatte, die er nun wider das Recht zurücknahm. Dies war seine Schwäche, sein Verdammungs-

---

¹ Otto's Schuld, so sagt ein neuerer Historiker, Abel, war nicht der Bruch, sondern die Leistung des Schwurs an den Papst.
² Hahn, Collect. I. 209. u. X. In England verteidigte man den Welfen unbedingt. Roger de Wendower III. 232, und Recueil des Hist. des Gaules XVIII. 164.

urteil, und sein notwendiger Fall. Innocenz III., welcher mit römischer Kunst über den Welfenfürsten ein Netz von Verträgen geworfen hatte, steht wenigstens dem Kaiser Otto IV. gegenüber gerechtfertigt da.

Vielleicht würde dieser minder schnell auf seiner neuen Bahn vorgeschritten sein, wenn ihn nicht die glänzende Huldigung der lombardischen Städte verblendete, und das Geschrei der Großen ihn nicht aufreizte. Während des Interregnum hatten Herren und Städte hier ehemalige Rechte des Reichs, dort Kirchengüter, dort mathildische Besitzungen an sich genommen; die Verwirrung war grenzenlos, die Unterscheidung daher oft ganz unmöglich. Die Ghibellinen ermunterten Otto zur Kühnheit; sie wünschten die Zersprengung des neuen Kirchenstaats, und den Umsturz der päpstlichen Herrlichkeit in Sicilien. Diepold und Peter von Celano forderten den Welfenkaiser auf, die Rechte des Reichs dort herzustellen, und sie liehen ihm ihre Waffen gegen Heinrich's VI. Sohn. Den legitimen Erben des staufischen Hauses mußte Otto unschädlich machen, wenn er seinem eigenen Hause die Zukunft sichern wollte. Er entschloß sich, in Apulien einzurücken; er brach im November von Rieti auf, zog in's Marsische durch Sora, die Grafschaft Richard's, und weiter nach Campanien. In Capua, welches ihm die Tore öffnete, schlug er die Winterquartiere auf.¹

Zug Otto's IV. nach Apulien.

Als Otto IV. Sicilien, das wichtigste Lehn der Kirche, offenbar wie ein Reichsland betrachtete und wieder zum Reiche zu ziehen beschloß, bannte ihn der Papst am 18. Nov. 1210, nur ein Jahr nach der Kaiserkrönung. Von Zorn empört

---

¹ Chron. Fossae Novae ad A. 1210. Petrus von Celano besaß damals Capua, und Diepold Salerno. Richard von S. Germano ad A. 1210.

zerschlug er sein eigenes Geschöpf, wie ein mißratenes und häßliches Idol.¹ Die Krone, die er dem Welfen aufgesetzt hatte, wollte er um jeden Preis wieder von dessen Haupte reißen — dies sind Vorgänge so reich an politischen wie persönlichen Widersprüchen, an Verwicklungen und feinen Kunstgriffen, daß sie zu den denkwürdigsten und spannendsten in der Geschichte überhaupt gehören.

Der Papst bannt den Kaiser, Nov. A. 1210.

Otto IV. ließ sich durch kein Bedenken mehr hindern, Süditalien zu unterwerfen, was er mit schnellen Schlägen zu vollführen hoffte. Im folgenden Sommer ergaben sich ihm fast alle Städte, selbst Neapel. Er rückte bis Tarent vor. Die Saracenen in Sicilien erwarteten ihn, und pisanische Schiffe standen bereit, seine Truppen auf die Insel zu führen. In der Stadt Rom, welche er so enge absperren ließ, daß weder Boten noch Pilger dorthin gelangten, unterhielt er Verbindungen.² Der Stadtpräfect war zu ihm übergetreten; die mißvergnügte Partei unter den Römern schloß sich begierig dem Kaiser wieder an. Man gab Innocenz Schuld, der Urheber von allem Zwiespalt im Reiche zu sein; man schmähte ihn als treulos und widerspruchsvoll, weil er zuerst für Otto Partei genommen habe, und nun ihn verfolge. Als er einst vor den Römern eine erbauliche Predigt hielt, erhob sich der alte Volksführer Johann Capocci und brach in die rohen aber aufrichtigen Worte aus: Dein Mund ist wie Gottes Mund, aber deine Werke sind wie Werke des Teufels.³

---

¹ Der Bann wurde in seiner ganzen Feierlichkeit erst am 31. März 1211 verkündigt.

²   Nulla facultas
    Visendi Romamve datur, Dominive sepulchrum.
Wilh. Briton. Armor. Philippidos Lib. VIII. p. 199 bei Duchesne V.

³ Johannes Capotius, qui Ottoni favebat, ejus sermonem in-

Indeß die Herrschaft Otto's wankte schon jenseits der Alpen. Schwärme fanatischer Mönche durchzogen Deutschland als Emissäre der Rache von Innocenz, und seine Legaten untergruben schnell des Kaisers Tron. Kaum war dort der Bann bekannt geworden, so erhob sich gegen ihn eine starke Partei. An dieselben deutschen Fürsten, bei welchen er vor wenig Jahren so nachdrucksvoll für Otto's Erhebung gewirkt hatte, und auch an den schadenfrohen König Frankreichs schrieb Innocenz III. peinvolle Briefe, in denen er seinen Irrtum gestand und sein Geschöpf verwarf. Dies war die tiefste und die gerechte Demütigung des herrschsüchtigen Mannes. Nun berief er selbst den jungen Friedrich auf den Tron, von welchem er ihn bisher mit so kalt und ruhig erwogener Politik grundsätzlich ausgeschlossen hielt. Doch dies war wenigstens die Genugthuung für sein Rachegefühl, daß er den Prätendenten zum Sturze Otto's bereit hatte. Ein Teil der deutschen Fürsten erklärte zu Nürnberg den Kaiser für abgesetzt, und berief Friedrich von Sicilien auf den Tron. Dies zwang Otto seine Pläne aufzugeben, im November 1211 Apulien zu verlassen, und nach Norditalien zu gehen, wo bereits mehre Städte ihn nicht mehr anerkannten, und der Markgraf von Este sich an die Spitze einer gegen ihn gerichteten Liga gestellt hatte. Schon im Frühjahr 1212 kehrte er nach Deutschland heim.

Otto IV. kehrt nach Deutschland zurück, A. 1212.

terrupit dicens: os tuum os dei est, sed opera tua, opera sunt diaboli. Caesar. Heist. Miraculor. I. 127. — In den Regesten Otto's erscheint der Präfect Petrus zum ersten Mal unter den Hofleuten des Kaisers am 30. März 1210; zum letzten Mal mit seinem Sohn Johannes in Lodi am 22. Jan. 1212.

Drittes Capitel.

1. Friedrich entschließt sich nach Deutschland zu gehen. Er kommt nach Rom. Er wird in Aachen gekrönt, 1215. Er gelobt einen Kreuzzug. Lateranisches Concil. Tod von Innocenz III. Sein Charakter. Weltherrliche Größe des Papsttums.

Der junge Erbfeind seines Hauses, den er schon vernichtet glaubte, erhob sich plötzlich, vom Papst heraufbeschworen, gegen Otto wie David gegen Saul. Ein seltsames Geschick berief Friedrich, den ersten und am meisten berechtigten jener drei Erwählten, zu allerletzt, in dem großen Kronstreit aufzutreten, das staufische Haus wiederherzustellen, und ihm eine neue Blüte zu geben, welche sich an der Sonne Sicilien's entfaltete. In der Hand von Innocenz waren jene drei Erwählten wie Figuren eines Schachspieles gewesen, die er eine gegen die andre, und eine nach der andern ausspielte. Sie alle hatten die Unwürdigkeit empfunden, Diener eines fremden Willens sein zu müssen. Der junge Sohn Heinrich's VI. sog gegen diese selbstsüchtige Politik einen tiefen Haß ein, der sein Leben beherrschte. Er vergaß es nie, weder daß er den Schutz der Kirche mit dem Lehnsverhältniß und dem Verlust kostbarer Kronrechte hatte erkaufen müssen, noch daß er vom Trone des Reichs ausgeschlossen wurde, als der Papst Otto IV. darauf berief.

Friedrich war unter den teuflischen Ränken der Hofparteien aufgewachsen, wie Heinrich IV. zu seiner Zeit, und gleich diesem Könige erwarb er die Kunst, die Menschen zu überlisten, im vollen Maß. Die Schlauheit, deren er sich später gegen die Kirche bediente, hatte er aus dem schwierigen Verhältniß gelernt, in welchem er zur römischen Curie und deren Unternehmungen im Reich und in Sicilien seit seiner Kindheit stand. Die Politik Rom's war seine eigene Schule.

Die Gegner Otto's riefen ihn nach Deutschland. Anselm von Justingen, einer dieser Abgesandten, kam nach Rom, wo er den Papst und die Römer bereit fand, die Ansprüche Friedrich's auf die römische Krone anzuerkennen; denn daß er solche überhaupt besitze, wurde plötzlich von Innocenz III. gleichsam entdeckt.[1] Die Politik, die Feindin jeder idealen Größe, und der religiösen wie philosophischen Tugend, zwang auch einen Mann gleich ihm in das Gewöhnliche herabzusteigen, sich umzuwandeln, und seine eigenen Ansichten zu verneinen. Denn nach ihnen sollte der letzte Hohenstaufe als Lehnsvasall der Kirche für immer in Sicilien exilirt, und von den Reichsverhältnissen für immer entfernt bleiben. Hielt es der Papst für möglich, die so sehr gefürchtete Vereinigung Sicilien's mit Deutschland zu verhindern? Es scheint, daß er sich dieser Täuschung hingab. Der Augenblick, wo er den König Sicilien's aufforderte, die römische Krone zu erobern, war einer der verhängnißvollsten in der Geschichte des Papstthums: aus ihm entsprang in nicht zu ferner Zukunft ein die Kirche und

Der junge Friedrich von Sicilien auf den deutschen Tron berufen.

---

[1] Ibique consilio et interventu D. Papae obtinuit, ut a civibus et Pop. Rom. Fridericus imperator collaudaretur, et de ipso factam electionem Papa confirmavit. Chron. Ursperg. p. 239. Man sieht, der Anhang Otto's in Rom war nicht groß.

das Reich zerstörender Kampf, dann die Herrschaft des Hauses Anjou, die sicilische Vesper, und das avignonische Exil. Innocenz schmiedete das zweite und schärfere Schwert, welches die Kirche verwunden sollte. Die wiederholte Täuschung dieses allmächtigen Papsts, vor dessen Füße Könige als Vasallen ihre Kronen niederlegten, ist das bemütigende Zeugniß von der blinden Unwissenheit auch der hervorragendsten Geister über die Gesetze und den Gang der Welt.

Als die schwäbischen Boten in Palermo erschienen, erhoben sich die Königin und das Parlament gegen die gefahrvolle Deutschfahrt. Der achtzehnjährige Friedrich schwankte in Hoffnung und Zweifel; dann beschloß er, sich kühn in die Woge einer unermeßlichen Zukunft zu werfen. Ein geheimnißvolles Schicksal rief ihn aus dem weichlichen Paradiese Siciliens zu unsterblichen Thaten und Heldenehren, indem es ihm als Lohn die höchste Weltkrone darbot, und der Jüngling riß sich von den einsamen Inselufern los, um im Lande seiner deutschen Väter diese Krone zu erwerben. Heinrich, seinen kurz zuvor gebornen Sohn, ließ er zum Könige Siciliens krönen, gab seiner Gemalin die Statthalterschaft, schiffte sich ein, und eilte über Benevent und Gaeta nach Rom, wo er im April 1212 vom Papst und vom Volk als erwählter König der Römer begrüßt wurde. Innocenz III. sah seinen Schützling zum ersten Mal, und dann nicht mehr wieder. Der junge und geistvolle Enkel des schon mythisch gewordnen Helden Barbarossa stand als designirter Kaiser vor ihm; er war im edleren Sinn, als Otto IV., seine Creatur: das Geschöpf seiner Pflicht, sein adoptirter Sohn, für dessen Erhaltung er viele Jahre aufrichtig sich gemüht hatte. Wenn ihm Berichte diesen jugendlichen König als einen im Schwarme von höfischen

Troubadours schwelgenden Toren geschildert hatten, so wird sein scharfer Blick bald die angeborne Macht des Genies und den früh geübten Verstand im Sohne Heinrichs VI. erkannt haben. Man entwarf die Bedingungen, welche die Kirche an die Erhebung Friedrich's knüpfte, und vor allem wurde die Trennung Sicilien's vom Reiche festgestellt. Der neue Candidat für den Kaiserthron war dies unter Verhältnissen, welche denen von Otto IV. glichen, zum Unglücke des Reichs; denn dieselbe Fessel, die jener nur durch einen Meineid zerrissen hatte, wurde auch für Friedrich geflochten.[1] Doch an seiner aufrichtigen Gesinnung zu jener Zeit, mitten unter den begeisternden Hoffnungen einer großen Zukunft, kann nicht gezweifelt werden.

Vertrag des Papst's mit Friedrich.

Der Papst entließ Friedrich in völliger Zufriedenheit, und unterstützte ihn sogar mit Geldmitteln. Der junge Sicilianer erreichte Deutschland, vom Glücke geführt; er erschien dort wie ein Stern des Südens, der schnell und stralend emporstieg. Der Ruhm seiner Ahnen öffnete ihm das Vaterland; die Freigebigkeit, mit der er Erbgüter seines Hauses und Reichslehen verschleuderte, gewann ihm die gierigen Großen, und die vom Fluche der Kirche verdunkelte Unglücksgestalt des rauhen Welfenkaisers diente einem Jüngling zur Folie, den

---

[1] Schon im Februar stellte er zu Messina Urkunden aus, worin er sich als Vasall der Kirche für Sicilien bekannte, und die Freiheit der Bischofswahlen bestätigte. Böhmer, p. 68. 69. Histor. Dipl. Fried. I. 201 sq.: ne unquam beneficiorum vestrorum, quod avertat Dominus, inveniamur ingrati, cum post divini muneris gratiam non solum terram, sed vitam per vestrum patrocinium nos fateamur habere. Im April bewilligte er zu Rom dem Papst das Antreten der Grafschaft Fundi, nach dem Tode des Grafen Richard. Mon. Germ. IV. 223. Hist. Dipl. I. 208: ohne Angabe des Tages.

fremde Grazien auf einer fernen, märchenhaften Insel mit ihren schönsten Gaben geschmückt hatten.

Friedrich's Schwur zu Eger, 12. Juli A. 1213.

Am 12. Juli 1213 leistete Friedrich, von fast ganz Deutschland anerkannt, den Schwur zu Eger, worin er die Zugeständnisse Otto's IV. an den Papst mit ausdrücklicher Zustimmung der Reichsfürsten erneuern mußte. Die Freiheit der Kirche im Geistlichen ward anerkannt; der volle Inhalt des innocentianischen Kirchenstaats bestätigt; dem Reiche in jenen Landen nur das Fodrum beim Krönungszug behalten; die päpstliche Herrlichkeit über Apulien und Sicilien nochmals feierlich ausgesprochen.[1]

Friedrich II in Aachen gekrönt, 25 Juli A. 1215.

Nach siegreichen Unternehmungen gegen den unglücklichen Gegner, dessen Ruhm überdies am 27. Juli 1214 auf dem Felde von Bouvines erlosch, wurde Friedrich II. am 25. Juli 1215 durch den Erzbischof Siegfried von Mainz, den Legaten des Papsts, in Aachen gekrönt. Der „Pfaffenkönig," wie Otto IV. voll grollender Verachtung seinen begünstigten Nebenbuler nannte, nahm aus Unterwürfigkeit gegen die Kirche, die ihn erhoben hatte, vielleicht auch in ritterlich aufwallendem Gefühl nach der Krönung das Kreuz zur Heerfahrt in's gelobte Land — ein unbesonnenes Gelübde, welches die Quelle großen Unheils für ihn werden sollte. Sein Schwur, das Morgenland zu befreien, war damals aufrichtig, doch vielleicht war es seine Versicherung nicht mehr, Sicilien als Kirchenlehn von seiner eignen Krone zu trennen, und

---

[1] Urkunde von Eger, Mon. Germ. IV. 224. Hist. Dipl. I. 269. Darin wird der Papst genannt protector et benefactor noster. Die Sprache ist tief unterwürfig. Der Umfang des Kirchenstaats wird durch die ottonische Formel ausgedrückt: ad hos pertinet tota terra que est a Radicofano usque Ceperanum etc. Auf die Schenkung Ludwig's wird Bezug genommen.

nach) erlangter Kaiserkrönung seinem Sohne Heinrich abzutreten.¹

Der deutsche Tronstreit wurde auf dem Concil endgültig entschieden, welches Innocenz am 11. November 1215 im Lateran versammelte. Die Advocaten Otto's und die Abgesandten Friedrich's empfingen das Urteil, daß jener verworfen, dieser anerkannt sei.² Mehr als 1500 Erzbischöfe und Prälaten aus allen Ländern der Christenheit, nebst Fürsten und Gesandten von Königen und Republiken knieten zu den Füßen des mächtigsten der Päpste, welcher in unbestrittener Majestät als Gebieter Europa's auf dem Welttrone saß. Dies glänzende Concil, der letzte feierliche Act von Innocenz III., wie er selbst es geahnt hatte, war der Ausdruck der neuen Kraft, welche er der Kirche gegeben, und der Einheit, worin er sie erhalten hatte. Der Schluß des Lebens dieses ungewöhnlichen Mannes war auch seine Höhe. Im Begriffe sich nach Toscana zu begeben, um Pisa und Genua mit einander zu versöhnen, und diese Seemächte für den Kreuzzug zu gewinnen, welcher der wichtigste Gegenstand jenes Concils gewesen war, starb er zu Perugia, am 16. Juni 1216, ohne zu lange für seinen Ruhm gelebt zu haben.

Novemberconcil im Lateran, A. 1215.

Innocenz III. † 16. Juni A. 1216.

Innocenz III., der wahrhafte Augustus des Papsttums, nicht ein schöpferisches Genie wie Gregor I. und Gregor VII., war doch einer der bedeutendsten Menschen des Mittelalters, ein ernster und gediegener, schwermütiger Geist, ein vollendeter Herrscher, ein Staatsmann von durchdringendem Verstande, ein Hoherpriester voll wahrhafter Glaubensglut, und

---

¹ Mon. Germ. IV. 228. Hist. Dipl. I. 469.
² Degradatus est Otto quond. Imp. et excommunicatus est ab omni concilio. Annal. Meltenses. Mon. Germ. V. 159.

zugleich voll unermeßlichem religiös umschleiertem Ehrgeiz, und von Furcht verbreitender Willenskraft; der zermalmende Welttrichter seiner Epoche; kühnster Idealist auf dem Papsttron, und doch ein ganz praktischer Monarch, ein kalter Jurist.[1] Das Schauspiel eines Mannes, der in ruhiger Majestät die Welt auch nur einen Augenblick lang wirklich nach seinem Willen lenkt, ist erhaben und wundervoll. Dem Papsttum gab er durch die kluge Ausbeutung der geschichtlichen Verhältnisse, durch die furchtloseste und geschickteste Anwendung von canonischen Gesetzen und Erdichtungen, und durch die Leitung des religiös aufgeregten Gefühls der Massen eine neue und so gewaltige Kraft, daß es in seiner Machtströmung die Staaten, die Kirchen und die bürgerliche Gesellschaft unwiderstehlich mit sich fortriß. Seine durch priesterliche Ideenmacht allein bewirkten Eroberungen waren, wie die von Hildebrand, staunenswert im Verhältniß der Kürze seiner Regierung: Rom, der Kirchenstaat, Sicilien; Italien ihm untertan, oder als seinem Protector zugewandt; das Reich über die Alpen zurückgedrängt, und unter den päpstlichen Richterspruch gebeugt. Deutschland, Frankreich und England, Norwegen, Aragon, Leon, Ungarn, das ferne Armenien, die Königreiche in Ost und West hatten das richterliche Tribunal des Papsts anerkannt. Der Proceß um die verstoßene dänische Ingeborg bot Innocenz die Gelegen-

---

[1] Sein Porträt bei Hurter ist eine Fiction. Es existirt keins von ihm. Sein Lebensbeschreiber sagt: statura mediocris, et decorus aspectu, medius inter prodigalitatem et avaritiam — fortis et stabilis, magnanimus et astutus, fidei defensor, et haeresis expugnator, in justitia rigidus, sed in misericordia pius (?); humilis in prosperis, et patiens in adversis, naturae tamen aliquantulum indignantis, sed facile ignoscentis. Gesta c. 1.

heit, den mächtigen König Philipp August dem Kirchengesetz zu unterwerfen, und ein Investiturstreit machte ihn zum Lehnsherrn von England. Seine meisterhafte Unternehmung gegen den englischen König, dessen Kronrecht er Gewalt anthat, seine Anmaßung das freie England einem fremden Fürsten, Philipp August, zu übertragen, das straflose Spiel, welches er mit diesem Monarchen selbst zu treiben wagte, seine Erfolge und Siege sind Dinge, die in Wahrheit an's Wunderbare gränzen. Der elende Johann legte in sclavischer Furcht seine Krone öffentlich nieder, und empfing sie als tributbarer Vasall des heiligen Stuls aus den Händen Pandulf's, eines einfachen Legaten von ganz antikem Römerstolz und Römermut.[1] Die berühmte Scene von Dover erinnert durchaus an Zeiten des alten Rom, wo entfernte Könige auf Befehl von Proconsuln ihre Diademe niederlegten oder aufnahmen. Sie glänzt in der Geschichte des Papsttums, wie die Scene von Canossa, deren Seitenstück sie war. Sie hat England tief gedemütigt; aber kein Volk erhob sich so schnell und so rühmlich aus der Demütigung, als diese mannhafte Nation, welche ihrem feigen Tyrannen die Magna Carta abzwang, die Grundlage aller politischen und bürgerlichen Freiheit in Europa.

[1] Cession Englands von 1208, und vom 15. Mai 1213: Dumont I. u. 258. u. 275. Rymer fol. 111. Der König schwört wie ein lateinischer Baron das homagium ligium. Als die Barone die Magna Carta erzwangen, legte Innocenz den Bann auf die junge Freiheit der Engländer, und verdammte ihr glorreichstes Werk im Entstehn. Das Lehnsverhältniß erlosch übrigens bald. Von den drei Versprechungen homage, fealty and yearly rent, leistete Johann allein die erste. Treue schwor allein er und sein kleiner Sohn Heinrich. Der Tribut von 1000 Mark Sterling wurde von Eduard III. verweigert (absolutely refused, sagt Lingard History of England II. Appendix p. 626).

Das Glück von Innocenz war grenzenlos. Alle Verhältnisse der Welt wirkten auf den einen Zeitpunkt, wo dieser Papst erschien, und durch sie mächtig wurde. Selbst die kühnen Träume Hildebrand's, die griechische Kirche den Gesetzen Rom's zu unterwerfen, sah er wirklich werden, weil nach der Eroberung von Byzanz durch die lateinischen Helden der römische Ritus in die byzantinische Kirche eingeführt ward. Nie mehr hat ein Papst ein so hohes und doch so reelles Bewußtsein seiner die Welt umfassenden Macht gehabt, als Innocenz III., der Schöpfer und Vernichter von Kaisern und Königen. Kein Papst kam dem kühnen Ziele Gregor's VII. so nahe, Europa zu einem römischen Lehn, das Papstum zur alleinherrschenden Hierarchie, die Kirche zur Verfassung der Welt zu machen. Die lange Reihe seiner Vasallen eröffneten Könige, ihnen folgten Fürsten, Grafen, Bischöfe, Städte und Herren, die alle von diesem einen Papst Lehnsbriefe trugen.[1] Er umgab die Kirche mit Terrorismus: der Schrecken, den das absolute Machtgebot Rom's zur Zeit Nero's und Trajan's in der Menschheit verbreitete, war nicht größer, als die knechtische Ehrfurcht der Welt vor der milden Ermahnung, oder dem drohenden Donnerkeil des Römers Innocenz III., des majestätischen Priesters, welcher den bebenden Königen in der Sprache des Alten Testaments sagen durfte: „Wie in der Bundeslade Gottes die Rute neben den Tafeln des Gesetzes lag, so ruht auch in der Brust des Papsts die furchtbare Macht der Zerstörung und die süße Gnadenmilde."[2] Der

---

[1] Im Cod. Vat. 3535 sind aus den Lehnsbüchern der Kirche die Acten dieser Natur von Innocenz III. und andern Päpsten kurz aufgezeichnet.

[2] Sicut in arca foederis Domini cum tabulis testamenti virga

heilige Stul wurde durch ihn der Tron der dogmatischen und kirchenrechtlichen Gewalt, das politische Völkertribunal Europa's. Während seiner Epoche anerkannte der Westen und der Osten, daß der Schwerpunkt aller sittlichen und politischen Ordnung in der Kirche, dem moralischen Universum, und ihrem Papste sei. Dies war die günstigste Constellation, in welcher sie jemals in der Geschichte erschienen ist. Das Papsttum culminirte in Innocenz III. auf einer schwindelerregenden und unhaltbaren Höhe.

2. Bewegung der Ketzer. Doctrin von der christlichen Armut. Stiftung der Bettelorden. S. Franciscus und S. Dominicus. Die ersten Klöster ihres Orden in Rom. Wesen und Einfluß des Bettelmönchtums. Die Secte der Spiritualen.

Die von keinem Einzelwillen lange zu hemmende Bewegung der Welt spottet jeder in der Zeit triumfirenden und vorübergehenden Gewalt. Dies lehrt auch das Verhältniß von Innocenz III. zu dem großen Geistesproceß des XIII. Jahrhunderts, den er durch seine Gesetze in Fesseln zu schlagen doch nicht die Macht besaß. Das XIII. Jahrhundert war eine fortgesetzte große Revolution; der bürgerliche Geist erkämpfte siegreich seine Freiheit von Feudalität, Reich und Kirche, und neben ihm erhob sich der evangelische Geist, die Freiheit des Denkens und Glaubens zu erobern. Diese Revolution war in der Zeit nicht siegreich, wie jene; ihre hochauflobernde Flamme wurde von der Kirche gelöscht,

continebatur et manna, sic in pectore S. Pontificis cum scientia legis divinae rigor destructionis et favor dulcedinis continetur; Brief an König Johann, worin er ihm zu seiner demutsvollen Unterwerfung Glück wünscht, vielleicht das großartigste Document der päpstlichen Macht überhaupt. Rymer, Foedera I. fol. 116.

doch ersticken konnte ihr Funke nicht werden. Eine tiefe enthusiastische Bewegung ketzerischer Gedanken drang am Anfange jenes Jahrhunderts gegen die dogmatische Machtform, in welche Innocenz III. die Menschheit zu bannen glaubte. Am Blicke dieses Papsts ging die Zeit wie ein ihm huldigender Triumphzug vorüber, doch er gewahrte auch trotzende Geister, die ihm Furcht erregten. Der erste große Ansturm der häretischen und auch der evangelischen Revolution gegen das kirchlich-politische Dogma von Rom fiel gerade in die Zeit der zweiten Gründung des Kirchenstaats und der päpstlichen Weltmonarchie durch ihn. Während die Kirche die festeste Concentration ihres Organismus gewann, wurde die Einheit ihres Lehrgebäudes so stark bedroht, wie noch nie zuvor. Mit römischer Entschlossenheit nahm Innocenz den Kampf wider die Ketzerei auf, welche er durch Feuer und Schwert auszutilgen befahl; seine furchtbare Strenge gab dem kirchlichen Fanatismus und der Unduldsamkeit das Beispiel und die Richtung für Jahrhunderte. Die Vernichtung der Albigenser durch die ersten wirklichen Ketzerkriege voll von empörenden Freveln war die Wirkung der Bannstralen und der Machtgebote von Innocenz III. Sie hat eine tiefe Spur im Gedächtniß der Menschheit zurückgelassen. Schmerz um den Ruin eines schönen Landes voll von Erinnerungen antiker Cultur, ritterlich-romantische Sympathien, etwas übertriebene Bewunderung provençalischer Liederkunst, und das empörte Gefühl für Menschlichkeit und Freiheit haben den Untergang der Albigenser mit einer unverlöschlichen Glorie geschmückt, und Innocenz III. mit einem dauernden Urteil gestraft. Wenn auch im Leben der Völker der geschichtlichen Notwendigkeit manche Opfer fallen müssen, so ist doch das Loos, ihr

Vollstrecker zu sein, nicht beneidenswert. Es ist freilich nicht schwer, die Frage zu beantworten, welche Gestalt unsere Cultur würde angenommen haben, wenn im XIII. Jahrhundert der Häresie und allen ihren manichäischen Ausartungen volle Freiheit wäre gegeben worden. Der Grundsatz der Gewissensfreiheit, das höchste Kleinod der veredelten menschlichen Gesellschaft, war nicht für jene unreifen Jahrhunderte bestimmt, aber er entsprang dennoch siegreich aus den Scheiterhaufen derer, welche die Inquisition verschlungen hat, die furchtbare Wächterin der Einheit der Kirche, jene Schreckensmacht, die auf der Höhe der Papstgewalt von Innocenz III. entsprungen ist. *Inquisition.*

Ein schwärmerisches Princip, die Todfeindin aller praktischen Gesellschaft und aller Cultur, vor welcher die Menschen, wie vor der Pest zurückbeben, trat damals zum zweiten Mal als ein religiöses Ideal in die Welt, und begeisterte ihre frömmsten Gemüter. Die Doctrin von der vollkommenen Armut, als der wahren Nachfolge Christi, bildete den dogmatischen Kern der Ketzersecten jener Zeit, von denen die Armen von Lyon oder die Waldenser der Kirche besonders gefährlich wurden. Dieses nicht für Erdenmenschen passende Princip machte den Eindruck apostolischer Wahrheit auf die Welt, und bot den Feinden der päpstlichen Monarchie eine schneidende Waffe dar. Im Angesichte des Pomps, des Reichtums und der unapostolischen Macht der Kirche erwachte die Sehnsucht nach den Idealen des Christentums, und die evangelischen Ketzer stellten dessen reines Urbild einer mißgestalteten Wirklichkeit entgegen. Das römische Papsttum wurde im Kampfe wider ein um sich greifendes Gefühl von der Reformationsbedürftigkeit der Kirche in die äußerste Ge- *Die ketzerische Doctrin von der evangelischen Armut.*

fahr geraten sein, wenn jene nicht das Bedürfniß der christlichen Entsagung in sich selbst wieder zu finden und als eigenen katholischen Gedanken zu erzeugen vermochte. Es erhoben sich aus ihrer Mitte zu rechter Stunde zwei merkwürdige Menschen, als Propheten derselben apostolischen Armut, und sie erfüllten die Kirche plötzlich mit neuer Kraft. Neben Innocenz III. stellten sich Franciscus und Dominicus, berühmte Charaktere jener Zeit. Ihr Verhältniß zur Kirche hat die Legende in einem Traumgesicht des Papsts dargestellt, worin er zweimal den einfallenden Lateran von zwei unscheinbaren Männern stützen sah, in welchen er sodann erwachend jene Heiligen erkannte. Das plötzliche Erscheinen dieser beiden Menschen, ihr legendäres Dasein, ihre Wirksamkeit mitten unter den praktischen Kämpfen der Welt, ihr ganz erstaunlicher Einfluß sind in der Geschichte der Religion wahrhafte Phänomene.

S. Franciscus. Der liebenswürdigste der Heiligen, Franciscus, war der Sohn eines Kaufherrn in Assisi, wo er um das Jahr 1182 geboren wurde. Schwärmerische Andacht ergriff ihn mitten unter einem üppigen Leben als Jüngling, so daß er schöne Gewänder, Gold und Habe von sich warf, und sich weltverachtend in Lumpen hüllte. Man verhöhnte ihn, man nannte ihn wahnsinnig. Aber nach einiger Zeit hörten andächtige Schaaren auf seine wunderbare Beredsamkeit, und von ihm berauschte Jünger folgten, in Lumpen gehüllt, seinem Beispiel, während er selbst in der Kapelle Portiuncula bei Assisi sein Vereinshaus gründete. Der Ruf Christi aus dem Munde eines Bettlers und Apostels: „wirf was du hast von dir und folge mir nach," schallte auf den Straßen unter Enthusiasten der Armut wieder, welche dieses Gebot buchstäblich zu erfüllen eilten.[1] Der rätselhafte Zudrang zu einem mystischen Bruderbunde, dessen oberster Grundsatz die Besitzlosigkeit, dessen Lebensunterhalt das freiwillige Almosen, und dessen Schmuck das Bettlerkleid war, ist eine der seltsamsten Thatsachen des Mittelalters, welche jeden ernsten Geist zum Nachsinnen über die wichtigsten Fragen der menschlichen Gesellschaft bewegen muß. Es war nicht Empörung über die zu ungleich verteilten Güter der Erde, was jene umbrischen Idealisten antrieb, sich aus den praktischen Zuständen des Lebens in das nackte Bettelthum zu stürzen. Sie wurden Cyniker und Communisten nicht aus philosophischer Speculation, sondern aus einem religiösen, die damalige Menschheit krankhaft bewegenden Triebe. Wenn der seraphische Visionär auf der scharfen Grenze zwischen Licht und Dunkel ein gewöhnlicher Geist gewesen wäre, so würde er sich als Eremit aus der Welt verloren haben; aber Franciscus war eine liebeselige, begeisterte und fortreißende Natur, darum zog er die Menschen mit Macht an sich. In diesem glühenden Propheten des Herzens war ein geniales Anschauen der Gottheit, welches ihn in andern Epochen zum Religionsstifter würde gemacht haben. In seinen Tagen konnte er nichts mehr sein, als einer der Heiligen der fest gegründeten Kirche, ein schon im Leben unter Legenden wandelndes Nachbild von Jesus, dessen Wundenmale seine Jünger an ihm wollten gesehen haben. Seine Anhänger stiegen nicht in den Abgrund

[1] Regula et vita istorum fratrum haec est, scil. vivere in obedientia et in castitate, et sine proprio, et D. nostri Jesu Christi doctrinam et vestigia sequi, qui docet: si vis perfectus esse, vade, et vende omnia, et da pauperibus, et habebis thesaurum in coelo; et veni, sequere me (Math. 9. 21). Im Capitel 1 der Minoriten-Regel beim Wadding Anuales Minorum I. 67.

eines dichterischen Gemüts hinab, dessen überirdische Extase unerfaßbar war; sie gaben einem Reiche tiefsinniger jenseits der Welt schwebender Entzückungen eine rohe äußerliche Gestalt; sie forderten die Erhebung eines enthusiastischen Daseins in der Freiheit der Seele zu einem geregelten Mönchsstaat, worin die Armut, als mystische Königin, unter Hymnen singenden Bettelbrüdern auf einem goldenen Trone saß. Diese geschäftigen Jünger eines Heiligen konnten indeß die menschliche Gesellschaft nicht reformiren; die Entbehrung ist erfinderisch und revolutionär, aber die Armut ohne sie kein reformatorisches Princip: sie konnten nur einen wandernden Bruderorden darstellen, ohne einmal zu ahnen, welchen Einfluß er auf die Gesellschaft haben würde. Sie trieben ihren Heiligen, der kein Philosoph, kein Theoretiker, sondern ein naives Kind Gottes war, dazu an, ein Gesetzgeber zu sein. Die Kirche untersagte die Gründung neuer Regeln, weil der Mönchsorden schon zu viele waren, und alle verweltlicht und abgenutzt; daher wurde es S. Franciscus oder seinen Jüngern nicht leicht, durchzubringen. Er fand jedoch in Rom mächtige Freunde, die edle Jacoba de Septemsoliis vom Haus der Frangipani, den reichen Cardinal Johann Colonna, den leidenschaftlichen Cardinal Hugolin, seinen eifrigsten Beschützer, nachmals Papst Gregor IX., ferner den hochangesehenen Matheus Rubeus vom Haus Orsini, den Vater des späteren Papsts Nicolaus III. Innocenz, der Mann des großen praktischen Verstandes, erkannte die Bedeutung des entstehenden Bettlerordens nicht. Ahnte er vielleicht die Gefährlichkeit eines Princips, welches der weltlichen Macht der Kirche entschieden feindlich war? Es gibt keine größeren Gegensätze als die Gestalten des in weltherrlicher Majestät tronenden

Hohenpriesters Innocenz III. und des demutsvollen Bettlers Sanct Franciscus, welcher, ein Diogenes des Mittelalters vor Alexander, vor jenem dastand, ein armer, kranker Träumer, aber in seinem Nichts größer als er, ein Prophet und Mahner, ein Spiegel, worin die Gottheit diesem Papst die Nichtigkeit aller Weltgröße zu zeigen schien. Innocenz III. und der heilige Franz sind in Wahrheit zwei wundervolle Bilder auf den Kehrseiten ihres Zeitgepräges. Der große Papst stellte übrigens dem Heiligen keine Hindernisse in den Weg. Aber erst sein Nachfolger Honorius III. anerkannte den Orden der Fratres minores (Minoriten, oder Geringe Brüder) im Jahre 1223, und gab ihm unter der Benedictiner-Regel die Befugniß der Predigt und des Beichtstuls.[1]

Stiftung des Franciscanerordens.

Die erste Niederlassung der Franciscaner zu Rom im Jahre 1229 war das Hospital von S. Blasio, heute S. Francesco in Trastevere; hierauf übergab ihnen Innocenz IV. im Jahre 1250 das alte Kloster S. Maria in Aracoeli, aus welchem die Benedictiner entfernt wurden.[2] Noch heute ist diese Abtei der Hauptsitz ihres Ordens. Auf das alte Capitol zogen in Procession triumfirende Bettelbrüder ein, in der braunen Kutte, den weißen Strick um den Leib, und von der Spitze der tarpeischen Burg, aus dem fabelhaften Palast des Octavian, gebot nun ein baarfüßiger Bettlergeneral, dessen Befehle in dienstbaren „Provinzen" gehört wurden,

Die Franciscaner ziehen in S. Maria in Araceli ein, A. 1260.

---

[1] Bullar. Magn. Rom. I. 93, Bulle vom 29. Nov. 1223. Die Constitutionen der Minoriten aus Saec. XIII enthält der Cod. Palatin. n. 571 von fol. 1 bis fol. 25.

[2] Bulle Lampas insignis, Lyon, 26. Juni 1250. Die Franciscaner erhielten das Kloster in seinem ganzen Umfang, gemäß dem Privilegium Anaclet's. Sie kamen in den factischen Besitz im Jahr 1251. Casimiro Gesch. v. Araceli p. 16.

die sich wie zu Römerzeiten von dem letzten Britannien bis an die Meere Asiens erstreckten.[1]

Als der Heilige von Assisi in dem entzückenden Tibertale Umbriens mit seinen begeisterten Bettlern umherwanderte, wie Jesus mit armen Fischern und Handwerkern im Tal von Genezareth, ahnte er nicht, daß an den Ufern der Garonne ein andrer Apostel einen ähnlichen Einfluß gewann.

S. Dominicus. Der Castilianer Dominicus von Calaroga, der gelehrte Schüler des Bischofs Diego de Azevedo, faßte im Jahr 1205 auf einer Reise in Südfrankreich den Gedanken, sein Leben der Bekehrung jener kühnen Ketzer zu widmen, welche die katholische Kirche mit evangelischen Idealen bekämpften. Franciscus und Dominicus waren Dioscuren, aber im Innersten der Charaktere von einander grundverschieden. Der liebevolle Enthusiast von Umbrien predigte unter Bettlern, hielt mit Bäumen und Vögeln Zwiegespräche, und richtete Hymnen an die Sonne, und der Spanier Dominicus, glühend heiß von Leidenschaft, wie jener, doch ganz wirklich, ganz thatkräftig, ratschlagte unterdeß über die praktischen Mittel, die Ketzerei auszurotten mit den düstern Helden des Albigenserkrieges, dem Bischof Fulco von Toulouse, dem Abt Arnold von Citeaux, dem päpstlichen Legaten Pier von Castelnau,

---

[1] Ex ipso Capitolii vertice dominatur pauperum primicerius, quam ex Tarpeia rupe Romanorum rexere Monarchae, ad plures utique nationes hujus sodalitii Rectoris pertransit auctoritas, quam antea Romanorum diffundebatur Imperium. So sagt voll Stolz der Annalist des Ordens, Wadding ad A. 1251. n. 36. Franciscus selbst starb A. 1226 in der Portiuncula. Er wurde A. 1228 canonisirt. Sein Leben schrieben seine Jünger Thomas von Celano, und die drei Genossen Leo, Angelus und Rufinus; dann der berühmte Mystiker Bonaventura. Acta SS. Oct. T. II. 545 sq. Eine angenehme und gedankenreiche Schrift schrieb in unserer Zeit Karl Hase. Franz von Assisi, Leipzig 1856.

und dem schrecklichen Simon von Montfort. Er war Zuschauer des Unterganges eines edeln Volks; er sah die rauchenden Trümmer von Beziers, wo auf den fanatischen Wink des Abts Arnold 20000 Menschen gemordet wurden; er betete verzückten Geistes in der Kirche von Maurel, als Simon von Montfort mit seinen wutentbrannten Kreuzesrittern das Heer Peters von Aragon und der Grafen von Toulouse zersprengte. Mitten unter diesen Gräueln, vor denen der sanfte Franciscus würde zurückgeschaudert haben, fühlte der fanatische Spanier Dominicus nichts als glühende Liebe zur Kirche, nichts als inbrünstige Demut, und er besaß keine andere Leidenschaft als den ungestümen Drang, Menschen von Ansichten zu bekehren, die er für frevelhaft hielt. Die Anfänge seines Ordens liegen in dem kleinen Frauenkloster Nôtre Dame de Pruglia am Fuße der Pyrenäen, und in Vereinen von Montpellier und Toulouse.

Er ging nach Rom im Jahre 1215. Er wohnte hier dem großen Concile bei, auf welchem die Toulouser Grafen gezwungen wurden, ihre schönen Länder dem Eroberer Simon abzutreten. Innocenz III. durchschaute die praktische Absicht des feurigen Predigers gegen die Ketzerei klarer, als den geheimnißvollen Sinn der mystischen Träume von Franciscus. Nach einigem Bedenken war er geneigt, den neuen Orden unter der augustinischen Regel anzuerkennen, und nur der Tod hinderte ihn daran. Bald darauf gab ihm Honorius III. die Bestätigung am 22. December 1216, als Dominicus wiederum in Rom anwesend war.[1] Er erteilte den Prediger-

Er kommt nach Rom A. 1215.

---

[1] Die Bulle datirt aus S. Sabina. (Bullar. Mag. Rom. I. n. 91 und Bullar. Ordinis Fratr. Praed. p. 2.) Die Legende erzählt, daß Dominicus und Franciscus im Jahr 1215 in Rom einander begegneten. Ein

Stiftung des Dominicaner-Ordens A. 1216. brüdern (Fratres praedicatores) das Recht der Seelsorge und Predigt in allen Ländern. Auch in diesem Orden waren nach dem Gebot des Stifters die Armut ein Hauptgesetz, Predigt und Lehre die Aufgabe, und bald genug machte er sich dadurch furchtbar, daß er die Inquisition, erst neben den Franciscanern, dann allein in die Hände nahm. Die ersten Häuser der Dominicaner in Rom waren seit dem Jahre 1217 das Kloster S. Sixtus auf der Via Appia, und seit 1222 die alte schöne Kirche S. Sabina auf dem Aventin, wo die Mönche noch heute das Local zeigen, welches ihr Stifter früher bewohnt haben soll. Dominicus starb in Bologna am 6. August 1221. Er wurde dort in der Kirche seines Namens in einer prachtvollen Urne begraben, welche die erwachende Bildhauerkunst Italien's mit den ersten Blüten ihres Genie's geschmückt hat.[1]

Die beiden Patriarchen des bettelnden Mönchtums, Zwillingsbrüder derselben Zeit, die zwei stralenden Leuchter auf dem Berge, wie die Sprache der Kirche sie nennt, waren neben Innocenz III. die Apostel der neuen kirchlichen Weltherrschaft, wie einst der römische Mönch Benedict neben dem Papst Gregor.[2] Wenn frühere Ordensstifter Einsiedeleien

---

Traum hatte jedem seinen Mitstreiter gezeigt. Beide Orden trennte Eifersucht; aber sie feiern an ihren Festen noch heute das Andenken der Freundschaft ihrer Stifter durch gemeinschaftlichen Gottesdienst und Mal. Lacordaire Vie de S. Dominique c. VII.

[1] Die Geschichte der Dominicaner begann Mammachi, Annales Ord. Praed., 1756, mit A. 1170. Siehe T. I. 567 von der Uebersiedlung des Ordens in die S. Sabina, worauf die Dominicanerinnen S. Sixtus bezogen. Der Sitz des Ordensgenerals ist heute S. Maria sopra Minerva.

[2]   L'un fu tutto serafico in ardore,
    L'altro per sapienza in terra fue
    Di cherubica luce uno splendore.
                  Dante, Paradies XI.

oder Abteien gründeten, wo die Mönche ein contemplatives Leben führten, während die Reichtümer aufhäufenden Aebte als Reichs= und Lehenfürsten über Vasallen geboten, so verwarfen Franciscus und Dominicus ein System, durch welches das mönchische Institut verweltlicht worden war. Ihre Reform bestand in der Rückkehr zum Ideal entsagender Armut, aber auch in der Abwendung von einer blos eremitischen Lebensweise. Das neue Mönchtum stellte sich mitten in den Städten unter das Gewühl des Volks; es nahm selbst Laien, in der Form der Tertiarier, auf. Dieses vielgeschäftig praktische Verhältniß der Bettelorden zu allen Richtungen des Lebens gab ihnen eine unermeßliche Kraft. Jene alten Orden waren aristokratisch und feudal geworden; Franciscus und Dominicus demokratisirten das Mönchtum, und darin lag ihre geheimnißvolle, anfangs bezaubernde Macht. Die Doctrinen der Ketzer, der demokratische Geist in den Städten, das Emporbrängen der Arbeiterklassen, und aller vulgären Elemente selbst in der Sprache, hatten den Boden für die Erscheinung jener Heiligen bereitet. Ihre Lehren wurden wie populäre Offenbarungen aufgenommen, und wie Reformen der Kirche durch das Volk betrachtet, wodurch die gerechten Anklagen der Ketzer zum Schweigen gebracht werden konnten. Das gedrückte Volk sah in der That die verachtete Armut an einem Altar erhöht, und in die Glorie des Himmels gestellt. Der Zudrang zu den neuen Orden war daher sehr groß. Schon im Jahre 1219 konnte Franciscus auf einer Generalversammlung zu Assisi 5000 Brüder zählen, welche mit Enthusiasmus seiner Ordensfahne folgten. Die Errichtung von Bettelklöstern wurde bald in den Städten eine so wichtige Angelegenheit, wie es heute etwa die Anwendung einer das

Leben umgestaltenden Erfindung wäre. Reiche und Geringe traten dort ein, und Sterbende jedes Standes ließen sich mit der Kutte des heiligen Franciscus bekleiden, um sicher in's Paradies einzugehen.

Einfluß der Bettelorden auf die Gesellschaft. Die Bettelbrüder beeinflußten bald alle Schichten der Gesellschaft. Sie verdrängten die Weltgeistlichen von den Beichtstühlen und Kanzeln; sie besetzten die Katheder der Universitäten; die größesten Lehrer der Scholastik, Thomas von Aquino, Bonaventura, Albertus Magnus, Baco waren Bettelmönche. Sie saßen im Collegium der Cardinäle, und bestiegen als Päpste den heiligen Stul. Ihre Stimme flüsterte in der stillsten Familienkammer in das Gewissen des Bürgers, und am glänzendsten Hof in das Ohr des Königes, dessen Beichtiger und Räte sie waren; sie erscholl in den Sälen des Lateran, wie in den stürmischen Parlamenten der Republiken. Sie sahen und hörten alles. Sie wanderten wie die ersten Jünger von Jesus „ohne Stab, ohne Sack, ohne Brod, ohne Geld," und baarfüßig durch das Land;[1] aber diese Bettlerscharen waren zugleich in Hunderten von Klöstern nach Provinzen organisirt, und von einem Minister-General befehligt, auf dessen Gebot jeder einzelne Bruder bereit war, ein Missionär zu sein und ein Märtirer, ein Kreuz- und Bannprediger, ein Friedensrichter, ein Truppenwerber für den Papst, ein Ketzerrichter und Inquisitor, ein verschwiegener Bote und Kundschafter, und ein sehr hartnäckiger Zöllner oder Eintreiber von Ablaßgeldern und Kirchenzehnten für die Kasse des Lateran.

[1] Quando fratres vadunt per mundum, nihil portent per viam, nec sacculum, nec peram, nec panem, nec pecuniam, nec virgam. Cap. XIV. der Ordensregel.

Einfluß der Bettelorden.

Die römische Kirche bemächtigte sich mit Klugheit der demokratischen Richtung dieser Orden, welche ihren Zusammenhang mit dem Volk in allen Ländern vermittelten, während sie sich durch Exemtionen der Aufsicht der ordentlichen Geistlichkeit und der Bischöfe ganz entzogen. Die Päpste machten aus ihnen immer kampffertige Heere, deren Unterhalt sie nichts kostete. Die Grundsätze von der göttlichen Gewalt des römischen Papstums wurden von diesen Bettelmönchen auf tausend Wegen in das Vorstellen der Menschheit geleitet, deren Gemüt durch Furcht, Gewissensangst und schwärmerische Lehren, durch Wolwollen, Hingebung und Aufopferung zum duldenden Gehorsam unter die Gebote des unfehlbaren Papsts gebeugt ward. Die demokratische Natur der Franciscaner war indeß schwer zu beherrschen; ihre ascetische Mystik drohte in Häresie auszuarten, und das apostolische Princip der Armut brachte der Kirche mehr als einmal wirkliche Gefahr. Der Orden spaltete sich schon nach dem Tode des Stifters, denn eine mildere, von Fra Elia, dem angesehensten Schüler des Heiligen, geführte Partei forderte die Gestattung des Gütererwerbs unter gewissen Bedingungen. Das Gebot bettelhafter Armut überstieg die Gesetze der menschlichen Natur, welche ihre persönliche Lebens- und Willenskraft praktischer Weise nur in Besitzverhältnissen ausdrücken kann. Die Meisterhand Giotto's stellte zwar die Vermälung des Heiligen mit der verklärten Armut in einem entzückenden Gemälde über dessen Grabe in Assisi dar, doch der große Stifter des Bettelordens ruhte schon in einem von Gold und Marmor funkelnden Dom. Seine Bettelkinder erfreuten sich bald begüterter Klöster in aller Welt; die Armut blieb draußen vor dem Klostertor.

Jedoch eine strengere Partei erhob sich aus der Asche des frommen Heiligen mit schwärmerischer Glut. Sie behauptete den Grundsatz absoluter Besitzlosigkeit gegen ihre gemächlicheren Brüder und die weltherrliche Kirche selbst. Das Evangelium dieser Secte vom heiligen Geist oder der Spiritualen waren die Prophezeiungen des berühmten calabrischen Abts Joachim de Flore, welcher die bisherige Kirche nur als eine Vorbereitungsstufe für das Reich des heiligen Geistes hielt; und jene tiefmütigen Mönche hatten die kühne Meinung, daß Franciscus an die Stelle der Apostel, und daß ihr mönchisches Reich an die Stelle des päpstlichen getreten sei, um das verkündigte Zeitalter des heiligen Geistes zu beginnen, der an keine Form, an kein Regiment, an kein Mein und Dein gebunden sei.

Die Spiritualen.

Die Geschichte der Kirche und der Cultur kennt den Einfluß der Franciscaner und Dominicaner auf die menschliche Gesellschaft; doch wir dürfen weder ihre anfangs rühmliche Thätigkeit, noch den tiefen Verfall ihres ursprünglichen Ideals, oder die Fesseln stumpfsinniger Verknechtung zeigen, welche sie später der Freiheit des Denkens und der gesunden Entwicklung der Wissenschaft angelegt haben, noch von den Folgen reden, die ein feierlich anerkanntes Princip des Bettlertums auf Vermögen und Arbeitskraft der bürgerlichen Gesellschaft ausgeübt hat.

3. Honorius III. wird Papst. Das Haus Savelli. Krönung Peter's von Courtenay zum Kaiser von Byzanz in Rom, 1217. Friedrich verzögert den Kreuzzug. Tod Otto's IV, 1218; Wahl Heinrich's von Sicilien zum Nachfolger Friedrich's in Deutschland. Unruhen in Rom, unter dem Senator Parentius. Romfahrt und Krönung Friedrich's II. 1220. Kaiserliche Constitutionen.

Der greise Cardinal von S. Johann und Paul, Cencius Savelli, wurde der Nachfolger Innocenz' III. Sein väterliches Geschlecht, in welchem ein urlateinischer Stammesname wieder erscheint, war in der Geschichte der Stadt bisher nicht sichtbar gewesen, und sein Ursprung überhaupt ist unbekannt. Da schon im IX. Jahrhundert ein Ort Sabellum nahe bei Albano bemerkt wird, so mochten die Savelli von ihm den Namen erhalten haben, wie die Colonnesen den ihrigen von der Burg Colonna.[1] Das Nepotenhaus der alten wol germanischen Saveller (denn dies zeigen die Namen Haymerich und Pandolf) wurde geschichtlich erst durch den Papst Honorius gegründet, und kam erst seit ihm zur Macht empor.[2]

Das Geschlecht der Savelli.

Cencius war unter Innocenz III. Vicecanzler und Kämmerer der Kirche gewesen, und in sehr schwierigen Geschäften, namentlich in Sicilien verwendet worden, wo er Jahre lang dem jungen Friedrich eine väterliche Sorgfalt gewidmet hatte. Als Cardinal hatte er das berühmte Rentenbuch der Kirche zusammengetragen.[3] Er bestieg als Honorius III. den heiligen Stul zu Perugia am 24. Juli 1216, und erst am 4. September nahm er Besitz vom Lateran.

Honorius III. Papst d. 1216 bis 1227.

---

[1] Den Ort nennt zuerst Anastasius Vita Stephani V. n. 529: S. Theodorus in Sabello; sodann A. 1023: territorio Albanese in fundo et loco qui vocatur Sabello (Galletti del Prim. n. 34). Das Geschlecht heißt de Sabello (d. h. dominus). Das Testament Honorius' IV. A. 1285 nennt das jetzt zerstörte Castrum als Familiengut neben Albano (Ratti, fam. Sforza II. 302). Auch Panvinius de gente Sabella (Mscr. Bibl. Casanatense) beginnt die Genealogie des Hauses erst mit Haymericus, dem Vater von Honorius. Sein Name (Amalrich) deutet auf germanischen Ursprung.

[2] Der Carb. Stefaneschi ziert in seinem Poem von der Krönung Bonif. VIII. (Mur. III. 648) die Saveller mit dem für römische Barone seltenen Prädicat der Milde: nec non Sabellia mitis. Dies Lob verdienten sie durch zwei Päpste Honorius III. und IV., und den Senator Pandulph.

[3] Bd. IV. 608.

Die Römer sahen ihren Landsmann und Mitbürger gern als Papst: seine Charaktergüte, und sein tadelloses Leben hatten ihn längst beliebt gemacht. Von seinem Vorgänger erbte er überdies ein beruhigtes Regiment in der Stadt, deren Gesetze und Freiheiten er nicht antastete. Seit der Constitution des Jahrs 1205 verwaltete die römische Republik je 6 Monate lang ein einzelner Senator, welcher nun ohne Widerstand dem Papst den Huldigungseid leistete.[1]

Die sanftmütige Seele von Honorius erhob sich nicht zu den kühnen Ideen seines Vorgängers, durch dessen Geist seine geringeren Talente in Schatten gestellt wurden. Eine einzige Leidenschaft erfüllte ihn, die Ausführung des von Innocenz III. angesagten Kreuzzuges, an dessen Spitze er Friedrich zu sehen hoffte.

Ehe er diesen selbst zur Kaiserkrönung nach Rom lud, krönte er hier am 9. April 1217 Peter von Courtenay zum Kaiser von Byzanz — eine neue Herrlichkeit der Kirche, welche fortan beide Kronen, des Morgenlands und des Abendlands, zu verleihen hoffte. Der französische Graf war Prätendent des griechischen Trons, als Gemal von Jolantha, der Schwester des zweiten byzantinischen Frankenkaisers Heinrich, in welchem der Mannesstamm von Flandern im Jahre 1216 erloschen war. Er kam nach Rom mit seiner Gemalin und vier Kindern. Zum ersten und letzten Male empfing in der Stadt ein griechischer Kaiser die Krone des Morgenlandes aus den Händen des Papsts; aber das oströmische, jetzt lateinische

---

[1] Keine Urkunde nennt die damaligen Senatoren. Zur Zeit des Concils von 1215 war Senator Pandulphus filius quondam Johannis Petri de Judice, was bisher übersehen ist. Instrument v. 1217, Murat. Antiq. Ital. II. 563.

Kaiserreich war von der Macht der Komnenen schon zu einer
erbärmlichen Schattengestalt herabgesunken. Der ohnmächtige
Nachfolger Constantin's wurde nicht einmal in dessen römischer
Basilika gekrönt, sondern zum Range des Königs von Aragon
herabgesetzt, denn er empfing die Krone aus des Papsts Hand
in S. Lorenzo vor dem Tor.[1] Honorius entließ den neuen
Kaiser in Begleitung des Cardinals von S. Prassede Johann
Colonna. Seine Kaiserfahrt nach der großen Stadt des Ostens
endete jedoch schon in den Kerkern des Despoten Theodor
Laskaris in Epirus, wo Peter von Courtenay im Jahr 1218
elendiglich starb.

Er krönt Peter von Courtenay zum Kaiser von Byzanz, 9. April A. 1217.

Friedrich unterdeß zauderte sein Gelübde zu erfüllen,
welches ihm die Kreuzfahrt zur Pflicht machte. In dringenden Briefen mahnte ihn Honorius; er drohte sogar mit
dem Bann, wenn er nicht zur festgesetzten Frist aufgebrochen
sei, den vorausgezogenen, auch deutschen Kreuzfahrern beizustehen, welche mit Anstrengung das feste Damiette belagerten.[2] Der Sohn Heinrich's VI. fühlte nichts von der
Glaubensglut eines Gottfried von Bouillon; diese ritterlich
fromme Leidenschaft war überhaupt in Europa schon unpraktisch geworden. Die Welt, die einen großen Kreuzzug fränkischer Fürsten auf das christliche Byzanz sich hatte werfen
sehen, belächelte bald darauf den wunderlichen Kreuzzug von
vielen tausend Kindern, welcher weniger die Fortdauer des
Dranges nach dem Orient als dessen krankhafte Ausartung
bewies.[3] Die religiösen Triebe waren bei den Fürsten zu

---

[1] Chron. Fossae ad A. 1217.
[2] Erster Drohbrief vom 11. Febr. 1219; zweiter vom 1. October
1219. Hist. Dipl. I. 691. Der Termin ward auf S. Benedict, 21. März
1220 festgesetzt; darauf bis zum 1. Mai verschoben.
[3] Motus puerorum mirabilis, tam de Romano quam Teutonico

politischen Zwecken geworden; denn ihre Unternehmungen galten nicht mehr dem Besitz des heiligen Grabes, sondern dem Aegyptens, des Schlüssels des Morgenlandes und seiner indischen Handelsstraßen. Darf man Friedrich im Ernst daraus einen Vorwurf machen, daß er die Erfüllung seines Gelübdes verschob, welches ihn seiner praktischen Regentenpflicht würde entzogen und nach Syrien entführt haben, wo sein Großvater einen erfolglosen Tod, und wo hundertjährige Anstrengungen nach einem Scheinleben den sichern Untergang gefunden hatten? Sein nächstes Ziel war die Ordnung seines sicilischen Landes, die Erlangung der Kaiserkrone, und die Sicherung der Erbfolge im Reich.

Kaiser Otto IV. † 19. Mai A. 1218.

Den Weg zu dieser bahnte ihm der Tod Otto's IV. Der unglückliche Welfenkaiser starb auf der Harzburg am 19. Mai 1218 in schwermütiger Einsamkeit, als reuevoller Büßer. Nun wurde Friedrich in ganz Deutschland als König der Römer anerkannt. Das Bemühen, seinen schon zum Könige Sicilien's gekrönten Sohn Heinrich von den Reichsfürsten auch zu seinem Nachfolger in Deutschland erwählen zu lassen, ferner einige Vorfälle, die als Eingriffe in die Selbständigkeit des Kirchenstaats erschienen, machten den Papst schon im Frühjahr 1219 mißgestimmt. Der König beruhigte ihn durch Erlasse, welche rebellischen Städten, wie Spoleto und Narni, die Unterwerfung unter den heiligen Stul befahlen.[1] Er erneuerte die Capitulation von Eger; er versprach, was der Papst begehrte, um nur die Kaiserkrone zu

---

regno — man sehe M. Germ. XVI. Reiners Annalen ad A. 1212; der Chronist erklärt dies Krankheitsphänomen des Mittelalters ex arte magica.

[1] Theiner Cod. Dipl. I. 70.

gewinnen.¹ Für die Hoffnung, Friedrich nach dem Orient sich einschiffen zu sehn, nahm der sanftmütige Greis selbst die Täuschung hin, welche ihm mit Sicilien bereitet wurde. Das feierliche Versprechen, dieses Land nicht mit der deutschen Krone zu vereinigen, erneuerte Friedrich auch Honorius dem III., der es forderte, im Jahre 1220. Der junge Heinrich sollte Sicilien als des Papsts Lehnsmann beherrschen, so bald er volljährig wurde. Aber Friedrich gewann die geistlichen Fürsten Deutschlands durch große Freibriefe für seinen Plan, eben diesen Heinrich zum römischen Könige zu erwählen, was dem Reiche ohne Frage die Ruhe sichern, der Kirche sie nehmen mußte. Die Wahl geschah im April 1220 zu Frankfurt, ohne Berücksichtigung des Papsts, und damit ward der genannten Verpflichtung widersprochen. Den Unwillen von Honorius suchte Friedrich durch ein diplomatisches Schreiben zu beschwichtigen; indem er Sicilien nie mit Deutschland zu vereinigen versprach, begehrte er die Zusicherung von dessen lebenslänglichem Besitz, und der Papst bewilligte notgedrungen die lebenslängliche Verwaltung für den Fall des erblosen Todes von Heinrich. Die Personalunion Sicilien's mit dem Hause der Hohenstaufen konnte demnach nicht mehr gehindert werden. Honorius, zu schwach um einen energischen Einspruch zu thun, sah sich voll Kummer überlistet, sah die künftige Verbindung beider Kronen und die unausbleibliche Gefahr, die daraus dem Kirchenstaat erwachsen mußte. Denn Friedrich betrachtete bald Sicilien, die Schatzkammer seiner Herrschaft, als die praktische Voraussetzung

Heinrich, römischer König, April A. 1220.

---

¹ Act von Hagenau, Sept. 1219. Mon. Germ. IV. 231. Juramentum futuri Imperatoris: Ibid. p. 232. Die Fürsten bestätigten das Privilegium am 23. Mai 1220 zu Frankfurt. Theiner I. n. 77.

der von seinem Vater ererbten Pläne auf die italienische Monarchie, und als die Grundlage eines neuen Hohenstaufen-Reichs, welches er von dem Lande aus zu regieren hoffen durfte, wo allein er ein wirklicher Monarch war.

Honorius hatte sich schon im Juni 1219 aus dem unruhig werdenden Rom nach Rieti und Viterbo begeben, von wo er auf kurze Zeit zurückkam, um dann nochmals in Viterbo Schutz zu suchen.[1] Die demokratische Partei regte sich wieder. Als die Stadtgemeinde nicht mehr die kraftvolle Hand Innocenz III. fühlte, trachtete sie nach dem Wiederbesitz verlorener Rechte. In diesem Zerwürfniß vermochte Friedrich dem Papst einen verbindlichen Dienst zu leisten. Er schickte seinen Boten, den Abt von Fulda, auch an die Römer mit Briefen, welche auf dem Capitol öffentlich verlesen wurden; er zeigte ihnen seine baldige Romfahrt an, und ermahnte sie zum Gehorsam gegen den Papst.[2] Der damalige Senator Parentius, ein Römer aus senatorischer Familie, sprach in seinem Antwortschreiben dem Könige den Dank des römischen Volkes aus, lud ihn zur Kaiserkrönung ein und versicherte, daß die Stadt bereit sei, mit der Kirche Frieden zu halten.[3] Honorius söhnte sich mit

Parentius, Senator, A. 1219.

---

[1] Richard von S. Germano, ad A. 1218: sed cum propter Romanorum molestias esse Romae non posset, coactus est Viterbium remeare. Das Jahr ist 1219, wie aus den Regesten hervorgeht. Seit Anfang Juli findet er sich in Rieti; Anfangs Febr. 1220 in Viterbo; am 12. Juni und noch am 4. Sept. in Orvieto; Ende Sept. in Viterbo; im Oct. 1220 in Rom.

[2] Raynald ad. A. 1220. n. 5.

[3] Parentius Parentii war A. 1215 Podestà von Foligno; A. 1216 von Perugia (Jacobelli discorso di Foligno p. 59; und Hist. Fulginatis T. I. Rer. Ital. Script. Florent. p. 849); A. 1203, 1209, 1218 Podestà von Orvieto (Cipriano Manente). Sein undatirter Brief

den Römern aus, und konnte im October in die Stadt zurückkehren.¹

Friedrich selbst kam im September 1220 in die Lombardei, wo er die unter einander habernden Städte ihm weder freundlich, noch offen feindlich gesinnt fand. Nach langen Unterhandlungen mit den päpstlichen Legaten über das Krönungsconcordat und die künftige Stellung Sicilien's zog er sodann zur Krönung nach Rom. Er kam mit seiner Gemalin Constanza, vielen Reichsfürsten und einem nicht großen Heer. Honorius krönte ihn am 22. November 1220 im S. Peter, bei vollkommener, und nie zuvor erhörter Ruhe, unter dem „unermeßlichen" oder officiellen Jubel der Stadt.² Die Römer, welche nach langer Zeit zum ersten Mal an einer Kaiserkrönung festlichen Anteil nahmen, öffneten gastlich ihre Tore, ohne daß Deutsche und Lateiner ihren Nationalhaß in

Kaiserkrönung Friedrich's II., 22. Nov. A. 1220.

bei Raynald, Curtius, Vitale, Mon. Germ. IV. 241: Gloriosissimo D. F., dei gr. Regi in Roman. Imp. electo, semper Aug. et Regi Siciliae, Parentius eadem gr. Almae et Venerandae Urbis ill. Senator et Pop. universus Rom. salutem etc.

1 Mit 1220 beginnt die A. 1736 verfaßte Series cronologica Almae Urbis Senatorum im Archiv des Capitols. Ich verglich damit die Handschriften des Hyacint Gigli, Chefs der Region Campitelli, der um Mitte saec. XVII. zuerst versuchte, die Fasten des mittelaltrigen Senats herzustellen. Seine Arbeit nahm Carlo Cartari auf, und verbesserte Mandosi (Crescimbeni, Stato di S. M. in Cosmedin nel 1719. c. 4. p. 134). Sie benutzte Zabarella in der Aula Heroum, und ein Ungenannter, dessen handschriftliche Geschichte des Senats von 908 bis 1399 reicht. Dies kritiklose Werk, einst zur Biblioth. Franzipane gehörend, und als solches manchmal citirt, besitzt heute das Haus Colonna.

2 Reineri Annales ad A. 1220. Salimbene Chron. p. 5. Der Papst schreibt: cum inestimabili alacritate ac pace civium Romanorum solemnissimi coronasse (an Pelagius von Albano, 15. Decbr. Hist. Diplom. II. 82). Schmidt, Gesch. d. Deutsch. V. 240 sagt sehr gut: die Römer hatten ohnehin mehr Achtung vor einem Könige von Sicilien, als vor einem deutschen Kaiser.

Blutströmen abkühlten.¹ Die Anwesenheit vieler Fürsten und Städteboten Italien's gab dem Feste Glanz und Bedeutung: auch die Barone Sicilien's waren zur Huldigung erschienen, was der Papst nicht hinderte. Die Krönungsfeier Friedrich's II. sollte die lange Reihe von Kaiserkrönungen alten Systems beschließen; denn das alte deutsche Reich, seine Größe und weltgeschichtliche Bedeutung endigte im Enkel Barbarossa's, und Rom sah seither in fast hundert Jahren keinen Kaiser mehr krönen bis auf Heinrich VII., welcher unter Kampf und Sturm die Krone, doch nicht im S. Peter, nahm.

Die Krönungs-Constitutionen.

Honorius hatte dem Sohne Heinrich's VI. die Kaiserkrönung um den Preis kostbarer Zugeständnisse bewilligt, und diese Constitutionen zu Gunsten der Immunität der Kirche und wider die Ketzerei wurden der Capitulation gemäß sofort als Gesetze im Dom verkündigt, welche im ganzen heiligen römischen Reiche Geltung haben sollten. Durch sie ward der Kirche völlige Freiheit gegeben; alle wider den Clerus und das Vermögen der Kirchen von Fürsten oder von Städten erlassenen Statuten wurden für ketzerisch erklärt und aufgehoben; von der Kirche um Eingriffe in ihr exemtes Forum Gebannte sollten nach einem Jahr auch im Banne des Reichs sein; die Steuerfreiheit der Geistlichen ward anerkannt; die Ketzer wurden außer dem Gesetz gestellt; ihre Denunciation und Vernichtung allen Obrigkeiten anbefohlen. Den Pilgern ward Sicherheit, dem Schiffbrüchigen seine Habe, dem armen Landmann die friedliche Arbeit gewährt. So menschenfreundliche Gesetze wurden nur als unscheinbare Artikel jenen Con-

---

¹ Nur ein Streit der Gesandten von Pisa und Florenz um einen geschenkten Hund artete zum Kampf zwischen deren Gefolgschaften, und darauf zum Städtekrieg aus. Villani VI. c. 2.

stitutionen angeheftet, über deren Finsterniß sie einen leisen Schimmer besserer Zukunft ausgoßen.[1] In der carolinischen Epoche gaben die Kaiser in Rom bürgerliche Constitutionen, welche die Rechtsverhältnisse der Römer oder das päpstliche Wahlgesetz regelten, und die Autorität des Kaisers sicherten; in der Epoche von Innocenz III. verkündigten sie nur noch die völlige Freiheit des Clerus von der Staatsgewalt, und erließen sie Edicte über die Ketzervertilgung durch die Inquisition. Das Kaisertum war kraft- und rechtlos in der Stadt. Der schwärmerische Knabe Otto III. war ein mächtigerer Mann in Rom, als Barbarossa oder Friedrich II.

Der letzte Erbe des Hohenstaufenhauses, welchen die Kirche nur widerstrebend auf den Kaisertron erhob, hatte ihr demnach bestätigt, was nur immer der Welfe Otto gewähren mochte. Ihr Sieg war vollständig. Der lange Investiturstreit löste sich auf in der Anerkennung ihrer Unabhängigkeit vom Staat.

Als nun Friedrich II. am Krönungstage nochmals das Kreuz aus den Händen des Cardinals Hugolino nahm und versprach, im August des folgenden Jahrs sich nach Syrien einzuschiffen, war Honorius III. wahrhaft befriedigt. Die wichtige Angelegenheit Sicilien's ließ er auf sich beruhen,

Erneuertes Kreuzugsgelübde Friedrichs II.

---

[1] Rom, 22. Nov. 1220. Mon. Germ. IV. 243; wesentlich eine lex constitutiva de abrogatione omnium statutorum et consuetudinum adversus ecclesias, clericos vel ecclesiasticam libertatem, et de abolitione omnium haeresum et haereticorum diffidatione; und beides gehörte nach kirchenrechtlichen Begriffen genau zusammen. Der Artikel wider die Ketzer (Chataros, Patarenos, Leonistas, Speronistas, Arnaldistas, Circumcisos) ist daher der längste; er wiederholt die Edicte Otto's IV. Was Innocenz III. befohlen hatte, das Gebot der Ketzerverfolgung in alle Communalstatuten zu schreiben, wurde nun kaiserliches Gesetz. Jede Obrigkeit mußte vor dem Amtsantritt darauf schwören.

und er fuhr fort, dem Kaiser den Titel „König von Sicilien" zu geben, nachdem ihn dieser wol mit der Versicherung beschwichtigt hatte, daß die Personalunion Sicilien's mit dem Reiche nicht zu einer realen werden sollte.[1]

4. Rückkehr Friedrich's II. nach Sicilien. Friedlicher Besitz des Kirchenstaats durch Honorius III. Die Romagna durch einen kaiserlichen Grafen regiert. Mißverhältnisse in Spoleto. Rom und Viterbo. Demokratische Bewegungen in Perugia. Rom und Perugia. Flucht des Papsts aus Rom. Parentius, Senator. Unterhandlungen wegen des mehrmals verschobenen Kreuzzuges. Angelo de Benincasa, Senator. Feindliche Stellung der Lombarden zum Kaiser. Spannung zwischen Kaiser und Papst. Bruch zwischen Friedrich und Johann von Brienne. Tod Honorius III., 1227.

Noch drei Tage lang blieb der Kaiser im Lager am Monte Mario; dann zog er am 25. November über Sutri und Narni nach Tivoli, wo er sich schon am 5. December befand.[2] Der Papst hatte den Orten im römischen Tuscien befohlen, dem kaiserlichen Heere das Foderum zu reichen, aber er bestritt das Recht, dasselbe von der Maritima und Campagna zu erheben, da der Krönungszug diese Landschaften

[1] Noch am 10. Nov. hatte er seine Legaten instruirt, den König wegen der Nichtvereinigung Siciliens mit dem Reich zu mahnen (in sedis apostolicae nec non posteritatis suae dispendium, was wahrhaft prophetisch ist; Mon. Germ. IV. 242). Am 11. Dec. 1220 schreibt er Friderico Rom. Imp. semper Aug. et Regi Siciliae (Würdtwein Nova subsidia I. 45). Siehe über diese Verhältnisse Ed. Winkelmann, Gesch. Friedrich's II. und seiner Reiche, Berlin 1863, p. 146 sq.

[2] Sein berühmtes Diplom für Pisa datirt in monte Malo prope urbem VIII. Kal. Dec. Er schenkt Pisa alles Reichsrecht a civitate Vecla usque ad portum Veneris. Flaminio del Borgo, p. 42. Den Monte Mario haben die Acte deutscher Kaisergeschichte der Erinnerung geweiht. Jeder Kaiser lagerte dort seit Carl dem Großen. Es stand damals auf ihm das Hospitale Sanctae Agathes de Monte Malo, welches Honor. III. in Protection nahm. Bulle vom Lateran, XIV. Kal. Maji anno 1. (Mscr. Vatican. 6051. p. 39.)

nicht berühre. Wenn frühere Kaiser, so bemerkte er mit Gereiztheit, den Unterhalt von dort unrechtmäßig einforderten, so geschah es nur, so oft sie in das Königreich Sicilien einzufallen eilten. Er wies jedoch den Rector Campanien's an, das Foderum, diesen letzten kläglichen Ueberrest der Kaiserrechte, zu gewähren.[1]

Friedrich zog weiter durch Latium, sein sicilisches Erbreich als Kaiser zu betreten, und dieser Zug war es, der die Freude der Curie trübte, welche ihn in Deutschland oder im Orient beschäftigt zu sehen wünschte. In Capua versammelte er die Barone Apulien's, und ging sofort an die große Aufgabe, das ganz verwirrte Königreich durch neue Gesetze zu ordnen. Er bestätigte dem Papst nochmals den Kirchenstaat und die mathildischen Güter. Er wiederholte nicht das Beispiel Otto's IV., sondern kam seinen Verpflichtungen gewissenhaft nach. Denn Honorius konnte am Anfange des Februars 1221 das zufriedene Bekenntniß ablegen, daß er mit Hülfe des Kaisers Spoleto, einen großen Teil der mathildischen Grafschaft, wie das ganze Patrimonium von der Brücke des Liris bis nach Radicofani in Ruhe beherrsche; während die widerspänstige Mark Ancona an Azzo von Este verliehen und von diesem Lehnsmann im Namen der Kirche auch wirklich bezwungen war.[2]

---

[1] Brief vom 11. Dec. 1220. Und doch gehörte schon in den Verträgen mit Otto IV. das Land von Radicofani bis Ceperano zu denen, die das Foderum zu leisten hatten, und so auch im Pact von Hagenau, 1219.

[2] Universo patrimonio B. Petri a ponte Ceperani usque Radicofanum possesso et disposito pacifice et quiete pro beneplacito nostre voluntatis. Brief Universis ... 18. Febr. 1221 vom Lateran. Hist. Diplom. II. 128.

Fern von den ehrgeizigen Plänen seiner Vorgänger trachtete Honorius III. nur nach dem Frieden zwischen Kirche und Reich, und nach der Erfüllung s.ines frommen Wunsches, Jerusalem zu befreien. Der ruhige Besitz des Kirchenstaats mochte ihm mehr als anderen Päpsten zu gönnen sein. Aber nie hat Dynastieen die Herrschaft über große Reiche so peinvolle Kämpfe gekostet, als sie den Bischöfen Rom's das kleine Gebiet verursachte, auf dem sie Könige zu sein begehrten. Das Genie von hundert Päpsten, Kraft und Vermögen der katholischen Kirche, zahllose Kriege, Bannflüche, Eide und Concorbate wurden aufgewendet, den Kirchenstaat zu schaffen und zu erhalten; und fast ein jeder Papst mußte die Arbeit von neuem beginnen, und die Scherben mühsam wieder zusammenfügen, in welche der irdische Leib der Kirche durch den plumpen Schwertschlag der Fürsten immer wieder zerschlagen ward. Das ganze Mittelalter hindurch wälzten die Päpste den Stein des Sisyphus.[1]

Als Friedrich den innocentianischen Kirchenstaat mit feierlichen Verträgen bestätigt hatte, war er zuerst gesonnen, ihn bestehen zu lassen. Dies beweisen noch die Urkunden von Capua. Jedoch das tiefe Mißtrauen der Kirche begleitete jede Handlung vom Sohne Heinrich's VI.; und dieser selbst sah in den Absichten jener nichts als Selbstsucht und

---

[1] Aber auch die Römer und die Kaiser. Auf alle drei Parteien könnte man das großartige Gemälde Dante's von den Steinewälzenden anwenden.
    Voltando pesi per forza di poppa:
    Percotevansi incontro, e poscia pur lì
    Si rivolgeva ciascun, voltando a retro,
    Gridando: perchè tieni? e perchè burli.
                             (Inferno VII.)

ränkevollen Plan. Dies Mißtrauen schadete mehr, als eine offene feindliche That. Die legitime Idee von der Universalgewalt des römischen Reichs kam in beständigem Widerspruch zur innocentianischen Idee von der Universalgewalt der Kirche, und Italien blieb der natürliche Gegenstand des ewigen Conflicts. Die Begier, dieses Land wieder zu unterwerfen, in welchem die Wurzel des römischen Reiches ruhte, ergriff Friedrich den II., wie Otto den IV. Der Haber der Factionen, der die in wahnsinnigem Bruderkrieg entbrannten Städte zerfleischte, forderte den Kaiser auf unter die Parteien zu treten, und daraus Gewinn zu ziehen. Das dauernde Princip des Zerfalles, welches in dem nur mechanisch zusammengesetzten Kirchenstaate lag, reizte ihn, seine Hand wieder nach Rechten des Reichs auszustrecken, denen er schon entsagt hatte, während die Kirche wiederum alte Rechte geltend machte, welche Zeit und umwandelnder Besitz, wie die mathildischen Güter, fast unkenntlich gemacht hatten.

Die Zufriedenheit von Honorius endete sehr bald. Der Kaiser setzte schon im Juni 1221 Gobfried von Blandrate als Grafen der Romagna ein, welche Provinz seit den Ottonen durchaus als Reichsland betrachtet wurde; in dieser Landschaft dauerte die Jurisdiction kaiserlicher Vicegrafen bis zum Jahre 1250, ja noch später, ungehindert fort.[1] In Spoleto, welches sich wie Perugia und Assisi erst damals der Kirche völlig ergeben hatte und von dem Cardinal

Gobfried von Blandrate kaiserl. Graf der Romagna, A. 1221.

---

[1] Tonnini, Storia di Rimini (Rimini, 1862), secolo XIII. p. 31. Es findet sich nicht, daß der Papst über jene Einsetzung des Grafen klagt: dies zeigt, daß er die Reichsrechte anerkannte. Die Bestallung Gotfrieds vom 13. Juni 1221 in Hist. Dipl. II. 186: nach Fantuzzi IV. 338. Schon vorher war Ugolinus de Juliano comes Romaniole.

Rainer Capocci als Rector regiert wurde, trachtete Bertold, ein Sohn des ehemaligen Herzogs Konrad, nach dem Wiederbesitz des erloschenen Herzogtums seines Vaters. Er verband sich mit dem Seneschall Gunzelin; sie beide traten dort und in der Mark gegen den Cardinal feindlich auf, reizten Städte zum Abfall, verjagten die päpstlichen Beamten, und setzten ihre eigenen ein. So kam auch hier das Reichsrecht mit dem neuen päpstlichen Recht in Conflict. Obwol nun Friedrich den widerrechtlichen Handlungen jener Herren Einhalt that, argwöhnte man doch in Rom, daß er nicht redlich verfuhr.[1]

Die Römer waren unterdeß wieder im Kriege mit Viterbo; denn Streitigkeiten um den Besitz von Castellen boten fortdauernd Gelegenheit zum Ausbruch eines unauslöschlichen Hasses dar. Die Stadt Viterbo war damals groß und durch Handel reich; in der tuscischen Maritima konnte nur Corneto mit ihr wetteifern. Sie vermochte 18000 Gewaffnete aufzustellen.[2] Wie in allen Communen kämpften auch dort Adel und Bürger um die Gewalt, und erhoben sich Familien, welche diese an sich rißen. Die feindlichen Häuser der Gatti und der Cocco zogen in ihren Streit die Römer, welche ihre im Friedensschluß von 1201 eroberten Rechte wieder verloren hatten. So begann der Krieg im Jahre 1221 und dauerte lange Zeit fort. Selbst Honorius wurde in ihn hineingezogen, und seine vermittelnde Stellung oder Teilname für die

Die Römer bekriegen Viterbo, A. 1221.

---

[1] Die lange Correspondenz darüber bei Raynald ad Ann. 1222. Ueber die Herzöge von Spoleto, Reinold und Bertold, die Söhne Konrads von Urslingen, siehe Stälin Württemb. Gesch. II. 586.

[2] Cronica di Viterbo ad A. 1225. Cod. Biblioth. Angelicae B. 7. 23. Sie zählt 60,000 Einwohner, doch wahrscheinlich mit dem Stadtgebiet.

Viterbesen, die er gegen die sinnlose Wut der Römer zu schützen suchte, hatte einen Aufstand zur Folge.[1]

Vorgänge in Perugia erfüllten außerdem die Römer mit Argwohn. Jene schon mächtige Stadt hatte zuerst Innocenz dem III. gehuldigt, und von ihm die Anerkennung ihres municipalen Statuts erlangt. Der Papst hatte sich erfolglos bemüht als Protector Perugia's den erbitterten Kampf zwischen Adel und Volk (Raspanti) zu schlichten; die Volkspartei suchte sogar, sich von der Kirche wieder los zu machen, und nur mit Mühe gelang es dem päpstlichen Rector Perugia im Jahre 1220 ihr zu erhalten. Während in Rom noch nichts verriet, daß die Zünfte oder Artes schon mächtige Körperschaften waren, bildeten sie in Perugia bewaffnete Eidgenossenschaften unter Rectoren und Consuln, welche ein demokratisches Regiment einzuführen trachteten. Die Volkspartei erließ Statuten wider die Freiheit des Clerus, den sie besteuerte, und sie bekriegte den Adel und die Ritterschaft, erbittert über die ungerechte Verteilung der Auflagen. Johann Colonna, Cardinal von S. Prassede, vom Papst mit außerordentlicher Vollmacht nach Perugia gesandt, trat zwischen die Parteien, und hob endlich eigenmächtig die Zunftverbände in ihrer politischen Form auf, was Honorius im Jahre 1223 bestätigte.[2] Aus diesem Falle darf nicht geschlossen werden,

Die Demokratie in Perugia.

---

[1] Nach jenen Chroniken zogen die Römer A. 1221 vor Viterbo. Darauf nochmals A. 1222. Richard de S. Germano: Romani super Viterbium vadunt. Ich übergehe die Einzelheiten dieser unwichtigen Dinge, welche Bussi in seiner Geschichte Viterbo's beschreibt.

[2] Bei Theiner I. n. 127: Die Parteien (pars) sind milites und Populares. Es wurden aufgehoben societates, communitates seu fraternitates cedonum, pellipariorum, lanificum et aliorum artificum. Doch gab Honorius am 27. Nov. 1223 den Kaufleuten die Rectoren-

daß die Päpste überhaupt die Gemeinwesen unterdrückten. Sie waren zu schwach dies zu thun; sie verbanden sich vielmehr mit den demokratischen Elementen, gegen Friedrich eine Stütze zu finden. Ihm gegenüber durften sie von der päpstlichen Herrschaft sagen, daß ihr Joch leicht und schonend sei, denn dieser Kaiser von streng monarchischen Grundsätzen, welcher alle politischen Individualitäten unter sein Gesetz beugen wollte, war der entschiedene Feind jeder eigenartigen Demokratie; er verbot in seinem Reich Sicilien die Wahl von Podestaten und Consuln in den Städten bei Todesstrafe. [1]

Daß neben dem Kriege mit Viterbo auch jene Vorgänge mißstimmend auf Rom wirkten, ist nicht zweifelhaft, weil Perugia die Autorität des römischen Senats förmlich anerkannte. Fast das ganze XIII. Jahrhundert hindurch wurde dort das Amt des Podesta durch edle Römer verwaltet. [2]

wahl wieder, selbst mit der Befugniß pacis incunt federa. Ibid. n. 128. Der Card. hob nicht die Gilden, nur ihre politischen Companien auf. Selbst in Latium lagen milites und populus in Kampf, so in Anagni, wo der Papst am 11. Aug. 1231 den Frieden vermittelte. Ibid. n. 161. Die Kämpfe in Perugia dauerten noch unter Gregor IX. fort.

[1] A. 1232 hob er alle Zünfte der Handwerker in den bischöflichen Städten Deutschlands auf: Mon. Germ. IV. 286; im Oct. 1246 die Stadtmagistrate in der Provence. Ibid. 256. Obwol er den Communen Siciliens größere Repräsentation gab, und zuerst (A. 1240.) ihre Sindici ins Parlament rief, so beschränkte er doch durchaus ihre Thätigkeit. Er ließ den Städten keine Jurisdiction. Ihren Consilien präsidirte stets der königliche Bajulus. Gregorio, Considerazioni sopra la storia di Sicilia, III. c. 5.

[2] Ihr Catalog im Mariotti, und besser in der leider unvollendeten Storia della Città di Perugia des Francesco Bartoli (1843 Vol. I.). Der Podesta erscheint in Perugia nicht vor 1174. Der erste römische daselbst war Stephanus Carjullus. Capocci, Papa, Bobo, Gregorii, de Judice, Pandulf, Parentii, Oddo, Anibaldi u. s. w. finden sich dort als

Die uralte römische Colonie Perugia ehrte selbst das päpstliche Rom noch mit frommer Pietät als ihre erlauchte Mutter und Herrin; denn die alles verwandelnden Jahrhunderte hatten eine geheiligte Tradition nicht auszulöschen vermocht. In staatsrechtlichen Acten, sogar in den ältesten Statuten der Gemeinde Perugia's vom Jahre 1279 findet sich die Formel achtungsvoller Anerkennung der Hoheitsrechte des römischen Volks neben jenen des Papsts, und nach der Anrufung „zu Ehren" der Heiligen und des Papsts auch die der Alma mater Roma.[1] Urkunden lassen überhaupt nicht zweifeln, daß die Autorität der Stadt Rom weit über ihren District hinaus in Umbrien und dem Herzogtum Spoleto anerkannt wurde, woher auch in dortigen Orten das Amt des Podesta sehr oft mit Römern besetzt ward. Als noch später, im Jahre 1286, Perugia, Todi, Narni und Spoleto einen Bund auf

Perugia anerkennt die Oberhoheit des römischen Volks.

Podestaten. Noch A. 1289 die Formel nobilis et potens miles Dom. Joannes... Dei et Rom. Populi gr. honorabilis Potestas Civitatis et Communis Perusii, woraus ein Abhängigkeitsverhältniß hervorgeht. (Pellini, Hist. di Perugia p. 305.) So noch A. 1292 magnif. et nob. vir Dom. Paulus Caporcini de Capocelis de Roma Proconsul per Senatum Populumque Roman. Potestas Perugii (Mariotti I.)

[1] Die ersten (ungedruckten) Statuten im Archiv von Perugia beginnen: Ad laudem — Dei — S. R. E., Summi Pont., suorumque fratrum Cardinalium, et Alme urbis et Communis et Populi Romani. — A. 1214 erklärt ein Instrument, daß in der Commune Perugia Geldsteuer nur in einigen Fällen statthaft sei, nämlich pro servitio Ecclesiae Rom., Populi Romani, Imperatoris vel nuntii sui (Theiner I. n. 58). Diese Fälle wurden A. 1234 auf der Petra Justitiae verzeichnet, einer noch am Stadtdom eingemauerten Inschrift (Bartoli p. 361) Am 5. Aug. 1256 schließen Perugia und Orvieto einen Bund; in der Formel heißt es ad honorem matris nostrae Alme Urbis (Archiv Perugia, Lib. Sommiss. C. fol. 21). Bonaini hat das Abhängigkeitsverhältniß richtig erkannt (Archivio storico XVI. p. I. p. XXXVIII. sq.). Indeß war es doch mehr honorativ, als praktisch.

40 Jahre schlossen, nahmen sie in den Vertrag ausdrücklich die Formel auf: „zu Ehren unserer Mutter der erhabenen Stadt." [1]

In den nun bald ausbrechenden römischen Unruhen, welche denen zur Zeit Innocenz' III. glichen, erkennen wir auch denselben Richard Conti, der schon früher einen großen Anteil an den Stadtfehden gehabt hatte. Diesem mächtigen Grafen hatte Friedrich Sora wieder genommen; er war nach Rom gegangen, fand beim Papst keine Unterstützung und begann nun mit seinem Anhang die Savelli und andere Freunde von Honorius zu bekämpfen. Der Papst entwich im Mai 1225 nach Tivoli, und dann weiter nach Rieti.[2] Damals war Parentius wiederum Senator. Obwol dieser Römer einen Märtirer unter seinen Verwandten zählte, war er doch ein entschiedener Feind des Clerus. Schon als Podesta in Lucca hatte er die Geistlichkeit besteuert oder vertrieben, und deshalb den Bann des Papsts auf sich geladen, von dem er indeß absolvirt worden war. Honorius mochte ihm die Bestätigung

Honorius III. aus Rom vertrieben. Parentius, Senator, A. 1225.

---

[1] Ad honorem matris nostrae Almae Urbis. Act vom 28. Nov. 1286, Stadtarchiv Todi, Regist. Vetus fol. 200. A. 1230, 11. Aug., schließen Todi und Perugia einen Bund; sie nehmen von ihren Angriffen ausdrücklich aus Dominum Papam, Imperatorem et Civitatem Almae urbis Romae. Ibid. fol. 23. In Todi finden sich seit 1200 fast durchweg Römer als Podestà. Catalog der Podestaten Todi's von Ottaviano Ciccolini.

[2] Chronik von Tours, im Recueil XVIII. 311: Richardus Comes Soranus — alliique Romani contra nepotes Papae II. de die in diem — assaltibus dimicarent, H. Papa ab urbe egreditur. — Richard hatte durch Pfand und Kauf an sich gebracht die Tiberinsel bei Ostia, und den dritten Teil des Strandes wie Flußufers bis zur Marmorata, was ehedem dem Bischof von Ostia gehörte. Honorius löste dies Land von Richard ein, und schenkte es dem Bistum von Ostia wieder. Ungedruckte Urkunde Cod. Vat. 6223, dat. Lateran. Non. Aprilis a. X.

des Senats verweigert haben, und seine gewaltsame Einsetzung durch das Volk wird eine der wesentlichen Ursachen des Aufstandes gewesen sein.[1]

Der Papst befand sich damals bereits in heftiger Spannung zum Kaiser, der sich weigerte, seine Reformen in Sicilien abzubrechen, um den Kreuzzug anzutreten, mit dem er unablässig gequält wurde. Der Fall Damiate's (am 8. Sept. 1221) hatte das Abendland in Schrecken gesetzt, und machte Honorius verzweifeln. Kaiser und Papst waren im Sommer 1222 vierzehn Tage lang in Veroli beisammen gewesen, wo wegen des Kreuzzuges ein Congreß in Verona verabredet wurde, der indeß nicht zu Stande kam. Auf einer neuen Zusammenkunft zu Ferentino (im Frühjahr 1223), wo auch Johann von Brienne, König von Jerusalem, der Patriarch und die drei Großmeister sich eingefunden, war sodann die Unternehmung bis zum Sommer 1225 verschoben worden. Um nun Friedrich noch fester für sie zu verpflichten, bewog ihn der Papst die Hand von Jolantha, der einzigen Tochter jenes Titularkönigs von Jerusalem, anzunehmen, da seine erste Gemalin Costanza am 22. Juli 1222 gestorben war.[2] Das Jahr 1225 kam, ohne daß der sehnliche Wunsch des Papsts in Erfüllung ging, weil die Könige des Abendlandes ihre Unterstützung verweigerten. Die Boten Friedrich's, welche nochmaligen Auf-

---

[1] Richard a S. Germ. 1225. H. urbem exiens propter seditiones et bella, quae in ea fiunt sub Parentio Senatore, apud Tiburim se contulit. Die Reihe der Senatoren bis 1225 kann nicht aus Documenten hergestellt werden. Honorius war in Tivoli am 15. Mai. Raynald ad A. 1225. n. 21.

[2] Johann, der Bruder Walter's von Brienne, war ein tapfrer Mann von Riesenkraft, ita ut alter Karolus Pipini filius crederetur. Salimbene, Chron. p. 16. Die Vermälung mit Jolantha ward im Nov. 1225 zu Brindisi vollzogen.

schub begehrten, unter ihnen Johann von Brienne selbst, fanden den aus Rom vertriebenen Papst in Rieti. Er bewilligte notgedrungen ihre Vorschläge, und der Kaiser beschwor hierauf am 25. Juli zu S. Germano vor den päpstlichen Legaten, daß er im August des Jahrs 1227 den Kreuzzug unfehlbar antreten werde bei Strafe der Excommunication.¹

Angelo de Benincasa, Senator, Herbst A. 1225.

Honorius blieb noch in Rieti den Winter über, während wegen seiner Rückkehr nach Rom unterhandelt wurde; denn auch jetzt trat der Kaiser, der seine Wünsche erreicht hatte, vermittelnd ein. Im Herbst wurde zwischen der Kirche und der Stadt Friede geschlossen: Parentius trat vom Senat ab, und Angelo de Benincasa nahm seine Stelle ein.² Darauf konnte der Papst im Februar 1226 nach Rom zurückkehren. Er lebte hier noch ein Jahr lang in so peinlicher Aufregung, daß sich sein Mißverhältniß zum Kaiser dem völligen Bruche näherte. Friedrich hatte in diesen Jahren alle ihm feindliche Hindernisse in Apulien und Sicilien beseitigt, die rebellischen Barone unterworfen, die empörten Saracenen auf der Insel bezwungen, und nach Nocera auf's Festland verpflanzt, die Universität in Neapel gegründet, und durch bessere Verwaltung die Kräfte des herrlichen Landes gehoben. Nun aber vereinigten sich viele Umstände, ihn aus dem Frieden mit der Kirche und Italien in die schrecklichsten Kämpfe zu treiben, welche sein ganzes Leben begleiten sollten.

---

¹ Urkunde, Mon. Germ. IV. 255.
² Wol im Nov. (1225), wo die Neuwahl statt zu finden pflegte. Richard a. S. Germ. ad A. 1225. Der Bruder des Senators, Andreas, flüchtete nach Spoleto, wo ein Zweig dieses Geschlechts fortblühte, während ein andrer in Rom fortdauerte. Olivieri del Senato p 210. Im Uebrigen finden sich Parentii noch bis 1286 als Podestaten in Siena, Orvieto und Foligno mehrfach.

Die lombardischen Städte.

Die lombardischen Städte weigerten die Rechte, die der constanzer Friede dem Reiche gelassen hatte;[1] ein Rest alter Reichsherrlichkeit, in seinen Grenzen unbestimmbar geworden, bot ihnen Veranlassung weniger zu leisten, als ihre Pflicht war, und dem Kaiser mehr zu fordern, als ihm zustand, und bald war es seine erklärte Absicht, die kaiserliche Gewalt am Po herzustellen, und ganz Italien als „sein Erbe" zurückzufordern. Mächtig gewordene Städte voll Nationalgefühl wollten das machtlos gewordene Reich nicht mehr ertragen. Sie kämpften, wie zu Barbarossa's Zeit, um Freiheit und Unabhängigkeit.[2] Ihr heldenmütiger Widerstand hätte einen bessern Lohn verdient, doch ihre Uneinigkeit verschuldete den Mangel bleibenden Erfolgs. Als die Lombarden von Friedrich's nahem Heeranzuge aus Apulien hörten, erneuerten sie die alte Eidgenossenschaft auf 25 Jahre durch den Vertrag zu Mosio im Mantuanischen, am 2. März 1226. Dies hieß der Papst mit Freuden gut. Ihre drohende Haltung, wodurch sie König Heinrich hinderten, zu dem nach Cremona ausgeschriebenen Reichstag durch die Alpenpässe zu gelangen, hatte die kaiserliche Acht zur Folge. Ein Friedenscompromiß des von beiden Teilen angerufenen Papsts konnte am wenigsten Friedrich genügen, denn Honorius bewies sich parteiisch für die Lombarden, was sehr natürlich war.[3]

Widerstand der lombardischen Städte gegen den Kaiser.

Der Kaiser ächtet die Städte, Sommer A. 1226.

[1] Siehe die ruhige Auseinandersetzung bei Raumer III. 256.
[2] Avitas et paternas prosequimur injurias, et productam jam ad alias regiones libertatis insidiosae propaginem nitimur supplantare; so sprach Friedrich im Juni 1236. Hist. Dipl. IV. 873.
[3] Die Acht (Sommer 1226, aus S. Donino) traf Mailand, Verona, Piacenza, Vercelli, Lodi, Alessandria, Treviso, Padua, Vicenza, Turin, Novara, Mantua, Brescia, Bologna, Faenza. Rich. Sangerm. ad a. 1226. Kaiserlich waren Modena, Reggio, Parma, Cremona, Asti, Pavia, Lucca und Pisa.

Die Spannung mehrten Streitigkeiten um bischöfliche Investituren Sicilien's, welche die Kirche beanspruchte und Friedrich bestritt, der sich kaum als Herr in seinem Erblande fühlte, als er dies vom Papst völlig unabhängig machen wollte. Die römische Curie sah mit steigendem Argwohn die weisen Reformen des Kaisers, welche jenes Königreich in eine selbständige Monarchie verwandelten; denn hier schuf Friedrich in rastloser Thätigkeit die Grundlage seiner Macht, und von hier aus schien er seinem Ziele zuzustreben, durch Zerstörung der italienischen Eidgenossenschaften, der Städtefreiheit, und des innocentianischen Kirchenstaats ein einiges, monarchisches Italien zu schaffen. So fürchtete man schon damals am päpstlichen Hof.

Dort war auch Johann von Brienne als Kläger aufgetreten. Denn kaum mit Jolantha, der wahren Erbin Jerusalems durch ihre Mutter Maria, vermält, nahm der Kaiser selbst den Titel eines Königs von Jerusalem an, und sein um alle Hoffnungen betrogener Schwiegervater brachte nun seine Klagen vor den Tron des Papsts. Honorius benutzte sofort den Groll und die Talente des ritterlichen Exkönigs, eines Bruders von jenem Walther, dessen sich einst Innocenz III. bedient hatte, indem er ihm die weltliche Statthalterschaft in einem großen Teil des Kirchenstaats übertrug.[1] Das armselige Resultat aller leidenschaftlichen Be-

---

[1] Bulle an die Völker der betreffenden Kirchenlande, vom 27. Jan. 1227, Raynald n. 5. Totum patrimonium quod habet R. E. a Radicofano usque Romam, excepta marchia Anconitana, ducatu Spoleti, Reate ac Sabinae, curae regimini et custodiae ipsius regis duximus comittendum; folgt die Aufzählung der Orte. In Briefen Gregor's IX. heißt Johann von Brienne geradezu nur Rector patrimonii B. Petri in Tuscia.

mühungen des Papfts um einen Kreuzzug war demnach dies: daß der Nachfolger Gottfried's von Bouillon in die Dienfte der Kirche trat, um als Rector des Patrimonium fein Leben zu friften.

Der edle Honorius III. ftarb fchon am 18. März 1227 im Lateran einen ruhigen Tod.

*Honorius III.
† 18. März
A. 1227.*

Viertes Capitel.

1. Hugolinus Conti wird Papst Gregor IX. Er fordert den Kreuzzug vom Kaiser. Abfahrt, Wiederausschiffung und Excommunication des Kaisers, 1227. Manifeste von Kaiser und Papst. Die kaiserliche Faction vertreibt Gregor IX. aus Rom. Kreuzzug des Kaisers. Invasion Apuliens durch den Papst, 1229. Rückkehr des Kaisers, und Flucht der Päpstlichen.

Auf einen der friedeliebendsten Päpste folgte ein Mann von starker Leidenschaft und von eherner Festigkeit des Willens. Hugolinus, Cardinalbischof von Ostia, schon am 19. März 1227 zu S. Gregor am Septizonium erwählt und als Gregor IX. ausgerufen, war vom Geschlecht der Conti aus Anagni und im dritten Grade mit Innocenz verwandt.[1] Die Regierung von vielen Päpsten hatte er erlebt, und in seiner Jugend die mächtigen Eindrücke der großen Ereignisse unter Alexander III. in sich aufgenommen. Sein vielleicht jüngerer Verwandter Innocenz machte ihn zum Bischof von Ostia, welche verkommene Hafenstadt er neu mit Mauern befestigte. Während langer Jahre leitete er die wichtigsten Geschäfte der Kirche in Italien wie in Deutschland, wo er als Legat die schwierigen Unterhandlungen im Kronstreit führte. Wir sahen

Gregor IX. Papst, A. 1227 bis A. 1241.

---

[1] Seine Abstammung von den Conti steht fest, nicht aber daß sein Vater, Tristan, ein Bruder von Innocenz III. war. Sein Alter kann freilich nur nach einer Bemerkung des Mathias Paris berechnet werden, welcher sagt, daß er fast hundertjährig starb.

ihn als den ersten Protector des Minoritenordens. In seinem
kraftvollen Geiste loderte eine Flamme vom Feuer des Franciscus und Dominicus, stälte die angeborne Charakterstärke,
und machte ihn unbeugsam und herausfordernd bis zum
äußersten Troh gegen allen Widerspruch. Ein beredsamer
Greis von reinen Sitten, von großer Kenntniß beider Rechte,
und von tiefer Glaubensglut, stellte er in Ansehen und Gestalt die Erscheinung eines Patriarchen dar, und die Ausdauer seines ungeschwächten Gedächtnisses machte sein Alter
minder fühlbar. [1]

Als Hugolin, der mit Unwillen auf die nachgiebige
Schwäche von Honorius geblickt hatte, den heiligen Stul bestieg, war man dessen gewiß, daß er die kraftlose Geduld
seines Vorgängers nicht nachahmen werde, und eben deshalb hatten ihn die Cardinäle gewählt. [2] Am 21. März
wurde er in St. Peter geweiht. Das römische Volk begleitete
ihn mit Zuruf zum Lateran, und in der feierlichen Procession wurde der Senator, wie der Stadtpräfect bemerkt.
Am dritten Tage nach seiner Weihe zeigte Gregor IX. Fried- *Er fordert*
rich, dem er seit lange freundlich bekannt war, seine Erhe- *von Friedrich II.*
bung an und forderte ihn zugleich auf, den Kreuzzug anzu- *den Kreuzzug.*
treten, dessen letzter Termin, der August, nahe bevorstand. [3]
Es war Gregor selbst gewesen, aus dessen Hand der Kaiser

---

[1] Forma decorus, et venustus aspectu, perspicacis ingenii et fidelis memorie prerogativa dotatus, liberalium et utriusque juris peritia instructus, fluvius eloquentie Tulliane — relator fidei. So die zeitgenössische Vita (Mur. III. 575). Auch Friedrich II. rühmte seine Beredsamkeit.

[2] Gregorius IX. Papa, velut fulgor meridianus egreditur. Ibid.

[3] Datirt vom 23. März, im Lateran. Cod. Ottobon. n. 1625. fol. 69. Von demselben Datum seine Encyklika mit der Aufforderung an die Geistlichkeit, für den Kreuzzug zu wirken.

an seinem Krönungstage das Kreuz genommen hatte. Friedrich meldete hierauf, daß er zum Aufbruche bereit sei, und schon sammelten sich viele Kreuzfahrer, meistens Deutsche, in Brindisi, wo sie in der fiebervollen Jahreszeit auf das Zeichen der Einschiffung warteten. Eine pestartige Epidemie ergriff dieses Volk, so daß Tausende hingerafft wurden. Endlich kam der Kaiser von Messina, und wol nie stieg ein Kreuzesritter widerwilliger an Bord des Schiffs, als der Enkel Barbarossa's, der in Syrien gestorben war.

Als er von Brindisi am Anfange des September wirklich absegelte, erscholl das Tedeum in allen Kirchen, und die Gebete des Papsts begleiteten ihn über Meer. Doch nach wenigen Tagen kam das seltsame Gerücht, der Kaiser sei umgekehrt, wieder an's Land gestiegen und habe den Kreuzzug aufgeschoben. So war es in der That. Friedrich, auf der See erkrankt, hatte seine Galeere wenden lassen und sich in Otranto wieder ausgeschifft, wo bald darauf der Landgraf von Thüringen dem Fieber wirklich erlag. Als der Papst die Briefe empfing, welche das Unerwartete bestätigten und entschuldigten, übermannte ihn flammender Zorn. Er wollte nicht Gründe noch Versprechungen hören. Am 29. September bestieg er die Kanzel des Doms von Anagni in vollem Ornat, und sprach dem Vertrage von S. Germano gemäß den Bann über den Kaiser aus, während die zu den Seiten des Hochaltars aufgereihten Priester ihre brennenden Kerzen mit Haß und Zorn zur Erde schleuderten. Nach dem ohnmächtigen Drohen von Honorius fiel der wirkliche Blitz.

Der Papst bannt den Kaiser in Anagni, 20. Sept. A. 1227.

Die rasche Kühnheit Gregors IX. erscheint einigen groß, andern nur als die Uebereilung eines zornigen Gemüts, entschuldbar durch erschöpfte Geduld, nicht durch die Klugheit.

Dieser kraftvolle Greis, einer jener Charaktere, die nichts Halbes dulden, forderte den Mann heraus, in welchem er bereits nur den arglistigen Feind der Kirche sah, der mit der Schwäche von Honorius gespielt hatte. Er warf die Fackel eines schrecklichen Brandes so furchtlos in die Welt, wie Gregor VII., und durchbrach unklare und deshalb unerträgliche Verhältnisse, um den offenen Krieg einem faulen Frieden vorzuziehn. Die Masken fielen. Die beiden Häupter der Christenheit machten durch ihre Manifeste der Welt bekannt, daß der Friede zwischen den alten Erbfeinden eine Unmöglichkeit sei. War das wirkliche Verbrechen Friedrich's in den Augen der Kirche die wiederholte Verzögerung des Kreuzzuges? Ohne Zweifel nicht; sondern seine zu furchtbar werdende Macht, die Vereinigung Sicilien's mit dem Reich, seine Herrschaft über die ghibellinischen Städte in Nord- und Mittelitalien, welche den Lombardenbund bedrohte. Kein Kaiser hatte je so viele und starke Grundlagen praktischer Herrschaft in Italien gehabt, als Friedrich II., der unumschränkte König von Sicilien. Diese hohenstaufische Macht zu entwurzeln, blieb fortan die mit bewundernswerter Standhaftigkeit durchgeführte Aufgabe der päpstlichen Politik.

In seinem Rundschreiben an alle Bischöfe stellte Gregor den Undank Friedrich's mit schwarzen Farben dar und brandmarkte ihn schonungslos vor der Welt — eine Heftigkeit des Angriffs, die den Kaiser tief empörte, und zu nicht minder rücksichtslosen Antworten zwang. Er rechtfertigte zuerst seine Umkehr vom Kreuzzuge sehr gut, dann erließ er ein Manifest an die Könige. In diesem berühmten Schreiben ward zum ersten Mal der Protest der weltlichen Autorität gegen das innocentianische Papsttum niedergelegt. Der Kaiser

Manifeste des Papsts und des Kaisers.

erhob sich mit dem klaren Bewußtsein, daß er als Repräsentant der weltlichen Gewalt diese selbst gegen die drohende Absolutie Rom's zu verteidigen habe. Er zeigte Fürsten und Völker am Beispiel des unglücklichen Grafen von Toulouse und des Königs von England, was ihrer warte, und entwarf schonungslos ein Bild von der Verweltlichung der Kirche, wie von der Herrschsucht der Päpste. Die oberste Staatsgewalt machte die Gebrechen der Kirche zum Gegenstand der Erörterung für die ganze Welt, und der Kaiser der Christenheit schien die Ansichten der Ketzer über das unapostolische Wesen des Papsttums zu bestätigen.[1] Roffred

Das Manifest des Kaisers wird auf dem Capitol verlesen.

von Benevent, ein gefeierter Jurist, brachte das kaiserliche Manifest auch nach Rom, wo es unter Beifallgeschrei öffentlich auf dem Capitol verlesen wurde. Eine kaiserliche Partei bildete sich sofort; denn den Römern erschien der Kampf zwischen Kirche und Reich für ihre eigene Stellung höchst wünschenswert. Gregor IX. war in der Stadt mit gebieterischer Strenge aufgetreten; er hatte einige Türme des Adels am Lateran einreißen lassen, und der Streit um Viterbo, welches er schützte, erbitterte die Stadtgemeinde. Zu den politischen Factionen gesellten sich die Ketzer, welche überall zwischen den Scheiterhaufen, selbst in Rom kühn und kühner ihr Haupt erhoben. Ein Beispiel mag zeigen, in welcher

---

[1] Zuerst die kunstvolle Rechtfertigung, Capua 6. Dec. Hist. Dipl. III. 37. Darauf der berühmte Brief an England (ibid. p. 49). Ecce mores Romanorum, ecce laquei praelatorum, quibus universos ac singulos quaerunt illaqueare, nummos emungere, liberos subjugare, pacificos inquietare, in vestibus ovium cum sint intrinsecus lupi rapaces. Am Schlusse ruft er den Königen zu: Tunc tua res agitur paries cum proximus ardet. Cherrier, Lutte des Papes et des Empereurs II. 58 sagt von diesem Brief: cette lettre remarquable, qui, trois siècles avant Luther, fuit déjà pressentir ce reformateur...

anarchischen Verfassung sich diese Stadt noch immer befand. Als sich der Papst im Sommer in Latium aufhielt, wagten es Adel und Bürger, selbst Mönche und Geistliche, einen Betrüger als päpstlichen Vicar im Vatican aufzustellen, welcher die nach Brindisi durchziehenden Kreuzfahrer für Geld von ihrem Gelübde lossprechen mußte. Dies freche Spiel konnte sechs Wochen lang im Porticus des S. Peter öffentlich getrieben werden, bis ihm der Senator ein Ende machte.[1]

Edle Römer nahmen Gold von Friedrich; selbst der Sohn von Richard Conti, Johann von Poli, wurde in seinem Lager bemerkt.[2] Der Kaiser, welcher diese Großen zu sich nach Campanien einlud, verlockte die Frangipani, ihm ihre Güter, auch die Festungen in der Stadt, was alles sie von den Päpsten zu Lehn trugen, zu verkaufen, sodann als Feuda von ihm zurückzunehmen und sich so als kaiserliche Vasallen zu bekennen.[3] Es war für Friedrich wichtig, sich eine Partei

Friedrich II. gewinnt die Römer.

[1] Richard Sangerm. p. 1003. Fälschlich berichtet dasselbe Albericus i. J. 1228; da aber beide sagen, daß der Papst damals in Anagni war, so ist es A. 1227. Alberich: fugitivi quidam a diversis ordinibus sibi associati Romae, dum Papa moraretur in Anagnia civitate sua falsum Papam — sibi praefecerunt, habentes quosdam nobiles furtive causa lucri sibi ad hoc adjutores.

[2] Johann, Stifter des Hauses Conti-Poli, trug Fundi zu Lehn. A. 1230 gab dies Fried. an Roger von Aquila zurück, und beließ Johann mit Alba. Richard Sangerm. p. 1024. Andre Anhänger Friedrich's, die der Papst im Aug. 1229 bannte, waren Egidius de Palombara, Petrus Gregorii Pagure, und Nicolaus de Arcione (Hist. Dipl. III. 157). Das Geschlecht de Arcionibus hieß so von den Bogen antiker Wasserleitungen. Noch heute bezeichnet die Via in Arcione ein Quartier, das von der Aqua Virgo den Namen in Arcionibus erhielt. Es gab mehre Castelle dieses Namens im Ager Romanus. Das größeste liegt noch an der Via Tiburtina.

[3] Chron. Urasperg. p. 247. Die Vermälung des Oddo Frangipane

in Rom selbst zu schaffen, dem Papst hier Feinde zu erwecken und das Colosseum in seiner Gewalt zu haben. Ein Aufstand war die Wirkung seiner Maßregeln. Gregor hatte am Gründonnerstage des Jahrs 1228 den Bann über den Kaiser nochmals ausgesprochen; als er hierauf am Ostermontage die Messe im S. Peter las und eine heftige Declamation gegen Friedrich an das Volk richtete, unterbrachen ihn die Ghibellinen mit Wutgeschrei; sie überhäuften ihn mit Schmähungen am Altar, und vertrieben ihn aus dem Heiligtum. Die Stadt erhob sich in Waffen, während der flüchtende Papst unter dem Geleit treuer Guelfenscharen das befreundete Viterbo zu erreichen eilte. Die Römer folgten ihm mit Heeresmacht; sie trieben ihn von dort weiter nach Rieti und Perugia, kühlten ihren Haß gegen Viterbo durch barbarische Verwüstung der Felder, und eroberten das streitige Castell Rispampano.[1] Gregor IX. warf aus dem Exil den Bann auf

<small>Gregor IX. aus Rom verjagt, A. 1228.</small>

mit Anna Comnena (A. 1170) hatte diesem Haus Glanz verliehen; die Kaiserin Constanza demselben Obbo Tarent und Hybruntum zugesagt; die Belehnung Walther's mit Tarent erbitterte die Frangipani. Honorius hatte sie zu versöhnen gesucht, und den jungen Heinrich Frangipane gegen die Terracinesen geschützt. Sein Lob: invicta fides, et devotio indefessa, quam magnifici viri antiqui Frangipani a progenie in progeniem erga Rom. Ecc. habuerunt, war übertrieben (Bulle, Rom, 7. Mai 1218. Raynald n. 31 und Contatore p. 182). Die Stammtafel nach dem Mscr. des Panvinius und gleichzeitigen Documenten:

Otto II. von Terracina

Obbo III. belehnt mit Tarent und Hybruntum.	Manuel.	Cencius.	Abeobatus.	Jacobus.
	Petrus Kanzler der Stadt.			Henricus erbt Tarent und Hybr.
				Jacobus.

[1] Math. Paris, nach Roger de Wendover, p. 349: illum ejecerunt ex urbe ... Richard Sangerm. p. 1004. Chron. Ursp.: sece-

seine Verfolger, und erwartete dann voll Pein die Zeit seiner Wiederkehr.

Unterdeß rüstete sich der Kaiser, seinen Kreuzzug wirklich auszuführen. Wenn er dies that, entkräftete er nicht nur die Behauptungen des Papsts, daß er nie ernstlich daran gedacht habe, sondern er brachte auch ihn selbst in empfindliche Verlegenheit. Die Kreuzfahrt Friedrich's war unter den damaligen Verhältnissen um so mehr ein politischer Meisterzug, als ihm der Papst, zur Verwirrung vieler gläubiger Gemüter, die größesten Hindernisse in den Weg stellte. Der Kaiser des Abendlandes trat die Fahrt für die damals heiligsten Zwecke der Kirche an, aber in ihrem Banne. Als er im Beginn des Sommers 1228 von Brindisi in See ging, rief sie ihm erbittert nach, daß er nicht als Kreuzfahrer, sondern als „Pirat" nach Jerusalem ziehe. Anstatt ihres Segens folgte ihm ihr fanatischer Fluch; er empfing ihn selbst am Grabe des Erlösers. Derselbe Papst stellte Friedrich als Verbrecher dar, weil er den Kreuzzug nicht unternahm, und weil er ihn unternahm. Wenn Gregor IX. den Feind vom Banne losgesprochen hätte, als er wirklich nach Jerusalem zog, so würde er sich selbst und ihn besiegt haben, und in herrlicher Größe vor der Welt dagestanden sein. Sie aber sah jetzt dies herrschsüchtige Priestertum durch den Kaiser entlarvt vor sich stehen. Ein so greller Widerspruch minderte den Glauben an den aufrichtigen Eifer der Päpste für die Befreiung Jerusalems, und er zerstörte den Wahn zweier

Friedrich II. tritt den Kreuzzug an, A. 1228.

runt, ut a populo pelleretur turpiter extra civitatem. Schon im April war der Papst in Rieti; Anfangs Juni in Assisi und Perugia, wo er am 9. Juli Franciscus heilig sprach. Er blieb dort bis zum Frühjahr 1230.

Jahrhunderte; wenigstens war Deutschland seither nicht mehr zu diesen Fahrten zu bewegen. [1]

Reinald, Sohn des ehemaligen Herzogs Konrad, während der Abwesenheit des Kaisers zum Vicar in Italien bestellt, reizte sofort den Papst durch einen Angriff auf Spoleto, und Gregor IX. war nicht minder eifrig, die Entfernung Friedrich's zu benutzen, um Apulien der Kirche zu unterwerfen. Schon vor der Abfahrt des Kaisers hatte er ein Heer angeworben; nun rief er die Lombardei, Spanien, Frankreich und England, ja ganz Europa auf, ihm Kirchenzehnten oder Hülfstruppen zu geben, und die Völker hörten mit Erstaunen das Kreuz gegen den Kaiser predigen, welcher selbst unter dem Kreuzesbanner zum Heidenkampf ausgezogen war; sie sahen Heere im Namen des Papsts die Länder des abwesenden Friedrich überziehen, die doch als eines Kreuzfahrers Gut nach dem Völker- und Kirchenrecht für unantastbar hätten gelten sollen. [2] Das päpstliche Kreuzheer, auf dessen Fahnen die Schlüssel S. Peters abgebildet waren, befehligten Johann von Brienne, des Kaisers Schwiegervater, der Cardinal Johann Colonna, und des Papsts Caplan Pandulf von Anagni. [3] Während ein Teil dieser Truppen in die Marken zog, in welche Reinald mit Saracenen und Apuliern eingefallen war,

Der Papst beginnt einen Kreuzzug wider den Kaiser.

---

[1] Als später Ludwig IX. seinen Kreuzzug unternahm, dachte Niemand mehr daran, seine Güter zu verkaufen, und der König mußte den Kreuzfahrern Sold zahlen. Cherrier II. 376.

[2] Contra legem Christianam decrevit vos in gladio vincere: Thomas de Acerra an Friedr. in Syrien. Math. Paris p. 353. Große Geldsummen erpreßte der Legat Stephan aus England in Form der Kirchenzehnten, um den Krieg gegen den Kaiser zu bestreiten, worüber der englische Chronist voll Erbitterung redet.

[3] Jolantha, des Kaisers zweite Gemalin, war schon im April 1228 gestorben, nachdem sie Konrad geboren hatte.

rückte Pandulf am 18. Januar 1229 über den Liris bei
Ceperano in Campanien ein. Hier verteidigte Johann von
Poli Fundi mit Glück, doch viele Städte ergaben sich den
Päpstlichen. Die Römer wurden von diesem Kriege verschont;
der Papst, welcher nur Apulien im Auge hatte, machte nicht
einmal den Versuch, die Stadt durch sein zahlreiches Kreuz=
heer zum Gehorsam zu zwingen. Er eilte, das Königreich
zu erobern, dessen von Steuern hart bedrückte Städte er
durch Freibriefe zum Abfall lockte. Auch Gaeta ergab sich
ihm, und diese schon längst von der Kirche beanspruchte Stadt
hoffte jetzt Gregor IX. festzuhalten. [1]

Da kam der Kaiser, durch die Kunde von diesen Vor= *Der Kaiser kehrt aus dem Orient zurück.*
gängen zurückgerufen, plötzlich vom Orient heim. Er hatte
sich in Jerusalem mit eigener Hand die Krone auf's Haupt
gesetzt, die heilige Stadt durch Vertrag den Christen wieder=
gegeben, und trotz aller Hindernisse des Fanatismus Ruhm=
volles zu Stande gebracht. Die römische Curie eiferte gegen
ihn als einen Frevler an der christlichen Religion; sie nahm
keine Rücksicht weder auf die wirklichen Dienste, die er im
Orient geleistet hatte, noch auf die praktischen Beweggründe,
welche ihm bei dem großen Handelsverkehr Siciliens mit
der Levante eine freundliche Beziehung zu den Sultanen
des Orients zur Pflicht machten. Dies war natürlich;
denn der Kaiser hatte zum ersten Mal die Kreuzzüge zu
einer Angelegenheit weltlicher Politik gemacht, den Papst
aus dem Morgenlande verdrängt, und dieses friedlich in

---

[1] Er schrieb an die Gaetaner, denen er große Privilegien gab:
cum igitur reducti sitis ad fidelitatem et dominium Rom. Ecc., ad
quam non erat dubium vos spectare; 21. Juni 1229, aus
Perugia (Hist. Dipl. III. 143).

die politischen und ökonomischen Verhältnisse des Reichs gezogen.[1]

Er vertreibt die Päpstlichen aus Apulien.

Als er jetzt unerwartet im Juni 1229 in Apulien gelandet war, begehrte er voll Großmut Aussöhnung mit dem Papst und schickte ihm Friedensboten. Da dies keinen Erfolg hatte, jagte er fast ohne Kampf die päpstlichen Truppen aus seinem Lande. Kreuzbanner stand hier gegen Schlüsselbanner; mit Erstaunen sah man unter dem Zeichen Christi die Saracenen Friedrich's gegen die Päpstlichen in's Feld ziehen, welche sich indeß in wilder Flucht über den Liris zurückzogen. Gregor schleuderte nochmals seine Bannstralen auf den Kaiser und dessen Anhänger auch in Rom. Unermeßliche Geldsummen hatte er bereits in einem unsinnigen Kriege verbraucht, und noch jetzt forderte er nutzlos die Welt auf, ihm neue Hülfsmittel für seine Herrschsucht herzugeben. Den Kaiser beglückwünschten unterdeß Abgesandte des römischen Senats in Aquino,[2] im October zog er gegen die Grenzen des Kirchenstaats, und nachdem er dort Cora mit Feuer und Schwert zerstört hatte, gab der Papst seinen Friedensvorschlägen Gehör.

2. Tiberüberschwemmung, 1230. Die Römer rufen Gregor IX. zurück. Friede zu S. Germano, 1230. Erstes massenhaftes Ketzergericht in Rom. Der Senator Anibal erläßt ein Edict wider die Ketzerei. Ketzerverfolgung und Inquisition überhaupt.

Gregor IX. blieb noch den Winter über in Perugia, ohne andere Aussicht nach Rom heimzukehren, als welche

[1] Friedrich erlangte im Orient: zehnjährigen Waffenstillstand; Abtretung Jerusalem's mit andern Städten. Die Saracenen sollten jedoch den Tempel bewachen und dort beten dürfen. Der Erfolg des gebannten Friedrich im Orient, seine Bereitwilligkeit zum Frieden mit dem Papst, sein schneller Triumf, seine Mäßigung, sind sehr glänzende Blätter in seiner Geschichte. Muratori ruft aus: „Ich begreife das Verfahren des Papsts nicht!"

[2] Nobiles quidem Romani ad Imp. apud Aquinum veniunt ex

ihm die Versöhnung mit dem Kaiser würde geboten haben. Doch ehe diese abgeschlossen wurde, führten ihn unverhofft die Elemente in den Lateran zurück. „Die Katarakten des Himmels" öffneten und entleerten sich über der gottlosen Stadt; am 1. Februar 1230 trat der Tiber aus; die Leonina und das Marsfeld wurden von den Fluten bedeckt, die Brücke der Senatoren (Ponte Rotto) stürzte ein, und die Ueberschwemmung erzeugte Hungersnot und Pest. Die Chronisten schildern diese Verheerung als eine der furchtbarsten, die Rom je erlebte.[1] Die Römer, welche während des langen Exils ihren Papst vergessen, die Geistlichkeit geplündert, die Ketzer gastfreundlich aufgenommen hatten, erinnerten sich in den großen Wassern mit abergläubischer Angst, daß der heilige Vater ihr Landesherr sei. Flehende Boten eilten nach Perugia: Petrus Frangipane, der Kanzler der Stadt, und der alte mannhafte Exsenator Pandulf von der Suburra warfen sich dem Papst zu Füßen, baten um Gnade für das irregeführte Volk, und um Rückkehr in die verwaiste Stadt. Als Gregor hierauf im Februar vom Jubelruf der Römer empfangen und nach dem Lateran geführt wurde, mochte er einen Blick der Verachtung auf ein Volk werfen, welches seit mehr als

Gregor X. kehrt nach Rom zurück, Febr. A. 1230.

parte S. P. Q. R., cum quo moram per triduum facientes ad Urbem reversi sunt. Richard Sangerm. p. 1016.

[1] Albericus ad A. 1230: Romae autem de inundatione Tyberis ultra 7 millia hominum dicuntur submersa fuisse, was sicher übertrieben ist. Die Vita Gregorii p. 578 redet davon ausführlich. Ferner Richard Sangerm. p. 1017; Bonincontrius, Historia Sicula p. 307. Man pflegte die Fluthöhe bei Ueberschwemmungen auf Marmortafeln zu bezeichnen. Die älteste heute noch dauernde in Rom fand ich in einem Durchgangsbogen der Banchi di S. Spirito eingemauert. Sie sagt: HVC TIBER ACCESSIT SET TVRBIDVS HINC CITO CESSIT A. D. MCCLXXV. IND. VI. M. NOVENB. DIE V. ECCLA VACANTE.

einem Jahrhundert gewöhnt war, seine Päpste zu verjagen, um sie dann nach kurzer Zeit unter Lobgesängen wieder aufzunehmen.[1] Wenn diese Päpste aus ihrem Exil in „die Stadt des Bluts" zurückkehrten, so erkauften sie eine flüchtige Ruhepause nur durch Gold. Der Lebensbeschreiber Gregor's IX. zählt gewissenhaft die vielen Tausende von Pfunden auf, welche gerade dieser Papst den Römern hergab, so oft sie ihm die Rückkehr bewilligten.[2]

Gregor fand Rom in tiefem Elend, in völliger Verwilderung, und vom „Unkraut" der Häretiker angefüllt, denen selbst ein Teil des Clerus geneigt war. Er beschloß daher ein strenges Strafgericht ergehen zu lassen, so bald er mit dem Kaiser Frieden geschlossen hatte. Dieser wurde zu S. Germano am 23. Juli 1230 vollzogen, nach langen Unterhandlungen mit dem großen Deutschmeister Hermann, und unter dem Papst so günstigen Bedingungen, daß man wol erkannte, wie wenig Friedrich die gewaltige Macht seines Gegners unterschätzte. Der Kirchenstaat ward hergestellt; selbst einige Städte Campaniens, darunter Gaeta, blieben dem Papst noch für ein Jahr als Pfand; die Wahlfreiheit und die Exemtion des Clerus sollte fernerhin im Königreich Sicilien nicht verletzt werden.

Friede zwischen Kaiser und Papst zu S. Germano, 23. Juli A. 1230.

[1] Vita Gregorii p. 577: Qui Cancellarium, et Pandulphum de Suburra Proconsules (man merke den hier zuerst erscheinenden neuen Titel), et Legatos ad Perusium ad pedes S. Pontificis pro impetranda venia — destinarunt. — — In urbem cum gloria et inaestimanda laetitia Populi exultantis intravit. Die Chronologie in der Vita ist falsch. Ingenti cum gaudio est receptus: Richard von Sangermano.

[2] Zur Zeit des Senators Johann Poli gab er dem Volk 20,000 Pfund, und die Vita setzt hinzu: Sanctius judicans vasa viventia, quam metalla servare.

Nachdem der Kaiser am 28. August zu Ceperano vom
Banne gelöst war, geleiteten ihn die Cardinäle zum Papst
nach Anagni. Die beiden Feinde begrüßten einander voll
Achtung und Höflichkeit, verschleierten ihren Haß, tafelten
und unterredeten sich in den drei ersten Septembertagen im
Familienpalast der Conti, und sie schieden trotz ihrer freund=
schaftlichen Erklärungen mit der Ueberzeugung, daß zwei
Menschen ihrer Art in Italien neben einander nicht Raum
haben könnten.

Als nun Gregor IX. im November wieder nach Rom
kam, fuhr er fort, väterlich für die Stadt zu sorgen. Er
ließ die Brücke der Senatoren herstellen, die Kloaken reinigen,
Getreide herbeischaffen, Geld unter das Volk verteilen, ein
Armenhaus im Lateran bauen. Dies gewann ihm die Masse,
und erleichterte seinen Hauptschlag gegen die Ketzer, von
denen er die Stadt säubern wollte. Die Vernichtungskriege
Innocenz III. gegen die Häretiker, ihre von ihm gebotene
allgemeine Ausrottung in allen Städten, schienen nur die
Ketzerei vermehrt zu haben. Tausende von Menschen gürteten
ihre Lenden mit dem Strick des heiligen Franciscus, aber
ihrer mehre fielen vom Glauben ab. Im Kirchenstaat, in
Viterbo, in Perugia, in Orvieto waren die Ketzer zahlreich.[1]
Die Lombardei war von ihnen angefüllt; im guelfischen
Mailand befand sich ihre Hauptkirche. Nutzlos loberten
Scheiterhaufen. In Rom selbst sammelten sie sich während
des Exils des Papsts. Politische Ansichten verbanden sich
hier leicht mit religiösen, und unter den römischen Ketzern
war die ghibellinische Secte der Arnoldisten sicherlich zahl=

---

[1] Noch einige Jahre später erhoben sie in Viterbo einen Papst. Vita
p. 581. Gregor ließ ihre Häuser niederreißen.

reicher, als die der Armen von Lyon. Ueberhaupt wurde die dogmatische Ketzerei von der politischen nicht getrennt; denn die Kirche betrachtete die Angriffe gegen die Freiheit des Clerus und sein Vermögen, wie die Edicte der Stadt= magistrate, welche ihn zu besteuern und vor das weltliche Tribunal zu ziehen suchten, ohne Weiteres als Ketzerei.[1]

Es war das erste Mal, daß ein massenhaftes Ketzer= gericht in Rom gehalten wurde, und Scheiterhaufen öffentlich brannten. Die Inquisitoren schlugen ihr Tribunal vor den Thüren der S. Maria Maggiore auf; die Cardinäle, der Senator, die Richter nahmen auf Tribünen Platz, und das gaffende Volk umringte dies schreckliche Theater, auf welchem vor den Richterstülen Unglückliche jedes Standes und Ge= schlechts ihr Urteil empfingen. Viele der Häresie überführte Geistliche wurden ihrer Priestergewänder entkleidet und zur Buße in fernen Klöstern verurteilt, wenn sie ein reumütiges Bekenntniß abgelegt hatten. Andere Ketzer verbrannte man auf Holzstößen, vielleicht auf dem Platz vor der Kirche selbst.[2] Da dies düstere Schauspiel, ein Reflex der Albigenserkriege, auf die Tiberüberschwemmung und die Pest folgte, muß es Rom in große Aufregung versetzt haben. Wenn eine Chronik des XIV. Jahrhunderts Wahres erzählt, so sahen die Römer

Ketzergericht in Rom.

---

[1] Im Oct. 1220 schrieb Honorius an Friedrich, in der Lombardei nehme die Ketzerei überhand, quod apparet ex iniquis statutis, que pleraque illius provincie civitates contra dei ecclesiam ediderunt, contra hereticos statuas — aliquid dignum regia majestate, ipsaque statuta — contra libertatem ecclesiasticam attemptata, generaliter casses (Theiner I. n. 91). Darauf folgten die kaiserlichen Krönungsedicte.

[2] Vita Gregorii: multos presbyteros, clericos et utriusque sexus laicos — damnavit. Rich. a S. Germ. p. 1026: eodem mense (Febr.) nonnulli Patarenorum in Urbe inventi sunt: quorum alii sunt igne cremati.

sogar das unerhörte Schreckbild eines wegen Ketzerei hinge-
richteten Senators; doch dies ist eine Fabel.¹ Nach seiner
Rückkehr wird Gregor einen neuen Senator eingesetzt haben,
und dies war Anibaldo Anibaldi, ein Römer aus senatorischer Familie, welche indeß erst um diese Zeit zur Blüte
kam, und ein mächtiges, in Latium reich begütertes Geschlecht
bildete. Der berühmte Name Hannibal erschien in einer Adels-
familie des Mittelalters wieder, aus welcher einige Jahrhunderte lang Senatoren, Cardinäle, Männer des Kriegs,
aber keine Päpste hervorgingen. Die Anibaldi waren mit
den Conti und dem Haus von Ceccano verwandt, gleich
ihnen germanischen Ursprungs, und in der Campagna wie
auf dem Lateinergebirg angesessen, wo noch heute oberhalb
Rocca di Papa das Feld des Hannibal an dieses einst so
einflußreiche Geschlecht erinnert.² Es war sicherlich eine der

*Anibaldo
Anibaldi,
Senator,
A. 1230.*

---

¹ Bonincontrius, Hist. Sicul. p. 307: omnibus praeter Anibaldum
et clerum pepercit — Romani Anibaldi supplicio indignati a
Pontifice rebellarunt. Dies stimmt nicht zu den Edicten desselben
Senators, wie wir sehen werden. Die Berichte jenes Chronisten sind
nur mit Vorsicht zu benutzen. Dieselbe Wüstheit herrscht in der Vita
Gregor's, welche übrigens beim Ketzergericht die richterliche Anwesenheit
des Senators bemerkt, ohne ihn zu nennen.

² A. 1227 findet sich ein Anibal als Seneschall des Papsts.
Gregor schreibt der Gemeinde von Siena, welche Grosseto verbrannt
hatte, daß er sie auf Bitten des (leider ungenannten) Senators wieder
zu Gnaden annehme: quia nob. vir Senator nobiles viros Cancellarium urbis et Anibaldum Senescalcum nostrum propter hoc
— ad nostram presentiam destinavit (Archiv Siena n. 210). Die
Ableitung des Namens Anibald vom berühmten Hannibal ist nur Spie-
lerei. Das Geschlecht war germanisch. Im Bd. III. 497 wird man
einen Grafen Anualdus (Anwald) finden. Dessen Name liegt den
römischen Anibaldi oder Anibali zu Grunde. Documente schreiben auch
Anialdus. In Rom gab es mehre Geschlechter auf bald: Tebaldi,
Sinibaldi, Astaldi oder Astalli (von Austuald, Ostwald). Ein
Dux Austoald zu Rom A. 916 (Bd. III. 283 Note). Die Geschichte

Bedingungen, die der Papst an seine Rückkehr geknüpft hatte, wenn jener Senator Anibal im Jahr 1231 das merkwürdige Ketzeredict erließ, das uns noch aufbewahrt ist. Dadurch wurde festgesetzt, daß jeder Senator beim Antritt seines Amts die Ketzer in der Stadt und ihre Anhänger zu ächten, alle von der Inquisition angezeigten Häretiker zu ergreifen und nach gefällter Sentenz innerhalb acht Tagen zu richten habe. Das Ketzergut sollte zwischen die Angeber und den Senator verteilt und zur Ausbesserung der Stadtmauern bestimmt werden; die Ketzerherbergen sollten niedergerissen werden. Auf Verheimlichung der Ketzer ward Geld- oder Leibesstrafe und Verlust aller bürgerlichen Rechte gesetzt. Jeder Senator sollte dies Edict beschwören und als nicht im Amt betrachtet werden, ehe er darauf vereidigt worden war. Handelte er dem Schwur zuwider, so sollte er in 200 Mark verurteilt und zu öffentlichen Aemtern unfähig erklärt werden. Die verwirkte Strafe war über ihn durch das von der Kirche S. Martina am Capitol genannte Richtercollegium zu verhängen.[1]

Dies unmenschliche Edict schärfte den Eifer der Angeber und der Stadtbehörden durch die Aussicht auf Gütererwerb; und man mag urteilen, wie geschäftig Habgier und Privathaß waren, Ketzer aufzuspüren. Der Papst zog die römische Stadtgemeinde in das Interesse der Inquisition, und verpflichtete den Senator, ihr seinen weltlichen Arm zu leihen.

Ketzeredict des Senators Anibal, A. 1231.

der Anibaldi beginnt mit Petrus, dem Schwestersohn von Innocenz III. Doch wird im Chron. Sublacense A. 1090 schon von einem Anibaldo Anibaldi gesprochen, welcher Rocca Priora, Monte Porzio und Molaria besaß. Nerini p. 527.

[1] Das oft abgedruckte Edict veröffentlichte zuerst Raynald ad ann. 1231 n. XVI., doch ungenau. Vitale p. 90.

Er wurde der gesetzliche Vollstrecker des Urteils der Ketzergerichte, wie es übrigens jeder Podestà auch in andern Städten war. Wenn diese Uebertragung des ehemaligen Blutbannes des Präfecten auf ihn seine Civilgewalt mehrte, so setzte sie ihn doch zum Diener des geistlichen Tribunals herab; der feierliche Schwur, die Ketzer zu bestrafen, band ihn selbst, und über seinem eignen Haupt schwebte das furchtbare Urteil der Inquisition, welche ihn der Verletzung seiner Amtspflicht und deshalb der Häresie schuldig erklären konnte. Das wichtigste Attribut der senatorischen Gewalt wurde also dies, daß sie die Execution an Ketzern vollzog, und es bezeichnet den fanatischen Geist der damaligen Zeit, daß die Pflicht ihrer Verfolgung überhaupt als der erste Grundartikel in die Statuten Rom's und anderer Städte des Kirchenstaats aufgenommen wurde.[1]

Im Uebrigen brachte das senatorische Edict vom Jahr 1231 nur die kaiserlichen Krönungsconstitutionen auch für Rom in Anwendung, wo man sich bisher dagegen gesträubt haben mochte. Denn die Inquisition wurde ein neues und sehr schreckliches Mittel in der Hand des Papsts zur Unterwerfung des Volks. Die Einführung dieses Ketzergerichts, wenn auch noch nicht eines ständigen Inquisitionstribunals in Rom, schreibt sich entweder schon von Innocenz III. her, oder sie kann mit größerer Bestimmtheit von jenem Edict

---

[1] Die Handschrift der Statuten im Capitolin. Archiv, vom J. 1469, sagt nach der Glaubensformel im Eingang: Statuta quoque D. Anibaldi dudum Senatoris urbis approbantes statuimus quod heretici credentes et fautores eorum sint perpetuo diffidati et eorum bona publicata. So auch die gedruckten Statuten Roms v. Jahr 1580; worin gleich nach dem Glaubensbekenntniß die Diffidation der Häretiker als 2. Capitel folgt; dann als 3. Capitel: de Senatore eligendo.

Die Inquisition in Rom. des Jahrs 1231 hergeleitet werden. Fortan gab es in Rom Inquisitoren, welche anfangs aus dem Franciscanerorden ernannt wurden. Wenn der Inquisitor Ketzer verdammt hatte, trat er auf die Stufen des Capitols und verlas die Sentenz in Gegenwart des Senators, seiner Richter und vieler Deputirter oder Zeugen aus dem Clerus der Stadt. Den Vollzug der Strafe übertrug er sodann dem Senator unter Androhung der Excommunication im Falle der Weigerung oder Fahrlässigkeit.[1]

Das Urteil der reifer und milder gewordenen Menschheit bebt schon vor einer Zeit zurück, deren Ausdruck jene schrecklichen Edicte Gregor's IX. waren, Gesetze, welche die Ketzeraufspürung zur obersten Pflicht des Bürgers machten, und selbst jedes öffentliche oder Privatgespräch von Laien über Glaubensartikel als Verbrechen mit dem Bann bestraften. In jener rohen Zeit neuer Qualen und eines neuen Fanatismus, wo für den Verlust Jerusalem's und für den absterbenden Kreuzzugs-Eifer die frommen Leidenschaften in der Ketzer-

---

[1] Die älteste mir bekannte Urkunde römischer Inquisition ist vom 22. Jan. 1266 (Giornale Arcadico T. 137, 261). Benvenuto von Orvieto, Ordinis fratrum Minorum, Inquisitor heretice pravitatis, verurteilt den Römer Petrus Petri Riccardi de Blancis, weil er Ketzer beherbergte. Er wird excommunicirt, seine Familie bis ins 3. Glied für infam erklärt. Die Gebeine seines Weibes Carema und seines Vaters sollen ausgegraben und verbrannt werden. Er selbst soll auf Schulter und Brust ein rotes Kreuz 1½ Fuß lang und 2 Hände breit als Schandzeichen tragen. Der Vicar des Senators (damals Carl's von Anjou) wird mit der Vollstreckung der Sentenz beauftragt (sub pena excommunicationis. Lecta et publicata fuit hec sententia per dictum fratrem Benevenutum Inquisitorem in Urbe, in scalis Capitolii. A. 1301 war Symon de Tarquinio ord. minor. Inquisitor heretice et scismatice pravitatis in Roma et Romana provincia (Archiv des Herzogs Gaetani XXXVII. n. 31). Es waren demnach die Dominicaner noch nicht im ausschließlichen Besitz der Inquisition.

verfolgung Ersatz und Nahrung fanden, und wo seit Innocenz III. die religiöse Unduldsamkeit das Christentum auf den Standpunkt des fanatischen Gesetzes des Judentums zurückdrängte, eiferten selbst die Fürsten und die Häupter von Republiken dem Clerus nach.¹ Schuldbelastete Könige schenkten kaum noch Güter an die Kirche; sie fanden es bequemer, zu ihrem Seelenheil Ketzer zu verbrennen, deren Habe sie dann confiscirten. Der Flammenschein qualmender Scheiterhaufen wurde bei einigen Königen aus wirklichem Fanatismus zur Glorie der Frömmigkeit, während andere aus Furcht oder aus Berechnung ihre Rechtgläubigkeit durch die wütendste Ketzerverfolgung zu beweisen suchten. Selbst Friedrich II., welchen Bildung und freies Denken so weit über sein Jahrhundert erhoben, daß man ihn später einen Vorläufer Luther's nannte, erließ in den Jahren 1220 und 1232 die finstersten Gesetze über die Ausrottung der Ketzerei, die sich in nichts von den päpstlichen Edicten unterscheiden. „Die Ketzer," so decretirte er, „wollen den ungetrennten Rock unseres Herrn zertrennen; wir befehlen, daß sie lebendig im Angesicht des Volks dem Flammentod zu überliefern seien."² Er erließ solche Gesetze, so oft er mit dem Papst Frieden geschlossen hatte, oder seiner bedurfte, und diese politischen Motive der Ketzerverfolgung schändeten ihn mehr, als es ein blinder aber

Ketzerebicte des Kaisers.

¹ Auf dem Justizpalast Mailand's sagt eine charakteristische Inschrift von 1233 vom Podesta Oldrabus: Qui solium struxit, catharos, ut debuit, uxit. (Giulini, IV. 349.) Die Päpste verfuhren übrigens aus Politik schonend gegen die von Ketzern wimmelnde Lombardei.

² Inconsutilem tunicam Dei nostri dissuere conantur haeretici . . . . . . Constitutiones Regni Siciliae apud Melfiam editae T. I. 63. Als Friedrich A. 1233 das empörte Messina bestrafte, ließ er viele Bürger unter dem Vorwand der Ketzerei hinrichten; der Papst beschwerte sich darüber. Hist. Dipl. IV. 444.

aufrichtiger Glaubensfanatismus würde gethan haben. Seine Ketzergesetze stehen im grellsten Widerspruch zu der weisen, seinem Zeitalter voreilenden Gesetzgebung, welche er im August besselben Jahrs 1231 dem Königreich Sicilien gab.[1]

8. *Neue Unruhen in Rom. Johann von Poli Senator, 1232. Die Römer wollen die Campagna der päpstlichen Herrschaft entreißen. Der Kaiser vermittelt den Frieden zwischen Rom und dem Papst. Vitorchiano fedele. Neue Rebellion der Römer. Ihr politisches Programm. Sie erheben sich im Jahr 1234 zu dem ernstlichen Versuch, sich frei zu machen.*

Das große Ketzergericht machte auf die Römer so wenig Eindruck, daß sie Gregor IX. schon im Juni (1231) zwangen, sich wiederum nach Rieti zu begeben. Denn Unruhen, veranlaßt durch den Krieg mit Viterbo, brachen in der Stadt aus. Viterbo war das Veji des Mittelalters für die Römer; sie haßten diesen Ort mit einer an Wahnsinn grenzenden Wut, wollten ihn durchaus erobern und zum Feudum oder Kammergut von Rom machen. Mit Genehmigung des Papsts stellten sich die Viterbesen in den Schutz des Kaisers, welcher Reinald von Aquaviva ihnen zur Hülfe sandte. Das römische Volk rächte sich sofort durch Besteuerung der Kirchen Rom's, und setzte seine Kriegszüge gegen Viterbo auch im Jahr 1232 mit gleicher Furie fort, als Johann von Poli Senator war. Obwol Gregor dem IX. verwandt, hatte dieser Sohn von

Johann von Poli, Senator, A. 1232.

---

[1] Friedrichs Brief an Gregor, Tarent 28. Febr. 1231. Er genehmigte selbst die Einführung der Inquisition in Deutschland. Es ist bekannt, daß Konrad von Marburg, Beichtvater der heil. Elisabeth, sich eifrig bemühte, das Ketzertribunal in unserm Vaterland aufzurichten. Der gesunde Sinn der Deutschen empörte sich dagegen, und jener Zelot wurde von einigen zornigen Männern umgebracht. Der Papst drang in Deutschland mit der Inquisition nicht durch. Albericus Trium fontium (Leibniz Access. Histor. II., 544).

Richard Conti dennoch auf Friedrich's Seite gestanden, und sein Wahl war schwerlich mit des Papsts Willen geschehen. Er nannte sich damals Graf von Alba, denn mit diesem marsischen Lande war er von Friedrich beliehen worden.[1]

Mehr Aufmerksamkeit, als die Kriegszüge gegen Viterbo, verdient der Versuch der Römer Latium dem Capitol zu unterwerfen. Ein neuer Geist beseelte das römische Volk; wie im Altertum zur Zeit des Camillus und Coriolan zog es auf ernstliche Eroberungsfahrten nach Tuscien und Latium aus. Man sah wieder das römische Zeichen im Feld erscheinen, zwar nicht den Adler, welcher das Symbol der germanischen Kaiser geworden war, aber die uralten Initialen S. P. Q. R. im rot-goldnen Banner, und römische Nationalheere, aus der Bürgerschaft und den Vasallenorten der Campagna gebildet, unter dem Befehle von Senatoren.[2] Im Sommer 1232 drangen die Römer bis Montefortino im Volskischen; sie bedrohten den Papst selbst unter den Mauern seiner Vaterstadt Anagni, wo er sich seit dem August befand. Bestürzt sandte er drei Cardinäle mit großen Geldsummen in ihr Lager, aber sie hörten nicht auf, seine Unternehmungen in der Campagna feindselig zu stören.[3] Denn

[1] Ein Instrument vom 8. Juli 1233, worin Römer den Ersatz ihres ihnen von den Viterbesen zugefügten Schadens quittiren, sagt: vocamus quietos D. Gregorium S. Pont. et Eccl. Rom. et D. Joannem Comitem Albae et Alme Urbis Senatorem. Cod. Vat. 6223 fol. 92.

[2] Noch heute ist die Nationalfarbe der Stadt Rom, in welcher die Magistrate einhergehen, Rot und Gold. Sie ist uralt. Sie war im ganzen Mittelalter die Farbe auch der Kirche; die päpstlichen Bleibullen hängen stets an rotgoldnen Seidenfäden. Erst im Anfang des XIX. Jahrhunderts nahmen die Päpste Gold und Weiß als die officielle Farbe der Kirche an.

[3] Richard Sangerm. p. 1029: Montefortino (das alte Artena) gehörte wol schon damals den Conti. Nibby Analisi. Den Frühling und Sommer hatte Gregor in Terni und Rieti zugebracht. Am 12. Mai

Gregor IX. war so thätig, wie Innocenz III., die Patrimonien der Kirche zu vermehren. Er nahm Gemeinden in Pflicht, und forderte von ihren Podestaten den Eid der Treue.[1] Er tilgte die Schulden freier Communen, machte sie aber dafür zu Vasallen der Kirche, und erhielt das Recht, in ihren Ringmauern Burgen anzulegen.[2] Er erlöste verschuldete Barone, und setzte sich so in Besitz ihrer Orte, welche sie von der Kirche gern als Feuda zurücknahmen, um nicht in die Gewalt der Stadt Rom zu fallen. Dies geschah auch in Latium, wo er zwei zum Teil den Colonna gehörige Castelle, Serrone und Paliano, auskaufte, um sie dann als päpstliche Schlösser zu befestigen. Die römische Stadtgemeinde, welche die Jurisdiction in der Campagna beanspruchte, verbot dies dem Papst; sie drohte sogar, Anagni zu zerstören, doch Gregor baute in Hast selbst mitten im Winter an jenen Burgen fort, und richtete Serrone, Paliano und Fumone zu Castellaneien der Kirche ein.[3]

Sie bedrängen den Papst in Anagni.

1232 nahm er in Terni diese Stadt in Schutz. Originalbulle im dortigen reichhaltigen, aber leider ganz ungeregelten Stadtarchiv.

[1] Die Schwurformel der Podestaten vieler Städte findet sich im Cencius fol. 160. Ich citire immer nach dem Florentiner Codex Riccardianus.

[2] Für Otricoli zahlte er 1300 an Narni schuldige Pfunde, worauf alle Güter Otricoli's für Eigentum der Kirche erklärt wurden, und dem Papst freistand palatium turrem atque munitionem facere ad opus Rom. Eccl. Instrument v. 13. Juli 1234 (Cencius fol. 184). Schuldeinlösung war der gewöhnliche Weg für die Kirche, in Besitz von Orten zu kommen. So cedirte am 9. Dec. 1224 Civitavecchia aus demselben Grund das plenum dominium intus et extra an die Kirche. Ibid. fol. 139.

[3] Vita Gregor's IX. p. 579. Instrumentum refutationis de castro Fumone, A. 1233, Cencius fol. 155. Die Aqufurkunde über Paliano und Serrone v. 21. Dec. 1232, ibid. fol. 160 sq. Ego Oddo de Columpna domin. Olibani (Olevano) — vendo — tibi — ad opus et nomen Domini Gregorii — et Rom. Eccl. in perpetuum totam et

Die Römer, denen es nicht gelang, den Papst daran zu hindern, kehrten endlich in die Stadt zurück, während Gregor in Anagni blieb. Er suchte jetzt die Vermittlung des Kaisers, um den Frieden zwischen Rom und Viterbo abzuschließen, und sich selbst mit den Römern auszusöhnen. Friedrich übernahm sie, konnte aber keine thätige Hülfe leisten, weil ihn die Empörung Messina's nach Sicilien rief. Doch gaben die Römer seinen Mahnungen nach; denn im März 1233 kam der Senator Johannes Poli mit andern Edeln nach Anagni, den Papst zur Rückkehr einzuladen. Furchtsame Cardinäle widerrieten ihm, sich „in die Stadt der brüllenden Thiere" zu wagen, aber Gregor ging, und ward ehrenvoll aufgenommen.[1] Das gierige Volk bot ihm Versöhnung um Gold; er schloß, ohne Wissen des Kaisers, der in die Angelegenheiten Viterbo's und Rom's hineingezogen war, Frieden mit der Stadt, worüber sich jener später als über eine Treulosigkeit gegen einen Bundesgenossen beschwerte.[2] Auch mit Viterbo kam im April ein Vertrag zu Stande: die Stadt Rom blieb im Besitz von Vitorchiano, welches die Viterbesen vorher geschleift, die Römer aber wieder aufgebaut hatten.

Gregor IX. kehrt nach Rom zurück, A. 1233.

integram partem meam Rocce et Castri Paliani et Rocce ac Castri Serronis cum omni jure et jurisdictione et actione, dominio et honore et tam in terris quam in vineis, vassallis etc. für 400 Pf. Senatsdenare. Die Familie erhält das Verkaufte als feudum der Kirche zurück, et exinde ipsius duI. Pape et Rom. Eccl. vassalli simus perpetuo et fideles, et eis prestamus homagium personale. Folgen andere Auskaufsverträge mit Eigentümern in Paliano und Serrone. Ein Statut Gregor's bestimmte sodann alle Leistungen Serrone's an die päpstliche Vogtei (curia). Cencius fol. 182.

[1] Richard Sangerm. p. 1031. Am 29. April 1233 war der Papst wieder im Lateran.

[2] Berühmter Brief Friedrich's an Richard von Cornwall, Terviso, 20. April 1239; beim Math. Paris ad A. 1239 und Petrus de Vineis l., 21.

Vitorclano, Kammergut Rom's.

Dies Castell wurde seither ein wirkliches Kammergut der Stadt Rom, erhielt den Ehrentitel die „Getreue" (fidele) und das Recht, das niedere Amt der capitolinischen Pedelle zu besetzen, die man fortan „Fideli" nannte.[1]

Ein Dämon, so sagt der Lebensbeschreiber Gregor's IX., war aus der Stadt Rom glücklich ausgetrieben, aber sieben andre Teufel fuhren in sie hinein. Das römische Volk erhob sich schon im Jahre 1234 zu der ernstlichsten seiner Anstrengungen, ja zu einem wahren Verzweiflungskampf gegen die Civilgewalt des Papsts. Das wüste Bild der Rebellionen Rom's würde unerträglich sein, wenn es nicht das Princip dessen, was die Römer wollten, milderte oder erklärte, und sie haben ihr politisches Programm selten in solcher Bestimmtheit dargestellt, als damals, wo sie sich in Masse erhoben, um die von Innocenz III. neugeschaffene Herrschaft des heiligen Stules abzuwerfen. Sie würden vielleicht glücklicher gewesen sein, wenn sie auf ihre Ansprüche verzichtet hätten;

---

[1] Bussi ad A. 1233 p. 122. Im Vorhause des Conservatorenpalasts sieht man zwei Marmortafeln; auf der einen das Abbild eines Castells mit der Inschrift Vitorclana Fidele Del Popolo Romano; auf der andern das Abbild eines Kleides mit der Inschrift: Vetustum Caputium In Vestibus Fidelium Capitolii Ne Mutanto. VII. Idus Martii MDCXIII. Die Statuten von Vitorchiano (Statuta et Leges Municipales Terrae Viturclani, auctor. Inclyti Senatus, P. Q. R. aedita et reformata, Romae 1614) liegen im Original im Capitol, sie wurden A. 1608 zuletzt revidirt, A. 1614 gedruckt, nebst den Statuten von Barbarano. Vitorchiano, Barbarano, Cori blieben bis in die jüngsten Zeiten Kammergüter der Stadt Rom; der dortige Podestà war stets ex nobilibus et civibus Alme Urbis. Am 3. Juli 1233 wurde Römern der viterbesische Kriegsschaden vom Papst und Senator ersetzt, mit 2500 Pf. Provisinen. Zeugen: Dom. Anibaldus, Petrus Joannis Ilperini, Petrus Manecti, Transmundus, Matheus Scriniarius, Petrus Bulgaminus, Bobo Joannis Bobonis . . . (Cod. Vat. 6223 fol. 92; und Murat. Antiq. Ital. I. 685; III. 231.)

doch in jener Epoche, wo die absolute Monarchie unbekannt, und jede Stadt ein Staat war, konnte das Verhältniß Rom's zum Papst nicht aufgefaßt werden, wie in späteren Jahrhunderten. Die Römer kämpften noch immer um ihre Freiheit von der bischöflichen Gewalt, welche andere Städte Italien's längst errungen hatten. Sie sahen diese Städte in zwei großen Eidgenossenschaften blühen, vom Glanz der Waffen, der bürgerlichen Ehren und eines von Künsten geschmückten Reichtums stralen, und über die ehemaligen Comitate gebieten, wo viele Städte und Grafen einer jeden von ihnen huldigten. Wenn das namenlose Viterbo mit einer großen Zahl von Castellen prunkte, die in seinem Gemeindehaus Tribute zahlten und Gesetze empfingen, so wird man begreifen, daß Rom seine bürgerliche Ohnmacht nicht ertragen konnte.[1] Der ewige Krieg mit jenem Viterbo war nur das Symbol des Strebens der Römer, sich Tuscien zu unterwerfen, wie sie auch Latium zu regieren begehrten. Ihr Verhältniß zum Reich hatte sich damals völlig verändert. Seitdem die Kaiserrechte in Rom den Päpsten abgetreten waren, und die Verleihung der römischen Krone an diese gekommen war, fiel die Streitfrage, ob das Recht der Kaiserwahl noch bei der römischen Republik sei oder nicht. Dies Privilegium, welches die Römer noch zur Zeit Barbarossa's mit den Waffen in der Hand gefordert hatten, ward im Strom der neuen päpstlichen Macht begraben. Die Römer kämpften nur noch mit dem Papsttum als der souveränen Landesgewalt; ihr Hauptziel war von jetzt an, innerhalb der Grenzen des alten Ducats einen mächtigen Freistaat auf-

---

[1] 150 Castelle zählt die handschriftliche Chronik Viterbo's des Nicola della Tuccia, ad A. 1268; was ohne Frage Uebertreibung ist.

zurichten, wie es Mailand, Florenz oder Pisa waren, deren Beispiel sie ermunterte und beschämte. In den Capitulationen der Kaiser, welche den innocentianischen Kirchenstaat bestätigten, erscheint dieser Ducat zum ersten Mal, unter der Formel „alles Land von Rabicofani bis Ceperano," als Einheit; er eröffnet die namentliche Aufzählung der päpstlichen Provinzen als die alte Grundlage des neuen Kirchenstaats. Den Besitz dieses Landes, wo sie seit Alters Patrimonien hatte, konnte die Kirche nicht aus fränkischen Diplomen, sondern nur aus einer im Dunkel der Geschichte verlorenen Thatsache herleiten. Ihre Verwaltung umfaßte dort drei Provinzen, das Patrimonium S. Peters (römisch Tuscien), die Sabina, die Campania und Maritima, ohne daß sie die wirkliche Herrin aller dortigen Städte war. Nur einige bekannten ihr directes Domanialverhältniß und empfingen die Magistrate vom Papst, wenn sie ihm das „volle Dominium" übertragen hatten; andere anerkannten nur die schutzherrliche Autorität.[1]

Die Stadt Rom beansprucht die Herrschaft über den römischen Ducat.

Die Stadt Rom nun erklärte alle jene kirchlichen Provinzen als städtischen District.[2] Sie setzte ihre Ansprüche jedesmal mit Gewalt durch, wenn mächtige Gemeindehäupter neben schwachen Päpsten das Regiment führten. Sie sandte

---

[1] Wie Civita Vecchia im Jahr 1224. Diese Stadt zahlte seit 1291 50 libras Paparinorum jährlichen Zins. (Frangipane, Storia di Civitav. p. 109.) Wenn ein solches Pfund gleich 12½ Paul war, so betrug die Summe noch nicht 100 Thaler. In der Sabina scheint zur Zeit Innocenz III. die durchschnittliche Rente eines Castells 6 Pfund Provisinen gewesen zu sein. Theiner I. 30.

[2] In einer Urkunde vom 3. Mai 1291, vollzogen auf dem Capitol, heißt es: praesentibus ambasciatoribus civitatum Peruscii, Urbis Veteris, Spoleti, Nargne, Reate, et Anagnie, aliarumque civitatum atque comitatum districtus urbis. (Giorn. Arcad. T. 137, 201.)

dann ihre Richter in die Landstädte, legte ihnen Grundsteuern und das Salzmonopol auf, und zwang sie zur Heeresfolge, wie zur Teilnahme an den öffentlichen Spielen durch Abgeordnete.[1] Die Ansprüche des Capitols bestritten jedoch außer dem Papst die freien Städte, wie Viterbo und Corneto im Patrimonium, wie Tivoli, Velletri, Terracina und Anagni in der Campagna; ferner der erbangesessene Adel, welcher das volle Dominium von Städten so gut zu erkaufen wußte, als der Papst.[2] Die Barone erstanden dies von den Gemeinden selbst, oder wurden Milites der Päpste oder der kirchlichen Corporationen für einen oft sehr geringen Jahreszins. In jener Epoche war daher das ganze Land von Radicofani bis Ceperano in viele kleine oft einander feindliche Individualitäten aufgelöst, und ein Wanderer konnte in kürzester Zeit Gegenden durchziehn, wo bald die päpstliche Kammer, bald die Stadt Rom, bald eine freie Republik, ein Baron, ein römisches Kloster gebot, während er in manchem Ort alle diese Gebieter zugleich mit Herrlichkeitsrechten begabt fand.

Die Stadt Rom machte im Jahr 1234 den verzweifelten Versuch, die päpstliche Herrschaft abzuwerfen, und im Umfange jenes Gebiets einen Freistaat zu bilden. Wenn sie dies vermocht hätte, so würde sie eine Ausdehnung erlangt

---

[1] Dies war seit dem XIII. Saec. ein Zeichen der Untertänigkeit.
[2] Die im saec. XIII. oft vorkommende Formel der Cession von Orten an einen Baron lautet: N ... tradidit in perpetuum magnifico viro ... totum Castrum — cum toto suo territorio, pertinentiis et districtu, et cum Roccha, fortellitia, domibus, terris cultis et incultis, Vassallis et juribus vassallorum, Dominio, Jurisdictione, Causarum cognitione, punitione maleficiorum, sanguinis et forsacture, mero et mixto imperio ... et cum omnibus aliis quibuscunque rebus, bonis et juribus ...

haben, welche die Grenzen von Mailand und Florenz überbot, und etwa dem Gebiete gleich kam, wie es Rom kurz vor den punischen Kriegen besessen hatte. Es ist sehr merkwürdig, daß die Römer in diesem sehr ernsten Aufstand sich antiker Gebräuche erinnerten, indem sie Marksteine (termini) aufrichteten und mit der Inschrift S. P. Q. R. versahen, welche die städtische Jurisdiction bezeichnen sollten.¹ Sie begehrten vom Papst die freie Senatswahl, das Münzrecht, mancherlei Abgaben, den hergebrachten Tribut von 5000 Pfund. Sie suchten den Clerus den Laien gleichzusetzen, indem sie seine Gerichtsbarkeit und Immunität aufhoben, wie es damals viele, selbst kleine Republiken thaten. Sie verlangten, daß der Papst nie einen römischen Bürger mit dem Banne belege, denn die erlauchte Stadt besitze, so sagten sie, das Privilegium der Freiheit von Kirchenstrafen. Wenn diese Römer an Excommunicationen ihrer Kaiser keinen Anstoß nahmen, so fand doch ihr bürgerlicher Stolz die päpstliche Censur gegen sie selbst eben so unanwendbar, wie es bei den Alten die Geißelung eines römischen Bürgers gewesen war.²

¹ Praeterea comitatum suum (quod inauditum est —) metis novis et amplis — voluerunt sibi appropriare, et — intitulare novis suprascriptionibus. Math. Paris ad A. 1234 p. 279 nennt metae, was die Römer termini nannten. Nec terminos in patrimonio b. Petri — poni faciatis, schreibt der Papst im Friedensinstrument v. J. 1235. Novi comitatus abusum, sagt auch die Vita Gregor's IX. p. 579.

² Usurpant sibi cives memorati, ex antiquo jure, quod Rom. Pont. non potest aliquem ex civibus excommunicare, vel urbem pro quolibet excessu supponere interdicto. Ad hoc dicit summ. Pont., quod minor est Deo, sed quolibet homine major, ergo major quolibet cive, vel etiam rege, vel Imperatore. Math. Paris p. 279.

4. Lucas Savelli, Senator 1234. Die Römer erklären das Patrimonium S. Peters für Eigentum der Stadt. Der Papst bietet die Christenheit gegen sie auf. Der Kaiser leistet ihm Hülfe. Niederlage der Römer bei Viterbo. Angelo Malabranca, Senator 1235. Rom unterwirft sich durch Vertrag dem päpstlichen Regiment.

Lucas Savelli, ein sehr mächtiger Mann, Nepot von Honorius III. und Stammvater eines berühmten Geschlechts, war kaum im Jahre 1234 Senator geworden, als er durch Edict Tuscien und die Campagna für Eigentum des römischen Volks erklärte.[1] Er schickte sofort senatorische Richter in beide Landgebiete, von den Städten den Huldigungseid freundlich oder mit Gewalt anzunehmen. Römische Milizen besetzten Montalto in der Maritima, wo man zum Symbol der Herrlichkeit Rom's eine gigantische Burg erbaute. Am Ende des Mai floh der Papst mit allen Cardinälen nochmals nach Rieti.[2] Was wäre das Loos des Papsttums geworden, wenn es der Stadt gelang eine bürgerliche Macht zu sein, wie Mailand oder Pisa? Dies zu verhindern war die Aufgabe der Kirche, und die Bändigung des Capitols unter allen Sorgen der Päpste nicht die kleinste. Die Flucht Gregor's, die strengen Maßregeln, welche er ergriff, der Bann, den er gegen den Senator und den Gemeinderat schleuderte, versetzten die Römer in solche Wut, daß sie den lateranischen Palast und die Häuser der Cardinäle plünderten.[3] Sie boten

Lucas Savelli, Senator, A. 1234, vertreibt den Papst aus Rom.

---

[1] Die Senatoren erließen Edicte, wie die alten Prätoren. Per ea tempora Pop. Rom. antiquo more usus est. Nam cum Senatus legem rogaret, Populus sciverat. Ex quo factum est, ut civitates finitimae Romanis parerent; so Bonincontrius p. 308.

[2] Am 20. Mai war er noch im Lateran (Savioli, Annales Bolog. III. II. n. 600); am 26. Juni in Rieti (Raynald n. 49.).

[3] Reg. Gregor's IX. VIII. n. 167. Math. Paris p. 280. Excommunicamus — Lucam dictum Senatorem, Parentium et Joannem

ein Heer auf, und zogen rachevoll gegen Viterbo in's Feld. Der Papst indeß blieb nicht ohne Verbündete; viele Barone und Städte Latium's, wie Anagni, Segni und namentlich Velletri hingen ihm an, und hielten den Römern voll Eifersucht auf ihre eigene Freiheit Widerstand. In Tuscien befestigte er Rabicofani und Montefiascone, und das verzweifelte Viterbo war dort die festeste Stütze seiner Verteidigung.[1]

Die Päpste, welche sich in einem ungleichen Kampf mit ihren Untertanen befanden, riefen stets fremde Hülfe an, ihr rebellisches Land zu zähmen, und nie hat ihnen die Christenheit ihre Geldmittel oder Streiter versagt. Gregor IX. beschwor die katholische Welt, ihm gegen das trotzige Rom Waffen zu leihen; er schrieb an die Vasallenkönige von Portugal und Aragon, an den Grafen von Roussillion, an den Herzog von Oesterreich, an die Bischöfe Deutschlands, Spaniens und Frankreichs.[2] Selbst der Kaiser war zur Hülfe bereit. Die Empörung seines Sohnes Heinrich in Deutsch-

---

de Cinthio vestararios et omnes illos consiliarios Urbis et justitiarios, quorum consilio auxilio vel ministerio a Montalto obsides recepti sunt — et turris edificata — et juramenta de novo exacta — in prejudicium Eccl. Rom. tam in Campania et Maritima quam in Thuscia (Höfler bei Papencordt p. 296). Außerdem bannte er Paulum Petri Judicis, Petrum de Stephano Sanguineum, et Pandulfum Joannis Crassi. Das Geschlecht der Sanguigni tritt hier zuerst auf. Einer ihrer Türme steht noch heute im Marsfeld. Pasquale Adinolfi La Torre de' Sanguigni (Rom, 1863); der Verfasser kannte diese Stelle nicht, spricht daher von den Sanguinei erst im saec. XIV.

[1] Gregor löste Viterbo vom Vasalleneid, den es den Römern geschworen hatte, in Perugia, 5. März 1235. Bussi, Append. p. 404. Der Papst fand in Perugia Aufnahme, aber diese Stadt lieh ihm nicht Truppen gegen die Alma mater Roma. — Faliscorum mons: aus dem Berg der Falisker wurde im Bulgär der Berg der Flaschen (Monte Fiascone). — Gregor beschenkte Velletri mit Privilegien, Borgia p. 268.

[2] Annales Erphordenses (Mon. Germ. XVI.) A. D. 1235 dom.

land und deſſen verräteriſche Verbindung mit den Lombarden würde ihm verderblich geworden ſein, wenn Gregor ſie begünſtigte; er eilte daher mit ſeinem zweiten Sohne Konrad unaufgefordert nach Rieti, dem Papſt ſeine Truppen gegen Rom und die Rechte des römiſchen Volkes darzubieten.[1] Der Schwächere ward aufgeopfert um des Mächtigeren willen; Gregor und Friedrich bedurften einer des andern; dies machte ſie zu grollenden Verbündeten, und verſetzte die Stadt Rom zu gleicher Zeit in Krieg mit Kaiſer und Papſt.

Der Kaiſer mit dem Papſt gegen Rom verbündet.

Die päpſtlichen Scharen führte der Cardinal Rainer Capocci, ein Viterbeſe, ein Mann von raſtloſer Thätigkeit und von kriegeriſchem Talent. Er beginnt die nicht kleine Reihe von Cardinälen, welche als Feldhauptleute der Kirche ſich Ruhm erwarben. Nachdem er ſich mit den Truppen Friedrich's vereinigt hatte, rückte er nach Viterbo, dieſe Stadt zu verſtärken und die Römer aus dem Caſtell Riſpampano zu vertreiben. Das Mißtrauen der Curie begleitete den Kaiſer mit oder ohne Grund; jene Burg, feſt und wol verſorgt, wurde von den Römern gegen eine zwei Monate lange Belagerung mutig behauptet, während die ungeduldigen Prieſter den Kaiſer verklagten, daß er, ſtatt ſeine Feldadler zum

Die Römer verteidigen Riſpampano.

---

papa in Alemannia nunciis ab omnibus episcopis — milites ad subsidium ad Romanos impugnandos postulavit. Siehe die Hülfegeſuche des Papſts bei Raynald A. 1234. n. 7.

[1] Godefrid. Monach. ad A. 1234. Richard Sangerm. p. 1034. Conrad Ursperg. p. 357. Die Vita: Reate concitus, nec invitatus, advenit. Am 3. Juli forderte der Papſt aus Rieti die Lombarden auf, den deutſchen Zuzügen zum Schutz der Kirche gegen die Römer Paß zu geben, und entſchuldigt ſich: ita quod sedes Ap. sine confusione sua non poterat quin uteretur imperialis brachii ministerio evitare, dictus Imp. ad presentiam nostram accedens, ad Eccl. Rom. defensionem et patrimonii sui sponte se obtulit. Hist. Dipl. IV. 472. So weit hatte ſich alſo der Papſt mit den Lombarden eingelaſſen.

ernsthaften Kriege mit den Römern zu erheben, in jenen tuscischen Wildnissen seine Falken jagen ließ. Sie schrieen Verrat, als er schon im September in sein Königreich zurück=

Der Cardinal Rainer Capocci. kehrte.[1] Doch hatte er dem Cardinal in Viterbo Truppen unter einem seiner Hauptleute zurückgelassen. Viele deutsche Ritter blieben bereitwillig im Dienste des Papsts; Kreuzfahrer erschienen, der Kirche ihre Talente und Degen wider Rom zu leihen; selbst Engländer und Franzosen, Gläubige und Abenteurer, stellten sich unter das Banner des Cardinals. Der unglückliche Graf Raimund von Toulouse hoffte das ihm aufgelegte Gelübde eines Kreuzzuges im Kampf gegen die rebellischen Römer zu lösen, und der kriegskundige reiche Bischof Petrus von Winton, vom englischen Hof exilirt, bot seine willkommenen Dienste an.[2]

von den Römern in Viterbo belagert. Nach dem Abzuge des Kaisers rückten die Römer mann= haft zum Sturm gegen Viterbo. Sie fühlten sich als ein freies Volk von Republikanern; sie waren selten von so krie= gerischem Muthe beseelt, oder in so großer Zahl in Waffen gewesen. Aber ihre ungeordnete Weise erlag der geübten Taktik ausgezeichneter Gegner von jenseits der Berge; ein

Niederlage der Römer vor Viterbo. Herbst A. 1234. Ausfall der Deutschen und der Bürger Viterbo's wurde zur blutigen Schlacht, welche die Römer mit Tapferkeit bestanden, doch verloren. Viele ritterliche Männer aus edeln Geschlechtern,

---

[1] Hostium vindicta postposita in capturam avium solicitabat Aquilas triumphales. Vita p. 580. Im Sept. stellte er bei Monte= fiascone ein Document für Raymund von Toulouse aus, worin auch der Präfect von Rom als Zeuge erscheint. Böhmer, p. 159.

[2] Math. Paris p. 280. Die Päpste nahmen seit Innocenz III. Fremde in ihre wichtigsten Dienste. Milo Bischof von Beauvais war von Gregor IX. A. 1231 zum Rector von Spoleto und der Mark ge= macht worden.

und nicht wenige Deutsche bedeckten das Feld.¹ Seit dem Unglückstage von Monte Porzio hatten die Römer keine so großen Verluste in offner Feldschlacht erlitten; sie retteten sich, wie damals, durch die Flucht in ihre Mauern; die Sieger folgten ihnen bis in die Nähe der Stadt, und das Ergebniß der Schlacht von Viterbo war der Wiedergewinn der Sabina und Tuscien's für den Papst.² Die undankbaren Priester mußten jetzt bekennen, daß ein so entscheidender Sieg nur durch die Hülfe der Streiter Friedrich's erfochten worden war.

Die Römer setzten zwar den Krieg fort, thaten den Cardinal Rainer in die Acht, erklärten durch ein Edict den Papst für immer aus Rom verbannt, wenn er ihnen nicht Schadenersatz leiste, und erlangten sogar wieder einige Erfolge im Feld: doch ihre Kräfte waren erschöpft, ihre Finanzen trotz der von den Kirchen erzwungenen Auflagen aufgezehrt. Als nun Lucas Savelli im Frühjahr 1235 abgetreten, und Angelo Malabranca Senator geworden war, gelang es drei abgesandten Cardinallegaten, Rom zum Frieden zu bewegen. Die Stadt hatte eine nutzlose Anstrengung gemacht; sie erreichte nicht das Ziel ihres mannhaften Kampfs, sondern sie anerkannte, um die Mitte des Mai 1235, nochmals die Oberhoheit des Papsts.

<small>Angelo Malabranca, Senator, A. 1235.</small>

Die Friedensurkunde, welche Form und Wesen der freien römischen Republik auf anziehende Weise deutlich macht, lautet im Wesentlichen, wie folgt:

„Wir Angelus Malabranca, von Gottes Gnaden herr-

---

¹ Nach Math. Paris zogen die Römer aus am 8. Oct. Er übertreibt ihre Anzahl bis zu 100,000; die der Gefallenen von beiden Seiten bis zu 30,000.
² Richard Sangerm. p. 1034.

Er schließt Frieden mit dem Papste. April 1235. licher Senator der Erlauchten Stadt, versprechen in Vollmacht des erhabenen Senats und durch Mandat und Zuruf des berühmten Römischen Volks, welches beim Schall der Glocken und Trompeten auf dem Capitol versammelt worden ist, wie auch auf den Vorschlag der Ehrwürdigen Cardinäle Romanus Bischofs von Portus und S. Rufina, Johann Colonna von S. Praxede, und Stefanus von S. Maria in Trastevere, in Bezug auf den Streit zwischen der heiligen römischen Kirche, dem heiligen Vater, und dem Senat und Volk von Rom, im Namen des Senats und Volks: daß wir nach Mandat des Papsts genugthun wollen wegen des Turms und der Geißeln von Montalto, wegen der unter dem Senator Lucas Savelli geforderten Huldigungseide und der in den Ländern der Kirche aufgerichteten Grenzsteine. Auch wegen der Richter, die in der Sabina und in Tuscien jene Huldigung einforderten, und die Kirchengüter besetzten, und wegen der Achtserklärung des Cardinals Rainer von S. Maria in Cosmedin, und des Notars Bartholomäus, wegen der Plünderung des heiligen Lateranischen Palasts und der Häuser einiger Cardinäle, wegen des auf die Bistümer Ostia, Tusculum, Präneste und andere Kirchengüter ausgeschriebenen Schadenersatzes, und wegen des Statuts, daß der Papst nicht in die Stadt zurückkehren dürfe, noch daß wir mit ihm Frieden schließen wollen, bevor er nicht die auf Rocca di Papa eingetragene Anleihe von 5000 Pfund und allen Schaden den Römern erstattet habe. Diese Achtserklärungen und Erlasse nehmen wir in Vollmacht des Senats und des Volks als nichtig zurück.

Zur Tilgung jeder Ursache des Streits zwischen uns, der Kirche und dem Papst, den wir aus Ehrfurcht vor Christo, dessen Stellvertreter auf Erden, und vor dem Apostelfürsten,

dessen Nachfolger er ist, als fromme Söhne verehren, zumal
weil dies dem Ruf dieser erlauchten und berühmten Stadt
zur Förderung gereicht, befehlen wir was folgt: alle geistliche
Personen in und außer Rom, und die Familien des Papsts
wie der Cardinäle sollen nicht vor das weltliche Tribunal
gezogen, noch durch Untergrabung der Häuser oder anderswie
dazu gezwungen, noch sonst beunruhigt werden. Was aber
von den Familien des Papsts und der Cardinäle gesagt ist,
soll nicht von den römischen Bürgern des Laienstandes gelten,
welche Häuser und Leute in der Stadt haben, mögen sie auch
Familiaren sein oder so heißen. Kein Geistlicher, Ordensbruder
oder Laie darf, wenn er zum apostolischen Stul und zum
S. Peter geht, oder dort weilt, oder davon zurückkehrt, vor
den weltlichen Richter gezogen, sondern er muß vielmehr vom
Senator und dem Senat beschützt werden. Keine Steuer
darf von Kirchen, Geistlichen und Ordensbrüdern in und
außer der Stadt erhoben werden. Wir geben ewigen Frieden
dem Kaiser und seinen Mannen; dem Volk von Anagni,
Segni, Velletri, Viterbo, von der Campania, Maritima und
Sabina, dem Grafen Wilhelm (von Tuscien), allen andern
vom Patrimonium, und allen Freunden der Kirche. Wir
befehlen und bestätigen durch gegenwärtiges Decret, daß hinfort kein Senator, sei es einer oder mehrere, diesem unserm
Freibrief zuwiderhandle. Wer irgend dawider handelt, soll
dem schwersten Zorn und Haß des Senats verfallen und außerdem gehalten sein, hundert Pfund Gold zur Wiederherstellung
der Stadtmauern zu entrichten, nach Zahlung welcher Strafe
dies Privilegium nichts desto weniger in Kraft verbleibt." [1]

[1] Nos Angelus Malabranca dei gr. Almae Urbis Ill. Senator, decreto et auctoritate Sacri Senatus, mandato quoque, et

So beendigte der Friedensschluß vom Jahre 1235 einen der entschiedensten Kriege, welche die Republik Rom überhaupt gegen die päpstliche Gewalt geführt hat. Sie verlor ihre Autonomie dadurch nicht, aber sie wurde in die Grenzen zurückgewiesen, welche ihr Innocenz III. gesetzt hatte. Die Unterwerfung des Clerus unter das bürgerliche Gesetz, und die des Stadtdistricts unter die capitolinische Gerichtsbarkeit konnte nicht erreicht werden. Die weltliche Herrschaft des Papsts war durch die Hülfe des Kaisers aufrecht erhalten worden, und das bürgerliche Rom blieb nach wie vor das Opfer von der weltgeschichtlichen Größe des Papsttums.[1]

Der Papst Sieger über Rom.

instanti acclamatione incliti Populi Romani ad sonum Campanae, et buccinarum publice, et plenissime in Capitolio congregati ... actum per man. Romani scribe Senatus precepto et mandatis Angeli Malabrancae Senatoris et Populi Romani publice in Capitolio Ann. 1235 Ind. VIII. medio Aprilis die XII. Raynald ad 1235 n. 4 und die Schriftsteller über den Senat. Vollständiger in den genannten Auszügen Höfler's beim Papencerbt, und in des Panvinius handschriftl. Geschichte des Hauses Sabelli. Auch die Officialen des Senats beschwören den Frieden. Die Verhandlungen dauerten mehre Tage; sie wurden auch in S. Stefano auf dem Cölius geführt, wo als Zeugen fungirten Matheus Rubeus von den Orsini, Petrus Saracenus de Andreoctis, sein Neffe Octavian, Johannes Cinthii de Molaria und andere.

[1] Am 15. Sept. 1235 erließ der Senator Malabranca ein Edict zum Schutz der Peregrini und Romipetae, und daß sie dem Forum der Canoniker von S. Peter für immer zugewiesen sein sollen. (Vitale, p. 98). Gregor schützte nun kräftig Viterbo gegen die Römer, welche von dieser Stadt das vassallagium forderten; er gestand nur die fidelitas zu. Bulle an die Viterbesen, 22. Juli 1236, Assisi, im Giornale Arcadico T. 137, 203.

Fünftes Capitel.

1. **Friedrich II. in Deutschland und Italien. Er beschließt den Krieg gegen den Lombardenbund. Die Communen und der Papst. Der umbrisch-toscanische Städtebund. Ansicht des Papsts von seinem Recht auf Italien und auf die Weltherrschaft. Der Proconsul-Titel der Römer. Petrus Frangipane. Johannes Poli und Johannes Cinthii, Senatoren. Rückkehr des Papsts, 1237. Schlacht bei Cortenuova. Das Mailänder Carrocium in Rom. Johannes de Judice, Senator.**

Schon ein Jahr lang war Gregor IX. im Exil in Tuscien, und noch zwei andre Jahre blieb er trotz jenes Friedens in der Verbannung; denn im mißgestimmten Rom würde er keinen Augenblick Ruhe gefunden haben. Des Stoffs zu Haß und Haber gab es genug, und Friedrich vermehrte ihn, um den Papst in seinem Verhältniß zum Lombardenbunde zu lähmen. Die Empörung des Königs Heinrich hatte den Kaiser im Sommer 1235 nach Deutschland gerufen, wo sein verblendeter Sohn sich ihm gefangen gab; er selbst vermälte sich im Juli zum dritten Mal, mit Isabella von England, und verbündete sich dadurch mit derjenigen Macht, welche die Stütze der Guelfen gewesen war. Nachdem er die Angelegenheiten Deutschlands in mehr als jähriger Anwesenheit glücklich geordnet hatte, kam er wieder nach Italien, die Lombarden zu bestrafen. Er stand auf der Höhe seiner Herrschermacht. Italien, so schrieb er damals an den Papst, ist mein Erbland,

Gregor IX. bleibt im Exil.

und dies der ganzen Welt wol bekannt.[1] Dies stolze kaiserliche Wort war ein Programm, welches den Bruch mit den Grundsätzen von Constanz und von Eger aussprach. Die ganze Halbinsel wollte Friedrich II. in seine Monarchie verwandeln.

Friedrich II. beginnt den Kampf mit den Lombarden.

Seine Geduld war erschöpft. Langwierige Unterhandlungen, in denen sich der Papst stets parteiisch für die Lombarden bewies, hatten den Trotz der Städte nur vermehrt. Diese kühnen Bürger sperrten die Verbindung zwischen Italien und Deutschland, hinderten die Beschickung der Reichstage in oberitalischen Städten, und ließen keine deutschen Truppen mehr durch die Alpenpässe. Das war zu viel für den Stolz des großen Kaisers. Als er auf's Roß stieg, gegen Mantua zu ziehen, und den Krieg mit den Eidgenossen zu beginnen, ergriff er das kaiserliche Banner und rief: Die Pilger wandern überall frei in der Welt, und Ich sollte mich nicht in den Grenzen meines Reiches frei bewegen dürfen? Im guten Glauben an sein kaiserliches Recht begann demnach Friedrich II. den Kampf gegen denselben Lombardenbund, welchem sein Großvater erlegen war. Ein legitimes Princip, ein tragischer Irrtum stürzte sein glorreiches Haus. Glänzt nicht die weise Mäßigung Barbarossa's heller durch den Wahn seines genialen Enkels, welcher sich der Strömung des Jahrhunderts entgegenwarf und in ihr zu Grunde ging? In den Communen lag die Zukunft der Welt, in ihnen, nicht mehr im Reich, das Princip der Cultur; ihr Sieg war zeitgemäß; der Sieg des Papsttums wurde es durch sie, weil sich die Kirche, wie im XII. Jahrhundert, sofort zur Beschützerin des Bürgertums und seiner Freiheit aufwarf, und aus diesen Machtquellen

---

[1] Italia hereditas mea est, et hoc notum est toti orbi. Hist. Dipl. IV. 881 (Juni 1236).

der Zeit verjüngende Kräfte an sich zog. In dem großen Principienkampf, der jetzt neu beginnen sollte, war das nächste und praktische Object das Investiturverhältniß der Städte zum Reich, das Höhere endlich die Selbständigkeit der italienischen Nation, welche den Anspruch der deutschen Kaiser, daß Italien ihr Erbland sei, nicht mehr anerkannte. Neben den Communen stand das national gewordene Papstthum, kämpfend für die irdische Grundlage seiner Macht, den italienischen Kirchenstaat, den es ausdrücklich als Symbol seiner Weltherrschaft betrachtete;[1] kämpfend für die Freiheit von der Staatsgewalt, und begierig durch die Erniedrigung des Reichs unter das Tribunal des heiligen Stuls seine kühnen Ansprüche auf jene Weltherrschaft zu verwirklichen. Die Städterepubliken wurden den Päpsten Vorwand und Mittel, ihre eigne Sache durchzufechten, die im Princip mit dem italienischen Bürgertum nichts gemein hatte, aber durch die Nationalität innig mit ihm verflochten wurde.

Das Reich, die Städte und das Papstthum.

Ganz Italien ward in den neuen Kampf des Reichs mit der Kirche hineingerissen; beide Mächte strebten nach der italienischen Herrschaft, jene durch das ghibellinische Princip monarchischer Einheit, diese durch ein hierarchisches Ideal, gestützt auf die guelfischen Triebe der Nationalunabhängigkeit. Noch immer ruhte der Schwerpunkt der Geschichte in Italien, der Heimat jener Gegensätze, welche die Menschheit fortdauernd bewegten. Die Kämpfe, die das schöne Land er-

Kampf des Reichs mit der Kirche.

---

[1] Nach dem eigenen Ausspruch des Papsts: Patrimonium b. Petri quod inter cetera imperii jura quae seculari principi tanquam defensori sacrosancta commisit Ecclesia, ditioni suae in signum universalis dominii reservavit. Hist. Dipl. V. 777, Brief Gregor's vom Febr. 1240: Attendite ad petram.

schütterten, bilden die politische Größe seines mittelaltrigen Lebens; die ruhmvollsten Zeiten, die schönsten Thaten der Vaterlandsliebe Italiens gehören der Epoche des Schwabenhauses an. Der starke, eidgenössische Bürgergeist der Italiener, ein schnell und glänzend vorübergehendes Culturphänomen, überlebte das Zeitalter der Hohenstaufen nicht. Die großen Ideen der Guelfen und Ghibellinen versanken bald nachher in kleinlichen, localen Parteihader zwischen Adel und Bürgertum, und die herrlichen Republiken wurden am Ende die Beute von Stammtyrannen ohne Sinn für Nation und Vaterland.

Wenn Friedrich II. die Lombarden bezwungen hätte, so würde er Italien unter seinem Scepter vereinigt haben. Die Päpste waren daher die natürlichen Verbündeten jener Eidgenossenschaft, in welcher sie nach dem Verlust der normannischen Stütze in Sicilien das einzige Bollwerk der Kirche erkannten. Sie fanden auch bei dem tuscischen und umbrischen Städtebunde Schutz, wo das guelfische Florenz, die dauernde Feindin italienischer Einheit, wo Viterbo, Orvieto, Assisi und Perugia, in dieser Epoche stets Asyle der Päpste, ihnen unschätzbare Dienste leisteten.[1] Mit großer Vorsicht und ohne das Recht offen zu verletzen ging der Papst zu Werke; mit gleicher Vorsicht verfuhr der Kaiser. Beide scheuten noch Einer

[1] Am 5. Dec. 1236 schwor der Syndicus von Perugia vor dem Subbiaconus Alatrinus das patrimonium b. Petri in Tuscia et ducatum Spoletanum für die Kirche zu verteidigen. Acta in palatio communis Tudertini (Archiv Perugia Lib. Sommis. Vol. B. fol. 53). — Am 19. Oct. 1237 schlossen Spoleto, Perugia, Todi, Gubbio und Foligno eine guelfische Conföderation (Archiv Perugia, Contratti T. I. AA. 1237). Am 3. Sept. 1237 gab Gregor IX. zu Viterbo der Stadt Assisi das Privilegium der freien Wahl von Podestà und andren Officialen (Bulle im Stadtarchiv Assisi, Fascicolo I. n. 3).

des Andern Macht. Aber nichts konnte den Wiederausbruch des offnen Krieges zwischen Gegnern hindern, von denen der eine die alte Reichsgewalt herzustellen beabsichtigte, der andere zu behaupten fortfuhr, daß das Imperium kirchen- und staatsrechtlich dem heiligen Stul gehöre.

„Der Nacken der Könige und der Fürsten," so schrieb Gregor IX. an Friedrich II., „beugt sich zu den Füßen der Priester, und die christlichen Kaiser müssen ihre Handlungen nicht allein dem römischen Papst unterwerfen, sondern selbst andern Geistlichen. Der Herr hat den heiligen Stul, dessen Richtersprüche er den Erdkreis im Verborgenen und Offenbaren untergab, seinem Urteil allein aufbewahrt. Die ganze Welt weiß es, daß der Weltmonarch Constantin, mit dem Willen des Senats und Volks der Stadt und des ganzen römischen Reichs, für Recht erkannte, daß der Stellvertreter des Apostelfürsten als Gebieter im Weltreiche über das Priestertum und alle Seelen, auch die Herrlichkeit über alle irdischen Dinge und Leiber erhalte. Indem er also dafür hielt, daß derjenige, welchem Gott die himmlische Gewalt auf Erden übertrug, auch im Weltlichen als Richter regieren müsse, so übergab er dem römischen Papst die Insignien und das Scepter des Kaisertums, die Stadt mit ihrem ganzen Ducat, welche du Uns durch dein Gold zu verführen trachtest, und das Reich für ewige Zeit. Indem er es für gottlos hielt, daß der irdische Kaiser dort Gewalt ausübe, wo das Haupt der ganzen christlichen Religion vom himmlischen Kaiser eingesetzt wird, so überließ er Italien dem Regiment des Papsts, und suchte sich in Griechenland eine Stätte aus. Von dort übertrug der heilige Stul in der Person Carls (welcher eine für die römische Kirche zu schwere Last in Demut auf

Ueberspannte Grundsätze der Papstgewalt.

Anwendung der erdichteten Schenkung Constantin's auf die absolute Papstgewalt.

sich nahm) das Reich den Deutschen, aber indem der Papst das Reichstribunal und die Schwertgewalt durch die Krönung und Salbung deinen Vorgängern und dir zugestand, hat er deshalb von seinem oberherrlichen Rechte nichts vergeben; du aber beschädigst dieses Recht des Papsts, und nicht minder deine Ehre und Treue, wenn du deinen eignen Schöpfer nicht anerkennst."[1]

Darf man im Angesicht so überschwänglicher Maximen, ohne aller Gerechtigkeit Hohn zu sprechen, die Schuld jenes großen Zwiespalts den Kaisern allein aufbürden? Wenn Gregor IX. es offen bekannte, daß dem Papst die Universalmonarchie gebühre, daß der Besitz des Kirchenstaats nur das symbolische Zeichen derselben sei, darf man sich dann noch verwundern, daß Friedrich II. dieses gefährliche Symbol zu vernichten unternahm?

Der Kaiser beruft ein Städteparlament nach Piacenza.

Gesandte aller Städte waren vom Kaiser zum Sommer nach Piacenza beschieden; die mit gutem Rechte noch grollenden Römer kamen nicht, worauf sie Friedrich entartet schalt und ihnen vorwarf, daß Mailand, die trotzige Feindin des Reichs, jetzt größer sei als Rom.[2] So oft die Kaiser Rom's bedurften, schmeichelten sie der Stadt mit den Erinnerungen an ihre alte Erhabenheit, als ob die Majestät des Reichs noch immer in ihr versammelt sei. Friedrich II. berief sich sogar auf die alte Lex Regia, um aus ihr die allgemeine richterliche Autorität abzuleiten, die ihm vom römischen Volk

[1] Langer und wichtiger Brief, Rieti, 23. Oct. 1236 (Hist. Dipl. IV. 914), Antwort auf die Rechtfertigung Friedrich's aus Mantua vom 20. Sept.
[2] An den Senator, den Senat und das Röm. Volk. Hist. Dipl. IV. 901.

übertragen sei, während der Papst seine Herrscherrechte über Rom, Italien und das Abendland von der fabelhaften Demut Constantin's ableitete, von der Machtfülle Christi aber seine höchste Richtergewalt über Kaiser und Könige herschrieb.[1] Der römische Adel fügte seinen Titeln gerade in dieser Zeit noch einen andern antiken hinzu. Edle Römer nannten sich, ohne über sich selbst zu lächeln, mit gravitätischem Ernst „Proconsul der Römer," wenn sie bereits in der Stadt oder Provinz eine hohe Magistratur bekleidet hatten, und nun als Podestaten im Gemeindehause einer Republik saßen, oder als Rectoren eine päpstliche Landschaft regierten. Das für den Ehrgeiz des Adels zu kleine Theater hatte sich nämlich seit Innocenz III. dadurch vergrößert, daß die Päpste edle Römer bisweilen als Legaten mit Civilgewalt in eine Provinz schickten, und mehr noch durch die Berufung zu Podestaten in den mittelitalischen Städten. Zwar blieb der alte Titel Consul Romanorum, welchen einst der Adel führte, als er der Gemeinde gegenüber einen politischen Körper bildete, auch jetzt noch in Gebrauch; doch er verlor seit dem Verschwinden der regierenden Gemeindeconsuln und seitdem sich die Zunftvorstände Consuln nannten, sein Ansehen, welches jetzt auf den ausschließlich dem hohen Adel eigenen Titel Proconsul überging. Es ist nicht unwahrscheinlich, daß außerdem die vornehmsten Großen dieses Prädicat als Bezeichnung einer wirklichen Würde im Senat

Die Proconsuln der Römer.

[1] Er schrieb dem Papst bei Gelegenheit streitiger Bischofswahlen: cum a nobis tantummodo publica debeant officia postulari, in quem lege regia prodita Rom. Pop. auctoritatis et justitie publice contulit potestatem. 20. Sept. 1236. Hist. Dipl. IV. 912. Merkwürdig für diesen Ideenkreis ist auch sein Brief an die Sicilianer vom Ende desselben Jahrs; ibid. p. 930.

zu führen begannen, wo sie eine Art von Pairskammer darstellen mochten.¹ Ihre neue Titulatur wurde seit dem ersten Drittel des XIII. Jahrhunderts von den Päpsten wie vom Kaiser officiell anerkannt.²

Petrus Frangipane, Haupt der Kaiserlichen in Rom.

Die kaiserliche Faction fand damals an Petrus Frangipane, einem Sohne Manuel's und Enkel Obbo's, ihr Haupt. Man warf Friedrich vor, daß er diesen Proconsul und andre Edle bestochen habe, um Unruhen zu erregen, welche wiederum den Charakter eines Stadtkrieges annahmen. Aber die päpstliche Partei besaß am Senator eine kräftige Stütze; die

---

¹ König Manfred schrieb um 1261 den Römern einen Brief, worin er sagte, daß Rom das Recht der Kaiserwahl habe auctoritate sui senatus, Proconsulum et Communis (Francis. Pipin. Murat. IX. 681). Hier wird unterschieden: Senator und seine Curie, Proconsuln und Volksgemeinde. Doch würde nichts hindern, unter Proconsuln schlechtweg die Magnaten zu verstehen. Als Körperschaft habe ich die Proconsuln nirgend entdeckt.

² Valesius (handschriftl. Aufsatz, Archiv des Capitols Credenza XIV. T. 42) meint, Inn. III. habe den Consulat in Rom an sich gebracht, und als seinen Vicar Paolo Conti zum ersten Proconsul ernannt. Dies ist unbeweisbar. In keiner Urkunde sah ich einen Proconsul solcher Art als Stadtbehörde. Zum ersten Mal fand ich die neue Würde in einem Instrum. von 1220: Roffredus Jannis Cencii dei gra. Romanor. proconsul ac Urbevetanor. potestas (Archiv S. Fortunato zu Todi, Registr. vetus fol. 129). Die Vita Gregor's IX. gibt den Titel zuerst Pandulf de Suburra und Petrus Frangipane A. 1229. Noch am 15. März 1221 und 1224 nennt sich der letztere nur Consul; 1235 Oddo Frangipane dei gr. Romanor. Proconsul (Cod. Vat. 8049. p. 165). A. 1230: Andreas Roffredi Romanor. proconsul potestas Tusconiae (Turiozzi, Memor. di Tuscania p. 117). A. 1238: Paulus de Comite Romanor. Proconsul (Contelorio, Hist. famil. Comit. n. 6). A. 1239: Nos Dom. Parentius Parentii dei gra. Rom. Proconsul et Senarum potestas (Archiv Siena n. 373). A. 1240 schrieb Friedrich den Römern: schickt mir proconsules vestros, daß ich ihnen hohe Würden erteile: nämlich praesidiatus regionum, regnorum ac provinciarum. Petr. de Vineis III. 72.

Burg Peters am Titusbogen, die Turris Cartularia, wurde erstürmt und eingerissen, worauf Petrus sein Heil in der Flucht suchte.¹ Die Ruhe war kaum im März 1237 hergestellt, als die im Mai erfolgte Wiederwahl des Johann von Poli zum Senator neue Aufstände veranlaßte; denn Johannes Cinthii, ein Anhänger des Kaisers, wurde jenem von der Volkspartei entgegengestellt. Die Factionen kämpften in der Stadt, bis der im Turm Conti bestürmte Poli capitulirte und darein willigte, daß sein Nebenbuler Senator blieb.² Johannes Cinthii hielt die Gegenpartei mit Waffengewalt nieder, bewachte die Stadttore, und suchte die Rückkehr des Papsts zu hindern, welche ein Teil der ermüdeten Römer laut begehrte. Ein Sturm auf das Capitol zwang ihn nachzugeben, worauf Jacobus Capocci, der Sohn des berühmten Johann und Bruder des Cardinals Petrus, nach Viterbo geschickt wurde, um Gregor IX. zur Heimkehr einzuladen. Der Papst kam im October 1237. Das Volk empfing ihn mit hergebrachtem Jubel, und selbst der Senator zog ihm feierlich entgegen.³ Schiffe

Johann Cenci, Senator. A. 1237.

Der Papst kehrte nach Rom zurück, Oct. A. 1237.

---

¹ Cancellariam Turrim, illam Babel nullo priori fatigatam impulsu comminuit et potenter evertit (Vita p. 581).

² Richard Sangerm. p. 1038: Romani plebei populi communitates — Joannem de Poli Senatorem urbis — Senatoriae dignitati cedere compulerunt, et Joannem de Centio substituerunt... Dieser Name kommt unter den Frangipani vor, doch finde ich in Urkunden auch Johannes Cinthii Malabrance, und Johes. Cintii de Paparescis. Der neue Senator scheint damals Molaria besessen zu haben, welches Castell bald darauf als Eigentum der Anibaldi erscheint. Vielleicht war er selbst von dieser Familie.

³ Cum eodem Senatore incredibili malitia excunte, sagt die Vita p. 582. Wenn malitia ein Schreibfehler für militia ist, so ist nie ein passenderer gemacht worden. Annales Stadenses (Mon. Germ. XVI. A. 1237): Papa Romam rediit, et pacem inter Romanes fecit. Rich. Sangerm. p. 1040: m. octobris S. Papa — rediit ad urbem, ubi

brachten Wein und Getreide nach der verhungerten Stadt, welches regionenweise durch Priester verteilt wurde. Mehr als 10000 Pfund baaren Geldes kostete den Papst seine Rückkehr und Versöhnung mit Rom. Das Elend dieser Stadt wuchs; schon Innocenz III. hatte die Geld- und Getreideausteilungen für Marken wie zur alten Zeit wieder einführen müssen, und sein Lebensbeschreiber zählte bei einer Hungersnot bereits 8000 öffentliche Arme.[1] Es gab in Rom einen zahlreichen verschuldeten und verarmten Adelspöbel, das wesentliche Element der städtischen Revolutionen; und im Ganzen war das Volk so mittellos, daß es die lange Abwesenheit der päpstlichen Curie und ihrer Reichtümer nicht ertragen konnte. Vielleicht erließen die durch Gregor IX. wieder beglückten Römer damals wirklich ein Edict, daß fortan kein Papst die Stadt verlassen dürfe.[2]

Unterdeß war Friedrich II. im siegreichen Kampf mit der Lombardei gewesen. Im November 1236 hatte er Vicenza erstürmt, und das kühnste Haupt der Ghibellinen, Ezzelin, den Sohn Ezzelin's des Mönchs, dort zum Signor gemacht. Die Angelegenheiten Oesterreichs hatten ihn in demselben Winter nach Deutschland zurückgeführt, wo sein zweiter Sohn Konrad an Stelle des verstoßenen Heinrich zum Könige der

---

novi confutati sunt Senatores DD. Joannes de Poli, et . . . hier bricht der Text leider ab (es ist zu ergänzen Johes. de Cinthio).

[1] Dabat illis sigilla, ut qui ipsa referrent singulis hebdomadibus pecuniam acciperent ad victum; et saepissime talibus 15 libras per hebdomadam impendebat (d. h. besonders den Edeln). Vita Innocentii III. p. 567.

[2] Romani vero eum — cum gaudio susceperunt, ne ex tunc, ut prius egrederetur, sancientes. Senserunt enim se per absentiam suam jam decennalem (dies ist irrig) magnam pecuniae jacturam incurrisse (Math. Paris ad. Ann. 1237).

Römer erwählt wurde. Im Herbst 1237 kam der Kaiser nach Italien wieder, nachdem Ezzelin schon im Februar in das mächtige Padua eingezogen war. Mantua ergab sich im October, und der berühmte Sieg von Cortenuova am 27. November rächte den Unglückstag von Legnano. Die Kaiserlichen zersprengten dort die tapfern Scharen Mailand's unter dem Feldgeschrei: Miles Roma! Miles Imperator! Das Reich triumfirte noch einmal. Auf dem blutigen Felde von Cortenuova schien für das italienische Bürgertum alles verloren, der Friede von Constanz und die Gewinnste eines ganzen Jahrhunderts. In Cremona hielt der Kaiser seinen Einzug mit dem erbeuteten Fahnenwagen der Mailänder, der von einem weißen Elephanten gezogen wurde, während der gefangene Podesta Mailand's, Pietro Tiepolo, des Dogen von Venedig eigner Sohn, mit Ketten gefesselt am Mastbaum dieses Carrocium zu sehen war. Römische Abgesandte waren Zeugen von des Kaisers Triumf; sie gaben ihm Kunde von der Rückkehr des Papsts, und er trug ihnen auf, für seine Zwecke in Rom zu wirken.

Sieg des Kaisers bei Cortenuova, 27. Nov. A. 1237.

Dem römischen Volk schickte er in seinem Siegesgefühl, wie ein antiker Cäsar, die Reste des mailänder Fahnenwagens und viele erbeutete Feldzeichen, um sie als Trofäen im Capitol zu verwahren. Das Carrocium galt nämlich im Mittelalter als Palladium der Städte. Ein reichausgezierter, von Stieren gezogener Wagen, auf welchem sich die Fahnenstange mit dem goldenen Kreuzbild und einer Glocke erhob, wurde als heiliges Symbol der Republik in den Schlachten aufgefahren, und von einer auserlesenen Schar todesentschlossener Streiter bewacht. Seinen Verlust betrachtete man als das tiefste Unglück oder die größte Schmach, welche die Ehre einer

Stadt betreffen konnte.¹ Friedrich begleitete das seltsame Geschenk mit einem Briefe an die Römer, worin er in der Weise eines alten Triumfators redete, und mit pomphaften Versen, die irgend ein Hofpoet in seinem Lager verfaßt hatte.²

Friedrich schenkt das erbeutete Carrocium Mailands der Stadt Rom.

Der Papst sah mit tiefem Schmerz den Einzug dieser Trofäe des Sieges über den Lombardenbund; er konnte die kaiserliche Partei nicht an ihrem feierlichen Empfange in Rom hindern, oder er fürchtete, Friedrich zu reizen, mit dem er damals noch nicht gebrochen hatte. Der Kaiser selbst zeigte ihm seinen Sieg in einem Schreiben an, dessen Inhalt und Sprache ihn schwer verwunden mußte.³ Die Spolien Mailand's wurden auf dem Capitol über antiken Säulen auf-

---

¹ Siehe die Abbildung des Carrocium von Cremona in Platina's Gesch. von Mantua, Muratori XX. 660. Der Gebrauch des Carrocium scheint in Rom nicht üblich gewesen zu sein; wenigstens habe ich keine Spur davon entdeckt.

² Urbs decus orbis ave victus tibi destinor ave. Currus ab Augusto Friderico Caesare justo. Fle Mediolanum, jam sentis spernere vanum Imperii vires proprias tibi tollere vires. Ergo Triumphorum potes urbs memor esse priorum. Quos tibi mittebant Reges, qui bella gerebant. (Ricobald Hist. Imp., Mur. IX. 259. Francis. Pipin ibid. p. 658.) Der Brief Friedrich's, vom Jan. 1238, Hist. Dipl. V. 161. — Im Dec. 1237 schreibt Petrus de Vineis an die deutschen Fürsten, daß Friedrich das Carrocium an's römische Volk schicke. Nach den Annales Placentini, Mon. Germ. XVIII. 478, gingen die Reste des Fahnenwagens im Jan. 1238 auf Maulthieren über Pontremoli nach Rom. Selbst in Deutschland machten diese Spolien Aufsehen. Das Zeitbuch des Eicke von Repgow sagt: Unde fieng êren Stauthart, Karrôze — unde sande den Karrôze to Rôme, den satten de Römenere upe êre Capitolium (Bibl. des Litt. Vereins in Stuttgart XLII. 487).

³ Quod carocium cum apud Romam duxissent, dom. Papa usque ad mortem doluit. Annales Placentini Gibelini, wie oben. Der Chronist sagt sogar quod positum fuit in Capitolio per Cardinales.

gestellt, die man in Eile errichtet hatte.¹ Zum Andenken des kaiserlichen Geschenks schrieb man eine Inschrift auf Marmor, und man liest sie noch heute über der Treppe des Conservatorenpalasts, wo sie in der Wand eingemauert ist.² So schmückten die Römer des Mittelalters ihr bemoostes Capitol noch mit Siegeszeichen; aber diese Trofäen, die Gemeindeglocke, die Kette oder die Riegel eines Stadttors von Tusculum, Tivoli und Viterbo, und endlich die Räder eines Fahnenwagens würden das laute Gelächter der antiken Welteroberer erregt haben.

<small>Die Römer stellen diese Trofäe auf dem Capitole auf.</small>

— Die kaiserliche Partei gewann in Rom einen Augenblick lang die Oberhand, als der Papst im Juli 1238 wieder nach Anagni gegangen war.³ Seither finden sich bisweilen zwei Senatoren in Rom, so daß man annehmen darf, die ghibellinische Faction habe den einen von ihnen aufgestellt, und dies wurde später zur Regel.⁴ Die Guelfen hielten

---

¹ Galvan. Flamma Manip. flor. p. 673: rotas et asseres in unum conjunxit, et Romam misit, quod super columnas ad perpetuam rei memoriam erigi mandavit. Salimbene Chron. p. 49 sagt, die Römer hätten das Carrocium zum Hohne Friedrich's verbrannt; dies geschah sicherlich, aber nicht damals.

² Cesaris Augusti Friderici Roma Secundi
Dona tene currum princeps in Urbe decus.
Mediolani captus de strage triumphos
Cesaris ut referat inclita preda venit.
Hostis in opprobrium pendebit, in urbis honorem
Micitur hunc urbis mittere jussit amor.

Diese alte Inschrift, eins der wenigen Monumente deutscher Kaiserzeit in Rom, entdeckte man A. 1727 auf dem Capitol (Mur. Antiq. Ital. II. 492). Sie wurde über der Treppe zur Zeit Benedict's XIV. eingemauert.

³ Die Vita nennt unter ihnen Bobacianus und Aegidius Boetil, und in einer Urkunde vom 2. Juni schwört Jacobus Girardi im Beisein des Petrus Frangipane dem Kaiser Vasallentreue. Hist. Dipl. V. 209.

⁴ Eine von Curtius p. 318 bemerkte Stelle im Math. Paris spricht

indeß so guten Widerstand, daß Gregor IX. im October 1238 zurückkehren und seine Gegner zum Gehorsam zwingen konnte. Die bisherigen Senatoren Johann von Poli und Oddo Petri Gregorii traten ab, und Johannes de Judice von der päpstlichen Faction wurde als alleiniger Senator eingesetzt.[1] Er trat mit Kraft gegen die Ghibellinen auf und brach ihre Türme, wobei manches schöne Monument des Altertums, und wie es scheint, auch ein Teil des Cäsarenpalasts zerstört wurde.[2]

Johannes de Judice, Senator, A. 1238.

2. Unmaß des Kaisers den Lombarden gegenüber. Der Papst bannt ihn, und erklärt ihm den Krieg, 1239. Friedrich schreibt voll Zorn an die Römer. Sein Manifest an die Könige. Gegenmanifest des Papsts. Schwierige Stellung Friedrich's II. in seinem Verhältniß zum Zeitgeist. Widersprüche in seinem eignen Wesen. Eindruck seiner Briefe auf die Welt. Die römische Curie durch ihre Gelderpressung verhaßt. Gruppirung der kämpfenden Parteien. Friedrich trägt den Krieg nach dem Kirchenstaat.

Der Sieg von Cortenuova blieb ohne die erwarteten Folgen. Zwar hatten die bestürzten Mailänder und andere

dafür, und ich füge noch eine zweite hinzu (Math. Paris p. 521), wo der Chronist zum Jahr 1240 sagt: creatus enim erat unus Senator Romae auctoritate Imperiali, anno tertio precedenti, was eben 1238 ist. Ich glaube aber nicht, daß die Zweizahl damals festgestellt wurde; es war vorübergehend, wurde aber später durch die Spaltung der Factionen eingeführt. Die Capitolinischen Register bezeichnen z. Jahr 1238 Johannes de Comitibus Proconsul Romanus et Johannes de Judice. Wenigstens für den 21. Aug. 1238 kann ich nachweisen: Dom. Oddo Petri Gregorli dei gr. Alme urbis Ill. Senator ac Perusinorum potestas (Archiv Perugia, Lib. Sommiss. Vol. A. fol. 133).

[1] Er wird von der Vita bezeichnet als tunc Senator, aber vor der Rückkehr des Papsts, was sicher unrichtig ist. Seine Wahl muß im Nov. stattgefunden haben. Das Geschlecht de Judice gehörte zu den Papareschi. Es kommt in vielen Urkunden vor. Johann de Jubice war Podestà von Orvieto gewesen, A. 1209, 1216, 1226; 1234 Podestà von Florenz. A. 1240 wurde er Podestà von Perugia.

[2] Gregor's Biograph verrät plötzlich Sinn für die Altertümer: quo-

Städte die volle Anerkennung der Reichsgewalt, die Vasallenschaft, den Verzicht auf die constanzer Artikel und die Auflösung der Eidgenossenschaft angeboten, doch der ganz verblendete Kaiser Unterwerfung auf Gnade und Ungnade verlangt; worauf jene edeln Bürger den heldenmütigen Entschluß faßten, ihre Freiheit bis auf den letzten Mann zu verteidigen. Der Widerstand der Städte rettete das Papsttum noch einmal, und bald sah der Kaiser, der den Italienern nun als ein maßloser Despot erschien, das Glück sich von ihm abwenden. Selbst der Zuzug König Konrad's im Juli 1238 zwang Brescia nicht zur Uebergabe; die heroische Bürgerschaft hielt eine mörderische Belagerung standhaft aus, und sie nötigte den Kaiser sogar zum Abzuge, was sein Ansehen minderte. Auf Betreiben des Papsts schloßen jetzt auch die großen Seestädte Genua und Venedig einen Bund, während in Rom die guelfische Partei wieder herrschend wurde.

<small>Der Kaiser zieht von Brescia ab, A. 1238.</small>

Alles dies bewog Gregor im Angesicht so großer Gefahr zum zweiten Mal den Kampf mit seinem mächtigen Gegner aufzunehmen, und sich offen für die Lombarden zu erklären. In einem günstig scheinenden Augenblick rief er den erbittertsten der Kriege zwischen Kirche und Reich hervor, und überließ sodann dessen Fortsetzung seinen Nachfolgern. Mit kühnem Entschluß setzte er den Kirchenstaat zum zweiten Mal aufs Spiel. Er bannte am 24. März 1239, ohne thatsächlichen Grund, nochmals den Kaiser, und jetzt störten ihn

---

rum (der Kaiserlichen) solvit colligationes iniquas — et per devotum Johannis de Judice tunc Senatoris obsequium, turres hostium, et operosi marmoris tabulata Palatia, nobile vestigium prioris aetatis, in opprobrium ruine redegit (p. 582). Es scheint hier wirklich der Frangipanische Palatin gemeint zu sein.

die Römer nicht. Durch ein Manifest verkündigte er der Christenheit die Excommunication Friedrich's, und löste dessen Unterthanen von ihrem Eide. In dem langen und mühsam aufgehäuften Register von den Freveln des Kaisers hob er zuerst hervor, daß er die Stadt Rom zur Empörung wider die Kirche aufgereizt habe. Diese Beschuldigung war nicht ohne Grund, nur vergaß der Papst, daß derselbe Friedrich die Herrschaft des heiligen Stuls über Rom im Jahre 1234 gerettet hatte.[1]

Gregor IX. bannt den Kaiser, 24. März A. 1239.

Als der Kaiser die unerwartete Nachricht von der päpstlichen Kriegserklärung in Padua erhalten hatte, versammelte er ein Parlament vor seinem Tron, und ließ durch seinen Kanzler Peter sein Recht, wie das Unrecht Gregor's in glänzender Rede darthun; er schickte sodann seine Manifeste in die Welt. Den Römern warf er voll Unwillen vor, daß sie den Papst in seiner übereilten Handlung nicht gehindert hätten. „Es schmerzt uns, so schrieb er ihnen, daß der römische Priester sich in der Stadt selbst herausnahm, den Kaiser Rom's, den Urheber der Stadt, den Wolthäter des Volks, frech zu verunglimpfen, ohne daß die Bürger ihm dabei Widerstand leisteten; es schmerzt uns, daß im ganzen Stamme des Romulus, unter allen Edeln und Quiriten, unter so viel Tausenden sich nicht ein einziger Mann, sich keine unwillige Stimme gegen das uns angethane Unrecht erhoben hat, und wir fügten doch eben erst den Spolien alter Triumfe in der Stadt die neuen Trofäen unserer Siege

Manifest des Kaisers an die Römer.

---

[1] Die Bannbulle beim Math. Paris ad. A. 1239, p. 329. Auch Sardinien war ein Grund dazu; denn dort hatte Friedrich seinen Sohn Enzius mit der Erbin von Gallura, Adelasia, vermält und zum Könige gemacht. Raumer, Cherrier und Schirrmacher, Kaiser Friedrich II. Göttingen 1864, im 3. Bande.

hinzu." Er forderte das römische Volk auf, sich einmütig zur Rache eines gemeinsamen Schimpfes zu erheben und den Kaiser zu verteidigen unter Androhung seiner Ungnade.¹

An demselben Tage sandte er an alle Fürsten der Christenheit Briefe gewichtigeren Inhalts, worin er sich durch die Feder Peter's de Vineis gegen die Anschuldigungen des Papsts verteidigte, das Unrecht darstellte, welches er seit dem Tode seines Vaters von der Kirche erfahren hatte, Gregor den IX. als einen ehrgeizigen und goldgierigen Priester, einen falschen Propheten, des Papsttums unwürdig erklärte, die Fürsten aufforderte, der Anmaßung desselben mit vereinter Kraft entgegenzutreten, und an ein zu berufendes Concil appellirte.² *Der Kaiser appellirt an ein Concil.*

"Vom Meer herauf stieg ein Thier voll von Namen der Lästerung, welches mit den Tatzen des Bären und dem Rachen des Löwen wütet, und am Leibe einem Pardel gleich gestaltet ist. Sein Maul öffnet es, Blasphemien gegen den Namen Gottes auszustoßen, und ruhet nicht, ähnliches Wurfgeschoß auf sein Tabernakel und die Heiligen im Himmel zu schleudern." Mit solchen apokalyptischen Gleichnissen begann Gregor IX. sein Gegenmanifest vom 21. Juni. Diese berühmte Encyklika, worin sich ein glühender Haß in den orientalischen Pomp alttestamentlicher Redeweise hüllt, ist eins der merkwürdigsten Denkmäler des großen Streites zwischen Kaisertum und Papsttum, des römischen Hochmuts und der haßtrunkenen Leidenschaft des Priestertums, seiner wie aus *Encyklika Gregor's IX.*

---

¹ Fridericus ... Senatori urbis et suis Conromanis salutem ... Treviso, 20. April (Math. Paris p. 332). Die schon antiquirte Sprache in diesem Brief erregt Widerwillen; Redensarten, von Jahrhundert zu Jahrhundert wiederholt.
² Levate in circulo oculos vestros... Hist. Dipl. V. 295.

Posaunen tönenden Orakelsprache, und seiner gewaltigen Energie. Gregor IX. suchte alle Anklagen Friedrich's zu widerlegen, aber es war hier zum ersten Mal, daß er ihn beschuldigte auch nach der geistlichen Gewalt zu trachten, und daß er ihn als Gottesläugner öffentlich brandmarkte.[1]

Die neue Stellung, welche das Papstthum durch den innocentianischen Kirchenstaat gewonnen hatte auf der einen, auf der andern Seite die neue Stellung, die das staufische Haus durch den Erbbesitz Siciliens in Italien besaß, waren neben der Lombardei die praktischen Ursachen des furchtbaren Zwists geworden; der Kirchenstaat der Ausdruck nicht allein für die guelfisch-nationale Richtung des Papstthums, sondern auch für dessen Civilgewalt überhaupt; Sicilien das Fundament für die ghibellinische Kaiseridee. Die Päpste forderten die Lehnsherrlichkeit über dieses Königreich, und der Kaiser machte es vom Lehnsverbande mit der Kirche unabhängig; die Päpste durchkreuzten seine Pläne; mit der guelfischen Nationalpartei verbunden, suchten sie den hohenstaufischen Plan der Centralisation Italiens zu vereiteln. Aus solchen Ursachen ergab sich heftiger als zuvor der Kampf der neuen von Innocenz III. geschaffenen Papstmonarchie mit der neuen Kaisermonarchie, und der uralte Zwiespalt zwischen der Tiara und der Krone wuchs in größerer Furchtbarkeit empor als Gegensatz des politischen und kirchlichen Geistes überhaupt. Dieser auf die äußerste Spitze getriebene Contrast mußte

---

[1] Ascendit de mare bestia blasphemie plena nominibus... vom Lateran, 20. Juni 1239, Hist. Dipl. V. 327. Beschuldigung, die Ansicht de tribus impostoribus ausgesprochen zu haben. — Antwort des Kaisers an die Cardinäle, bei Petr. de Vineis I. 31, und Hist. Dipl. V. 348, worin er sein katholisches Glaubensbekenntniß ablegt.

ausgekämpft werden. Für Friedrich II. handelte es sich fortan darum: die staatliche Gewalt von der geistlichen zu trennen, dem Papst jeden politischen Einfluß zu nehmen, der Kirche den weltlichen Besitz zu entziehen. Die Trennung jener beiden Gewalten, das große ghibellinische Princip, auf welchem alle bürgerliche und staatliche Freiheit, wie die des Gewissens des Einzelnen, und kurz die ganze Fortentwicklung der menschlichen Cultur besteht, hat Friedrich II. mit großer Entschiedenheit proclamirt, und dies war die Reform, für welche er Europa aufrief. Er hat den Sieg nicht gewinnen können, weil das Bürgertum und der Volksgeist überhaupt auf der Seite des Papsttums standen, der monarchische Geist in Europa aber noch nicht gereift war.

Das ghibellinische Princip.

Wenn der große Repräsentant der weltlichen Rechte, welcher die Könige zu seinem Beistande aufforderte, an dem Bürgertum eine Stütze gefunden hätte, so wäre die Papstgewalt schon damals zertrümmert worden; wenn die Ideen der evangelischen Ketzer in das Bewußtsein des Zeitalters eingedrungen wären, so hätten sich die zerstreuten Elemente der Häresie in einen großen Strom der Reformation schon damals vereinigt. Doch der legitime Kaiser Friedrich war der Feind der Demokratie, und er verbrannte zugleich Ketzer auf Scheiterhaufen. Kein reformatorischer Geist, im Sinne späterer Jahrhunderte, war in ihm; die Menschheit konnte von solchem Geiste in einer Zeit nicht ergriffen werden, welche vom Dogma des Papsttums, von der Inquisition und dem Enthusiasmus des Franciscus und Dominicus beherrscht war; in einer Zeit, wo ein eitler Predigermönch Triumfe der Beredsamkeit feierte, gleich Peter von Amiens und Fulco von Neuilly, wo sein Wort viele Tausende von feindlich erbitterten Bürgern in einer Stunde zur Versöhnung hinriß, selbst einen Ezzelin zu Tränen rührte, und mächtigen Städten als Gesetzesorakel galt;[1] in einer Zeit, wo Friedrich selbst die finstersten Edicte gegen die Ketzer erließ, und das Gleichniß von den beiden Lichtern am Himmel, dem größeren und kleineren, dem Priestertum und Kaisertum, sogar während seines heftigsten Kampfes wider den Papst, in kritikloser Unbefangenheit als Wahrheit anerkannte. Die Natur seines Zeitalters erklärt, mehr als seine eigene, die seltsamen Widersprüche im Wesen dieses großen Kaisers, der im Kirchenbanne einen Kreuzzug unternahm, der Saracenen und Bischöfe an derselben Tafel speiste, welcher Minoriten und Dominicaner als Freunde des Papsts, und Ketzer als dessen Feinde lebendig verbrennen ließ; der sich in die Genossenschaft der Cistercienser von Casamari feierlich aufnehmen ließ, und den Leichnam der heiligen Elisabeth zu Marburg eigenhändig krönte; der wie Arnold von Brescia den Reichtum der Kirche unchristlich schalt, dessen Regesten aber erfüllt sind mit Gnadendiplomen für Kirchen und Klöster, und mit Freibriefen bischöflicher Jurisdiction.

Eindruck der Manifeste des Kaisers.

Ein englischer Chronist hat lebhaft den Eindruck geschildert, den die Manifeste Friedrich's in Deutschland, England und Frankreich machten. Die brittische Nation war durch ihr unnatürliches Lehnsverhältniß zum heiligen Stule,

---

[1] Die Geschichte Johann's von Vicenza und des Friedensparlaments von Verona (29. Aug. 1233) bietet das merkwürdigste Zeitgemälde dar. Siehe die Chronik des Antonius Gobus, die Vita Riccardi Comitis, Parisius de Cereta, Gerard Maurisius, Salimbene und Verci's Geschichte der Ezzeline. Salimbene hat als Minorit mit schadenfroher Lust die charlatanischen Eitelkeiten Johann's bloßgestellt. Nach Parisius (Murat. VIII. 627) ließ der große Friedensstifter in Verona 60 angesehene Bürger verbrennen.

durch das päpstliche Verdammungsurteil der Magna Charta, endlich durch die schamlose Aussaugung ihres Vermögens vermittelst römischer Pfründen, Kirchenzehnten und Kreuzzugssteuern tief verletzt. Friedrich, so sagten die Engländer, hat dem Papst durch die Bekämpfung Otto's IV. mehr Dienste geleistet, als er ihm schuldet. Er zeigt sich nicht als Ketzer; er schreibt voll katholischer Demut an den Papst; er greift dessen Person, nicht sein Amt an; die englische Kirche wird täglich von den Römern ausgesogen; aber der Kaiser hat uns niemals Wucherer und Räuber unsrer Einkünfte geschickt.[1] Derselbe Geschichtschreiber bekannte indeß, daß die Wirkung der Encyklika des Papsts sehr groß war, und den Eindruck jener des Kaisers so sehr schwächte, daß sich die Christenheit gegen ihn als einen Feind der Kirche würde erhoben haben, wenn nicht die Geldgier der römischen Curie die Ehrfurcht der Völker gemindert hätte. Das Urteil der Welt spaltete sich; aber die Könige sahen die Schwächung des Kaisertums gern, und trotz des Widerstandes der ausgesogenen und ver-

---

[1] Math. Paris p. 512. Der Papst schickte in alle Welt Bettelmönche als Steuereintreiber. Sie lösten die Kreuzfahrer von ihrem Gelübde für Geld (p. 518). — Absurdum videbatur etiam simplicibus, quam diversis muscipulis simplicem Dei populum substantia sua moliebatur Romana Curia privare, nihil petens nisi aurum et argentum (p. 524). Es entstanden viele Satiren auf die römische Habgier. Im Cod. Vat. 4957 fol. 43 eine solche de Pecunia: Pecunia Romanorum Imperatrix et totius mundi semper Augusta dilectis suis filiis et procuratoribus universis salutem et rore celi et terrae pinguedine habundare. Ego in altissimis habito ... o vos omnes, qui transitis per viam attendite si est honor sicut honor meus ... michi Romana curia famulatur. — Schon älter ist das berühmte Lied der Carmina Burana: Propter Sion non tacebo, sed ruinam Rome flebo. Die Lieder der Troubadours und der schwäbischen Dichter sind voll von Satiren auf die Geldgier der Curie.

zweifelten Bistümer flößen die Geldquellen der Christenheit immer wieder in die Kassen des Lateran. Friedrich II. beklagte sich bald erfolglos gegen seinen Schwager Heinrich III., daß er in England die Collecten erlaube, mit denen der Papst den Krieg wider ihn bestreite.[1]

Die Excommunicationsbulle wurde zwar in Frankreich, selbst in England ohne Widerstand verkündigt, doch Gregor IX. fand keinen Prinzen bereit, ihm als Gegenkönig wider einen großen Kaiser zu dienen, dessen Majestät einen hellen Glanz über die Welt warf. Friedrich II. wiederum faßte nicht den Gedanken, einen Gegenpapst aufzustellen. In der durch Innocenz III. einig und stark gewordenen Kirche war ein Schisma unmöglich. Die Entscheidung des Kampfes lag damals wesentlich im Lombardenbunde; Mailand und Bologna waren die noch festen Schanzen des Papstums in Norditalien, *Guelfische* Genua und Venedig Verbündete, Azzo von Este, der Graf *Bundes-* *genossen des* von S. Bonifazio, Paul Traversari in Ravenna, und Albe- *Papsts.* rich von Romano, der vom Kaiser abgefallene Bruder Ezzelin's, die Führer der Guelfen; von den umbrischen und tuscischen Städten standen die meisten auf Seiten des Papsts. Für Friedrich kämpften Ezzelin nebst Padua, Vicenza und Verona; andre Städte wie Ferrara, Mantua, Modena, Reggio und Parma; der greise Salinguerra, der bald vom Schauplatze abtrat, die Markgrafen Palavicini und Lancia;

---

[1] Ha Deus! sustineret hec hodie si viveret Henricus senior rex Anglie? Et recolende memorie rex Riccardus et alii —? (Hist. Dipl. V. p. 468.) Heinrich III. entschuldigte sich praesertim cum tributarius vel feudatarius Papae esse de jure comprobetur; et sic se excusando turpiter accusavit, sagt treffend Math. Paris p. 524. Man sehe, was er (p. 517 und 518) über die Stimmung in Frankreich sagt, welche anfangs dem Kaiser sehr günstig war. Und von Deutschland: a nullis, vel a paucis meruit Papalis auctoritas exaudiri.

und Enzius, Friedrich's junger Bastard, König von Torre und Gallura in Sardinien, welchen er zum Reichsverweser in Italien gemacht hatte, begann seine kurze und glänzende Laufbahn.

Als die Friedensvermittlungen durch die deutschen Bischöfe scheiterten, zumal der Deutschmeister Konrad im Juli 1240 in Rom starb, schritten beide Gegner zum Kriege. Friedrich beschloß, die Kirche nur noch als eine politische, ihm feindliche Macht zu betrachten, und ihren Organismus innerhalb des Staates ganz zu zerbrechen. Eine schonungslose Verfolgung strafte den Widerstand der Bischöfe und des niedern Clerus im sicilischen Reich, oder die Wühlerei der in die Acht erklärten Bettelmönche mit Tod, Kerker und Exil, während die Kirchengüter überall eingezogen oder besteuert wurden. Dies Schicksal traf namentlich die reiche Abtei Monte Casino, welche gänzlich säcularisirt wurde. Während der Kaiser seinem Sohne Enzius die Bewältigung der Mark Ancona übertrug, beschloß er selbst den Krieg nach dem Kirchenstaat zu verlegen, und seinen Feind, wie Heinrich IV. oder der V., in Rom zu vernichten. Dadurch erhielt die Stadt eine locale Wichtigkeit. Der Kaiser, so sagte man am Hofe Gregor's IX., hat geschworen, den Papst zum Bettler zu machen, das Heiligtum den Hunden vorzuwerfen, und den ehrwürdigen Dom Sanct Peter's in einen Pferdestall zu verwandeln — prophetische Drohungen, welche Friedrich II., wenn er sie je gemacht hat, nicht verwirklichte, die aber in weit vorgeschrittnen Zeiten unter dem Kaiser Carl V. buchstäblich zur Thatsache werden sollten.[1]

---

[1] Comminatur aperte sanctum dare canibus, et venerandam Principis Apostolorum Basilicam in praesepe deducere jumentorum! — Qui etiam Ecclesiae Principem in illam immergere gloriatur

3. Die Städte des Kirchenstaats gehn zu Friedrich über. Er schlägt sein Hauptquartier in Viterbo auf. Verzweifelte Lage des Papsts in Rom. Warum die Stadt guelfisch blieb. Die große Procession Gregor's IX. begeistert die Römer, welche das Kreuz nehmen. Abzug Friedrich's II. Waffenstillstand. Abbruch desselben durch den Papst. Abfall des Cardinals Johann Colonna. Gregor IX. schreibt ein Concil aus. Die Priester bei Monte Cristo gefangen, 1241. Die Tartaren. Erfolglose Friedensunterhandlungen. Anibaldi und Odo Colonna, Senatoren. Matheus Rubeus Orsini, alleiniger Senator. Friedrich schließt Rom ein. Tod Gregor's IX. 1241.

Friedrich II. besetzt den Kaiserstaat, A. 1240. Im Frühling 1240 rückte der Kaiser in den Kirchenstaat, welchen dem Reiche wieder einverleiben zu wollen, er offen erklärt hatte.[1] Viele Städte Umbriens, der Sabina und Tusciens öffneten ihm die Tore, und selbst Viterbo, bisher die treueste Verbündete des Papsts, der ihre Mauern wiederhergestellt hatte, fiel von der Kirche ab, weniger aus Neigung zum Kaiser, als aus Haß gegen das nun päpstlich gesinnte Rom.[2] Auch Corneto huldigte ihm, und in der Campagna war die ghibellinische Partei zu Tivoli mit ihm verbündet. Er schrieb an alle seine Getreuen, daß er in seiner kaiserlichen Kammer Viterbo freudig aufgenommen sei, daß alle Städte im Gebiete Rom's und der Maritima ihm gehuldigt hätten, während sein Sohn Enzius die Mark Ancona in seiner Gewalt habe. „Nichts bleibt mir demnach übrig," so sagte er, „als in die Stadt, wo das ganze römische Volk mir entgegensieht, triumfirend einzuziehen, die

egestatis injuriam, ut cinerem pro corona suscipiat, spicas pro pane vendicet et pro equorum candidata gloria cogatur quaerere subjugale ... Vita p. 585.

[1] Im August 1239 entband er die Mark Ancona und Spoleto ihres Eides gegen die Kirche, und zog sie zum Reich. Hist. Dipl. V. 376.

[2] Im September erhob Friedrich Viterbo wegen ihrer Treue zur Aula Imperialis. Urkunde bei Bussi, Append. p. 405.

alte Reichsgewalt wieder herzustellen, und meine siegreichen
Adler mit Lorbeeren zu kränzen." [1] Er schrieb den Römern
mit prunkenden Worten, wie so mancher Kaiser vor ihm,
verhieß ihnen die Erneuerung ihres alten Glanzes, und
forderte sie auf, ihre Proconsuln Napoleon, Johann de Poli,
Otto Frangipane, und Angelo Malabranca unverzüglich an
seinen Hof zu senden, damit er sie mit Reichswürden und
Statthalterschaften auszeichnen könne. [2] Der Kaiser stand vor
seinem Ziele. Nur zwei Tagmärsche trennten ihn von Rom,
wo das Schicksal Gregor's IX., wie einst das von Gregor VII.,
durchaus von der Haltung der Römer abhing. Die Frangi=
pani (schon im Jahre 1239 hatte der Kaiser ihren Turm am
Titusbogen herstellen lassen, und Obbo und Manuel mit
Gütern im Neapolitanischen beschenkt) führten dort die Ghi=
bellinen; [3] aber die päpstliche Partei behielt die Oberhand,

[1] Hist. Dipl. V. 762. Aus Viterbo, im Febr.
[2] Petr. de Vin. III. 72. Ardens semper fuit cor nostrum...
im Februar, sicher aus Viterbo. Napoleon Johannis Gaetani war ein
Orsini. Denn Giovanni, Erstgeborner des Orso und Bruder Rainaldo's,
nahm von seiner Mutter Gaetana Crescenzi den Namen Gaetano an.
Er vermälte sich mit Stefania Rubea, und seine Söhne waren Jacopo,
Matteo und Napoleon (Gammurrini, famil. nobili Toscane II. 16). —
Auch Siegel Friedrich's haben das Epigramm Roma caput mundi.
Siehe das symbolische Abbild Rom's auf einer Goldbulle des Diploms
vom Sept. 1234. (Titelblatt der Hist. Dipl. Tom. IV.)
[3] Während der Procession am 15. Aug. 1239 war die Cartellaria
eingestürzt; der Kaiser hatte dem Magister Joh. von S. Germano be=
fohlen, nach Rom zu gehen, den Turm herzustellen; der Papst war in
Anagni (Vita p. 586; Hist. Dipl. V. 451. Ibid. p. 455 Anweisung
Friedrich's an Obbo und Manuel auf Einkünfte im Königreich, dat.
19. October im Lager bei Mailand). Der Präfect spielt keine Rolle mehr
in Rom. Doch nennt ihn ein Instrument vom 22. April 1237: Joannes
Urbis Alme Prefectus. Cod. Vat. 6223. fol. 93. Und schon A. 1230,
21. April derselbe, Murat. Antiqu. It. I. 686. Er war der Sohn den
Petrus.

weil Conti, Orsini und Colonna noch einmütig auf der Seite Gregor's standen; weshalb der Papst im November 1239 ruhig in die Stadt hatte zurückkehren und nochmals den Bann über Friedrich aussprechen konnte.

Der Mut eines Greises, der vom Leben nichts zu hoffen hatte, keine Erben hinterließ, und das verkörperte Princip seiner Kirche selbst war, hat nichts Wunderbares, aber das Verhalten der Römer würde befremdend sein, wenn man nicht bedächte, daß gute Gründe ihnen rätlich machten, eher dem Papst als dem Kaiser anzuhängen. Wenn Friedrich II. von Rom Besitz genommen hätte, so würde er alsbald die Statuten des Capitols ausgelöscht, und den Senator in seinen Knecht und Baliven verwandelt haben. Die Herrschaft des Papsts in Rom war milde und schwach, die des Kaisers, des entschiedenen Feindes aller städtischen Autonomie, der die römische Republik selbst bei Viterbo bekriegt hatte, der sie jeden Augenblick wieder dem Papst überliefern konnte, würde es nicht gewesen sein. Dies erklärt es, warum die Römer die Gelegenheit nicht benutzten, sich gegen die Herrschaft des heiligen Stules zu erheben, welche sie im Jahre 1235 mit Widerwillen hatten anerkennen müssen. Die Patrioten standen zu Gregor IX., und so wurde durch die Verhältnisse wieder einmal ein Papst zum wirklichen Repräsentanten der nationalen Selbständigkeit Rom's.

Die Römer stehen zum Papst.

Die Ghibellinen freilich erhoben sich kühner, als die Truppen des Kaisers bis vor die Tore streiften; viele Stimmen riefen: „Der Kaiser! der Kaiser! Wir wollen ihm die Stadt geben!" und Gregor IX. mochte den endlichen Abfall eines unbeständigen Volks erwarten, das ihn schon mehrmals verjagt hatte. In dieser Not veranstaltete er am 22. Februar eine feierliche Procession, wobei die Reliquien des Kreuzes und die Apostelhäupter vom Lateran nach dem S. Peter getragen wurden. Er ließ sie auf den Hochaltar niederlegen, nahm seine Tiara vom Haupt, legte sie auf jene, und rief: „Ihr Heiligen, vertheidigt Rom, das die Römer verraten wollen!" Dies that die gehoffte Wirkung auf die Menge, welche durch Mysterien und theatralische Scenen leicht zu erschüttern ist. Viele Römer nahmen begeistert aus des Papsts eigner Hand das Kreuz gegen den Kaiser als einen Heiden und Saracen.[1] Friedrich verspottete im nahen Viterbo Zahl und Stand dieser Kreuzfahrer, welche seinen schwersten Zorn zu büßen hatten, sobald sie in seine Gewalt fielen, doch Gregor war überzeugt, daß die plötzliche Umwandlung des römischen Volks die Wirkung eines himmlischen Wunders gewesen sei.[2] Der Kaiser, dessen Heer zu schwach war, um Rom mit Erfolg anzugreifen, sah seine Hoffnung vereitelt, zog nach Apulien ab, und sprach seinen Unwillen gegen die Römer nur in Briefen aus.

Im Sommer rückte er in die Marken, ohne die römische Campagna zu beschädigen; er bewilligte dem Papst sogar einen Waffenstillstand, weigerte sich jedoch, die Lombarden darin einzuschließen. Die auf Frieden dringenden Cardinäle, unter denen die Gemäßigten eine starke Opposition bildeten, verlangten ein Generalconcil, welches den Streit entscheiden sollte. Indeß große Geldmittel setzten den Papst plötzlich in

---

[1] Annales Placentini Gibellini, Mon. Germ. XVIII. 483.
[2] Friedrich sprach von garsones quosdam et vetulas (an England, 16. März, Viterbo, Math. Paris p. 521); dagegen der Papst von einer unzähligen Menge (Hahn. Collect. Mon. vet. et rec. I. 346). Friedrich befahl, solche Kreuzfahrer auf der Stirn zu brandmarken.

Stand, die Kriegskosten noch für ein Jahr zu bestreiten, weshalb er den Waffenstillstand aufkündigte, den er doch selbst zuvor nachgesucht hatte. Dies Verfahren erregte tiefe Mißstimmung in Rom. Der Cardinal Johann Colonna, der Vermittler jenes Waffenstillstandes, hielt seine Ehre für beleidigt, und trat jetzt offen auf die Seite des Kaisers. Mit ihm begann die entschieden ghibellinische Richtung seines berühmten Hauses. Johann vom Titel S. Prassede war der zweite Cardinal vom Geschlechte der Colonna, ein Günstling von Honorius III., unter Gregor IX. mehrmals Legat, und noch im Jahre 1239 nach der Mark Ancona geschickt, um Enzius dort zu bestreiten. Im Collegium der Cardinäle war dieser stolze und reiche römische Fürst der bedeutendste Mann. Sein Abfall konnte nicht aus Habsucht oder Bosheit hergeleitet werden, sondern war ein Protest gegen die herrschsüchtige unkluge Politik Gregors, dessen Leidenschaft die Kirche in eine verderbliche Richtung fortriß.[1] „Solche Zeichen," so rief der englische Geschichtschreiber aus, „machen es klar, daß die römische Kirche den Zorn Gottes auf sich geladen hat. Denn ihre Regierer bemühen sich nicht um das geistliche Heil des Volks, sondern nur um die Füllung ihres eigenen Seckels; sie suchen nicht für Gott Seelen zu gewinnen,

Der Cardinal Joh. Colonna tritt zum Kaiser über.

---

[1] Unter 1237 bringt Math. Paris (p. 307) einen diplomatisch verschleierten Brief Johann's an den Legaten in England: voluimus reformare statum et saepe tentavimus, et ecce deformis desitatio subintravit. Incassum traduntur consilia, ubi voluntas non sistitur fraeno prudentiae — und vorher nimis avide, vel potius inconsulte, se mater (ecclesia) immersit fluctibus ... Math. Paris erzählt p. 366 die oben angeführten Gründe des Bruchs. Nec ego de caetero te habeo pro Cardinale, sagte der Papst; der Cardinal: nec ego te pro Papa; et sic recessit — adversarius. — Der erste Cardinal des Hauses Colonna, Joh. Bischof der Sabina, starb 1216.

sondern Renten an sich zu ziehen, die Priester zu bedrücken, und durch Kirchenstrafen, Wucher, Simonie und hundert andre Künste frembes Gut frech an sich zu reißen." [1]

Auf die Empörung eines Cardinals folgte ein noch härterer Schlag für den Papst. Am 9. August 1240 hatte er aus der Abtei Grotta Ferrata ein Concil zu den nächsten Ostern nach Rom berufen; der Gedanke dazu war vom Kaiser ausgegangen, aber Friedrich konnte den Richterspruch eines ihm voraussichtlich feindlichen Tribunals jetzt nicht mehr gelten lassen, wo seine siegreichen Waffen ihn zum Herrn des größten Teils von Nord= und Mittelitalien gemacht hatten, wo sein Feind in der äußersten Bedrängniß und er selbst voll Hoffnung war, den Frieden in Rom zu dictiren. Er hatte deshalb durch Sendschreiben die Reise der Geist=lichkeit zum Concil verboten, sie bringend davon abgemahnt, und ihr die Sicherheit aufgesagt. Ein merkwürdiger Brief eines unabhängigen Clerikers entwarf kein für Rom schmeichel=haftes Bild von den Gefahren, die in der Stadt selbst auf die Geistlichkeit warteten. „Wie könnt Ihr," so sagte er, „in Rom sicher sein, wo alle Bürger und Geistliche für und wider beide Gegner im täglichen Gefechte liegen? Die Hitze ist dort unerträglich; das Wasser faul; die Nahrung grob und roh; die Luft mit Händen zu greifen, und von Muskiten=schwärmen erfüllt; es wimmelt von Scorpionen; das Volk ist schmutzig und abscheulich, voll Bosheit und Wut. Ganz Rom ist unterhölt, und aus den von Schlangen erfüllten Kata=komben steigt ein giftiger und tödtlicher Dampf empor." [2]

[1] Math. Paris p. 307.
[2] Gens immunda, gens abhominabilis, gens pessima, gens furoris — das Bild damaliger Römer! Der Schreiber schloß damit zu

Der Papst beruft ein Concil nach Rom, Aug. A. 1240.

Viele Prälaten Spaniens, Frankreich's und Oberitalien's ließen sich durch keine Gefahr, noch durch die wiederholte Mahnung des Kaisers, welcher doch Meer und Land in seiner Gewalt hatte, von der Reise nach Rom abhalten. Der Legat Gregor von Romania, die Cardinäle Jacob Pecorario von Präneste und Otto von S. Nicolaus versammelten sie in Genua, und die Fahrt wurde auf genuesischen Schiffen mit blinder Zuversicht unternommen, bis auf der Höhe der Klippe Meloria diese Priester die Segel der Republik Pisa und der sicilischen Flotte sahen, welche kampfbegierig ihnen entgegenfuhren. Die berühmte Seeschlacht vom 3. Mai 1241 bei den Inseln Monte Cristo und Giglio war eins der sonderbarsten Schauspiele, die je auf dem Meere gesehen worden sind. Mehr als hundert Prälaten, Cardinäle, Bischöfe und Aebte waren die bebenden Zuschauer einer mörderischen Schlacht, und zugleich ihr Gegenstand und der Preis des Sieges. Nachdem die genuesischen Galeeren zersprengt, mit Kriegsvolk und Priestern in den Grund gebohrt und zum größten Teil gefangen waren, segelte der kaiserliche Admiral mit seiner Beute frohlockend nach dem Hafen von Neapel. Die unglücklichen Prälaten schifften drei schreckliche Wochen lang über Meer, gefesselt, von Hitze, Hunger, Durst und dem Spott roher Matrosen gequält, bis sie die Kerker Neapels oder Siciliens erreichten. Sie hingen dort, wie der Papst mit ihnen klagte, ihre Harfen an die Trauerweiden des Euphrat auf, und erwarteten das Urteil Pharao's.[1]

Gefangennahme vieler Prälaten auf dem Meer, Mai, 3. 1241.

sagen, daß der Papst, der nur Geld begehre, die Geistlichkeit berufen habe ut sitis organa sonantia juxta deductionem et libitum organiste. Hist. Dipl. V. 1077, nach Baluzius Miscell. I. 458—468.

[1] Math. Paris (p. 563) hat mit einiger Bosheit ihre Leiden be-

Der Priesterfang machte ein großes Aufsehn in der Welt; nie hat die Kirche dies „gottlose Attentat," wie sie es nannte, dem Kaiser vergeben. In dem eben eroberten Faenza empfing er die Nachricht von dem Handstreich, der ihn vom Concil befreite. Das Glück begünstigte seine Fahnen: denn Genua war gedemütigt, Mailand von den treuen Pavesen besiegt, Benevent erobert, das heldenmütige Faenza gefallen. Deshalb beschloß Friedrich, statt Bologna zu belagern, wieder gegen Rom zu ziehn. So stand der Krieg zwischen Kaiser und Papst in neuen Flammen, und wie unheilvoll er für Europa war, zeigte sich gerade jetzt, wo die Kunde von dem Einfalle wilder Barbaren im Osten sie beschämte. Die gräßlichen Tartarenhorden Octai's verwüsteten gerade Rußland, Polen und die Donauländer, und sie erneuerten im lateinischen Abendland den Schrecken, der einst den Hunnen voraufgezogen war. Die Christenheit flehte Kaiser und Papst um Rettung an, aber sie hörte zu ihrer tiefen Beschämung den Kreuzzug gegen den Kaiser vom Papste predigen, und jenen erklären, daß er sich erst dann wider die Tartaren wenden könne, wenn er den Oberpriester der Christenheit zum Frieden würde gezwungen haben. Als er im Juni 1241 in das Spoletische eingerückt war, schrieb er an den römischen Senat, er habe Meldung vom Andrange der Tartaren gegen die Grenzen des Reichs; er ziehe im Eilmarsch gegen Rom, um mit dem Papste sich zu vertragen; die Stadt möge sich erheben, ihm dabei behülflich zu sein, damit er nach Beendigung der italienischen Wirren ein grenzenloses Unheil vom Reiche abwende.[1]

Der Kaiser rückt gegen Rom.

schrieben. Turba praelatorum, Pfaffenschwarm, nennt sie Friedrich verächtlich (Petr. de Vin. l. c. 8). Schöner Trostbrief des Papsts an die gefangenen Cardinäle bei Raynald ad A. 1241 n. 71.

[1] Hist. Dipl. V. 1139. In castris ante Spoletum, 20. Juni.

Er schickte Boten an den Papst; selbst sein Schwager, Richard von Cornwall, der im Juli vom Orient über Italien heimkehrte, war als Gesandter nach Rom gegangen, aber er hatte keinen Zugang zu dem unerbittlichen Gregor gefunden. Dieser unbeugsame Greis wollte, wie Gregor VII., eher sterben, als nachgeben, auch war er trotz des Abfalles des Cardinals Colonna und seines Hauses nicht freundelos in Rom. Zwar hatten hier im Anfange des Jahrs 1241 Anibale degli Anibaldi und Obbo Colonna, der Neffe jenes Cardinals, das Senatoramt geführt, weshalb die kaiserliche Faction damals neben der päpstlichen sich behauptet haben mußte, aber weil diese Senatoren den Friedensvertrag vom Jahre 1235 nochmals im März bestätigten, geht daraus hervor, daß Gregor IX. dennoch Herr der Stadt war.[1] Es gelang ihm sogar, im Mai 1241 die Neuwahl des Senats an die Orsini zu bringen, die erklärten Gegner der Anibaldi und Colonna, und die Häupter der Guelfen. Denn Matheus Rubeus wurde alleiniger Senator. Dieser berühmte Mann, einst Gönner des heiligen Franciscus, war der Sohn von Johann Gaetani Orsini und Stefania Rubea, ein Enkel des Ursus, des Ahns jenes berühmten Hauses. Er selbst wurde Stammvater eines mächtigen Geschlechts, welches sich in mehre Zweige teilte. Seine Söhne und Enkel erfüllten die Annalen

Anibale Anibaldo und Obbo Colonna, Senatoren, A. 1241.

Matheus Orsini, Senator, A. 1241.

Von ebendaselbst datirt, Mense Junii ein Privilegium zu Gunsten Spoletos; Original im dortigen Stadtarchiv, abgedruckt von Achille Sansi, Saggio di Documenti Storici tratti dall' Archivio del comune di Spoleto, Fuligno 1861, p. 5.

[1] In nom. D. Amen. Anno D. incarn. 1241 Ind. XIV. medio (mense?) Martii die 4. Nos A(nibaldus) et O. de Columna ... Senatores ... Höfler zu Papencorbt p. 297. Obbo Colonna war der erste Senator seines Hauses; so führt ihn auch ein Katalog der Senatoren dieses Geschlechts im Archiv Colonna, zum Jahr 1241 auf.

Rom's mit ihren Namen und Thaten, auf dem Papstthrone, als Cardinäle, und auf dem Senatorstul im Capitol.[1]

Wenn Rom dem Papste treu blieb, so verdankte er dies nur dem rastlosen Eifer jenes Guelfenhaupts. Die Gefahr war groß; denn die Ghibellinen erhoben sich auf die Kunde von Friedrich's Siegen; der Cardinal Colonna, der ihn herbeirief, und der Exsenator Obbo verschanzten ihre Paläste in den Thermen Constantin's, und das Grabmal des Augustus, welches unter dem volkstümlichen Namen Lagusta aus einem

---

[1] Matheus Russus per Gregorium P. Senator efficitur. Richard Sangerm. berichtet das zum Juli, doch habe ich Grund, den Mai zu behaupten. Ueber diesen Senator Garampi, Mem. della B. Chiara da Rimini p. 244, und die Stammtafel bei Litta.

Ursus vom Haus Bobo, Nepot Cölestin's III.
vermält mit Gaetana di Crescenzo.

Johannes Gaetani, Herr von Bicovaro
vermält mit Stefania Rubea; testirt 1232.

Matheus Rubeus Senator, Herr von Marino, Monterotondo, Galera, Castel S. Angelo bei Tivoli ꝛc.
testirt A. 1246 mit Perna Gaetani, und noch zweimal vermält.

Johannes Gaetani als Papst, Nicol. III. 1277.	Rainaldus Gründer des Zweigs von Monterotondo.	Mabilia vermält mit Angelo Malebranca.	Gentilis.	Carb. Jordan. † 1287.	Matheus Senator 1279, Gründer des Zweigs Monte.	Napoleon Senator 1259.
Napoleon Carb. von S. Abriano † 1342.	Matheus Senator 1293 und 1310.	Latinus Cardinalbischof von Ostia † 1294				
	Ursus.	Matheus Rubeus Carb. von S. M. in Porticu, krönte A. 1266 Carl von Anjou in Rom. † nach 1305.				Bertholdus Erster Graf der Romagna † um 1319.

Gregorovius, Geschichte der Stadt Rom. V. 2te Aufl.

Die colonnische Festung im Mausoleum des Augustus.

langen Dunkel damals wieder auftaucht. Es war seit alter Zeit der Kern der colonnischen Festungen im Marsfeld, wozu auch der nahe Monte Citorio (Mons Acceptorii) gehörte.[1] Matheus Rubeus führte seine Milizen zum Sturm gegen dies Mausoleum, wo sich vielleicht Oddo selbst befand, während sich der Cardinal nach Palestrina begeben hatte. Denn von dort aus besetzte er für den Kaiser Monticelli, Tivoli und die lucanische Aniobrücke. Friedrich wunderte sich, in einem Cardinal einen so kriegerischen Geist und eine so mächtige Hülfe zu finden;[2] indem er seinem Rufe folgte, zog er in Tivoli ein, welches ihm freiwillig die Tore öffnete. Seine Truppen verwüsteten alles Land von Monte Albano und Farfa bis zum Lateinergebirg. Montefortino, welches die Conti, die Neffen Gregor's IX., befestigt hatten, ließ er zerstören, und befahl aus Haß gegen den Papst, die Gefangenen aufzuknüpfen. Nur ein zersplitterter Turm blieb dort als Denkmal seiner Rache stehn.

Der Kaiser lagert in Grotta Ferrata.

Er zog hierauf in Begleitung des Cardinals nach der Burg Colonna, und war am Ende des August in Grotta Ferrata. Von diesem Gebirge aus, wo einst auch der vierte und fünfte Heinrich und Barbarossa lagerten, wollte er die Stadt durch Not oder Gewalt erzwingen. Sie lag von fieberfeuchten Sommerdämpfen umschleiert nahe vor ihm, während sein Feind in der glühenden Stille des Augustmonats verschmachtete.

Da kamen eilende Boten in sein Lager: der Papst war tobt! Wenn es wahr ist, daß Gregor IX. fast hundert

---

[1] Apud Lagustam quam Joh. de Columna firmaverat — Richard Sang. p. 1047. Petrini, Mem. di Palestrina p. 411, hat ein Document vom 7. Febr. 1252, wo als Colonnische Besitzungen in der Stadt genannt werden die munitiones Augustae et Montis Acceptorii.

[2] Brief an ihn, wol von Rieti im Juli; Hist. Dipl. V. 1155.

Jahre erreichte, so mußte er für jede Stunde jeder Jahreszeit zum Sterben reif sein; doch die Einschließung in dem belagerten Rom während der Hitze des Augusts konnte nicht mit Unrecht als die letzte Ursache seines Todes betrachtet werden. Die Kirche nannte ihn das Opfer des Kaisers. Der Abschied dieses ungebeugten und feurigen Greises von der Welt war wie der eines Generals, der auf seiner bedrängten Schanze im Angesicht des Feindes stirbt. Auf seinem Sterbebette sah er diesen Feind mit einem abtrünnigen Cardinal siegreich vor den Toren Rom's, und sein scheidender Blick fiel in der Nähe auf den Ruin des Kirchenstaats, in der Ferne auf die Trümmer christlicher Länder, welche die Tartaren in rauchende Wüsteneien verwandelt hatten. Gregor IX. starb am 21. August 1241 im Lateran.[1]

Gregor IX.
† 21. Aug.
A. 1241.

4. Friedrich II. kehrt ins Königreich zurück. Wahl und schneller Tod Cölestin's IV. Die Cardinäle zerstreuen sich. Die Kirche bleibt ohne Haupt. Bund zwischen Rom, Perugia und Narni, 1242. Die Römer rücken gegen Tivoli; Friedrich nochmals gegen Rom. Bau von Flagellä. Friedrich wieder auf dem Lateinergebirg. Die Saracenen zerstören Albano. Verhältnisse des Lateinergebirgs. Albano. Aricia. Die Via Appia. Nemi. Civita Lavinia. Genzano. Das Haus Gandulfi. Orte auf der tuscularischen Seite des Gebirgs. Grotta Ferrata. Dortige Statuen von Bronze.

Um der Welt zu beweisen, daß er nur mit Gregor IX., nicht mit der Kirche Krieg geführt habe, stellte der Kaiser sofort seine Feindseligkeiten gegen Rom ein. Er erlaubte

[1] Math. Paris p. 574: fere centenarius... fuit calculosus, et valde senex, et caruit balneis, quibus solebat Viterbii consoveri. Friedrich meldete noch in Grotta Ferrata den Tod des Papsts dem Auslande; er sagt im Geschmack seiner Zeit spielend: ut — vix ultoris Augusti metas excederet, qui Augustum excedere nitebatur (Petr. de Vin. I. c. 11). Der Brief ist ruhig und würdevoll.

sogar den beiden in seiner Haft zu Capua befindlichen Cardinälen zur Papstwahl nach der Stadt zu gehen, jedoch mit der Bedingung, nach vollzogener Wahl in seine Gewalt nach Tivoli zurückzukehren, was gewissenhaft erfüllt ward. Der Tod des leidenschaftlichen Gregor kam übrigens den Gemäßigten sehr erwünscht, denn diese hofften nun die Kirche aus einem drohenden Ruin zu retten. Zehn Cardinäle befanden sich in der Stadt, ratlos und unsicher; sie alle sperrte der Senator, als Haupt der Republik, in das Septizonium ein, die schnelle Wahl zu erzwingen. Nach langem Haber zwischen den strengen Gregorianern und der gemäßigten Opposition, welche zur Nachgiebigkeit gegen den Kaiser riet, nach der empfindlichen Pein kerkerartiger Einschließung, welcher

Cölestin IV.. Papst, A. 1241, stirbt nach 17 Tagen. sogar ein Cardinal erlag, ging am 1. November 1241 der Mailänder Gotfried, Bischof der Sabina, als Cölestin IV. hervor. Doch dieser neue Papst, ein kränklicher Greis, starb schon nach siebzehn Tagen; wahrscheinlich hatten ihn die Cardinäle in ihrer Ratlosigkeit als einen sogenannten Uebergangspapst erwählt.

Zwei Päpste lagen todt; der Stul Petri stand leer, wie nach dem Tode Gregor's VII.; die Römer lärmten; der Senator drohte mit den Qualen neuer Einsperrung. War es Bestürzung, oder war es Plan, die Volksmeinung wider Friedrich als den Urheber einer grenzenlosen Verwirrung zu *Flucht der Cardinäle aus Rom.* wenden: kurz die uneinigen Cardinäle verließen die Kirche in der höchsten Not; sie flohen in die Campagna, und schlossen sich in Anagni, oder auf ihren Burgen ein. Dies hatte eine unerhört lange Vacanz zur Folge, welche die Kirche fast zwei Jahre hindurch hauptlos machte. Friedrich II. näherte sich wie Hannibal, mit dem er sich selbst verglich, ab und zu den Toren Rom's; doch sie öffneten sich ihm nicht. Der Senator Matheus Rubeus stellte sich als ein tapfrer und frommer Mann auf die Bresche, welche die Cardinäle feige verlassen hatten, und er verteidigte die Stadt im Dienst der Kirche mit Klugheit und Mut. Um seine Fahne scharten sich alle Guelfen und Freunde des Papsttums. Die Ghibellinen wurden mit Erfolg bekämpft; schon im Monat August war ihre Hauptburg, das Mausoleum im Marsfelde, erstürmt und völlig zur Ruine gemacht worden. Das Volk hatte die Paläste der Colonna niedergerissen, und den Cardinal selbst in den Kerker geworfen. Denn dieser mächtigste Anhänger des Kaisers war zur Papstwahl nach Rom gekommen und daselbst geblieben, als Cölestin IV. gewählt worden war.[1]

Matheus Orsini verteidigt Rom.

Matheus Rubeus gewann Verbündete auch außerhalb Rom; er schloß ein Bündniß mit Perugia, Narni und andern guelfischen Städten, worin diese Conföderirten sich verpflichteten, zu Schutz und Trutz gegen den Kaiser zusammenzustehn und keinen Separatfrieden mit ihm abzuschließen, so lange als der Krieg zwischen ihm und der Kirche fortdaure. Das Bundesinstrument wurde am 12. März 1242 in der Kirche S. Maria auf dem Capitol vollzogen.[2] Friedrich II.

Guelfischer Städtebund mit Rom, März A. 1242.

[1] Von seiner Gefangennehmung die Annales Placentini Gibellini p. 485, und Math. Paris p. 390.
[2] Urkunde im Archiv Perugia Lib. Sommiss. Vol. C fol. 31. Sie machte zuerst bekannt Garampi (B. Chiara p. 244); sodann Narbucci, La Lega Romana con Perugia e con Narni p. 48, aus dem Stadtarchiv Narni, verbessert von Giovanni d'Eroli in seinen Miscellanee Narnesi. Es unterzeichnen dort 86, hier 84 römische Consiliarii. Ich gebe nur einige: Homodeus de Trivio, Benedictus Tyneosus, D. Johannes Fraiapanis, D. Anibaldus, Romanus Johis Judei, Romanus Johis Romani, Petrus Johis Guidonis, Petrus nepos Domini Petri

machte unterdeß keine ernstlichen Anstrengungen, sich Rom's zu bemächtigen. Noch ein halbes Jahrhundert früher würde jeder Kaiser in seiner Lage die Stadt gestürmt, aus patricischer Machtvollkommenheit einen Papst erhoben, und ihm den Frieden dictirt haben; aber dies vermochte er nicht. Es erscheint als ein Fehler, daß er sich damals nicht zur Freilassung aller in jener Seeschlacht gefangenen Prälaten entschloß, unter denen sich noch zwei Cardinäle befanden; denn solche Großmut würde ihm mehr Vorteil gebracht haben, als die Verzögerung der Papstwahl ihm bieten konnte, und diese mußte er am Ende vollzogen wünschen, um mit dem neuen Papst den Frieden zu schließen, dessen er bringend beburfte.

Im Februar 1242 schickte er Boten an die in Anagni versammelten Cardinäle, sie zur Wahl zu ermahnen; er selbst würde nicht so bald wieder in das Römische eingerückt sein, wenn ihn nicht die Römer dazu gereizt hätten. Denn im Mai 1242 zogen sie mit Heeresgewalt gegen Tivoli, wo der Kaiser eine Besatzung unter dem Hauptmann Thomas de Montenigro zurückgelassen hatte.[1] Hierauf ging Friedrich

Stephani, Petrus Johis Ylperini, Porcarius Jacobi Johis Grassi, Johannes Pauli Capudzunen (Capizucchi), D. Oddo Petri Gregorii, Gregorius Surdus, Mathias D. Anibaldi, D. Angelus Malebrance, D. Comes Johes Poli, D. Transmundus Petri Anibaldi, Petrus Astalli, D. Bobo Johis Bobonis, Petrus Vulgaminus, Johes Capocie, Petrus Crescentii, Bartholomeus Cinthii de Crescentio, Petrus Papa, Petrus Magalotti, Petrus Malaspina. Kein einziger Colonna. Mehre waren ehemals Senatoren. Kein einziger schreibt sich Proconsul; mehre Dominus (Don); warum? ist mir unbekannt.

[1] Siehe den heftigen Brief Friedrich's an die Römer (Petr. de Vin. II. c. 8): vestra dissolvetur Babylon, Damascus deficiet, sufflatorium consumetur in igne. Ausdrücklich spricht er von ihren Angriffen gegen Tivoli. Mit Unrecht stellt Huillard den Brief in den Dec. 1243.

im Juni in's Marsische; er lagerte am See von Celano auf jenen Gefilden, wo nur 26 Jahre später sein glorreiches Haus in seinem Enkel den Untergang finden sollte. Er ahnte dies so wenig, als der junge Graf Rudolf von Habsburg, der ihn in Avezzano begleitete, es ahnen konnte, daß er einst selbst nach dem Falle der Hohenstaufen die Kaiserkrone tragen würde.[1] Im Juli zog Friedrich gegen Rom, schlug von neuem seine Zelte im Albanergebirge auf, und strafte die Römer durch Verwüstung der Campagna sowol wegen ihrer Feindseligkeit gegen Tivoli, als wegen der Gewalt, die sie dem Cardinal Colonna und andern kaiserlich gesinnten Clerikern angethan hatten.[2] Jedoch seine Unternehmungen waren auch jetzt ohne Ernst; denn schon im August ging er über den Liris zurück, an dessen Ufer gegenüber Ceperano er ein Jahr zuvor die neue Stadt Flagellä angelegt hatte.[3]

Der Kaiser zieht nach den Abruzzen.

Im Juli 1242 wieder vor Rom.

Im August nach Campanien.

Die Christenheit sah die Kirche ohne Papst; die große geistliche Monarchie schien sich in eine Oligarchie verwandelt zu haben, denn die Curie von wenigen in Anagni residirenden Cardinälen übte nun die kirchliche Gewalt aus. Viele unwillige Stimmen wurden laut, welche die Cardinäle des Verrats aus Goldgier und Herrschsucht beschuldigten, während diese dem Kaiser alle Schuld der Verzögerung aufbür-

---

[1] Böhmer Regest. p. 192 zeigt Rudolf Graf von Habsburg im Mai 1242 beim Kaiser zu Capua, woraus ich wol mit Recht schließe, daß er auch einen Monat später in Avezzano bei ihm war.

[2] Hist. Dipl. VI. 95, Brief an Frankreich vom Juni 1243, worin diese Ereignisse des vorjährigen Sommers erzählt werden. Romanorum — sane populus hic dure cervicis...

[3] Civitatem nostram Flagelle ad flagellum hostium — fundari providimus (Hist. Dipl. VI. 51, Ende Mai 1242 an die Getreuen in Terra Laboris). Richard S. Germ. p. 1048. Der Name ist vulgäre Veränderung des antiken Fregellae. Der neue Ort verschwand sehr bald.

beten. Flehende und drohende Gesandschaften gingen an ihn, wie an die Curie, und Friedrich selbst forderte diese bringend auf, der Kirche endlich das Haupt zu geben.¹ Er kam noch- mals mit einem großen Heer, zog im Mai 1243 über Ce- perano nach dem Lateinergebirg, und ließ die Güter der Cardinäle schonungslos verwüsten; seine Saracenen zerstörten unter Gräueln jeder Art sogar Albano bis auf den Grund.²

im Mai 1243 wieder vor Rom.

Der kläglige Ruin dieser bischöflichen Stadt bietet uns Gelegenheit, einen Blick auf den damaligen Zustand jenes entzückenden Gebirges zu werfen, wo einst am Rande des vulcanischen Sees Alba Longa stand, die fabelhafte Mutter Rom's.³ Zur Zeit als Friedrich II. auf jenen Höhen lagerte, bestanden schon fast alle die Castelle, welche heute dort stehen. Albano war noch im Verfalle der Kaiserzeit aus den Trüm- mern der berühmten Villa des Pompejus und später der Kaiser (Albanum Caesaris) entstanden. Wir haben diese Stadt früh als Sitz eines lateranischen Bischofs gesehn, seit den Gothenkriegen aber mehrmals bemerkt. Weder römische Barone erwarben sie, noch gelang es der römischen Republik sie in Besitz zu nehmen, obwol Albano im XII. Jahrhundert

Das Albaner- gebirge und seine Castelle.

---

¹ Etwa im Mai 1242. Hist. Dipl. VI. 44. (Si super duce); ein zweiter Brief, etwa im Juli (Ex fervore charitatis) ibid. p. 59. Huillard behauptet, daß die Friedrich zugeschriebene Invective gegen die Cardinäle, ad vos est hoc verbum, filii Effrem, nicht von ihm sei; aber eben so wenig kann die Ludwig von Frankreich zugeschriebene Cum papalis echt sein.

² Math. Paris p. 599; er übertreibt die Zahl der Kirchen von Albano auf 150.

³ Albalonga wird dort gesucht, wo das Kloster von Palazzuolo steht. Dies erscheint zum ersten Mal als S. Maria de Palatiolis zur Zeit Gregor's IX. Casimiri Memorie storiche delle Chiese e dei Conventi — Minori p. 299.

mehrmals von den Römern angegriffen, und sogar einmal verbrannt wurde. Zur Zeit Paschalis' II. war diese Stadt Albano. Eigentum der Päpste, und Honorius III. hatte sie im Jahr 1217 dem dortigen Cardinalbischof geschenkt.[1] Das Geschlecht der Savelli indeß, dessen Protector er war, besaß außer dem Castell Sabellum dort auch viele andere Güter, und erlangte am Ende des XIII. Jahrhunderts die Baronalherrschaft in Albano.

Das kleine Aricia war schon in grauer Vorzeit als uralte sicilische oder doch latinische Bundesstadt bekannt, die Wiege des August oder seiner Mutter Attia, und berühmt durch das Heiligtum der Diana Aricina. Die Barbaren Aricia. zerstörten den alten Ort, aber er tauchte als ein Castell im Jahre 990 wieder auf, wo Guido vom Haus Tusculum dort Herzog war. Paschalis II. verlieh Aricia jenem Grafengeschlecht am Anfange des XII. Jahrhunderts, worauf die Stadt an die Malabranca kam. Honorius III. brachte sie wieder an die Kirche, um sie den Verwandten seines Hauses zu verleihen.[2] Die Lage an der Via Appia gab beiden genannten Orten nur noch geringe Bedeutung. Da diese berühmte Straße für Heere ungangbar geworden war, bewegte sich das politische oder kriegerische Leben des Mittelalters zwischen Neapel und Rom schon seit lange auf der Via Latina von Capua über S. Germano und Ceperano, oder durch das Marsenland auf der Valeria von Alba über Carsoli und

---

[1] Die Bulle, Ferentino, 24. Juli 1217, sagt: civitatem Albanensem cum burgo, thermis, monte qui dicitur Sol et Luna, Palatio ... Nicolaus III. bestätigte sie am 18. Dec. 1278. Ricc., Memorie di Albano p. 217. Die Savelli erwarben Albano seit Honorius IV.

[2] Die Cession der Malebranca in einer Bulle vom 20. Mai 1223 bei Lucidi, Mem. Storiche dell' Aricia (Rom 1796), p. 408.

Tivoli. Der appische Weg, zerstört und eingesumpft, und vom großen Menschenverkehr verlassen, verwandelte sich aus der Heerstraße, wozu er noch zur Gothenzeit gedient hatte, nicht einmal in die Straße von Kreuzfahrern. Wenn Pilger aus dem Orient in Brindisi gelandet waren, so wanderten sie von Capua auf andern Straßen. Auf dem appischen Wege waren die bemoosten Grabmäler der Alten jetzt Wohnungen von Hirten der Campagna. Die zahlreichen Poststationen, welche das alte Itinerarium von Antonin und das jerusalemische Verzeichniß für die Reisenden von Capua nach Rom mit Genauigkeit bemerkt haben, waren längst eingegangen und zerstört. Unter ihnen nennen sie Aricia und Albano als Haltpunkte im Lateinergebirg, worauf vor Rom noch die Station am neunten Meilenstein (Mutatio ad Nonum) folgte, deren Lage heute nicht mehr zu bestimmen ist.¹

Friedrich II. sah an den reizenden Ufern des Sees von Alba noch mehr Reste alter Grabmäler, Tempel und Villen als man heute dort findet. Der berühmte Bundestempel des Jupiter Latiaris auf dem Gipfel des Albanerbergs stand damals noch in mächtigen Ruinen da, aber der antike Mons Albanus hatte wol schon den Namen Monte Cavo angenommen.² Man zeigte noch die Reste des Tempels der ari-

---

¹ Nach dem Itinerar. Antonini: Aricia, Tres Tabernae, Forum Appii, Terracina ... Capua. Das Itiner. Hierosol. zählt umgekehrt Capua ... Mutatio ad Medias, Mutatio Appi Foro, Mut. Sponsas, Civ. Aricia et Albona, Mutatio ad Nono, in Urbe Roma.

² Er wird genannt A. 1249 (Bulle bei Casimiro p. 230, und Nibby, Analisi I. 73): S. Maria de Palatiolis — super lacum Albanensem seu in pede Montis Cavae. Der letzte Stuart, Heinrich von York, Cardinalbischof von Frascati, zerstörte die Reste des Jupitertempels A. 1783, als er das Passionistenkloster restaurirte, welches sich dort an Stelle jenes lateinischen Bundestempels erhebt.

cischen Diana, oder die des berühmten Nemus, des Waldes *Nemi.*
derselben Göttin im Krater jenes lieblichen von Veilchen um=
kränzten Sees, auf dessen Rande heute Nemi steht; denn
jenes Heiligtum der Diana wurde nach dem Falle des Römer=
reichs ein Kirchengut (Massa Nemus), wo später die Grafen
von Tusculum eine Burg erbauten.¹

In der Nähe Albano's dauerte noch Lanuvium, die
Heimat des Antoninus Pius, entweder in dunkeln Ruinen
fort, oder es erstand dort die jetzige Stadt Civita Lavinia auf
den Trümmern der alten.² Auch Genzano bildete sich in *Genzano*
derselben Epoche aus einem alten fundus Gentiani, wo das
Geschlecht der Gandulfi einen Turm angelegt hatte. Diese
Herren mit dem langobardischen Namen Gandulf waren nach
den Tusculanen die einzigen Barone, welche damals in jener
Gegend des Lateinergebirgs eine Herrschaft stifteten. Sie
ließen sich seitwärts von Albano auf Trümmern der kaiser=
lichen Villa nieder, und sie bauten dort ein Castell, das
noch heute ihren Namen trägt. Am Anfange des XIII. Jahr=
hunderts waren sie ein zahlreiches Herrengeschlecht, verschwan=
den jedoch schon am Ende desselben Säculum, wo die Savelli
sich in Besitz von Castell Gandolfo setzten. Die alte Turris *Castell*
Gandulphorum verwandelte sich erst seit Urban VIII. in die *Gandolfo.*

---

¹ Massa Nemus, zuerst im Anastasius, Vita Silvestri n. 46.
A. 1153 verlieh Anastasius IV. Nemi dem Kloster S. Anastasius ad
Aquas Salvias, was Lucius III. A. 1183 bestätigte: in loco qui di-
citur Nemo (Lucidi p. 313; Ratti Storia di Genzano p. 94).

² Es gehörte zur Zeit Honorius III. dem Kloster S. Lorenzo bei
Rom, während Ardea zu S. Paul gehörte (Ratti, p. 47). Nach
Nibby, Analisi II. 173, datirt das älteste Document mit dem Namen
Civitas Labiniae erst vom Jahr 1358. Nerini, Storia di S. Alessio
p. 526.

bekannte päpstliche Villa, das einzige Landhaus, welches heute der Papst in den römischen Bergen besitzt. ¹

Die Savelli also erwarben seit Honorius III. viele Güter um den Albaner- und Nemisee; dagegen besaßen auf der andern Seite desselben Gebirgs die Colonna, die Erben der Tusculanen, schon seit langer Zeit Güter und Burgen. Außer ihrem Stammschloß Colonna gehörte ihnen auch Monte Porzio. Einige berühmte und alte Castelle über dem Taleinschnitt des Lateinergebirgs, ehedem den Grafen Tusculum's eigen, dauerten noch, wie Algidus auf der schönen Höhe, jetzt ein Trümmerhaufe, und wie Molaria, das alte Roboraria, welches im XIII. Jahrhundert an die Anibaldi kam. Tusculum lag zur Zeit Friedrich's II. schon 50 Jahre lang in Ruinen, und seine ehemaligen Bewohner hatten neuen Orten die Entstehung gegeben, oder ältere bevölkert, wie Rocca di Papa, welches schon zur Zeit Lucius III. erwähnt ward, wie Rocca Priora (Arx Perjurae), Monte Compatri, oder Frascati, und Marino. ²

Tusculum.

¹ Am 4. Jan. 1218 verzichten Petrus et Nicolaus Candulphi filii quond. Angeli de Candulpho, et Rusticus fil. quond. Cencii de Candulpho den Ersatz, den sie aus dem Krieg des Röm. Volks mit der Kirche zur Zeit Alex. III. beanspruchten. Darin heißt es auch: et de turri nostra de Gentiano nobis diruta (Ratti p. 99). Ich kenne ein andres Instrum. vom 6. Oct. 1244, worin Simon de Candulfio und sein Bruder Paulus dem Abt Benedict von S. M. de Palatiolis Toffellum beim lacus Albani abtreten ... Actum est hoc in castro Candulforum in palatio curie dicti Domini Simonis (Lateranisches Pergament im Archiv Florenz, signirt Roccettini de Fiesole). Gandulfi erscheinen als Signorenfamilie in Genua. — Nach Ughelli I. 266 besaßen die Savelli Castell Gandolfo schon A. 1282. In Rom wohnten Gandulphi; siehe die Grabinschrift der Domina Pania Filia Jobis Gandulphi de Gandulphinis aus Araceli A. 1360, bei Galletti Inscript. III. 407.

² Ob Rocca di Papa aus Fabia entstand, mag dahingestellt sein. Marino war Castrum schon A. 1249 (Casimiro Memorie delle

Während Colonna, Anibaldi und Orsini die tusculanische Seite des Gebirges in Besitz nahmen, blühte dort das alte griechische Kloster Sanct Nil's, Grotta Ferrata, als eine der angesehensten Abteien des römischen Gebietes fort. Die reichbegabte Herrschaft der basilianischen Mönche erstreckte sich über einen großen Teil des Gebirgs und über das pontinische Sumpfland bis nach Nettuno. Sie jagten für ihre Tafel Geflügel, und fischten Hechte, Störe und Lampreten im See von Fogliano, im See des arbeatischen Turnus, im Teiche von Ostia, und im Tiber bis zur Marmorata.[1] Es war auf den lachenden Abhängen dieser Berge, wo Friedrich II. wiederholt sein Lager aufschlug. Sein neugieriger Blick bemerkte an der Klosterkirche zwei eherne Bildwerke, die Figur eines Mannes, und einer Kuh, die dem Klosterbrunnen zum Schmucke dienten. Er ließ beide Alter-

Grotta Ferrata.

Chiese etc. p. 230). Bis 1266 gehörte es Joh. Frangipane de Septemsoliis, Gratian's Sohne, als Lehn des Klosters S. Saba in Rom, und auch der Abtei Grotta Ferrata. Er vermachte seine Rechte S. Saba, worauf Card. Johann Gaetani (Nicolaus III.) als Procurator von S. Saba seinem Neffen Card. Matheus Rubeus Orsini Marino für 13,000 Pfund verkaufte: Castrum Marini et Turris ipsius cum tenimento suo. Schönes Pergament, im Archiv Gaetani Caps. 36. n. 39, vollzogen in Viterbo. — Am 16. Dec. 1266 verkaufte Card. Mathäus halb Marino seinen Oheimen Jordan, Rainald und Matheus, den Söhnen des berühmten Senators. Original, ibid. 48. n. 6. So kamen die Orsini in Besitz Marino's. Ich vervollständige mit diesen Urkunden Nibby's Artikel in der Analisi.

[1] Bulle Gregor's IX., 2. Juli 1233 im Lateran (Lucidi, Ariccia p. 423), darin Lacum Turui. Der Lacus Turni besteht noch heute bei Castell Romano an der Straße von Arbea (Nerini, p. 230). Schon Anastasius, Vita Silvestri n. 30 sagt, daß Constantin ihn der Kirche von Albano schenkte. — Duos sandalos, ad piscandum in Lacu Folianensi, medietatem totius Stagni Hostiensis cum piscatione et aucupatione avium — Piscariam ad capiendos sturiones in Flumine Tyberis secus Ripam Romeam —

tümer, Reste antiker Villen, als Kriegsbeute fortschaffen, um seine Saracenen-Colonie Luceria mit römischen Spolien zu verzieren.[1]

[1] Im Sommer 1242, wie Richard Sangerm. p. 1048 erzählt ... statuam hominis aeream, et vaccam aeream similiter. Friedrich II. legte die ersten Antikensammlungen an.

Sechstes Capitel.

1. Wahl Sinibald's Fieschi zum Papst Innocenz IV., 1243. Friedens=
unterhandlungen. Der Papst kommt nach Rom. Abfall Viterbo's vom
Kaiser, welcher von dieser Stadt zurückgeschlagen wird. Anibaldi und
Napoleon Orsini, Senatoren. Präliminarfrieden von Rom. Der Kaiser
tritt von ihm zurück. Flucht des Papsts nach Genua, 1244.

Einige Wochen lang hielt der Kaiser Rom belagert, bis die Cardinäle ihn anflehten, der Verwüstung Einhalt zu thun, da sie schnell zur Papstwahl schreiten wollten. Er hatte schon im August des vorigen Jahrs den Cardinal Otto freigelassen, entließ jetzt im Mai auch Jacob von Präneste, und zog um die Mitte des Juni ins Königreich zurück, das Resultat der Wahl abzuwarten. Die in Anagni versammelten Cardinäle riefen endlich am 24. Juni 1243 den Cardinal von S. Lorenzo in Lucina zum Papste aus. Sinibald Fieschi war aus dem genuesischen Geschlecht der Grafen von Lavagna, welche mit Lehnstiteln vom Kaiser begabt als Große des Reichs betrachtet wurden. Er galt als einer der vorzüg= lichsten Rechtsgelehrten seiner Zeit, doch in den politischen Angelegenheiten der Kirche hatte er sich nicht auffallend her= vorgethan. Die kränkende Erinnerung an die unglückliche Seeschlacht vom 3. Mai war der Ursprung des Papsttums von Innocenz IV. Fieschi. Genua wurde durch seine Wahl

*Innocenz IV.
Papst,
A. 1243 bis
A. 1254.*

entschädigt, während der neue Papst an der Seemacht seiner Vaterstadt einen mächtigen Rückhalt erhielt. Als Cardinal war er mit Friedrich befreundet gewesen, der in ihm einen zur Versöhnung geneigten Prälaten geehrt hatte, seine Wahl daher nicht gerade beargwöhnen konnte. Sie war in jeder Hinsicht ein meisterhafter Zug, und machte der Klugheit der Cardinäle viel Ehre. Wenn das Wort wahr ist, welches der Kaiser auf die Nachricht von Sinibald's Erwählung soll ausgesprochen haben: „Ich habe einen guten Freund unter den Cardinälen verloren, denn kein Papst kann Ghibelline sein," so sah er die Zukunft richtig voraus; wenn es nicht wahr ist, so bezeichnet es treffend ein geschichtliches Verhältniß.[1]

Durch so lange und kostbare Kriegszüge erschöpft, der Macht des Papsttums sich wol bewußt, wünschte Friedrich II. Versöhnung mit der Kirche, zumal seine Absichten durch die feste Haltung Rom's nicht zum Ziele kamen. Er eilte den neuen Papst zu beglückwünschen, und sprach in seinem Schreiben die Hoffnung aus, durch Innocenz IV., seinen wahren Freund, jetzt seinen Vater, den langen Streit geschlichtet zu sehen. Er schickte den Admiral Ansaldo da Mare und seine Großrichter Peter und Thaddäus nach Anagni, und empfing zu gleicher Zeit in Melfi die Friedensboten des Papsts.

Der Kaiser beglückwünscht den neuen Papst.

Nach seiner Weihe am 29. Juni blieb Innocenz IV. noch in Anagni, denn hier war er dem Kaiser nahe, mit welchem lebhaft unterhandelt wurde. Erst am Ende der heißen Jahreszeit, am 16. October 1243, ging er nach Rom,

---

[1] Perdidi bonum amicum, quia nullus Papa potest esse Gibellinus. Galvaneus Flamma c. 276. Auch Innocenz III. hätte bei der Wahl Otto's IV. ausrufen können: nullus Imperator potest esse Guelfus.

wo Mathäus Rubeus noch immer Senator war.¹ Die Römer betrachteten den neuen Papst mit Neugier und habsüchtiger Erwartung. Er traute ihnen nicht, denn die lange Vacanz, während welcher Mathäus die Republik wie ein Souverän regiert hatte, mußte sie an Unabhängigkeit gewöhnt haben, und kaum war er im Lateran, als seine Ruhe durch die Zudringlichkeit von Gläubigern gestört wurde, die ein seinem Vorgänger gemachtes Darlehn von 40000 Mark mit Ungestüm zurückverlangten. Schwärme römischer Kaufleute erfüllten Tagelang die päpstliche Aula mit Geschrei — ein befremdendes Schauspiel, den eben in Rom eingezogenen Papst zu sehen, der sich vor Gläubigern nicht zu retten weiß, selbst an seinem Male nicht Ruhe hat, und sich in seinem Gemach verbergen muß, bis er die Schreier abgefunden hat.²

Nach Rom war Innocenz IV. hauptsächlich durch ein Ereigniß gerufen worden, welches in die Friedensverhandlungen störend einzugreifen drohte. Seit dem Jahre 1240 war der Kaiser Herr von Viterbo; die Bürger dieser Stadt, die sich ihm aus Haß gegen die Römer ergeben hatte, dienten

Innocenz IV. zieht in Rom ein, Oct. A. 1243.

---

¹ Nicol. de Curbio, Vita Innocenc. IV. c. 7: XVII. Kal. Nov. exiens de Anagnia, Romam ivit — cum tripudii gaudio est receptus XVII. Kal. Dec. Der 15. Nov. als Datum der Rückkehr, wie auch Cherrier annimmt, also 1 Monat nach der Abreise aus Anagni, ist irrig. Schon am 22. Oct. batirt er an die Viterbesen: Lateran. XI. Kal. Nov. Pont. n a. I. (Col. Palat. 953. fol. 33b.)

² Palastscene, von Nicol. de Curbio lebhaft geschildert: Romanorum quamplurimi mercatores — procaciter mutuum repetebant, aulam palatii et cameras — infestis clamoribus — onerosa multitudine replentes — ipsum oportebat in camera latitare (c. 7). Der Papst half sich durch patientia, que optimum est genus vincendi, wie sein Lebensbeschreiber, echt italienisch, sagt.

bereitwillig in seinem Heer bei seiner zweimaligen Belagerung Rom's, wie sie einst aus gleichem Haß unter den Fahnen Barbarossa's gedient hatten. Sie waren im Juli 1242 bis in die nächste Nähe der Stadt gedrungen, wo sie das Castell Longhezza zerstörten; im Juni 1243 hatten sie ihre Rachlust nochmals an der Campagna gestillt.[1] Die Wahl des Papsts vereinigte jetzt die ermatteten Guelfen um ein neues Haupt, belebte ihre Kraft und gab den Anhängern der Kirche auch in Viterbo wieder Mut. Friedrich hatte hier eine feste kaiserliche Pfalz erbauen lassen; dies bedrohte die Bürger mit einem dauernden Joch.[2] Des Kaisers Hauptmann in Viterbo, Simon Graf von Chieti, drückte die ihm heftiger widerstrebende Partei mit Härte nieder und füllte die Burg mit Gefangenen. Die bei Friedrich klagenden Viterbesen forderten die Zurückziehung des Capitäns, während zugleich der Führer der Guelfen, Rainer vom Haus der Gatti, in der Stille Verschworene um sich sammelte. Er unterhandelte mit dem Cardinal Rainer Capocci, einem Viterbesen von Geburt. Dieser sehr kluge und eifrige Mann war Legat in Tuscien, wo Friedrich alle päpstlichen Besitzungen zum Reiche gezogen hatte, und durch den Grafen Richard von Caserta verwalten ließ. Viterbo, der Herrschaft des Kaisers müde, erhob das guelfische Geschrei: „Kirche! Kirche!" Die Rebellion brach im August 1243 aus; die Verschwornen riefen, wie verabredet war, den Cardinal Rainer aus Sutri und den Pfalzgrafen

Viterbo fällt vom Kaiser ab, Aug. A. 1243.

---

[1] Longhezza, an der Via Tiburtina am Anio, auf den Trümmern von Collatia, erscheint zum erstenmal als castellum quod vocatur Longezzae anno 1074 in einer Bulle Gregor's VII. Nibby Analisi.
[2] Manuscript des Nicola della Tuccia ad A. 1242—1243. Der Chronist beruft sich auf ältere Chroniken des Gotifredo und Lancilotto.

Wilhelm von Tuscien; sie öffneten ihnen am 9. September die Tore, worauf Graf Simon mit 300 Mann kaiserlicher Truppen in der Pfalz S. Lorenzo eingeschlossen und mit Wut belagert wurde. Rainer, derselbe Cardinal, welcher wenige Jahre zuvor mit dem Kaiser vereinigt Viterbo gegen die Römer geschützt hatte, nahm den Huldigungseid für die Kirche an, und schloß ein Bündniß mit der Republik Rom.[1]

Als die im Castell Belagerten Richard von Caserta und Friedrich selbst bringend zum Entsatze riefen, kam der Kaiser sofort und belagerte seit dem 8. October die wichtige Stadt, wo Graf Simon auf das Aeußerste bedrängt war. Innocenz IV. hatte nach einigem officiellem Zögern die Umwälzung in Viterbo gut geheißen; er schickte seinem unternehmenden Cardinal Geld, beschwor die Römer den Viterbesen zur Hülfe zu ziehen, ermunterte diese auszubauern, und sammelte Truppen in der Campagna und Maritima.[2] So befand sich der Papst während der Friedensunterhandlungen schon wieder im Kriege mit dem Kaiser. Es galt freilich den Wiederbesitz einer Stadt, die im Bereiche des vertragsmäßig anerkannten Kirchenstaates lag, und deren Recht, sich der Kirche wieder anzuschließen, unbestritten war. Die

Der Kaiser vor Viterbo, Oct. A. 1243.

---

[1] Im Sept. meldet der Viterbesische Ritter Tineosus an Friedrich den Verrat der Stadt (Hist. Dipl. VI. 125, daselbst andre Briefe der Belagerten). Petr. de Vin. II. 55. Math. Paris p. 607. Richard Sangerm. ad A. 1243. Nicol. de Curbio c. 8. Friedrich's Manifest vom Jahr 1244. Endlich ausführlicher Bericht eines Familiaren des Cardinals Rainer im Cod. Palat. 953 fol. 56.
[2] Des Papsts Brief, Anagni 7. Oct.; bei Raynald n. 26. A. 1243; und an die Viterbesen, Lateran 22. Oct., im Cod. Palat. 953 fol. 33, worin er sagt, daß er zu ihrer Hülfe das Herz der Römer erregt habe — et ut hoc cum celeritate proveniat campana capitolii sine remissione epulsatur. Aus der Campagna komme Hülfe.

Römer, einst so ergrimmte Feinde, jetzt guelfische Bundesgenossen Viterbo's, zogen bereitwillig aus, um Beute zu gewinnen, während der Kaiser, verstärkt durch 6000 Mann, die ihm der Graf Pandolf von Fasanella aus Toscana zugeführt hatte, die empörte Stadt mit Macht bestürmte. Die Belagerung Viterbo's bildet eine denkwürdige Episode in der Geschichte des römischen Mittelalters. Eine kleine tuscische Commune, von einem geharnischten Cardinal verteidigt, schmückte sich mit kriegerischen Ehren, wie Brescia. Die wiederholten Stürme wurden mannhaft abgeschlagen, und ein geschickter Ausfall am 10. November, wobei das Belagerungszeug verbrannte, brachte Friedrich selbst in große Gefahr und zwang ihn, von Viterbo abzulassen. Der große Kaiser schloß sich voll Unmut in sein Zelt ein; er bewilligte die Vorschläge, welche der Cardinal Otto, ehedem sein Gefangener, und in der Haft ihm persönlich wert geworden, in sein Lager brachte. Er hob die Belagerung auf. Den Bedingungen gemäß erhielt Graf Simon am 13. November freien Abzug, jedoch die Abziehenden wurden treulos zusammengehauen, die den Ghibellinen in Viterbo versprochene Amnestie ward nicht geachtet, und auch die Römer, welche in zweideutiger Haltung bei Sutri standen, fielen nach des Kaisers Abmarsch über Ronciglione her, nahmen das Castell Vico, griffen den Grafen Pandolf, und schickten ihn gefangen nach Rom. Der Kaiser beklagte sich über den Bruch des Vertrags, ohne ihn bestrafen zu können.[1] Vor den Mauern Viterbo's wandte

Er belagert vergebens Viterbo

---

[1] Seine Klageschrift an die Könige, vom Dec. (Petr. de Vin. II. c. 2) schildert den Verrat der Viterbesen und Römer, dessen Mitwissenschaft er darauf im Manifest A. 1244 auch dem Papst Schuld gab. Die Chronik des Nicola della Tuccia ist voll interessanter Einzelheiten.

sich sein Glück. Sein ruhmloser Abzug am Ende des Jahrs *und zieht von der Stadt ab.* in das Pisanische minderte sein Ansehn, und machte auch andere Städte geneigt, die guelfische Fahne aufzupflanzen.

Der Fall von Viterbo, ein Triumf des Papsts, eine Demütigung Friedrich's, welche nach seinem eigenen Geständniß „den Nerv seines Herzens schmerzlich berührte," störte indeß nicht den Fortgang der Unterhandlungen, vielmehr war der Kaiser eben aus Rücksicht auf den Frieden von Viterbo zurückgetreten. Der Papst behandelte ihn jetzt als einen geschlagenen Mann. Die Bedingungen, die er ihm für seine Absolution stellte, waren erniedrigend, weil sie ihm eine unwürdige Sündenbuße auferlegten, und drückend, weil sie ihn zwingen sollten, seine Waffen im Angesicht der Lombarden, wie ein Ueberwundener, niederzulegen, ehe ihm selbst hinlängliche Sicherheit seiner Rechte und die Lossprechung vom Banne gegeben war. Er selbst betrachtete den Kirchenstaat, den er besetzt hatte und durch Vicare, meistens Italiener, verwalten ließ, als durch Recht der Eroberung und auf Grund des von Gregor IX. provocirten Krieges ihm verfallen. Das Reich, so sagte er, hat die einst der Kirche geschenkten Länder wieder eingezogen, weil die Päpste diese freigebigen Schenkungen nur mit Undank lohnten. Er wolle sie trotzdem wieder ausliefern, und dann unter Zins von der Kirche zu Lehen tragen. Als Innocenz IV. diesen Vorschlag, den Kaiser auch mit dem Kirchenstaate zu belehnen, nicht annahm, stand Friedrich davon ab; nur gewisse Kronrechte wollte er sich vorbehalten. Man kam im März 1244 in Rom zum Abschluß, wo der dort anwesende, schutzflehende Kaiser Balduin von Byzanz mit Eifer sich um den Frieden bemühte. Die kaiserlichen Gesandten unterwarfen sich höchst

Der Kaiser nimmt die Friedens-bedingungen des Papsts an, März A. 1244.

ungünstigen Artikeln; sie versprachen den Kirchenstaat vollständig herzustellen; die geistliche Gewalt des Papsts über alle Fürsten anzuerkennen, alle Anhänger desselben zu begnadigen, ohne daß der Termin der Absolution festgestellt wurde. Diese hatte Friedrich vor allem verlangt, der hartnäckige Papst aber nur an die Erfüllung der Bedingungen geknüpft. Am 31. März 1244 beschworen die Machtboten Raymund Graf von Toulouse, Petrus de Vineis und Thaddäus von Suessa den Präliminarfrieden im Namen ihres Herrn im Lateran, in Anwesenheit des Kaisers Balduin, der Senatoren Anibale degli Anibaldi und Napoleon Orsini, und des römischen Volks. Man hatte dies so wenig erwartet, daß der Papst die Vertragsartikel sofort abschreiben und als Flugblätter öffentlich im Lateran für sechs Denare verkaufen ließ, was den Kaiser sehr erbitterte.[1]

Das Urteil der Kirche, selbst die Stimme des Engländers Mathias Paris, eines der Richtung des damaligen Papsttums nicht freundlich gesinnten Geschichtschreibers, hat erklärt, daß der Kaiser von diesem Vertrage alsbald zurücktrat.[2] Es war ein großer Fehler Friedrich's, sich Bedingungen zu unterwerfen, die er nicht erfüllen konnte, ohne dem kaiserlichen Ansehn zu entsagen. Als er nun sah, daß der Papst der bestimmten Fassung unbestimmter Artikel,

---

[1] Die langen Unterhandlungen seit dem August 1243 in Mon. Germ. IV. 341—354. — Nicolaus de Curbio c. 10.

[2] In seinem Brief vom 30. April sagt der Papst: uon post multos dies elegit resilire potius quam parere, adimplere quod sibi mandavimus, renuendo. — Math. Paris p. 427: a forma jurata — resilivit. Ein Eidbruch ward dem Kaiser nie vorgeworfen. Ueber sein Recht urteilen mit klarer Besonnenheit Raumer und Huillard. Siehe auch Schirrmacher, IV. 68.

welche nur zur Grundlage für eine im Einzelnen genau festzustellende Formel dienen konnten, voll List auszuweichen suchte, verzögerte er die Vollziehung des Vertrags, und behielt den Kirchenstaat als Pfand. Dem Papst war es mit dem Frieden kein Ernst; er hatte nur einen Gedanken, seinen Gegner durch ein Concil zu unterdrücken, doch dies konnte in Italien nicht versammelt werden. Das Haupthinderniß der Versöhnung blieb immer das Verhältniß des Reichs zur Lombardei, welche in den Artikeln nicht genannt, nur unbestimmter Weise als zu amnestiren bezeichnet war. Friedrich wollte sich den Präliminarfrieden nicht als definitiven gefallen lassen, wodurch er sich dem Papst und den Lombarden würde auf Gnade und Ungnade ergeben haben. Er wollte die lombardischen Gefangenen nicht freigeben, bevor ihm die Städte nicht den Huldigungseid geleistet, und auf die Verträge von Constanz verzichtet hatten. Er forderte die Absolution vom Bann, und der Papst verweigerte sie, ehe ihm nicht der Kirchenstaat bis auf die letzte Festung ausgeliefert, und der lombardische Städtebund nicht in den Frieden aufgenommen war.

Er bricht den Vertrag.

Rom selbst bot ihm Grund zum Argwohn dar. Obwol der Kaiser erklärt hatte, die Beilegung seines Streites mit den Römern dem Papst zu überlassen, wußte man ihn doch im Einverständniß mit den dortigen Ghibellinen, und man gab ihm Schuld, sie heimlich aufzureizen.¹ Noch im April

---

¹ Abmahnender Brief eines Cardinals an Friedrich (Hist. Dipl. VI. p. 184; p. 186 Friedrich's Brief an den Papst, worin er diese Beschuldigung ablehnt). Der mächtigste Freund des Kaisers, Carb. Johann Colonna, starb zu Rom A. 1244. Obiit vas superbiae et omnis contumeliae. — Qui inter omnes Cardinales in possessionibus saecu-

1244 nahm er zu Aquapendente die Frangipani Heinrich und Jacob in seinen Vasallendienst, da er sie mit der Hälfte des Colosseum belieh, was der Papst sofort für ungültig erklärte. Innocenz zwang vielmehr jene Barone, die Belehnung von der Kirche anzunehmen.¹ Er nötigte zu gleicher Zeit den Präfecten, die päpstliche Investitur anzuerkennen; denn auch diesen Beamten hatte der Kaiser, als er jene tuscischen Gegenden besetzte, vermocht sich von ihm investiren zu lassen, und so versucht, die Stadtpräfectur wieder zu einem Reichslehn zu machen; das von Innocenz III. an die Kirche gebrachte Recht, den Präfecten einzusetzen, ließ er nicht gelten.² Ueberall forderte der Papst den völligen Verzicht Friedrich's auf die Reichsrechte, die Rückkehr zu den Grundlagen von Neuß und von Eger. Wenn nun Innocenz IV. seinem listigen Gegner nicht traute, so betrachtete ihn der Kaiser

Der Kaiser investirt den Stadtpräfecten.

---

laribus claruit potentissimus; unde efficacissimus discordiae inter Imp. et Papam seminator exstitit. Math. Paris p. 614.

¹ Er hob die kaiserliche Concession am 16. April auf. Breve an Heinrich Frangipane und seinen Sohn Jacob: cum igitur — nuper apud Aquampendentem in presentia Principis constituti, eidem — timore perterriti, medietatem Collisei cum palatio exteriori sibi adjacenti . . . quae ab Eccl. Rom. tenetis in feudum, de facto cum de jure nequiveritis, duxeritis concedenda — — concessionem hujusmodi nullam esse penitus renunciantes . . . Hist. Dipl. VI. 187. Raynald ad A. 1244. n. 19. Theiner, Cod. Dipl. I. n. 207.

² Petrus almae urbis prefectus, comes Anguillariae — zeichnet, März 1244 zu Aquapendente, als Höfling des Kaisers, ein Diplom (Hist. Dipl. VI. 166). Sein Vorgänger und wol Bruder Johann war demnach todt. Friedrich beschwerte sich in seinem Manifest über den Papst: procuravit — qualiter terra quam tenemus — ante pacis adventum averteretur a nobis — recipiens prefectum et quosdam sequaces suos cum terris eorum, qui omni tempore imperii fuit, et dignitatem ab eo recepit, et de quo numquam questio fuit per Ecclesiam nobis relata.

mit gleichem Argwohn. Es hieß, der Papst habe den Boten Frankreichs gesagt, daß er auch nach erteilter Absolution die Lombarden unterstützen wolle, wenn sie nicht in den Frieden aufgenommen seien; kurz der Kaiser behielt das Patrimonium der Kirche als Sicherheit in seiner Hand. Er machte Innocenz neue Anerbietungen; er lud ihn ein sich ihm zu nähern, damit in persönlicher Zusammenkunft ein Endgültiges festgesetzt werde. Der Papst gab scheinbar Gehör; mit einem feinen Plane schon längst beschäftigt, ernannte er am 28. Mai zehn neue Cardinäle, das heilige Collegium zu verstärken, und ging am 7. Juni in das feste Civita Castel= *Innocenz IV.* lana. Der Kaiser forderte ihn auf, nach Narni zu kommen, *in Civita Castellana.* denn er selbst lagerte zu Terni; der Papst lehnte dies ab, zeigte sich indeß zu Unterhandlungen bereit. Aber heimlich sandte er einen Franciscanermönch mit dringenden Briefen an Filippo Vicedomini, den Podestà von Genua. Er blieb neunzehn Tage in Civita Castellana.¹ Während nun hier zwischen ihm und dem Kaiser Botschaften gewechselt wurden, segelte eine genuesische Flotte, begleitet von drei Fieschi, den Vettern des Papsts, durch das tuscische Meer und warf am 27. Juni vor Civita Vecchia die Anker aus. Innocenz hörte in Sutri, wohin er sich an demselben Tag begeben hatte, zugleich von dem Eintreffen der Schiffe, und daß 300 Reiter heranzögen, ihn aufzuheben, wie man wenigstens als Gerücht verbreitete. Die Aufregung war groß. In der Nacht des *Er flieht nach* 28. Juni entschloß man sich zur Flucht. Innocenz IV. ver= *Genua, Juni A 1244.*

¹ Er datirte von dort am 21. Juni ein Privileg für das Kloster S. Pancratio in comitata Rosellano dioc. Grosseti. Diese Bulle, von 12 Cardinälen unterschrieben, befindet sich im Staatsarchiv Neapel, Bullarium, Vol. II.

wandelte sich wieder in den Grafen Sinibald, legte Waffen an, setzte sich zu Pferd, und gefolgt von Dienern und Freunden, worunter sich Nicolaus de Curbio sein Lebensbeschreiber, und von mehren Neffen, unter denen sich der Cardinal Wilhelm Fieschi befand, jagte er wie ein Rittersmann durch die finstre Nacht, über die unwegsamen Gefilde Tuscien's, bis er am Morgen Civita Vecchia und die Flotte Genua's erreichte. Tags darauf fanden sich noch fünf Cardinäle im Hafen ein, welche ihrem rüstigeren Herrn nicht so schnell hatten folgen können.[1] Andere sieben flohen verkleidet landwärts nach Genua; drei andre ließ Innocenz zurück; den Cardinal Stephan von S. Maria ernannte er zu seinem Vicar in Rom; Rainer war Legat in Tuscien, Spoleto und den Marken, und Richard von S. Angelo Rector der Campagna und Maritima.

Am Fest der Apostelfürsten, den 29. Juni, ging man aus Civita Vecchia in See. Die Fahrt war durch Stürme und die Furcht vor dem kaiserlichen Admiral Ansaldo da Mare beunruhigt, welcher in jenen Meeren kreuzte, und die Scene vom 3. Mai großartiger würde wiederholt haben, wenn ihm der Zufall die genuesische Flotte entgegenführte. Man mußte an der wilden Insel Capraja bei Corsica vor dem Sturme Schutz suchen; man landete aus Not am 4. Juli in Porto Venere, dem erschöpften Papste Rast zu geben, worauf die mit Flaggen und purpurnen Teppichen prachtvoll geschmückten Schiffe der Republik am 7. Juli glücklich ihren

---

[1] Nicol. de Curbio c. 13: Der Papst ließ alle hinter sich: per devia et abrupta montium, ac nemora tota nocte laborans. — Veterem induit Senebaldum, et leviter armatus equum ascendit velocissimum, manu non vacua, so Math. Paris p. 431.

Hafen erreichten. Das Volk von Genua empfing unter Glockengeläute und Trompetenschall mit feierlichen Chören seinen Landsmann Fieschi, den aus den Netzen des großen Feindes entflohenen Papst, und die freudetrunkenen Cardinäle riefen an's Land steigend den Vers des Psalmisten: „Unsere Seele ist entronnen, wie ein Vogel dem Strick des Voglers; der Strick ist zerrissen, und wir sind frei!"¹

Sein Einzug in Genua, 7. Juli A 1144.

2. Innocenz versammelt das Concil in Lyon, 1245. Absetzung des Kaisers. Folgen dieser Sentenz. Friedrich's Aufruf an die Fürsten Europa's. Gegenmanifest des Papsts. Die Stimmung in Europa. Was der Kaiser wollte. Innocenz IV. beschließt den Krieg auf Leben und Tod wider das hohenstaufische Geschlecht.

Die Flucht des Papsts war ein höchst meisterhafter Zug, wodurch die Handlung in dem großen Drama zu seinen Gunsten umgewendet ward. Sie stellte Friedrich als Verfolger, Innocenz als Märtirer dar, während die vom Glücke gekrönte Kühnheit diesen zugleich als einen Mann von Energie erscheinen ließ. Sie machte einen tiefen Eindruck auf die Welt, und minderte das Ansehn Friedrich's mehr, als es der Verlust großer Schlachten würde gethan haben. Der bestürzte Kaiser schickte den Grafen von Toulouse nach Genua, den Flüchtling zur Umkehr und zum Frieden einzuladen; er stellte in einem langen Manifest der Welt die Ereignisse und die Unterhandlungen dar, die er mit dem Papst bis zum Augenblick von dessen Entweichung geführt hatte;² er sah sich wieder in einem neuen Kriege mit der Kirche, und in einer schlimmeren Lage als zuvor. An die Stelle Gregor's IX.

Manifest Friedrich's II.

¹ Fahrt und Empfang werden anziehend beschrieben von Nicolaus, und dem Fortsetzer der Annalen Genua's.
² Petr. de Vin. l. c. 3.

war Innocenz IV. getreten, an die Stelle eines leidenschaftlichen, aber offnen und redlichen Feindes, ein unredlicher und listiger Gegner.

Innocenz IV. sammelte seine erschöpften Kräfte drei Monate lang im Kloster S. Andreas bei Genua, dann ging er über den Mont Cenis nach Frankreich, dort gleich seinen Vorgängern ein Asyl zu finden. Er erreichte Lyon nach langen Beschwerden erst am 2. December. Diese mächtige und reiche Stadt, zwar unter der Autorität des Reichs, doch frei und unabhängig, bot ihm hinlängliche Sicherheit dar. Das Glück, die römische Curie zu beherbergen, war freilich kostbar und zweifelhaft; Innocenz, welcher in den Staaten irgend eines mächtigen Königs Aufnahme wünschte, ward von England und Aragon, selbst von Frankreich höflich ersucht, sie mit dieser Ehre zu verschonen; er blieb daher in Lyon. Am 3. Januar 1245 schrieb er das Concil aus, wozu er den Kaiser nicht in gesetzmäßiger Form vorlud.

Das Concil in Lyon, A. 1245.

Nur 140 Prälaten, die meisten aus Frankreich, viele aus dem schon verfinsterten Spanien, welches sogar die Ankläger Friedrich's stellte, fast niemand aus Deutschland, versammelten sich im Juni in Lyon. Schwerlich konnte diese romanische Synode eine allgemeine heißen. Sie wurde am 28. Juni eröffnet. Würdevoll und mit nachdrücklicher Beredsamkeit verteidigte der berühmte Jurist Thaddäus von Suessa, Friedrich's Abgeordneter, seinen Herrn. Er forderte eine Frist; sie ward bewilligt, doch zu kurz gemessen. Der Kaiser, welcher sich damals in Turin befand, verschmähte es persönlich zu erscheinen; er schickte neue Boten, deren Eintreffen nicht abgewartet wurde. Am 17. Juli ward sodann die Excommunication über Friedrich nochmals aus-

Der Kaiser wird auf dem Concil abgesetzt, 17. Juli A. 1245.

gesprochen, und der große Kaiser förmlich für abgesetzt erklärt. Dies Urteil wurde in Hast der überraschten Versammlung vom Papste vorgelesen und dem Proceß fehlte überhaupt, was immer dagegen gesagt werden mag, die gesetzmäßige Form der Vorladung, des gegründeten Zeugenbeweises, und der hinlänglichen Verteidigung. Der Anwalt des Kaisers, welcher bereits an den künftigen Papst und ein künftiges allgemeines Concil der Könige, Fürsten und Prälaten appellirt hatte, schlug voll Verzweiflung an seine Brust, als er diese unheilvolle Sentenz vernahm; er protestirte, und reiste ab.[1]

Der Conciliumbeschluß von Lyon ist eins der verhängnißvollsten Ereignisse der Weltgeschichte gewesen; seine todbringende Wirkung stürzte das alte germanische Reich, aber auch die Kirche wurde von ihrem eigenen Blitzstral im Tiefsten versehrt. Die Absetzung des Kaisers hatte jetzt das Gegenkönigtum zur Folge, ohne daß Friedrich II. daran denken konnte, das Papsttum, wie einst Heinrich IV. und dessen Nachfolger gethan hatten, mit den gleichen Waffen des Schisma zu bekämpfen. Es kam nicht mehr darauf an, einen kirchlichen Papst durch einen kaiserlichen zu verdrängen, vielmehr im Papst überhaupt die über das Gleichgewicht der Gewalten

---

[1] Ego Thadeus de Suessa ... ad futurum Romanum Pontificem et ad universale concilium regum, principum et prelatorum, cum presens concilium universale non sit, pro parte domini imperatoris appello. Hist. Dipl. VI. 318. Math. Paris p. 451: sententiam — in pleno Concilio, non sine omnium audientium — stupore et horrore terribiliter fulguravit, und dieser Chronist zeigt sich in seiner Auffassung seit Gregor's IX. Tode feindlich gegen Friedrich. Bemerkenswerte Actenstücke sind die geheimen Gutachten für das Cardinalscollegium bei Höfler in Albert von Beham's Conceptbuch n. 4 und 5, wo auch die Klageschriften Friedrich's und die Verteidigung Innocenz IV.

emporgestiegene geistliche Macht zu bezwingen, und die weltliche Autorität von der Despotie des Priestertums zu befreien.

Aufruf Friedrich's II. an die Fürsten Europa's.

Friedrich II. rief sofort alle Fürsten Europa's zu seinem Beistand auf. Sein denkwürdiges Manifest sagte ihnen folgendes: „Glücklich nennt diejenigen das Altertum, denen fremdes Unheil zum warnenden Heile wurde. Der Vorgänger bereitet dem Nachfolger das Loos, und wie das Siegel dem Wachs, so wird das Beispiel dem moralischen Leben aufgedrückt. Hätten doch wir andre verletzte Fürsten ein vorsorgendes Beispiel aufgestellt, wie ich, Ihr christliche Könige, es Euch hinterlasse. Die sich heute Priester nennen, unterdrücken die Söhne jener Väter, von deren Almosen sie sich mästeten; sie selbst, die Söhne unsrer Untertanen, vergessen, was ihre Väter sind, und sie ehren weder Kaiser, noch König, sobald sie zur apostolischen Würde gelangt sind. Die Anmaßung von Innocenz bezeugt es. Nachdem er ein Generalconcil, wie er sagt, berief, hat er sich erdreistet, ohne Vorladung, ohne Schuldbeweis gegen mich die Absetzung zu verhängen, und dadurch allen Königen eine grenzenlose Beleidigung angethan. Was dürft Ihr einzelne Könige von der Verwegenheit dieses Priesterfürsten nicht gewärtigen, wenn er, der im Weltlichen keine Richtergewalt über mich besitzt, mich abzusetzen wagt, der Ich durch feierliche Fürstenwahl und die Zustimmung der ganzen, damals noch gerechten Kirche mit dem Kaiserdiadem göttlich gekrönt bin. Aber ich bin nicht der Erste, noch werde ich der Letzte sein, den der Mißbrauch der Priestergewalt vom Trone zu stürzen sucht. Und Ihr seid mitschuldig, weil Ihr jenen Scheinheiligen gehorcht, deren Durst nach Herrschaft nicht die Flut des Jordan löschen könnte. Wäre Eure leichtgläubige Einfalt nicht von der Heuchelei jener Schreiber und Pharisäer bestrickt, so würdet Ihr die häßlichen und für das Schamgefühl unaussprechlichen Laster jener Curie erkennen und verabscheuen. Sie erpressen, wie Ihr wol wißt, große Einkünfte aus vielen Königreichen; dies ist die Quelle ihres wahnsinnigen Hochmuts. Bei Euch, Ihr Christen, betteln sie, damit bei ihnen die Ketzer schwelgen; Ihr stürzt die Häuser Eurer Freunde um, um hier den Feinden Städte zu bauen. Aber glaubet nicht, daß die Sentenz des Papsts mein Hochgemüt beugen kann. Mein Gewissen ist rein, Gott mit mir. Ich rufe sein Zeugniß an: dies war stets mein Plan, die Priester jedes Standes, zumal die höchstgestellten, zum apostolischen Leben, zur Demut des Herrn, und zur Verfassung der reinen Urkirche zurückzuführen. Denn damals pflegten die Geistlichen zu den Engeln emporzublicken, von Wundern zu glänzen, Kranke zu heilen, Todte zu erwecken, und Fürsten und Könige durch heiliges Leben, nicht mit Waffengewalt zu unterwerfen. Aber diese der Welt dienenden, von Wollust trunkenen Priester verachten Gott, weil ihre Religion in der Flut des Reichtums untersank. Solchen diese schädlichen Güter, diese Last ihrer Verdammniß zu entziehen, ist in Wahrheit ein Werk der Liebe; und an dieses sollen wir und alle Fürsten mit uns eifrig die Hand anlegen, damit der Clerus alles Ueberflüssigen entkleidet werde und mit mäßigem Gut zufrieden dem Gottesdienste wieder nachlebe." [1]

[1] Sane redditus copiosi, quibus ex plurium depauperatione regnorum ditantur — ipsos faciunt insanire — — Semper fuit nostra voluntatis intentio, clericos — ad illum statum reducere — quales fuerunt in ecclesia primitiva, apostolicam vitam ducentes ... Hist. Dipl. VI. 891. Febr. 1246. Siehe auch den Brief

Den gewichtigen Anklagen des Kaisers antwortete der Papst mit den überschwenglichsten Theorien für den Beweis seiner Befugniß, Kaiser und Könige zu richten. Denn dies war der Kern des päpstlichen Planes: den durch frühere Thatsachen schon praktisch bewiesenen Satz der Kirche, daß der Papst von Christo die richtende Gewalt über die Könige erhalten habe, für immer zum unumstößlichen Recht zu erheben. Innocenz IV. behauptete daher, daß der Papst Generallegat Christi sei, der ihm die volle Richtergewalt auf Erden übertragen habe; daß Constantin die ungesetzliche Tyrannei des Reichs der Kirche voll Demut abgetreten, und sie dann erst als legitime Gewalt von ihr zu Lehn genommen habe; daß beide Schwerter der Kirche gehörten, welche das weltliche Schwert dem Kaiser bei der Krönung zu ihrem Dienste übergebe. Er sagte, daß der Kaiser dem Papst, von welchem er Titel und Krone erhalte, nach altem Herkommen als seinem Oberlehnsherrn den Untertaneneid gelobe. Der Kaiser schmäht, so schrieb er, die Kirche, weil sie von der Wunderkraft ihrer Urzeiten nicht mehr so oft erglänzt, weil der Prophezeiung David's gemäß ihr Same mächtig auf Erden ward, und die Priester von Ehren und Reichtümern stralen. Wir selbst ziehen die Armut im Geiste vor, welche im Ueberfluß des Reichtums nur schwer bewahrt wird, aber wir erklären: nicht der Gebrauch, sondern der Mißbrauch der Reichtümer ist sündlich.[1]

Entgegnung von Innocenz IV., und Grundsätze der Papstgewalt.

Friedrich's Etsi caussae nostrae, Turin, 31. Juli 1245 (Petr. de Vin. I. c. 3 und Math. Paris p. 722).

[1] J. Christus — in Ap. Sede non solum pontificalem sed et regalem constituit monarchiam, b. Petro ejusque successoribus terreni simul ac celestis imperii commissis habenis. Die Päpste glaubten sogar, daß sie auch die Engel richteten, nach dem Spruch von Paulus an nescitis, quod angelos judicabimus. (In demselben Brief.) —

Dieser Brief ist das wichtigste Document von der mittel=
altrigen Priesteransicht über das päpstliche Amt. Innocenz IV.
hob damit das Gleichgewicht der geistlichen und weltlichen
Autorität öffentlich auf, und usurpirte geradezu für den
heiligen Stul die Vereinigung beider Gewalten. Gegen diese
maßlosen, jeder Freiheit tödtlichen Grundsätze würden die
Könige Europa's nicht Jahrhunderte lang zu kämpfen gehabt
haben, wenn sie damals die Sache Friedrich's zu der ihrigen
gemacht hätten.[1]

Das geistige Leben des Abendlandes war in jener Zeit, *Die damalige Welt unreif für das ghibellinische Princip der Civilisation.*
zwischen Mönchtum und Rittertum, zwischen feudaler Willkür
und Knechtschaft, gläubigem Fanatismus und freigeistiger
Ketzerei, zwischen bürgerlicher Arbeit und stiller Forschung
des Gedankens geteilt, in zahllose Richtungen, Rechte, Frei=
heiten, Staaten im Staat gesondert oder kastenartig abge=
grenzt; das einigende, den Nationalstaat schaffende Königs=
tum war nur im ersten Entstehen. In dem verworrenen
Gewebe von widerstreitenden Parteizwecken, nationalen Trie=
ben, städtischen Individualitäten und Lehnsherrschaften stand
als ein festes, vielgegliedertes, doch unendlich einfaches System
nur die Kirche da, mit ihrer alle christlichen Völker umfassen=
den gleichmäßigen Hierarchie, mit ihrem Dogma und cano=
nischen Recht, mit ihrem Mittelpunkte Rom, und ihrem un=

(Romanorum princeps) Romano pontifici, a quo imperii honorem et
diadema consequitur, fidelitatis et subjectionis vinculo se astringit.
Höfler „Albert von Beham" n. 8; der Brief Agni sponsa nobilis
(Höfler, Friedrich II. p. 413), wo Innocenz den Vorwurf des Reichtums
von der Kirche abzuwehren sucht, ist so phrasenhaft, daß ich ihn nicht
für echt halte.

[1] Es sind dies dieselben Grundsätze der fanatischen Herrschsucht des
Priestertums, welche noch am heutigen Tage (1870) von den Jesuiten
als canonisch gepredigt werden.

bestrittenen Haupt, dem Papst. Die Kirche, das Imperium der Geister, setzte sich an die Stelle des Reichs. Könige und Länder wurden dem Papste tributbar; sein Richterstul wie seine Zollstätte war in allen Provinzen aufgestellt, und der gesammte Episcopat anerkannte seinen Primat. Denselben Fürsten, an welche Friedrich II. wider die Eingriffe des Priestertums in die Civilgewalt appellirte, rief der Papst zu, sich unter das Banner der Kirche zu stellen, welche die Freiheit der Könige und Nationen gegen die tyrannischen Absichten des Hohenstaufen vertheidige, und die Welt beruhigte sich über den Mißbrauch der Papstgewalt bei dem Gedanken, daß es in ihr wenigstens ein Tribunal der Verantwortlichkeit gab, vor dem auch Kaiser und Könige gerichtet wurden.[1] Die Welt erkannte dem Papst diese Richtergewalt zu; sie stimmte nur in die Klagen Friedrich's über die Habsucht des Clerus, die ihren Wolstand erschöpfte. Diese Klagen waren nicht neu. Die Zeitgenossen, Bischöfe, Fürsten, Geschichtschreiber, Dichter sind von ihnen erfüllt.[2] Die römische Curie brauchte Geld ihre vergrößerten Bedürfnisse, und der

---

[1] Der Papst sagt: Quum ad cetera regna suae subjicienda virtuti oculum ambitionis extendens, eam (sc. Ecclesiam) reperit obicem cujus interest materno affectu christianorum regum, tamquam spiritualium filiorum, jura protegere ipsorumque defendere libertates. Obiger Brief.

[2] Walther von der Vogelweide geißelt sie in manchen Versen, und eins seiner Lieder ist der Vorläufer der berühmten Invective Dante's Ahi Costantino, di quanto mal fu matre .. Er sagt von den Pfaffen:
    Geba ten sie, wie einst um Gott Almosen sie gegeben;
    Daß ihnen Gut ließ Constantin, geschah darum allein.
    Hätt' er gewußt, wie man den Folgen würde beben,
    Hätt' er wol gesorgt, uns des zu überheben.
    Doch sie waren da noch keusch, nicht schnödem Stolz ergeben.
    (Lied 10; Ausgabe von Simrock.)

Papst seine Kriege zu bestreiten; die christlichen Länder wurden deshalb durch Kirchenzehnten förmlich gebrandschatzt. Die Engländer würden sich wider den Papst empört haben, wenn sie an ihrem schwachen Könige einen Halt gefunden hätten.[1] Noch mehr Wiederhall fand der Aufruf Friedrich's in Frankreich, wo viele Barone einen förmlichen Bund zur Abwehr der Eingriffe des Clerus in die weltlichen Rechte schloßen. Die ersten Großen, darunter der Herzog von Burgund und der Graf der Bretagne, erklärten in ihren Bundesartikeln, daß das Königreich Frankreich „nicht durch geschriebenes Recht, noch durch die Anmaßung der Geistlichkeit, sondern durch kriegerische Kraft erworben ward; daß sie, der Adel des Landes, die ihnen entrissene Gerichtsbarkeit wieder an sich nähmen, und daß die durch Habsucht reich gewordene Geistlichkeit zur Armut der Urkirche zurückzuführen sei."[2]

Nationale Regungen in England und Frankreich wider die Gewalt des Priesterthums.

[1] Sie reichten auf dem Concil zu Lyon eine Klageschrift ein. Mansi XXIII. 639; und man lese Math. Paris, welcher dem Papst das schamlose Wort in den Mund legt: vere hortus noster delitiarum est Anglia. Vere puteus inexhaustus est, et ubi multa abundant, — de multis multa possunt extorqueri (p. 473, Edit. Wats). Die Päpste, so sagt Lingard, History of Engl. II. 414, forderten einen Zwanzigsten oder Zehnten vom Clerus, seit den Kreuzzügen; bald entdeckte man, daß jeder Krieg der Päpste religiöser Natur sei. Die Bettelmönche peinigten als Steuereintreiber die Stifter und Klöster, ausgerüstet mit dem schrecklichen non obstante, einer Formel, vor der kein Recht mehr bestand. Meiners „Historische Vergleichung" II. 615.

[2] Ut sic jurisdictio nostra resuscitata respiret, et ipsi hactenus ex nostra depauperatione ditati — reducantur ad statum Ecclesiae primitivae. Math. Paris p. 719; der Chronist bemerkt die Uebereinstimmung dieser Sätze mit Friedrich's Brief. Siehe die Actenstücke dieses vom Papst bald unterdrückten Bundes vom Nov. 1246, in Hist. Dipl. VI. 467. Selbst Heinrich III. nahm sich ein Beispiel, und beschränkte das geistliche Tribunal für Laien auf einige canonische Fälle. Math. Paris p. 727 ad A. 1247.

Die Stimme Friedrich's fand demnach wol ein Echo in Europa; der Geist der Unabhängigkeit regte sich in der weltlichen Gesellschaft wider die Uebergewalt des vom Evangelium abgewichenen Priestertums; jedoch diese Regungen blieben vereinzelt und ohne Sammlung. Die Entsetzung des Papsts von dem höchsten Richteramt über die fürstliche Gewalt, und die Rückführung der Kirche auf den unpolitischen Urzustand durch die Säcularisation ihres Besitzes: dies war die Reform, welche der große Kaiser forderte, aber nur als Ansicht auszusprechen vermochte. Er überschritt nicht die Grundsätze, welche bereits in der Epoche Arnold's von Brescia, oder während des Investiturstreits tiefsinniger erörtert und schlagender waren bewiesen worden, als es zu seiner Zeit geschah. Friedrich II. bekämpfte bis an seinen Tod das Papsttum, wie es Innocenz III., sein Protector, neu geschaffen hatte, doch unter allen seinen Angriffen nahm er jeden nur aus der angemaßten politischen Gewalt, keinen aus der geistlichen Autorität desselben her.[1] Kein carolinischer, sächsischer und fränkischer Kaiser würde dem Papst so viel eingeräumt haben, als Friedrich II. es thun mußte, nachdem die Grundsätze Gregor's VII. von der Welt gut geheißen worden, nachdem er selbst das Investiturconcordat Calixt's II. Preis gegeben, die Absetzung Otto's IV. durch den Papst anerkannt und als Stufe zu seinem eignen Trone benutzt

---

[1] Dies ist sein Bekenntniß: Etsi nos nostrae catholicae fidei debito suggerente manifestissime fateamur collatam a Domino Sanctae Rom. Sedis Antistiti plenariam in omnibus potestatem, ut quod in terra ligaverit, sit ligatam in coelis, et quod solverit sit solutum: nusquam verumtamen legitur divina sibi vel humana lege concessum, quod transferre pro libito possit imperia. Obiger Brief Etsi caussae nrae vom 31. Juli 1245.

hatte. Die Thatsachen sprachen wider ihn, und raubten seinem Princip, daß die Päpste keine Richtergewalt über die Könige besäßen, die Kraft. In seinem Kampfe mit dem Papsttum blieb er allein und schwach, weil er ihn im Namen eines schon abstracten und deßhalb unpraktischen Begriffes führte, des Reichs oder der weltlichen Autorität überhaupt, nicht eines wirklichen Staats und einer in ihrem Recht gekränkten Nation. Die Könige verband kein Vorteil mit dem Kaisertum; sie verfolgten ihre Sonderinteressen, und fürchteten noch, wie die Bischöfe, Bannstralen und Absetzung. Sie waren über die verderblichen Folgen der päpstlichen Grundsätze noch nicht aufgeklärt; vergebens rief ihnen der scharfblickende Kaiser zu, daß seine Sache wider den Papst auch die ihrige sei. Sie verstanden ihn entweder oder sie hörten ihn nicht. Daß damals ein sehr frommer, wenn gleich selbst der Kirche gegenüber entschiedener Mann auf dem Trone Frankreichs, ein schwachherziger Fürst auf dem von England saß, brachte dem Papst einen unberechenbaren Vorteil. Heinrich III., der Magna Charta treubrüchig, bedurfte des Papsts wider seine Barone; er unterstützte seinen Schwager nicht gegen dieselbe römische Hierarchie, die sein eignes Königreich zum Kirchenlehn gemacht hatte; Ludwig von Frankreich, welchem Friedrich im Besondern die schiedsrichterliche Entscheidung angetragen hatte, ließ es bei wertlosen Vermittlungen bewenden, und scheute sich, sein aufblühendes und zur Monarchie werdendes Frankreich in die Angelegenheiten des schattenhaften Reiches zu verwickeln. Deutschland, müde der italienischen Kriege, welche es nicht mehr als Reichskriege ansehen wollte, hielt zuerst den römischen Künsten mutig Widerstand, dann zerfiel es in Parteien, stellte Gegen-

Verlassenheit des Kaisers in seinem Kampfe mit der Papstgewalt.

könige auf, und begann den großen Kaiser zu verlassen, während dieser sich unrettbar in die Labyrinte Italiens verstrickte, und seine herrlichen Geisteskräfte in einem Lande verschwendete, welches für sein Genie zu klein war. Nur die damals noch werthlose Stimme evangelischer Ketzer sprach sich für ihn aus.[1]

Als die Kirche seit der Sentenz von Lyon aus dem leidenden Zustand zu dem heftigsten Angriff übergegangen war, wurde jede Versöhnung unmöglich. Der Papst selbst hatte Krieg auf Leben und Tod beschlossen, und sprach es mit Bestimmtheit aus, daß er mit Friedrich niemals Frieden schließen, noch ihn und seine Söhne, „die Vipernbrut," je auf dem Trone dulden werde.[2] Was schon Innocenz III. zuerst gewollt hatte, beschloß Innocenz IV. um jeden Preis durchzuführen: die Entsetzung der Hohenstaufen für ewige Zeit, die Erhebung eines Kaisers, der als päpstliches Geschöpf auf den Kirchenstaat und Italien für immer verzichtete.

Unversöhnlicher Haß Innocenz IV. gegen das Geschlecht der Hohenstaufen.

Innocenz IV. führte seinen Krieg mit allen verwerflichen Mitteln, zu denen nur immer die Selbstsucht weltlicher Herrscher greifen mag: Aufreizung zum Abfall, Erkaufung gemeinen Verrats, ränkevolle Künste von Legaten und Agenten, welche nach einem Gegenkönige suchend, Fürsten und Bischöfe zur Empörung stacheln, welche selbst Konrad,

---

[1] Diese Reformationsversuche erzählt Albert Stadensis Chron. A. 1248. Die Ketzerprediger erklärten aus der Schrift, daß die apostolische Gewalt des Papsts angemaßt, und nicht von Christus eingesetzt sei.

[2] Absit ut in populo christiano sceptrum regiminis ulterius maneat apud illum vel in vipeream ejus propaginem transferntur. Höfler, Friedrich II. p. 383. Und in ähnlichem Sinn schon früher an die Straßburger am 28. Jan. 1247.

des Kaisers Sohn, zu verführen trachten.¹ Schwärme von Bettelmönchen erfüllten die Gemüter mit Fanatismus, und die Völker sahen ruhig zu, wie ihr Vermögen in die Kassen Rom's floß, und wie der Sündenablaß für die heilige Kreuzesfahrt denen erteilt ward, welche verräterisch ihre Waffen gegen ihren Herrn erheben würden. Das Gelübde des Kreuzzuges selbst wurde in die Pflicht verwandelt, den Kaiser zu bekriegen. Schon Gregor IX. hatte ihn öffentlich als Ketzer gebrandmarkt; der Vorwurf, daß er ein Feind des christlichen Glaubens sei, war eine mächtige Waffe in der Hand der Priester. Seine saracenische Umgebung, sein freundlicher Verkehr mit den Sultanen Asiens, sein hellblickender Geist boten dem Haß Gelegenheit zu den giftigsten Anklagen dar. Das Kreuz wurde gegen den Kaiser als einen Heiden in allen Ländern gepredigt, und ein deutscher Fürst, der Landgraf von Thüringen, Heinrich Raspe, welcher im Frühling 1246 das Gegenkönigtum auf sich nahm, errötete nicht, die Mailänder zum Kriege gegen Friedrich „den Feind des Gekreuzigten" aufzurufen.² Der Kaiser erkannte sehr wol, daß er in dem fortgesetzten Kampfe wider das gewaltige Papsttum am Ende kein andres Schicksal finden werde, als seine

Er läßt das Kreuz wider den Kaiser predigen.

---

¹ In sieben Jahren gab Innocenz IV. 200,000 Mark für Italien und Deutschland aus, so sagt sein Lebensbeschreiber, c. 29.

² In solita devotione Rom. Ecclesiae — persistatis, Fridericum Cesarem inimicum crucifixi more solito impugnantes (Mai 1246, Hist. Dipl. VI. 431.) Man sehe, wie die Annalen eines deutschen Klosters, S. Georg im Schwarzwald, folgendes naiv zusammenstellen. A. 1240. Tam juvenes quam senes crucesignati sunt contra Tartaros. A. 1246. Adulti signati sunt cruce contra Fridericum Imperatorem (Mon. Germ. XVIII). Die zur Befreiung Jerusalems eingesammelten Gelder wurden vom Papst officiell zum Kreuzzug gegen Friedrich bestimmt. Bullen, bei Cherrier III. 520.

Vorgänger im Reich; er wollte Versöhnung mit der Kirche selbst unter tief bemütigenden Bedingungen, die er für seine Absolution bot; er legte vergebens sein katholisches Glaubensbekenntniß in die Hände einiger Bischöfe nieder. Sie brachten es urkundlich an den Papst, der es verwarf. Innocenz IV. wollte den Untergang Friedrich's und seines Geschlechts; er selbst zwang den Kaiser, den Krieg fortzusetzen.[1]

3. Verschwörung sicilianischer Barone gegen den Kaiser, und ihre Unterdrückung. Waffenglück Friedrich's. Viterbo und Florenz kommen in seine Gewalt. Zustände in Rom. Mahnbrief des Senators an den Papst zur Rückkehr. Päpstliche Belehnung der Frangipani mit Tarent. Der Kaiser will gegen Lyon ziehen. Abfall Parma's; Unglück des Kaisers. Enzius von den Bolognesen gefangen. Fall des Petrus de Vineis. Tod Friedrich's II., 1250. Seine Gestalt in der Geschichte.

Für diesen Vernichtungskrieg blieb Italien wesentlich das Theater; nur mit italienischen Kräften konnte der Kaiser dort seinen Kampf fortführen. An der Spitze der Ghibellinen standen der schreckliche, zum Wüterich ausgeartete Ezzelin, Manfred Markgraf Lancia, Obert Palavicini, während König Enzius, Stellvertreter des Kaisers, und dessen anderer Bastard Friedrich von Antiochien Vicare in Tuscien und der Maritima waren. Die zur Empörung mahnenden Briefe des Papsts wirkten in Sicilien, und sogar am kaiserlichen Hof. Innocenz IV. hoffte durch eine Verschwörung käuflicher Barone dem Kaiser die Grundlage seiner Macht in Italien zu rauben, und sich des hohenstaufischen Erblandes zu bemächtigen. Dort gab es Unzufriedene genug. Der von Friedrich besteuerte,

---

[1] Ueber das Glaubensbekenntniß s. Hist. Dipl. VI. 426.

unter die Gesetze des Staats gestellte, hart verfolgte Clerus, der niedergebeugte, um die Privilegien der hohen Gerichtsbarkeit gebrachte Lehnsadel, die durch den Fiscus ausgesogene Bürgerschaft boten Stoff zur Rebellion dar, und diese wurde durch die wandernden Bettelmönche, die Agenten des Papsts, mit Eifer angeregt. Aber die von Friedrich in seinem Königreich gegründete monarchische Macht bewies sich fest genug; das Volk und die Städte, durch manche weise Gesetze, zumal den Baronen gegenüber, für den Verlust communaler Freiheiten entschädigt, erhoben sich nicht gegen ihren Herrn. Die Verschwörung blieb in den Kreisen des Adels. Theobald Francesco, bisher Podestà von Parma, Pandolf Fasanella, bisher Capitän in Tuscien für den Kaiser, die Herren von Sanseverino, von Morra und Cicala machten, mit dem päpstlichen Legaten einverstanden, einen hinterlistigen Verschwörungsplan, wobei es zugleich auf das Leben des Kaisers abgesehen war. Er entdeckte das Complot, während er im März 1246 zu Grosseto im Lager stand. Pandolf und andere flüchtige Verschworene fanden vorübergehend Aufnahme in Rom, weshalb Friedrich voll Entrüstung einen Brief an die Senatoren und das Volk schrieb.[1] Der Papst selbst, der unter Lockung des Wiedergewinns verlorner Privilegien die Sicilianer in der Sprache eines Demagogen aufreizte, gegen den „zweiten Nero" sich zu erheben, die Sclavenketten zu zerbrechen, und das Glück der Freiheit und des Friedens

Der Papst befördert einen Mordplan gegen das Leben des Kaisers. A. 1246.

---

[1] Brief Ignominiosa vulgaris vestri nominis fama, bei Goldast, Const. III. 394, und Petr. de Vin. III. c. 18. Noch am 4. Mai 1244 war Pandolfus da Fasclanello Generalcapitän in Toscana (Archiv Siena, n. 393). Er und andere entkamen, und wurden vom Papst mit Gütern und Ehren ausgezeichnet. Cherrier III. p. 179 und 514.

wieder zu erlangen, billigte und förderte die Verschwörung mit Eifer. Wir lesen noch seine gewissenlosen Briefe an jene Verräter, „die herrlichen Söhne der Kirche, über welche Gott sein Angesicht leuchten läßt." [1]

Der Kaiser folgte den nach Apulien entronnenen Rebellen auf dem Fuß; er zermalmte sie mit schrecklichem Zorn in ihren Burgen Scala und Capaccio; dann kehrte er nach dem Norden zurück, um den Feind, wie es seine Absicht war, in Lyon selbst aufzusuchen. Das Glück zeigte sich ihm günstig genug. Seine Capitäne waren in Tuscien und Umbrien siegreich gewesen; Marinus von Eboli hatte den Cardinal Rainer Capocci und die guelfische Liga der Perugianer und Assisinaten besiegt; Camerino kehrte unter das kaiserliche Regiment zurück, und Pisa und Siena kämpften für Friedrich wider die guelfischen Städte.[2] Im Römischen war nicht nur Corneto durch Gefangennahme und Hinrichtung vieler Bürger schon im Jahre 1245 niedergebeugt, sondern auch Viterbo wurde durch Hungersnot gezwungen, vom Papst abzufallen, und sich Friedrich von Antiochien (im Jahr 1247) zu ergeben. Derselbe Sohn des Kaisers zog sogar in Florenz ein, wo man die Guelfen exilirte, und ihm die

Siege des Kaisers und der Ghibellinen.

---

[1] Illustravit super vos faciem suam Deus, vestras a Pharaonis dominio subducendo personas — vos — de militibus tyranni improbi, facti pugiles domini Jesu Christi. An Theobald Franciscus und die Mitverschworenen, Raynald ad A. 1246 n. 14; an alle Sicilianer (26. April 1246) n. 11. Man gab Friedrich Mordpläne gegen den Papst Schuld, aber er hat sie voll Würde widerlegt.

[2] Für die Regesten Friedrich's bemerke ich einen bei Huillard fehlenden Brief an die Sienesen, dat. Alifie XXVI. Madii IV. Ind. 1246; sie möchten die von Friedrich von Antiochien seinem Sohn und Generalvicar in Tuscia und Maritima requirirten Truppen zu seinem Heer gegen Perugia abgehen lassen. Caleffo Vecchio fol. 250.

Signorie der Stadt übertrug. Dies machte Friedrich II. zum Herrn von ganz Toscana.

Die Stadt Rom blieb sich selbst überlassen. Die Chronisten schweigen über ihre Zustände während der Abwesenheit des Papsts, und auch die Namen der damals regierenden Senatoren sind ungewiß.[1] Daß hier die guelfische Partei noch immer die herrschende war, zeigt der Brief eines Senators, welcher den abwesenden Papst so bringend zur Rückkehr aus Lyon einlud, wie es die Römer nur immer hundert Jahre später thaten, als ihre Päpste in Avignon wohnten. Schon in diesem Schreiben wird Rom, das Haupt der Welt, hauptlos ohne seinen Hirten, und als trauernde Wittwe dargestellt, und der Papst an die Legende von dem aus Rom fliehenden Petrus erinnert, der dem Heiland begegnet, ihn fragt Domine quo vadis, und die Antwort erhält, „ich gehe nach Rom, zum zweiten Mal gekreuzigt zu werden," worauf auch der beschämte Apostel wieder umkehrt.[2] Die lange Abwesenheit von Innocenz IV. begann die Römer mit dem Argwohn zu ängstigen, daß ihr Papst in Frankreich bleibend seinen Tron aufschlagen könne, und daß dann Rom, „die Augenbraue der Welt, das Tribunal der Gerechtigkeit, der

Die Römer laden den Papst zur Rückkehr ein.

---

[1] Das Capitolische Register verzeichnet A. 1246 Petrus de Frangipanibus; A. 1247 Bobo filius Johis Bobonis. A. 1247 Petrus Caffarus Prosenator. 1248 Petrus Anibaldi et Angelus Malebranca; mit welchem Recht, ist mir unbekannt.

[2] Sanct. patri ... Senator ... ceterum in vestra remotione clandestina, urbe repudiata, primo elegistis Januam, post Lugdunum — — ut sic Romana novo confusa obprobrio funditus desolata sedent civitas expers papae — quasi vidua domina urbium. Der Brief gehört zum Jahr 1246, wie aus der Angabe hervorgeht, daß die Abwesenheit des Papsts fast schon ein biennium daure. Bei Höfler, aus Alberts von Beham Conceptbuch, n. 47.

Sitz der Heiligkeit, der Tron des Ruhms," um seine Ehre oder um die einzige Quelle des Wolstandes gebracht werden möge. Der Brief des unbekannten Senators war eine Ahnung von Avignon, jedoch Innocenz IV. konnte dem ihm angenehmen Rufe der Römer nicht Folge leisten, weil seine Rückkehr den Plan und das Werk seiner Flucht würde vereitelt haben. Er suchte dagegen seine Partei in Rom zu verstärken, indem er Anhänger des Kaisers auf seine Seite zog. Die Frangipani, bisher die Häupter der Ghibellinen, gewann er bald durch die Anerkennung ihrer Rechte auf das Fürstentum Tarent, welches einst die Kaiserin Constanza dem Otto Frangipane zugesagt haben sollte, Friedrich II. aber seinem Sohne Manfred gegeben hatte. Innocenz verlieh es im Namen der Kirche dem lateranischen Pfalzgrafen Heinrich Frangipane, und gab demselben zugleich die Einkünfte des Judicats von Arborea in Sardinien. So fiel jenes römische Geschlecht von den Hohenstaufen ab, und wurde den Erben Friedrich's II. entschieden feind.[1] Der Kaiser bedrängte übrigens Rom nicht mehr, denn der Gegenstand seines Hasses befand sich nicht mehr dort. Er bemühte sich, den Römern zu zeigen, daß

Der Papst gewinnt die Frangipani.

---

[1] Die päpstliche Verleihung batirt aus Lyon, 29. Mai (1249). Cum tibi — clar. mem. C. Rom. Imperatrix et Regina Sicilie una cum F. quondam Imperatore O. Frajapani avunculo cujus te successorem asseris suisque successoribus principatum Tarenti cum tota terra Ironti duxerit concedendum, prout in privilegio inde confecto plenius dicitur contineri et idem F. predictis principatu et terra te ut dicitur spoliavit, Nos — restituimus .... Höfler, Friedrich II. p. 394. Cherrier II. 380. Das Privilegium Costanza's kam aber nirgend zum Vorschein, auch nicht als Innocenz III. dasselbe Tarent dem Grafen von Brienne zusprach. Die Verleihung Arborea's, welche die Frangipani ebenfalls in Conflict mit den staufischen Erben bringen mußte, vom 4. Juni 1249, Ibid. V. 391. Ibid. p. 380.

er mit dem Papst, nicht mit ihrer Republik Krieg führe, und kurz, er verübte keine Feindseligkeit gegen Rom.[1]

In Italien wieder mächtig, wollte er über Savoyen nach Lyon ziehn, die Welt im Angesicht seines Feindes von seinem Recht zu überzeugen. Wenn er an der Spitze siegreicher Scharen wirklich dorthin vorgedrungen wäre, und wenn er Deutschland, wo der Gegenkönig Heinrich Raspe durch Konrad besiegt, am 17. Februar 1247 seinen Wunden erlegen war, wieder unter seine Fahnen gesammelt hätte, so würde sein Kampf eine neue und größere Form gewonnen haben. Zu seinem Unglück zwang ihn der Abfall einer bisher treuen Stadt in seinem Rücken zur Umkehr, und hielt ihn von Deutschland, dem naturgemäßen Boden seiner Macht fern. Der Widerstand der Städte war unbezwingbar; eine jede von ihnen eine ummauerte Festung, und eine jede ein selbständiger Staat von mannhaften Bürgern. Die fürchterliche Natur des Städtekriegs zersplitterte die Kraft des Kaisers; fielen einige Städte, so erhoben sich andere, und selbst die Treue freundlich gesinnter Communen war unsicher, denn über Nacht konnte sich wie ein Sturmwind die feindliche Faction erheben, und ihre Banner auf die Stadttore pflanzen. Der Krieg der Kaiser gegen diese wankelmütigen, trotzigen und heroischen Bürgerschaften war daher die qualvolle, immer

---

[1] Es heißt im Brief Walthers von Ocra an den König von England, Sept. 1246: Imp. omnibus ordinatie et cum Romanis et Venetis jam bona pace firmata. Hist. Dipl. VI. 437. Nach der Absetzung des Kaisers schickten die Prälaten einen langen Brief nach Rom, die Stadt zu ermahnen, sich nicht zum Abfall reizen zu lassen. Inclite almeque urbi Romane Cetus amicorum ejus et Christi fidelium congregatio ... Corona sapientie timere deum ... Cod. Vat. 7957 fol. 24ª.

von neuem zu beginnende Arbeit des Sisyphus — eine schreckliche Monotonie von ewigen Märschen, ewigen Belagerungen, Verwüstungen der Felder, und von Greuelthaten jeder Art. Wir heutige Menschen begreifen es kaum, weder wie die Geduld genialer Herrscher, noch wie das Vermögen arbeitsamer Völker diesen dauernden Zustand zu ertragen vermochte. Parma fiel am 16. Juni 1247 durch einen gut ausgeführten Handstreich in die Gewalt der von dort Exilirten, namentlich der Rossi, der Vettern des Papsts Innocenz. Sofort kehrte der Kaiser in Turin um, und rückte gegen jene Stadt, deren Belagerung er am 2. August begann. Der Krieg sammelte sich um Parma; denn dorthin hatte sich Gregor von Montelongo, ein Verwandter von Innocenz III., des Papsts Legat, ein im Waffenhandwerk wie in der Diplomatie gleich geschickter Priester, mit vielem Volk guelfischer Städte und Fürsten geworfen. Das Schicksal verdunkelte die Einsicht des Kaisers, indem es ihn zur langwierigen Belagerung einer einzelnen Stadt zwang, worüber Zeit, Kraft und Wirkung in das Große verloren gingen. Freilich würde die Eroberung von Parma, wo sich die Hauptmacht seiner Feinde unter den hervorragendsten Häuptern sammelte, ein entscheidender Sieg in Italien gewesen sein.

Den Herbst und Winter über lag Friedrich in den Schanzen vor Parma, in seiner voll Siegeshoffnung erbauten Lagerstadt Vittoria. Aeußerste Not trieb endlich die Belagerten zur Verzweiflung, so daß sie, während einer Abwesenheit des Kaisers auf der Jagd, herausfielen: Vittoria wurde am 18. Februar 1248 ein Raub der Flammen; Tausende bedeckten das Feld; auch Thaddäus von Suessa ward erschlagen, ein tapferer Krieger und ein großer Staatsmann, einst der

beredte Anwalt seines Herrn in Lyon, und nun im rühm=
lichen Soldatentod glücklicher zu preisen, als Petrus de
Vineis. Tausende gerieten in die Gefangenschaft der Bürger
Parma's; die Lagerbeute war unermeßlich; selbst die kaiser=
liche Krone kam in die Hände des Feindes; ein koboldartiger
Mensch vom Pöbel trug sie unter dem Jubelgeschrei des
Volks in die Stadt. Dies ist das Loos aller Majestät auf
Erden, daß am Ende auch der Narr in ihrem Purpur ein=
hergehn darf. Der Tag von Parma war für die guelfischen
Städte ein zweites Legnano. Lieber verherrlichten ihn. Der
Glücksstern Friedrich's ging unter.¹

Die Parmesen zerstören das Lager des Kaisers, 18. Febr. A. 1248.

Als Flüchtling erschien er in Cremona, sammelte sein
zerstreutes Heer und kehrte rachevoll in das Parmesische
zurück, jedoch die guelfischen Städte hielten ihm Widerstand.
Ein Unglücksschlag folgte dem andern. Der herrliche Enzius,
die Blume der Ritterschaft, Friedrich's Lieblingssohn, fiel
am 26. Mai 1249 bei Fossalta in die Gewalt der Bolog=
nesen; die frohlockenden Sieger führten die unschätzbare
Kriegsbeute in die Mauern ihrer glücklichen Stadt, und sie
antworteten den Bitten wie den Drohungen des Kaisers mit
einem heroischen Bürgertrotz, dessen stolze Sprache das leben=
digste Zeugniß von dem hohen Sinn der Republikaner jener
Zeit gibt. Enzius begrub seine königliche Jugend in einer
zweiundzwanzig Jahre langen Gefangenschaft, und fand in
ihr seinen Tod.²

König Enzius von den Bolognesen gefangen, 26 Mai A. 1249.

¹ Die Einnahme Vittoria's hat Salimbene (p. 80) auf das Leb=
hafteste beschrieben.
² Der Brief der Bolognesen bei Huillard Hist. Dipl. VI. 738. Ihr
Podestà war Filippo Ugoni. Im Archiv des Palazzo Nuovo von Bologna,
wo Enzius soll gelebt haben, liegen noch vergilbte Register, worin die
Gefangenen aufgezählt werden. So auf der Rückseite eines Pergament=

Der Beste der Söhne Friedrich's war gefangen, der treueste seiner Räte erschlagen, und seines genialsten Ministers und Freundes beraubte ihn entweder dessen wirkliche Schuld, oder eigener Argwohn, der traurige Begleiter schwindenden Glücks und wankender Herrschaft. Der Untergang des Petrus de Vineis, jenes berühmten Bürgers von Capua, der sich durch sein Genie aus dem Staube zum ersten Staatsmanne seiner Zeit emporschwang, fiel als Schatten in das Leben des großen Kaisers, wie der Tod von Boethius das Leben von Theodorich dem Großen verdunkelt hat. Beide germanische Könige gleichen einander in dem letzten Ende ihrer Laufbahn an Schicksal oder an Unglück, wie sich auch der schnelle und tragische Ausgang ihrer Häuser völlig entspricht. Die Geschichte hat weder die Schuld noch die Todesart, noch die genaue Zeit des Falles von Petrus aufgeklärt, welchem Dante ein halbes Jahrhundert später ein unsterbliches Sühnopfer gegeben hat.[1]

Tragischer Untergang des Petrus de Vineis.

Der Kaiser war im Mai 1249 nach Apulien zurück-

blattes: de palatio novo communis Bon: dns Hentius Rex sive henricus filius domini Friderici olim Imperatoris. — Relaxatus est: Dnus Marinus de Hebulo. dnus Comes Conradus. dnus Attolinus d'Landido. dnus baxius d' Doaria (sunt quinque). (Miscellan. n. 5. n. 36.)

[1] Im Januar 1249 war Peter noch als Protonotar in Pavia, im Juni 1249 nennt ihn Friedrich schon Verräter. Nach den Placentiner Annalen ließ er ihn in Cremona verhaften, nach Borgo di S. Donnino, dann im März 1249 nach S. Miniato bringen, wo er, geblendet, sein Leben beschlossen habe (suam vitam finivit). Doch scheint sein Selbstmord in Pisa gewiß. Die Nachforschungen von De Blasiis (della vita e delle opere di Pietro della Vigna, Neapel 1861), und die von Huillard Vie et Correspondance de Pierre de la Vigne, Paris 1865, haben kein helleres Licht zu verbreiten vermocht. Schirrmacher glaubt an die Schuld Peters; IV. 294 sq.

gelehrt, und er verließ Süditalien nicht mehr. Verhältnisse, deren fatalen Bann er nicht durchbrechen konnte, hielten ihn zu seinem Unglück in dem Lande fest, wo die Entscheidung seines großen Kampfes nicht mehr lag. Wenn man auch urteilen darf, daß Friedrich II. nicht unterlegen war, daß er bis zuletzt seine Macht nicht allein in seinem Königreiche, sondern im größesten Teile Italiens aufrecht hielt, so muß man dennoch bekennen, daß er den Einfluß auf die großen Weltverhältnisse verloren hatte, und in Italien isolirt zurückgeblieben war. Die römische Kirche hätte er nur dann besiegen können, wenn er wieder in Deutschland aufgetreten wäre, die deutsche Nation zum Kampfe geführt, und mit allen dem Papsttum feindlichen Elementen in England und Frankreich einen Bund hätte schließen können. Am Ziele seines thatenvollen und genialen Lebens angelangt, erlag Friedrich II. einer kurzen Krankheit am 17. December 1250 zu Ferentinum bei Luceria.¹

Friedrich II † 13. Dec. A. 1250.

Wenn es wahr ist, was alte Chronisten erzählen, so starb der glanzvolle Kaiser, der große Feind der Päpste, mit einem philosophischen Blick auf die Nichtigkeit aller irdischen Größe, mit christlicher Hoffnung auf die Ewigkeit, gehüllt in die Kutte der Cisterciensermönche, und absolvirt von seinem treuen Freunde, dem Erzbischof Berard von Palermo. Wir wollen es glauben, weil es menschlich ist. Das Sterbebette Otto's IV. umstanden Mönche, die ihn auf seine flehentlichen Bitten wund gegeißelt hatten, und am Todeslager Napoleon's

---

¹ Usque ad ultimum fati sui diem gloriosus, et per totum Orbem Terrarum admirabiliter vixit, et qui omnib. faerat insuperabilis, solius mortis legi succubuit; so der Ghibelline Nicol. de Jamsilla, Hist. de reb. gest. Frid. II., Murat. VIII. 496.

stand ein geringer Priester, der ihm die Communion gereicht hatte.[1] Der Held seines Jahrhunderts, dessen Genie die Welt mit Bewunderung erfüllte, starb nach langen Kämpfen um ihre Befreiung von der Alleingewalt des Priestertums, gleich den meisten großen Menschen von seiner Zeit nicht begriffen, verlassen und in tragischer Einsamkeit. Der Erbe seiner Kronen war fern in Deutschland im Felde gegen den Usurpator Wilhelm von Holland; an des Kaisers Lager standen sein Bastard Manfred, in dessen Armen er verschied, und der treue Erzbischof Berard. Sein Schloß hüteten Saracenen, seine Garden. Die Bahre wurde nach Tarent geführt, von wo man den todten Kaiser zuerst nach Messina, dann nach Palermo überschiffte. Im dortigen Dom ruht er in seinem Grabmal von Porphyr.

Die Leidenschaften, welche der gewaltige Kampf Friedrichs II. mit dem Papstum erregte, werden noch heutiges Tags in den Urteilen der Welt gespürt. Es gibt eine guelfische und eine ghibellinische Ansicht über ihn, denn jene beiden Parteien leben noch in andern Formen fort, und sie werden noch so lange dauern, als das Princip ihres Gegensatzes besteht. Die niedrigste Auffassung vom Wesen Friedrich's II.

---

[1] Obiit — principum mundi maximus Fridericus stupor quoque mundi et immutator mirabilis, absoluta a sententia qua innodabatur, assumpto, ut dicitur, habitu Cisterciensium, et mirifice compunctus et humiliatus. Math. Paris p. 804. — Manfred schrieb an Konrad, der Kaiser (in corde contrito velut fidei orthodoxae zelator) habe der Kirche allen Schaden zu ersetzen befohlen: cecidit sol mundi, qui lucebat in gentibus (Baluze I. 476). Sein Testament bestimmte, daß der Kirche (matri nostrae) alle Rechte herzustellen seien, doch salvo in omnibus et per omnia jure et honore Imperii . . . et ipsa restituat jura imperii: Chron. Franc. Pipini lib. II. c. 41. Das Testament in Mon. Germ. IV. 357.

ist jene der kirchlichen Partei seiner eignen Zeit. Es ist begreiflich, daß ein Innocenz IV. in seinem großen Gegner nur den Antichrist, nur einen scheußlichen Tyrannen, einen Pharao und Nero und den grimmen Feind der Kirche erblickte; denn schon damals war der evangelische Begriff der Kirche längst verfälscht, und wo Priester und Scholastiker von ihr reden, muß man unter ihr meist die Hierarchie oder das Papsttum verstehen. Aber man darf sich mit Recht verwundern, daß jenes Urteil priesterlichen Hasses aus längst vergangnen Tagen noch in der heutigen Geschichtschreibung ein Echo gefunden hat. Die Ansicht des Denkers mildert der ruhige Blick in die Weltordnung, deren streitende Gegensätze, welchen Parteinamen immer sie in der Zeit haben, sich in der Sphäre der Ideen, die das Ewige sind und den Zufall nicht kennen, zu den dienenden Mächten der höchsten, die Welt durchbildenden Vernunft gestalten. Die lange Reihe zum Teil großer Päpste, welche vom menschlichen Glauben mit der religiösen Gewalt bekleidet die Freiheit der Kirche vom politischen Gesetz mutig erkämpft haben, gewährt ein so staunenswürdiges Schauspiel, wie die Reihe jener ruhmvollen, um die Menschheit hochverdienten Kaiser, die von demselben Glauben mit der Majestät civiler Macht bekleidet, die Freiheit des Weltgeistes gegen die Kirche verteidigten. Innocenz IV. summirte in sich die Reihe von jenen und die Resultate ihrer Anstrengungen, Friedrich II. die Reihe und die Resultate von diesen. Die mittelaltrige Welt war, ihrem Ideale nach, ein vollkommenes kosmisches System, dessen Zusammenhang und Einheit, ja selbst dessen philosophischer Gedanke unsere Gegenwart zur Bewunderung zwingt, weil die Menschheit dies ausgelebte System noch nicht durch eine gleich harmonische Verfassung hat ersetzen können. Als eine in sich abgerundete Sphäre hatte jene Welt des Mittelalters zwei entgegengesetzte Pole, Kaiser und Papst. Die Verkörperung der die damalige Menschheit lenkenden Principien in diesen beiden Weltfiguren wird ein ewig staunenswürdiges, ein nie mehr wiederholbares Erzeugniß der Geschichte bleiben. Sie waren wie zwei Demiurgen, zwei Geister des Lichts und der Macht, in die Welt gesetzt, jeder seine Sphäre zu bewegen und zu regieren, Schöpfungen des sich fortsetzenden, im Medium irdischer Nothwendigkeit getrübten Culturgedankens des Christentums. Indem der eine die bürgerliche, der andre die geistliche Ordnung darstellte, der eine die Erde, der andre den Himmel vertrat, entstand dieser die Menschheit bildende, die Jahrhunderte erfüllende und zusammenhaltende Titanenkampf des Mittelalters, das großartigste Schauspiel aller Zeiten. Friedrich II. war dessen letzter wirklicher Heros. Er war mit allen Fehlern und Tugenden der vollständigste und genialste Mensch seines Jahrhunderts, und der Repräsentant von dessen Cultur.[1]

Man hat indeß Friedrich II. seiner eignen Zeit zu weit entrückt, indem man ihm den Plan zuschrieb, die bestehende Verfassung der Kirche zu zerstören, und die königliche wie priesterliche Gewalt in sich selbst als Papst-Kaiser zu vereinigen.[2] Eine Kirche ohne Papst war den herrschenden

[1] Friedrich II. von Preußen, Philosoph, Dichter, Freigeist, ein höchst verschlagner Staatsmann, und Monarch im vollen Sinne, bietet Züge dar, welche seinem großen Namensvetter porträtähnlich sind.
[2] Die Behauptung Huillard's von einem solchen Plane Friedrich's und dem Project, Petrus de Vineis zum Papst oder zu seinem eigenen Vicar in Angelegenheiten der Kirche zu machen, ist schon mehrfach in Deutschland und in Italien widerlegt worden. Der verdiente französische

Staatsbegriffen jener Zeit gänzlich fremd. Die Vorstellung von den beiden Weltlichtern blieb ein anerkanntes Symbol, und weder hat je ein Kaiser den Gedanken gehabt, das Papsttum zu zerstören, noch ein Papst diesen, das Reich zu vernichten. Sie anerkannten der eine den andern als die höchste geistliche und die höchste weltliche Autorität, aber sie kämpften mit einander um die Ausdehnung ihrer Gewalt.[1] Das religiöse Bewußtsein Friedrich's, des furchtbaren Feindes der politischen Ausartung des Papsttums, war so gut katholisch, wie die Ueberzeugung des ghibellinischen Dante. Er hat die apostolische Gewalt im Papst nicht bestritten; aber er rief den Fürsten zu: „helft uns mutig im Kampfe gegen die boshaften Priester, auf daß wir ihren Hochmut brechen und der heiligen Kirche, unsrer Mutter, würdigere Vorsteher geben; denn dies gebührt unserem kaiserlichen Amt, und es ist unser aufrichtiger Wunsch, sie zur Ehre Gottes zu reformiren."[2] Hier erscheint das Wort „Reformation" im Munde Friedrich's II.; jedoch er verstand darunter nur die Befreiung des Kronrechts von dem Kirchenrecht, die Trennung der weltlichen von der geistlichen Gewalt, die Beschränkung des

---

Gelehrte führte sie nochmals, doch ohne zu überzeugen, in seiner Monographie aus: Vie et Correspondance de Pierre de la Vigne, Paris 1865.

[1] Friedrich läugnete das Papsttum so wenig, als Philipp von Frankreich, der einst Saladin glücklich pries, weil es für ihn keinen Papst gab. So schrieb auch er A. 1247 seinem Schwiegersohn Patazes: o felix Asia, o felices orientalium potestates quae — adinventiones pontificum non verentur. Hist. Dipl. VI. 686.

[2] Ad honorem divinum in melius reformemus. Höfler, Friedrich II. p. 424. Der Begriff reformare und reformatio, einen Zustand durch Gesetze ändern, war damals sehr gebräuchlich, namentlich in allen Republiken.

Priestertums auf das apostolische Amt, die Säcularisation der Kirche nach den von den Ghibellinen anerkannten Ideen Arnold's von Brescia, und die Herstellung des königlichen Investiturrechts, wie er es in Sicilien vollzogen hat.[1] Ein weiter Weg trennte noch die Menschheit von den Confessionen zu Augsburg und Worms; ein langer geistiger Proceß war noch durch das Medium scholastischer Discussion und klassischer Wissenschaft zu nehmen, bis Deutschland dort anlangte. Die Trennung Deutschlands von der römischen Kirche geschah durch die Reformation; diese aber entsprang nicht in einer gegebenen Zeit, sondern ihr Proceß reicht als eine Kette von Ursachen bis zum Evangelium hinauf, und die lange Reihe von Kaisern, welche den Investitur- und Reichskampf wider die Alleingewalt Rom's gekämpft haben, führt als geschichtliche Voraussetzung geradezu auf die deutsche Reformation. In den Kämpfen Friedrichs II. wider das maßlos gewordene Papsttum wurden demnach unläugbar viele neue Keime der Reformation in Europa ausgestreut.

Friedrich II., conservativster Vertreter des alten Reichsprincips und ein Neuerer zugleich, schritt hier seiner Zeit voraus, und verläugnete sie dort. Darf man sich verwun-

---

[1] Am Ende 1246 schrieb er an König Ludwig: nos etenim — firma concepimus voluntate temporalia jura et dignitates nostras inviolabiliter conservare, et nihilominus S. Rom. Eccl. ad honorem dei et catholice fidei in spiritualibus revereri. — Quod si ad id votis equalibus — intendamus, communem causam nostram et omnium principum adeo favorabilem faciemus, quod in nullo jura nostra diminui poterunt, sed augeri. Hist. Dipl. VI. 473. Eine bemerkenswerte Stelle, welche den Reformversuch des großen Kaisers seinem vernünftigen Princip nach offen darlegt.

dern, daß er noch an das Ideal des römischen Kaisertums glaubte, wenn dasselbe noch ein Jahrhundert nach ihm den edelsten Geistern Italiens als das fortdauernde legitime Reich der Römer, als die nicht unterbrochene Weltordnung, und als der Begriff aller menschlichen Cultur erschien? Denn dies war noch der geniale Irrtum Dante's und Petrarca's. Eine erhabene Tradition, durch die Jahrhunderte fortgepflanzt, eine theokratische Anschauung von der Weltverfassung und der Einheit des Menschengeschlechts, in der sich unter den Germanen, die das Römerreich aufgelöst hatten, das Bedürfniß einer gesetzlichen Form des Weltlebens neben der Einheit der Religion Ausdruck gab, ein großes Culturideal, und ein kosmopolitischer Begriff, der nie zur vollen Wirklichkeit ward, beherrschte mit der Festigkeit eines Dogma das ganze Mittelalter; und dies Vorstellen dauerte noch, als die romanischen und die germanischen Nationen, welche einander die zwei Weltcharaktere, Kaiser und Papst, zugeteilt hatten, durch lange Entwicklungsprocesse eigene Staatsformen, Gesetze, Nationalität und Nationalsprache erworben hatten. Die lateinische Race hatte im Zeitalter Friedrich's II. ihre germanischen Bestandteile völlig und organisch in sich aufgezehrt, und stellte sich jetzt diesseits der Alpen als eine neue, eigenartige, die italienische Nation dar. Sie war nun vom alten Uebergewicht der germanischen Feudalität frei geworden, weil sie in der Gemeindeverfassung und im römischen Recht sich selbst wiedergefunden hatte. Der demokratische Nationalgeist, mit dem sich die Kirche verband, protestirte daher sowol gegen die Wiederherstellung des germanischen Feudalprincips in Italien durch Heinrich VI., als gegen das neue monarchische Princip Friedrich's II., und das Programm der Ghibellinen, der politischen Legitimisten jener Zeit, Italien auf Kosten seiner nationalen Unabhängigkeit und Städtefreiheit das zweifelhafte Glück monarchischer Einheit durch einen fremden Kaiser zu geben, war nicht höher berechtigt, als der wilde Freiheitsdrang der Guelfen, die nur aus Not und Vorteil ihre Stütze in dem natürlichen Gegner des monarchischen Princips in Italien, dem Papste, suchten.

Friedrich II. beschloß die Epoche jenes altgermanischen Reichs, welches sich diesseits der Alpen ausgelebt hatte, und ließ die Kirche und die guelfische Partei im Besitze des Sieges und der Zukunft; er beschloß jenes Reich aber in einer neuen Gestalt, als der erste eigentliche Monarch; der Gründer eines Staatsprincips einheitlicher Regierungsgewalt, der erste Fürst, welcher seinem Volk ein geordnetes Gesetzbuch gab, den Kampf des Königtums gegen die Feudalität begann und den dritten Stand zu den Parlamenten berief. In seinem Erblande Sicilien war es, wo er die Praxis seiner Grundsätze vollzogen hat, nach welchen sowol die feudalen als die demokratischen Ungleichheiten in der Monarchie aufgehoben sein sollten. Die Zeit ergriff diese monarchischen Tendenzen, und entwickelte langsam den modernen Staat. Auf diesen neuen Wegen für den alten Kampf mit der päpstlichen Hierarchie geschah es, daß fünfzig Jahre nach Friedrich II. die französische Monarchie durch die Kraft des Staatsrechts, durch das Princip der nationalen Unabhängigkeit und durch den Willen der vereinigten Landesstände das innocentianische Papsttum und die mittelaltrige Papstgewalt überhaupt wirklich überwand.

4. Die Söhne Friedrich's II. Konrad IV. Rückkehr des Papsts nach Italien. Dortige Verhältnisse. Manfred's Lage als Stellvertreter Konrad's. Konrad IV. kommt nach Italien, und nimmt Besitz vom Königreich. Innocenz IV. trägt die Investitur desselben erst Carl von Anjou, dann einem englischen Prinzen an. Der Senator Brancaleone zwingt ihn, seinen Sitz wieder in Rom aufzuschlagen, 1253. Der Prinz Edmund wird mit Sicilien vom Papst beliehen. Verhängnißvoller Tod Konrad's IV., 1254.

Der Tod Friedrich's II. war ein Weltereigniß. Als der große Kaiser, welcher vierzig Jahre lang Europa mit sich beschäftigt hatte, im Sarge lag, schien der lange und furchtbare Kampf des Reichs mit der Kirche zu deren Vorteil entschieden, und eine neue Zeit unumschränkter Weltherrschaft für die Päpste angebrochen.

Die Freude von Innocenz IV. war daher begreiflich, aber so unpriesterlich und ohne Grenzen, daß er sie in maßlosen Declamationen zu erkennen gab.[1] Die Herrschaft des heiligen Stuls über Italien schien ihm nun das Schicksal darzubieten, und ob dies alte Problem im Sinne der Päpste überhaupt lösbar sei, sollte jetzt, wenn überhaupt je, gezeigt werden. Von den Söhnen Friedrich's, welche ihm Constanza von Aragon, Jolanta von Jerusalem und Isabella von England geboren hatten, lebten noch zwei, der 22jährige König Konrad, Jolanten's Sohn, der 12jährige Heinrich, Sohn von Isabella. Von seinen drei Bastarden schmachtete Enzius im Gefängniß zu Bologna, war jetzt Friedrich von Antiochien, aus Florenz vertrieben, in Mittelitalien, und Manfred in

Konrad und Heinrich, die Erben Friedrich's II

---

[1] Laetantur coeli, et exultet terra ... an die Sicilianer, Lyon 25. Jan. 1251 (Raynald n. 111). Man vergleiche damit die edle Sprache Friedrich's, als er den Königen den Tod Gregor's IX. meldete: de cujus morte multa compassione conducimur, et licet digno contra eum odio moveremur (Hist. Dipl. V. 1166).

Apulien.[1] Dem Testament gemäß wurde Konrad IV., schon seit 1237 erwählter König in Deutschland, Erbe aller Kronen des Vaters, und sollte Manfred, Fürst von Tarent, die italischen Länder als sein Balivus oder Stellvertreter regieren.

Innocenz IV. eilte, Apulien und Sicilien, die er als heimgefallne Kirchenlehen betrachtete, den Erben Friedrichs II. zu entreißen. Er ermahnte die Sicilianer, unter die Herrschaft der Kirche zurückzukehren, die ihnen Privilegien und Freiheiten bot; die Deutschen, zum Könige Wilhelm zu stehen, dem er die Kaiserkrone versprach, während er gegen den schuldlosen Konrad überall das Kreuz predigen ließ. Die guelfischen Städte riefen ihn nach Italien; er reiste am 19. April 1251 von Lyon ab, wo der Gegenkönig Wilhelm das Osterfest mit ihm gefeiert hatte.[2] Die üppige Handelsstadt sah die päpstliche Curie nach sechsjährigem Aufenthalt scheiden, und ahnte nicht, daß 50 Jahre später ein Papst in ihr zu seiner Krönung wieder erscheinen sollte, um dann dem Papsttum für 70 Jahre die Residenz an denselben Rhoneufern zu bereiten.[3]

Innocenz IV. verläßt Lyon. 19. April A. 1251.

---

[1] Der älteste Sohn Heinrich, der Rebell, starb im Kerker zu Martoranum, A. 1242; der dritte Sohn Jordan von Isabella als Kind zu Ravenna, 1236. Stammtafel bei Raumer.

[2] Am 17. April 1251 stellte in Lyon König Wilhelm ein Privilegium für Perugia aus, welchem er Castiglione Chiusino bestätigte. An demselben Tag bestätigte er die Rechte Perugia's in Città della Plebe. Archiv Perugia, B. B. Carte, Saec. XIV., Anhang n. 2.

[3] Wenn die Zote, welche Math. Paris dem Card. Hugo als Lebewol an Lyon in den Mund legt, auch unwahr sein mag, so bezeichnet sie doch die Sitten der Zeit. Amici, magnum' fecimus postquam in hanc urbem venimus, utilitatem et elemosynam. Quando enim primo huc venimus, tria vel quatuor prostibula invenimus. Sed nunc recedentes unum solum relinquimus; verum ipsum durat continuatum ab orientali porta civitatis usque ad occidentalem (p. 809).

Ueber Marseille zog Innocenz auf der Riviera nach Genua. Der Flüchtling vom Jahre 1244 erschien in seiner Vaterstadt wieder, umgeben von prachtvollem Glanz, als Sieger über das Kaisertum. Die Bürger guelfischer Städte strömten auf seinen langsamen Weg durch die Lombardei, und fünfzehn Tausend Mönche und Priester empfingen ihn mit Extase vor Mailand, während unzählbares Volk zehn Millien entlang vor der Stadt dem päpstlichen Triumzug die Ehrengasse bildete. Die guelfischen Republiken huldigten Innocenz IV. als Papst, aber sie forderten große Entschädigung der Kriegskosten, weigerten die Rückgabe ehemaliger Kirchengüter und zeigten, daß sie nicht willens seien, das kaiserliche Joch mit der Herrschaft der Kirche zu vertauschen. Die Communen hatten deren Kampf mit dem Reiche benutzt, um mit Hülfe ihres großen Verbündeten unabhängig vom Kaiser zu werden, und die Kirche fand, daß sie auch vom Papst unabhängig geworden waren. Die ghibellinischen Städte und Herren beugte der Wechsel der Verhältnisse nur vorübergehend; der Kaiser war todt, doch das Princip lebte fort. Der Geist der Freiheit, welchen die staufischen Kaiser durch ihre Kämpfe erweckt hatten, stand für sich fest. Der Papst sah ein anderes Italien wieder, als jenes war, das er verlassen hatte, und er erkannte überall, daß jenes große Ziel von Hildebrand und Innocenz III., die Halbinsel unter den Hirtenstab S. Peter's zu bringen, doch unerreichbar sei.

Er reiste im Sommer über Brescia, Mantua, Ferrara nach Bologna, wo der unglückliche Enzius im Kerker das Jubelgeschrei vernahm, welches dem Einzuge des verhaßten Feindes seines großen Vaters galt. Er ging weiter nach Perugia, im Anfange des November; nach Rom wagte er

Er wird im Triumf in Italien empfangen, A 1251.

sich nicht. Obwol ihn einst ein Senator so bringend zurück=
gerufen hatte, fürchtete er doch den wilden Trotz der Römer,
die nach des Kaisers Tode wenig Grund mehr hatten, guelfisch
gesinnt zu sein. Man gab dem Papst zu verstehen, daß sie
mit unermeßlichen Forderungen über ihn herfallen würden,
sobald er im Lateran sich zu zeigen wagte. Er beschloß, in
Perugia seinen Sitz zu nehmen.[1]

Er nimmt seinen Sitz in Perugia.

Unterdeß sah der junge Fürst von Tarent eine Last auf
sich gelegt, für die er zu schwach erschien. Manfred Lancia,
geboren im Jahre 1232, war der Sohn Friedrich's von
Blanca Lancia, einer schönen und edeln Frau aus piemon=
tesischem Geschlecht. Die Zeitgenossen nennen ihn Bastard,
was er war, obwol einige Gründe wahrscheinlich machen,
daß Friedrich seiner Ehe mit Manfred's Mutter die Gesetz=
lichkeit gab. Er hatte ihn schon im Jahre 1247 mit Beatrix
von Saluzzo vermält, einer Tochter des Grafen Amadeus
von Savoyen, und sein Testament, worin er der andern
Bastarde Enzius und Friedrich von Antiochien nicht gedachte,
bewies, daß er den Sohn Blanca's nach seinen echten Söhnen
als erbberechtigt anerkannte. Die Natur hatte Manfred mit
Geist und Schönheit, die sorgsamste Bildung ihn mit Anstand
der Sitte und Wissenschaft begabt; alle Zeitgenossen schildern
ihn als einen herrlichen Menschen, großmütig, freigebig,
heiter, einen Sänger und Troubadour, und geborenen König.
Und bald machte er seinen Namen in der Welt berühmt.
Wenn der Papst hoffte, daß nach dem Tode Friedrich's die
Städte Apuliens und Siciliens sofort die Fahne S. Peter's

Manfred, Fürst von Tarent.

[1] Quod si Romam pervenerit, Romani exigerent pecuniam in-
aestimabilem ab ipso violenter... Math. Paris p. 809. Die ganze
Reise des Papsts hat Nicolaus de Curbio c. 30 genau beschrieben.

aufpflanzen würden, so täuschte er sich. Der Zauber vom Namen und der Macht des großen Kaisers starb dort nicht sogleich mit ihm. Nur einige Barone und Städte, darunter freilich Capua und das mit großen Freibriefen vom Papst beschenkte Neapel, erklärten sich für die Kirche. In seiner ersten Bedrängniß schickte Manfred Friedensanträge an Innocenz; aber die Forderung, für seine unbedingte Unterwerfung Tarent als Kirchenlehn anzunehmen, mußte der Vicar Konrad's IV. ablehnen.¹ Durch geschickte und schnelle Märsche bezwang er die Rebellen in Apulien, scharte die deutschen Soldtruppen um sich, erwarb durch ritterliche Waffenthaten seinem Namen Achtung, und erschien bereits drohend vor Neapel.

Nach des Kaisers Tode hatte Manfred seinen Bruder Konrad aufgefordert, die Alpen herabzukommen, und sein Erbland Sicilien an sich zu nehmen. Der junge König der Römer folgte den politischen Ideen seiner Ahnen und Manfred's Ruf. Er sammelte ein Heer, hielt zu Augsburg ein Parlament, ernannte den Baiernherzog Otto, dessen Tochter Elisabeth seine Gemalin war, zu seinem Vicar, und kam im October 1251 in die Lombardei, wo Ezzelin und andre Ghibellinen ihn in Verona ehrenvoll empfingen. Er musterte hier und in Goito die ghibellinische Macht, die noch ansehnlich genug war; dann beschloß er nach Apulien zu ziehen, sich erst seiner Erblande zu versichern, und von dort nach Norditalien zurückzukehren. Der Bund romagnolischer, umbrischer und tuscischer Städte versperrte ihm den Landweg, und Rom

<small>König Konrad IV. in Verona. Oct. A. 1251.</small>

---

¹ Man sieht, welche Bewandtniß es mit der Belehnung der Frangipani hatte. Erst als Manfred nicht folgte, belieh Innocenz Heinrich Frangipane nochmals mit Tarent, am 21. Jan. 1252 zu Perugia.

schien nicht geneigt, den Sohn Friedrich's II. anzuerkennen, oder zu unterstützen.[1]

Konrad schiffte sich in Pola ein, wo der Markgraf Bertold von Hohenburg ihn mit sicilischen Galeeren erwartet hatte. Er landete zu Siponto am 8. Januar 1252, und sogleich wirkte sein Erscheinen auf Barone und Städte. Die Eifersucht, welche sich des Gemütes von Konrad bemächtigte, entwaffnete die kluge Haltung Manfred's, der die Regierung des Königreichs, selbst seine Lehen, in die Hände des Bruders zurückgab, nachdem er ihm die Wege zu Neapel gebahnt hatte. Die Laufbahn Konrad's IV. in Apulien war kurz und ruhmvoll. Nachdem er dem Papst erfolglos die günstigsten Friedensbedingungen um den Preis seiner Anerkennung oder Belehnung mit Sicilien geboten hatte, bewies er seine Rechte mannhaft mit dem Schwert. Er durchzog Apulien und Campanien; die Barone huldigten ihm; Capua öffnete ihm im Spätherbst 1252 die Tore, und im Frühling des folgenden Jahrs anerkannten ihn alle Städte, bis auf Neapel, welches er jedoch mit Nachdruck belagerte.

Seine siegreichen Feldzüge in Apulien, A. 1252.

Die Erfolge der Söhne Friedrich's zwangen jetzt Innocenz IV. einen schon in Lyon gefaßten Plan wieder aufzunehmen. Indem er begriff, daß die Kirche unvermögend sei, Sicilien mit eigenen Mitteln dem staufischen Geschlechte zu entreißen, beschloß er, dies schöne Reich einem fremden Prin-

---

[1] Curtius bringt 2 Briefe Konrad's an die Römer; der zweite Ardens semper gehört indeß Friedrich II. an (Petr. de Vin. III. 72); wol auch der erste: Romanus honor. Konrad schrieb allerdings an die Römer. Siehe den Brief Plane scimus an den Proconsul Almae Urbis, Baluze Miscell. I. 193. Ich glaube, daß er dem Senat Brancaleone's angehört. Der Begriff Proconsul, dem Könige fremd, steht hier für Senator.

zen als Lehn zu übertragen; dieser Schritt war demütigend für das Papsttum und höchst verhängnißvoll für Italien. Indem er seine Blicke auf solche Länder warf, wo er einen willigen Prätendenten und Geld vollauf zu finden hoffte, bot er die sicilische Krone dem Bruder des Königs von Frankreich, Carl von Anjou; aber die Großen und die Königin-Mutter Blanca, damals Landesverweserin für den in Syrien abwesenden Ludwig, lehnten dies Anerbieten ab. Er wandte sich hierauf an England. Als der unermeßlich reiche Richard von Cornwall seine Anträge ausschlug, verblendete er damit dessen Bruder, den König Heinrich, für seinen zweiten Sohn Edmund von Lancaster, ein achtjähriges Kind. Heinrich den III. ängstigte nur vorübergehend der Gedanke, daß er Sicilien seinem eignen Neffen, dem jungen Heinrich, Friedrichs II. und Isabella's Sohne, entreißen würde, welcher dort Königsstatthalter war; der Tod dieses Neffen befreite sein Gewissen bald von solchen Bedenken.[1]

Innocenz IV. bietet die Krone von Sicilien dem Prinzen von Lancaster.

Innocenz IV. mußte in der That eilen, Konrad durch einen mächtigen Gegner zu bekämpfen. Denn im October 1253 zog jener König in das eroberte Neapel ein.[2] Der

Konrad IV. zieht in Neapel ein, Oct. A. 1253.

---

[1] Antrag des Papsts an Carl, 12. Juni 1253, Assisi: Dum adversitates; Raynald n. 2. 3. 4. — Der Antrag an Richard scheint schon in Lyon gemacht (Lappenberg und Pauli, Gesch. v. Engl. III. 694). Förmlich erging er am 8. Aug. 1252, von Perugia aus (Rymer, Foedera fol. 284); sodann am 28. Jan. 1253 fol. 288). Die Concession an Edmund, vom 6. März 1254 (fol. 297). Die Krone Siciliens ward ausgeboten, wie in unseren Tagen die von Griechenland.

[2] Wie Konrad III. bestrafte er die Stadt durch Einreißen der Mauern, schonte aber die Bürgerschaft. Er ließ das alte bronzene Roß vor der Kathedrale zügeln und die Verse auf die Basis schreiben:
Hactenus effrenis domini nunc paret habenis.
Rex domat hunc aequus Parthenopeus equum.
Der Kopf des Pferdes ist heute in den „Studien" zu sehen.

Papst vernahm den Fall dieser Stadt schon in Rom, wohin er von Assisi am Anfang des October gekommen war.[1] Schon mehrmals hatten ihn die murrenden Römer zur Heimkehr aufgefordert. Sie hatten erst der Stadtgemeinde Perugia, ihrer Schutzverwandtin, geboten, den Papst nicht länger bei sich zu behalten, und hierauf den Assisinaten gedroht, ihn mit einem Heere aus ihren Mauern herauszuholen. Er solle, so riefen sie voll Trotz, jetzt kommen, oder niemals.[2] „Wir wundern uns sehr," so sprachen ihre Gesandten zum Papst, „daß Du wie ein Landstreicher bald hier bald dort umherziehst, Rom, den Sitz der Apostel, verlässest, Deine Heerde, von der Du einst Gott Rechenschaft ablegen sollst, den Wölfen Preis gibst, und an nichts als an Geldgewinn denkst. Der Papst gehört nicht nach Anagni oder Lyon, nicht nach Perugia oder Assisi, sondern nach Rom." Ein kraftvoller Mann dictirte den Römern diese Sprache, Brancaleone von Andalò, ihr damaliger Senator. Innocenz IV. kam voll Furcht und Zagen; die Römer empfingen ihn kühl; ihre Freudenbezeugungen waren vom Senator officiell anbefohlen.[3] Brancaleone begrüßte ihn vor der Stadt und geleitete ihn zum Lateran, doch der Lebensbeschreiber von Innocenz spricht von keinem triumfartigen Empfange, wie in Mailand und andern Städten. So kehrte die Curie im October 1253 nach Rom zurück, nach

Die Römer zwingen Innocenz IV. zur Rückkehr in die Stadt. Oct. A. 1253.

---

[1] Er war in Assisi den Sommer geblieben, und hatte die Kirche S. Franciscus consecrirt. Nicol. de Corbio c. 33.

[2] Et cum venire distulisset, iterum vocabant eum Romani, ut prius, sed solennius, et sub hac forma, ut scilicet tunc veniret, vel nunquam. Math. Paris, p. 862.

[3] Papa igitur nolens volens, paratis clitellis Romam adiit, tremebundus. Ubi, ut decuit, susceptus est cum honore, sic jubente et volente Senatore. Math. Paris p. 862. 879. — Nicol. de Curbio c. 34.

einer Abwesenheit von mehr als 9 Jahren, nach 10 Jahren des Pontificats von Innocenz IV. überhaupt, in welcher Zeit ihn die Römer nicht ein Jahr lang in ihrer Stadt gesehen hatten. Kaum wußten sie jetzt den Papst in ihren Mauern, als sie ihn mit Geldforderungen und Entschädigungen jeder Art so ungestüm bedrängten, daß sich Innocenz gezwungen sah, die Protection des mächtigen Senators anzurufen.[1] Brancaleone beschwichtigte den Sturm, um es nicht mit dem Papst zu verderben, bei welchem er wahrscheinlich zu Gunsten Konrab's sich verwendete; denn mit diesem Könige stand er in freundlichem Verkehr; öffentlich auf dem Capitol empfing er dessen Boten. Konrad benutzte sogleich die Anwesenheit des Papsts in Rom zu einem zweiten Friedensversuch. Aber seine Anwälte, die Grafen von Montfort und von Savoyen, richteten nichts aus; Innocenz hatte dem Geschlechte Friedrich's II. den Untergang geschworen, und er verfolgte sein Ziel mit der unerbittlichen Hartnäckigkeit, die nur immer dem persönlichen Haß eines beleidigten Priesters eigen sein kann.[2] Nachrichten aus England, die ihm meldeten, daß Heinrich III. geneigt sei, die Krone Siciliens für seinen Sohn anzunehmen, ermutigten ihn. Am Gründonnerstage des Jahres 1254 sprach er die Excommunication über Konrab und Ezzelin aus, und bald darauf verließ er das unsichre Rom, und ging nach Umbrien.

Er lebt hier unter dem Schutze des Senators.

Er geht nach Assisi, im Frühling A. 1254.

Er bestätigte in Assisi die Lehnsurkunde über Sicilien, welche sein Legat Albert dem jungen Edmund provisorisch

---

[1] Math. Paris p. 879.
[2] Papa — odio nondum extincto, quod olim in Federicum exercuit, in prolem et sanguinis sui reliquias saevire disposuit. Urteil des Ferretus Vicentinus (Mur. IX. 945).

ausgestellt hatte.¹ Die Zweifel des Königs von England waren beseitigt; denn seinen Neffen, den jüngeren Heinrich, bisherigen Vicekönig Siciliens, hatte plötzlicher Tod am Ende des Jahrs 1253 zu Melfi hingerafft, wohin er von Konrad war gerufen worden, nachdem vorher auch die zwei kleinen Söhne des ältesten Sohns von Friedrich, des unglücklichen Heinrich, gestorben waren. Boshafte Verläumbung schrieb Konrad einen Mord zu, und arglistige Klugheit benutzte dies, um England zur Annahme des Lehnsantrages zu bewegen. Der schwachsinnige Heinrich III. ging voll kindischer Freude in ein Garn; er schickte dem Papst so viel Geld, als er irgend erpressen konnte, oder gab ihm offene Briefe, nach Belieben Wechsel auf italienische Banken zu ziehen. Dies war alles, was Innocenz begehrte; England sollte für ein gemaltes Königreich sein Vermögen zum Opfer bringen, und der Eroberung Siciliens wurde durch päpstliches Gebot der Character eines Kreuzzugs gegeben.² Nun hoffte der Papst, daß Konrad den vereinigten Kräften der Kirche und Englands bald erliegen werde; der junge König erlag unerwartet dem Fieber, und dies machte Innocenz den mit England abgeschlossenen Vertrag schnell bereuen und vergessen.

Konrad IV. beherrschte, im Genusse seines ersten Triumfs, Sicilien und Neapel als sein durch männlichen Krieg wieder

¹ Die Urkunde Albert's datirt Windsor, 6. März 1254 (Rymer fol. 297). Am 15. Mai 1254 dankte Innocenz dem englischen Könige, aus Assisi, für die Annahme der Belehnung, und bat ihn, schnell Truppen nach Sicilien zu senden. Ibid. fol. 302. Darin die Phrase: sed nepote tuo impie, ut asseritur, sublato de medio.

² Ueber das Benehmen von England und die Künste von Innocenz IV., Math. Paris p. 892. Ein politisches Geschäft der Kirche ward breist zur heiligen Angelegenheit der Religion gemacht. Und man wunderte sich, daß entrüstete edle Geister zu Ketzern wurden.

erworbenes Erbe, und rüstete sich bereits, den Kampf seines Vaters mit dem Papsttum aufzunehmen. Ich komme, so meldete er den Ghibellinen, mit 20,000 Kriegern bald nach dem Norden, die Empörer zu züchtigen, und die Reichsgewalt herzustellen. So schrieb er im April 1254, und am 20. Mai war er todt. Die Anstrengungen im heißen Südalien, nicht boshaft erfundenes Gift, rafften den Sohn Friedrich's II. hin; er starb zu Lavello, in der Fülle jugendlicher Kraft, im 26. Jahre seines Lebens, unter schmerzlichen Klagen über sein Schicksal und das Unglück des Reichs, welches er zerfallen sah.[1] Wie seinen Vater und Großvater, wie das gesammte sicilische Hohenstaufengeschlecht verschlang ihn die verhängnißvolle Erbe Italiens.

Konrad IV.
† 20. Mai
A 1254.

Ein grausames Fatum vertilgte das erlauchte Haus der Hohenstaufen; sein jäher atridenartiger Fall ist eins jener tragischen Geheimnisse, für deren Erklärung der bigotte Aberglaube den Schlüssel schnell bei der Hand hat, die thatsächliche Geschichte ihn nicht bietet, dessen Nothwendigkeit aber die in ihre Gesetze eindringende Vernunft wol entdecken kann. Das ruhmvolle Geschlecht der Schwabenkaiser hatte seine Mission erfüllt, und war in kurzer Zeit verdorrt. Wie einst nach dem Tode Heinrich's VI. vom Hause Barbarossa's nur ein einziger Erbe, ein Kind, Friedrich II. selbst, übrig geblieben war, so lebte auch jetzt von der zahlreichen Nachkommenschaft dieses Kaisers nur ein einziger legitimer Sproß,

---

[1] In triumforum suorum primordiis, acerbo mortis fato succubuit. Ric. de Jamsilla, Murat. VIII. 506. Homo pacificus et judex severus — de cujus obitu Teutonici, Apuli et Lombardi, preter illos qui erant de parte Ecclesie, dolore nimio sunt turbati. Herm. Altahensis, beim Böhmer Fontes II. 510.

Konrad's Sohn, Konradin, ein zweijähriges Kind, im Baiernland zurückgeblieben.

Am Sarge von Konrad stand Manfred, wie er kurz vorher am Sarge Friedrich's II. gestanden hatte: das Werk vierjähriger Anstrengungen lag auf's Neue zertrümmert zu seinen Füßen; die Zukunft war auf's Neue dunkel und ungewiß. Wer erkannte nicht, daß Italien mit Konrad IV. eine große Periode seiner Geschichte zu Grabe trug!

Siebentes Capitel.

1. Brancaleone, Senator von Rom, 1252. Näheres über das Amt des Senators, und die Einrichtung der römischen Republik jener Zeit. Widerstand der römischen Barone, und kraftvolles Auftreten des neuen Senators.

Ein Bürger Bologna's brachte um die Zeit der Rückkehr von Innocenz IV., wie wir bemerkt haben, durch seinen großen Sinn und sein kraftvolles Regiment das Senator-Amt Rom's plötzlich zu hohen Ehren, und gab der Stadt selbst einen vorübergehenden Glanz. Seine Regierung und das Wesen der römischen Republik überhaupt zu seiner Zeit ist einer aufmerksamen Betrachtung wert.

Seit dem XIII. Jahrhundert pflegten die italienischen Freistädte ihre Podestaten aus dem Adel anderer befreundeter Communen zu nehmen. Ein auf sechs Monate zur Regierung berufener Fremder bot größere Gewähr parteilosen Regiments und mindere Wahrscheinlichkeit sich befestigender Tyrannis dar, als ein einheimischer Mächtiger. Ein solcher Austausch der Talente und Gewalten zwischen den Demokratien, welche einander mit achtungsvollen Ehren ihre berühmtesten Bürger als Rectoren darliehen, war das schöne Zeugniß republicanischer Verbrüderung und gemeinsamen Nationalverbandes. Es gereicht den Italienern zu sehr hohem Ruhm. Weil man in der Regel nur bedeutende Männer zu Podestaten berief,

Die Podestaten der Republiken Italiens.

so war dieser Ruf an sich das echteste Document bevorzugter Talente. Wer die wahre Blüte der Aristokratie in dem ruhmvollen republicanischen Jahrhundert Italiens, dessen edelste Ritter, größeste Feldhauptleute, Gesetzgeber und praktische Richter kennen lernen will, der muß die Kataloge der Podestaten in den einzelnen Demokratien nachlesen; sie geben zugleich die Uebersicht der angesehenen Familien, welche im XIII. und XIV. Jahrhundert an der Spitze des geschichtlichen Lebens der Communen standen. Sie machen in einer Zeit, wo das übrige Europa keine namhaften großen Bürger zählte, durch eine Fülle von Staatsmännern und Kriegern erstaunen, wie Hellas und Rom in ihren besten republicanischen Tagen. In dieser Epoche stellten die Städte die völlige Befreiung ihres politischen Geistes von der Kirche dar, und sie entfalteten ein glänzendes Gemälde des nationalen Bürgertums, ehe dieses von den Dämonen des Parteiwesens und dem maßlosen Plebejerregiment nach kurzer Blüte zerstört wurde.

Die Römer waren daran gewöhnt, feierliche Botschaften aus manchen Städten, selbst aus Pisa und Florenz, ab und zu auf dem Capitol erscheinen und um einen römischen Edeln als ihren Podestà bitten zu sehn; aber sie selbst hatten ihren Senator noch nie aus einer fremden Stadt geholt. Wenn sie dies im Jahr 1252, während Innocenz IV. in Perugia wohnte, zum ersten Male thaten, so muß sie der zerrüttete Zustand ihres Gemeinwesens dazu genötigt haben; und sicher war es nicht der eifersüchtige Adel, sondern das von ihm mißhandelte Volk, welches in Folge einer Revolution den Beschluß durchsetzte, die Gewalt des bisher geteilten Senats einem einzigen, gerechten und weisen Manne als Senator und Capitän zu übergeben, und diesen außerhalb Rom's zu suchen.

Die Römer wandten sich an Bologna. Diese Stadt, das Haupt der Romagna, glänzte damals durch ihre Rechtsschule von europäischem Ruf; ihr Reichtum war groß, ihre Waffenstärke seit Fossalta furchtbar; ein König saß gefangen in ihren Mauern. Der bolognesische Rat schlug den Römern Brancaleone degli Andalò, Grafen von Casalecchio, zum Senator vor, einen Mann aus altem Geschlecht, reich und angesehen, einen Bürger von strengem Republicanergeist, und einen gründlichen Kenner des Rechts.[1] Er gehörte durch Natur zu den gewaltigen Charakteren der Hohenstaufenzeit, zu Salinguerra, Palavicini, Boso da Doara, Jacopo von Carrara, Azzo von Este, Ezzelin, Alberich. Er besaß die rauhe Kraft dieser eisernen Menschen, aber nichts von ihrem ränkevollen Wesen, oder ihrem schrecklichen Egoismus. Er kannte diese Parteihäupter, weil er einst im lombardischen Krieg für Friedrich II., auch nach dessen Excommunication, gekämpft hatte.

Die Römer berufen Brancaleone von Andalò zu ihrem Senator, A. 1252.

Wenn die Bolognesen einen Ghibellinen zum Senator Rom's vorschlugen, und die Römer ihn annahmen, so mußte die Parteifärbung für beide Städte gleichgültig geworden sein, oder das römische Volk sich wieder den Ghibellinen zuneigen. Daß es dies nach dem Tode Friedrich's II. that, war begreiflich; denn die Römer hatten nicht mehr den Kaiser, wol aber

---

[1] Petri Cantinelli Chron. A. 1252 (Mittarelli, Accessiones). Math. Paris p. 860: mense Aug. Romani elegerunt sibi novum Senatorem, civem Bonon., nomine Brancaleonem, virum justum, et rigidum, jurisque peritum. Savioli, ad A. 1252, und Dissertation Lazzari's: la prigonia di Brancal. de Andalo (Bologna, 1783).

den Papst zu fürchten. Die Wahl Brancaleone's, des Freundes von Palavicini und Ezzelin, war ein wirklicher Protest Rom's gegen das aus Lyon heimkehrende weltliche Regiment des Papsts. Schwerlich hat Innocenz IV. diese Wahl damals bestätigt; er hat sie vielmehr nur notgedrungen anerkannt, und das von seinen Vorgängern erlangte Recht der Senatswahl für den Augenblick Preis geben müssen.[1]

Bedingungen Brancaleone's für die Uebernahme des Senats. Brancaleone erklärte sich bereit, Rom zu regieren; doch weil er die Leidenschaften der Republicaner, zumal die ungebändigte Wildheit des römischen Adels genugsam kannte, suchte er sich gegen unausbleibliche Gefahren zu sichern. Er verlangte die Regierung für drei ganze Jahre mit unbeschränkter Gewalt, und als Gewähr seiner persönlichen Sicherheit die Söhne edler Römer zu Geißeln.[2] Das römische Volk muß durch die Tyrannei der städtischen Adelsfactionen in tiefer Bedrängniß gewesen sein, weil es so unerhörte Forderungen bewilligte, die Gemeindestatuten verletzte, und eine dreijährige Dictatur in die Hände eines Fremdlings legte. Denn das Gemeindegesetz gab dem Amt des Senators bisher nur die Dauer von sechs Monaten; der Senator war bisher nur aus dem städtischen Adel gewählt worden, und das mit Brancaleone zum ersten Mal in Rom angewendete Princip,

---

[1] Romani — Brancaleonem — pro triennio in Senatorem urbis elegerant, quia in Lombardia fuerat pro parte Friderici depositi, et junctus amicitia Ezelino tyranno haeretico — et etiam — Pelavicino; Nicol. de Curbio c. 34.

[2] Math. Paris p. 860. Die Geißeln gibt Vesi, Storia di Romagna III. 84, auf 30, Savioli auf 5 an. Siehe bei ihm (Annal. di Bol. III. 2. 682) den Brief Galeana's, der Gemalin Brancaleone's, aus einer Handschrift, die ich in Bologna nicht mehr fand, und um welche sich auch der gelehrte Graf Giovanni Gozzadini umsonst für mich bemühte.

einen Fremden (forensis) zum Senator zu ernennen, stellte sich erst hundert Jahre später statutengemäß fest.

Ein bis zur Peinlichkeit genaues Gesetz bestimmte alle Pflichten und Rechte, welche der fremde Senator zu leisten und zu fordern hatte. Sein Gehalt betrug im Durchschnitt 1500 Goldflorene oder Ducaten für sechs Monate, aus der städtischen Kammer zahlbar. Davon erhielt er ein Drittel bei seinem Regierungsantritt; das zweite am Anfange des dritten Monats; das letzte wurde in der Kammer niedergelegt, und ihm nur dann ausgehändigt, wenn er straflose Rechnung seines Amtes abgelegt hatte. Jene Zeit war noch von rauher Einfachheit und vom unmännlichen Luxus späterer Jahrhunderte weit entfernt. Die Ehre galt noch als Etwas, was man um seiner selbst willen suchte.[1] Eine monatliche Summe von 750 Thalern reichte vollkommen hin, die Bedürfnisse des Senators der Römer zu bestreiten, zumal ihr Geldwert damals mindestens siebenfach höher war, als er heute ist.[2] Der Senator mußte davon auch seine Hofhaltung

Der Senator Forensis in Rom.

---

[1] Siehe die Beschreibung des damaligen Lebens in Florenz, Villani VI. c. 70, und die kaum glaubliche Ricobald's von derselben Zeit Friedrich's II. (Mur. IX. 128.)

[2] Handschriftl. Statuten Rom's im Capitol. Archiv vom Jahr 1469, lib. III. c. 1: Senator Forensis habere debet — pro 6 mensibus 1500 Flor. auri de Camera. A. 1362 klagte Rom, daß der fremde Senator 6monatlich 2500 Flor. beziehe, da doch die früheren zwei Adelssenatoren nur je 1500 Flor. bezogen, worauf der Papst den Gehalt auf 1800 Flor. herabsetzte (Theiner, Cod. Dipl. L n. 363). Um 1350 bezog der Rector der Romagna 4 Goldflor. täglich; der Podestà von Forli, Faenza, Cesena 60 Flor. monatlich; der von Bologna hatte A. 1250 jährlich 2000 bolog. Lire Gehalt oder feudum (Statut. Commun. Bonon. p. 23, A. 1250, ed. Frnti, Bol. 1869). Obwol die Bestimmung des Geldwerts im Mittelalter schwierig ist, so kann man doch feststellen, daß der gute Goldfloren (seit 1252 in Florenz geschlagen) von 24 Carat und

Die senatorische Curie.

besolden. Jeder Podestà einer Freistadt brachte nämlich seine Curie aus der Fremde mit sich; die Communen setzten einen Stolz darein, daß ihr Podestà mit glänzendem Pomp auftrat, aber sie schrieben ihm die Anzahl seines Gefolges, seiner Freunde, Diener, Wachen und Beamten mit mißtrauischer Genauigkeit vor. Die Officianten des römischen Senators bestanden aus fünf Notaren und sechs Richtern, von denen wenigstens einer ein studirter und ausgezeichneter Jurist sein mußte, um ihm als Collateralis oder Beisitzer zur Seite zu stehen. Sie bildeten sein Cabinet, während der Gesammtrat der capitolinischen Richter, oder das Affectamentum, in allen wichtigen Fällen von ihm berufen und gehört wurde.[1] Er hielt in seinem Dienst eine Wache von 20 Mann zu Fuß und 20 zu Roß, einige Ritter als höfische Begleitung, und 2 Marschälle als Executoren der Polizei.[2] Von diesen Beamten, die man die „Familie" des Senators nannte, sind die Officialen der Stadt, oder die vom Volk ernannten

---

72 Gran gleich ist 21 Paul, 1 Bajocco und 4 Quattrini, oder gleich 1 Ducaten (Zechin). 96 Goldflorene machen 1 Pf. Gold, 64 eine Mark. 1 Floren = 1 Lira oder 244 Denare von Provins, oder 120 neapol. Gran. 1 Flor. im Durchschnitt = 26 Solidi provenienses. 1 Libra proven. = 2 Scudi 50 Bajocchi. Bettori, il Fiorino d'oro antico illustrato; Garampi, Saggi di osservazioni sul valore delle antiche monete pontificie. Seine Bemerkungen stimmen mit der Valuta, die dem florentiner Codex des Cencius angehängt ist.

[1] Der Collateralis Brancaleone's war Federigo di Pascipóveri (Note H. zu den Annalen Savioli's A. 1252).

[2] Die Statuten von 1471 geben dem Senator 6 judices forenses und 4 notarios maleficiorum et 1 notarium marescallorum, 4 socios, 8 familiares domicellos ... 20 equos armigeros, et berverios 20 (beroeri, vom altfranz. berruier, Plänkler. Diez, Etymol. Wörterb. der Roman. Sprache; ob hieraus birri oder sbirri?) Nach dem Statut Bologna's (1250) mußte der Podestà 3 gute Richter und 2 gute Notare haben.

Behörden durchaus zu trennen. Ihre Zahl war sehr groß, **Städtische Officialen.**
ihr Amt mit ceremoniösem Pomp umgeben; denn die Stadt
war eifersüchtig, neben dem Hofe des Papsts in einer Fülle
amtlicher Collegien und Charaktere aufzutreten. Der Kanzler
der Stadt, Notare, Scriniare und Finanzkämmerer, der
Secretär (scriba Senatus), der Seneschall, die Consiliarien,
Assectatoren, Justitiarien, selbst Vestararien oder Schatz-
und Garderobemeister bildeten in zahlreichen Körperschaften
und Abstufungen eine ansehnliche Schaar von städtischen
Beamten.[1]

Wenn der fremde Senator nach der Stadt kam, die ihn
berufen hatte, ward er mit allen Ehren empfangen, die einem
Fürsten geziemen; durch die bekränzten Straßen wurde er
unter der Acclamation des Volks feierlich auf's Capitol geführt, wo auf der Treppe des Senatshauses die Regionen-
capitäne mit ihren Bannern und andre Magistrate ihn
erwarteten. Sein Zug zur Besitznahme des capitolinischen
Palasts belebte Rom als das dritte großartige officielle Schauspiel, neben dem Krönungsritt des Kaisers und des Papsts.
Ehe er nun seine Gewalt antrat, beschwor er in die Hände
eines Ausschusses des Parlaments die Statuten der Stadt,
die gewissenhafte Führung seines Amts, die Aufrechthaltung
der Ketzeredicte, das friedliche und gesetzliche Regiment über

---

[1] Der Begriff für alle diese Beamten ist officiales Capitolii. Den Frieden von 1235 beschworen auch sie als vestararii, judices Palatii, Justitiarii Scriniarii et Assectatores, et generaliter officiales omnes quocumque nomine censebantur. In Acten werden bald 1, bald 2 Vestararii urbis genannt; 4 Scriniarii und 6 Assectatores finden sich im Frieden von 1241. De mandato D. Senatoris et ejus assectamenti ist eine gewöhnliche Notarformel im Statut der röm. Kaufmannschaft.

die Stadt Rom, ihre Bürger, ihren Comitat und District, den Schutz der Hospitäler und frommen Orte, der Wittwen und Waisen, und die Erhaltung aller civilen Rechte und Gewohnheiten der Römer.¹ In seine Hand wurde jetzt die vollziehende Gewalt in allen Kreisen städtischer Autonomie gelegt. Er war das politische Haupt der Gemeinde in Frieden und Krieg, Oberrichter und Feldherr. Er urteilte über Leben und Tod. Er empfing die Huldigungseide von Vasallen der Stadt; er setzte Podestaten in den Orten ein, welche die Jurisdiction des Capitols anerkannten; er schickte Gesandte (ambasciatores) an fremde Staaten; er schloß Verträge mit Fürsten und Republiken. Er verkündigte neue Gesetze über Finanzen und Justiz durch Ausruf der Herolde oder Präcones. Er prägte endlich, wie ein Souverän, auf die Gold- und Silbermünzen Rom's seinen Namen, sein Wappen und sein Bild, welches ihn vor S. Petrus knieend darstellte, während ihm der Apostel die Fahne der Investitur überreichte. Das Recht, Münze zu schlagen, hatten demnach die Päpste im XIII. Jahrhundert verloren, und dem römischen Volk überlassen.²

Umfang der Gewalt des Senators.

Prachtvoll in ein mit Pelz gefüttertes Scharlachgewand

---

[1] De juramento Senatoris... Statuten von 1471 III. n. 9. Die indirecte Formel darin ist alt, der directe Schwur an die Gemeinde fehlt. (Gerade aus Brancaleone's Zeit ist die lange Schwurformel des Podestà von Bologna erhalten (Frati, Statuti di Bologna). Ihr ähnlich war die römische.

[2] Nach alten Verträgen besaß der Papst die Münze, daher sagt Innocenz III.: monetam nostram, quae vulgo dicitur de Senatu (Reg. Ann. XI. ep. 135). Martin IV. tadelte am 26. Dec. 1282 den Prosenator, daß er Münze schlage: quae in civitate praefata cudi non possunt, nec debent absque licentia Sedis Apost. speciali (Theiner I. n. 414). Gleichwol gibt es keine Papst-Münzen zwischen Paschalis II. und Benedict XI.; diese Lücke füllen die Münzen des Senats aus.

gekleidet, auf dem Haupt ein Barett, ähnlich jenem welches der Doge von Venedig trug, stellte der Senator im Pomp festlicher Aufzüge, umgeben von seinem Hof, bei Volksspielen oder Tronbesteigungen der Päpste, oder bei politischen Handlungen die Majestät des römischen Volkes dar.[1] Seine große dictatorähnliche Gewalt wurde jedoch durch die Statuten geregelt, durch die Räte und Volksausschüsse gemäßigt oder überwacht, und endlich durch das verfassungsgemäße Wahl- und Zustimmungsrecht der Volksversammlung beschränkt. *Beschränkung derselben durch das Volk.* Die Furcht vor der Tyrannis ist in Republiken der schlaflose Wächter, welcher die Gewalthaber beobachtet, und das oberste Gesetz die Verantwortlichkeit der Regierenden vor dem Volk. Das kurzdauernde Amt des Senators war von vielen Gefahren des Parteikampfs und der Volksaufstände bedroht, und oft nur eine glanzvolle Pein. Jeder seiner Schritte wurde beobachtet und gezählt. Er war an das Capitol gebannt, und durfte die Stadt nicht über ein vorgeschriebenes Maß von Raum und Zeit hinaus verlassen. Jeder vertrauliche Verkehr mit den Bürgern war ihm untersagt; nicht einmal im Palast eines Großen durfte er speisen. So lange als er die Stadt regierte, blieb er verurteilt Wittwer zu sein, denn

---

[1] Gestalt und Tracht des Senators im XIII. Saec. zeigen Münzen, wo er knieend von S. Peter das Lehnsbanner empfängt (Vitale, Tab. I. n. 5 und n. 22). Dies ist jenem lateranischen Musiv entlehnt, wo Carl der Große so das Banner empfängt. In gleicher Tracht zeigen venetianische Münzen Saec. XIII. und XIV. den knieenden Dogen, dem S. Marcus das Banner reicht (Murat. Antiq. II. 652). Ein Musiv aus Araceli, heute im Palast Colonna, stellt den Senator Johann Colonna dar (um 1280); sein Mantel violett; Barett violett mit Hermelin verbrämt, violette Stiefel. (Bei Litta, Artikel Colonna, am Ende). Bei Nerini p. 261 die Copie eines Bildes vom Zenotaph, welches der Senator Pandulf Savelli Honorius dem IV. in S. Sabina errichtete.

sein Weib durfte ihn nicht begleiten; nicht ein Bruder, noch irgend ein naher Verwandter durfte bei ihm sein.[1] Bevor er, und dies galt von jedem andern Podestà, von seinem Amte abtrat, wurde ein Syndicat eingesetzt, eine Behörde, welche seine und seiner Officialen Amtsführung zu prüfen hatte. Zwei Tage vor dem Schlusse des Amts rief der Ban-ditor auf den Stufen des Capitols öffentlich aus, daß der erlauchte Senator der Römer gerichtet werde, und zehn Tage lang gab der Syndicus allen Anklägern Gehör. Wenn der Senator schlechter Amtsführung überwiesen ward, so wurde er mindestens in den Verlust des Drittels seines Gehaltes verurteilt, und im Falle diese Summe nicht ausreichte, so lange in Haft gehalten, bis er genug that.[2] Wenn er Lob und Ehre eingeerntet hatte, so entließ ihn die Stadt an die Republik, von welcher er hergekommen war, und sie mochte ihn außerdem mit dem Bürgerrecht beschenken und ihm er-lauben, das S. P. Q. R., als Wappen Rom's, in das sei-nige aufzunehmen.[3]

Außer allen diesen Beschränkungen waren die Regierungs-handlungen des Senators an die Bestätigung der Volks-versammlung gebunden. Seine Herolde riefen bei jeder wich-

Der Syndicat des Senators.

---

[1] Dies gilt für alle Städte. Ego vel mei de mea familia non intrabo domum alicuius in civitate, nisi pro prosequendo fures vel falsarios vel malefactores — vel causa emendi aliqua necessaria. — So in Bologna (Statut von 1250). Siehe auch die Statuten von Modena, 46. Dissert. Muratori's über das Amt der Podestaten.

[2] Quod Senator stet ad scindicatum. Statut von 1471. III. n. 34.

[3] Es gibt im Archiv zu Florenz Belobungszeugnisse von Ex-Sena-toren aus Saec. XIV; im Archiv Bologna den Bürgerbrief der Conser-vatoren noch vom 15. April 1493 für den Ex-Senator Ambrosius Mira-bilia von Mailand.

tigen Angelegenheit das Volk zum Parlament, während die
Glocke des Capitols gezogen ward. Wenn das Parlament
allgemein war (plenum et publicum), so tagte es vor dem
Senatshause, indem die dichtgescharten Bürger sich auf dem
capitolischen Platz und über dessen Abhang bis zur heutigen
Piazza di Araceli herab aufstellten. Der Senator legte dieser
Volksversammlung Entwürfe über innere und äußere Angelegenheiten vor, und das „erhabene Volk der Römer" entschied sodann durch Abstimmung, Handaufheben oder Zuruf,
ob Krieg mit Viterbo zu führen, ob ein Bund mit andern
Republiken zu schließen, ob der Kaiser anzuerkennen, oder
der vertriebene Papst zur Rückkehr einzuladen sei. Es vernahm hier die Briefe von Fürsten und Städten, und bisweilen auch die Stimme von Gesandten, die dem Parlament
ihr Anliegen vorzutragen erschienen waren. Wenn nur die
Volksausschüsse nach den 13 Regionen der Stadt, der große
und kleine Rat (cousilium generale et speciale) berufen
wurden, so fanden sie in der Basilika von Araceli hinlänglichen Raum.[1] Diese ehrwürdige Kirche war nun an
die Stelle des Tempels der Concordia, des oftmaligen

Das Parlament des römischen Volks.

---

[1] Die Formel: In nom. Domini — more Romano Generale
et speciale consilium communis Romae factum fuit in Ecclesia
S. Marie de Capitolio per vocem praeconum et sonum Campanae
de hominib. ipsorum consiliorum more solito congregatum findet
sich oft im Saec. XIII; oder congregato magnifico populo Romano
in scalis et platea ante palatium Campitolii de mandato magnifi-
corum virorum dominorum . . . dei gratia Alme Urbis Senatorum
ad sonum campane et vocem praeconum, ad parlamentum ut moris
est. Aehnlich lautet die Formel für jede andre noch so kleine Stadt
und Volksgemeinde. Die Beschlüsse, Reformationes, wurden in die
Libri Reformationum eingetragen. Die römischen sind leider spurlos
untergegangen.

Die Basilika von Araceli als Versammlungsort für den großen und kleinen Rat. Parlamentshauses der alten Römer, getreten. Die Patres conscripti der mittelaltrigen Republik, Colonna, Pierleoni, Capocci, Frangipani, Savelli, Orsini, Aristokraten oder Demagogen, Guelfen oder Ghibellinen, ließen ihre wilde und unstilisirte Beredsamkeit, ihre Invectiven gegen Kaiser oder Papst in dem dunkeln Säulenschiff jener Franciscanerkirche von Araceli vernehmen. Sie blieb bis in das XVI. Jahrhundert hinein der Schauplatz der parlamentarischen Debatten Rom's. Nur in dem kleinen und großen Rat fanden solche Statt, und nur hier erhoben sich einzelne Redner, Anträge zu bekämpfen und zu unterstützen, welche dann erst als Vorschläge zur Bestätigung an das Volksparlament gelangten, worauf sie der Senator als Gesetze öffentlich verkündigte.[1]

Auch die mittelaltrige Epoche der Republik auf dem Capitol war reich an Leben. Ein Blick in diese tumultuarischen Parlamente, oder auf die Tribunale und Richterstüle, welche dort öffentlich aufgestellt waren, und in das bunte Treiben der Demokratie mit ihren Eidgenossenschaften, Collegien, Factionen, Magistraten und ihrem wunderlich zusammengesetzten Wahlsystem würde den Beobachter mit Verwunderung und oft auch mit Achtung erfüllen. Aber auch die mittelaltrige Republik ist auf dem Capitol versunken; im Archiv der Senatoren erinnert kein Pergament mehr an sie, und von

---

[1] Es gab in allen Demokratien ein consilium generale und speciale, wozu später die Zunftprioren traten. So in einem Actenstück zur Zeit Brancaleone's A. 1258: per reformationem consilii specialis et generalis Alme Urbis (Stadtarchiv Terni n. 160). Gerade so in Urkunden der Stadt Todi: congregato — consilio speciali et generali. Das General-Concil war nicht das gesammte Volksparlament, sondern ein Ausschuß von mehren 100 nach den Stadtquartieren, oder in andern Städten nach den Toren (portae). Das Consilium speciale gleicht dem geheimen Rat der Credenza in nördlichen Städten Italiens.

den Flankentürmen des verwandelten Senatshauses, wie
von den Gallerien der Höfe sind die Inschriften und Wappen=
schilder aller jener Republikaner verschwunden, welche dort
im Zeitalter der Guelfen und Ghibellinen die Alma Roma
regiert haben.[1]

Nach seiner Wahl im August 1252 kam Brancaleone, *Brancaleone*
wahrscheinlich im Beginne des November, sein dreijähriges *tritt sein Amt*
Amt anzutreten. Ein stattliches Gefolge von Richtern, No= *als Senator*
taren und Rittern begleitete ihn, alle in Bologna, Imola *an, Herbst*
und andern Städten in seinen Dienst genommen. Es war *A. 1252.*
demnach das erste Mal, daß die höchste Magistratur der
Stadt ganz aus Fremden bestand, und daß romagnolische
Herren die römische Republik regierten. Auch sein Weib
Galeana durfte den Senator begleiten, was den herkömm=
lichen Statuten widersprach. In Rom fand Brancaleone
Zustände, deren Ordnung nur einem Geiste von monarchischer
Willenskraft gelingen konnte. Die Plage der Stadt war
nicht der unruhige Sinn der Demokratie, sondern das gesetz=
lose Wesen der Feudalherren von meist germanischer Abkunft.
Ihrem grenzenlosen Stolze kam nur ihre Unwissenheit gleich;
aber ihre Macht war viel zu groß, als daß sie vom Volke
hätte besiegt werden können. Ihre Castelle und Feuda er=
streckten sich über das ganze römische Gebiet; selbst die Stadt
hatten sie unter sich geteilt, denn sie saßen quartierweise
in verschanzten Monumenten, täglich im Kriege mit einander
aus Blutrache oder Ehrgeiz, und des Capitols spottend,

[1] Die römische Stadtverfassung ist aus Mangel an Acten auch in
dieser Periode dunkel. Ich bin aufgeklärter über die Verfassung von
Todi und Terni (nicht zu reden von Bologna, Florenz, Siena, Perugia),
als über die von Rom. Aber ein und dasselbe Grundsystem herrschte
in allen Städten.

Gesetzloser Zustand des römischen Stadtadels.

dessen Würden sie an sich rißen, ohne seine Gesetze zu achten. In vielen andern Republiken hatte sich der Adel den Gemeinden unterworfen und seinen Sitz vom Lande in die Stadt verlegen müssen; nur in Rom behauptete er fortdauernd sein Uebergewicht. Wir finden keine Documente, woraus hervorgeht, daß römische Barone auf der Campagna sich der Stadtgemeinde unterwarfen, wie es der Adel der Landschaften von Modena, Bologna, Padua oder Florenz so oft that; wir finden nur hie und da Urkunden der Vasallenschaft unter dem Papst. Auf der Campagna begütert, wo seine Stammschlösser lagen, besaß der römische Adel zugleich feste Plätze in der Stadt, welche er, wenn die Not es gebot, wieder verließ, um auf seinen stärkeren Landburgen unter bewaffneten Vasallen Sicherheit zu suchen. Die Quelle seiner Macht war das Papsttum selbst. Aus dem römischen Adel gingen Päpste hervor, welche alte und neue Nepotengeschlechter begünstigten oder erhoben, und sich ihrer gegen die Stadtgemeinde bedienten. Römische Nobili saßen zahlreich im Cardinalscollegium und in der Prälatur. Die Reichtümer der Kirche flossen daher in den Schooß der abligen Geschlechter zurück, und die höchsten Aemter blieben im Besitz einer Reihe bevorzugter Familien. Colonna, Orsini, Savelli, Conti, Anibaldi, Frangipani, Capocci waren die hervorragendsten Adelsstämme, welche Rom im XIII. Jahrhundert abwechselnd beherrschten und spalteten, indem sie selbst in die Factionen der Guelfen und Ghibellinen zerrissen waren.[1] Brancaleone

---

[1] Dieselben Geschlechter führte später das Römische Statut von 1580 (lib. III. c. 59) auf, als diejenigen Barone, welche den alten Statuten gemäß vor dem Senator schwören mußten, keine Geächtete und Infamirte bei sich aufzunehmen.

hatte Mühe, diese vielköpfige Hyder zu bekämpfen; doch es *Brancaleone bändigt den Adel.* gelang ihm anfangs mit Erfolg. Rom und die Campagna fühlten seine kraftvolle Hand; die Straßen wurden sicher, und manchen trotzigen Edeln sah man an den hohen Fenstern seines Turmes aufgeknüpft.

Der neue Senator beanspruchte sofort auch die Oberherrlichkeit über Latium. Er forderte von Terracina Unterwerfung unter das Capitol, zu deren Zeichen jene Stadt Abgeordnete zu den öffentlichen Spielen der Römer schicken sollte. Als er mit einem Heer den Gehorsam zu erzwingen drohte, wandte sich Terracina an Innocenz IV., der zu jener Zeit noch in Assisi war. Der Papst schrieb einen abmahnenden Brief an den Senator, beschwor alle Städte und Vasallen der Campagna, den Römern, wenn sie ausziehen sollten, Widerstand zu leisten, und befahl dem Rector der Campania und Maritima, dem Subbiaconus Jordan, Truppen zusammen zu ziehen.[1] Der Senator stand von Terracina ab. Dagegen wurde Tivoli schon seit dem Jahre 1252 mit Krieg überzogen, und bald darauf dem Capitol wirklich unterworfen, was der Papst aus politischen Rücksichten nicht hindern konnte.

2. Innocenz IV. kommt nach Anagni. Tivoli unterwirft sich dem Capitol. Der Papst rüstet sich, vom Königreich Sicilien Besitz zu nehmen. Manfred wird sein Vasall. Einzug von Innocenz IV. in Neapel. Flucht Manfred's. Sein Sieg bei Foggia. Innocenz IV. stirbt, 1254. Alexander IV. kehrt nach Rom zurück.

Wir sahen, daß Innocenz IV. durch Brancaleone zur Rückkehr gezwungen wurde, und bald wieder im Umbrien

[1] Bei Contatori, Gesch. Terracina's p. 59, aus dem dortigen Archiv; Brief des Papsts an Brancaleone, vom 7. Mai 1253, Assisi. Andre Briefe an Anagni, Terracina, Alatri, Veroli, Belletri, Segni, Piperno,

seinen Sitz nahm. Die Kunde vom Tode Konrad's, mit dem der Senator in freundlicher Verbindung gestanden hatte, bewog ihn, sofort in die Nähe des sicilischen Königreichs zu eilen, welches ein überschwängliches Glück seiner Herrschaft noch einmal darbot. Er berührte nur Rom; er redete am Pfingsttage im S. Peter zum Volk, gab ihm viele schöne Worte, und bat die Römer, seine politischen Pläne in Sicilien zu unterstützen.[1] Hierauf begab er sich nach dem Castell Molaria, einer Burg des Cardinals Richard Anibaldi, und reiste schleunig weiter nach Anagni.

Innocenz IV. nimmt seinen Sitz in Anagni, A. 1254.

Die römischen Milizen lagen damals vor Tivoli. Die Bürger dieses festen Orts wehrten sich verzweifelt gegen die Stürme Brancaleone's, bis sie, aufs Aeußerste gebracht, die Friedensvermittlung des Papstes annahmen, Gesandte in demutsvollem Aufzug auf das Capitol schickten, und Vasallentreue gelobten.[2]

Tivoli, immer eine ehrenvoll freie Republik, nie von Baronen und Dynasten beherrscht, bisweilen das Asyl ver-

Cora, Sezza, Ninfa, an alle Barone Latium's, besonders an Landulf und Berald von Ceccano, Bartholomeus von Supino, Berard von Piglio, Konrad von Sculcula, an die Domini von Sermoneta, Poft und Ceperano. Ibid.

[1] Negotium Ecclesiae recommendavit Romanis humiliter ac devote. Nicol. de Curbio c. 38. Das heißt, der Papst bat um Geld und Truppen.

[2] Math. Paris p. 862 setzt die Unterwerfung zu früh in's Jahr 1253. Brancaleone selbst datirt vor Tivoli noch am 10. Mai 1254 ... Brancaleonus de Andalo dei gr. Almae Urbis Senator Illustris et Romani Populi Capitaneus ... Acta — in castris Romanorum super Tybur in papilione Domini Senatoris predicti sub nat. Dom. 1254. Ind. XII. die X. intrante Majo. Vitale p. 122. Ebenso berichtet Nicol. de Curbio c. 37 den Zug der Römer gegen Tibur infra octavam resurrectionis Dominicae (1254), und die darauf folgende Vermittlung des Papsts. Der Definitivfriede ward erst 1259 geschlossen.

folgter Päpste, dann ghibellinisch unter Friedrich II., war von der Kirche gegen die Ansprüche der Römer stets geschützt worden. Der Leser dieser Geschichten wird sich erinnern, daß ein Krieg Rom's gegen Tibur die Vertreibung Otto's III., ein andrer 150 Jahre später die Wiederherstellung des Senats veranlaßt hatte. Drei Jahrhunderte lang hatten die Römer diesen kleinen, den Musen und Sibyllen geweihten Ort, den schönen Lieblingssitz ihrer Vorfahren, durch Kriegszüge bedrängt, bis er endlich in ihre Gewalt geriet; Tivoli wurde ein Feudum der Stadt Rom. Wenn Innocenz IV. eine so wichtige Stadt dem römischen Senat überließ, so beweist dies, wie gering seine weltliche Gewalt in Rom war, und wie sehr er der Gunst des damaligen Senators bedurfte. Sein Lebensbeschreiber versichert, daß er jenen Frieden auf Bitten der hart mitgenommenen Römer vermittelte, obwol er gerechte Ursache hatte, Brancaleone zu zürnen; denn dieser Manfred freundlich gesinnte Senator hatte sein Gesuch um Beistand nicht erhört, vielmehr das Verbot erlassen, dem Papst Anleihen zu gewähren, Zufuhren nach Anagni zu bringen, oder Truppen zu stellen. Kurz, er hatte der päpstlichen Expedition nach Sicilien Hindernisse in den Weg gestellt.[1] Die Unterwerfung dieses Königreichs unter den heiligen Stul lag nicht im Vorteil der Römer; aber Innocenz IV. erkaufte sich durch die Preisgabe Tivoli's (am Ende des Sommers 1254) das Versprechen des Senators, nichts Feindliches in seinem Rücken zu unternehmen, während er sich anschickte, von Apulien Besitz zu ergreifen.

Anagni, wo er sich befand, die Vaterstadt des den Hohenstaufen feindlichen Hauses Conti, in dieser Epoche oft

[1] Vita Innoc. c. 40.

das Theater von Papstwahlen, wurde wiederum der Mittelpunkt aller kirchlichen Geschäfte. Von hier aus sollte den Dingen im Königreich Gestalt gegeben werden. Die Regentschaft für seinen jungen Sohn hatte dort der sterbende Konrad IV. nicht Manfred, sondern dem Markgrafen Berthold von Hohenburg übertragen, einem nahen Verwandten seiner Gemalin Elisabeth. Berthold war General der deutschen Kriegsvölker in Apulien, sehr mächtig und angesehn, so lange als Konrad lebte, aber als Fremder verhaßt, und seiner Aufgabe nicht gewachsen. Er versuchte, Frieden mit dem Papst zu schließen. Seine Boten, unter ihnen Manfred selbst, kamen nach Anagni um die Anerkennung der Rechte Konrabin's zu bitten, welchen das Testament seines Vaters dem Schutz der Kirche empfohlen hatte. Doch Innocenz forderte die unbedingte Auslieferung Siciliens. Als eine von ihm gesetzte Frist abgelaufen war, bannte er am 8. September Manfred, Friedrich von Antiochien, Berthold von Hohenburg und dessen Bruder, nebst andern Ghibellinen. Seinen Neffen, den Cardinal Wilhelm Fieschi, hatte er zum Legaten für Sicilien ernannt, und ihm aufgetragen, Truppen bei Ceperano zu versammeln. Er gab ihm unumschränkte Vollmacht, Geld von den römischen Banken aufzunehmen, und dafür alle Kirchengüter in der Stadt und Campagna zu verpfänden; Geld aus allen vacanten und nicht vacanten Stülen mit Güte oder Gewalt zu ziehen; Geld zu schaffen aus einer allgemeinen Steuerauflage Siciliens, und aus der Einziehung der Güter aller Ghibellinen, die sich der Kirche nicht unterwerfen würden.[1]

---

[1] Raynald n. 48; dat. Anagni, 2. Sept.

Berthold, durch den Bann und seine unhaltbare Stellung entmutigt, übergab die Regentschaft Manfred, der sie nach einigem Sträuben auf das Dringen der sicilianischen Großen übernahm. Seine Lage war jedoch mißlich genug: viele Herren und Städte erklärten sich offen für den Papst. Ohne Mittel, den Krieg zu führen, sah der junge Fürst für den Augenblick keinen andern Weg der Rettung, als Unterwerfung unter die Kirche. Er bot sie Innocenz IV. durch den Grafen Galvan Lancia, seinen Oheim, in Anagni, worauf der Papst voll Freude am 27. September einen Vertrag vollziehen ließ: Manfred trat in Folge dessen als Vicar eines großen Teils des neapolitanischen Festlandes in die Dienste des heiligen Stuls, und empfing außer Tarent und andern ihm von Friedrich II. vergabten Gütern auch die Grafschaft Andria als Kirchenlehn für sich und seine Erben.[1] So doppelsinnig handelte der Papst, der sich durch feierliche Verträge England verpflichtet und dem Könige Heinrich III. geschrieben hatte, daß er seine Convention mit Edmund auch nach Konrad's IV. Tode aufrecht halte und die Eroberung Siciliens durch englische Waffen schnell ins Werk gesetzt zu sehen wünsche. Mit keinem Wort wurde dieser englischen Unterhandlungen gedacht, aber in einem Rundschreiben erklärte Innocenz, daß er Konradin die Krone Jerusalems und das Herzogtum Schwaben erhalten wolle, und daß die Sicilianer in die Formel des der Kirche zu leistenden Huldigungseides die Worte aufnehmen sollten: unbeschadet des Rechts des Kindes Konrad.

Manfred, Regent für Konradin.

schließt Vertrag mit dem Papste zu Anagni, 27. Sept. A. 1254.

---

[1] Bulle Clemens semper, Anagni 27. Sept., Raynald n. 57, bei Tutini, de' Contestabili p. 58 und 60. Und doch hatte derselbe Papst Tarent bereits den Frangipani verliehen! Welches gewissenlose Spiel mit Verträgen!

Manfred durchschaute die Absicht von Innocenz, ihn erst unschädlich zu machen, um sich dann bei günstiger Gelegenheit seiner zu entledigen. Die Not zwang ihn, als Lehnsmann der Kirche an der Grenze Latium's zu erscheinen, sobald Innocenz IV., umgeben von einem Schwarm rachevoller Exilirter Siciliens, aus Anagni aufgebrochen war, vom Königreiche Besitz zu nehmen. Der Sohn Friedrich's führte in Person, des Papsts Pferd am Zügel haltend, den Todfeind seines Geschlechts über die Lirisbrücke in das Erbland seiner Ahnen.[1] Die Apulier empfingen zwar den Papst mißtrauisch, doch sie waren des Regiments der Deutschen und Saracenen satt. Die Städte hofften Gemeindefreiheit, welche so wenig Konrad IV. wie Friedrich II. geduldet hatte, und vor allem Befreiung von dem großen Druck der neuen Auflagen Friedrich's und der unerträglichen Collecten; sie unterwarfen sich daher der Kirche, unter deren Protection viele Communen, namentlich in Sicilien selbst, ein republicanisches Regiment errichtet hatten.[2] Die Barone ihrer Seits hofften die hohe Gerichtsbarkeit und andere Privilegien wiederzuerlangen; sie huldigten dem Papst in Capua. Dasselbe thaten die Brüder Hohenburg; diese Herren überließen ihren bisherigen Gefährten Manfred seinem Schicksal, um dafür als Vasallen der Kirche Würden und Grafschaften zu empfangen.

Innocenz IV. hielt seinen Einzug in Neapel am 27. October. Die hartnäckige Feindin der Hohenstaufen,

[1] Sonntags, den 11. October. Siehe das Itinerarium des Papsts bei de Luynes, Commentaire — sur les — Diurnali di Messer Matteo di Giovenazzo, Note zum §. 55. Aber die Fälschung dieser Diurnali ist seither bewiesen worden.

[2] Gregorio Considerazioni III. c. V. p. 105.

das Mailand Süditaliens, empfing den Papst mit aufrichtigen Ehren und anerkannte willig seine Herrlichkeit. Er sah das Königreich der Normannen ohne Kampf unter das Regiment der Kirche zurückkehren, und hoffte es darin für immer festzuhalten. Aber der lebhafte Geist Manfred's durchbrach plötzlich die Unnatur von erniedrigenden Verhältnissen; Mißtrauen und Verrat umgaben, die Mißachtung der mit Innocenz hereingekommenen verbannten Barone und neuen Günstlinge beleidigte ihn; das hochfahrende Auftreten des Cardinallegaten, welcher von ihm den Eid der Treue als von einem Untergebenen forderte, während von den Rechten Konradin's nicht mehr die Rede war, klärte ihn über seine Zukunft auf, und die zufällige Tödtung eines ihm feindlichen Großen durch seine Leute zwang ihn an seine schnelle Rettung zu denken. Die Flucht Manfred's aus Acerra, sein nächtlicher Ritt durch die Gebirge Apuliens, sein plötzliches Erscheinen in Luceria mitten unter den rettenden Moslem, sein männliches Auftreten im Feld, seine ersten Siege, der Uebertritt apulischer Städte, die gänzliche Unfähigkeit der päpstlichen Führer bieten ein anziehendes Schauspiel von Kühnheit, Glück und Umwandlung der Verhältnisse dar. Am 2. December zersprengte Manfred die Feinde bei Foggia. Der Legat floh aus Troja; sein Heer löste sich auf; er selbst eilte die Kunde dieser Unglücksfälle dem Papst nach Neapel zu bringen.[1]

Innocenz befand sich dort schon krank in einem Palast, welcher einst dem berühmten Petrus de Vineis gehört hatte.[2]

Innocenz IV. zieht in Neapel ein, 27. Oct. A 1254.

Manfred flieht nach Luceria.

---

[1] Alle diese Ereignisse erzählt Nicolaus de Jamsilla (Murat. VIII.) anziehend und genau.
[2] Sulla Casa di Pietro della Vigna in Napoli, Ricerche di

Hier starb er am 7. December 1254.¹ Sein im Tod, wie man erzählt, zwischen Reue und Zorn wechselndes Gemüt, oder das ihm zugeschriebene Abschiedswort ans Leben spricht wenigstens das Urteil seiner Zeitgenossen über ihn aus. Weinende Nepoten umringten mit roher Ungeberde sein Sterbelager; er rief ihnen zu: Was jammert ihr Elende? machte ich euch nicht reich genug?² Der englische Chronist erzählt von einer Vision nach des Papsts Tode; ein boshafter Cardinal sah Christus zwischen Maria und einer edeln Frau stehen, welche das Abbild der Kirche in Händen trug, während der knieende Innocenz IV. um die Vergebung seiner Sünden flehte. Die ehrwürdige Matrone klagte ihn dreier Hauptvergehen an: daß er die Kirche zur Sclavin gemacht, den Tempel Gottes in eine Wechslerbank verwandelt, und Glauben, Gerechtigkeit und Wahrheit, die Grundpfeiler der Kirche, erschüttert habe. Der Heiland sagte zum Sünder: gehe und empfange den Lohn deiner Thaten; und so ward er hinweggeführt.³

Innocenz den IV., den letzten hervorragenden Papst des Mittelalters aus der Schule von Innocenz III., hat

Bartolomeo Capasso, im Appendix der Geschichte des Pier della Vigna von De Blasiis.

¹ Nicol. de Curbio c. 43. Das Grabmal Innocenz IV. vom Jahr 1318 sieht man in der Kathedrale zu Neapel, mit einer Inschrift, welche den fanatischen Vers enthält: stravit inimicum Christi colubrum Fridericum.

² Quid plangitis miseri? nonne vos omnes divites relinquo? quid amplius exigitis? Math. Paris p. 897. Nach dem Monach. Patav. (p. 689) rief er sterbend: Domine, propter iniquitatem meam corripuisti hominem.

³ Math. Paris p. 897. „Innocenz IV. war der erste, welcher die Hoheit seiner Stelle in das Gewerbe niedrigen Geldverkehrs herabzog," sagt Hurter, Innocenz III. B. III. 139.

sein Sieg über das staufische Reich berühmt gemacht. In diesem sehr begabten Manne, ohne Adel der Seele, ohne geistliche Tugend, war eine sehr bemerkenswerte despotische Anlage, die ihn auf jedem Tron zu einem kraftvollen, beharrlichen und geschickten Monarchen würde gemacht haben. Ein gewissenloser und habgieriger Priester, das entschiedene Parteihaupt der guelfischen Richtung seiner Zeit, listig mit Verträgen spielend, vor nichts zurückschreckend; was ihm der eigne Vorteil gebot, so erfüllte er die Welt mit Empörung und Bürgerkrieg, und zog die Kirche tief in die Sphäre weltlicher Interessen hinunter, die er zu heiligen stempelte. Jeder Mensch von freiem Urteil kann nur mit Widerwillen auf den blos politischen Zustand eines beständigen Feldlagers oder Diplomatencabinets, oder eines Geldgeschäftes blicken, in welchen Innocenz IV. die Kirche versetzte, und er wird Mühe haben, das Urteil über ihn durch den Charakter seiner Zeit zu mildern. Dieser Papst kam als Erbe der Leidenschaften Gregor's IX. und seiner Vorgänger zur Gewalt und übernahm die Aufgabe, in gegebenen Mißverhältnissen die ganz ausgeartete Kirche gegen große und nicht minder gewissenlose Gegner zu verteidigen. Als Cardinal war er einst um seiner Einsicht und Gelehrsamkeit willen von Friedrich II. geehrt, als Papst machte ihn die Natur der Dinge zu seinem unerbittlichen Feind. Ich habe, so sagte der größte Geschichtschreiber jener Epoche, in den Annalen der Menschheit nie von einem gleich unerbittlichen Haß gehört, als es der zwischen Innocenz IV. und Friedrich war.[1] Diese ererbte

---

[1] Non enim qui annales historias revolventes legimus, nunquam invenimus aliquor. tam intensum odium, vel tam inexorabile, sicuti inter Domin. Papam et Fredericum. Math. Paris p. 747.

Parteileidenschaft brannte nicht minder stark in der Seele eines Papsts, als im Herzen eines Kaisers, oder eines Kriegers wie Ezzelin. Wenn sie den Gestalten jenes Jahrhunderts voll hochfliegendem Ehrgeiz und Herrschbegier, voll Freiheitsglut und edelm Bürgerstolz, voll Priesterhochmut und Tyrannenlust, wenn sie dem Wesen der Republiken und Herrschenden von damals den Charakter streitbarster Männlichkeit und verschlagenster Arglist verleiht, so mildert sie freilich auch ihre Verbrechen und Untugenden.

Der Tod des Papsts, Manfred's Sieg bei Foggia, die Flucht des geschlagenen Heers, dessen Trümmer der Cardinal Fieschi eben nach Neapel führte, machten die Cardinäle tief bestürzt. Die Saracenen, so hieß es, nahten schon, das ganze heilige Collegium aufzuheben. Nur jener Cardinal und der mit ihm zugleich nach Neapel gekommene Berthold hinderten eine schimpfliche Flucht, und erzwangen die schnelle Wahl.

Die Geschichte der Päpste liebt unmittelbare Widersprüche von Charakteren. Auf Innocenz III. folgte der sanfte Honorius III., auf Innocenz IV. Alexander IV., ein Papst, der mit Kriegen nichts zu thun haben wollte, ein starkbeleibter Herr, freundlich, gütig, fromm, gerecht und gottesfürchtig, jedoch geldgierig und schwach.[1] Reginald, Bischof von Ostia und Velletri, wurde am 12. December 1254 in Neapel gewählt, und am 27. December als Alexander IV. geweiht. Mit ihm bestieg wieder ein Mann von jenem

Alexander IV. Papst, A. 1254 bis A. 1261.

---

[1] Salimbene p. 232, und Math. Paris p. 897, der das nicht schmeichelhafte Prädicat simplex hinzufügt. Joh. Yperius Chron. S. Bertini (Martene, Thesanr. nov. II. 732) nennt ihn vir placidus, sanguineus, carnosus, humilis, jocundus, risibilis etc.

Haus der Conti den heiligen Stul, welches die Hohenstaufen bereits durch zwei große Päpste bekämpft hatte. Er war ein Neffe Gregor's IX., gebürtig aus Jenna in der Diöcese Anagni, einem elenden Baronalcastell über der wilden Schlucht des Anio, der dort entspringt.[1]

Mit wenigem Talent begabt, versuchte sich der neue Papst auf dem gefährlichen Wege weiter zu bringen, welchen Innocenz IV. und die Verhältnisse ihm vorgezeichnet hatten. Er warb sich Freunde durch Schenkungen, er bestätigte die Lehen seines Vorgängers den Brüdern Berthold, Otto und Ludwig von Hohenburg und fügte ihnen noch, sie von der Sache Manfred's ganz zu trennen, das Herzogtum Amalfi hinzu. Er unterhandelte, obschon erfolglos, mit Manfred selbst, dessen baldiges Erscheinen vor Neapel man fürchtete. Er schickte sogar Briefe nach Deutschland, die den kleinen Konrabin seines Wolwollens versicherten, aber bald darauf sandte er am 9. April 1255 die Bulle nach England, worin er die Belehnung Edmund's endgültig bestätigte und diesem Prinzen die Investitur mit Sicilien, dem Erbe Konrabin's, gab. So ging Alexander IV. in dem Labyrint der Politik seines Vorgängers weiter fort. Ganz wie dieser verwandelte er das Gelübde Heinrich's III. zum Kreuzzuge gewissenlos in die Pflicht der Eroberung Siciliens, und er forderte selbst den König von Norwegen auf, statt nach dem heiligen

---

[1] Saba Malaspina c. 5: oriandus de quodam castro quod Genna dicitur. Jenne oder Genna war Feudum der Conti. Am 21. Nov. 1257 verlieh Alex. IV. seinem Neffen Raynald de Genna das nahe castrum de Trebis (Trevi). Theiner, Cod. Dipl. l. n. 258, wo statt Genua Genna zu lesen ist. Papebroch setzt den Tag der Wahl auf den 24. Dec., aber Mansi hält sich mit Grund an Nicol. de Curbio. Note zu Raynald I. ad A. 1254.

Grabe nach Neapel zu ziehen, um den englischen König durch seine Waffen zu unterstützen. Die Kriege ihrer Hauspolitik wurden demnach von den Päpsten fortdauernd zu frommen Kreuzzügen erklärt.[1]

Die Geldverlegenheit der erschöpften Kirche war groß. Heinrich III. versprach alles, und leistete nichts mehr. Als nun der Papst die Hoffnung schwinden sah, Manfred das Königreich Sicilien zu entreißen, worin derselbe von Konradin oder von dessen Vormundschaft als Regent förmlich anerkannt war, verließ er das unsicher gewordne Neapel, ging im Juli nach Anagni, und war am Ende des November 1255 in Rom. Hier hatte unterdeß eine sehr wichtige Umwälzung stattgefunden.

Alexander IV. geht nach Rom, Nov. A 1255.

3. Regierung Brancaleone's in Rom. Aufstreben der Zünfte. Ihre Verhältnisse in Rom. Verfassung der Zunft der Kaufleute. Die Stiftung des Populus. Brancaleone, der erste Capitän des römischen Volks. Sein Sturz und seine Gefangennahme, 1255. Bologna mit dem Interdict belegt. Emanuel de Madio, Senator. Befreiung Brancaleone's und Rückkehr desselben nach Bologna.

Schon drei Jahre lang regierte Brancaleone Rom mit großer Kraft. Der übermütige Adel, zumal Anibaldi und Colonna, beugten sich unter seine schonungslose Gerechtigkeit.[2] Er stellte durch Waffenmacht die Jurisdiction des Capitols über die Städte des Landgebiets und die Castelle der Barone wieder her, zog manches Kirchengut zur städtischen

---

[1] Die Belehnungsbulle bei Dumont I. 394, und bei Rymer fol. 316. Die andern Briefe fol. 320.

[2] Eine Urkunde vom 9. Mai 1255 bei Lazzari, Dissertazione intorno la prigonia . . . Doc. n. 4 und bei Vitale n. 120 zeigt, daß ihm das Volk Vollmacht gab, gegen Obto de Colonna (rebellem urbis) einzuschreiten. Das Parlament war durch Steinwürfe gestört worden. Petrini, Memor. Prenestine, Monum. XIX.

Kammer, besteuerte den Clerus, und zwang ihn vor das bürgerliche Tribunal.[1] Rom, vom Kaiser und Papst völlig unabhängig, war ein geachteter Freistaat geworden, unter der Regierung eines hochherzigen und edeln Republicaners, der dem Amte des Senators eine wirkliche politische Bedeutung verliehen hatte. Das Volk liebte Brancaleone als seinen Freund und Beschützer; auf das Volk stützte er seine Gewalt.

Wenn uns genaue Nachrichten über seine Regierung erhalten wären, so würden wir bemerken, daß die Demokratie in Rom durch ihn mächtiger emporkam, und daß die römischen Zünfte eine festere Ausbildung gewannen. Wir sahen in Perugia Zünfte als bewaffnete Schutzverbände mit dem Adel im Kampf, im Begriff ein Volksregiment aufzustellen, und deshalb von den Päpsten aufgelöst. Die Handwerker bildeten dort schon im Jahre 1223 politische Genossenschaften, unter Consuln, Rectoren oder Prioren.[2] In Mailand hatten die Gewerke schon im Jahr 1198 eine Gemeinde, die Credenza des heiligen Ambrosius, gebildet, und die Zünfte von Florenz waren in derselben Zeit schon kräftig geordnet. In Bologna erhoben sich die Handwerker im Jahr 1228, stifteten

Die Zünfte der Handwerker in ital. Städten.

---

[1] So entzog er dem Cardinalbischof von Ostia alles Land vom Meer bis zur Marmorata. Clemens IV. forderte später den Senator Carl von Anjou auf, es den Römern zu entreißen. Quondam Brancaleone — tunc Senator urbis ripam Ostiensem maris et fluminis a foce maris usque ripam Romanam — Ostiensi Ecclesiae — concessas — per violenciam spoliarit... Undatirt. Aus den Dictamina Berardi de Napoli, Cod. Vat. 3977.
[2] Urkunde bei Theiner I. n. 127, wo Honorius III. die Erlasse des Legaten Joh. Colonna bestätigt gegen die societates, communitates seu fraternitates cedonum, pellipariorum, lanificum, et aliorum artificum. Weiter heißt es: Bailivi, Consules, Rectores vel Priores fraternitatum, societatum, familiarum seu quarumlibet artium...

einen Bund, und erzwangen sich den Sitz im Gemeindehaus.¹ Der vierte, arbeitende Stand, bisher vom Staatswesen in den Communen ausgeschlossen, strebte überall auf, suchte Anteil am Regiment und Geltung neben der großen Bürgerschaft und dem Abel, welcher den Communalrat erfüllt hatte. Der steigende Luxus machte die Gewerke wolhabend und zahlreich, und der allgemeine Drang zur Gewalt von unten nach oben ergriff ihre bisher im Dunkel lebenden Schichten. Das merkwürdige Wesen dieser Klassen friedlicher Beschäftigung, welche in den Republiken den Staat zu ergreifen begannen, im Anfang des XIV. Jahrhunderts die alte Communalverfassung änderten oder zersprengten, den Abel vernichteten oder entehrten, und eine unruhige Plebejerherrschaft erzeugten, ist uns nirgend deutlicher dargestellt, als in Florenz, und nirgend dunkler geblieben, als in Rom.

Die Zünfte in Rom.

Seit uralten Zeiten bestanden hier die Handwerkergilden als moralische Körperschaften, obwol sie in der Periode, von der wir reden, in Urkunden nicht bemerkbar sind. Ihr antiker Begriff schola war schon im Allgemeinen mit dem lateinischen ars (arte, Kunst, Zunft) vertauscht worden, aber er findet sich auch in dieser Zeit.² In der Epoche

---

¹ Savigny III. p. 118. 120. sq., Hegel II. cap. VI. Die Volksgemeinde dauerte in Bologna mit den Anzianen der Zünfte fort (Anciani populi Bononiensis), neben welchen die consules mercandarie et cambii stets bedeutend hervortraten. Docum. von A. 1271 bei Theiner I. u. 318. wo sich 16 Anzianen und 6 Consuln der Kaufleute finden.

² Der Ordo des Cencius zählt „Scholen der Stadt" auf, die bei Festen Geldgeschenke erhielten; darunter einige, die nicht päpstliche Palasthandwerker waren, sondern nur für die Kirche arbeiteten. Hoc est presbyterium scholarum urbis... Adextratores (Stallknechte); Ostiarii (Thürhüter); Mappularii und Cubicularii (Kammerdiener); Majorentes oder Stimulati (die mit Stäben den Weg frei hielten); Vo-

Brancaleone's hatten sie ihre Vorstände unter dem Namen von Consuln oder Capita artium, doch kein Document erwähnt ihres Verhältnisses zur Gemeinde auf dem Capitol. Wir finden indeß wenig später, im Jahre 1267, die Vorsteher der Zünfte neben den Consuln der Kaufleute an politischen Acten im Parlament Anteil nehmen.[1] Wie viele Zünfte zur Zeit Brancaleone's in Rom anerkannt waren, ist uns unbekannt. Im Jahre 1317 gab es hier verfassungsgemäß dreizehn Innungen, von denen die Genossenschaften der Kaufleute und der Ackerbauer (ars bobacteriorum), wie in antiker Zeit, als die angesehensten galten.[2]

tararii (wird erklärt faciunt candelas de vinetis vivis, papyram pro candelis aptantes); Fiolarii (Lampenarbeiter); Ferrarii, Calderarii... Bandonarii Colosaei et Cacabarii, hier eine Zunft von Band- und Fahnenwirkern, die am Colosseum und in der Straße Cacaberis saßen. Mabillon, Mus. Italic. II. 195.

[1] Am 18. Nov. 1267 versammelt sich auf dem Capitol das generale et speciale consilium ... et convenientibus ad dictum consilium consulibus mercatorum et capitibus artium Urbis Rome ... Archiv Siena n. 869, wovon weiter unten. Die capita artium heißen in florent. Chroniken le capitudini. Schon A. 1263 findet sich in Toscanella bei Viterbo ein capitaneus populi et rectorum artium et societatum civitatis Tuscanae. Turiozzi, Docum. n. X.

[2] Ich kann dies darthun aus den ungedruckten Statuten der röm. Kaufmannschaft, dessen ältester Teil vom Jahr 1317 herrührt: Item cum reformatum, stabilitum et declaratum fuit per consules Bobacteriorum et mercatorum urbis et XXVI bonos viros electos per Rom. Pop. ad reformationem urbis et artium urbis, quod XIII artes erunt in urbe. Inter quas esset una ars mercatoris, lanajoli. Bommacarii mercerii accimatores et cannapaciaroli prout in libro camere Urbis plenius continetur et apparet. Die Statuten der Bobacterii sind A. 1407 revidirt, A. 1526 zuerst gedruckt (Statuta nobilis artis Bobacteriorum Urbis, Romae 1526). Daß sie viel älter waren, ist selbstverständlich. Auch diese hochangesehene Zunft, die sich voll Stolz des Cincinnatus erinnerte, wählte 4 Consuln, 4 Defensoren, 1 Camerarius und 13 Consiliaren.

Die Zunft der Kaufleute. Die Kaufleute bildeten, wie in allen wolhabenden Städten Italiens, so auch in Rom die mächtigste Zunft. Wir bemerkten sie als Geldaristokratie, mit welcher Friedrich II. und die Päpste Anleihen abschlossen, und dies beweist, daß Rom, wo bereits florentinische und sienische Banken unter ihren Consuln bestanden, ein durch seine Verbindung mit Sicilien, Byzanz und dem Orient nicht unbeträchtlicher Handelsplatz war. Die römischen Kaufleute bildeten durch Capital- und Anleihewesen eine wirkliche Macht, ohne jedoch eine politische Stellung in der Republik einzunehmen. Ihre Innung vereinigte sich im Jahre 1255 in einer neuen Form; dies geschah im dritten Jahr Brancaleone's, woraus wir schließen, daß gerade durch ihn das römische Zunftwesen Stärkung erhielt.[1] Seither stand die Kaufmannschaft Rom's unter jährlich gewählten vier Consuln, zwölf Consiliaren, Notaren und anderen Beamten.[2] Sie versammelte sich in

---

[1] In ihrem Statut, Paragraph De ratione facienda per consules, heißt es: consules teneantur — facere rationem de omnibus — per instrumentum — — — et non aliter de aliis questionibus praeteritis ante tempus, quo mercatantia se choadunavit, scil. A. D. MCCLV. — Wenn Città Castellana schon A. 1229 consules mercatorum hatte (Theiner I. n. 252), so besaß sie Rom sicherlich auch.

[2] Statuten, wie oben: Item ordinamus, quod — fiant quatuor Consules, qui sint mercatores — scil. duo de tagliarolis (Schnittwaarenhändler), et duo alii boni mercatores qui faciant mercatantiam pannorum, et XII. consiliarii viri de tagliarolis et IV. de franciatolis (Franzenmacher). Der Consul erhält jährlich 5 Provis. Lire, 2 Pfd. Pfeffer, 2 Unzen Saffran (Zaffaraminis). Sodann gab es Notare, Scriniare (Archivbeamte), Camerarii, Sensales nach dem Sinn der Statuten nicht Mäkler, sondern Kassirer; woher die Erklärung bei Diez aus censualis richtig ist. Substantivum: Sensaria); Judices mercatantie. Alle Beamten wurden sindicirt. Die Fallirten hießen falluti. Artikel: de fallutis et conmictentibus fraudem creditoribus.

ihrer Zunftkirche S. Salvator in Pensilis beim Circus Flaminius, wo in der aus ihm entstandenen Straße ad apothecas obscuras, dem mittelaltrigen Quartier der Kaufleute, ihre Waarenlager sich befanden, und wo die Gilderichter oder Consuln auf dem Platz vom „Markt-Turm" bis gegen das Capitol hin die Zunftsaßen an festgesetzten Tagen vor ihren Stülen zu richten gehalten waren.[1] Sie wählte, wie jede andere Innung, Verfassungsmänner (statutarii), ihre Statuten zu revidiren und mit Zustimmung der Consuln und Räte neue zu erlassen, welche, wie das Zunftbuch überhaupt, worin sie eingetragen waren, dem jedesmaligen Senator zur schriftlichen Bestätigung auf das Capitol gebracht wurden.[2] Die ältesten, noch lateinisch geschriebenen Statuten der römischen Kaufmannsgilde wurden im Jahre 1317 niedergeschrieben; doch sie enthalten viel ältere Gewohn-

---

Das Maß bei Tuchwaaren war schon damals die römische Canna. Artikel: de canna manca et moneta falsa.

[1] Congregati et convocati (heißt es oft in den Statuten) in eccl. B. Salvatoris in Pensilis; die Kirche ging unter. A. 1377 bestätigte der Senator Gomez de Albornoz die Statuten mit dem Zusatz: mandantes, quod dicte artis Consules praesentes et futuri debeant a turre pedis mercati supra versus palatium Capitolii et non alibi diebus juridicis horisque earum dum jus redditur in curia capitolii, ad reddendum jura inter homines dicte artis et de rebus spectantibus ad dictam artem — personaliter residere.

[2] Die jedesmal vom Scriba Senatus eingetragene Bestätigung hieß confirmatio. Im Zunftbuch datirt die erste A. 1296. Dann folgen sie so zahlreich, daß sich die Fasten des Senats daraus ziemlich gut herstellen lassen. Dieser ehrwürdige Codex von 149 Pergamentblättern bietet daher eine Reihe von zeitgenössischen für die Chronologie wichtigen Formeln dar. Darunter steht auch die von Cola di Rienzo als Scriba Senatus sehr sauber eingeschriebene Confirmation. Der Druck des Codex ist wünschenswert. Die Archivbeamten der Kaufmannschaft gestatteten mir dessen Benützung mit rühmlicher Liberalität.

heiten.[1] Sie betreffen nur das Verwaltungswesen der Zunft und deuten kein politisches Verhältniß an, noch irgend einen Anteil am Staatswesen, mit Ausnahme der Ueberwachung der Münze, um die Prägung schlechten Geldes zu verhüten.[2]

Weder die Kaufleute noch andere Gewerbtreibende Rom's kamen zu wahrhaft politischer Geltung, weil in einer Stadt ohne Industrie Clerus, Adel und Grundeigentümer allein Macht besaßen. Die alten Consulargeschlechter und die senatorischen Familien des großen Bürgerstandes aus der ersten Commune behaupteten die Gewalt auf dem Capitol, und der Vertrag mit Perugia und Narni vom Jahr 1242 zeigte das

---

[1] Ich setze den Anfang des Codex her: In nom. D. Amen. Ad honorem, laudem et reverentiam Dni. nri. Salvatoris J. Ch. et B. Marie matris ejus semper Virg. ac B. Apolor. P. et P. et omnium sanctor. et sanctar. ejus et ad honor. et reverent. adque bonum statum magnifici nob. et pot. viri Dni. Raynaldi da lecto dei gra. Alme Urbis Regius in urbe Vicarius nec non ad augmentum honorem et bon. ac pacif. statum totius universitatis mercatantie urbis. Nos Angelus Blasii et Andreas Rubens, Rogerius Romanuccii et Jacobus Catellini Consules mercatancie Urbis et Litollus Jacobi Litolli, Franciscus Musciani, Nicolaus S. Angeli, Petrus Infantis et Angelus Rogerii, Statutarii mercatantie urbis, et Petrus Cinthii de Thomaiis et Nicolaus Singlorilis Consiliarii merc. urb., congregati et convocati in eccl. B. Salvatoris in Pensilis de Urbe ad vocem mandatariorum ut moris est hoc statutum et subscripta capitula in eo scripta et contenta facimus et compilamus sub anno Dom. Millo CCC. decimo septimo. Ind. XIV. mense Julii die XVI. Pontificatus D. Johis. PP. XXII. tempore Vicariatus praedicti magnifici nob. et pot. viri D. Raynaldi da lecto dei gr. alm. Urb. Regius in Urbe Vicarius. Folgen die Eidformeln der Beamten, sodann die einzelnen die ars betreffenden capitula.

[2] Paragraph, de moneta facienda . . . consules teneantur — requirere dom. senatores — quod fieri faciant in urbe bonam et legalem monetam de argento grossam et provisinum seu denariuni minutum, super quo dicti dom. senatores — habeant consilium cum camerario mercatantiae.

Vorherrschen des Adels im römischen Senat. Indeß drang während der innern Fehden zur Zeit Innocenz III. und Gregor's IX., sodann während der langen Abwesenheit der Päpste die untere Volksschicht auch in Rom nach oben, und versuchte die Communalverfassung umzuändern. Der officielle Titel „Capitän des römischen Volks," welchen Brancaleone zuerst dem des Senators beifügte und urkundlich im Jahre 1254 gebrauchte, deutet seinem Begriffe nach auf eine aus den Zünften und niedern Bürgerklassen gebildete Volksgemeinde (populus). Vorgänge, wie die demokratischen Umwälzungen von Bologna, Mailand, Florenz und Perugia müssen auch in Rom stattgefunden haben. Denn schon die Spaltung des Senats unter Innocenz III., wo die demokratische Partei Vertrauensmänner (boni homines) erhob, mochte zur späteren Bildung eines Populus, einer Eidgenossenschaft aller Zünfte die erste Veranlassung gegeben haben.[1] Daß dieß in der Zeit lag, lehrt eine wichtige Umwälzung in Florenz. Dort hatte sich die Bürgerschaft im October 1250 gegen den ghibellinischen Adel empört, eine neue Volksgemeinde (popolo) gebildet, und Uberto von Lucca zum Volkshaupt (capitano del popolo) aufgestellt.[2] Aehnliches geschah ohne Zweifel in Rom. Das Amt eines Capitän des Volks, gleichsam

Der Volks-capitän.

---

[1] Wenn Richard von Sanger. zum Jahr 1237 sagt, daß die Romani plebei communitates den Senator Joh. von Poli abzutreten zwangen, was ist unter ihnen zu verstehen als Handwerker-Innungen?

[2] Villani VI. cap. 39 come in Firenze si fece il primo popolo. Bonaini zeigt schon am 7. Mai 1250 einen Capitaneus Populi mit Anzianen in Perugia (Arch. Storico XVI. I. p. XLIII). In Genua wurde A. 1256 ein Capitaneus Populi erhoben. A. 1258 finde ich den ersten Cap. Pop. in Terni, Lupicinus. A. 1254 Bonifacius Castellano von Bologna erster Cap. Pop. in Todi. — Muratori Antiq. Ital. IV. 666 vergleicht dies Amt treffend mit dem Tribunus Populi der Alten.

eines Volkstribun, wurde überhaupt seit dem Jahre 1250 in den italienischen Städten eingeführt, so daß der Podestà politischer Repräsentant der Gemeinden blieb, während der Capitän wesentlich mit der militärischen und einem Teil der Justizgewalt bekleidet wurde. In Rom erscheint der Volks=capitän freilich nur vorübergehend, schon deshalb weil es hier in der Regel zwei Senatoren gab; und erst Brancaleone, welcher im Jahr 1252 die geteilte Senatsgewalt in seiner Person vereinigte, nannte sich „Senator der erlauchten Stadt und Capitän des römischen Volks."[1]

Am Sturze des großen Bolognesen arbeiteten voll Er=bitterung Adel wie Clerus, vor allem das beleidigte Haus der Colonna. Als sein dreijähriges Amt im Beginne des November 1255 abgelaufen war, und das Volk seine Wieder=erwählung verlangte, überhäufte ihn die Gegenpartei mit Anklagen vor dem Syndicus; sie lärmte, daß man die Ty=rannis eines Fremden verewigen wolle, und sie erstürmte endlich das Capitol. Brancaleone, gezwungen die Waffen niederzulegen, ergab sich dem Volk, wurde im Septizonium verwahrt, aber bald dem Adel ausgeliefert, worauf er in den Turm von Passerano geworfen ward.[2] Der edle Mann,

Sturz des Senators Brancaleone Nov. A. 1255.

---

[1] B. de Andalo dei gr. Almae Urbis Senator Ill. et Romani Populi Capitaneus, schon bemerkte Urkunde vom 10. Mai 1254. Daß hier Capitaneus im Allgemeinen Heerführer bedeuten sollte, widerstreitet der Bestimmtheit solcher officiellen Begriffe im Mittelalter.

[2] W. von Nangis, Gesta Ludovici IX. (Duchesne V. 361), ad A. 1255: Branchaleon — de consilio quorundam Cardinalium et — Nobilium — obsessus fuit in Capitolio. Et dum se dedisset, populus posuit eum in custodia apud Septemsolis — tandem traditus nobilibus in quodam castro S. Pauli quod dicitur Passavant, fuit incarceratus et male tractatus. Passavant kann nur Passarani sein.

dessen Tod Barone und Cardinäle forderten, war unrettbar verloren, wenn ihn nicht die römischen Geißeln schützten, die noch Bologna fest hielt. Seine mutige Gattin Galeana entfloh aus Rom, und beschwor mit den Verwandten ihres Gemals den Rat jener Stadt, die Geißeln nicht herauszugeben, sondern die Befreiung ihres Mitbürgers zu erzwingen. Die Republik Bologna schickte hierauf angesehene Männer nach Rom, aber der Papst, welcher nach dem Sturze des Senators in die Stadt zu kommen gewagt hatte, schlug ihre Forderung ab und verlangte die unbedingte Auslieferung der Geißeln. Bologna verweigerte sie mit Standhaftigkeit. Der Adel und mehre Cardinäle drangen jetzt in den Papst, jene guelfische Stadt, die alte Beschützerin der Kirche, in den Bann zu thun. Doch selbst das Interdict beugte nicht den hochherzigen Mut der Bolognesen; diese freien Bürger zeigten, daß die Schreckmittel der Bannstralen ihre Wirkung verloren hatten; denn die römischen Geißeln wurden in noch strengerem Gewahrsam fest gehalten.[1]

Unterdeß schritt die siegreiche Partei in Rom zur Wahl eines neuen Senators. Sie fiel auf den Mailänder Martinus della Torre, der sie indeß nicht annahm; worauf

---

[1] Math. de Griffonibus (Mur. XVIII. 114). Lazzari und Savioli ad A. 1255 haben Math. Paris berichtigt, der den Sturz Brancaleone's falsch A. 1256 erzählt. Im Archiv zu Bologna (Miscell. n. IV) sah ich einen von Savioli (III. I. 289. Note D) uncorrect gelesenen Bericht vom Jahr 1255, worin es heißt: die sabati XIII. mens. Nov. scriptum per potestatem massario communis Bononie D. Ugnitioni de Arientis et D. Auliverio de Axinellis et D. Nerio Rainerio et D. Henrigipto de la Fratta et D. Vinassar. notar. et D. Gerardo de la Stalla Ambaxatoribus Cois Bonon. ituris pro facto Senatoris Rom., libr. CCXVI. bon. Dies zeigt, daß Brancaleone Anfangs Nov. 1255 gestürzt ward.

Emanuel be Mabio zum Senator, ein anderer neben ihm zum Capitaneus ernannt wurde. Emanuel war Bürger von Brescia, vorher Podestà von Piacenza, und vor Ezzelin flüchtig nach Rom gekommen.[1] Die Wahl dieses Fremden zum Senator auch nach Brancaleone's Sturz beweist, daß der Adel sich noch nicht getraute, die Forderungen des Volks ganz unberücksichtigt zu lassen. Die flehenden Briefe der römischen Geißeln aus Bologna, so wie die weise Standhaftigkeit der Bolognesen, welche überdies zwei Verwandte Alexander's IV., die man in der Romagna aufgegriffen hatte, ehrerbietig dem Papste zurücksandten, erwirkten endlich die Befreiung Brancaleone's, und vielleicht erzwang sie auch die drohende Haltung des Volks.[2] Man nötigte ihn, vor dem Syndicus des neuen Senators auf seine Rechte Verzicht zu thun, was er mit der Erklärung that, daß er dazu gewaltsam gezwungen sei. Als er hierauf im August oder September 1256 von Rom abreiste, schickte ihm der römische Adel voll Mißtrauen den Syndicus Andreas Marbone bis Florenz nach und bestimmte den florentiner Rat, den gefürchteten Exsenator nicht eher aus der Stadt zu lassen, bis er in seiner Gegenwart den schon in Rom beschworenen Verzicht erneuert habe. Brancaleone gab ihn mit derselben Verwahrung seiner Rechte

---

[1] Galvan. Flamma c. 290. A. 1256. Interim Martinus de la Turre Senator Rom. efficitur — tamen — renuntiavit. Tunc Emanuel Potestas — Senator Rom. efficitur in malum suum, quia per Pop. Rom. mactatus fuit. Emanuel de Mabiis war schon 1243 Podestà von Genua, vir nobilis et probus civis Brixiae; Fortsetz. des Caffarus ad A. 1243. Er trat sein Amt spätestens im Frühjahr 1256 an. Ottavio Rossi, Teatro di Elogi Historici di Bresciani Illustri, p. 87.

[2] Savioli III. II. n. 699. 700 bringt den Klagebrief der römischen Geißeln an Rom, und die Antwort der Römer. Doch erscheinen mir diese Schriftstücke sehr zweifelhaft.

an die Gemeinde von Rom und an Privatpersonen, worauf er niemals verzichtet zu haben erklärte; ohne Zweifel befanden sich darunter auch Forderungen von einem Teile seines Gehalts, welches in der Kammer zurückbehalten worden war. Er kehrte sodann mit Ruhm bedeckt in seine Vaterstadt heim, welche nach Auslieferung der Geißeln vom Banne gelöst wurde.[1]

4. Sturz des Emanuel de Madio, 1257. Der Demagog Matheus de Bealvere. Zweiter Senat Brancaleone's. Bestrafung des Adels. Zerstörung der Adelstürme in Rom. Tod Brancaleone's 1258. Sein ehrenvolles Andenken. Seine Münzen. Castellano degli Andalò, Senator. Sein Sturz und seine Gefangennahme. Napoleon Orsini, und Richard Anibaldi, Senatoren. Fall des Hauses der Romano. Das Phänomen der Flagellanten.

Die Regierung Emanuel's de Madio war stürmisch und unglücklich. Ein Geschöpf des römischen Adels von der guelfischen Faction, diente er nur Parteizwecken, und erbitterte er durch Schwäche oder Mißhandlung das von Brancaleone gepflegte Volk. Die Anibaldi, Colonna, Poli, Malabranca und andre Große bemächtigten sich der Gewalt; die alte Verwirrung brach wieder herein, und die gehäßige Adelsreaction erzeugte Bürgerkrieg. Das Volk, welches sich nach dem festen Regiment Brancaleone's zurücksehnte, erhob sich; man kämpfte fast ohne Unterbrechung um das Capitol und in den Straßen der Stadt.[2] Im Frühjahr 1257 wurde

[1] Actenstück vom 25. Sept. 1256 aus Florenz, beim Lazzari n. 1. . . . Actum in civitate florentie in S. Johanne praesentibus Dom. Alamauno de Turre potestate florentie etc.

[2] Ich beziehe darauf einen Brief sienischer Kaufleute aus Rom an Rufinus de Mandello, Podestà Siena's, worin sie von einem Kampf am 20. April (1256, wie ich annehme) reden. Prelium fuit in Urbe — crudelissimum inter nobiles — et Popol. Rom. — inceptum per

der Aufstand allgemein. Die Zünfte ergriffen die Waffen, conföderirten sich und erhoben zu ihrem Demagogen und Haupt einen Bäckermeister von englischer Abkunft, Matheus de Bealvere. Emanuel ward im Stadtkrieg erschlagen, ein Teil des Adels verjagt, der Papst selbst gezwungen, sich nach Viterbo zu begeben, wo er sich am Ende Mai befand.[1]

Sturz des Senators Emanuel de Madio, A 1257.

Das römische Volk rief sofort Brancaleone aus Bologna zurück; er kam, nicht ohne Gefahr, da ihm die Kirche nachstellte. Man empfing mit Jubel den edlen Mann, welcher die Bürgerschaft drei Jahre lang so kraftvoll regiert und gegen den Uebermut des Adels verteidigt hatte. Ohne Zweifel wurde ihm die Senatsgewalt nochmals für drei Jahre zuerkannt.[2]

Anibaldenses in Capitolio ad pedem turris Johis. Bovis; das Volk bestürmt das Capitol, in quo erant Senator et Capitaneus; es werden genommen der Turm des Joh. Poli (Torre di Conti), des Anibaldi und des Angelus Malabranca; erschlagen wird Anibalbus be Anibaldeschis. Gaetano Milanesi im Giornal. Storico degli Archivi Toscani A. 1858. II. 188 sucht daraus irrig eine dreimalige Gefangennahme Brancaleone's zu beweisen. Er war nur einmal Gefangener. Daß jener Brief in's Jahr 1256 gehört, ergibt sich aus Acten im Archiv Siena, wonach Rufinus Rubacontis de Mandello das Jahr 1256 hindurch Podestà Siena's war.

[1] Math. Paris ad A. 1258 (mit falscher Chronologie): Confederatis igitur popularibus de consilio cujusdam Anglici, concivis eorum, magistri pistorum in urbe, Mathei dicti de Bealvere, facto impetu vehementi ... — Papa — se subito contulit Viterbium. Die Regesten Alex. IV. zeigen ihn am 12. März 1257 im Lateran, am 29. Mai in Viterbo.

[2] Pler Cantinelli p. 236 nd A. 1257: eo vero anno reelectus fuit Dom. Brancal.... G. de Nangis A. 1257. Desselben Gesta Ludovici IX. (Duchesne V. 370). Paris irrt in der Zeit, wie im Glauben, das Volk habe unter Führung jenes Bäckers B. befreit. Er kennt nur eine Gefangenschaft, wiederholt sie aber irrig in 2 Jahren. Daraus erfanden sich Lazzari, Vitale und andre eine zwei-, ja dreimalige Gefangenschaft. B. blieb in Bologna, bis die Revolution ihn zurück rief. Das Docum. 2 bei Lazzari beweist zwar nicht, daß er am

Sobald nun Brancaleone vom Capitol wieder Besitz genommen hatte, begann er sein zweites Regiment mit einer Strenge, welche das Rachegefühl vielleicht übertrieb, der Zustand der Stadt aber nötig machte. Alle Peiniger des Volks verjagte er, oder warf sie in Ketten, oder richtete sie. Zwei Anibaldi, Verwandte des Cardinals Richard, ließ er an den Galgen hängen. Mit Manfred, der jetzt auf dem Festlande und der Insel Sicilien völlig Herr war und schon daran dachte, sich die Krone aufzusetzen, schloß er ein Bündniß zur Vernichtung der guelfischen Partei. Der Widerspruch, daß Brancaleone, Republikaner von Charakter und Neigung, mit den Nationalfeinden der italienischen Städtefreiheit sich verbündete, entsprang aus der Stellung der Stadt Rom zum Papst. Wenn dieser sonst als das natürliche Haupt der Guelfen und als Protector der municipalen Unabhängigkeit erschien, so trat er in Rom als Ghibelline auf, als Beschützer nämlich des germanisch feudalen Baronentums, mit dessen Hülfe allein er die Demokratie im Zaume hielt. Alexander IV. bannte Brancaleone und dessen Räte. Man antwortete seiner Ohnmacht mit Spott. Der Senator erklärte, daß der Papst nicht das Recht habe, den römischen Magistrat zu excommuniciren. Er kündigte hierauf durch öffentliches Aufgebot einen Rachezug gegen Anagni an; diese Vaterstadt des Papsts, so hieß es, sollte dem Senat unterworfen, wenn nicht vom Erdboden vertilgt werden. Die Verwandten Alexander's IV., von der bestürzten Gemeinde Anagni nach Viterbo abgeschickt, warfen sich dem Papste flehend zu Füßen, so daß er sich herablassen mußte, den schrecklichen Senator um Schonung

---

9. Mai in Bologna war, man darf aber annehmen, daß er vor dem 30. Mai 1257 wieder in Rom war.

zu bitten.¹ Wahrscheinlich löste er ihn vom Bann. Seine Civilgewalt in Rom wurde gar nicht mehr anerkannt.

Brancaleone wollte jetzt den Trotz der Großen durch einen Hauptschlag brechen: er befahl die Adelstürme, Zwingburgen des Volks, Kerker der Verschuldeten, Hölen schändlicher Gewaltthat niederzureißen. Dieser Proscriptionsliste sollen im Jahr 1257 mehr als 140 feste Türme erlegen sein, über welche sich das rachlustige Volk mit Zerstörungswut stürzte. Die so große Zahl der gebrochenen Burgen kann einen Begriff von der Menge solcher Türme in Rom überhaupt geben; denn mochte das gerechte Gesetz auch den meisten Türmen gelten, so ließ doch Brancaleone schwerlich alle abbrechen, und mancher Turm ghibellinischer oder befreundeter Großen blieb verschont. Wenn wir die Adelstürme in der Stadt obenhin auf 300 rechnen, 300 Türme der Stadtmauern, ebensoviele der Kirchen zählen, so bot das damalige Rom das kriegerische Bild einer Stadt dar, welche 900 Türme gen Himmel streckte.² Bedenkt man, daß viele dieser Türme, die zugleich einen wesentlichen Teil der Adelspaläste ausmachten, auf Monumenten des Altertums erbaut waren, so mag man urteilen, daß jene systematische Zerstörung den Untergang mancher Denkmäler in sich schloß. Brancaleone wird daher unter die schlimmsten Feinde der römischen Monumente gezählt, und von ihm eine neue Epoche des Ruins der alten Stadt datirt.³ Die der Zerstörung geweihten Paläste wurden

Brancaleone zerstört die Adelsburgen in Rom.

---

¹ Math. Paris p. 959. Et misertus Senator adquievit precibus humiliati (sc. Papae): vix autem compescuit furorem.

² Die Zahl von 300 Familientürmen für Rom ist eher zu klein, als zu groß, da selbst Viterbo 197 Türme zählte. Bussi p. 131.

³ Dirui fecit — nobilium turres circiter centum et quadraginta —: Math. Paris p. 975 (A. 1258). Wilhelm de Nangis berichtet dies

zugleich der Plünderung frei gegeben, und bei solcher Gelegenheit gingen auch die Familienarchive mit ihren Urkunden unter.

Der Anblick, den die Stadt nach dieser Zerstörung darbot, muß abschreckend gewesen sein; aber Rom war, wie alle andern Städte, an solchen Ruin gewöhnt. Die Bürger jener Zeiten genoßen niemals des Gefühls einer sicheren und schön geordneten Vaterstadt. Sie gingen unter Trümmern umher, und sahen fast an jedem Tag deren neue entstehen. Das sinnlose und barbarische Einreißen der Häuser war ein so gewöhnlicher Vorgang, wie es heute irgend eine Polizeimaßregel ist. Die Städte des Mittelalters waren in beständiger Umwühlung und Umbauung begriffen, und Straßen, Mauern und Häuser spiegelten in ihrer schnellen Veränderung den Charakter der Parteifurie und die Unruhe einer ewig wechselnden Regierung ab. Wenn sich das Volk irgendwo im Aufstand erhob, warf es die Häuser der Feinde nieder; wenn ein Geschlecht das andre befehdete, so wurden die Paläste des unterliegenden Teiles zerstört; wenn die Staatsbehörde Schuldige exilirte, so wurden ihre Wohnungen eingerissen; wenn die Inquisition in irgend einem Hause Ketzer fand, so wurde es von Staatswegen dem Erdboden gleich gemacht.[1] Wenn ein Kriegsheer eine feindliche Stadt eroberte,

---

besser zum Jahr 1257: turres urbis dejiciens, praeter turrim Neapoleonis Comitis (ein Orsini). A. 1248 warfen die Ghibellinen zu Floren; 36 Paläste und Türme der Guelfen um, darunter von 130 Ellen Höhe. Man untergrub den Bau, stützte ihn mit Holz, verbrannte dieses, und so fiel der Turm. Villani VI. c. 33.

[1] Die Formel im Saec. XIII. dafür: domum quoque ipsius (heretici) — judicamus funditus diruendam, ut sit de cetero receptaculum sordium, quod multis temporibus fuit latibulum perfidorum. Erst die Visconti in Mailand befahlen die Häuser der Gebannten zu schonen. Galvan. Flamma p. 1041, und Murat. 51. Dissertation.

so wurden ihre Mauern niedergelegt, wenn nicht die Stadt selbst zertrümmert wurde. Nach der berühmten Schlacht von Montaperto konnten die erbitterten Ghibellinen nur durch den edeln Unwillen eines großen Bürgers abgehalten werden, Florenz zu zerstören; und noch am Ende des XIII. Jahrhunderts warf der Zorn eines Papsts eine ganze Stadt zu Boden. Bonifacius VIII. ließ über die Trümmer Palestrina's Salz streuen, wie einst Barbarossa über Mailand Salz gesäet hatte. —

In jenen Ruin der römischen Türme wurden zugleich die Geschlechter hineingerissen; denn viele Große büßten ihre Schuld durch Exil, Gütereinziehung und Henkertod. Aber Ruhe und Sicherheit herrschten nun in der Stadt und auf der Campagna, wo das raubgierige Gesindel vertilgt wurde.[1]

Brancaleone † A. 1258. Brancaleone regierte, gefürchtet und geliebt, nur noch kurze Zeit. Das Fieber ergriff ihn während einer Belagerung von Corneto; er ließ sich nach Rom tragen, und starb auf dem Capitol in der vollsten Kraft seines Lebens, im Jahr 1258.[2] Das einstimmige Urteil der Zeitgenossen preist ihn

---

[1] Math. Paris (p. 975) sagt Bedeweros; es sind die Beroveri oder Berverii, eigentlich Vorkämpfer leichter Waffe, ähnlich den Ribaldi, dann auch für Räuber gebraucht.

[2] In obsidione Corneti infirmitate correptus, Romam se fecit deferri, et ibi vitam finivit. Noch zum Jahr 1257, bei Wilh. Nangis (Gesta S. Lud. IX. p. 370). Am 6. Juli war Alex. IV. noch in Viterbo, und er ging wol nach Anagni erst nach B.'s Tode. Aus einer Urkunde, die ich im Stadtarchiv Terni fand, beweise ich wenigstens, daß B. noch im April 1258 lebte. Narni und Terni wählten ihn und das römische Volk zum Schiedsrichter; seine Boten erließen ihr Laudum am 19. April 1258 in S. Trinitatis de castro Mirande. Sie nennen sich Petrus Riccardi de Blaneis et Jacobus D. Petri Johis. de Ilperino Ambasciatores nobilis viri D. Brancaleonis Ill. Senatoris Urbis et commun. incliti Almi et Amplissimi Pop. Romani... Datum A. Dni. MCCLVIII tpre D. Alex. IV. PP. Ind. I. m. Aprelis die

als den unerbittlichen Rächer alles Unrechts, den strengen Freund des Gesetzes und den Beschützer des Volks — der beste Ruhm der Regierer zu jeder Zeit. In diesem energischen Bürger Bologna's, dem praktischen Zögling seiner Rechtsschule, erschien ein antiker Geist wieder, und hat sich die republikanische Kraft seiner Periode trefflich bewährt. Es genügt für seinen Nachruhm, daß er die zerrüttete Stadt mehre Jahre lang ordnen und ihr eine gesetzliche Freiheit geben konnte. Wenn er länger regierte, so würde er große Veränderungen im Verhältniß der Stadt zum Papst hervorgebracht haben, und selbst die lange Tyrannis eines Mannes seiner Art hätte für die Römer nur heilsam sein können.

Das römische Volk ehrte das Andenken seines besten Senators auf seltsame Weise: sein Haupt wurde, wie eine Reliquie, in eine kostbare Vase gelegt und zum dauernden Gedächtniß über einer Marmorsäule aufgestellt — eine bizarre Apotheose, aber eine Trofäe, die das Capitol mehr zierte, als das Mailänder Carrocium.[1] Die Erinnerung an Brancaleone ist in Rom erloschen, wo kein Denkmal, keine Inschrift von ihm redet. Nur seine Münzen haben sich erhalten. Sie zeigen auf der einen Seite das Bild eines schreitenden Löwen und Brancaleone's Namen, auf der andern die tronende Roma mit einer Kugel und einer Palme in den Händen und der Umschrift: „Rom, Haupt der Welt." Es war demnach das erste Mal, daß der Name eines Senators auf die römische Münze gesetzt und diese nur mit weltlichen

Die Römer stellen Brancaleone's Haupt auf dem Capitol auf.

XVIII. (Pergam. n. 160, nebst andern Acten, dasselbe Compromiß betreffend).

[1] Math. Paris p. 980. Der Papst ließ diese Reliquie ohne Frage später zerstören, unwillig, daß neben den mythischen Apostelhäuptern ein wirkliches Senatorhaupt vom Volk verehrt werde.

Symbolen bezeichnet wurde, unter Auslassung des bisher gebräuchlichen Bildnisses S. Peter's, oder seines Namens.[1]

Als der Papst von dem mächtigsten Feinde in seinem eigenen Hause befreit war, hoffte er die Herrschaft des heiligen Stuls in Rom wieder herzustellen. Er schickte Gesandte in die Stadt und verbot die Neuwahl des Senators ohne seine Zustimmung; doch die Römer spotteten seines Befehls. Sterbend hatte ihnen Brancaleone geraten, seinen eignen Oheim zu seinem Nachfolger zu machen, und so wurde Castellano degli Andalò, bisher Prätor von Fermo, zum Senator ernannt. Vergebens reclamirte der Papst sein Wahlrecht; vergebens sagte er, daß er selbst als einfacher römischer Bürger eine Stimme bei der Wahl des Senators haben müsse. Alexander IV. befand sich damals in Anagni; er kam nicht mehr nach Rom.[2] Auch Castellano sicherte sich nach dem Beispiele seines Neffen durch Geißeln, aber seine Lage war schwieriger und sein Sturz unvermeidlich. Der exilirte Adel wie der Papst untergruben seine Macht, so daß er sich nur unter beständigem Kampf bis zum Frühjahr 1259 behaupten konnte. Der erkaufte Pöbel erhob sich wider Brancaleone's Oheim; vom Capitol verjagt, warf sich Castellano in eine Vestung Rom's, und hielt hier den Belagernden mannhaft Widerstand.[3] Nun wurden durch den Einfluß des Papsts wiederum zwei einheimische Senatoren aufgestellt: Napoleon, ein Sohn des berühmten Matheus Rubeus vom Haus Orsini,

---

[1] BRANCALEO S. P. Q. R. — ROMA CAPVT MVNDI. Siehe Vitale und Fioravanti. Aehnlich sind die folgenden Münzen des Senats, welche die Senatoren mit ihren Wappen zu bezeichnen pflegten.

[2] Math. Paris p. 980.

[3] In quodam castro Romae — se strenue defendit, ne a nobilitate sui nepotis — deviaret —. Math. Paris p. 986.

und Richard, Sohn des Petrus Anibaldi.[1] Obwol mit dieser Restauration eines alten Systems die guelfische Partei wieder zur Gewalt kam, so fuhren doch auch diese Senatoren fort, die Selbständigkeit des Capitols aufrecht zu halten. Sie erneuerten den schon von Brancaleone und Emanuel de Madio geschlossenen Frieden mit Tivoli endgültig in solcher Weise, daß sich diese Stadt für immer dem römischen Volk als Vasallin ergeben mußte. Tivoli zahlte fortan nicht allein jährlichen Tribut von tausend Pfund, sondern empfing auch einen vom römischen Gemeinderat gesetzten Podestà unter dem Titel eines Grafen. Sie behielt indeß das Recht nach ihren Statuten zu leben, einen Sedialis oder Stadtrichter, einen Capitaneus Militiae oder Volkstribun und andre Magistratsbeamte zu ernennen.[2]

Castellano hatte die Waffen gestreckt, schmachtete im Kerker und wurde, wie ehedem sein Neffe, vor dem Tod nur durch die römischen Geißeln geschützt, welche Bologna

---

[1] Beide Senatoren nennt ein Brief des Papsts an Terracina, vom 18. Mai 1259 (Contatori p. 193): nobiles viri Neapolionus Mathei Rubei, et Ricardus Petri de Anibaldo Senatores urbis ... Die Revolution fand demnach spätestens im April statt.

[2] Lange Urkunde im Archiv Tivoli, vom 7. Aug. 1259, bei Vitale Anhang n. IV. — Die Reihe der römischen comites Tivoli's beginnt Michele Giustiniani de' Vescovi e de' Governatori di Tivoli (Rom 1665) erst mit A. 1375. — Siehe auch Viola, Tivoli, p. 183. Die Statuten Tivoli's, A. 1305 compilirt und 1522 gedruckt, zeigen, daß die in jener Urkunde festgesetzten Aemter des Comes Tiburis, des Caput Militiae und des Sedialis de Tibure sich fortdauernd erhielten. Der Caput Militiae war nicht Milizencapitän, sondern ein Syndicus, Wächter der Justiz und der Verfassung, ein Volkstribun. Noch bis zum Anfang des XIX. Jahrh. dauerte sein Amt in Tivoli fort, neben dem des Vicegerens (des ehemaligen Comes); so hörte ich von einem greisen Patricier.

trotz des wiederholten Bannes nicht herausgab.¹ Es rettete ihn endlich eine sehr merkwürdige Bewegung in den Städten Italiens, welche auf den Sturz von Ezzelin und dessen Hause folgte. Dieser furchtbare Kriegsmann, der sprichwörtlich gewordene Städtetyrann des Mittelalters, herrschte nach und nach über die ansehnlichsten Communen der Lombardei. Keine Lockung von Innocenz IV. oder Alexander IV. hatte diesen Schwiegersohn Friedrich's II. vermocht, seinem ghibellinischen Princip untreu zu werden und in den Dienst der Kirche zu treten, die ihm um diesen Preis jeden Frevel würde verziehen haben. Er fiel endlich nach heldenmütigem Widerstand bei Cassano in die Gewalt vereinigter Feinde. Die Geschichtschreiber schildern mit Erregung die letzten Kämpfe dieses außerordentlichen Menschen, in welchem seine Zeit die Triebe hoher Tugenden in teuflische Verbrechen verwandelt hat, so daß er als der Nero und Herodes seiner Epoche unsterblich geworden ist.² Sie schildern den Jubel der Menschen, welche herzuströmten, den Anblick des gefangenen Tyrannen zu genießen, und sie vergleichen den Schrecklichen einem stumm dasitzenden Uhu, der vom gemeinen Vogelschwarm

---

¹ Das Interdict traf dann auch die Universität Bologna. Der damalige berühmte Professor des Rechts, Obofredus, schreibt: debemus regratiari Deo — quod hunc librum complevimus, et si tarde incepimus, tarde finivimus, propter interdictam hujus Civitatis, quae erat interdicta occasione obsidum, quos habebat Dom. Castellanus de Andalò. — Tiraboschi, Storia della Letterat. IV. 50.

² Verci hält in seinem sorgsamen Werk Ezzelin eine Apologie. Als echter Republikaner, und oft hinreißend, spricht Rolandinus über ihn und sagt: quod esse debet exemplum canetis, ut sit modis omnibus defendenda libertas nsque ad mortem (lib. VII. c. 13). Die Historia Cortusior. legt Alberich das eines Tiber und Attila würdige Wort in den Mund: mundo dati sumus, ut scelera ulciscamur (Murat. XII. 769)

umlärmt wird. Ezzelin starb, mit dreifachem Bann beladen, voll schweigender Verachtung der Welt, des Papsttums, der Kirche und seines ihm von den Sterndeutern verkündigten Schicksals am 27. September 1259 im Schlosse zu Soncino, wo er ehrenvoll begraben wurde. Entsetzlich war das Loos seines von der Kirche wieder abgefallenen Bruders Alberich, der sich nach verzweifelter Gegenwehr im Turm S. Zeno nebst seinen sieben Söhnen, zwei Töchtern und seinem Weibe den Feinden ergeben hatte. Sein ganzes Geschlecht wurde in seinem Angesicht erwürgt, und er selbst darauf von Pferden zu Tode geschleift.

Ezzelin † 27. Sept. A. 1259.

Der grauenvolle Sturz des mächtigen Hauses Romano kam zu andern Schrecken hinzu, um das schon erfüllte Gemüt der Menschen überströmen zu machen. Unabläßige Kriege, nicht zu schildernde Plagen hatten die Städte heimgesucht. „Die Seele schaudert mir, so schreibt ein Chronist von damals, die Leiden meiner Zeit und ihren Ruin zu sagen; denn nun sind es etwa zwanzig Jahre, daß auf Grund des Zwiespalts zwischen Kirche und Reich das Blut Italiens wie ein Strom ausgegossen wird."[1] Ein electrischer Schlag traf plötzlich die Menschheit und trieb sie zur Buße; zahllose Scharen erhoben sich mit Klagegeschrei in den Städten; man zog, sich bis aufs Blut geißelnd, in Processionen zu hundert, zu tausend, ja zu zehntausend weiter fort. Stadt um Stadt wurde in den Strom dieser Verzweiflung hineingerissen, und bald erschollen Berge und Täler von dem erschütternden Weheruf: „Friede! Friede! Herr, gib uns Gnade!" Viele Geschichtschreiber der Zeit reden von dem befremdenden Er-

Die Erscheinung der Flagellanten.

---

[1] Quod occasione Sedis Apostolicae ac Imperialis, sanguis Italicus funditur velut aqua. Der Mönch von Padua ad A. 1258.

eigniß mit Verwunderung; alle sagen, daß sich dieser moralische Sturm zuerst in Perugia erhob, und dann der Stadt Rom mitteilte. Er ergriff jedes Alter und jeden Stand. Selbst fünfjährige Kinder geißelten sich. Mönche und Priester erfaßten das Kreuz, und predigten Buße; uralte Eremiten kamen aus ihren Gräbern in der Wildniß hervor, erschienen zum ersten Mal in den Straßen, und predigten Buße. Die Menschen warfen ihre Kleider bis zum Gürtel ab, hüllten das Haupt in eine Kapuze und griffen nach der Geißel. Sie schloßen sich in Zügen an einander; sie gingen in paarweisen Reihen, in der Nacht mit Kerzen, baarfuß durch den Winterfrost; sie umkreisten mit schauerlichen Liedern die Kirchen; sie warfen sich weinend an den Altären nieder; sie geißelten sich zum Gesange von Hymnen auf die Passion Christi mit Wahnsinn ähnlicher Wut. Sie stürzten bald zur Erde nieder, bald erhoben sie ihre nackten Arme gen Himmel. Wer sie sah, hätte ein Stein sein müssen, wenn er nicht that wie sie. Die Zwietracht hörte auf; Wucherer und Räuber kamen zur Obrigkeit; Sünder bekannten; die Kerker öffneten sich; Mörder gingen zu ihren Feinden und legten das bloße Schwert in deren Hand, flehend sie zu tödten; aber diese warfen die Waffe voll Abscheu von sich, und sie stürzten weinend zu den Füßen ihrer Beleidiger nieder. Wenn diese schauerlichen Wanderscharen in eine andre Stadt zogen, so fielen sie darauf wie ein Gewittersturm, und so pflanzte sich diese Geißelbrüder-Krankheit ansteckend fort von Stadt zu Stadt.[1] Sie kamen

---

[1] Siehe Salimbene, den Mönch von Padua, Jacob de Voragine, Hermann Altahensis, Caffarus, Riccobald, Francisc. Pipin., Galvan Flamma, welcher sagt: propter mortem Yzelini de Romano scuriati infiniti apparuerunt per totam Lombardiam (c. 296). Pala-

nach Rom im Spätherbst 1260, aus Perugia. Selbst die harten Römer gerieten in Ekstase. Ihre Kerker öffneten sich, und so entkam der Castellan von Andalò nach seiner Vaterstadt Bologna.¹

<small>Die Flagellanten in Rom. A. 1260.</small>

Das Auftreten der Flagellanten ist eins der erschütterndsten Phänomene des Mittelalters. In der frommen Furie der Kreuzzüge hatte sich auf Grund ähnlicher langer Verwirrung durch den Kampf zwischen Kaisertum und Priestertum die Sehnsucht der Menschheit nach der Erlösung ausgesprochen; in dem Geißelsturm des Jahres 1260 wiederholte sich dieselbe Sehnsucht. Die leidende Menschheit sammelte in den Tiefen ihres Gefühls die Eindrücke von Ereignissen, die es exaltirten: Ketzerei, Inquisition und Scheiterhaufen, Fanatismus der Bettelmönche, Tartaren, wütender Kampf beider Weltgewalten, die Furie der Factionen, der verwüstende Bürgerkrieg in allen Städten, die Tyrannis eines Ezzelin, Hungersnot, Pest, die Lepra oder der Aussatz: dies waren die Plagen, welche die damalige Welt geißelten. Der dämonische Wanderzug der Flagellanten war der volkstümliche Ausdruck eines allgemeinen Elends, der verzweifelte Protest und die selbstauferlegte Buße der damaligen Gesellschaft, welche

<small>vicini und Manfred verbaten sich diese gefährliche Naturerscheinung bei Todesstrafe. Die Torri errichteten 600 Galgen in Mailand, so daß die Flagellanten abzogen (Murat. Antiq. Ital. VI. Diss. 75). Der Papst, ketzerische Secten witternd, verbot die Processionen; sie erloschen im Jan. 1261.
¹ Cronica di Bologna (Mur. XVIII. 271) A. 1260: I Perugini andarono nudi per Perugia battendosi; poscia i Romani andarono similmente — allora lasciarono i Romani tutti i prigioni — per l'amor di Dio, e lasciarono la famiglia di Messer Castellano di prigione; e Messer Castellano fuggì dalla città di Roma, temendo che non l'ammazzassero.</small>

noch von dem epidemischen Massengefühl so stark ergriffen wurde, wie das Geschlecht der Kreuzzüge. In so dunkler Büßergestalt nahm die Menschheit Abschied von der Epoche des Weltkampfs zwischen Kirche und Reich. Am Ende dieser Epoche erschien ein Genie, als ihre Frucht. Dies war Dante, der jener mittelaltrigen Welt ein einziges Denkmal schuf.

Der Stern Dante's wird sichtbar. Sein unsterbliches Gedicht ist ein gothisch aufgetürmter wunderbarer Dom, auf dessen Zinnen die hervorragenden Gestalten der Zeit sichtbar sind, Kaiser und Päpste, Ketzer und Heilige, Tyrannen, Republikaner, die alten und die neuen, Wissende und Schaffende, Sclaven und Freie, alle um den büßenden Menschengeist gereiht, der die Freiheit sucht.[1]

[1] Libertà van cercando ch'è sì cara,
Come sa chi per lei vita rifiuta.
Purg. I.

Zehntes Buch.

Geschichte der Stadt Rom vom Jahr 1260 bis 1305.

Erstes Capitel.

1. **Das deutsche Reich. Manfred, König von Sicilien. Seine Stellung zum Papst, zu Italien. Großer Sieg der Ghibellinen bei Montaperto. Florenz und andere Städte huldigen Manfred. Die Guelfen wenden sich an Konradin in Deutschland. Tod Alexander's IV. 1261. Urban IV., Papst.**

Durch die italienischen Kriege erschöpft, war Deutschland in innere Auflösung und tiefe Ohnmacht gesunken, aus welcher das alte Reich nie mehr auferstand. Die Krone der Deutschen wurde nach dem Falle Wilhelm's von Holland im Friesenkrieg (am 28. Januar 1256) von den uneinigen Fürsten verschmäht und an den Meistbietenden verkauft; das abgeschwächte Nationalgefühl ertrug die Erhebung zweier fremder Herren, Richard's von Cornwall und Alphons' von Castilien, auf den Tron großer Kaiser, aber so allgemein war die Erschöpfung, daß die Doppelwahl, welche die Päpste wiederum zu Schiedsrichtern in Deutschland machte, keine Kämpfe mehr nach sich zog. Diese ausländischen Könige anerkannten ohne Sträuben die richterliche Gewalt des Papsts über das Reich, und sie stellten auf dessen Trümmern nur als Schattenbilder seinen tiefen Verfall dar.[1]

---

[1] Richard, in Frankfurt am 13. Jan. 1257 gewählt, am 17. Mai in Aachen gekrönt, kam einige Male nach Deutschland, Alphons der

Glücklicher war Manfred in Apulien und Sicilien, auf dessen Boden kein päpstlicher Söldner mehr stand. Er strebte nach der Krone, und erlangte sie. Auf ein wahrscheinlich mit Absicht verbreitetes und geschickt benutztes Gerücht vom Tode Konradin's, ließ er sich am 11. August 1258 in Palermo zum Könige krönen. Wenn dies eine offenbare Usurpation der Rechte Konradin's war, so wurde sie doch von der Stimme des Landes gefordert, von den Verhältnissen geboten und entschuldigt: sie fand ihr Vorbild an Philipp von Schwaben, welcher gleichfalls aus dem Vormunde seines Neffen der Usurpator von dessen Krone geworden war. Den protestirenden Gesandten Konradin's erklärte Manfred mit gutem Grund, daß die Herrschaft eines im fernen Deutschland lebenden Königs über Sicilien unmöglich sei, daß dieses Land nur einem einheimischen Fürsten gehorchen werde, daß er selbst durch Geburt und Sitte Italiener sei; das Königreich, welches er mit seinem Schwert zwei Päpsten abgekämpft habe, wolle er als rechtmäßiger Monarch beherrschen; nach seinem Tode möge Konradin sein Nachfolger werden. Die Krönung Manfred's war ein Act, der ihn für immer zum Feinde der legitimen hohenstaufischen Ansprüche auf Sicilien machte, ihn zwang diese von den italienischen Grenzen abzuwehren, und das Nationalprincip Italiens zu vertreten. Die politische Verbindung dieses Landes mit Deutschland wurde dadurch aufgehoben, und ein Zustand geschaffen, wie ihn die Guelfen erstrebt hatten.

Manfred, gekrönter König, 11. Aug. A. 1258.

Weise, gewählt am 1. April 1257 zu Frankfurt, niemals. Ihr Proceß vor den Päpsten war nachdruckslos. Die Acten bei Raynald ad. A. 1263, namentlich n. 46 und 53, eine matte Erinnerung an die Deliberation von Innocenz III.

Als sich nun Manfred aus einem Stellvertreter Konradin's in dessen Feind, und aus einem Vicar Deutschlands in einen nationalitalienischen Herrscher verwandelt hatte, mochte vielleicht die Klugheit Alexander dem IV. rathen, ihn unter günstigen Bedingungen als Lehnkönig der Kirche anzuerkennen, wie einst ein Papst ähnliches gethan hatte, nachdem der Normanne Roger zum Könige Siciliens erhoben war. Aber Manfred wollte kein Lehnfürst, sondern ein selbständiger Monarch sein, und die Folgen seiner Krönung waren deren Nichtigkeitserklärung durch den Papst, eine neue Excommunication und das über alle Bischöfe und Städte, welche ihn anerkannten, verhängte Interdict.[1] Der Haß der päpstlichen Curie gegen das Geschlecht Friedrich's blieb unversöhnbar; ihr begründeter Argwohn stellte sich vor, daß Manfred immerdar der Feind der Ansprüche des Papsts bleiben und nicht ruhen werde, bis er das Königtum von Italien errungen, und die Kaiserkrone sich aufgesetzt habe.

Der Papst bannt Manfred.

Die mehrmals versuchte Aussöhnung scheiterte auch an der Forderung des Papsts, die Saracenen aus Italien zu entfernen. Die Fortdauer dieser Colonie von Moslem in Apulien ruft die Geschichte jener Zeiten zurück, wo die Araber aus ihren Raubburgen am Garigliano Italien geschreckt hatten. Friedrich II. hatte ihre sicilischen Stammgenossen als ein immer kampffertiges Lager ausgezeichneter Bogenschützen nach Luceria verpflanzt. Die Predigermönche, welche ihnen Gregor IX. wiederholt sendete, bekehrten diese Mohamedaner nicht; der Name Allah's wurde nach wie vor von den Türmen Luceria's ausgerufen, und der Koran von

Die Saracenen von Luceria.

---

[1] Tutini de Contestab. p. 63.

den Schriftkundigen in den Moscheen erklärt. Seine Garde hatte Friedrich aus Saracenen gewählt, und manchen ausgezeichneten Moslem vorurteilslos zu hohen Aemtern erhoben. Diese Mohamedaner lebten durch die Duldung der Hohenstaufen, und blieben ihnen treu bis zum Tod. Wenn die Angabe des englischen Chronisten, daß sie 60,000 streitbare Männer zählten, auch übertrieben ist, so waren sie doch zahlreich genug, den Papst zu ängstigen.[1] In den Kriegen der Hohenstaufen wider die Kirche waren sie das einzige stehende Heer, die eifrigsten Kämpfer und die schonungslosesten Verderber. Unverwundbar für Bannstralen, erwürgten sie Priester und Bettelmönche, verbrannten sie ohne Gewissensbisse Kirchen und Klöster, und zerstörten sie eroberte Städte, wie Albano und Cora unter Friedrich II., wie Ariano unter Manfred. Den Päpsten blieb ihre Colonie in Südtalien ein Stachel im Herzen.[2] Alexander IV. forderte ihre Entfernung, doch Manfred hatte seine Rettung nur ihrer Treue, und seine ersten Erfolge ihren Bogen und Pfeilen verdankt; er schützte sie und rief, wie sein Vater, immer neue Schaaren von Arabern herbei, welche von den Küsten Afrika's kamen, unter seinen Fahnen Sold zu nehmen. Die Päpste stellten ihn als den Sultan und Verbündeten der Heiden dar, und ihre Kreuzpredigten waren stets gegen Manfred und die Saracenen Luceria's zugleich gerichtet.

---

[1] Math. Paris (p. 897). Die Saracenen und die Deutschen nannten einander Gevatter: compatres, quo nomine Saraceni, et Theutonici de principali exercitu se ad invicem vocare asseverant. Nicol. de Jamsilla, Mur. VIII. 562.

[2] Dies hinderte sie und die Anjou nicht, sich ihrer zu bedienen. „Unter dem Kreuz-Banner und dem Befehl päpstlicher Legaten kämpften die Saracenen Luceria's noch A. 1289 im Krieg der Vesper": Amari, II. c. 13.

Nach seiner Krönung trat er in eine neue Epoche seiner politischen Laufbahn. Er gewann schnell Einfluß in Mittel- und Norditalien; seine Macht nahm größere Verhältnisse an. Der Gedanke, Italien als nationaler König unter seinem Scepter zu vereinigen, beschäftigte ihn, obwol dessen Ausführung unabsehbare Schwierigkeiten bot. Sein Bruch mit Konradin und Deutschland näherte ihn den Guelfen; er hatte sich in die Conföderation aufnehmen lassen, die zum Sturze Ezzelin's entstanden war; er schloß Verträge mit Genua und mit Venedig. Aber es zeigte sich bald, daß die guelfische Partei nicht mehr die wahrhaft nationale war. Wie daher Manfred einsah, daß die Aussöhnung zwischen ihm und dem Papste unmöglich sei, nahm er die Traditionen seines Hauses wieder auf, und bekämpfte mit den Ghibellinen den Kirchenstaat. Er ernannte Palavicini, ihr Haupt in Norditalien, zu seinem Capitän in der Lombardei, den Genuesen Parcival Doria zu seinem Vicar in Spoleto und den Marken, und Jordan von Anglano, Graf von S. Severino, seinen Blutsverwandten, zum Vicar in Toscana.[1] Dies Land, wo

Manfred, mächtig in Italien.

[1] In den Libri Deliberationum (Archiv Siena, vol. IX.) ist am 1. Dec. 1259 bemerkt, daß Jordan in Siena eingerückt sei. Am 19. Jan. 1260 zeichnet er sich Jordanus de Anglano dei et regia gra. Comes S. Severini, Regius in Tuscia Vicarius Generalis et Potestas Senarum ... dat. Pistojae XVIII. Jan. Ind. IV. (Ibid. Kaleffo vecchio n. 623.) — Recanati, Jesi und Cingoli rebellirten gegen Anibald Trasmundi, Rector der Mark, und conföderirten sich am 20. Decbr. 1258. (Instrum. n. 44 bei Baldassini, Memor. di Jesi.) Schon seit 1258 war dort Parcival Generalvicar. Er residirte in Jesi. Von dort erließ er am 7. März 1259 ein Privilegium für Gubbio, dem es District und Comitat, Jurisdiction und Wahl des Podestà zusichert: Parcival de Auria Marchie Ancon. ducatus Spoleti et Romaniol. regius vicarius generalis pop. et communi Agubii dni Regis fidelib. ... Dat. Esii A. D. mill. ducentes quinquages. nono. septimo martii II. Ind.

Siena der Mittelpunkt der Ghibellinen war, huldigte Manfred als Oberherrn und Protector seit dem berühmten Tag von Montaperto. Die Sienesen, vereinigt mit den vertriebenen florentiner Ghibellinen unter deren großem Haupte Farinata degli Uberti, und unterstützt durch deutsches Volk unter Jordan von Anglano, vernichteten dort an den Ufern der Arbia, am 4. September 1260, die conföderirten Guelfen. Das reiche und mächtige Florenz öffnete den Ghibellinen die Tore, und huldigte dem Grafen Jordan für Manfred: ein folgenschweres Ereigniß! Es minderte die Macht der Kirche, und steigerte das Ansehn Manfred's in ganz Italien; es zersprengte die guelfische Partei, aber es machte sie für immer zum unversöhnlichen Feinde jenes Königs; es kettete diesen ganz an die Ghibellinen, in deren Arme er sich jetzt warf; es zerstörte für ihn die Möglichkeit des Friedens mit der Kirche, welche in ihrer Not einen fremden Despoten zur Hülfe herbei zog, aber es schuf für Manfred augenblicklich eine neue Grundlage in Mittelitalien, von wo aus er den Papst bedrängen und den Kirchenstaat bis vor die Tore Rom's in Aufruhr halten konnte. [1]

Sieg der Ghibellinen an der Arbia, 4. Sept. A. 1260.

Regnante seren. D. N. Rege Manfredo dei grā inclito rege sicilie. Regni ejus A. I. Feliciter Amen. Urkunde, von mir copirt im Communalarchiv Gubbio (ex libro Privileg. fol. 19). Auch Fermo huldigte Manfred. Perugia blieb guelfisch. Am 11. Jan. 1259 schrieb Alex. IV. aus Anagni an Perugia, hülfebittend gegen Manfred, der Spoleto und die Marken überziehe (Archiv Perugia, Bolle, Brevi. Vol. II, n. 22). Alex. hatte dieser Stadt am 28. Dec. 1258 zu Viterbo die Grafschaft Gubbio cedirt. Archiv Perugia, Lib. Sommiss. Vol. C. fol. 68.)

[1] Urkunden im Archiv Siena: Am 15. Juni 1256, Bund zwischen Siena und Rom, als n. 646 verzeichnet, im Original nicht vorzufinden. — Am 4. Dec. 1256: Pietro de Neri, Syndicus von Rom, und Aldobrandino di Ugo, Syndicus von Siena, heben die Repressalien auf.

Die Guelfen von Florenz und andern Städten warfen sich ratlos nach Lucca, ihrer letzten Schanze. Sie wandten sich (so seltsam war nun die Wandlung der Parteien!) sogar nach Deutschland, und sie forderten Konradin auf herabzukommen, dem Usurpator die Krone zu entreißen, und die Rechte des Reichs wieder herzustellen. Der letzte Enkel Friedrich's II., ein achtjähriges Kind, antwortete ihnen durch seinen Oheim Ludwig von Baiern; er nahm Florenz und den Guelfenbund in seinen ohnmächtigen Schutz, erklärte Manfred und die Ghibellinen für seine Feinde, und versprach bald in Person nach Italien zu kommen, oder seinen Legaten dorthin zu schicken, wenn es die deutschen Fürsten gestatten würden.[1] Alexander IV., unterdeß in tiefer Bestürzung über den Fall von Florenz, bannte Siena und die Ghibellinen, lud sie vor sein Tribunal und beschwor Pisa vom

Die Florentiner Guelfen rufen Konradin.

Actum Rome apud. Eccl. S. Marie Monasterii de Rosa (n. 661). Im Mai 1259: Manfred nimmt Siena in Schutz: dat. Luceriae per man. Gualterii de Ocra regnor. Jerlm. et Sicil. Cancellarii A. D. Incarn. 1259. M. Madii Ind. II. (Kaleffo novo Assunt. fol. 611.) — Am 17. Mai 1259, Erklärung an Siena, daß im Treueid für Manfred die Freiheit der Kirche und die Gültigkeit der Contracte salvirt sei: Actum in regno Apulie apud Noceram. In palatio memorati Illust. Regis. anh. D. 1259. Ind. II. die XVI. Kal. Junii. Coram Dno. Comite Manfredo Malecta de Mineo Camerario Ill. Regis praefati, Dno. Comite Bartholomeo Seneschalcho, Dno. Goffredo de Chusença, Magro. Johe. de Procida, Dno. Francescho Semplice et Magistro Petro de la prete…

[1] Brief der Guelfen, und Antwort Konradin's: Cod. Vat. 4957, fol. 83, 85. Conradus II. dei gr. Jerlm. et Sicilie Rex, dux Suevie devotis suis dilect. viris nobilib. Maynardo comiti de Panicho dei gr. potestati partis Guelvorum de Florentia et aliis Tuscie terris, et comiti Guidoni Guerrae ead. gr. Tuscie palatino et universitati dicte partis gratiam suam cum affectu sincero… act. ap. Illuminestri an. D. 1261. VIII. Id. Maji.

Toscanische Liga der Ghibellinen. 28. März A. 1261. Bunde mit Manfred abzustehen. Aber das jetzt ghibellinische Florenz, Pisa, Siena und viele andre Städte schlossen unter dessen Autorität ein Schutz- und Trutzbündniß wider alle Guelfen und deren Anhänger, am 28. März 1261. So kam die alte tuscische Eidgenossenschaft in die Gewalt von Manfred.¹ Nur der umbrische Bund, dessen Haupt das guelfische Perugia war, hielt noch seine Fortschritte auf, und blieb der Kirche getreu.

Alexander IV. † 25. Mai A. 1261. Bald darauf starb der schwache Alexander IV., von Kummer niedergebeugt, am 25. Mai 1261 in Viterbo, wohin er sich nach einem langen Aufenthalt in Anagni, und einem flüchtigen im unruhigen Rom kurz zuvor begeben hatte.²

Die acht Cardinäle (denn nur so viele bildeten damals das heilige Collegium) schritten zur Neuwahl in Viterbo. Ihre Stimmen schwankten Monate lang, bis am 29. August der zufällig dort anwesende Patriarch von Jerusalem zum Papst gewählt wurde. Jacob Pantaleon, Sohn eines Schuhmachers aus Troyes, war ein durch Talente und Glück in der Kirche emporgekommener französischer Prälat. Die Thatsache, daß ein Franzose den heiligen Stul bestieg, kündigte sofort neue politische Beziehungen an, wodurch das Papsttum zu seinem Unglück die nationale Bahn verließ, und sich der französischen Monarchie in die Arme warf. Das Ziel der

---

¹ Bund zwischen Florenz, Pisa, Siena, Pistoja, Volterra, S. Miniato, Poggibonzi, Prato, Colle, S. Gemignano gegen Lucca und die Florentiner Guelfen, am 28. März 1261 in Siena ausgefertigt; schönes Pergament im Archiv Siena, n. 739. Die Bannbulle Alex. IV. aus S. Peter, 18. Nov. 1260: Cod. Vat. 4957. fol. 86.

² Am 4. Juli 1261 schrieben die Cardinäle aus Viterbo an Perugia, gegen Manfred Hülfe fordernd. Archiv Perugia, Bolle vol. II. n. 38, schon abgedruckt im Archiv. Stor. XVI. p. II. p. 486.

Päpste, die letzten Hohenstaufen in Italien zu stürzen, war der Grund jener engen Verbindung mit Frankreich; und dies Ziel wurde nur um einen unermeßlich hohen Preis erreicht.

Pantaleon, als Urban IV. am 4. September 1261 in Viterbo gewählt, übernahm den von seinen Vorgängern ererbten Haß gegen die „Vipernbrut" Friedrich's II. mit der Leidenschaft eines persönlichen Feindes. Nach Rom ging er nicht; er hat nie den Lateran betreten.¹

Urban IV. Papst, A. 1261 bis 1264.

2. Kämpfe in Rom um die Senatorwahl. Johann Sabelli und Anibaldo Anibaldi, Senatoren, 1261. Die Guelfen stellen Richard von Cornwall, die Ghibellinen Manfred zum Senator auf. Carl von Anjou, Candidat der Senatswahl. Urban IV. trägt ihm Sicilien an. Unterhandlungen wegen des Senats. Gaucelin und Cantelmi, erste Prosenatoren Carl's. Krieg der Guelfen und Ghibellinen im römisch Tuscien. Petrus von Vico. Manfred's Absichten wider Rom vereitelt. Petrus von Vico aus Rom zurückgeschlagen. Urban IV. stirbt 1264.

Man stritt damals in Rom um die Wahl des Senators. Auf Napoleon Orsini und Richard Anibaldi waren nämlich Johannes de Sabello und Anibaldo Anibaldi, ein Neffe Alexanders IV., im Senat gefolgt, und nach ihrem Abgange um die Osterzeit 1261 war es zu einem heftigen Wahlstreit gekommen, welcher Alexander IV. nach Viterbo getrieben hatte.² Die Factionen der Guelfen und Ghibellinen spalteten

Johannes de Sabello und Anibaldo Anibaldi, Senatoren, A. 1261.

---

¹ Als man in Deutschland Konradin zum König wählen wollte, verbot er das bei Strafe des Banns. Siehe seinen Brief an Böhmen, Viterbo 3. Juni 1262, bei Raynald, n. V.: Nos considerantes, quod in hoc pravo genere, patrum in filios cum sanguine derivata malitia, sicut carnis propagatione, sic imitatione operum nati genitoribus successerunt.

² Ein Brief Alexanders, Anagni, 3. April, A. VI. (1261), bei Contatore, Terracina p. 69, dil. filiis nobilib. viris Joanni de Sabello et Anibaldo Nepoti nostro, et consilio urbis, worin er beide Senatores nennt, macht ihren Senat zweifellos.

damals die Stadt mit solcher Entschiedenheit, daß sich dies Parteiwesen seither dauernd befestigte. Jene wählten kurz vor dem Tode Alexander's Richard von Cornwall, den gekrönten König der Römer, zum Senator auf Lebenszeit, nachdem ihm der englische Cardinal Johann von S. Lorenzo ihre Stimmen erkauft hatte. Dagegen riefen die Andern König Manfred zum Senator aus. Es war das erste Mal, daß die Römer ihre sonst so eifersüchtig gehütete Senatsgewalt einem fremden königlichen Herrn übertrugen: ein Zeugniß vom Verfall des demokratischen Sinnes unter ihnen. Der Geist der Freiheit hatte mit Brancaleone von Rom Abschied genommen, denn dieser edle Mann war der letzte wahrhafte Republicaner auf dem Capitol. Der Unabhängigkeitssinn und die Größe aller aus ihm fließenden Bürgertugend sanken damals auch in den andern Communen; die heroische Kraft, die ihnen der Freiheitskampf wider die Hohenstaufen verliehen hatte, verschwand mit der äußeren Gefahr; der Luxus nahm überhand; die erschöpften Gemeinden schwankten zwischen Plebejerregiment und Tyrannis, und sie näherten sich offenbar dem monarchischen Princip.

Indem nun die Römer, zu schwach die Rechte ihrer Republik wider den Papst zu behaupten, Fürsten zu ihren Senatoren erwählten, stellten sie das Capitol in deren Schutz; sie waren der Ansicht, daß ein königlicher Senator ihre eigne Freiheit gegen die Ansprüche des heiligen Stules nachdrücklicher verteidigen werde, als irgend ein anderer Podestà dies zu thun vermochte. Manfred machte ihnen sogleich Hoffnung dazu, denn er bestritt die Richtergewalt des Papsts über das Reich, welche jenem die beiden Kronprätendenten willig einräumten; er behauptete, daß der heilige Stul schon

deshalb nicht das Recht der Kaiserwahl habe, weil dies dem
Senat, dem Adel und der Volksgemeinde Rom's gebühre.[1]
Der geistvolle König stand auf der Höhe seines Glücks,
dessen flüchtige Gunst er im Glanze seines heitern, von den
Musen geschmückten Hofes in Sicilien und Apulien genoß.
Sein Einfluß reichte bis zum Po und zu Piemont. Mächtige
Könige waren ihm Freund. Nach dem Tode seiner Gemalin
Beatrix hatte er sich im Juni 1259 mit Helena, der Tochter
des Despoten von Epirus, Michael Angelus Ducas vermält,
und seine eigene junge und schöne Tochter Constanza vermälte er, der von der Kirche gebannte, im Jahre 1262 mit
Peter von Aragon, dem Sohne des Königs Jacob, trotz des
Einspruchs des Papsts, welcher die Nemesis zu ahnen schien,
die sich einst aus dieser Ehe erheben sollte, den Fall der
Hohenstaufen zu rächen.[2] Seine Wahl zum Senator mußte
für Manfred die höchste Wichtigkeit haben, da sie seinen kühnen Plänen zur Grundlage dienen konnte. Was mochte ihm
erwünschter sein, als neben den Städten Toscana's auch Rom
in seiner Gewalt zu wissen? Hier nun stritten Guelfen und
Ghibellinen mit Heftigkeit um Richard oder Manfred, während
sich der Papst bemühte, beide Prätendenten zu beseitigen;

[1] Manfred erklärte den Römern: quod Rom. Ecclesia non habet
se intromittere ad dandum cuique Imperii diadema, sed tamen
urbs Roma maxima mundi caput hoc tantum habet conferre
auctoritate sui Senatus, Proconsulum et Communis: Francis. Pipin.
Mur. IX. 681. — Rymer, fol. 410. A. 1261, bringt den Brief des
Cardinals Johann di Toledo an den König von England, worin er
schreibt, daß er sein Vermögen aufgewendet habe, für Richard die Senatswahl zu gewinnen.
[2] Brief Urban's an Aragon, Viterbo 26. April 1262, Raynald n. 9.
— Am 13. Juni 1262 beurkundete Peter seine Vermälung mit Constanza
zu Montpellier; Böhmer n. 281.

und wirklich war es noch Alexander dem IV. kurz vor seinem Tode gelungen, den Parteikampf zu schlichten. Als er starb, schien die Ruhe in der Stadt hergestellt;[1] denn das Volk hatte die Regierung provisorisch in die Hände von Vertrauensmännern, oder boni homines niedergelegt, mit der Vollmacht die Statuten zu revidiren, und eine endgültige Senatorwahl zu treffen. Dieser Ausschuß von Conservatoren der Republik stand an der Spitze der städtischen Gewalt länger als ein Jahr.[2] Als aber das Volk dem Provisorium ein Ende zu machen und einem von beiden, Richard oder Manfred, den Senat zu geben verlangte, erhoben sich die Parteien von neuem zum Bürgerkrieg. Eine gemäßigte Faction machte den Vorschlag, Peter von Aragon, Manfred's Schwiegersohn, zu wählen, und die Guelfen ließen den entfernten Richard fallen, um ihre Stimmen auf den nahen Carl von Anjou zu vereinigen.

Die Wahl dieses französischen Fürsten erhielt eine geschichtliche Wichtigkeit. Denn Urban IV. stand mit ihm bereits in Unterhandlung, die Krone Siciliens ihm zu übertragen. Dies Königreich, oder vielmehr das sicilische Volk, welchem die Päpste so viel von Freiheit und Unabhängigkeit redeten, war von ihnen seit Jahren wie eine willenlose Heerde an den Mindestfordernden ausgeboten worden. Hein-

---

[1] Vita Metrica Urbani IV., Mur. III. 2. p. 408. Von Manfred sagt das Chron. Astense, Mur. XI. 157: Senator creatus fuit, quo in officio per annum stetit; Ferretus Vicentinus, Hist. p. 947 sogar: Senatoriae curules biennio gubernavit.

[2] Urban IV. schreibt dem Notar Albert, Orvieto, 11. August 1263: intelleximus, quod illi boni homines, qui urbem ad praesens regere, ipsius statum reformare dicuntur, dilectum fil. nob. vir. Carolum — in Senatorem ipsius urbis vel Dominum elegerunt; Martene Thesaur. nov. II. Urbani Ep. n. 12.

rich III. von England hatte das Anerbieten für seinen Sohn angenommen; es schien demnach, als sollten die Normannen nach dem Falle ihrer Dynastie auf einem weiten Umwege über England dorthin zurückkehren. Aber die unabläſſigen Kriege mit den Baronen seines Landes, denen er die Verfaſſung gebrochen hatte, die Weigerung der engliſchen Kirche, ſich weiter beſteuern zu laſſen, die Entfernung und die Unſicherheit des Unternehmens hinderten Heinrich an der Erfüllung seiner Zuſagen. Der junge Edmund blieb im fernen Britannien nur ein Pergamentkönig, der die Ruhe Manfred's nicht ſtörte. Urban IV. beſchloß daher einen andern Prätendenten in's Feld zu ſtellen, einen kriegsberühmten Fürſten aus dem reichen und ſtreng katholiſchen Frankreich. Dies war eben Carl, der jüngſte Bruder Ludwig's IX., Graf von Anjou und Maine, und auch Herr der Provence und von Forcalquier, welche beide Länder er nach dem Tode des letzten Grafen der Provence, Raymund Berengar IV., als Mitgift von deſſen Tochter Beatrix erworben hatte.¹ Schon Innocenz IV. hatte demselben Carl Sicilien angetragen, aber dieſer Handel war damals am Widerſpruche Frankreichs geſcheitert. Der Franzoſe Urban IV. nahm ihn auf, als in Folge der Schlacht an der Arbia Manfred's Macht so hoch gewachſen war; er ſchickte im Jahre 1262 den Notar Albert als Unterhändler nach Frankreich, und Carl griff ſchnell nach der ihm dargebotenen Krone. Eigene Begier und der Ehrgeiz ſeines Weibes trieben ihn; der Stolz von Beatrix konnte es nicht ertragen, ihren drei Schweſtern, Königinnen, im

Urban IV bietet Carl von Anjou die Krone Siciliens, A. 1262.

---

¹ Raymund Berengar IV. ſtarb am 19. Aug. 1245, und Carl vermälte ſich mit deſſen Erbin am 19. Jan. 1246. Papon, Histoire générale de Provence, II. 524.

Range nachstehen zu müssen, denn Margareta war die Gemalin Ludwig's IX., Eleonore Heinrich's III., Sancia die Gemalin Richard's von Cornwall. Es gereicht Ludwig dem Heiligen zu einiger Ehre, daß er seine Zustimmung zur Usurpation Siciliens durch seinen Bruder nicht geben wollte, weil sie fremde Rechte verletzte; jedoch seine Einsprüche wurden am Ende durch den Papst beseitigt, der ihm vorstellte, daß die Eroberung Siciliens der Weg zum Orient sei.

Urban IV. erklärte, am 28. Juli 1263, den Vertrag mit Edmund für erloschen; zwar sträubte sich Heinrich III. seinen Ansprüchen auf Sicilien zu entsagen, für welches England nutzlos sein Vermögen geopfert hatte, aber der König, wie auch Richard von Cornwall, war damals in der Haft des Grafen Simon von Leicester und Monfort; er fügte sich endlich in den Verzicht. Urban unterhandelte nun mit Carl über die Bedingungen des Lehnvertrags, und während diese besprochen wurden, ließ der Graf ohne Wissen des Papsts durch geschickte Agenten seine Wahl zum Senator in Rom betreiben. Dies geschah am Anfange des August 1263.[1] Wenn die Italiener Urban den IV. anklagen, daß er, ein Franzose von Geburt, eine fremde Dynastie nach Italien zog, so trifft diese Schuld mit noch mehr Recht die ganze guelfische Partei ihres Landes, welche von dem nationalen Princip abgewichen war. Die Guelfen und die Päpste, in deren

<small>Die Guelfen Rom's wählen Carl von Anjou zum Senator, A. 1263.</small>

---

[1] Der erste Entwurf für Carl, Orvieto, 17. Juni 1263. (Martene Nov. Thes. II. Ep. 7.) Erst im Juni 1265 verzichtete Heinrich III. völlig (Rymer 457). Die Senatorwahl Carl's geschah vor 11. Aug. 1263. St. Priest (II. App. p. 330) bringt aus dem Livre du Trésor de Brunetto Latini einen französischen Brief der Römer, welche Carl den Senat vom 1. Nov. ab auf 1 Jahr antragen, mit 10000 Lire Gehalt. Form und Inhalt des Actenstücks sind verdächtig.

verengtem Sinn nichts mehr von dem großen Geiste Alexander's und Innocenz' III. lebte, öffneten Italien wiederum einem ausländischen Herrn. Er kam voll Begier, und mit seinem Siege erlosch der nationale Gedanke, und ging auch die Größe des alten Papsttums unter.

Die Römer achteten übrigens auf die Rechte ihrer fortdauernd im Exil lebenden Päpste so wenig, daß sie Urban dem IV. die Wahl ihres neuen Senators entweder gar nicht, oder erst dann anzeigten, als er sie durch das Gerücht längst erfahren hatte.[1] Er residirte in Orvieto, und war mit Rom zerfallen. Die dortigen Banken hatten noch große Summen an die verschuldete Kirche zu fordern, die nicht bezahlt werden konnten; wenn sich Urban im Lateran gezeigt hätte, so würde er von den Schwärmen der Gläubiger und von wütenden Ghibellinen zugleich verfolgt worden sein. Er besaß in Rom thatsächlich keine Civilgewalt mehr, und auch die Investitur des Senats hatte der heilige Stul seit Brancaleone's Zeit aus der Hand verloren. Die unerwartete Wahl Carl's zum Senator fiel nun mitten in die Unterhandlungen über die Belehnung Siciliens, und machte Urban bestürzt. Die künftige Verbindung der senatorischen Gewalt mit der Krone Siciliens in der Person eines ehrgeizigen Fürsten drohte der Unabhängigkeit des Papsts ernste Gefahr. Er fürchtete aus der Scylla in die Charybbis, aus dem Joch der Schwaben in die Tyrannei der Provençalen zu fallen; kurz, die Oberherrlichkeit über Rom stand auf dem Spiel.[2]

[1] Am 11. Aug. wußte er nicht, ob Carl für Lebenszeit oder nur auf 1 Jahr gewählt sei. Obiger Brief, worin der Papst sagt, Richard sei vorher von den Römern vita sua gewählt worden; dies war daher auch Carl, wie auch Ep. XV. Urbani bei Martene zeigt.

[2] Nos, qui nullum principem preter Rom. Pontificem, si vel

Unter die ersten Bedingungen, welche dem Grafen von Anjou in Betreff Siciliens gemacht wurden, war bereits der Artikel aufgenommen worden, daß er weder in Rom, noch sonst wo im Kirchenstaat die Gewalt eines Senators oder Podestà annehmen dürfe;[1] doch Urban sah sich gezwungen, dies umzustoßen, und Carl' die Annahme der Senatswürde sogar dringend anzuraten. Wenn er sie ausschlug, so fiel sie wahrscheinlich auf Manfred's Schwiegersohn, und dies würde die Eroberung des Königreichs gehindert haben, während der Besitz von Rom für Carl der erste sichere Schritt dazu war. Nach langen Beratungen mit den Cardinälen trug daher Urban seinem Legaten auf, dem Grafen dies vorzustellen, aber ihm die Annahme des Senats auf Lebenszeit zu verweigern. Er befahl ihm, sich diplomatischer Kunstgriffe zu bedienen, die ihn als einen Mann darstellten, der mit Eiden spielte. Wenn Carl den Römern zugeschworen hatte, zeitlebens ihr Senator zu sein, so sollte der Legat ihn dieses Eides entbinden, und heimlich zu einem andern verpflichten, den Senat nur zeitweise nach dem Ermessen des Papsts zu führen.[2] Die Beschränkung der Senatsdauer erschien ihm so wichtig, daß er davon selbst die Belehnung

Unterhandlungen des Papsts mit Carl von Anjou wegen des Senats.

---

prosperitas arrideret, vel saltem levior urgeret calamitas, dominari vellemus in urbe. — Ep. XXI., Orvieto, April 1264. — Ne dum Scillam vitare cupimus, in charybdis voraginem incidamus; Ep. XV.

[1] Ep. VII., Orvieto, 17. Juni 1263.

[2] Brief an Albert vom 11. Aug. Ipse tibi — secrete corporale exhibeat juramentum .... Nos enim tibi absolvendi eum nostra auctoritate a juramento, si quod Communi — Urbis — de retinendo — regimine vita sua idem jam praestitit, vel eum forsan prestare contigerit, plenam — concedimus — facultatem. Der Papst beschönigte dies Spiel mit Eiden durch die Rücksicht auf Richard, dessen frühere Wahl zum lebenslänglichen Senator er ebenfalls verhindert habe.

mit Sicilien abhängig machte. Er schickte einen der erfahrensten Cardinäle, Simon von S. Cäcilia, nach Frankreich ab, gab ihm zwei verschiedene Vertragsformeln mit, und befahl ihm, Carl zur Annahme der am wenigsten gefährlichen zu bewegen. Nach der ersten sollte der Graf den Senat auf fünf Jahre annehmen; eroberte er in dieser Zeit Sicilien, von ihm sofort abtreten, bei Strafe des Banns und des Verlustes seiner Rechte auf dieses Königreich. Nach der zweiten Formel sollte er versprechen, den Römern die Annahme des Senats nur für eine ihm beliebige Zeit zuzusagen, und dann dem Papste schwören, höchstens fünf Jahre oder so lange als bestimmt würde, Senator zu sein. Bestünden die Römer auf der lebenslänglichen Amtsbauer, so sollte er versprechen, nach der Eroberung Siciliens, oder wenn diese als unmöglich erkannt werde, den Senat in die Hände des Papsts niederzulegen, sobald er es verlange; in jedem Falle dafür sorgen, daß die Herrschaft über Rom wieder an den heiligen Stul zurückkehre.[1] Die päpstliche Instruction befahl dem Legaten, im Falle der Weigerung Carl's die Rechte der Kirche auf den Senat feierlich zu verwahren, die Unterhandlungen wegen Siciliens abzubrechen und heim zu kehren.[2]

Urban's Verlegenheit war groß. Sicilien, für die

---

[1] Tertio promittet, quod in dimissione Senatus dabit operam — ut idem Senatus ad ordinationem Rom. Pont. et Eccl. revertatur, cives scil. Romanos ad hoc, sicut melius, et honestius poterit, inducendo. Diese Formeln in Ep. XV. und XXI., und sonst oft abgedruckt, als diffinitio inter fratres de Senatu et Regno Sicilie.

[2] Ep. XV. und XXI. Die Instruction befiehlt dem Card. nec se nimis exhibeat facilem ad assensum, sed cum deliberatione morosa stet pro utilitate ecclesiae. Siehe auch Urban's Briefe an den König von Frankreich, und an Carl, 3. Mai 1263, Thein. I. 300. 301.)

Kaiser wie für die Päpste gleich verhängnißvoll, hatte der Kirche schon seit den Tagen Leo's IX. häufige Demüthigungen und tausend quälende Sorgen gebracht. Der oberherrliche Besitz dieses Landes, in welchem die Päpste die Grundlage ihrer weltlichen Unabhängigkeit gesehen hatten, war die Quelle schrecklicher Kriege mit dem Reich geworden, und sie selbst waren zu dem Geständniß gezwungen, daß sie eine politische Herrschaft begehrten, ohne die Kraft zu haben, sie auch nur ein Jahr lang zu behaupten. Es war ein Seufzer aus tiefster Seele, wenn Urban IV. ausrief: Jeremias sagt, alles Uebel werde vom Norden herkommen, aber ich erkenne, daß es für uns aus Sicilien kommt.[1] Er hatte indeß die Angelegenheit des Senats mit der Belehnung dieses Königreichs geschickt verbunden; dies zwang Carl, der lebenslänglichen Senatsdauer zu entsagen, und auf die Vorstellung des Königs von Frankreich sich den Bedingungen Urban's zu unterwerfen.

Aus den Briefen des Papsts geht hervor, daß die Römer und Carl ihn über ihre eigenen Verhandlungen im Dunkel ließen. Die römischen Guelfen hatten den Grafen zum Dominus und Signor der Stadt wirklich auf Lebenszeit ernannt. Die Verschwendung ihrer Freiheit an einen ihnen unbekannten, um sie unverdienten Herrn erregte selbst die Verachtung guelfisch gesinnter Zeitgenossen: denn dies war ein Zeugniß, daß Rom fortan unwürdig sei, frei zu sein.[2]

---

[1] Obige Instruction v. 25. April 1264 (Ep. XXI).
[2] Populus urbis, quem ex hoc in illud exilis quandoque versat occasio, quique frequenter consuevit, illius modicae libertatis reliquias, quas in eum proscripta veterum transfudit auctoritas, prodigaliter ac impudice distrahere — Provinciae comitem elegerunt in Dominum, et Senatorem urbis perpetuum vocarunt; bedeutende Worte des Saba Malaspina (Mur. VIII. 808).

Nachdem nun der Graf von Anjou die Vorschläge des Cardinals Simon, der seinen Auftrag mit Geschick vollführte, angenommen und versprochen hatte, zur Michaelizeit des Jahrs 1264 in Rom zu sein, schickte er als seinen Vicar im Senat Jacob Gaucelin mit provençalischen Rittern nach der Stadt. Gaucelin nahm am Anfange des Mai 1264 Besitz von der capitolischen Burg im Namen Carl's, starb jedoch bald darauf, und ihm folgte Jacob Cantelmi im Amt des Prosenators.[1] Der französische Prinz trat demnach zuerst im Capitol als Prätendent gegen Manfred auf, um ihn dann auch vom Trone Siciliens zu verdrängen.

Jacob Gaucelin als Vicar Carls von Anjou in Rom, Mai A. 1264.

Manfred hatte mehrmals vergebens Unterhandlungen mit Urban versucht, und sah jetzt mit Besorgniß einen fremden, vom Papst berufenen Gegner in Rom festen Fuß fassen. Hier waren die Ghibellinen verjagt worden, ehe noch der Vicar Carl's erschien. Sie sammelten sich in Tuscien um den Proconsul Petrus Romani von Vico, einen im Präfectenland mächtigen Herrn, den eifrigsten Anhänger Man-

---

[1] Weil Gautelin mit Gantelim leicht zu verwechseln ist, könnte es scheinen, als handelte es sich um dieselbe Person, sagte nicht Saba, daß der erste schnell starb, worauf Cantelmi abgeschickt ward. Die Descriptio Victor. kennt nur den Vicar Gaucelin. Am 30. Sept. 1265 empfiehlt Carl dem Seneschall der Provence den Dienstmann Gautelinus de Montegario; ich zeige dadurch die Existenz des Namens. (Staatsarchiv Neapel, Reg. 1280. C. n. 40, fol. 2, bei Del Giudice Cod. Diplom. di Carlo I. v. 18.) Urban nennt den Vicar schon am 30. Mai 1264 Jacobus Gantelimus (Theiner I. n. 304); am 17. Juli 1264 ebenso (Ep. LVI. bei Martene). Mit Carl kamen die Brüder Jacob und Bertrand Cantelmi aus der Provence nach Neapel. Jacob erhielt schon 1269 Sora (Summonte, Storia di Napoli II. 249), ferner Popoli und Bovino. Sein Sohn war Rustain. Das Geschlecht blühte lange, als Grafen von Bovino, und seit 1457 Herzöge von Sora. (Pietro Vincenti, Historia della fam. Cantelmi, Neapel 1604.)

<small>Petrus von Vico und Pandulph von Anguillara.</small> fred's, und dessen Leutnant oder Vicar im Senat.¹ Die Guelfen ihrer Seits stellten sich unter das Banner Pandulph's, des Grafen von Anguillara am See von Bracciano.² Beide Factionen lagen täglich im Krieg um die tuscischen Castelle. Petrus von Vico, welchem Jordan von Anglano Truppen geschickt hatte, vermochte sogar die Stadt Sutri zu erobern, woraus ihn jedoch Carl's Vicar Cantelmi wieder verjagte. Dieser Prosenator belagerte ihn am Ende des Mai im Schloß Vico; aber Zwiespalt und Furcht vor einem Entsatz durch Manfred hemmten ihn, und die römischen Milizen kehrten schon am Anfang Juni 1264 in die Stadt zurück, wodurch Petrus befreit ward.³ Als nun Manfred dessen

<small>
¹ Ueber Petrus von Vico siehe Vita Metrica Urbani, Mur. VIII. 405. Er heißt nicht Präfect, mochte es aber doch sein. Einen seiner Söhne hatte Manfred zum Bischof von Cosenza ernannt.

² Von Anguillara nannte sich ein Geschlecht, das im Saec. XIV. den Orsini angehörte. Erste Erwähnung dieser Grafen im Saec. XI.: Guido III. comes Ill. Belizonis qui appellatur de Anguillaria verpachtet die Fischerei im lacus Sabatinus, im 8. Jahr Bened. VIII. und 7. Heinrich's III. (Archiv S. Maria in Trastevere, Msc. Vat. 8044.) Das Capitolische Archiv bewahrt ein Pergamentheft, die Familie Anguillara-Orsini betreffend. Das erste Document darin ist ein Privileg Heinrich's VI. für Leo de Anguillara, dem er Sutri verleiht, dat. Esine V. Kal. Debris, 1186. Doch ist es unecht. A. 1244 zeichnet eine Urkunde Friedrich's II. Petrus alme urbis praefectus, comes de Anguillaria. Hist. Dipl. VI. I. 166. Wahrscheinlich hatte Petrus diesen Ort an sich gerissen. In Trastevere steht noch ein Turm jenes Geschlechts. Camillo Massimi, sulla Torre Anguillara in Trastevere (Rom 1847).

³ Briefe des Papsts an Card. Simon, Ep. LV, Orvieto, 19. Juli 1264, und Ep. LVI, 17. Juli: Romano Popolo de ipsius castri obsidione consueta inconstantia recedente. Siehe auch Saba Malaspina, und die Vita Metrica, p. 414. Der Prosenator stand im Lager vor Vico am 30. Mai. Denn dorthin ist Urban's Belobungsschreiben an ihn gerichtet: dilecto fil. nob. viro Jacobo Gantelmi Vicario in urbe dil. filii Caroli . . . dat. Orvieto, 3 Kal. Junii a. III. (Theiner I., n. 304).
</small>

Verunglückte Unternehmungen Manfred's.

gewiß war, daß Carl von Anjou bald auf dem Schauplatz erscheinen werde, beschloß er gegen Rom zu ziehen, und zugleich mit den Ghibellinen vereint einen Schlag gegen den Papst in Orvieto zu wagen.[1] Von den Marken her, von Toscana, von Campanien herauf, wo er selbst am Liris lagerte, sollte eine große Unternehmung im Kirchenstaat ausgeführt werden. Aber Mißgeschick schwächte die Kraft Manfred's seit einiger Zeit. Die Hoffnung, sich mit dem Papst noch zu vertragen, lähmte zuerst seine Thätigkeit, und trotz der günstigen Verhältnisse in Toscana, wo auch Lucca den Ghibellinen die Tore geöffnet hatte, fehlte allen seinen Handlungen Einheit und Kraft. Statt sich kühn nach Rom den Weg zu bahnen, stand er von seinem Marsche ab, als ihm die römische Campagna den Durchzug verweigerte. Latium war damals guelfisch gesinnt; der Papst hatte dort allen Baronen und Bischöfen Befehl gegeben, ihr Land hermetisch abzuschließen; kein Castell durfte an nicht Eingesessene verliehen, und sogar keine Ehe zwischen Bewohnern der Campagna und Untertanen des Königs geschlossen werden.[2] Manfred kehrte im Sommer nach Apulien zurück; er hatte zwar zum Entsatze von Vico und gegen Rom seinen Hauptmann Parcival Doria mit Truppen abgeschickt, welche sich durch die Abruzzen den Weg ins Römische bahnten, doch dieser General konnte weder das jetzt der Stadt gehorsame Tivoli erobern, noch einen beabsichtigten Hand=

Manfred, von Latium zurück gewiesen.

---

[1] Brief des Papsts an Ludwig von Frankreich, Orvieto 3. Mai 1264, Raynald n. 13.
[2] Die Befehle des Papsts, Theiner I. n. 289, und 293. Den Terracinesen verbot Urban am 2. März 1264, Sold unter Manfred zu nehmen bei Strafe des Einreißens ihrer Häuser und der Güterconfiscation; dies galt allen Bewohnern Latium's; Contatori, Terracina p. 73.

Untergang des Parcival Doria. streich auf Rom wagen; er zog ins Spoletische, und ertrank unglücklicher Weise in den Fluten der Nera bei Rieti, wodurch der Papst aus einer drohenden Gefahr befreit wurde.

Die Lage Urban's IV. wurde indeß täglich bedenklicher; der Städtebund von Narni, Perugia, Tobi, Assisi und Spoleto weigerte ihm Hülfe; seine Kassen waren leer; mit Mühe brachte er Truppen zusammen; er warf 200 Söldner in die Burg aufs Capitol, stellte ein kleines Heer unter dem Marschall Bonifacius von Canossa im Gebiete von Spoleto auf, und ließ in allen Ländern das Kreuz gegen Manfred und dessen Saracenen predigen. Er beschwor Carl seine Ankunft zu beschleunigen, und warnte ihn vor Meuchelmördern, welche jener aussende.[1]

Daß Rom damals in der Gewalt der Guelfen blieb, entschied eine ganze Zukunft. Es war das größeste Unglück für Manfred, daß er seinem Gegner dort nicht zuvorkommen, seinen Einzug aufs Capitol nicht verhindern konnte. Die Stadt war nun der Sammelplatz aller seiner Feinde, zumal auch der zahlreichen apulischen Verbannten, welche auf Rückkehr und Rache hofften. Ein Versuch mußte gemacht werden, Rom den Guelfen zu entreißen, ehe Carl kam, und man entwarf dazu einen Plan. Zwar wollte Tivoli die Ghibellinen nicht aufnehmen, aber Ostia, wo eine Landung Carl's konnte gehindert werden, geriet in die Gewalt Richard's vom Haus Anibaldi. Dies mächtige Geschlecht war ghibellinisch, mit Ausnahme des Cardinals gleichen Namens, welcher die

---

[1] Ep. LVII, Orvieto, 4. Sept. 1264: Manfred habe einen Apostaten vom Orden S. Jacob, und zwei Assassinen abgesandt, cum quinguaginta generibus venenorum — eine recht ansehnliche Apotheke. Der Haß gegen die Hohenstaufen ermüdete nicht, die abgeschmadtesten Mordpläne ihnen zuzuschreiben.

Wahl Carl's zum Senator am eifrigsten betrieben hatte.¹
Ein Sieg Peter's von Vico, der mit Manfred's Hauptmann
Franciscus von Treviso vereinigt den Grafen von Anguillara
bei Vetralla gefangen hatte, belebte den Mut der Vertrie=
benen, die nun durch nächtlichen Ueberfall in Rom einzu=
bringen hofften. Petrus brach aus Cervetri, dem alten Petrus von
Vico überfällt
Cäre, seiner Burg auf, ohne der Verabredung gemäß die Rom, A. 1264.
andern Ghibellinen abzuwarten. Er marschirte in einer
Nacht nach Rom; seine Freunde öffneten ihm das Tor San
Pancrazio, aber er konnte dort nicht festen Fuß fassen. Als
er sich der Tiberinsel bemächtigen wollte, riefen die Wachen
Allarm: Cantelmi eilte mit seinen Provençalen vom Capitol
herbei, die römischen Guelfen kamen unter Johann Savelli
aus der Stadt, und Petrus wurde nach hartnäckigem Wider=
stande in das trasteveriner Quartier Piscinula gedrängt,
und dann völlig herausgeschlagen. Sein Sohn ertrank im
Tiber; er selbst entkam mit nur drei Gefährten nach Cer=
vetri.² Das Mißlingen dieses Plans hatte unglückliche
Folgen, denn Rom blieb im Besitze der Guelfen, und die
Ghibellinen wagten kein neues Unternehmen mehr.

Unterdeß starb Urban IV. am 2. October 1264 zu Pe= Urban IV.
† 2. Oct.
A. 1264.
rugia, wohin er nach einem fast zweijährigen Aufenthalt aus
dem empörten Orvieto entwichen war. Während seines ganzen
Pontificats hatte er Rom nie betreten. Seine Regierung
war ohne Größe gewesen, wie seine Politik ohne wahrhaften

¹ Quod cum tota domus Cardinalis ejusdem nomen Gebellini-
talis ab antiquo soriita Regi (Manfredo) studeret placere... Saba
Malaspina p. 808.

² Saba Malaspina p. 811. Descriptio Victoriae, beim Duchesne V.
830. Der alte Name der Tiberinsel, insula Lycaonia, war noch immer
im Gebrauch.

Erfolg; sein höchstes Ziel, den Fall Manfred's und die Erhebung Carl's von Anjou auf den Tron Siciliens, hatte er nicht erreicht. [1]

3. Clemens IV., Papst 1265. Er betreibt den Zug Carl's zur Eroberung Siciliens. Gegenrüstungen Manfred's. Schwierige Lage der Guelfen in Rom. Carl's Abfahrt und glückliche Landung; sein Einzug in Rom. Er wird aus dem Palast des Lateran gewiesen. Er nimmt Besitz vom Senat. Die Legaten des Papsts investiren ihn mit Sicilien.

Nach Urban's Tode kamen die Cardinäle schwer zur Verständigung. Eine patriotisch gesinnte Faction unter ihnen verwarf die bisherige Politik, wünschte noch Aussöhnung mit Manfred, und die Verhütung der provençalischen Invasion in Italien: kostbare Augenblicke, da ihre Entscheidung künftige Schicksale von unberechenbarer Natur, so für Italien wie für das Papsttum, in sich barg. Ein Genie hätte die Kirche aus dem Labyrinth erretten können, doch es fand sich nicht. Die guelfisch-französische Partei überwog: die Wahl fiel sogar auf einen Provençalen, einen Untertan Carl's von Anjou; und so wurde die unitalienische Politik Urban's IV. anerkannt und fortgesetzt. Guido Le Gros Fulcodi von St. Gilles in Languedoc, erst Weltmann, Vater mehrerer Kinder aus rechtmäßiger Ehe, Advocat von Ruf, Geheimer Rat im Cabinet Ludwig's von Frankreich, dann nach dem Tode seines Weibes weltmüder Karthäusermönch, frommer Bischof von Puy, Erzbischof von Narbonne, war von Urban IV. im Jahre 1261 zum Cardinal der S. Sabina erhoben worden, und wurde jetzt im Anfange des Jahrs 1265

[1] In den Anfang seines Papsttums fiel der Sturz des lat. Kaisertums in Byzanz, welches Michael Paläologus von Nicäa, am 25. Juli 1261 erobert hatte.

zum Papst gewählt. Auf einer Mission nach England begriffen, befand er sich gerade in Frankreich, als er seine aus Furcht vor den Ghibellinen noch geheim gehaltene Wahl erfuhr. Ohne Ehrgeiz, welchen Lebenserfahrung und die aus ihr geschöpfte Philosophie in ihm ausgelöscht hatten, ein ruhiger und ernst gesinnter Greis, zauderte Guido die Tiara anzunehmen; doch er ging nach Perugia, wo er den ungestümen Bitten der Cardinäle nachgab, und am 22. Februar 1265 als Clemens IV. im Dom jener Stadt die Weihe nahm.[1] *Clemens IV. Papst, A. 1265 bis 1268.*

Dem neuen Papst blieb keine andre Wahl, als das Werk seines Vorgängers aufzunehmen, und schnell zu Ende zu führen. Er bestätigte die Berufung Carl's; er befahl dem Legaten Simon, den Abschluß des Vertrages zu betreiben, forderte den König Ludwig auf, die Unternehmung seines Bruders zu unterstützen, und verwandelte das Gelübde des Kreuzzugs in die Verpflichtung, gegen Manfred zu streiten. Der Nerv des Unternehmens war das Geld, und dies zu schaffen äußerst schwer. Obwol die Bistümer der Christenheit durch Rom bereits ausgesogen waren, sollte doch die Kirche Frankreichs die Kosten des Feldzuges in der herkömmlichen Form des Kreuzzugszehnten aufbringen, welche schon Urban IV. für drei Jahre gefordert hatte, und selbst die murrenden Bischöfe Englands und Schottlands wurden bestürmt, die gleiche Steuer herzugeben. Clemens IV. besteuerte, wie seine Vorgänger, ganz Europa, um dem heiligen Stule die Lehnshoheit über Sicilien zu erhalten, doch ihn

---

[1] Die Daten bei Papebroch. Vom 22. Febr. datirt seine erste Encyklika, bei Raynald n. 3. Ein Brief an Carl, worin er am 5. Jan. 1265 noch als Card. zeichnet, beweist, daß er schon zum Papst designirt war. Martene Thesaur. Epist. Clement. IV. I., und Mansi zu Raynald A. 1265 n. I.

trifft wenigstens nicht der Vorwurf der Selbstsucht und des Nepotismus, von dem er sich rein erhielt.¹

Carl von Anjou rüstet seinen Eroberungszug.

Beatrix, die Gemalin Carl's, verpfändete ihre Juwelen, erbettelte bei den Baronen Frankreichs Geld, und nahm Anleihen auf. Abenteurer bezeichneten sich mit dem Kreuz, und ländergierige Barone aus der Provence und Frankreich waren bereit, an einem Zuge Teil zu nehmen, der ihnen Städte und Graffschaften im schönsten Lande der Welt versprach. Während nun die Unternehmung mit allem Eifer in Frankreich gerüstet wurde, traf Manfred in Italien Anstalt, ihr zu begegnen. Einem landwärts hereinbrechenden Heere hoffte er, wenn nicht die Alpenpässe zu verschließen, so doch in der Lombardei den sichern Untergang zu bereiten, wo Palavicini, noch immer das Haupt der Ghibellinen, Boso de Doara, die Markgrafen Lancia, Jordan von Anglano, und die befreundeten Städte ihren Heerbann aufboten. Den Seeweg sollte eine Flotte von sicilischen und pisanischen Galeeren versperren, welche zwischen Marseille und der römischen Küste kreuzte. Toscana war noch in Manfred's Gewalt; sein dortiger Vicar, der Pfalzgraf Guido Novello, regierte für ihn den Bund mächtiger ghibellinischer Städte, in welchen sich auch Lucca im Sommer 1264 hatte aufnehmen lassen; und die Bemühungen des Papsts, der durch

König Manfred rüstet die Vertheidigung.

den Eifer des Bischofs Wilhelm von Arezzo eine Conföderation der vertriebenen Guelfen zu Stande brachte, versprachen wenig Erfolg.² Die Maritima vom römischen Etrurien deckten

---

¹ Er erlaubte keinem Verwandten nach Rom zu kommen; seiner Nichte nur einen geringen Ritter zum Gemal mit 300 Silberstücken Aussteuer. Trefflicher Brief an seinen Neffen bei Raynald ad A. 1265. n. X.

² Archiv Siena: am 14. Aug. 1264 wählt Lucca Procuratoren,

Petrus von Vico und die Anibaldi; an den dortigen Küsten waren Wachposten aufgestellt, und die Tibermündung selbst hatte Manfred unzugänglich machen lassen. Er bot alle Mannen seines Reiches auf, nahm Saracenen aus Africa in Sold, warb auch in Deutschland, verstärkte die Festungen Campaniens, und rückte an die Grenzen Latium's, Rom zu bedrohen, in dessen Nähe sicilische Truppen und römische Ghibellinen unter Jacob Napoleon vom Haus Orsini Vicovaro, den Schlüssel der valerischen Straße, besetzt hatten, während andere auf ihren Burgen die Gelegenheit erwarteten, in Rom einzubringen und an ihren Gegnern Rache zu nehmen.

Als die Guelfen in der Stadt so große Vorbereitungen sahen, wurden sie ungeduldig. Ihr Senator Carl hatte sich eidlich verpflichtet, zum Pfingstfest in Rom zu sein, doch man zweifelte an seinem Erscheinen. Sein Vicar Cantelmi war von allen Mitteln so sehr entblößt, daß er in Verachtung fiel. „Das römische Volk, so schrieb Clemens an Carl, von erlauchtem Namen und hochmütigen Sinnes, hat dich zur Regierung der Stadt berufen, und begehrt dein Antlitz zu sehen; es will mit großer Vorsicht behandelt sein; denn die Römer (so sagte er voll Ironie) verlangen einmal von ihren Rectoren großartiges Auftreten, hochtönende Phrasen und schreckliche Thaten, weil sie behaupten, daß die Herrschaft der Welt ihnen gebühre. Ich will darin deinen Vicar Cantelmi und dessen Genossen loben, aber die kleine Anzahl,

Jacob Cantelmi, Prosenator Carl's von Anjou.

Manfred und dem Grafen Guido Treue zu schwören (n. 794). Am 22. Juni 1265 fordert Clemens IV. den Bischof von Arezzo auf, den Guelfenbund gegen Manfred zu fördern: dat. Perusii X. Kl. Julii A. 1. (n. 814). Am 2. Juli 1265 schließen die exilirten Guelfen von Siena, und der Bischof von Arezzo, ihr Capitän, einen Bund: actum Perusii ... A. 1265. Ind. VIII. die VI. Non. Julii (n. 814).

und die Armseligkeit seines Aufwandes vermindert sein und dein Ansehen." [1] Cantelmi bestürmte den Papst mit Geldforderungen; er brach eines Tags die lateranische Schatzkammer auf, zu nehmen was er darin fand; Clemens, selbst in äußerster Bedrängniß zu Perugia, legte Protest ein, erklärte, daß er nicht verpflichtet sei, die Stadt Rom auf seine Kosten für den Grafen Carl zu erhalten, lieh jedoch von den Banken toscanischer und umbrischer Städte, und wurde täglich von den Provençalen und Römern gequält, Geld zu schaffen. [2] Die Stadt Rom ward immer schwieriger; vertriebene Ghibellinen kamen heimlich herein, und säeten Unruhen aus; die Sicherheit hörte auf; man raubte und mordete; man verschanzte die Straßen. Der guelfische Adel schrieb dringende Briefe an den Papst, die Ankunft Carl's zu beschleunigen; denn verzögere sie sich, so könnten sie, ohne Mittel, und durch Tag= und Nachtwachen erschöpft, Rom nicht länger behaupten. Der gepeinigte Papst ermahnte zur Ausdauer, beteuerte daß er weder Geld noch Waffen habe, daß er auf die Subsidien der französischen Kirche rechne und der baldigen Ankunft des Grafen versichert sei. Er beschwor diesen zu eilen, weil Rom in Gefahr stehe zu den Feinden überzugehen, und Carl von Anjou kündigte endlich seine nahe Ankunft an. Im Voraus kam glücklich nach Rom sein Ritter Ferrerius mit einer Schar von Provençalen; dieser gascognische Hauptmann warf sich sogleich tollkühn auf die Ghibellinen bei Vicovaro, ward aber geschlagen und gefangen in das Lager Manfred's geschickt. Die erste Waffenthat der

---

[1] Schon bezeichneter Brief, ehe noch Clemens Papst war: Martene II. Ep. I. Clementis IV.
[2] Ep. XIII. bei Martene.

Franzosen war demnach unglücklich, und dies gute Zeichen hob den Mut im sicilischen Heer. Man spottete dort über den armen Grafen Carlotto, der seinem offenen Grab entgegengehe, wenn er überhaupt jemals Rom erreichen könne.

Der Zug Carl's von Anjou nach Sicilien gehört durchaus in die Reihe der abenteuerlichen und vom Glücke gekrönten Unternehmungen der Kreuzritter jener Epoche. Frankreich mit seiner Eroberungslust, seinem romantischen Hange zu Heerfahrten und seiner kühnen Ritterlichkeit war, ehe Spanier, Portugiesen und Engländer ihre überseeischen Fahrten machten, das wahre Heimatsland der irrenden Ritterschaft, und der Provinzen und Königskronen suchenden Barone. Aus der Normandie waren die ersten Eroberer Siciliens ausgezogen; und eben daher war Herzog Wilhelm, das Vorbild Carl's, über England hergefallen; Frankreich entsandte die ersten und die letzten Kreuzzüge; französische Ritter hatten Byzanz erobert. Carl, schon im Orient unter den Kreuzfahrern ausgezeichnet, wo er einst neben seinem königlichen Bruder bei Mansura war gefangen worden, suchte eine Krone und ein Land für seinen Ehrgeiz und seine verschuldete Armut. Keine Vorstellung hielt diesen Prinzen von einem unrechtlichen Kriege gegen einen König ab, der ihn nie beleidigt hatte; in seinen und seiner streitlustigen Provençalen Augen war diese Fahrt durchaus ritterlich, und eine Fortsetzung der Kreuzzüge selbst. Sein Gewissen bedeckte er, wenn es jemals laut wurde, mit dem rot und weißen Kreuz, oder mit der Fahne des Papst's, und dieser verglich ihn voll Schmeichelei mit Carl, dem Sohne Pipins, der einst aus demselben Frankreich zur Befreiung der Kirche ausgezogen

Der Eroberungszug Carl's von Anjou.

sei.¹ Eine entfernte Aehnlichkeit der Verhältnisse erinnerte an jene Zeiten, wo die Päpste den Frankenkönig nach Italien gerufen hatten, sie vom Joche der Langobarden zu befreien; aber in der Epoche Carl's des Großen wäre ein Eroberungszug gegen einen christlichen Fürsten unter dem Titel eines heiligen Kreuzzuges noch als Blasphemie erschienen. Der finstre Carl von Anjou trat auf den Schauplatz alter Kämpfe zwischen Romanen und Germanen, gleich wie der strenge Narses, und Manfred nahm die tragische Gestalt von Totila an. Die Geschichte beschrieb einen Kreislauf; denn obschon die Machtverhältnisse andere geworden waren, so blieb doch der Zustand im Grunde derselbe: der Papst rief fremde Eroberer nach Italien, ihn von der Herrschaft der Germanen zu befreien. Das sich vollziehende Schicksal stürzte die schwäbische Dynastie in Italien, wie es einst jene der Gothen gestürzt hatte. Der notwendig gewordene Untergang beider Herrschaften und ihrer Helden, gleich ergreifend und gleich schön, schmückte die Geschichte auf einem und demselben classischen Schauplatz mit einem doppelten Trauerspiel, von welchem das letzte nur die genaue Wiederholung des ersten zu sein schien.

Der Graf von Anjou hatte seine Rüstungen noch nicht vollendet, als ihn eigene Ungeduld, und der Ruf Rom's

---

¹ — Illam eamdem liberationem — per cum consequeretur Ecclesia, quam per cl. mem. magnum Carolum Pipini filium, ejusdem progenitorem comitis — so Urban an die franz. Bischöfe, sie beschwörend, den Zehnten herzugeben. Die Descriptio Victoriae obtentae per brachium Caroli, eine gemeine und pfäffische Schrift des ungarischen Caplan Andreas, der sie dem Grafen von Alençon, Carl's Bruder, widmete, stellt Carl als Glaubenshelden dar, und umhüllt die ganze Eroberung mit einem kirchlichen Heiligenschein.

wie des Papsts forttrieben, sein Unternehmen zu wagen. Er ließ den größten Teil seines gesammelten Heeres, welches sich landwärts durch Norditalien den Weg bahnen sollte, in der Provence, und ging in Marseille im April 1265 mit seinen Schiffen in See. Das blinde Glück begleitete seine tollkühne Fahrt. Derselbe Sturm, welcher seine Schiffe zerstreute und ihn mit nur drei Fahrzeugen an die Küste von Porto Pisano warf, wehte zugleich die Flotte des Admirals von Manfred hinweg, und als der Graf Guido Novello, der für diesen in Pisa befehligte, mit der deutschen Reiterei aufbrach, ihn dort aufzuheben (was unfehlbar geschehen mußte, wenn er zeitig genug eintraf), war Carl eben wieder in See gegangen. Auf die Kunde, daß er im pisaner Hafen gesehen worden sei, kehrten Petrus von Vico und die Anibaldi eilig aus der Sabina zurück, wo sie eingefallen waren, und sie suchten eine Landung in der Maritima abzuwehren.¹ Carl schiffte indeß im Sturme ruhig weiter, kam wie durch ein Wunder der feindlichen Flotte nahe vorbei, und segelte glücklich am Cap Argentaro und bei Corneto vorüber.

Carl von Anjou schifft sich in Marseille ein, April A. 1265.

Man fand sich endlich unter Donner und Blitz im Angesicht der römischen Küste vor Ostia. Das Meer ging hoch; die Landung war unsicher, das Ufer unausgekundschaftet; man wußte nicht, was zu thun. Doch Carl warf sich entschlossen in einen Kahn, steuerte glücklich durch die Brandung

¹ Am 20. Mai, 1. Tag vor Carl's Landung, schrieb der Papst aus Perugia dem Legaten der Mark Ancona: in crastino Ascensionis Domini cum 70 legnis — in portu Veneris visus fuerit — Nam sicut militia Petri de Vico et alia quae cum Anibaldensibus Sabiniam jam invaserat ad odorem adventus comitis recesserant, sic potes confidere, quod in Marchia nulla morabitur, cum Manfredus intra regnum suos colligat quantum potest. Ep. LXII.

und sprang ans Land. Die Wachen von Ostia hinderten ihn nicht; kein Feind zeigte sich. Auf das Gerücht, der Graf von Anjou sei gelandet, zogen die edelsten Geschlechter des guelfischen Rom sofort nach Ostia hinaus, ihn einzuholen; man sah unter ihnen Frangipani, Cencii, Anibaldi vom Zweig Molara, die Söhne des Ursus, Paparoni, Capizucchi, Conti, Colonna, Crescentii, Parentii, Malabranca, de Ponte, Pierleoni und andere.[1] Sie führten Carl unter Jubelruf nach S. Paul; es war am Donnerstag vor Pfingsten, den 21. Mai 1265, als der Graf von Anjou in dem dortigen Kloster abstieg, um sodann seinen Einzug in Rom zu halten.[2] Auch die wieder vereinigten Galeeren erreichten bald darauf die Tibermündung; die Barrikade im Strom wurde hinweggeräumt, und die ganze provençalische Flotte ruderte unangefochten den Fluß aufwärts bis nach S. Paul vor Rom.

Er landet in Ostia.

Die Römer strömten herbei, den künftigen König Siciliens, ihren erwählten Senator, zu betrachten. Er war ein Mann von 46 Jahren, von großer und kraftvoller Gestalt, von königlicher Haltung. Sein olivenfarbiges Gesicht streng und hart; sein Blick finster und Furcht erregend. Ein rastloser Geist lebte in dieser rauhen und dürren Natur; er beklagte es, daß der Schlaf den Thaten der Menschen die Zeit verkürze. Sein nüchterner Sinn war heiterer Erregung und dem Spiele der Grazien abgewandt. Er lachte fast nie. Er war eifrig katholisch, aber seine Frömmigkeit hinderte ihn nicht, der gewissenloseste Egoist zu sein. Alle Eigenschaften,

---

[1] Descriptio Victoriae wie oben, und Tutini de Contestabili p. 75.
[2] Ep. LXVI., Perugia, 1. Juni. Descriptio Victoriae, p. 831. Wilh. de Nangis, Gesta S. Ludov. IX, Duchesne V. 374. Saba Malaspina, p. 815.

welche ohne Genie einen Krieger befähigen, Eroberer und Tyrann zu sein, besaß Carl in so hohem Maße, daß er sich für die Absichten der Päpste als das passendste Werkzeug darbot: ritterliche Tapferkeit, Klugheit, fast stoische Enthaltsamkeit, durchdringende Schärfe des Urteils, unbeugsame Willenskraft, Grausamkeit, Herrschbegier, Habsucht und hochfliegenden Ehrgeiz.[1]

Am Pfingstsonnabend des 23. Mai hielt der Graf seinen Einzug in Rom durch das Tor von S. Paul. Er kam mit nur 1000 Rittern ohne Pferde, eingeholt von den Processionen der Geistlichkeit und der Bürger, von den Bannerschaften der Miliz wie des Adels und der Ritter zu Roß. Die guelfischen Römer entfalteten einen ungewöhnlichen Pomp, ihren Senator zu ehren; sie wollten ihm zeigen, daß auch in der Stadt der Päpste das Rittertum höfischer Formen fähig geworden sei. Sie führten vor seinen Augen ein römisches Lanzenspiel auf, welches der Adel unter den Trümmern alter Herrlichkeit zu üben damals gewohnt sein mochte, und vielleicht hatten sie die Gestalt dieses ascanischen Wettlaufs und Lanzenwerfens den Schilderungen des Virgil entlehnt.[2] Das Volk begleitete seinen Senator mit Blumenkränzen und Palmen in den Händen; man spielte auf Cithern; man tanzte chorweise, und sang Loblieder auf die neue Herrlichkeit von Carl; Straßen und Plätze der Stadt waren mit Teppichen ausgeschmückt. Seit Menschengedenken, so ver-

er zieht in Rom ein, 23. Mai A. 1265.

---

[1] Man sehe dies Porträt beim Villani VII. c. 1. Carl machte indeß auch, der Sitte der Zeit huldigend, Verse als Troubadour. Zwei Chansons bei St. Priest, Tom. I. Anhang.

[2] Saba Malaspina, p. 815. Ritterliche Waffentänze, vielleicht Reste der pyrrhischen. Ich sah sie noch A. 1852 in Genua tanzen.

Sein prachtvoller Empfang in Rom.

sicherten die Zeitgenossen, hatten die Römer keinen ähnlichen Glanz vor irgend einem ihrer Herrscher zur Schau getragen. Der neue Senator ritt von seinen Franzosen und Provençalen umgeben durch die festliche Stadt, aber das gierige Volk fand keinen einzigen Denar vom Boden aufzuraffen, denn kein Kämmerer streute Geld aus.

Der Graf war mit leeren Händen nach Rom gekommen.[1] Statt daß er dem Volk Geschenke reichte, mußten ihm solche die Guelfen darbringen. Man geleitete ihn nach dem S. Peter, wo er fürstlicher Sitte gemäß im dortigen Palast zuerst abstieg. Obwol ihm als Senator die Residenz im Capitol gebührte, so nahm er sie doch ohne Weiteres im bequemeren Lateran. Clemens verwunderte sich über die unhöfliche Dreistigkeit seines Gast's, der keine Umstände machte, der sich mit seinem provençalischen Ritterschwarm im Palast der Päpste einrichtete, ohne einmal deshalb anzufragen. Er schrieb ihm einen merkwürdigen Brief. „Du hast dir eigenmächtig herausgenommen, was niemals ein christlicher König sich erlaubte. Dein Volk hat wider alle Schicklichkeit den lateranischen Palast auf dein Geheiß bezogen. Du sollst wissen, daß es mir keineswegs genehm ist, wenn der Senator der Stadt, wie erlaucht und ehrenwert seine Person auch sein mag, in einem von des Papsts Palästen Wohnung nimmt. Ich will künftigem Mißbrauche vorbeugen; der Vorrang der Kirche darf durch Niemand, am wenigsten durch dich verletzt werden, den Wir zu ihrer Erhöhung berufen haben. Dies darfst du nicht übel deuten. Suche dir anderswo in der Stadt deine Wohnung; sie hat geräumige Paläste genug.

Der Papst verbietet ihm die Residenz im Lateran.

---

[1] Carolum — ad urbem venisse noveris pecunia carentem et equis; so der Papst an Carb. Simon, Perugia, 3. Juni, Ep. LXVIII.

Im Uebrigen sage nicht, daß wir dich auf unanständige Weise aus unseren Pallästen hinausgeworfen haben, wir sind vielmehr auf deinen eigenen Anstand bedacht gewesen."[1] Der hochmütige Graf zog beschämt vom Lateran ab, und erinnerte sich, daß er nur das Gunstgeschöpf des Papstes sei. Er nahm seine Wohnung nicht im Senatshaus des Capitols, wo sein Vicar zu residiren fortfuhr, sondern im Palast der Vier Gekrönten auf dem Cölius.[2]

Am 21. Juni wurde Carl im Kloster von Araceli feierlich mit den Insignien des Senators bekleidet.[3] Die thatsächliche Besitznahme seiner römischen Municipalgewalt verewigte er sodann in der Münze, die er mit seinem Namen prägen ließ.[4] Den Statuten Rom's gemäß hatte er seine Richter und Notare mit sich gebracht; er behielt auch seinen

Carl von Anjou nimmt Besitz vom Senat, 21. Juni A. 1265.

---

[1] — in urbe, quae tot abundat domibus spatiosis, ad locum alium conferre te satage. Nec te dicas, de nostris domibus inhoneste dejectum, sed potius honestati tuae consultum. Perugia, 18. Juni. Ep. LXXII.

[2] So glaube ich nicht allein, weil später der Senator Heinrich dort residirte, sondern auch weil Carl am 14. Oct. 1265 ein Schreiben (Ernennung des Notars Bonadies civis Romanus zu seinem Familiaren) von dort datirt: Datum Rome apud sanctos quattuor. Staatsarchiv Neapel, Reg. 1280. C. n. 40 fol 2.; bei del Giudice Cod. Dipl. di Carlo I. n. XXIII.

[3] Lelli (Storia di Monreale II. 11) zeigt aus Acten, daß der Erzbischof Gaufrid von Beaumont Zeuge der Uebernahme des Senats von Carl war, nel chiostro di dentro della Chiesa di S. Maria di Campidoglio — Domenica à 21. die Giugno del 1265.

[4] Avers, in der Mitte ein Löwe, über ihm das Wappen der drei Lilien: darum KAROLUS. S. P. Q. R. Revers, die sitzende Roma mit Kugel und Palme, darum: ROMA CAPVT MVNDI. Die Münze ward geschlagen, ehe Carl König war. Andere senatorische Münzen mit CAROLVS. REX. S. P. Q. R., oder CAROLVS REX SENATOR VRBIS, datiren wol aus seinem zweiten Senat. Vitale, Anhang p. 511, Floravante, und Papon Gesch. der Provence, II. 575.

Stellvertreter im Senate bei, denn er hatte wichtigere Dinge zu thun, als sich mit kleinlichen Sorgen um die Stadtverwaltung oder mit Processen des römischen Volkes zu plagen.¹ Freilich war es ihm von unschätzbarem Wert, im Besitze des Senats zu sein, und bald genug machte er sogar Miene, sein Amt als souveränes Haupt der römischen Republik zu handhaben, wie Brancaleone. Aber der eifersüchtige und entschiedene Papst bemerkte es genau, wenn der Graf die Grenzen seiner Befugniß zu überschreiten schien; er entgegnete ihm auf die Bemerkung, er nehme nur die Rechte früherer Senatoren in Anspruch, daß die Päpste ihnen stets entgegengetreten seien, daß er ihn nicht dazu berufen habe, die Ungebühr seiner Vorgänger nachzuahmen, und die Rechte der Kirche an sich zu reißen.²

Carl von Anjou, mit der Krone Siciliens investirt. 28. Jun. A. 1265.

Am 28. Juni wurde die Investitur Carl's mit Sicilien vollzogen. Die vier vom Papst bevollmächtigten Cardinäle, Anibaldo von den zwölf Aposteln, Richard von S. Angelo, Johann von S. Nicolò, und Jacobus von S. Maria in Cosmedin, verkündigten die Acte in der Basilica des Lateran vor dem versammelten Volk. Der Graf leistete in ihre Hände der Kirche den Vasalleneid, und empfing die Fahne S. Peter's als Symbol der Investitur. Clemens hatte ihm, wie Urban IV., anfangs das Königreich in engeren Grenzen und unter so drückenden Bedingungen aufzubringen gesucht, daß

---

¹ Im Jan. 1266 wird der Vicarius urbis Carl's erwähnt. Ep. 215. Ein Richter Carl's war Bertrand aus Mailand. Ep. 205.

² Er untersagte Corneto und andern tuscischen Städten, aus der Familie jenes Bertrand einen Capitän anzunehmen. Ep. 205, Perugia, 29. Dec. Er verbot dem Vicar Carl's, im Castell Aspra einen Dienstmann des Grafen als Rector einzusetzen. Ep. 215., 7. Jan. 1266, worin jene Stelle über das Verhältniß der Päpste zu den Senatoren.

der Graf als König nur die Rolle eines Dienstmannes auf Zeitpacht würde übernommen haben. Jedoch nach schwierigen Unterhandlungen hatte er günstigere Artikel durchzusetzen vermocht: er erhielt nun, unter großen Beschränkungen, unter Verpflichtung völliger Immunität des Clerus, das unteilbare apulisch-sicilische Königreich, außer Benevent, als ein in seinem Stamme erbliches Kirchenlehn gegen den jährlichen Tribut von 8000 Unzen, und die Rückzahlung geleisteter Vorschüsse. Er beschwor nochmals, den Senat und die Gewalt in Rom in die Hände des Papsts niederzulegen, sobald er Apulien werde erobert haben.

Seither betrachtete sich Carl als König von Sicilien, obwol der zögernde Papst die Investituracte erst am 4. November bestätigte.[1] Schon seit dem Juli erließ er königliche Ordonnanzen, und am 14. October 1265 verordnete er zum bleibenden Denkmal seiner Senatsgewalt in Rom, wozu er durch Gottes Ratschluß berufen sei, und zum Wole der erhabenen Stadt die Gründung einer Universität.[2] Nun aber

---

[1] Die Unrichtigkeit des Datums bei Raynald (IV. Kal. Junii) ist zweifellos. Jenes bei Martene, IV. Kal. Julii, die Vigilia von S. Peter und Paul, für solche Acte durchaus passend. Raynald selbst führt n. 21. den Brief des Papsts vom 5. Juli an, worin er Carl zum Königstitel Glück wünscht. Wäre der Act am 29. Mai erfolgt, so würde der Brief schon vom Juni datiren.

[2] Die irrige Ansicht (auch bei Raumer IV. 514) daß die Regesten Carl's vorsätzlich erst mit 1268 beginnen, entsprang aus der Unordnung dieser Regestenbände. Die Jahresnummern auf deren Rücken (falsch mit 1268 beginnend) entsprechen nicht den Actenstücken, die meist ohne Reihenfolge durch die 49 Bände zerstreut sind. Giuseppe del Giudice hat im Vol. I. seines Codice Diplom. del Regno di Carlo I. e II. (Neapel 1863) bereits mehre Briefe Carl's v. J. 1265 aus Rom abgedruckt (sie sind alle von Roberto de Baro magne Regie Curie protonotarius ausgefertigt). Am 8. Juli 1265 datirt das erste erhaltene Diplom

war der große Schritt zu thun, das erst auf dem Pergament erworbene Königreich auch wirklich zu erobern, und dies schienen tausend Hindernisse unmöglich zu machen.

Carl's als König, ein Privileg für Benevent (Archiv Benevent, bei Giubice p. 27). Am 15. Juli 1265 ernennt Carl Odo und Andreas Brancaleone de Romania zu Capitänen in den Abruzzen. Reg. Carol. 1269. A. n. 4. fol. 9: ältestes Diplom in der Regestensammlung.

Zweites Capitel.

1. Märsche Manfred's ins Römische. Erster feindlicher Zusammenstoß. Klägliche Lage Carl's in Rom. Das provençalische Landheer zieht durch Italien und rückt in Rom ein. Carl im S. Peter zum König Siciliens gekrönt.

Der Einzug Carl's in Rom hatte Manfred in tiefe Bestürzung versetzt. Er mußte nun versuchen, den Feind in der Stadt zu erdrücken, ehe noch sein Landheer eintraf. Ein solches Unternehmen war schwierig, und mit Apuliern und Saracenen kaum ausführbar. Der Abfall mancher Ghibellinen zeigte ihm, daß er sich auch auf diese Partei nicht verlassen konnte; denn Ostia und Civitavecchia wurden Carl' ausgeliefert, und selbst Petrus von Vico, bisher das thätigste Haupt der Ghibellinen im römischen Tuscien, ging ins Lager des Feindes.[1] Manfred beschloß einen Marsch in das römische Gebiet; in der Hoffnung Carl herauszulocken, rückte er im Juli mit seinen Saracenen bis Cellä vor, und die beiden Gegner oder ihre Truppen geriethen zum ersten Mal in den Bergen von Tivoli auf der valerischen Straße in Kampf. Der Versuch, in jene Stadt einzubringen, schlug jedoch fehl, und Manfred besetzte an den Grenzen die Castelle

König Manfred rückt vor Tivoli.

---

[1] Ep. 90. Clemens schreibt davon dem Rector des Patrimonium, Perugia, 11. Juli; dafür wurde wol Petrus als Präfect anerkannt.

von Amatrice und von Cassia.¹ Er lagerte, wie einst Friedrich II., auf dem Gefilde von Tagliacozzo, und sein aufgeregter Geist (wie dunkel ist das Auge der Sterblichen!) ahnte nicht, daß hier nur zwei Jahre später der Letzte seines Hauses, Konradin, welchem er die Krone Siciliens genommen hatte, durch denselben Anjou stürzen sollte, nachdem er selbst, Manfred, schon an den Ufern des Verde begraben lag.² Boten aus Apulien riefen ihn zurück; er kehrte eilig um, nachdem er die Besatzung von Vicovaro verstärkt hatte.

Die stürmische Ungeduld Carl's, sich mit seinem Gegner zu messen, hielten die Umstände selbst zurück; ob er von Rom aus in Person schon im September bis zum Liris vorging, und dann wieder zurückkehrte, ist ungewiß.³

Der Verrat begann im sicilischen Reich sein dunkles Werk; viele Barone unterhandelten heimlich mit Carl. Das Gerücht erzählte vergrößernd, daß 60000 Provençalen sich den Weg durch die Lombardei gebahnt hätten, und daß in allen Ländern das Kreuz gegen Manfred mit Erfolg geprebigt

---

¹ Ep. 96. Perugia, 13. Juli. Ep. 137, ibid. 25. August: venit ad matricem — in regnum rediit festinanter, dimissa militia Vicovari. Am 10. Dec. 1265 befahl Carl zu Rom, dem Jacobus Rusticus de Aubemario eine Pension zu geben, weil er in partibus Tiburtinis kämpfend eine Hand verlor (del Giudice, I. n. 28.)

² Castrametatus in confinio territorii urbis apud Tallacocium. Mansit ibi cum toto exercitu suo circa duos menses — dann nach Arsoli. Dies ist freilich sehr ungenau. (Descriptio Victoriae p. 833).

³ Das Diarium des Matteo von Giovenazzo ist heute als Fälschung entlarvt worden. Siehe Matteo di Giovenazzo. Eine Fälschung des XVI. Jahrhunderts, von W. Bernhardi, Berlin 1868. — Die Regesten Carl's zeigten mir kein Schreiben von ihm zwischen 15. Juli und 30. Sept. 1265; also ist Carl's Anwesenheit in Rom in diesem Zeitraum nicht zu beweisen. Er datirt erst am 30. Sept. wieder aus Rom. (Reg. 1280 C. n. 40. fol. 2).

bigt werde. Die Völker, seit langer Zeit daran gewöhnt, gegen ein und dasselbe deutsche Geschlecht, gegen Vater, Söhne und Enkel das Kreuz predigen zu hören, vernahmen gedankenlos auch den Aufruf von Clemens IV., welcher ihnen verkündete, daß die Kirche wider „die giftgeschwollne Brut eines Drachen aus giftigem Geschlecht" im Grafen der Provence einen Athleten aufgestellt habe, und die Gläubigen aufforderte, unter dessen Banner das Kreuz zu nehmen, vor allen Dingen aber Geld zu zahlen, wofür ihnen jedes noch so empörende Verbrechen sollte verziehen sein.[1] Wie zur Zeit Friedrich's II. verbreiteten sich Schwärme von Bettel=mönchen über Italien und Apulien, Haß gegen die bestehende Regierung zu predigen, zum Verrate anzutreiben, und das Gemüt des Volks mit abergläubischer Furcht zu erfüllen.

Der König, welcher sehr wol wußte, in wie großer Geldnot sich Carl in Rom und Clemens in Perugia befan=den, zweifelte indeß nicht, daß ihr Plan daran scheitern müsse. Selten wurde eine große Unternehmung mit so kläglichen Mitteln ausgerüstet, und mit so viel Tollkühnheit gewagt. Die Könige, die gebrandschatzten Kirchen und Völker wen=deten sich von ihr als von einer verlorenen Sache ab, und die Kosten der Eroberung Siciliens wurden im eigentlichen

---

[1] Indulgenzbulle: De venenoso genere velut de radice colubri virulenta progenies Manfredus quondam princeps Tarentinus egres-sus — visus est quuntum potuit paternam saevitiam superare.... oportuit nos pro Ecclesiae defensione Athletam assumere. Ep. 145, unbatirt. Der Carb. Simon wird bevollmächtigt zu absolviren: manuum injectores in clericos — incendiarios — sacrilegos, sortilegos — clericos concubinarios — nec non presbyteros et religiosos quos-libet qui contra constitutionem Eccl. leges vel physicam audie-rint — dum tamen pro hujusmodi negotio recipiant signum crucis.

Sinne des Worts zusammengebettelt, oder bei Wucherern aufgebracht. Die Entblößung des von Schulden erdrückten Carl war so groß, daß er seine täglichen Ausgaben (sie betrugen 1200 turonesische Pfunde) nicht zu bestreiten wußte. Er bestürmte den Papst, der Papst den König von Frankreich und die Bischöfe mit dem kläglichen Ruf nach Geld; wir lesen noch die vielen Briefe des Papsts, traurige Denkmäler einer Unternehmung, welche der Kirche nimmer zur Ehre gereichen konnte. „Mein Schatz ist völlig leer; warum, das zeigt dir ein Blick in die Verwirrung der Welt. England widerstrebt, Deutschland will nicht gehorsamen, Frankreich seufzt und murrt, Spanien hat mit sich selbst genug zu thun, Italien zahlt nicht, sondern verschlingt. Wie kann der Papst, ohne zu gottlosen Mitteln zu greifen, sich oder andern Geld und Truppen schaffen? Nie in irgend einem Unternehmen befand ich mich in gleicher Ratlosigkeit." So schrieb Clemens an Carl.[1] Der Kirchenzehnte des ersten Jahrs war von den Kosten der Rüstung verbraucht worden; Frankreich wollte kein Geld mehr hergeben; der König Ludwig und der Graf von Poitou weigerten sich; der Papst hielt das Unternehmen für verloren. Carl versuchte nun bei den römischen Kaufleuten eine Anleihe zu machen; sie forderten die geistlichen Güter Rom's zum Pfand, und seufzend bewilligte der Papst eine so unerhörte Schuldverschreibung. Denn der Graf, so bekannte er, muß, wenn diese Anleihe nicht zu Stande kommt, entweder Hungers sterben

---

[1] Ep. 105: licet numquam in negotio aliquo major perplexitas nobis occurrerit. — Ep. 135, kläglicher Brief an den König von Frankr. moveant igitur te viscera pietatis ad fratrem, moveant et ad matrem ... Die vielen Briefe solches Inhalts zeigen die jämmerliche Lage Carl's und des Papsts.

oder entfliehen. Mit Mühe brachte man auf jene Pfänder 30000 Pfund auf; Manfred, so hieß es, habe die römischen Banken von größerer Zahlung durch sein Gold zurückgehalten.[1] Wucherer Südfrankreichs, Italiens und Rom's benutzten „das Geschäft Siciliens," den Papst und den Grafen auszusaugen; indem sie aber dieses Geschäft für unsicher hielten, liehen sie nur auf unerhörte Procente. „Frage," so schrieb der Papst an den Cardinal Simon, „den Grafen selbst, wie kläglich sein Leben ist; im Schweiße seines Angesichts erbettelt er für sich und seine Leute Kleidung und Kost, und sieht immer auf die Hände der Gläubiger, die sein Blut saugen. Was nicht zwei Pfennige wert ist, rechnen sie für einen Solidus an, und auch das erlangt er nur schwer durch Schmeicheln und demütiges Bitten."[2] Clemens, ein frommer und ernster Geist, lebte nie schrecklichere Tage als damals, wo ihn die politischen Unternehmungen der Kirche zwangen, in niedrige Sorgen hinabzusteigen, welche einem Priester der Christenheit stets fremd hätten bleiben sollen.

Mit wachsender Ungeduld sahen Carl und der Papst dem Eintreffen des Landheers entgegen. „Wenn deine Truppen nicht kommen," so schrieb dieser an jenen, „so weiß ich nicht, wie du sie erwarten und dein Leben fristen magst,

---

[1] Et si non fiat, regem oportet vel fame deficere, vel aufugere. Ep. 118 und 120. Die Anleihe betrug 100000 Provesin. Ep. 181 an Ludwig, Perugia, 17. Nov., wonach nur 30000 Pf. aufgebracht waren. Am 4. Oct. 1265 anerkennt Carl die auf Kirchenpfand bei Kaufleuten contrahirte Schuld als für ihn zur Eroberung Siciliens gemacht. Reg. 1280 C. n. 40. fol. 3.; bei del Giudice n. XX. Es gab reiche Häuser in Rom: in Urbe — sunt plures abundantes in saeculo multas divitias obtinentes, schreibt der Papst an Carl. Ep. 89.

[2] Ep. 165, Perugia 18. Oct.

wie du die Stadt wirst halten, oder den Heranzug des Heeres befördern können, wenn man es aufhalten sollte; langt es aber wirklich an, wie wir hoffen, so weiß ich noch weniger, wovon wir so viel Volk ernähren werden." [1]

Es kam in der That alles darauf an, ob das provençalische Heer Rom erreichte, oder nicht. Wenn es die Ghibellinen Norditaliens zurückschlugen, so war Carl verloren, und Manfred triumfirte. Der rastlose Cardinallegat in Frankreich hatte das in der Provence gesammelte Kreuzheer zur Not ausgerüstet, und im Juni in Bewegung gesetzt. Barone von glänzendem Namen waren darunter, tapfre Ritter, in denen noch hie und da ein Funke vom Fanatismus der Albigenserkriege glimmte; alle dürstend nach Ruhm, Gold und Landbesitz: Bocard Graf von Vendôme und sein Bruder Johann, Jean de Néelle Graf von Soissons, der Connetable Gilles le Brun, Pierre von Nemours, Großkanzler von Frankreich, der Marschall von Mirepoix, Guillaume l'Estendard, der Graf Courtenay, die kriegerischen Bischöfe Bertrand von Narbonne und Gui de Beaulieu von Auxerre, Robert von Bethune, der junge Sohn des Gui de Dampierre Grafen von Flandern, das ganze Haus der Beaumont, viele edle Geschlechter aus der Provence, endlich Philipp und Guido vom hochberühmten Hause Montfort. [2] Dies Heer von raubgierigen Abenteurern, vom Papst selbst mit dem Kreuz des Erlösers bezeichnet, um ein fremdes christliches Land unter Blutströmen zu erobern, überstieg, etwa 30000 Mann stark, die Savoyer Alpen im Juni. Ver-

Zug des provençalischen Heers durch Italien.

---

[1] Ep. 173, Perugia, 30. Oct.
[2] Wilh. de Nangis p. 374; Descriptio Victoriae p. 834; Villani VII. c. 4; Papon III. 17.

träge Carl's mit den Grafen Savoyens und mit einigen Städten öffneten ihm den Durchzug durch Piemont; der Markgraf von Montferrat vereinigte sich mit ihm in Asti, und der Markgraf von Este nebst andern Guelfen stand in Waffen bei Mantua.[1]

Vergebens hofften Palavicini und Jordan von Anglano den Fluß Oglio zu halten; der Verrat Buoso's von Doara gab den Paß frei;[2] der Markgraf Palavicini warf sich nach Cremona, und die Franzosen setzten unter gräßlicher Verheerung unbehindert ihren Marsch nach Bologna fort. Vierhundert exilirte Guelfen aus Florenz stießen schon in Mantua zu ihnen, und versprachen größeren Zuzug. Ewige Schmach trifft die Italiener jener Zeit, so Guelfen wie Ghibellinen, weil sie aus Parteiwut einen fremden Tyrannen in ihr Land einließen, und den Franzosen dadurch eine Straße durch die folgenden Jahrhunderte bahnten. Freiheitssinn und Vaterlandsgefühl waren in den erschöpften Städten schon abgeschwächt; kein Band befestigte die alte Eidgenossenschaft; kein großer Nationalgedanke erhob sich über den kleinlichen Parteizwecken und den häuslichen Zwisten. Die Furie der Factionen hatte Mailand, Brescia, Verona, Cremona, Pavia

---

[1] Am 9. Aug. 1265 wurde der Bund zwischen Carl und Obizzo von Este, Ludwig Graf von Verona, Mantua und Ferrara gegen Manfred, Palavicini und Buoso abgeschlossen: Actum Rome in Palatio Capitolii ... unter den Zeugen Robertus de Lavena, Robert de Baro, Riccardus Petri Anibaldi, Anibaldus Domini Trasimundi. Verci, II. 88.

[2] Dante sah den Schatten Buoso's im Eisfeld der tiefsten Hölle seinen Verrat beweinen (Inferno XXXII. 115):

E piange qui l'argento de' Franceschi:
Jo vidi, potrai dir, quel de Duera,
La dove i peccatori stanno freschi.

Die Cremonesen verjagten sein Geschlecht, und Buoso starb im Elend.

und Bologna zerrissen oder unter Tyrannen gebeugt, während die großen Seestädte Genua und Venedig, und selbst Pisa, in neutraler Haltung nur ihre Handelsvorteile verfolgten.

Die Ghibellinen, welche noch Toscana beherrschten, hinderten den Zug der Feinde nicht, als sie, jenes Land vermeidend, durch die Marken und das Herzogtum Spoleto mordend, raubend und zerstörend weiter gegen Rom vordrangen. Recanati, Foligno, Rimini, andre Städte der Marken und Umbriens zogen die Guelfenfahne auf. Manfred sah sich tief enttäuscht: seine Macht über so viele Städte bis zum Po war nur ein glänzender Schein gewesen, und bald sollte es sich zeigen, daß auch seine Herrschaft in Apulien nichts mehr war. Er besaß nicht die Mittel, den Feind aufzuhalten, welchen ein unbezwingliches Verhängniß mitten durch Italien zu führen schien; er versuchte umsonst einen Streifzug in die Marken im October, und rief endlich Jordan von Anglano aus der Lombardei ab, um sich auf die bloße Verteidigung zu beschränken.

Das Heer Carl's rückt in Rom ein, Dec. A. 1265. Die Provençalen rückten um die Weihnachtszeit 1265 in Rom ein. Nach einem mühevollen Marsch von sieben Monaten durch die Mitte Italiens kamen sie in der ersehnten Stadt an, erschöpft, zerlumpt, und ohne Sold. Sie hofften hier die Fülle aller Dinge zu finden, und sie sahen den Grafen, ihren Herrn, von Schulden erdrückt, und in verzweifelter Ratlosigkeit. Er bot ihnen nichts als die Aussicht eines baldigen Feldzuges, wo es galt reißende Ströme und unwegsame Straßen zu überwinden, starke Festungen zu erstürmen, und krieggewohnte Heere zu durchbrechen.

Carl betrieb nun seine Krönung zum Könige Siciliens,

um sich mit dem Ansehen des legitimen Rechts auszurüsten, ohne welches er den Eroberungszug nicht beginnen durfte. Er hatte den Papst gebeten, ihn in Person feierlich in Rom zu krönen; den Stolz der Römer, so sagte er, würde eine Krönung in Perugia, oder überhaupt außerhalb der Stadt beleidigen. Entrüstet antwortete der Papst, daß die Römer sich um diese Handlung nicht zu bekümmern hätten.[1] Manches Mißverhältniß, welches aus seiner Lage floß, das herrische Auftreten Carl's als Senator, seine Geldnot, die Gräuel, welche das provençalische Heer auf dem Marsch bis Rom verübt hatte, setzten Clemens IV. in eine Spannung zu Carl, die es ihn bereuen machte, daß er diesen Sturm auf sich geladen hatte. Nur zögernd hatte er am 4. November die Investitur bestätigt; zögernd setzte er endlich durch eine Bulle vom 29. December die Krönung fest, aber er übertrug diese fünf bevollmächtigten Cardinälen, seinen Stellvertretern.

Am 6. Januar 1266 wurde demnach Carl von Anjou mit seiner Gemalin Beatrix im S. Peter zum Könige Siciliens gekrönt. Man stand zum ersten Mal von dem Princip ab, in dem heiligen Aposteldom, an der Stätte wo Carl der Große die Krone des Reichs empfangen hatte, nur Kaiser

Carl von Anjou, in Rom zum Könige Siciliens gekrönt, 6. Jan. A. 1266.

---

[1] Ep. 195, Perugia, 20. Dec. Scias, fili, quod civitates et castra nobis possunt auferri, sed eripi nunquam poterit nostrae defensio libertatis, cum etiam si vinculis teneremur, non esset verbum Dei alligatum. Di Cesare sagt (p. 201), daß Carl bald nach seiner Ankunft den Papst in Perugia besuchte, und dieser mit ihm nach Rom kam. Dies ist irrig. In Papatu numquam Romam intravit, sagt Herm. Altahensis Annal. p. 406. Auch Vito Duranus Chron. (Leibniz Accession. I. 23), irrt, wenn er sagt, daß der Papst in Procession durch Rom ging, geleitet vom Kaiser Balduin und vom König Carl.

und Päpste zu krönen. Kampfspiele und Volksfeste verherrlichten diesen verhängnißvollen Act.¹

Einen Augenblick lang hatte König Manfred noch hoffen dürfen, den Papst für sich zu gewinnen; jetzt war diese Hoffnung für immer geschwunden. Als er die Krönung Carl's erfuhr, schickte er Boten an den Papst; er legte Protest ein, er forderte in königlicher Sprache Clemens auf, den durch ihn bewaffneten Räuber vom Angriff auf sein Königreich abzuhalten, und bot noch in der letzten Stunde günstigen Frieden. Man kann die furchtbar ernste, prophetische Antwort des Papsts nicht ohne Aufregung lesen: „Manfred mag wissen," so sagte Clemens, „daß die Zeit der Gnade vorüber ist. Alles hat seine Zeit, doch die Zeit hat nicht Alles. Der Held in Waffen tritt schon aus der Thüre; das Beil ist schon an die Wurzel gelegt."²

2. Aufbruch Carl's aus Rom. Er bringt siegreich über die Vertheidigungslinie des Liris. Schlacht bei Benevent. Glorreicher Fall Manfred's. Depeschen Carl's an den Papst. Charakter Manfred's. Ursachen seines schnellen Sturzes. Das Schicksal seiner Gemalin Helena und seiner Kinder. Carl von Anjou zieht in Neapel ein.

Die unerträgliche Not trieb Carl sein ungelöhntes Heer so schnell als möglich gegen den Feind zu führen, und in dessen reichem Lande zu sättigen.³ Man brach von Rom

¹ Saba Malaspina p. 819. Das Datum der Krönung beim Bernardus Guidonis, p. 595. Acten und Huldigungseid Carl's beim Raynaldus n. 11.
² Jam in publicum prodiit fortis armatus, ad radicem posita est securis. Ep. 266. Diese Briefe, unschätzbare Documente, entwickeln Scene für Scene jenes erschütternde Trauerspiel.
³ Er beschwor den Papst, ihm zu helfen; dieser antwortete: „ich habe nicht Berge noch Flüsse von Gold. Meine Kräfte sind erschöpft, die Kaufleute ermüdet. Was quälst du mich ohne Aufhören? Ich kann

auf, schon am 20. Januar 1266.¹ Viele italienische Guelfen, viele Exilirte Apuliens, manche Römer, unter denen der abtrünnige Petrus von Vico sich am eifrigsten zeigte, schlossen sich dem Zuge an; die Cardinäle erteilten den Truppen die Absolution, und begleiteten Carl bis an die Wasserleitungen vor der Porta Maggiore; der Cardinal Richard Anibaldi gab ihm das Geleit bis zur Burg Molaria an den Abhängen des Lateinergebirgs, und folgte ihm dann als päpstlicher Legat.²

Aufbruch Carl's von Anjou aus Rom, 20. Jan. A. 1266.

Von den drei Straßen, die aus Rom in das Königreich führen, der valerischen, lateinischen, und appischen, wählte Carl, wie im Mittelalter fast alle Heerführer, die zweite. Sie durchschneidet ein herrliches, aber wüstes Land zwischen dem Apennin und den Volskerbergen, führt Anagni, Ferentino und Frosinone vorbei, und erreicht die Grenze an der Lirisbrücke bei Ceperano. Dann geht sie durch entzückende Fluren weiter, bei Rocca Secca und Aquino vorbei, trifft S. Germano mit dem hohen Monte Casino, durchbricht die prachtvollen Bergreihen von Cervara und mündet in Capua.³ Das Hauptquartier Manfred's befand sich in dieser berühmten Stadt, welche sein Vater einst neu befestigt und mit Türmen an der Brücke des Volturnus versehen hatte. Er eilte von

Manfred in Capua.

nicht Wunder thun; ich kann nicht Erde und Steine in Gold verwandeln." Ep. 225.

¹ Als Prosenator Carl's blieb auf dem Capitol zurück Bonifacius Vicarius illustris Regis Siciliae in Urbe, so genannt in einem Ketzerproceß am 22. Januar 1266. Giornale Arcadico, T. 137. p. 264.

² Richard Anibaldi besaß: Rocca di Papa, Campagnano, S. Lorenzo, Molara, Montefrenello, Castel Gerusalemme, Monte Compatri, Jusinano: Marini Archiatri Pontificii I. 33.

³ Es ist genau die heutige Eisenbahnstraße zwischen Rom und Neapel, welche der Via Latina und dem Saccofluß entlang geht.

dort in Aufregung hin und wieder, bald nach Ceperano, bald nach S. Germano und Benevent, Anordnungen zu treffen; denn offenbar hatte ihn der Aufbruch Carl's überrascht. So mächtig und blühend auch sein Königreich erschien, es war nur Schein; sein Heer hatte, außer den Deutschen und Saracenen, Verrat und feige Furcht bereits untergraben. Der Eroberungszug Carl's von Anjou bietet daher nur Scenen von Abfall, Unglück und jähem Untergange dar; der Ungestüm jener Franzosen, die sich auf Campanien stürzten, im reißenden Lauf Flüsse, Berge und betürmte Felsen erstürmten, zeichnet ihn durch die im ersten Anlauf unwiderstehliche Energie aus, welche dieser ritterlichen Nation bis auf die heutige Zeit eigen geblieben ist, und der heldenmütige Fall von Manfred gibt diesem berühmten Trauerspiel allein einen versöhnenden Schluß.[1]

Der vorzeitige Frühling trocknete die Wege und erleichterte den Marsch Carl's durch das Saccotal; seine Scharen drangen unaufgehalten über den Liris durch den Paß von Ceperano, welcher weniger durch Verrat, als durch Feigheit und Bestürzung in die Hände des Feindes fiel, zumal die Brücke selbst unbegreiflicher Weise nicht abgebrochen war.[2] Die rasenden Feinde erkletterten im ersten Anlauf die steile

---

[1] Die Erzählung Villani's, Manfred habe Carl Frieden geboten, und dieser geantwortet: ditez pour moi aa Sultan de Nocère, aujourd'hui je mettrai lui en enfer, ou il mettra moi en paradis, ist eine der Sagen, die von jener Zeit umliefen.

[2] Die Apulier verließen die Brücke sofort. A Ceperan, là dove fu bugiardo — Ciascun Pugliese, sagt der immer gut unterrichtete Dante. Die bekannte Erzählung vom Verrat Richard's von Caserta erscheint jedoch fabelhaft; denn wie war Graf Jordan so plump zu überlisten? D. Jorges Tavanzati hat dies treffend abgewiesen: Dissert. sulla seconda moglie del Re Manfredi, Napoli 1791, p. 15.

Cyclopenburg Arce, die als unbezwingliche Festung galt; der bestürzte Hauptmann ergab sich. Dies schreckte weit und breit Campanien: Aquino und andre Städte ergaben sich. Den unwiderstehlichen Stoß hielten selbst die Wälle von S. Germano nicht auf; diese Stadt, von hohen Bergen und den Sümpfen des Flusses Rapido gedeckt, wurde schon am 10. Februar mit Sturm genommen. Alles umliegende Land zitterte bei diesem unerwarteten Fall: 32 Castelle ergaben sich Carl. Die Linie des Liris war in seiner Gewalt. Nun galt es, die zweite und stärkere des Vulturnus zu stürmen, hinter welchem Strom der erschreckte, doch nicht entmutigte Manfred mit seiner Hauptmacht in Capua stand. Das Schicksal stritt wider ihn; sein Genie war gelähmt. Der unermüdliche Feind überschritt den Vulturnus nordwärts am Tuliverno, wo man ihn nicht erwartet hatte, und erklomm unter heißen Anstrengungen die winterlichen Gebirge von Alife, Piedmonte und Telesia, die Stellung des Gegners durch einen Flankenmarsch zu umgehen. Diese ungestümen Krieger trieb Blutgier und Beutelust vorwärts; sie brannten vor Ungeduld im Herzen Campaniens sich schadlos zu halten, und obwol Entbehrung und Anstrengung sie und ihre Pferde abgezehrt hatte, so überwand doch die Aussicht auf Sieg jede Pein. Verräter, abgefallene Barone stießen mit ihren Fahnen auf dem Marsch zu Carl; Boten brachten die Schlüssel übergegangener Städte; man zog ermutigt über Flüsse und steile Berge fort.

Am Donnerstag, den 25. Februar, machten sie in einem Walde Halt, 15 Millien vor Benevent; Freitags am Mittag auf den Höhen von Capraria. Carl zeigte seinen Kriegern von dort in geringer Entfernung eine ansehnliche Stadt,

S. Germano von den Provençalen erstürmt.

welche mit eingerissenen Mauern im herrlichsten Gefilde zwischen zweien Flüssen lag. Dies war das uralte Benevent, die Hauptstadt Samnium's, einst berühmt in den Kriegen der Römer gegen Hannibal, dann der blühende Sitz der Langobardenherrscher Apuliens, darauf päpstlich, zuletzt durch Friedrich II. dem Reiche einverleibt. Man sah von der Höhe in die schöne Ebene der Flüsse Calore und Sabbato, und auf ihr die langen Reihen von Fußvolk, schwergepanzerte deutsche Reiterei, und die Saracenen Luceria's in bester und gedeckter Schlachtordnung aufgestellt.[1] Als der Feind die Stellung Manfred's bei Capua umgehen wollte, war dieser schnell auf Benevent marschirt, Carl den Weg nach Neapel zu verlegen und ihm eine Schlacht zu bieten, welche beide Heerführer zu suchen bringende Gründe hatten. Unerträglicher Mangel spornte die Truppen Carl's; mitten in Feindesland, von jeder Verbindung mit der Heimat abgeschnitten, ohne Reserve, blieb ihnen nur die Wahl zwischen Sieg oder Tod. Manfred sah vor sich den Feind, vom Marsche geschwächt, ausgehungert, schlecht beritten, doch um sich her Verrätergesichter, und hinter sich das schon abfallende Apulien. Manche Grafen verließen heimlich seine Reihen; andre weigerten die Vasallenpflicht, vorgebend, daß sie ihre Castelle bewachen müßten; andre warteten den Augenblick des Kampfes ab, um ihren König Preis zu geben. Er mußte schnell siegen oder untergehen.

[1] Ecce de quodam monte descendentes vidimus in quadam planicie pulcherrima Manfredum quondam principem cum toto exercitu suo et posse, aciebus paratis ad praelium mirabiliter ordinatis. Schlachtbericht des Ritters Hugo de Balzo (Descriptio Vict. p. 843). Er gibt die Manfredischen an auf 5000 Reiter und 10000 saracenische Pfeilschützen.

Am Donnerstag in der Nacht waren 800 deutsche Reiter zu ihm gestoßen; dies belebte seinen Mut. Er versammelte die Generale zum Kriegsrat. Es waren um ihn die Grafen vom zahlreichen Geschlecht Lancia, welches an seinem Hof die höchsten Ehrenstellen einnahm, Brüder oder Verwandte seiner Mutter Blanca, Galvan und Jordan, Friedrich und Bartholomäus, Manfred Malecta; sodann ghibellinische Hauptleute aus Florenz, und der hochherzige Römer Theobald von den Anibaldi. Man riet, den Kampf aufzuschieben, bis die Verstärkungen herangezogen seien; denn Konrad von Antiochia, der Neffe Manfred's, stand noch in den Abruzzen, und andres Volk sollte vom Süden her zuziehen. Wenn dieser Rat befolgt werden konnte, so würde das Heer Carl's aus Mangel zu Grunde gegangen sein; aber die Zeit, vielleicht auch die ritterliche Ehre drängte, zumal den Verrätern keinen Tag lang zu trauen war. Manfred beschloß daher die Schlacht — und diese war eine That der Verzweiflung so gut von Carl's, als von seiner Seite. Sein Astrolog hatte das Horoskop gestellt, und die Stunde für glückbedeutend erkannt; doch der Stern Manfred's streifte in Wahrheit schon den Horizont.

Er teilte sein Heer in drei Schlachthaufen; den ersten aus 1200 deutschen Rittern führte Graf Jordan von Anglano; den zweiten aus Toscanern, Lombarden und Deutschen, 1000 Ritter stark, befehligten Graf Galvan und Graf Bartholomäus; den dritten von apulischen Vasallen und Saracenen, etwa 1400 Mann zu Roß, viele Bogenschützen und Fußvolk befehligte Manfred selbst. In dieser Ordnung rückte sein Heer über den Fluß Calore, und stellte sich nordwestlich von der Stadt bei S. Marco im Felde Granbella oder der „Rosen" auf, den herabziehenden Feind erwartend.

Im Lager Carl's hatten sich unterdeß nicht minder Stimmen für die Vertagung der Schlacht erhoben, da die Truppen ermüdet, die Pferde erschöpft seien; doch sie waren durch den tapfern Connetable Gilles le Brun zum Schweigen gebracht. Man bildete ebenfalls drei Schlachthaufen. Provençalen, Franzosen, Picarden, Brabanter, italische und römische Truppen, die nach Rache dürstenden Vertriebenen Apuliens, ordneten sich unter dem Befehle Philipp's von Montfort, Guido's von Mirepoix, des Königs Carl, des Grafen Robert von Flandern, des Grafen von Vendôme, des Connetable's, und anderer bewährter Capitäne. Die florentiner Guelfen, begierig den Tag von Montaperto zu rächen, bildeten ein viertes Treffen unter dem Grafen Guido Guerra. Als sie, 400 Ritter stark, in prachtvoller Rüstung, auf herrlichen Rossen, und mit glänzenden Feldzeichen auftritten, fragte Manfred seine Begleiter, woher diese schöne Schar käme; es sind die Guelfen von Florenz, so antwortete man ihm; er rief seufzend aus: „wo sind meine Ghibellinen, denen ich so große Dienste leistete, und auf die ich so große Hoffnung gesetzt hatte?" Der Bischof von Auxerre und Predigermönche durchwanderten die Scharen Carl's, welche knieend die Absolution empfingen, und Carl selbst erteilte hie und da den Ritterschlag.[1]

[1] Die Chronisten legen je nach ihrer Art Carl und Manfred Reden an ihre Heere in den Mund; die in der Descriptio ist ganz pfäffisch; passend jene beim Saba. Die Ansicht Manfred's von den Franzosen war, wie man noch heute in Deutschland sagt, daß nur ihr erster Stoß furchtbar sei: Gallici enim in primo instanti videntur audaces, sed nec sunt stabiles, nec habent durabilem animum neque fortem;

Schlachtordnung Carl's von Anjou.

Das Ungestüm der Saracenen eröffnete die Schlacht; mit lautem Kriegsgeschrei stürzten sie, ohne Commando, auf das geringere französische Fußvolk, die Ribaldi, und streckten dasselbe mit Pfeilen zu Boden. Französische Reiterei brach sofort auf, und hieb die Saracenen schwarmweis nieder. Der eherne Stoß der deutschen Ritterschaft unter Graf Jordan, welche mit dem Feldgeschrei: „Schwaben, Ritter!" heransprengte, zermalmte jene Schwadronen, bis sich die stärkste Legion Carl's mit dem Schlachtruf „Montjoie!" ihnen entgegen warf. Der Kampf dieser beiden schwergeharnischten Rittergeschwader entschied den Tag. Die berühmte Schlacht von Benevent ward mit kaum 25000 Mann auf jeder Seite ausgefochten. Der lange und furchtbare Krieg zwischen Kirche und Reich, zwischen Romanen und Germanen wurde auf einem engen Schlachtfelde, in wenig Stunden und durch wenig Volk zur Entscheidung gebracht; denn diese selbst war reif. Die Franzosen stritten mit kurzen Schwertern, die Deutschen nach uralter Landesart mit langen Haudegen. Romanischer Stoß und Stich trugen den Sieg über die germanische Kampfweise davon, wie einstmals bei Civita im elften Jahrhundert. Fußsoldaten saßen hinter den Cavalieren Carl's; wenn die deutschen Ritter von den erstochenen Pferden stürzten, warfen sich jene herab und erschlugen sie mit Keulen. Die Legion des tapfern Jordan sank. Galvan und Bartholomäus stellten zwar die Schlacht eine Weile lang wieder fest; doch es war umsonst. Die tapfern Deutschen kämpften und fielen mit Heldenmut, gleich den alten Gothen, als die

Die Schlacht von Benevent, 26. Febr. A. 1266.

---

immo sunt omnino plus quam credi valeat pavidi, quando inveniunt oppositionis resistentiam aliqualis.

dem Tode geweihten Repräsentanten des germanischen Reichs, welches mit Friedrich II. zu Ende gegangen war.

Als König Manfred von dem Hügel, worauf er hielt, seine Schlachthaufen wanken und fallen sah, ließ er seine dritte Schar, Lehnsvasallen Apuliens und Siciliens, in den Kampf führen. Es ist unbegreiflich, daß er nicht, statt ihrer, eine deutsche Reserve für die Entscheidung aufbewahrt hatte; denn die Italiener flohen sofort; sogar Manfred's Schwager, Thomas von Acerra, eilte in verräterischer Flucht von dannen, worauf andere Barone diesem Beispiele folgten, indem sie sich nach Benevent warfen oder den Abruzzen zujagten. Als der König erkannte, daß sein Schicksal entschieden sei, beschloß er als Held zu enden. Die noch um ihn geblieben waren, rieten ihm, sich in das Innere des Landes zu retten, oder nach Epirus zu entfliehen, um dort an seines Schwiegervaters Hof eine bessere Stunde abzuwarten. Er verschmähte dies, und rief seinem Waffenträger, ihm den Helm zu reichen. Indem er ihn aufs Haupt setzte, fiel der silberne Adler von ihm herab; da sagte er: Ecce, Signum Domini! Ohne königliche Abzeichen stürzte er sich unter die Feinde, den Tod zu suchen, begleitet von seinem edeln Gefährten Theobald Anibaldi, der mit ihm zu sterben entschlossen war.

Als sich die Nacht auf das Feld von Benevent gesenkt hatte, saß der finstre Sieger in seinem Zelt, und dictirte diesen Brief an den Papst: „Nach heißem Streit von beiden Seiten brachten wir mit Gottes Hülfe die zwei ersten Schlachtreihen der Feinde zum Weichen, worauf die andern alle ihr Heil in der Flucht suchten. So groß war das Gemetzel auf dem Felde, daß die Leichen der Erschlagenen das Angesicht der Erde verhüllten. Nicht alle Flüchtigen sind entkommen;

Siegesbericht Carl's an den Papst.

viele hat das Schwert der Nachsetzenden erreicht; viele hat man gefangen in unsre Kerker eingebracht; darunter Jordan und Bartholomäus, die sich bisher anmaßlich Grafen nannten; auch Pier Asino (degli Uberti) das verruchte Haupt der florentiner Ghibellinen ist gefangen.[1] Wer sonst unter den Feinden zuvor erschlagen ward, wissen wir, zumal bei der Eile dieses Berichts, nicht genau anzugeben; doch viele sagen, die ehemaligen Grafen Galvan und Herrigeccus seien todt. Von Manfred verlautet bis jetzt nichts, ob er in der Schlacht gefallen, oder gefangen, oder entkommen sei. Das Streitroß, welches er ritt, und das wir haben, möchte seinen Tod beweisen. Ich melde Eurer Heiligkeit diesen großen Sieg, damit Ihr dem Allmächtigen danket, der ihn verliehen hat, und durch meinen Arm die Sache der Kirche versicht. Wenn ich aus Sicilien die Wurzel des Uebels ausgerottet habe, so werde ich, seid dessen gewiß! dies Königreich zur altgewohnten Vasallenpflicht gegen die Kirche zurückführen, zur Ehre und zum Ruhme Gottes, zur Erhebung seines Namens, zum Frieden der Kirche, und zur Wolfahrt jenes Königreichs. Gegeben zu Benevent, am 26. Februar in der Neunten Indiction, im Ersten Jahr unseres Königtums."[2]

[1] Im Text Martene's Ep. 236: Jordanus et Bartholomaeus dictus Simplex, und so auch Ep. 240. Hier sind wol zwei Personen verwechselt. Am 20. Juni 1262 findet sich Bartolomeus von Asti (sicher ein Lancia) als Generalvicar Manfred's in der Maremma (Archiv Siena, n. 758); dagegen seit Aug. 1262 und noch im Febr. 1264 war Generalvicar für Toscana Franciscus Simplex (ibid. n. 760 sq.); desselben Nachfolger, Graf Guido Novello.

[2] Diese Depesche, eins der ältesten Schlachtbülletins überhaupt, vollständig in Descriptio Vict. p. 845, und bei Martene Ep. 236. In der Descriptio datirt der Brief vom 26. Febr., und sicher ließ Carl noch

Zweiter Bericht Carl's.

Drei Tage später: „Den Triumf, welchen mir Gott über den öffentlichen Feind bei Benevent geschenkt hat, habe ich neulich Eurer Heiligkeit gemeldet. Mich von der Richtigkeit einer immer bestimmter werdenden Sage zu versichern, daß Manfred in der Schlacht gefallen sei, ließ ich unter den Todten auf dem Felde nachsuchen, um so mehr, als kein Gerücht laut ward, daß er sich irgendwohin durch die Flucht gerettet habe. Am Sonntag den 28. Februar fand man seine nackte Leiche unter den Erschlagenen. Um in einer Sache von solcher Wichtigkeit jeden Irrtum zu entfernen, ließ ich dem Grafen Richard von Caserta, meinem Getreuen, den ehemaligen Grafen Jordan und Bartholomäus und ihren Brüdern, wie andern Personen, die einst Manfred im Leben persönlich nahe standen, den Todten zeigen; sie anerkannten ihn, und erklärten, daß dies unzweifelhaft die Leiche Manfred's sei. Von dem Gefühle der Natur bewegt, habe ich hierauf den Todten mit Ehren, doch nicht in kirchlicher Weise zu Grabe bestatten lassen. Gegeben im Lager bei Benevent, am 1. März, im Ersten Jahr unseres Königtums."[1]

Die Leiche Manfred's wird gefunden.

Als die gefangenen Grafen, in Ketten auf das Schlachtfeld geführt, die nackte Leiche des Königs fanden, sagten alle auf die Frage, ob dies Manfred sei, furchtsam Ja!, nur der edle Jordan von Anglano schrie im heißen Schmerze auf: „o mein König!" bedeckte sein Gesicht mit den Händen, und weinte bitterlich.[2] An der Seite Manfred's lag todt Theo-

in der Nacht den Courier abgehen. Der Papst sagt (Ep. 238), er habe den Brief erhalten III. Kalend. Martii, was wegen der Entfernung Perugia's unmöglich ist. Statt III. ist II. zu lesen.

[1] Ibid. pag. 847.

[2] Dies ist die ergreifende Erzählung im Villani, und mit ihr stimmt im Ganzen Saba Malaspina. Tutti timorosomente dissono di

bald Anibaldi, sein Waffenbruder, ein des Römernamens würdiger Krieger, der die mittelaltrige Stadt, wie sein eignes Ghibellinengeschlecht mit schönem Ruhme geschmückt hat. Auf Befehl des Siegers ward Manfred an der Brücke des Calore bei Benevent in die Erde verscharrt; die französischen Krieger legten, seinen Heldensinn zu ehren, jeder einen Stein auf sein Grab, und häuften so ein Hünenmal auf. Doch bald darauf ließ, mit <u>Beistimmung des Papsts</u>, der niedrig gesinnte Bischof Pignatelli von Cosenza, Manfred's geschworner Feind, den Todten aus seiner Gruft reißen, und als einen von der Kirche Verfluchten an der Grenze Latium's, an die Ufer des Flusses Verde hinauswerfen.[1]

Manfred war 34 Jahre alt, als er fiel, im Leben und Tode herrlich, gleich Totila. Wie einst dieser gothische Held aus dem Ruin seines Volks hervorgetreten war, und in jugendlicher Siegeslaufbahn das Reich Theodorich's hergestellt hatte, so hatte auch Manfred das Reich Friedrich's in Italien aus den Trümmern erhoben, und einige Jahre lang glänzend behauptet; dann erlag auch er dem Glück eines aus der Fremde eingedrungenen, vom Papst bewaffneten Eroberers.

si! Quando venne il conte Giordano si si diede delle mani nel volto piagnendo e gridando: omè, signor mio!

[1] E fu sepolto lungo il fiume del Verde, a' confini del regno e di Campania. (Villani VII. 9.) Dante, im Purgatorium c. 3:
  Di fuor dal regno, quasi lungo il Verde,
  Ove le trasmutò a lume spento.
Obwol Boccaccio (Giannone lib. XIX. c. 3) den Verde für einen Nebenfluß des Tronto hält, erklärt ihn de Cesari geradezu für den Liris, und Ricci (Studj intorno a Manfredi, p. 24) für den Tolero bei Ceperano. In seinen Commentaren lib. XII. p. 312 sag ther Papst Pius II.: Fluvium quod ambit insulam (sc. di Sora) Viridem vocant, aut Lyris hic est, aut in Lyrim cadit. Die prachtvoll grüne Farbe des Liris wird jedem auffallen, der ihn bei Ceperano und Sora gesehen hat.

Edle Gestalt des Königs Manfred. Die Guelfen brandmarkten ihn aus Parteihaß als Vater- und Brudermörder, und wälzten die abscheulichsten Verbrechen auf seinen Namen; die Päpste verfluchten ihn als giftige Natter und gottlosen Heiden, aber sein Schatten erschien dem edelsten Geiste des Mittelalters, welcher schon lebte, als er starb, nicht nach dem Wahne der Priester unter den Verdammten der Hölle, sondern in freundlicher Gestalt im Purgatorium, und er sagte ihm lächelnd, daß der Fluch der Priester über die versöhnende Liebe keine Gewalt besitze.¹ Seine besten Zeitgenossen, selbst einige von der guelfischen Partei, priesen in ihm die Blume schöner Männlichkeit; sie rühmten seine freigebige Großmut, den milden Adel seiner Sitte, seine feine Bildung, und die echt menschliche Seelengüte, welche nur selten eine listige oder zornige Handlung entstellt hat.²

¹ Per lor maladizion si non si perde,
Che non possa tornar l'eterno amore,
Mentre che la speranza ha fior del verde.

Purgatorio c. III. Daß auch Dante an die Verbrechen Manfreds glaubte, scheint der Ausruf zu beweisen, welchen er seinem Schatten in den Mund legt: orribili furon i peccati miei!

² Nicobald vergleicht ihn mit Titus, und der Guelfe Saba nennt ihn generosus, benignus, virtuosus, magnanimus, gratiarum in se dotibus circumfultus. Der Troubadour Adam d'Arras hat in einigen Versen sein Porträt gezeichnet:

Bians chevalier et preus,
Et sage fu Mainfrois.
De toutes bonnes teches,
Entechiés et courtois,
En lui ne falloit riens,
Forsque seulement fois;
Mais cette faute est laide,
En contes et en Rois.

Beim Papon Gesch. der Provence III. 27. Die deutsche Reimchronik Ottocar's sagt: Dez Hercz, dieweil er lebt, so lobeleichen swebt.

Carl von Anjou stellt an der Leiche seines edeln Gegners einen jener moralischen Widersprüche in der Welt dar, worin das Böse über das Gute zu triumfiren scheint. Jedoch Manfred's Fall war in so hohem Sinne tragisch, daß die Macht des historischen Verhängnisses, welche mit überlebten Weltordnungen deren Erben stürzt, darin anzuerkennen ist. Die praktischen Ursachen seines so schnellen Unterganges zeigt außerdem die Geschichte Südibaliens, des unkriegerischen Landes ohne Nationalgefühl, ohne Treue und Bestand, wo niemals eine Dynastie Dauer gewann, und wo bis auf den heutigen Tag jede Invasion und Eroberung gelungen ist. Die weisen Gesetze Friedrich's II. hatten dort eine monarchische Regierung, aber keinen nationalen Staat zu schaffen vermocht; der Tron, auf dem sich Manfred niederließ, ruhte wiederum unsicher auf der Vasallenschaft des Adels, welcher nach dem Ausspruch des Guelfen Saba Malaspina, erst mit ihm die Spolien Siciliens geteilt hatte, und dann ihn treulos verriet. Deutsche Söldner und Saracenen, also fremde Truppen, waren die einzigen zuverlässigen Stützen seiner Herrschaft; als sie bei S. Germano und Benevent brachen, konnte diese nicht mehr bestehen.[1] Der Clerus, die größeste Macht jenes abergläubischen Landes, war Manfred's Feind, und die durch Steuern und Collecten erschöpften Städte nicht

Ursachen seines Unterganges.

In Wurden und in hohen Preys, An Mildicheit dhain Weis, Dhaine Kunig im mocht genosszen (Pez, Script. Rer. Austr. III. 22). Manfred's dauerndes Denkmal ist die Stadt Manfredonia, welche er neben dem alten Sipontum gegründet hatte.

[1] Bugiardo ciascun Pugliese — Dante — A suis sic proditus! ... Regnicolarum imbecillis pusillanimitas — Saba Malaspina —. Apulier oder Regnicoli, wie noch heute. Noch in unsern Tagen waren Fremde, Schweizer, die einzigen Stützen des neapolit. Königstrons.

seine Freunde. Sie folgten dem allgemeinen Drange nach bürgerlicher Selbstregierung, welchem die Hohenstaufen nicht Rechnung trugen. Beim Eintritt Carl's in das Reich, so sagt ein guelfischer Geschichtschreiber, begannen die Gemüter des Volks zu wanken, sich gegen Manfred zu wenden und voll Freude zu sein. Denn nun glaubten alle, die ersehnte Ruhe werde zurückkehren, und mit der Ankunft des Königs Carl die Freiheit überall wiederhergestellt werden.[1]

Wie diese Hoffnung erfüllt ward, welches Glück Neapel und Sicilien unter den räuberischen Händen des Anjou genoß, steht in den Geschichten jener Länder geschrieben. Wir werfen nur einen flüchtigen Blick auf das schreckliche Blutbad von Benevent, der eignen Stadt des Papsts, die Carl seinen Truppen zum Beutelohn hinzugeben genötigt war. Diese „Streiter Gottes" stürzten sich vom Schlachtfeld auf die ihnen freundliche Stadt, nicht achtend der flehentlichen Bitten der ihnen in Procession entgegen ziehenden Geistlichkeit, und sie mordeten dort mit derselben fanatischen Wut ihrer Vorfahren im Albigenserkriege acht Tage lang die schuldlosen Einwohner ohne Unterschied. Sie verübten so ruchlose Gräuel, daß Clemens IV. einen Schrei der Verzweiflung ausstieß, und voll Empörung die Gestalt betrachtete, welche Carl, der Athlet und Maccabäus der Kirche sofort anzunehmen begann.[2]

Der Sieger war ohne menschliches Gefühl, ein kalter, schweigender Tyrann. Helena, die junge und schöne Gemalin Manfred's, von der ersten Botschaft seines Falles,

Gräßliches Blutbad von Benevent.

---

[1] Saba Malaspina, p. 824.
[2] Et haec est retributio quam recepimus in principio. Ep. 254. Und Ep. 262 an Carl selbst, vom 12. April.

welche sie in Luceria erhielt, fast getödtet, hatte ihre Kinder zur Flucht aufgerafft. Im Unglück von den Großen verlassen, war sie in Begleitung einiger hochherziger Menschen nach demselben Trani geflohen, wo sie einst als Königsbraut im Juni 1259 mit glanzvoller Feier war empfangen worden. Sie wollte sich hier nach Epirus einschiffen, aber das stürmende Meer verhinderte die Flucht. Bettelmönche, im Lande als Spione schleichend, kundschafteten sie im Schloß zu Trani aus, quälten die Seele des Castellans mit Schreckbildern ewiger Höllenpein, und zwangen ihn, diese Opfer (am 6. März) den Reitern Carl's auszuliefern. Helena starb nach fünf Jahren im Gefängniß zu Nocera de' Pagani, noch nicht 29 Jahre alt; ihre Tochter Beatrix schmachtete im Castell dell' Uovo zu Neapel achtzehn Jahre lang; ihre und Manfred's kleine Söhne, Heinrich, Friedrich und Enzius, wuchsen auf und verdarben in dreiunddreißig Jahre langer Kerkerqual, elender als ihr Oheim zu Bologna. Weder die Anjou, noch die Aragonen, als diese sich in Besitz der Insel Sicilien gesetzt hatten, fühlten sich veranlaßt, die echten Erben Manfred's dem Gefängniß zu entreißen.¹ Der Untergang seines schuldlosen Geschlechts schmerzt und empört jedes edle Gefühl, aber hinter der Scene von Trani steht (eine fast einzige Erscheinung in der Geschichte) eine andere, deren verhäng-

Helena, Manfred's Weib, und dessen Kinder gelangen.

---

¹ Die Actenstücke bei Forges Davanzati sulla seconda moglie etc. p. 23. 30., und im Anhang; Camillo Minieri Riccio, Alcuni studi storici intorno a Manfredi (Neapel 1850), p. 11; Amari, Vespro Siciliano II. Doc. 29 und 30; Del Giudice Codice Diplom. Vol. I. 124. Helena starb, kläglich genährt, vor dem 18. Juli 1271. Manfred's Söhne bezogen zu ihrem Unterhalt täglich nur 54 Gran! Das physische Elend, in welchem Carl seine Opfer festhielt, gibt diesen Tyrannen ewiger Verachtung Preis.

nißvoller Reflex sie war. Es ist jene vom Schloß Calatabellota in Sicilien. Dort hatte sich eine Königin, verwittwet und unglücklich wie Helena, und wie diese mit vier Kindern vor einem Eroberer geflüchtet: Sibylla, Gemalin des letzten Normannenkönigs Tancred. Sie und ihre Kinder wurden grausam in Ketten gelegt; der meineidige Feind, welcher das Normannenhaus Siciliens unter Gräueln vertilgte, die nur von den Thaten Carl's von Anjou erreicht werden konnten, war der Kaiser Heinrich VI., Manfred's Großvater, und die Zeit, wo Sibylla gefangen, wo die edelsten Männer von Palermo barbarisch erwürgt wurden, war genau dieselbe Weihnachtszeit, da die Kaiserin Constanza den Vater Manfred's gebar.[1]

Einzug Carl's von Anjou in Neapel.

Carl von Anjou hielt seinen Einzug in Neapel als Eroberer und König, prachtvoll gerüstet, reitend auf dem Schlachtroß von Benevent, mit ihm die stralenden Ritter Frankreichs und die siegreichen Krieger seines Heers, umjauchzt und mit Blumen bestreut vom feilen Volk, voll Demut begrüßt von den feilen Baronen Apuliens und der jubelnden Geistlichkeit; die hochmütige Königin Beatrix in einer offenen, mit blauem Sammt ausgeschlagenen Kutsche, auf dem Gipfel ihrer ehrgeizigen Wünsche sich wiegend. So zog die französische Tyrannei in Neapel ein, und so empfing ein gedankenloses, und der Freiheit unfähiges Volk die Fremdherrschaft des ihm vom Papst bestellten Zwingherrn.[2]

[1] Der geheimnißvolle Zusammenhang dieser Geschichten ist von atribenhafter Größe. — Unter den übrigen Gefangenen Carl's endete Graf Jordan von Anglano im Kerker in der Provence.

[2] Das erste erhaltene Edict Carl's nach Manfred's Tode datirt von

Das jahrelange Ziel der Päpste war erreicht; auf dem Trone Siciliens saß ein neuer Herrscher, ihr Werkzeug und Vasall; die Herrschaft der Deutschen in Italien, ihr Jahrhunderte alter Einfluß auf dieses Land und das Papstthum war ausgelöscht; das Romanentum hatte über das germanische Wesen triumfirt. Das deutsche Reich bestand nicht mehr; sein hohenstaufisches Heroengeschlecht war vertilgt: Heinrich VI., Friedrich II., Konrad IV., Manfred, andere dieses Stammes, lagen in den Gräbern desselben Landes zu Palermo, zu Messina, zu Cosenza, unter dem Steinmal von Benevent; Enzius in Ketten zu Bologna; die Kinder Manfred's in Ketten; nur Konradin, der letzte Hohenstaufe, noch lebend und frei, doch arm, verachtet, und von Italien ausgeschlossen. Clemens IV. empfing die Kunde von dem Glücke Carl's mit Entzücken; alle Glocken Perugia's läuteten; Dankgebete stiegen zum Himmel auf, denn die Reiter und die Türme Pharao's waren nicht mehr. Wenn aber die Gabe des Propheten den Blick jenes Papsts entschleiert hätte, so würde er mit Bestürzung die Folgen seines Thuns in schreckenden Erscheinungen erkannt haben: ein Papst, sein Nachfolger, nach 37 Jahren in seinem erstürmten Palast vom Minister eines französischen Königs gemißhandelt; der heilige Stul S. Peters in einer Landstadt der Provence aufgestellt, und siebzig Jahre lang von Franzosen, Geschöpfen und Dienern ihrer Könige, besetzt, während das verlassene Rom in Ruinen fiel!

Dorbona, am 14. März 1266; er befiehlt die Küsten zu bewachen, ut Theotonici, Lombardi ac Thusci Ghibellini, quum venerint in auxilium Manfredi jam interfecti, comprehendantur (Syllab. Membranar. ad Regiae Siclae Archivium pertinentium Vol. I.).

3. Carl legt die Senatsgewalt nieder. Konrad Beltrami Monaldeschi und Lucas Savelli, Senatoren, 1266. Demokratische Regierung in Rom unter Angelus Capocci. Don Arrigo von Castilien, Senator 1267. Die Ghibellinen sammeln sich in Toscana. Gesandte eilen nach Deutschland, Konradin zur Romfahrt einzuladen. Er beschließt dies Unternehmen.

Der Sturz Manfred's war auch die Niederlage der Ghibellinen in ganz Italien, dessen meiste Städte nun Carl als Schutzherrn anerkannten. Der Kirchenstaat stellte sich sofort aus langer Bedrängniß her; der Papst, welcher wieder alleiniger Herr in Rom zu sein begehrte, forderte jetzt von Carl die vertragsmäßige Niederlegung der Senatsgewalt; der König zögerte, wünschte noch die zeitweise Fortdauer seines Amts, und erklärte endlich den Römern mit schlecht verhehltem Un-

Carl legt den Senat nieder, Mai A. 1266. willen, daß er seine Würde niederlege, um nicht die Kirche zu kränken, die auf den Senat ein Recht zu besitzen behaupte. Dies that er am Ende des Mai 1266, und bald sollte es der Papst zu bereuen haben.[1]

Clemens IV. hoffte nun seine Hoheitsrechte in Rom ohne Weiteres wiederherzustellen, denn dazu ihm behülflich zu sein, hatte sich Carl von Anjou durch Verträge verpflichtet. Indeß die Stadt machte keine Miene, dem Papst den Senat zu überliefern, oder überhaupt nur ihn zur Rückkehr einzuladen. Er war schon im April aus Perugia nach Orvieto, sodann voll Hoffnung in den Lateran einzuziehen, nach Viterbo ge-

---

[1] Ep. 285, Viterbo, 15. Mai, A. II. Der Papst bekennt merkwürdig genug dies: quod cum Rom. Pop. in possessione jam sit, et dudum fuerit ordinandi senatum, a possessione hujusmodi quantumlibet sit injusta, causa non cognita — dejicere non debeamus eumdem. Je nach Umständen wurden die Volksrechte anerkannt und geläugnet. Carl's Vicar war noch am 12. Mai in der Stadt und widersprach mit Erfolg dem Rector von Campanien, welcher von Orten, die der Stadt gehörten, den Treueid abgenommen hatte. Ep. 282.

gangen, und hier blieb er auch wohnen. Rom stand damals in keinem näheren Verhältniß zum heiligen Stule, als die Republiken Florenz oder Lucca; die Römer sahen die Rechte des Papstes als erloschen an, während Carl sich nicht bemühte, diese zu vertheidigen. Indem nun der Senat neu zu besetzen war, wählte das römische Volk nach dem alten System wiederum zwei Senatoren. Sie forderten sogleich die Zahlung der Summen, für welche der römischen Kaufmannschaft die Kirchengüter verpfändet waren, und der Papst nannte sie Räuber und Diebe in und außerhalb Rom.[1]

Das capitolische Register verzeichnet jene sonst nicht genannten Senatoren als Conrad Beltrami Monaldeschi von Orvieto, und Lucas Sabelli von Rom. Lucas, Vater eines nachmaligen Papsts, war wirklich einer dieser Senatoren; denn die Inschrift seines Grabmals in Araceli sagt, daß er im Jahre 1266 als Senator starb.[2]

Conrad Beltrami Monaldeschi und Lucca Savelli, Senatoren.

Eine Amnestie hatte manche Ghibellinen nach Rom zurückgerufen, wo sie neben den Guelfen wieder im Parlament saßen. Manche Anhänger Manfred's, wie Jacobus Napoleon von den Orsini, hatten sich dem Papst unterworfen, doch nur zum Schein. Als nun die besiegte Partei sich aus ihrer Bestürzung erholte, ordnete sie sich überall in Rom, wie in

[1] Ecce Roma suae reddita liberati in sua conversa jam viscera nescit legem. Duo facti sunt senatores, praedones et fures intus et extra libere debacchantur. Angimur enim ab eisdem, praecipue propter debita. Ep. 310, Viterbo, 15. Juni 1266, an den Carb. Simon, den er beschwört: de ore leonum nos libera rugentium. Und Ep. 339 an denselben, 22. Juli: nos vero te et Rom. Eccl. liberare satagas a Romanis.
[2] Hic jacet Dns. Lucas de Sabello Pat. Dni. Ppe. Honorii Dni. Johis. et Dni. Pandulfi qui obiit dum esset Senator urbis A. Dni. MCCLXVI. Cujus Anima requiescat in Pace. Amen.

Toscana, in Neapel wie in der Lombardei mit der den Italienern eigenen Geschicklichkeit in Geheimbünden.[1] Der unerträgliche Hochmut des guelfischen Adels erbitterte das römische Volk so tief, daß es sich schon in der ersten Hälfte des Jahrs 1267 erhob, eine demokratische Regierung von 26 Vertrauensmännern einsetzte, und Angelo Capocci von der ghibellinischen Faction zum Capitän des Volks ernannte. Clemens mußte diese Umwälzung anerkennen; der Volkshauptmann appellirte sogar an ihn, als der Adel, wie man in Rom sagte, von Viterbo her aufgereizt, die neue Regierung zu bekämpfen begann, worauf der Papst, seine Unschuld beteuernd, zwei Bischöfe abschickte, den Frieden herzustellen.[2]

Angelo Capocci, Volkscapitän, A. 1267.

Capocci unterdeß, vom Volk beauftragt, den Senator zu ernennen, warf seine Blicke auf einen spanischen Infanten, Don Arrigo, den Sohn Ferdinand's III. von Castilien und jüngeren Bruder Alfons des Weisen, des Titularkönigs der Römer, einen abenteuernden Helden von Talent und prinzlichem Ehrgeiz. Als Rebell landesverbannt, hatte sich der-

---

[1] Die Reaction in Calabrien und die Verbindung mit Pisa begann schon im Sommer und Herbst 1266. Dies zeigt ein bisher unbekannter Brief Carl's, Neapel, 26. Oct. 1266, der den Pisanern entrüstet vorwirft, daß sie Nicolaus Malecta in Pisa und Piombino Galeeren mit deutschem Volk ausrüsten lassen, um zu Friedrich Lancia und andern Rebellen in Calabrien zu stoßen, und daß sie Provençalische Ritter auf einem Schiff hätten mißhandeln lassen. Er droht alle Pisaner aus seinem Königreich zu verweisen. Dat. Neap. XXVI. Oct. X. Ind. Regni nostri anno II. (Reg. 1278. A. n. 29. fol. 4.)

[2] Sed dum quidam nob. civis Roman. Angelus Capuciaseditionem in Rom. Pop. suscitasset, per quam contra Urbis magnates Capituneus populi, quibusdam bonis viris de qualibet regione binis electis secum adjunctis... Saba Malaspina, p. 834. Ep. 479: Clemens IV. an Capocci (capituneo urbis Rome), Viterbo, 9. Juli 1267.

selbe im englischen Südfrankreich aufgehalten, und schon im Jahr 1257 in Diensten Heinrich's III. an der Unternehmung gegen Manfred Teil nehmen wollen, welche jedoch unterblieb. Im Jahre 1259 war er auf englischen Schiffen nach Africa gesegelt, begleitet von seinem Bruder Friedrich und andern spanischen Verbannten, und seither hatte er dem Herrscher von Tunis im Kampf gegen die Mauren gedient.[1] Die Umwälzung in Italien lockte ihn, einen neuen Schauplatz für seinen Ehrgeiz aufzusuchen. Er kam mit ein paar hundert tapfern castilianischen Degen im Frühling 1267 an den Hof Carl's, seines Vetters, der ihn ehrenvoll, doch ungern aufnahm. Denn Carl war sein Schuldner für eine Summe Geldes, die er zurückzuzahlen zögerte; da er nun den lästigen Gläubiger mit guter Art los zu werden wünschte, schickte er ihn unter vielen Versprechungen an den päpstlichen Hof nach Viterbo. Der Infant trat hier neben Jacob von Aragon als Bewerber um die Krone der Insel Sardinien auf, welche die Kirche für ihr Eigentum erklärte und der Republik Pisa bestritt. Er gewann die Cardinäle durch seinen castilianischen Anstand und sein tunesisches Gold; aber Clemens IV. war geneigter, ihn durch eine aragonische Heirat abzufinden, als ihm Sardinien zu verleihen, um welches sich auch Carl bewarb. Dieser König hinterging seinen eignen Vetter, indem er den Erfolg von dessen Wünschen heimlich hintertrieb.[2]

[1] Rymer, Foedera I. I. 359. 388.
[2] Raynald ad A. 1267. n. 17. Der Papst übertrug dem Infanten Etrurien. Arces, quae in Etruria Ecclesiae Romanae erant, tutandas suscepit. Bonincontr. Hist. Sicula p. 5. Zuvor suchte auch er ihn loszuwerden: Ep. 467, 15. Mai 1267. Carl selbst wollte ihn schon A. 1266 durch eine Heirat abfinden, weßhalb er mit ihm und dem Ex: kaiser Balduin im Oct. 1266 unterhandelte (Staatsarchiv Neapel, Reg.

Der Infant war ein glücklicherer Candidat in Rom, wo seine Dublonen ihm das Capitol öffneten. Der Volkshauptmann Capocci leitete die Wahl auf ihn, und die Römer nahmen einen castilianischen Fürsten bereitwillig zum Senator an, welchen Kriegsruhm und Reichtümer auszeichneten, und von dem sie kraftvollen Schutz gegen den Uebermut des Adels, wie gegen die Ansprüche des Papsts erwarteten. Der Adel, die meisten Cardinäle, der Papst selbst widersetzten sich dieser Wahl, doch ohne Erfolg. Die Stimmung in Rom war überhaupt wieder ghibellinisch geworden, sobald als Carl von Anjou den Tron Siciliens bestiegen hatte. Der Infant kam von Viterbo im Juli 1267, die Signorie der Stadt anzutreten, und so waren durch einen seltsamen Zufall zwei spanische Brüder zu gleicher Zeit, der eine erwählter König, der andre Senator der Römer.[1]

Don Arrigo Senator, Juli A. 1267.

Die städtische Regierung Don Arrigo's erhielt alsbald eine nicht mindere Wichtigkeit, als sie jene seines Vorgängers Carl von Anjou gehabt hatte. Denn kaum hatte sie der Infant angetreten, so begann auch sein Mißverhältniß zum Papst; dem Capitol wollte er die ganze Campagna unterwerfen, dem Clerus die Gerichtsbarkeit nehmen, den Adel niederbeugen. Der Papst protestirte, der Senator hörte nicht darauf.[2] Das Volk achtete den Prinzen, welcher sich

---

1278. A. n. 29. fol. 4). Im Mai 1267 wollte der Papst Heinrich mit einer Prinzessin von Aragon vermälen.

[1] Noch am 9. Juli regierte Angelo Capocci als capitaneus (Ep. 479); noch am 15. Mai war Heinrich am Hof zu Viterbo (Ep. 467); schon am 26. Juli schreibt Clemens IV. an Heinrich als Senator (Ep. 508). Nach Descriptio Victoriae p. 849 verschaffte Carl selbst dem Infanten den Senat; doch dies ist irrig.

[2] Ep. 514, Viterbo, 30. Juli 1267; der Papst schreibt an alle

anfangs gegen Guelfen wie Ghibellinen durchaus gerecht zeigte; aber sein glühender Haß gegen Carl, von dem er tief beleidigt worden war, und plötzliche Ereignisse bewogen ihn bald genug, sich offen als Feind der kirchlichen Partei zu erklären.

Die Anhänger Manfred's und des Schwabenhauses sammelten sich in Toscana. In diesem Lande war die neue Drachensaat jener zwei alten Factionen aufgegangen, deren unversöhnbarer Streit der Geschichte Italiens den heroischen Charakter wilder und großer Leidenschaft aufgedrückt hat, und in deren Formen und Devisen die Italiener noch weiter kämpften, als der große Zwist zwischen Kirche und Reich schon ausgegangen war. Der Phantasie jener Zeit erschien dieser wutentbrannte Parteikrieg als das finstre Werk zweier Dämonen Guelfa und Gebellia, und diese waren in der That die schlangenhaarigen Furien des Mittelalters. Sie erschienen nicht erst in der Epoche Manfred's; ihr Ursprung ist älter, aber ihr wildes Treiben nahm hauptsächlich seit dem Sturze der staufischen Herrschaft jenen schrecklichen Charakter des Factionenkampfs an, welcher die Provinzen und Städte Italiens in zwei feindliche Hälften zerriß.[1] Pisa und

Die Ghibellinen in Toscana.

Orte im Patrimonium und in der Sabina, sie sollen dem Senator nicht Folge leisten. Ep. 517, Viterbo, 13. Aug. 1267: er beschwert sich über den Senator bei Carl. Ep. 523, Viterbo, 20. Aug., an die Gemeinde Corneto, dem Senator nicht zu gehorchen.

[1] Formae geminae mulierum super Tusciam — comparuerunt — pendentes ut nebula super terram — sed non vane hominum conjiciunt intellectus alteram — vocari posse Gebelliam, alteram vero Guelfam. Eae, ut ajunt, junctis brachiis invicem colluctantes... Eine großartige Phantasie für Michel Angelo oder Dante, in den Schwulst des Saba Malaspina eingehüllt. Die Chronisten haben die seltsamsten Erklärungen für diese Parteinamen; Jacob Malvecci (Chron. Mur. XIV. 903) bringt die Ghibellinen sogar mit dem Aetna (Mon

Siena, Poggibonzi und San Miniato al Tedesco waren nach dem Falle Manfred's allein staufisch oder ghibellinisch geblieben. Der Graf Guido Novello, der in Bestürzung Florenz verlassen hatte, sammelte deutsche Söldner und Freunde um die Fahne Schwabens in Prato und andern Burgen. Von den Feldhauptleuten Manfred's waren einige dem Schlachtfelde von Benevent oder apulischen Kerkern entronnen, so die Brüder Galvan und Friedrich Lancia, Konrad von Antiochien, Enkel des Kaisers Friedrich und Schwiegersohn Galvan's, Konrad und Marinus Capece, neapolitanische Edle, und Konrad Trincia. Das Königreich Sicilien seufzte unter dem Joche seines neuen Gebieters; von Abgabenlast erdrückt, von französischen Steuereintreibern, Richtern und Baliven mit Füßen getreten, um alle Rechte und Freiheiten durch die Despotie Carl's betrogen, befand es sich in einem Zustande, gegen welchen die Regierung Manfred's als ein goldnes Zeitalter erschien. Das Volk, welches ihn verraten hatte, erinnerte sich jetzt seiner Milde unter Tränen, und rief ihn umsonst zurück. Selbst die Guelfen jener Zeit haben die Herrschaft des ersten Anjou mit Abscheu geschildert, und Clemens IV. hat in berühmten Briefen, unter der Form väterlicher Abmahnung und wolmeinender Ratschläge, von ihm das Bild eines verhaßten Tyrannen meisterhaft gemalt.[1]

Unzufriedenheit der Sicilianer mit der Regierung Carl's.

Gibello) in Zusammenhang, denn dort hätten sie ihr Orakel gehabt. Auch Petrus Azarius (Mur. XVI. 299) leitet die Factionen von den Dämonen Gibel und Guelef her.

[1] Ep. 380, 471 und 504: onerosus ecclesiis et regnicolis universis, nec suis nec exteris gratiosus — nec visibilis — nec adibilis — nec affabilis — nec amabilis. — Die Apulier riefen: O rex Manfrede, te vivum non cognovimus, quem nunc mortuum deploramus: te lupum credebamus rapacem — sed praesentis respectu dominii — agnum mansuetum te fuisse cognoscimus. Saba p. 832.

Verbannte Apuliens flüchteten nach Toscana, und erzählten, daß jenes Königreich zur Empörung reif sei. Die Anhänger Manfred's sahen dessen Kinder in Ketten schmachten und unfähig, die ererbten Rechte zu vertheidigen; sie wandten daher ihre Wünsche auf Konradin, den letzten rechtmäßigen Erben Siciliens, welchen einst die Guelfen gegen den Usurpator Manfred nach Italien eingeladen hatten.

Der Sohn Konrad's IV., geboren am 25. Mai 1252, war 14 Jahre alt, als sein Oheim fiel, und ein Eroberer auf den Tron sich niederließ, der nach dem Völker- und Erbrecht sein unbestreitbares Eigentum war. Er stand unter dem Schutze seines rauhen Oheims Ludwig von Baiern und seiner Mutter Elisabeth, der Schwester dieses Herzogs, die sich im Jahre 1259 zum zweiten Mal, mit dem Grafen Meinhard von Görz, vermält hatte. Die Kaiserkrone schwebte eine Minute lang über dem Haupte Konrabin's, doch der Papst, welcher den Kronstreit zwischen Alfons und Richard nicht entschied, um Deutschland durch die Parteien sich aufreiben und Italien ohne Kaiser zu lassen, verbot die Wahl des letzten echten Sprößlings aus dem „giftigen" Geschlecht der Hohenstaufen. Nur der wesenlose Titel des Königs von Jerusalem und sein ganz geschmälertes Herzogtum Schwaben war Konradin geblieben. Er wuchs auf an den träumerischen Ufern des Sees von Constanz, und nährte seinen Geist mit Liedern heimischer Sänger und mit aufregenden Bildern von der Heldengröße und dem Falle seines Hauses.

Die politische Geschichte hat wenig so Ergreifendes, als das Schicksal dieses Jünglings, welchen die Macht ererbter tragischer Verhältnisse aus der idyllischen Heimat nach Italien führte, um ihn als den letzten seines Heldengeschlechts auf

Konradin, legitimer Erbe Siciliens.

den Gräbern der Ahnen zu opfern. Ghibellinische Gesandte von Herren und Städten, von Pisa, Verona, von Pavia und Siena, von Luceria und von Palermo kamen schon im Jahr 1266 nach Constanz, Augsburg oder Landshut; es kamen im folgenden Jahr die Brüder Lancia und die Capece, den „kaum befiederten Adler" zum Fluge emporzutreiben. Sie waren nach dem schönen Gleichniß des Guelfen Malaspina, wie jene Boten, die dem kommenden Könige Gold, Weihrauch und Myrrhen brachten.[1] Sie versprachen ihm die Unterstützung Italiens, wenn er das Banner des Reichs wieder auf den Alpen entfalten, und kommen wolle, das Land seiner glorreichen Väter von verhaßter Tyrannei zu erlösen.

Die Ghibellinen Italiens rufen ihn.

Als der Enkel des großen Friedrich diese italienischen Männer huldigend zu seinen Füßen sah, als er ihre wunderbaren Reden vernahm, und ihre reichen Geschenke, die Pfänder ihrer Verheißungen empfing, wurde er von schwärmerischem Entzücken hinweggerafft. Die Sirenenstimmen lockten ihn in das schöne und verhängnißvolle Land, das geschichtliche Paradies der germanischen Sehnsucht, wohin seine erlauchten Väter aus ungerächten Gräbern ihn zu rufen schienen. Seine Mutter widerstrebte; seine Oheime und seine Freunde stimmten zu. Ein Gerücht ging über die Alpen, daß der junge Sohn Konrad's IV. ein Heer rüste, nach Italien herabzusteigen, den Tyrannen Carl vom Tron zu stürzen, und die schwäbische Herrschaft wiederherzustellen.

[1] In Alamaniam ad suscitandum catulum dormientem, et pullum aquilae, qui nondum aetate coeperat adulta pennescere, propere se convertunt. — Qui sibi tamquam Regi venturo aurum, thus offerebant et Myrram. Ibid. p. 832. 833.

Drittes Capitel.

1. Die Ghibellinen bereiten den Zug Konradin's. Carl geht als Haupt der guelfischen Liga nach Florenz. Aufstand Siciliens und Apuliens. Don Arrigo ergreift die Partei der Ghibellinen. Guido von Montefeltro, Prosenator. Konradin bricht nach Italien auf. Galvan Lancia in Rom. Der Senator bemächtigt sich der Guelfen-Häupter. Bund zwischen Rom, Pisa, Siena und den Ghibellinen Tusciens.

„Ich achte nicht viel," so schrieb der Papst im October 1266, „auf die Boten, welche die Ghibellinen an ihr Idol, den Knaben Konradin, senden; ich kenne dessen Lage zu wol; sie ist so kläglich, daß er weder sich selbst noch seinen Anhängern aufhelfen kann." [1] Jedoch im Frühling 1267 wurden die Gerüchte entschiedener, die Haltung der Ghibellinen in Toscana drohender. Am 10. April schrieb Clemens IV. den Florentinern: „Vom Stamme des Drachen ist ein giftiger Basilisk hervorgestiegen, welcher Toscana schon mit seinem Pesthauch erfüllt; er sendet ein Schlangengezücht, Menschen des Verderbens, unsere und des vacanten Reichs wie des erlauchten Königs Carl Verräter, die Genossen seiner Pläne, an Städte und Edle; mit feiner Lügenkunst brüstet er sich im Flitterprunk, und bemühet sich, diese durch Bitten, jene durch Gold vom Weg der Wahrheit abzulocken. Dies ist der

[1] Ep. 392; Viterbo, 16. Oct., an den Legaten in der Mark.

unbesonnene Knabe Konradin, Enkel Friedrich's, weiland Kaisers der Römer, des von Gott und seinem Vicar durch gerechtes Urteil Verworfenen; seine Werkzeuge sind die ruchlosen Männer Guido Novello, Konrad Trincia, und Konrad Capece mit vielen anderen, welche dies schändliche Götzenbild in Tuscien aufrichten wollen, und geheim wie öffentlich deutsche Söldner werben, Bündnisse und Verschwörungen zu machen." [1]

Die Ghibellinen sammeln sich in Toscana.

Die Ghibellinen entfalteten in der That eine große Thätigkeit; Konrad Capece, aus Schwaben heimgekehrt, trat in Pisa bereits als Vicar Konradin's auf, in dessen, als des Königs von Sicilien, Namen er Schriften erließ. Pisa und Siena waren willig, das kühne Unternehmen mit aller Kraft zu fördern; die Verschworenen in Apulien und Sicilien standen bereit; die Römer zeigten sich durchaus günstig gesinnt. Als die Gefahr einen ernsthaften Charakter annahm, verständigten sich der Papst und Carl schnell, ihr zu begegnen. Apulische Truppen rückten demnach ohne Weiteres in Toscana unter Guido von Montfort ein, und besetzten Florenz, wohin die Guelfen sie riefen. Carl selbst kam am Ende April nach Viterbo, wo er mit dem Papst lange und wichtige Berathungen hielt, und dann seinen Truppen nach Florenz folgte. [2] Florenz, Pistoja, Prato und Lucca übertrugen ihm sofort die

[1] De radice colubri venenosus egressus regulus, suis jam inficit flatibus partes Tusciae ... Ep. 450, Viterbo, 10. April 1267. In dieser Gestalt erschien einem Papst der edle Enkel Friedrich's II.
[2] Auch über Byzanz. Am 27. Mai 1267 schloß er in Viterbo Vertrag mit dem Exkaiser Balduin, wonach dieser ihm Achaja und Morea abtrat. Philipp, Balduin's Sohn, sollte Beatrix, die Tochter Carl's, heirathen, und dieser versprach Truppen zur Eroberung des griechischen Kaiserreichs. Actenstück beim Davanzati (in der genannten Dissert. Mon. XIV.).

Signorie auf sechs Jahre; dies große Wachstum seiner Macht war dem Papst höchst ungelegen, doch er mußte eine gute Miene dazu machen; er ernannte, um den widerrechtlichen Einmarsch in Toscana, einem Reichslande, durch einen Titel zu beschönigen, den König sogar dort zum Paciarius oder Wiederhersteller des Friedens, als ob ihm bei der Vacanz des Reichs das Recht dazu zuständ.[1]

Die Ghibellinen hielten sich in Poggibonzi und andern toscanischen Burgen gegen die Waffenmacht Carl's mit gutem Glück, während die wachsende Empörung Siciliens und Apuliens ihren Mut erhöhte. Konrad Capece, auf einem pisanischen Schiff nach Tunis geeilt, hatte den dort zurückgebliebenen Bruder des Senators Heinrich, Friedrich von Castilien, überredet, mit ihm vereint einen Einfall in Sicilien zu wagen, und diese kühnen Männer waren mit einigen hundert Genossen am Anfang des September 1267 an der sicilianischen Küste bei Sciacca glücklich an's Land gegangen. Bei ihrem Erscheinen erhob sich der größte Teil der Insel, und rief Konradin als König aus. Der Aufstand drang über die Meerenge nach Apulien; die Saracenen Luceria's, welche schon am 2. Februar 1267 das Banner von Schwaben aufgezogen hatten, erwarteten den Enkel Friedrich's mit Ungeduld. So hinderte der meisterhaft angelegte und mit Glück ins Werk gesetzte Plan der Ghibellinen Carl, sich nach der Lombardei zu begeben, und hier den Zug Konradin's aufzuhalten.

Die Ghibellinen in Sicilien erheben sich.

---

[1] Paciarium generalem ... schon am 10. April, Ep. 450 an die Florentiner. Pacis restaurator in Tuscia (Ep. 512, Viterbo, 28. Juli 1267). Pisa und Alfons X. protestirten. Am 11. Mai schreibt der Papst, daß Carl über Viterbo nach Florenz gegangen sei, und den Rectorat der guelfischen Städte angenommen habe. (Ep. 464.)

Der König von Sicilien sah voll Besorgniß Rom, wo er noch vor kurzem Senator gewesen war, in der Gewalt seines todtfeindlichen Vetters Heinrich, der sich bereits offen für die ghibellinische Partei erklärt hatte.[1] Das Capitol konnte nun dem heranziehenden Konradin gerade so gut zur Grundlage einer Unternehmung wider Sicilien dienen, wie es ihm selbst als solche gegen Manfred gedient hatte. Er rieth dem Papst, Heinrich von Castilien durch künstliche Unruhen zu stürzen; aber Clemens fand in Rom kein Gehör für diesen Plan, sondern bekannte, daß der mächtige Senator allen Parteien „wie ein Blitzstral" furchtbar sei.[2] Don Arrigo herrschte dort mit Kraft und Geschick, unterstützt durch seinen Stellvertreter, den er nach dem Beispiele Carl's im Capitol eingesetzt hatte; dies war Guido von Montefeltre, Herr von Urbino, wie seine Ahnen eifrigster Ghibellin, ein hochhervorragender Charakter, welcher Italien bald mit seinem Namen erfüllte, und als der größeste Feldhauptmann seiner Zeit gepriesen wurde.[3] Viele Castelle in

Der Senator Don Arrigo erklärt sich für die Ghibellinen.

---

[1] Heinrich rief einst aus: per lo cor Dio, o el mi matrà, o io il matrò (Villani VII. c. 10). Seinen glühenden Haß sprach er auch in einer Canzone aus, von der weiter unten:
Mora per Dio chi ma trattato mortte,
E chi tiene lo mio aquisto in sua Ballia
Come giudeo . . .

[2] Quamvis — tui nuncii dixerint, quod parandum esset in Urbe dissidium: scias tamen nos adhuc nullum aditum invenisse. Pars enim non confidit de parte, et ambae timent Senatorem ut fulgur, nec juxta se potentiam magnam conspiciunt, per quam possent expedite juvari; quam etiamsi viderent, non essent ea contenti; nisi eisdem pecuniae puteus inexhaurabilis pararetur. An Carl, Viterbo, 17. Sept. 1267, Ep. 532.

[3] Urkundlich auf dem Capitol am 18. Nov. 1267, als Egregius vir Dom. Guido Comes de Monteferetro et Gazolo, Vicarius in urbe

den römischen Landschaften wurden von der städtischen Miliz besetzt; im August bemächtigte sich Heinrich der wichtigen Burg Castro an den Grenzen des Königreichs; er suchte am Meer in Corneto Einfluß zu gewinnen, und nahm im September die Stadt Sutri im römischen Tuscien, von wo aus er den Ghibellinen Toscana's die Hand reichen konnte. Der Papst bemühte sich vergebens zwischen dem Senator und Carl eine Versöhnung herbeizuführen, und nicht minder wirkungslos waren seine Ermahnungen an die Barone des Patrimonium, der Kirche treu zu bleiben.[1]

Am Anfange des October kam das Gerücht nach Rom, daß Konradin nach Italien aufgebrochen sei. So war es in der That. Der junge Fürst hatte seine Stammgüter in Geld verwandelt, mit Mühe ein Heer ausgerüstet, und den Zug durch Tyrol angetreten. Sein gewagtes Unternehmen war ganz und gar die Umkehr von jenem seines Großvaters im Beginne von dessen ruhmvoller Laufbahn. Denn einst war der jugendliche Friedrich aus Sicilien gezogen, die deutsche Krone seiner Ahnen einem Guelfenkaiser abzukämpfen; jetzt zog sein Enkel von Deutschland nach Sicilien, die italienische Krone Friedrich's einem Usurpator zu entreißen. Den Armen seines abmahnenden Weibes hatte sich Friedrich, den Armen seiner unglückweissagenden Mutter sich Konradin entwunden; aber jenem hatte die Kirche ihre Unterstützung

pro superillustri viro Domino Henrico... Senatore — (Archiv Siena, n. 869.) Ich glaube nicht, daß Guido erst am 18. Oct. mit Galvan Lancia in Rom einzog, denn nirgend wird er neben diesem erwähnt.

[1] Ep. 518 an Carl, Viterbo, 13. Aug. 1267. Ep. 523 an die Cornetaner, 20. Aug. 1267. Ep. 532 an Carl, 17. Sept. wegen Sutri. Ep. 534 an Petrus von Vico, 21. Sept. Er nennt ihn, wie auch Saba Malaspina, Petrus Romani Proconsul.

geliehen, diesem verboten die Bullen des Papsts den Eintritt in Italien, und den Anspruch auf das Erbe seines Großvaters. Konradin brach aus Baiern auf im September 1267; es begleiteten ihn sein Oheim Herzog Ludwig, sein Stiefvater Meinhard von Tyrol, Rudolf von Habsburg, und Friedrich, Sohn Hermann's von Baden, der letzte babenbergische Prätendent des Herzogtums Oesterreich, welchen gleich verwaiste Jugend, gleiches Unglück, und begeisterte Freundschaft zum Waffenbruder Konradin's gemacht hatten. Am 20. October traf der Enkel Friedrich's II. mit 3000 Rittern und anderem Kriegsvolk im ghibellinischen Verona ein, wo sein Vater Konrad IV. vor vierzehn Jahren noch von Ezzelin und von Obert Palavicini war empfangen worden.

Konradin bricht nach Italien auf. Sept. A. 1267.

Zwei Tage früher, am 18. October, war Galvan Lancia, Oheim Manfred's, in Rom eingezogen, mit den Bannern des Schwabenhauses. Er kam als Bevollmächtigter Konradin's, ein Bündniß mit der Stadt abzuschließen. Die Ghibellinen empfingen diesen Vertreter des hohenstaufischen Kaisertums mit hohem Jubel; der Senator begrüßte ihn mit öffentlichen Ehrenbezeugungen, gab ihm Wohnung im Palast des Lateran, und entnahm von ihm in feierlicher Sitzung auf dem Capitol die Botschaft Konradin's. Als der Papst von diesen Vorgängen hörte, geriet er in Aufregung: „Ich habe vernommen," so schrieb er der römischen Geistlichkeit am 21. October, „was mich mit Staunen und Entsetzen erfüllt, daß Galvan Lancia, der Sohn der Verdammniß und einst der grimmigste Verfolger der Kirche, am Feste S. Lucas in Rom eingezogen ist, daß er die Paniere Konradin's vom giftigen Geschlechte Friedrich's, zum Hohn des Papsts zu entfalten sich erdreistet und den Lateran, welchen zu betreten

Galvan Lancia zieht in Rom ein, 18. Oct. A. 1267.

selbst gerechte Männer kaum würdig sind, mit frechem Pomp bezogen hat." Er befahl demnach, Galvan vor das Tribunal der Kirche zu laden.[1] Man ehrte indeß den Bevollmächtigten Konradin's auf jede Weise; man lud ihn mit Gepränge zu den öffentlichen Spielen auf dem Monte Testaccio, denen man eine ungewöhnliche Pracht gab.[2]

Um jeden Widerspruch gegen seine Pläne zum Schweigen zu bringen, beschloß der Senator sich aller guelfisch gesinnten Häupter in Rom mit einem Schlage zu entledigen. Als solche galten Napoleon, Matheus und Raynald Orsini, Johann Savelli, Richard Petri Anibaldi, Angelus Malabranca, Petrus Stephani, zum Teil Brüder oder Nepoten von Cardinälen. Er lud diese Herren, in der Mitte des November, zur Beratung aufs Capitol; als sie erschienen, wurden sie verhaftet und eingekerkert. Napoleon und Matheus brachte man

[1] Cod. Vatican. 6223 fol. 149. Rectoribus Romanensis Fraternitatis: De Vultu gloriosi Apost. Principis rubor injurie non sine ipsius gravi querela consurgit ... Raynald ad. A. 1267 n. 18 bringt ein Bruchstück dieses Briefs und begeht den Fehler, die Phrase de vultu gloriosi etc. für den Titel jener Fraternitas zu halten. Die Romana Fraternitas war ein sehr angesehenes Collegium von Pfarrern der Kirchen Roms. Sie beaufsichtigte später die römische Universität; sie hielt ihre Sitzungen, wie manche andere Körperschaft, in S. Salvator in Pensilis am Circus Flaminius. Siehe Petro Moretto Ritus Dandi Presbyterium (Rom, 1741) Append. n. I. Der obige Brief dat. Viterbo, XII. Kal. Nov. a. III. Der Papst zürnte um so mehr, als er den aus Calabrien flüchtigen Galvan geschützt und durch den Bischof Terracina's, unter Verpflichtung im Orient zu dienen, absolvirt hatte. Die Actenstücke im obigen Vatican. Cod. fol. 148. Der Erlaß des Bischofs von Terracina datirt A. 1267, Ind. X. tempore D. Clementis IV. PP. Pont. ejus a. II. m. Febr. die V.

[2] Noch im folgenden Jahr klagte der Papst: praefatum Galvanum ad eorum ludos, ut ipsis illuderet, venientem non solum pari, sed majori fastu — receperunt et munificentius honorarunt. Raynald ad ann. 1268. n. 21.

in die Felsenburg Saracinesco; Johann Savelli, ehemals Senator, ein gerechter und edler Mann, gab seinen Sohn Lucas zum Geißel, und ward frei; nur Raynald Orsini war nicht auf das Capitol gekommen, sondern aus der Stadt entflohen. Schrecken ergriff die Guelfen; viele entwichen in ihre Burgen, aber Rom blieb ruhig und dem Senator gehorsam.[1] Der Papst protestirte, stellte die Gefangenen, die ihnen verwandten Cardinäle und deren Güter unter Kirchenschutz, und begehrte vom Senator wie von der Stadtgemeinde, doch voll Vorsicht und Mäßigung, Genugthuung.[2]

Don Arrigo indeß vertrieb auch die Familien jener Großen, ließ ihre Häuser zum Teil niederreißen und verschanzte den Vatican, wo er deutsches Volk hineinlegte. Auf dem Capitol wurde der Bund der Stadt mit Konradin öffentlich ausgerufen.[3] Der Senator selbst lud ihn nach Rom. Ein tapfrer Krieger und Troubadour zugleich richtete Don Arrigo kraftvolle Verse an Konradin, und es mochte in diesen Tagen sein, daß er unter dem Lärm ghibellinischer Waffen die Canzone niederschrieb, die sich noch erhalten hat. Er sprach darin seinen Haß gegen Carl, den Räuber seines Gutes, und seine Hoffnung auf den Sturz der französischen Lilie

Don Arrigo ruft Konrad nach Rom.

---

[1] Saba p. 834, 835; ad instar piscium — uno tractu retium capiuntur. — — Dies geschah vor 16. Nov. 1267, wo der Papst dagegen protestirt, und nicht vor dem 13. Nov., wo er noch freundlich an den Senator schrieb (Ep. 554). Ep. 558, 20. Nov. an Carl; Ep. 559 an den Card. von S. Adrian, 23. Nov.; Ep. 561, 26. Nov.; Ep. 563, 26. Nov.

[2] Ep. 556, Viterbo, 16. Nov. 1267, worin er bereits von Heinrich sagt: publicum Ecclesiae et — Caroli — hostem, ac manifestum ejusdem Corradini se fautorem exhibuit.

[3] Dies geschah nach dem 16. Nov., und nicht, wie Cherrier IV. 168. nach Reg. Clem. IV. lib. IV. n. 3. fol. 248, behauptet, Anfang Nov.

aus; er ermunterte Konradin, den schönen Garten Sicilien in Besitz zu nehmen, und mit kühner Römerthat die Krone des Reiches zu ergreifen.[1]

Gesandte von Pisa und Siena, und vom Ghibellinen-Bunde Toscana's waren in Rom angelangt, ein förmliches Bündniß mit der Stadt abzuschließen. Am 18. November versammelten sich der große und kleine Rat, die Consuln der Kaufleute und die Prioren der Zünfte in der Kirche Araceli, unter dem Vorsitz des Prosenators Guido von Montefeltre. Man wählte Jacobus den Kanzler der Stadt zum Syndicus der Römer, und gab ihm Vollmacht mit den toscanischen Procuratoren den Vertrag zu vollziehen.[2] Um dieselbe Zeit

---

[1] Alto valore chagio visto impartte,
Siati arimproccio lo male chai sofertto.
Pemsati in core che te rimasso impartte,
E come te chiuso cio che tera apertto.
Raquista in tutto lo podere ercolano.
Nom prendere partte se puoi avere tutto.
E membriti come fecie male frutto
Chi male contiva terra chae a sua mano.

Alto giardino di loco Ciciliano
Tal giardinetto ta preso in condotto,
Che tidra gioia di cio cavei gran lutto.
A gran corona chiede da romano.

Die Canzone hat 5 Strophen und den Abgesang. Sie steht im Cod. Vat. 3793. fol. 53 b., einer berühmten Sammlung von vulgären Romanzen aus Saec. XIII. und XIV., und sie ist überschrieben donnarigo. Man findet sie bereits im Anhang bei Cherrier abgedruckt.

[2] Zwei merkwürdige Documente darüber im Archiv Siena; n. 869: In nom. dom. Am. Ann. a nativ. ejusd. 1267 die Veneris XVIII. Novbr. Ind. XI. more Romano generale et speciale consilium communis Rome factum fuit in Ecc. S. Marie de Capitolio per vocem preconum et sonum campane de hominibus ipsorum consiliorum more solito concregatum convocatis etiam convenientibus ad dictum consilium consulibus mercatorum et capitibus artium

sprach der Papst den Bann gegen Konradin, Pisa, Siena und die Ghibellinen Toscana's aus, welche Sentenz er am 26. November an die römische Geistlichkeit zur Verkündigung abschickte. Aber er wagte nicht, weder Rom mit dem Interdict, noch den Senator mit der Excommunication zu belegen. Ich vermeide, so schrieb er am 23. November, so viel ich kann, den Krieg mit den Römern, aber ich fürchte, daß mir und dem Könige Siciliens nichts anders übrig bleiben wird.

Liga zwischen Rom und den Ghibellinen Toscana's, 1. Dec. A. 1267.   Am 1. December wurde im Palast der Viergekrönten, wo der Senator damals wohnte, das Schutz- und Trutzbündniß zwischen Rom, Pisa und Siena, und der ghibellinischen Partei Toscana's abgeschlossen. Dieser Vertrag, worin die Rechte Konradin's gewahrt wurden, hatte zum ausdrücklichen Zweck die Vernichtung Carl's und seiner Macht in Toscana. Nachdem ihn die dortigen guelfischen Städte zum Signor auf sechs Jahre, der Papst ihn zum Friedensfürsten gemacht hatten, stellten ihm die Ghibellinen Don Arrigo von Castilien entgegen, welchen sie auf fünf Jahre zum Generalcapitän ihrer Conföderation ernannten. Sie verpflichteten sich, seine Begleitung, 200 Spanier zu Pferde zu besolden, und der

urbis Rome. In quo quidem consilio seu quibus Egreglus vir Dom. Guido comes de Monteferetro et Gazolo vicarius in urbe pro superillustri viro D. Henr. filio qnd. D. Fernandi seren. Castelle regis Senatore ipsius urbis ... Das Parlament genehmigt die Liga mit Siena, Pisa und den andern Ghibellinen Toscana's, und die Vollmacht eines römischen Syndicus. Actum Rome in Eccl. S. M. de Capitolio Ibi vero D. Azo Guidonis Bovis prothojudex et consiliarius dcti D. Senatoris. D. Angelus Capucius. D. Rofredus de Parione. D. Crescentius leonis. Johes Judicia et alii plerique interfuerunt rogati testes. Et Ego Palmerius de monticello civis parmensis Imp. Auct. notarius ... scripsi — — Nr. 870: unter gleichem Datum wird Jacobus cancellarius urbis zum nuncius, procurator, actor et sindicus des römischen Volks gewählt.

Senator versprach 2000 Mann in den Dienst dieses Ghibel=
linen=Bundes zu stellen.[1]

Die Häupter der römischen Guelfen waren unterdeß im
Kerker oder im Exil; nur Raynald Orsini hatte sich mit
vielen Freunden nach Marino im Lateinergebirg geflüchtet,
und dort belagerte ihn der Senator mit Heeresmacht. Als
dies keinen Erfolg hatte (denn jene Burg war fest und gut
verteibigt), geriet er in Zorn; seinen Unmut büßten alle
ihm Verdächtigen, Laien wie Geistliche. Er brauchte Geld,
für Konradin zu rüsten, und er nahm mit Gewalt die
Deposita aus den römischen Klöstern, wo nach sehr alter
Sitte nicht allein Römer, sondern auch Auswärtige ihre Kost=
barkeiten zu verwahren pflegten. Er brach die Schatzkammern
vieler Kirchen auf, und beraubte sie ihrer Gewänder und

---

[1] Archiv Siena, n. 871: großes Pergament sauberster Schrift. Die
Syndici Pisa's und Siena's, und der pars Ghibellina de Tuscia (Pis=
toja, Prato, Poggibonzi, Sanminiato ⁊c.) ernennen in Tuscia Capitaneum generalem Excelsum Magnif. et Illust. Vir. D. Henri-
gum — nunc Alme Urbis Senatorem — per spatium quinque an-
norum — Sie wahren ihre Rechte, ferner salvis in omnib. predictis
honoribus illustrix Regis Corradi. Die Liga zwischen Pisa und Vene=
dig wird salvirt. Actum Urbi in palatio SS. quactuor Coro-
natorum, ubi idem D. Capitaneus morabatur, presentibus D.
Accone Judice. Guidoni Bov. de Parma. D. Uguiccione Judice.
D. Janni Mainerio. Magistro Vitagli de Aversaa. Mariscopto notario. D. Marito de Florentia. D. Ormano de Pistorio. D. Ugolino
Belmonti et de Uberto Judice de Senis sub A. D. Millesimo CCLXVII.
Ind. XI., prima die Kal. Decembris secundum cursuum Alme Urbis.
Ego Usimbardus olim Boninsegne . . . In einem zweiten Act ver=
pflichten sich die Städte ihre Rechte, und Heinrich und dessen Anhänger
zu verteibigen, et ad domanium Imperii in Tuscia acquirendum et
occupandum . . . Heinrich verpflichtet sich, kein Dominium Carl's in
jenen Städten zu dulden. Actum ut supra. — Ein dritter Act ent=
hält den Bund zwischen ihnen und Rom, Handelssicherheit, Garantie
ihrer Rechte, und Beilegung der Repressalien. Actum ut supra.

Gefäße. So wurde vieles Gut zusammengerafft. Als nun das Gerücht entstand, Don Arrigo wolle in Apulien mit bewaffneter Macht einfallen, forderte der Papst Carl zur schnellen Heimkehr bringend auf, und er selbst dachte daran, sich aus Viterbo nach Umbrien zu begeben.[1] Aus freiem Antriebe sprach er jetzt den Wunsch aus, daß Carl wiederum Senator von Rom sein möchte, für welchen Fall er ihn des früheren Eides entbinden wollte. Er schrieb voll Entrüstung an Don Arrigo, beschwerte sich über die Aufnahme Galvan's, den Bund mit den Ghibellinen Toscana's, die Gewaltthaten gegen die römischen Großen, und drohte mit den schärfsten Kirchenstrafen.[2]

2. Ueble Lage Konradin's in Norditalien. Er erreicht Pavia. Carl geht zum Papst nach Viterbo. Excommunicationsbulle. Empfang Konradin's in Pisa. Verunglückter Versuch Carl's gegen Rom. Erster Sieg Konradin's. Sein Marsch nach Rom. Sein prachtvoller Empfang. Die ghibellinischen Häupter. Aufbruch aus Rom. Schlacht bei Tagliocozzo. Sieg und Niederlage Konradin's.

Konradin suchte indeß in Verona Mittel, sein Heer zu ernähren, mit den Städten Bündnisse zu schließen, und den Marsch nach Toscana möglich zu machen. Seine Entblößung war nicht minder groß, als es einst jene Carl's gewesen war. Ein Teil seiner unbezahlten Truppen verließ ihn; sein selbstsüchtiger Oheim Ludwig, und sein Stiefvater Meinhard,

---

[1] Bonincontrius Hist. Sic. p. 5 sagt, daß Heinrich wirklich diesen Zug machte, Aversa besetzte und die Abruzzen bis auf Aquila gewann; da indeß der Papst davon schweigt, mag dies auf sich beruhen.

[2] Ep. 568, 17. Dec. an Carl: scias fili, quod si potes senatum Urbis acquirere ad tempus competens, tolerabimus — Ep. 569, 19. Dec. Drohbrief an Heinrich; stärker Ep. 572, 28. Dec. Ep. 573, 30. Dec.; doch immer noch mit der Aufschrift dil. filio nob. viro ... Senatori Urbis.

welchen er große Summen schuldete und seine Erbgüter hatte verschreiben müssen, gaben den Jüngling seinem Schicksal Preis, und kehrten im Januar 1268 nach Deutschland heim. Die Standhaftigkeit, mit welcher Konradin so große Schwierigkeiten überwand, bewies, daß er seiner Ahnen würdig war. Wider alles Erwarten gelang es ihm, seinen Zug mitten durch Feindesland fortzusetzen, völlig so wie es früher dem Landheere Carl's gelungen war, Italien zu durchziehen. Das ganze Unternehmen erschien überhaupt als die Wiederkehr von jenem Carl's, welcher wie durch Ironie des Schicksals gezwungen ward, die Rolle Manfred's anzunehmen. Die guelfische Conföderation der Lombardei hinderte Konradin nicht; er erreichte Pavia am 20. Januar 1268, und hier blieb er, ratlos wie zuvor, bis zum 22. März.

<small>Konradin zieht in Pavia ein.</small>

Carl brannte vor Ungeduld, ihm entgegenzuziehen; nach langer Belagerung hatte er Poggibonzi, die Hauptburg der Ghibellinen, zur Ergebung gebracht, und selbst Pisa durch harte Bedrängniß zu einem Frieden genötigt; wenn er nun aufgebrochen wäre, Konradin zu einer Feldschlacht zu zwingen, ehe er Rom erreichte, so würde er dem Kriege schon am Po ein Ende gemacht haben. Aber der Papst, welchen die Furcht vor dem Verluste Siciliens quälte, wo der helle Aufstand Calabrien, Apulien und die Abruzzen ergriffen hatte, bestürmte ihn, in sein Königreich zurückzukehren; denn habe er dies verloren, so solle er nicht hoffen, daß die Kirche die Sisyphusarbeit für ihn noch einmal unternehmen werde; vielmehr würde sie ihn als Vertriebenen in der Provence seiner Schande Preis geben. Der König sah hinter sich sein Reich in Flammen stehn, und kehrte heim, nachdem er den Marschall Wilhelm de Berselve in Toscana mit einigen Truppen zurückgelassen hatte. Am 4. April traf er in Viterbo beim Papst ein.¹

Hier wiederholte dieser am folgenden Tage die Excommunication gegen Konrabin und Ludwig von Baiern, den Grafen von Tyrol, und alle Häupter der Ghibellinen; selbst die Länder und Städte, die dem Feind Aufnahme gegeben, oder sie ihm geben würden, unterwarf er dem Bann. Pisa, Siena, Verona und Pavia traf das Interdict; der Senator Heinrich, Guido von Montefeltre, die Magistrate des Capitols, alle Römer, welche Boten Konrabin's empfangen hatten, wurden excommunicirt; die Stadt mit dem Interdict bedroht, während die Römer des Eides gegen ihren Senator entbunden wurden, und Carl die Ermächtigung erhielt, wenn jener nicht in Monatsfrist sich unterworfen habe, das städtische Regiment wieder auf zehn Jahre zu übernehmen.²

Der Papst bannt die Ghibellinen.

Als diese Bannflüche zu Viterbo verkündigt wurden, erscholl Pisa von tausendstimmigem Jubelruf: der junge Enkel Friedrich's II. fuhr glücklich in den Hafen der Stadt ein, auf Schiffen der Republik, und mit fünfhundert Rittern. Konrabin war von Pavia durch die Lande des Markgrafen

Konradin zieht in Pisa ein, 5. April A. 1268.

---

¹ Mehrmals klagt Clemens, daß Carl nicht heimkehre; besonders am 28. März. (Raynald n. III.) Schon dies Datum hätte Cherrier (IV. 183) überzeugen können, daß Carl in Viterbo nicht am 25. März antam. Ep. 620, 12. April schreibt der Papst: quarta feria ante festum pascalis hebdomae regem laeti suscepimus. Das Osterfest 1268 fiel aber auf den 8. April.

² Raynald ad ann. 1268, n. 4. Cod. Vat. 4957. fol. 98: Actum in Palatio nostro Viterbiensi in die Cene Domini, Pontif. nri. ann. quarto. Die Bannbulle gegen den Senator und die Römer beim Raynald n. 21. — Bulle, Viterbo, 3. April (Cherrier IV. 531) ut pacificum urbis statum habeat, et nobis ac nostris fratribus accessus pateat ad eamdem, quam nondum visitare potuimus. —

von Caretto, Gemals einer natürlichen Tochter Friedrich's, gezogen, hatte Vado am Meer bei Savona erreicht, und sich dort am 29. März eingeschifft. Seine Truppen hatte er Friedrich von Baden anvertraut, welcher sie trotz der von den Guelfen besetzten Pässe glücklich über die Berge von Pontremoli und durch die Lunigiana, Anfangs Mai, nach Pisa führte. In dieser Republik fand der junge Prätendent die erste feierliche Anerkennung und eine wolgerüstete Flotte zur Fahrt sei es nach Rom, oder den Küsten Süditaliens. Carl, unvermögend seinen Gegner in Pisa aufzusuchen oder dessen Weitermarsch zu hindern, und im Unklaren über Konradin's Plan, beschloß jetzt die Heimkehr in das Königreich, um die dortigen Rebellen, namentlich die Saracenen in Luceria zu unterwerfen, und den Angriff des Feindes in seinem eignen Lande abzuwarten, wie dies einst Manfred gethan hatte. Er versuchte noch von Viterbo aus einen Handstreich gegen Rom; ein Teil seiner Truppen mit exilirten Guelfen, darunter der Graf Anguillara und Matheus Rubeus von den Orsini drang sogar in die Stadt ein, aber der Senator schlug sie heraus; und dies bewog Carl von Rom abzustehen.[1] Am 30. April verließ er Viterbo, nachdem ihn der Papst zum Reichsvicar in Tuscien ernannt hatte; diese Würde und die Erneuerung des Senats waren wichtige Zugeständnisse, welche ihm für die Zukunft gute Früchte tragen sollten.[2]

---

[1] Senator — cum Jacobo de Napoliono et Petro de Vico et Anibalibus et Pop. Romano prelium incipientes cum ipsis qui intraverant, ceperunt et interfecerunt ex ipsis circa M. milites (Annales Placentini Gibellini, p. 526).

[2] Ep. 625. 17. April. Auf diese Ernennung berief sich A. 1324

Erste Erfolge Konrabin's.

Konrabin fand jetzt in Pisa und Siena kräftige Unterstützung;[1] der Sieg bei Ponte a Valle, wo seine Truppen am 25. Juni den Marschall Carl's gefangen nahmen, begeisterte seine Hoffnungen; Gesandte vom Capitol riefen ihn nach Rom, wo ihn Galvan erwartete, und die Hülfsquellen des Senators ihm einen sichern Zuwachs an Kraft versprachen.[2] Im Kirchenstaat gährte es; Fermo und die Marken befanden sich im Aufstande; nur noch ein entschiedener Vorteil, und der größeste Teil Italien's erklärte sich für Konrabin. Nachdem eine pisanische Flotte unter Friedrich Lancia gegen Calabrien abgesegelt war, brach er in der Mitte des Juli auf. Der Weg nach Rom war frei. Clemens IV. hatte nur zu seinem Schutz Truppen aus Perugia und Assisi nach Viterbo gerufen, und erwartete hier den Vorüberzug des letzten Hohenstaufen.[3] Vergebens hatte er die einflußreichsten Römer ermahnt, die Kirche nicht zu verlassen; seine bewegter werdenden Briefe verrieten zum ersten Mal, daß er ernstlich besorgt war; jedoch Furcht erschütterte auch diesen

Johann XXII. gegen Ludwig den Baier (Martene Thesaur. Anec. II. 650.) — Die andern Daten in Ep. 620; 630.

[1] Am 14. Mai quittirt er an Siena 4200 Unzen Goldes. (Archiv Siena, n. 874.) Seine Diplome v. 14. Juni für Pisa (schöne Urkunde im florentiner Archiv) und für Siena vom 7. Juli (im dortigen Archiv, mit zur Hälfte erhaltenem Wachssiegel, CHVNRADVS DEI GR... gekrönte Figur mit dem Globus) sind bekannt.

[2] Am 27. Mai 1268 quittirt der Senator an Siena 2500 Pf. Provisinen: Actum Rome in palatio D. Pape prope S. Petrum praesentibus D. Galvagno Lancea Fundorum ac Principatus comite. D. Jacobo Napoleonis. D. Pandulfo Tedalli. D. Aczone Guidonis Bovis. D. Marito Domini Sclacte uberti. Usimbardo notario. Et ego Johes Jacobi Interapne... (Archiv Siena, n. 875.)

[3] Am 15. Juli schreibt er an Assisi: cum eveniat juxta nos transitus Conradini infra diem Lunae vel diem Martis proximum, prout creditur consummandus... Ep. 675.

Priester nicht. Er wird wie Rauch vorüberziehn, so sagte
er von Konradin, und er verglich ihn einem Lamm, welches
die Ghibellinen zur Schlachtbank führten. Von den Mauern
Viterbo's konnte er die Kriegerreihen erblicken, die am
22. Juli durch die Ebene bei Toscanella vorüberzogen, ohne
ihn selbst zu bedrohen.

Er zieht Viterbo vorüber, nach Rom.

Konradin rückte frohlockend auf der Via Cassia über
Vetralla, Sutri, Monterosi, dem alten Veji vorüber nach
Rom; fünftausend gut gerüstete Reiter folgten ihm; mit ihm
Friedrich von Baden, Graf Gerhard Donoratico von Pisa,
Konrad von Antiochien, viele Ghibellinenhäupter Italiens.
Der trunkene Blick des Jünglings schweifte von den Höhen
des Monte Mario über die große Campagna Rom's, die sich
ernst und feierlich verbreitet, von purpurblauen Bergen um=
rahmt, und durchströmt vom glänzenden Tiber, der an trüm=
mervollen Tuffhügeln zur milvischen Brücke zieht, während
auf dem betürmten Rom die blaue Himmelssphäre festlich
zu ruhen scheint. Auf den Vorhöhen der Sabina entdeckt das
Auge mühelos die weißen Häuserreihen von Tibur; man
sagte Konradin, daß dort das Theater der Märsche Fried=
rich's und Manfred's sei. Man zeigte ihm die hohen Ge=
birge von Subiaco, welche die Grenzen Neapels und den See
von Fucino umstellen, wo das finstre Schicksal ihn auf dem
Feld von Tagliacozzo erwartete. Man wies ihm in der duf=
tigen Ferne das uralte Präneste: nur fünf Wochen später,
und er saß dort auf der Cyclopenburg in Ketten! Wo zwi=
schen den Albanerbergen und den Apenninen ein weites Tal
hervorschimmert, zeigte man ihm die Gefilde Latium's, und
man sagte ihm, daß hier die Straße sei, auf welcher Carl
von Anjou zum Liris hinabgedrungen war.

Die lange Reihe der großen Kaiser des Reichs stellte sich der aufgeregten Seele Konrabin's dar, und sie schienen ihn als Cäsar zu begrüßen, während das erhabene Bild der Stadt, wie der prachtvolle Anblick des römischen Volks, welches ihm Willkomm rufend von Ponte Molle bis zur Triumfalstraße den Abhang des Monte Mario bedeckte, ihn zum Entzücken hinriß, wie einst Otto II. oder den III. Der Senator hatte ihm einen kaiserlichen Empfang bereitet, und Rom war nach dem Geständniß des Guelfen Malaspina eine von Natur kaiserlich gesinnte Stadt.[1] So oft und so hartnäckig auch die Römer die germanischen Kaiser bekämpft hatten, so übte doch die Idee des Reichs fortbauernd ihren Zauber auf sie aus. Sie empfingen den Enkel des großen Friedrich als den legitimen Repräsentanten des Kaisertums mit aufrichtigen Ehren. Alle waffenfähigen Römer erwarteten ihn glänzend gerüstet, die Helme bekränzt, in kampfspielenden Scharen auf dem Feld des Nero, während das Volk Blumen und Oelzweige schwang, und Jubellieder ertönen ließ. Als Konrabin, am 24. Juli, durch das Tor des Castells über die Engelsbrücke seinen Einzug hielt, fand er Rom in eine Schaubühne festlichen Triumfs verwandelt. Der schwärmende Knabe stand eine Minute lang auf dem Gipfel irdischer Herrlichkeit. Die vollbedeckten Straßen, die zum Capitol führten, waren von Haus zu Haus mit Seilen überspannt, von denen nach mittelaltriger Sitte Teppiche, seltene Gewänder, goldene Geräte, kostbarer Schmuck jeder Art herabhingen, während Chöre von Römerinnen zum Spiel der

Prachtvoller Einzug Konrabin's in Rom, 24. Juli A. 1268.

---

[1] Priusquam tamen Urbem Conradinus introeat, ejusdem Urbis populus, qui naturaliter Imperialis existit, adventus Conradini diem constituit celebrem et solennem. p. 842.

Cithern und Handpauken ihre Nationaltänze tanzten.¹ Der Guelfe Malaspina gestand, daß der Empfang Carl's weit hinter den Festlichkeiten zurückblieb, mit denen man Konrabin begrüßte. Es war das ghibellinische Rom, welches ihn aus freier Neigung ehrte.²

Man führte den letzten Hohenstaufen auf das Capitol und acclamirte ihm als Imperator. Die Häupter der Ghibellinen Italiens, die Verbannten Apuliens umgaben den jungen Fürsten, und alle drängten sich herzu, künftige Lehen sich auszubitten. Selbst römische Edle, einst von Carl oder dem Papst amnestirt, wurden wieder eifrige Ghibellinen. Der charakterlose Petrus von Vico, nacheinander Manfred's und Carl's Anhänger, erschien huldigend auf dem Capitol; Jacobus Napoleon von den Orsini bot seine aufrichtigen Dienste an. Der junge Richard und andere Anibaldi, der Graf Alterucius von Sanct Eustachio, Stephan der Normanne, Johann Arlotti, das Geschlecht der Surdi, treue Ghibellinen aus Manfred's Zeit, brachten Geld und Waffen, während der Senator mit Eifer die letzte Rüstung zum Auszuge betrieb. Ein anderer Teil der Orsini und Anibaldi, das ganze Haus der Savelli blieb auf der Seite Carl's, und Frangipani,

Konrabin auf dem Capitol.

---

¹ Lebhaft beschrieben von Saba, p. 842: vias medias desuper — caris vestibus, et pellis variis velaverunt, suspensis ad chordas strophaeis, llectis, dextrocheriis, periscelidibus, arbitris, grammatis, armillis, frisiis — bursis sericis, cultris tectis de piancavo samito, busso, et purpura . . . Daß der Einzug Conradin's am 24. Juli geschah, sagen die wol unterrichteten Annales Placentini Gibellini, p. 528.

² Saba verglich jedoch die Stadt einer Bulerin: quae frequenter libertatis antiquae pudicitiam violando, acta meretricali verisimiliter prostans adulterandam cuilibet venienti domino impudenter se exhibet. p. 843.

Colonna und Conti warteten in neutraler Haltung die Ereignisse auf ihren Burgen ab.

Eine seltsame Wandlung der Dinge machte Rom nur zwei Jahre nach dem Unternehmen Carl's wieder zum Mittelpunkt eines Eroberungszuges gegen Apulien, und versetzte jenen Usurpator nun ganz und gar in die Lage von Manfred, als dieser die Invasion des Feindes hinter dem Liris erwartete. Die Verteidigungslinien von Ceperano bis Capua waren gleich stark oder besser verwahrt; und Carl, der die Belagerung Luceria's abgebrochen hatte, stand mit seiner Hauptmacht bei Sora in einer Stellung, die es ihm möglich machte, dem Gegner, sei es auf der valerischen oder lateinischen Straße, schnell entgegen zu treten. Ein Kriegsrat in Rom entschied, daß man auf der Valeria in die Abruzzen eindringen müsse, um den Paß von Ceperano zu vermeiden; man wollte bis Sulmona vorgehen, von dort nach Apulien rücken, Luceria entsetzen, und dann den Feind, welchen man noch dort glaubte, mit aller Macht angreifen. Dieser Plan war tadellos.

Aufbruch Konradin's von Rom, 18. Aug. A. 1268.

Am 18. August (1268) brach Konradin von Rom auf, wo Guido von Montefeltre als Vicar des Senators zurückblieb.[1] Es begleiteten ihn Don Arrigo mit einigen hundert Spaniern, Friedrich von Baden, Galvan, Konrad von Antiochien, andre Große. Das gut gerüstete Heer, etwa 10000 Mann stark, war vom freudigsten Mut beseelt. Das römische Volk folgte den Abziehenden weit vor das Tor

---

[1] Das Datum wird durch die Placentiner Annalen zweifellos; denn Konradin blieb 26 Tage in Rom, und v. 24. Juli bis 18. Aug. sind es so viel Tage. Auch das Chron. Jordani (Cod. Vat. 1960, fol. 259) sagt: generali collecto exercitu XVIII. die Aug. de urbe egredientes. Ohne Zweifel hatte Konradin im Lateran gewohnt.

S. Lorenzo, und die gesammte Stadtmiliz begehrte mit in's Feld zu ziehen, jedoch Konradin entließ den größesten Teil nach zwei Tagemärschen; nur die Häupter der Ghibellinen blieben mit ihrer besten Mannschaft bei ihm, Alkerucio von S. Eustachio, Stephan Alberti, der greise Johann Caffarelli, der junge Napoleon, Sohn von Jacob Orsini, Ricardellus Anibaldi, Petrus Arlotti, und der von Vico. Man zog über Tivoli den Anio aufwärts nach Bicovaro, wo die ghibellinischen Orsini Konradin bewirteten. Man kam Saracinesco vorbei, wo die Tochter Galvan's und Gemalin Konrad's von Antiochien ihren königlichen Vetter begrüßte. Denn dies Felsenschloß, im X. Jahrhundert ein saracenisches Raubnest, gehörte jenem Konrad, weil sein Vater Friedrich von Antiochien es als Mitgift einer edeln Römerin Margarita erworben hatte. Dort saßen noch die beiden gefangenen Orsini, ein Umstand, welchem Konrad bald seine Rettung verdanken sollte.

Bei Riofreddo überstieg das Heer das rauhe Grenzland, drang ungehindert durch die Districte von Carsoli in die Abruzzen, und stieg in das Tal des Salto nieder. Hier stellt sich dem Blicke das großartige Theater des Marsenlandes dar, mit himmelhohen, vom Schnee beschimmerten Bergen, zu deren Füßen der tiefblaue See von Fucino prachtvoll hervorglänzt. Ringsum stehen die Marsenstädte Avezzano, Tagliacozzo, Celano, Antina und Alba, der Hauptsitz der Marsengrafschaft, deren Titel damals noch von seinem Vater her Konrad von Antiochien trug.[1] Mehre Straßen durchschneiden

---

[1] Am Ende 1267 hatte ihn Konradin auch zum princeps Abrutii ernannt. Diplom im Anhang T. IV. des Cherrier: caro de carne nostra, sanguis de sanguine nostro et os de ossibus nostris, so nennt darin Konrad den Bastardenkel seines Großvaters.

jenes Seegebiet und führen durch Bergpässe westlich nach Rom, südwärts nach Sora, nördlich nach Aquila und Spoleto, ostwärts nach Sulmona, der Heimat von Ovid.

Als Konradin gegen Tagliacozzo rückte, fand er zu seinem Erstaunen, daß der Feind bereits den fucinischen See erreicht hatte und sich Alba näherte; dies kam ihm unerwartet. Carl war nämlich in Eilmärschen von Sora heraufgezogen, seinem Gegner den Weg nach Sulmona abzuschneiden, ihn zurückzudrängen, oder zum Kampfe zu zwingen. Er erblickte ihn, als er selbst mit 3000 ermüdeten Reitern und Volk zu Fuß am 22. August auf den Hügeln von Magliano, zwei Millien weit vor Alba lagerte; die Schlacht mußte demnach schon hier geschlagen werden, und sowol für das Loos von Carl als von Konradin entscheidend sein. Der Salto trennte die feindlichen Lager, jenes auf dem palentinischen Feld bei Alba, und dieses am jetzt zerstörten Castell Ponte bei Scurcola, eine Nacht lang.[1] Das Heer Konradin's bildete am folgenden Morgen zwei Schlachthaufen, den ersten unter dem Senator, dem Grafen Galvan und Gerard Donoratico von

Carl von Anjou lagert bei Alba.

---

[1] Konradin stand bei der Villa Pontium 100 Schritte von Scurgola; Carl bei Alba. Campus Palentinus, auch Valentinus, nach einer Kirche S. Valentin's. Ptolem. von Lucca und Barthol. de Neocastro nennen die Schlacht nach Tagliacozzo; die Placentiner Annalen nach Alba. Der Schlachtbericht Carl's datirt in campo Palentino, und im Reg. 1272 B. n. 14. fol. 214 schreibt er dem Abt von Casenove: cum providerimus in loco ubi pugna Corradini facta extitit, videlicet prope Castrum Pontis monasterium de novo construi. Das Majus Chron. Lemovicense (Recueil XXI. 772) hat den Vers: plana Palentina servant ter milia quina. Dante gab dem Schlachtfeld den Namen, den wir beibehalten:

è la da Tagliacozzo,
Dove senz' arme vinse il vecchio Alardo.

Ueber die Locale Camillo Minieri Ricci, studi intorno a Manfredi etc.

Pisa, dem Haupt der toscanischen Ghibellinen; den zweiten, meist deutsche Ritterschaft, unter dem Befehl der beiden Jünglinge Konradin und Friedrich. Die Schlachtordnungen des Feindes leiteten dessen beste Capitäne, Jacob Cantelmi, der Marschall Heinrich von Cousance, Johann von Clary, Wilhelm L'Estendart, Wilhelm von Villeharbouin, Fürst von Achaja, Guido von Montfort, und der König selbst.[1] Erard von Valery, ein berühmter Kriegsmann, kurz zuvor aus dem Orient heimgekehrt, hatte ihm angeraten, ein drittes Corps als Reserve versteckt zu halten; ein so erfahrner Feldherr, wie Carl von Anjou, bedurfte wol kaum des Winkes von Valery, um für die Entscheidung eine Reserve zu bewahren, aber er bediente sich mit Erfolg des Rates eines kundigen Generals. Außer lombardischen und toscanischen Guelfen dienten auch Römer im Heere Carl's, Bartholomäus Rubeus von den Orsini, der Markgraf Anibaldus, die beiden Saveller Johann und Pandulf und andre Edle, so daß Römer desselben Stamms als feindliche Brüder gegen einander standen.

Am Morgen des 23. August setzte zuerst Heinrich von Castilien über den Fluß, umging die Provençalen an der Brücke und eröffnete mit Ungestüm den Kampf. Als die Scharen Konradin's über den Salto vordrangen und sich mit feuriger Wut auf die verhaßten Feinde warfen, schienen sie die Rachegeister von Benevent. Kein Verrat befleckte die Waffenehre der Streiter. Ihr unwiderstehlicher Stoß warf

Schlacht von Tagliacozzo, 23. Aug. A. 1268.

---

[1] Am besten ist die Darstellung bei Wilhelm Nangis, weniger gut bei Saba Malaspina, am kräftigsten bei Villani. Siehe sonst Descriptio Victoriae, Monachus Patavinus, Salimbene, Bartholom. de Neocastro, Ricobald, d'Esclot.

die feindlichen Ordnungen nieder; die erste Linie der Provençalen wurde zermalmt, die zweite der französischen Ritterschaft zerbrochen. Als der Marschall von Cousance, welcher des Königs Carl Rüstung trug, mit dem Schlachtbanner vom Rosse sank und augenblicklich in Stücke gehauen ward, verkündete ein donnerndes Siegesgeschrei den Tod des Usurpators. Die französischen Scharen stürzten in wilder Flucht davon, und hinter ihnen verfolgend Heinrich von Castilien, der Held des Tages. Deutsche und Toscaner warfen sich plündernd auf das feindliche Lager, und alle Ordnungen lösten sich im Schlachtfelde auf, dessen Palme der siegestrunkene Jüngling in seinen Händen hielt. Das Glück erhob ihn am Morgen auf den kaiserlichen Schild, und stürzte ihn voll Hohn am Abend in namenlose Verlassenheit.

Konradin Sieger.

Carl befand sich im Versteck auf einem Hügel, von wo er auf die Flucht seines Heeres herabsah; der Verlust der Schlacht war unfehlbar der Zusammensturz seines Trons. Der guelfische Chronist schildert diesen König in Tränen, Gebete an die Madonna gen Himmel sendend, während Valery sich mühte, ihn zurückzuhalten, und ihm endlich zurief, daß es Zeit sei, aus dem Hinterhalt hervorzubrechen. Achthundert Ritter stürzten sich plötzlich auf das Feld, wo kein französisches Banner mehr sichtbar war. Als diese frische Schar mit eingelegten Lanzen hervorbrach, genügte ihre dichtgeschlossene Phalanx, die aufgelösten, mit der Plünderung beschäftigten Truppen Konradin's zu zerstreuen, zu vernichten, in jähe Flucht zu treiben, während sich die zersprengten Franzosen um jenen Kern wieder sammelten. Die nach unsern Regeln der Kriegführung undisciplinirte Natur damaliger Schlachten machte diesen Erfolg möglich; keine Trompete vermochte mehr die Fliehenden zu halten, und kein Hauptmann mehr den Kampf herzustellen. Die Flucht war allgemein, die Niederlage schrecklich. Die glänzend gewonnene Schlacht ging für Konradin durch den Mangel einer Reserve verloren, und vielleicht auch durch den Ungestüm der Spanier unter Heinrich, welche die Verfolgung des geschlagenen Feindes zu weit entfernt hatte.¹ Als der Infant von dieser Verfolgung auf das Schlachtfeld zurückkehrte, wo er Konradin als Sieger verlassen hatte, sah er Kriegerreihen vor dessen Lager aufgestellt, unter welche er sich mit freudiger Begrüßung zu mischen eilte. Der ihm entgegenschallende Schlachtruf Montjoie! Montjoie! und der Anblick der Lilienbanner machte ihn erstarren; er warf sich mit heroischer Fassung auf den Feind; er versuchte zweimal ihn zu durchbrechen; doch es ist umsonst, gegen die Beschlüsse des Schicksals zu streiten.²

<small>Don Arrigo abgeschlagen.</small>

Als die Nacht auf das Feld von Tagliacozzo gesunken war, saß der finstre Carl wieder in seinem Zelt, und dictirte an den Papst einen Siegesbericht, der so ganz die Wiederholung jenes Briefs vom Schlachtfelde von Benevent war, daß nur einige Namen darin verändert zu sein schienen. „Die Freudenbotschaft, welche alle Gläubigen der Welt so lange ersehnt haben, biete ich Euch, Heiliger Vater, jetzt wie Weihrauch dar, und ich bitte Euch: Vater, erhebet Euch und eßt von dem Jagdwild Eures Sohns ... So viel Feinde haben wir getödtet, daß die Niederlage von Benevent

<small>Siegesbericht Carl's von Anjou.</small>

---

¹ Bernardo d'Esclot, Cronaca Catalana c. 62. So sagt auch die Reimchronik Ottocar's (Pez III. 40): Die Dewtzschen sich strewten, nach jr Syte sy sich frewten Raubs und Gewinns —

² Sed frustra intentatur aliquid invito numine superno; ein gutes Wort der Alten im Munde des Guelfen Malaspina, p. 845.

dagegen gering erscheint. Ob Konradin und der Senator Heinrich gefallen oder entronnen sind, wissen wir nicht genau zu sagen, zumal da dieser Brief unmittelbar nach der Schlacht verfaßt ist. Das Pferd, worauf der Senator saß, ist reiterlos fliehend eingebracht. Die Kirche, unsre Mutter, erhebe sich zum jubelnden Preise des Allmächtigen, der ihr durch seinen Kämpfer einen so großen Sieg verliehen hat; denn nun scheint der Herr aller ihrer Not ein Ende gemacht, und sie aus dem Rachen ihrer Verfolger erlöst zu haben. Gegeben auf dem Palentinischen Feld, am 23. August, in der elften Indiction, und im vierten Jahr."

Dies war die empörende Sprache des schrecklichen Jägers der Bartholomäusnacht, der mit bigotter Heuchelei dem Papst seine Opfer wie ein köstliches Gericht erbeuteten Wildes darbot.[1] Der so schnelle Doppelsieg eines und desselben Despoten erst über Manfred, dann über Konradin empört das sittliche Gefühl; denn hier triumfirte in Wahrheit das Böse über das Gute, das Unrecht über das Recht zum zweiten Mal. Auf dem Feld der heißen Sommerschlacht von Tagliacozzo wurde vielleicht das ungerechteste Loos geworfen, welches jemals Streiter aus der Schlachtenurne gezogen haben. Wenn Recht und Rache, wenn Waffenstärke und Waffentreue, Heldenmut und begeisterte Jugend den Sieg verbürgen, so mußte er

[1] Supplico, ut surgens pater et comedens de venatione filii sui, exsolvat gratias debitas altissimo. Dies schrieb ein König dem Oberpriester der Christenheit; man fand diese ruchlos frommen Phrasen in Viterbo sicherlich biblisch und schön! Martene II., Ep. 690. Der Papst erhielt den Courier am 26. Aug. (Ep. 693). Er schrieb sofort der Gemeinde Rieti, jeden Flüchtling festzuhalten, aus Furcht, Konradin könne entrinnen. Am 24. Aug. schrieb Carl an Padua, dat. in Campo Pallentino prope Albam XXIV. Aug. XI. Ind.: Mur. Antiq. IV. 1144.

dort Konradin zu Teil werden; aber das unerbittliche Schicksal gab ihn in die Hand von Carl. Der Haß des Siegers konnte sich am Anblick der Tausende von Erschlagenen sättigen, welche das Feld bedeckten; er begehrte jedoch mehr Rache. Vielen gefangenen Römern ließ er, einst Senator ihrer Stadt, die Füße abhauen; als man ihm bemerkte, daß der Anblick der Verstümmelten zu großen Haß erwecken würde, befahl er sie insgesammt in einem Gebäude zu verbrennen. Von edeln Römern lagen todt Stephan von den Alberti, der tapfre Alferucio von S. Eustachio, und der Greis Caffarelli. Petrus von Vico schleppte sich todtwund nach Rom, und von dort in sein Castell, wo er im December starb — ein grundsatzloser Mann, einer der Stammherren des wilden Ghibellinengeschlechts von Vico, in welchem die Stadtpräfectur bis zum Jahre 1435 erblich blieb.[1]

3. Konradin flieht vom Schlachtfeld nach Rom. Sein kurzer Aufenthalt daselbst. Seine Flucht, Gefangennahme und Auslieferung in Astura. Die Gefangenen im Schloß zu Palestrina. Galvan Lancia hingerichtet. Carl zum zweitenmal Senator. Schicksale Konrad's von Antiochien, und Don Arrigo's. Ende Konradin's. Tod Clemens' IV. 1268.

Ein Schlag, ähnlich dem Blitzstral aus heitrer Luft, hatte die kühnen Träume des Unglücklichen zerstört, und vor

---

[1] Saba p. 849. Seinen Tod bemerkt zum Dec. 1268 das Memoriale der Podestaten Reggio's. Es nennt ihn praefectus urbis; so auch die Inschrift der Familiengruft in S. Maria de Gradi zu Viterbo (Bussi, p. 159 und App. XXI. und XXII. Peters Absolution und Testament betreffende Urkunden.) Er befahl sterbend, seinen Leib in 7 Stücke zu zerschneiden in detestationem septem criminalium vitiorum... Actum Vici in Rocca in camera dicti Testatoris (A. 1268. Ind. XII. die VI. mensis Dec.) Nach den Regesten Carl's (1271. B. n. 10. fol. 159) hinterließ er zwei Söhne, Petrus und Manfred, und seine Wittwe Con-

Konradin flieht.

ihm den Abgrund des Verderbens aufgethan. Er floh vom Schlachtfeld mit fünfhundert Reitern; mit ihm sein Gefährte Friedrich von Baden, der Graf Gerhard von Pisa, Galvan Lancia und dessen Sohn, andere Edle. Er wandte sich zuerst nach Castell Vecchio bei Tagliacozzo, wo er, wie es scheint, Zerstreute zu sammeln hoffte, und eine Weile rastete. Dann floh er auf der Via Valeria weiter nach Vicovaro. Er maß dieselbe Straße als Flüchtling zurück, welche er noch vor wenigen Tagen mit Siegeszuversicht an der Spitze eines Heers gezogen war, und eilte nach Rom.[1] Das Schicksal des Senators Heinrich war dort unbekannt; aber Guido von Montefeltre befehligte noch als dessen Vicar in der Stadt, und Konradin hoffte hier Schutz, und im Bunde mit Pisa neue Mittel zur Fortsetzung des Kriegs zu finden.

und erreicht Rom, 28. Aug. A. 1268.

Er erreichte Rom, am Dienstag, den 28. August. Wie anders war einst sein Empfang, wie anders seine Wiederkehr! Er kam heimlich, fast sinnzerstört![2] Die Kunde von seiner Niederlage war schnell nach Rom gedrungen; die Ghibellinen

---

stancia. Manfred, A. 1308 Stadtpräfect, hatte seinen Namen in der Taufe wol vom König Manfred erhalten. Das Haus Vico reichte bis ins XII. Jahrh. hinauf, und führte schon im Anfang des XIII. vom Amt der Präfectur den Namen de Praefectis oder Praefectani. Innocenz IV. schrieb A. 1248: Praefecto urbis, Petro Bonifatii, Amatori quondam Gabrielis de Praefectis, dominis de Vico et aliis Praefectanis . . . Theiner, Cod. Dipl. I. n. 233.

[1] Die Placentiner Annalen geben der Geschichte Konradin's neues Licht: Qui rex Conradus cum militibus qui secum erant ad castrum Vegium se reduxit — et tunc venit Vicoarium cum quingintis militibus — intravit Romam die Martis XXVIII. mensis Augusti (p. 528). Auch d'Esclot c. 62 sagt: Corali con ben cinquecento cavalieri si salvò verso Roma. Vegium ist vulgäre Form. Ein Castel Vechio bei Tagliacozzo zeigt Corsignani, Reggia Marsicana I. 307. 315.

[2] Latenter ingreditur, mente captus. Saba Malaspina p. 850.

voll Schrecken; die Guelfen in freudigem Allarm. Vom
Schlachtfeld kamen hereingesprengt, siegesjubelnd, exilirte
Römer, welche dort unter dem Banner Carl's gekämpft hatten,
die Sabeller Johann und Pandulf, Berthold Rubeus, und
andre Herren. Die Aufregung war grenzenlos. Guido von
Montefeltre hielt das Capitol für Heinrich, aber er weigerte
sich den Flüchtling aufzunehmen. Konradin suchte Schutz bei
andern Ghibellinen, welche sich in ihre Türme in der Stadt
geworfen hatten; denn hier besaßen sie das Colosseum, die
von Petrus de Vico neu befestigte Tiberinsel, den verschanz=
ten Vatican, die Paläste des Stephan Alberti, und eine
Arpacata genannte Burg, die zuvor Jacob Napoleon auf
dem Campo di Fiore in den Ruinen des Pompejustheaters
erbaut hatte.[1] Als immer mehr Guelfen in die Stadt kamen,
erkannten die Freunde Konradin's, daß er hier nicht länger
verweilen dürfe. Sie rieten zur Flucht. Die Unglücklichen
(nur Graf Gerhard Donoratico war heimlich zurückgeblieben,
und fiel bald in die Hände der Feinde) brachen am Freitag,
den 31. August, mit einer kleinen Schar nach der Burg
Saracinesco auf, welche Galvan's Tochter hielt.[2] Sie waren

Der Prosenator Guido von Montefeltre weist ihn vom Capitol ab.

---

[1] Pars ecclesiae habebat tantum (montem) qui appellatur Guas-
tum (ob verdorben für Lausta, mons Augusti?); et pars contraria
tenebat Colliseum, et Ysolam S. Petri, et castellum Jacobi Napo-
leoni, et castellum S. Angeli, et domum papalem, et domum Stephani Alberti. (Placentiner Annalen, p. 528.) Diese schätzbaren No-
tizen bestätigt und erklärt Saba, p. 864, wo er sagt, daß Jacob Napoleon
zur Zeit des Senators Heinrich quamdam fortericiam in Campodiflore
construxerat, quae Arpacata — vocabatur — turres, quas Petrus
Romani in capite pontium Judaeorum et trans Tyberim fecerat.

[2] Placentiner Annalen, glaubwürdig und genau: Et die Veneris
— rex timens de forestatis Rome qui intraverant Romam, cum
duce Austrie et comite Galvagno, et cum militibus qui secum aderant
de Roma exiens, equitavit ad Castrum Saracenum quod uxor

ratlos, was zu thun; sie wollten sich zuerst nach Apulien werfen, dann aber beschloßen sie die nächste Küste zu erreichen.

Konradin flieht nach Astura.

Die verkleinerte Schar floh durch die Campagna, durchschnitt die Via Appia, wandte sich in die Maremmen unterhalb Velletri, und erreichte das Meer bei Astura. Astura, wo einst Cicero eine Villa besaß, liegt inselartig auf Trümmern römischer Meerespaläste; bis nahe zur Sandbüne des Ufers reicht dort die dichte Wildniß, bedeckt von finstern Gebüschen, durchzogen von Sümpfen und Fieberluft aushauchenden Seeen, aus denen Flüsse träg in das Meer schleichen. Graue Türme stehn in todesstiller Einsamkeit hie und da am Ufer, und aus dem Meere steigt in nicht großer Ferne das Cap der Circe mit der circeischen Burg magisch empor. Die Düne bildet einen Fischerhafen, in welchen sich der Fluß Stura ergießt. Schon im hohen Mittelalter gehörte das Castell dem Kloster S. Alexius auf dem Aventin, von welchem es zuerst die Grafen von Tusculum, dann die Frangipani zu Lehen trugen. Heute ist von Astura nur das inselartige Meeresschloß mit einem Turm übrig geblieben, doch zur Zeit Konradin's war es ein Castrum mit mehren Kirchen und von festen Mauern umgeben.[1] Die Flüchtlinge warfen sich in ein

---

Conradi de Antiocia tenebat; et volendo ire in regnum cum duce Austriae, comite Galvagno et Alioto (Galeazzo) ejus filio, Napoliono filio Jacobi de Napoliono, Rizardo de Anibalibus et parva Theotonicorum comitiva, in portu de Sture capti fuerunt per Joannem Frangipanem. Konradin legte sicher seine Abzeichen ab. Corradin se disguisa — et s'en vint à un chastel qui sict seur mer ... Chroniken von St. Denis, Recueil XXI. 122.

[1] Ort und Fluß, beim Strabo Στορας ποταμος, erhielten den Namen, wie Nibbi (Analisi) glaubt, vom Astur, dem wilden Maremmenfalken; aber Astura ist ein altgriechischer Stadtname, und deutet vielleicht auch hier auf griechische Einwanderung zurück. Die Placentiner Annalen

Boot, hoffend das befreundete Pisa zu erreichen. Aber Johann Frangipane, Herr jenes Castells, welchem man gemeldet hatte, daß edle, fremde Ritter, wahrscheinlich vom Feld von Tagliacozzo flüchtig in See gegangen seien, setzte ihnen auf einem Schnellruderer nach, sowol aus eigenem Antrieb, als weil Briefe des Papsts und Carl's kund geworden waren, welche die Festnehmung von Flüchtlingen geboten. Er verhaftete sie auf dem Meer, und brachte sie zurück ins Schloß Astura. Es waren in seiner Gewalt Konradin, Friedrich von Baden, beide Grafen Galvan, der junge Napoleon Orsini, Ricardellus Anibaldi, und mehre deutsche, wie italienische Ritter.[2]

Johann Frangipane nimmt Konradin und seine Begleiter fest

Als sich Konradin dem Frangipane zu erkennen gab, wurde seine Hoffnung durch die dunkle Erinnerung getäuscht, daß dessen Familie einst kaiserlich gesinnt, und von seinem

---

(p. 529) kennen eine sibyllinische Prophezeiung: veniet filius Aquilae, astur capiet illum. — Schon im Altertum wird Astura als portus und insula bezeichnet. — Ein Diplom Honorius' III. führt unter den Gütern des Klosters S. Alessio auf: totum quod vestro monasterio pertinet in Asturia et in insula Asturie cum piscationibus, venationibus, naufragiis (Nerini, p. 233).

[2] Die Festnahme erzählt Saba, etwas abweichend auch d'Esclot (c. 63). In den meisten Berichten (Chron. Placent., Saba, Chron. Siciliae bei Martene, Francisc. Pipin.) heißt der Verräter Johannes, beim Bartholom. de Neocastro Jacobus. Derselbe sagt, daß dessen Sohn A. 1286 bei der Erstürmung Astura's getödtet ward. Ich finde zwar ein Instrument von Astura selbst, wo am 5. Oct. 1287 ein Jacobus dort als Herr erscheint (autoritate nobil. viror. dominor. dicti Castri scilicet Manuelis, Petri, et Jacobi Frajapanis . . . Archiv Gaetani zu Rom XXXIV. 51); doch muß, nach den Regesten Carls, der Verräter Johannes geheißen haben. Denn so wird A. 1289 ein Frangipane genannt, dessen Dienste einst Carl I. durch Güter belohnt hatte; sein Sohn aber heißt dort Michael Frajapanis fil. quond. Johannis. (Reg. 1272. E. fol. 173.)

Großvater reich beschenkt worden war; er wußte nicht, daß dieselben Frangipani, wegen Tarents mit Manfred verfeindet, schon längst auf die Seite des Papsts getreten waren. Furcht und Habsucht überredeten den Herrn von Astura, eine kostbare Beute festzuhalten, in welcher er den Prätendenten auf die Krone Siciliens erkannt hatte. Der Zufall fügte es zugleich, daß Robert de Lavena, Carl's Admiral, kurz vorher von den Pisanern bei Messina geschlagen, mit provençalischen Galeeren in diesen Gewässern sich befand. Als er hörte, was in Astura vorgegangen sei, landete er und forderte die Auslieferung Konradin's im Namen des Königs von Sicilien. Frangipane widerstand, um den Preis seiner Beute zu steigern; er brachte die Gefangenen in eine benachbarte, festere Burg, vielleicht nach S. Pietro in Formis bei Nettuno.[1] Alsbald kam auch der Cardinal Jordan von Terracina, Rector der Campania und Maritima, mit Kriegsvolk herbei, und forderte seinerseits die Auslieferung der Gefangenen im Namen des Papsts als von der Kirche gebannter und auf deren Grund und Boden verhafteter Verbrecher. Es war Konradin's Unglück, daß er nicht in die Hände der Päpstlichen kam, wodurch wenigstens sein Leben wäre gerettet worden. Nicht Bitten, noch Versprechungen, nicht die Unschuld, Jugend und Schönheit des Gefangenen rührten das Herz Frangipane's. Wenn die begründete Furcht vor dem Zorne Carl's ihn abhielt, den edeln Flüchtling frei zu lassen,

---

[1] Saba, p. 851: ad quoddam castrum de prope forte transvexit. Dort ist nahe nur die Burg Nettuno, am Meer, doch hafenlos, und S. Pietro in Formis landeinwärts gelegen, und daher besser für jenen Zweck geeignet. Saba sagt: angitur ergo in castris, et angustatur obsidione nautarum. Kein Chronist erwähnt sonst dieser Einzelheit.

so entschuldigt doch nichts seine Weigerung, ihn dem Cardinal Jordan auszuliefern. Die Bedrängniß durch die ihn belagernden Seesoldaten Carl's vorschützend, gab dieser habsüchtige Pirat die Gefangenen in die Gewalt der Soldknechte jenes Wüterichs:[1] sie wurden gekettet durch die Maremma geführt, in Genazzano Carl ausgeliefert, und im Schloß S. Pietro oberhalb Palestrina eingesperrt. Diese Felsenburg war Eigentum des Johann Colonna, aber von neapolitanischem Kriegsvolk besetzt.[2] Denn Carl war vom Schlachtfeld über die Berge bei Subiaco gezogen und auf die pränestische Straße hinabgestiegen; sein Hauptquartier befand sich nun in Genazzano, einem Lehn der Colonna, welche Familie sich damals, gleich den Conti und Frangipani, aus Furcht und Politik guelfisch gesinnt zeigte.

Frangipane liefert Konradin den Truppen Carl's aus.

Nicht zwei Stunden Wegs führen von Genazzano nach Palestrina, wo man die Gefangenen sammelte; auch der Senator Heinrich, auf der Flucht vom Schlachtfelde durch einen Ritter Sinibaldo Aquilone gefangen weggeführt, auch Konrad von Antiochien, und viele edle Römer, wie italienische Ghibellinen wurden dort eingebracht.[3] Das Schloß S. Pietro,

Konradin gefangen in Palestrina.

---

[1] Die Chron. Imp. (Laurentiana Plut. XXI. 5.) beschönigt den Verrat: mandatum implevit, quamvis dolens hoc faceret, eo quod avus Conradini eum militem fecerat. Es genügt zu wissen, daß er, obwol Vasall des Papsts, Konradin nicht dem Cardinal auslieferte, und später Lohn von Carl nahm; der Mönch von Padua sagt ausdrücklich: incidit in manus quorumdam civium Romanorum, qui pro immensa pecuniae quantitate ipsum Regi — tradiderunt (p. 730).

[2] Saba, p. 851. Memoriale Pot. Reg. p. 1127 ... deductus fuit ad Pellaestrinum in carceribus. Placentiner Annalen: ducti sunt in Prinistinum in fortia Johis de Collumpna. Salimbene (p. 218): ductus ad Pnlestrinam.

[3] Der Papst schreibt am 14. Sept., er habe vom Card. Jordan ge-

eine uralte Burg Latiums, um welche noch heute bemooste Cyclopensteine ragen, ist jetzt zerfallen; Epheu umstrickt seine Ruinen, von denen herab der Blick über ein unbeschreiblich schönes Panorama von Land und Meer schweift. Dort saß Konradin mit seinen Gefährten viele Tage lang in Ketten. Carl haßte unter den Gefangenen am tiefsten den Grafen Galvan, der ihm als General Manfred's und eifrigster Urheber der Unternehmung von Konradin auf beiden Schlachtfeldern entgegengestanden war. Er ließ ihn, so sagt man, mit andern Baronen Apuliens, schon in Palestrina, oder in seinem Hauptquartier Genazzano öffentlich hinrichten, nachdem man dessen Sohn Galiotto in den Armen des Vaters erwürgt hatte. So endete in der ersten Hälfte des Septembers 1268

Galvan Lancia hingerichtet.

der Oheim Manfred's, der Bruder der schönen Blanca, ein Mann von Klugheit und ritterlicher Kraft, dessen wechselvolles Leben an die Größe wie den Untergang der Hohenstaufen festgekettet war.[1] Die übrigen Gefangenen ließ Carl in Palestrina und eilte nach Rom.

hört quod — rex — Corradinum et ducem Austrie, Galvanum et Galiotum ejus filium cum Henrico quond. Senatore urbis et Conrado de Antiochia tenet carceri mancipatos; et jam rex ipse Penestram venerat (Ep. 695). Italienische und franz. Chronisten erzählen, Heinrich sei entweder in Monte Casino, oder in S. Salvadore bei Rieti gefangen worden, aber nach den (verlorenen) Reg. Caroli I. 1307. II. p. 240, geschah dies wie oben erzählt ist; so der glaubwürdige Tavanzati (Dissert. p. 18).

[1] Cherrier glaubt irrig Galvan in Rom hingerichtet, nach Salimbene und Memor. Potest. Reg.; die Placent. Annalen haben Palestrina; das Chron. Cavense (Mon. Germ. V. 194) Genazanum bei Palestrina. Am 12. Sept. schreibt Carl dem franz. König, gefangen seien Galvan, dessen zwei Söhne u. s. w.; er datirt aus Genazzano (Gunzani, Hymer p. 477). Bald darauf schreibt er der Stadt Lucca aus Rom: Conradinum · Henricum — ac ducem Austrie, Galvanum Lancie, ejus-

Hier war er gleich nach seinem Siege bei Tagliacozzo zum Senator auf Lebenszeit erwählt worden; er hatte die städtische Gewalt mit Freuden angenommen, und wiederum Jacob Cantelmi als seinen Vicar nach Rom geschickt, wo ihm Guido von Monteseltre alsbald das Capitol für 4000 Goldgulden überlieferte. Der Papst selbst hatte ihn schon früher des eidlichen Verzichtes auf die senatorische Gewalt entbunden, und er bestätigte ihm dies Amt für zehn Jahre. Carl nahm daher am 16. September nochmals Besitz von seiner Würde auf dem Capitol, und seither nannte er sich neben seinem andern Titel officiell „Senator der Erlauchten Stadt."[1] Den Römern, die ihm angehangen, oder die auf dem palentinischen Felde in seinen Reihen gefochten hatten, teilte er zum Lohn Güter und Lehen aus; auch Johann Frangipane wurde reichlich bedacht.[2]

Carl nimmt Besitz vom Senat in Rom, 16. Sept. A. 1268.

que filium jam in capitali sententia condempnatos; ich kann dies condempnatos nur auf Galvan und dessen Sohn beziehen, und nicht für ein vorläufig auch über Konradin gesprochnes Urteil halten, was Minieri Ricci annimmt, behauptend, Galvan sei erst in Neapel hingerichtet, nach Ricobald's und b'Esclot's Angaben (pag. 57 Note). Mit der an Galvan vollzogenen Sentenz mochte Carl aussprechen, was er von den Richtern in Betreff Konrabin's erwarte.

[1] In Senatorem urbis sumus assumpti, so schon am 12. Sept., an den franz. König. — Nos in Senatorem urbis sumus perpetuo ad vitam assumpti, manentes in urbe; so an Lucca (Coder der Bibl. Angelica zu Rom, D. 8. 17); undatirter Brief, sofort nach seiner Ankunft in Rom geschrieben, welche nach der Hinrichtung Galvan's geschah... quo facto idem Dom. Rex contulit se ad Urbem (Chron. Cavense). Er zählte vom 16. Sept. seinen zehnjährigen Senat, in einem Brief vom J. 1278, wovon später.

[2] Nach Villani VII. 29. erhielt Frangipane Pilosa zwischen Neapel und Benevent; nach Reg. Caroli I. n. 1722. lit. E. fol. 173 medietatem baronie Feniculi — propter grata servitia et accepta. Siehe dazu Biagio Aldimari Historia della fam. Carafa, Neap. 1691. II. 262. Vom Register der Schenkungen Carl's I. besitzt das Archiv Neapel nur

Nachdem nun Carl seine Beamte auf dem Capitol eingesetzt und den Guelfen seine Siege gemeldet hatte, ging er im Anfange des October nach Palestrina zurück, um die Gefangenen nach Neapel zu führen, und dort hinrichten zu lassen.[1] Von ihnen erhielt nur Konrad von Antiochien die Freiheit; der glückliche Zufall, daß sein Weib in Saracinesco noch die Orsini Napoleon und Matheus, Brüder des mächtigen Cardinals Johann Cajetan, des nachmaligen Papsts Nicolaus III., als Geißeln fest hielt, rettete sein Leben. Man wechselte ihn für diese Prälaten aus. Konrad wurde der Stammvater eines lateinischen Grafengeschlechts von Antiochia, welches noch im XIV. und XV. Jahrhundert in den

ben Liber Donationum 1269. n. 7. Dies Register ergänzt ein Vatican. Auszug. (Cod. Regin. 378. fol. 302 sq.) woraus ich nur Römer anführe. Pandulfus Petri Pandulfi de Grassis de Urbe habet in donum Castrum Petrelle — Riccardus fil. quond. Petri Anibaldi de Roma ... medietatem terrae Anglonae, quae fuit Burelli de Anglone (des einst von den Manfredischen Erschlagenen) — Adenulfus fil. Joannis Comitis Romanor. Proconsulis ... castrum Limosani — Jacobus Cancellarius urbis, Cincius de Cancellario et Joannes de Cancellario ... baronia quae dicitur Francisca (bei Aversa) — Gregorius fil. quond. Francisci de Piperno, qui Franciscus mortuus est in Campo Palentino contra Conradinum ... Castrum Brocci — Petrus de Columna habet restitutionem castri Sambuci — Anibaldus de Transmundo de Roma ... Montem Sanum.

[1] Brief an Lucca: compositis per dies aliquot urbis negotiis in regnum nostrum protinus prodituri ad cunctorum proditorum exterminium et ruinam. Die Fabel bei St. Priest, daß Konradin zu Rom in Ketten gezeigt wurde, wie anderes Irrige desselben Autors, bemerke ich, ohne mich dabei aufzuhalten. Am 28. Sept. war Carl noch im Capitol, denn dort ernannte er Notto Salimbeni von Siena zum Vicar von S. Quirico und Orgia: actum Rome in Arce Capitolii a. D. 1268. m. Sept. XXVIII. die ejusdem m. Ind. XII. Regni vero nri a. IV. Feliciter. Amen. Dat. per manum Roberti de Baro Regni Sicilie prothonotarii (Archiv Siena, n. 877). Robert war der Richter oder Mörder Konradin's.

Castellen Anticoli und Piglio am Serrone, wie in der Geschichte Roms sichtbar ist, fortdauernd ghibellinisch und den Päpsten feindlich blieb, und endlich verfiel.[1]

Das Leben des Infanten Heinrich schützte die Rücksicht auf die Blutsverwandtschaft und das königliche Haus Castilien. Der ehemalige Senator erlitt bis an seinen dunkeln Tod das Schicksal von König Enzius, erst im Kerker zu Canosa, dann in S. Maria del Monte in Apulien, wo er das Wehklagen der drei Söhne Manfred's vernehmen konnte. Vergebens waren die Bitten der Könige von Castilien und Aragon um seine Befreiung, vergebens die Rufe des Unwillens erzürnter Dichter; die Klage um Don Arrigo und der Preis seiner Ritterlichkeit lebt noch in Liedern der Troubadours, in den

Don Arrigo endet im Kerker.

---

[1] Eine Tochter Konrad's war vermält mit Ottaviano da Brunforte, A. 1297 Vicar für Bonif. VIII. in Todi, wie ich aus den handschriftl. Annalen Todi's von Petti sehe. Ein Decret Roberts von Neapel, Senators von Rom, dat. Neapel 5. März 1327, bezeichnet Philippus de Antiochia als S. R. Eccl. rebellis notorius und Invasor der Rocca de Canterano bei Subiaco. (Archiv Gaetani, Cap. I. 74.) A. 1363 erscheint ein Manfredus de Antiochia, im Testam. des Jacob. fil. Francisci de Ursinis de Campofloris et de Vicovario, bei Adinolfi la Portica p. 262. Ferner nennt eine Kaufurkunde v. 17. Oct. 1377 den magnific. et potens vir Corradus de Antiochia comes dominus Castri Pilli Anagnin. dioces. (Archiv Colonna XIV. 259.) Noch A. 1407 wurde ein Corradinus de Antiochia als Rebell mit andern Baronen in Rom hingerichtet. (Bd. VI. 575 1. Aufl. dieser Gesch.) Man sieht mit welcher Pietät dieses Geschlecht die hohenstaufischen Namen festhielt. Das Register der Aebtissinnen im Archiv des Klosters S. Silvestro in Capite zu Rom führt als Aebtissin auf, A. 1417 Giovanna di Antiochia. Noch A. 1484 finde ich einen Conradinus de Antiochia civis Romanus als Notarius Reformator. studii Almae Urbis; bei Renazzi, Storia dell' Università di Roma I. 287. Dies Geschlecht besaß einen Palast in der Region S. Eustachio. Nach Corsignani Reggia Marsicana I. 208, befand sich die Gruft der Familie ex stirpe regia Antiochena in Sambuci. Die Antiochier besaßen Anticoli, wo ihr verarmtes Geschlecht als Corrabi noch fortdauern soll.

Canzonen des Giraud de Calaſon und des Paulet von Marſeille.¹

Das Haupt des letzten Hohenſtaufen fiel zu Neapel am 29. October 1268. Carl eilte den Unglücklichen zu tödten, nachdem er ihn dem Bereich der Kirche entzogen hatte. Er erſchlug einen Prätendenten, der ſelbſt im tiefſten Kerker ſeinen Schlaf würde beunruhigt haben. Die Hinrichtung Konradin's und ſeiner edeln Freunde hat das einſtimmige Urteil der Mit= und Nachwelt als die ruchloſe That tyranniſcher Furcht gebrandmarkt, und die Geſchichte bald gerächt. Keine Sophiſtik vermag den Mörder Carl von dieſem Blute zu reinigen. Einige Stimmen haben Clemens IV. der Mitſchuld angeklagt: er ließ die That geſchehn, und der ſchwere Vorwurf laſtet auf ihm, daß er nicht Konradin als im Banne der Kirche und auf ihrem Boden durch päpſtliche Vaſallen verhaftet von Carl zurückforderte, noch daß er eilte, das Henkerbeil aufzuhalten; denn den blutigen Schluß ſah er voraus, da er die Natur Carl's zu wol kannte. Der Papſt

Konradin hingerichtet. 29. Oct. A. 1268.

---

¹ Que per valor et per noble coratge
 Mantenia 'N Enricx l'onrat linhatge
 De Colradi ab honrat vassalatge;
  E 'l reys 'N Anfos, ab son noble barnatge
   Que a cor ric
 Deu demandar tost son finir EN Enric.

(Paulet de Marſeille; beim Raynouard Choix des Poésies originales des Troubadours, Vol. IV. p. 65. 72.) Die Chroniken von St. Denis (Recueil T. XXI.) erzählen, daß Carl Heinrich in einem eiſernen Käfig im Lande ſehen ließ; doch dies ſind Fabeln. In Reg. Caroli 1269. B. fol. 120 ſteht ein Brief Carl's an Jacob von Aragon, worin er deſſen Geſuch um die Befreiung Heinrich's abſchlägt: dat. in obsidione Lucerine XIII. Julii XII. Ind. (1269); ſchon abgedruckt von Tavanzati und Ricci. A. 1286 löſte ihn auf ſeine Bitten Honor. IV. vom Kirchenbann (Raynald n. 20). Zum letzten Mal geſchieht des gefangenen Heinrich Erwähnung A. 1290; dann Todesſchweigen.

billigte den Tod des letzten Enkels Friedrich's II., weil er den Ansprüchen des Hohenstaufenhauses für immer ein Ende machte. Wenn aus dem Munde von Clemens IV. ein Ruf des Unwillens, oder nur ein menschliches Mitgefühl mit dem zu grausamen Schicksale Konradin's, dessen Recht vor Gott und Menschen sonnenklar dalag, laut geworden wäre, so würde dieß das Andenken eines Papsts verschönert haben, welchen das Glück den Untergang des großen Schwabengeschlechts vollenden ließ. Er schwieg, und dies ist sein Urteil. Am 29. October war das Haupt Konradin's gefallen, am 29. November starb Clemens IV. in Viterbo, als ob die Macht des rächenden Verhängnisses diesem Priester weiter zu leben nicht gestattete. Die erschütternde Gestalt des schuldlosen Enkels von Friedrich auf dem Schaffot von Neapel, wie er die Hände zum Himmel rang, und dann betend niederkniete, um den Todesstreich zu empfangen, stand am Lager des sterbenden Papsts, und verfinsterte seine letzte Stunde.¹ Es schreckte ihn auch der Gedanke an einen brutalen und nun übermächtigen Sieger. Wenn er als Priester in dem Bewußtsein Genugthuung fand, daß dem Papsttum todtfeindliche Geschlecht vertilgt zu wissen, so mußte ihn doch die Vorstellung quälen, daß er den wahren Gewinn dieses Sieges in den Händen eines Tyrannen ließ, welcher König

Clemens IV.
† 29. Nov.
A. 1268.

¹ Man wird dies anzunehmen gestatten, wenn Villani glauben durfte, daß Clem. IV. den Sieg von Tagliacozzo in einer Vision sah. Amari, Vespro Sicil. l. c. 3. glaubt, daß der Papst den Tod Konradin's wollte. Ueber dessen Ende, Testament ꝛc. sehe man die bekannten Werke, zumal Jager's Gesch. Konrad's II., Nürnberg, 1787. Ein falscher Konradin scheint in Luceria aufgetreten zu sein; Notice sur un Manuscript de l'abbaye des Dunes par M. Kervyn de Lettenhove in den Mémoires de l'Académie de Bruxelles XXV. p. 16. Die Placentiner Annalen nennen ihn einen natürlichen Sohn Konrad's (p. 536).

von Sicilien, Senator von Rom, Vicar Tusciens, Schutzherr aller guelfischen Städte war, und voraussichtlich bald Gebieter Italiens und Bedränger der Kirche werden konnte.

Nach einer schnellen und stralenden Laufbahn, die eher einer Romanze, als der geschichtlichen Welt anzugehören scheint, schloß Konradin die Heldenreihe des Geschlechts der Hohenstaufen, und auch dessen langen und heißen Kampf wider das Papsttum und um den Besitz Italiens. Wenn das Loos dieses edeln Jünglings furchtbar und ungerecht war, so war doch der Spruch der Geschichte völlig reif: Deutschland sollte ferner nicht über Italien herrschen, das alte Reich der Ottonen und Franken nicht hergestellt werden. Hätte der Enkel Friedrichs II. Carl von Anjou überwunden, so würde er auch der Erneuerer von Zuständen und Kämpfen geworden sein, welche im Triebe der Völker kein Leben und kein Recht des Daseins mehr finden konnten. Ganz Deutschland empfand zwar bei seinem Falle den tiefsten Schmerz; doch es stand kein Fürst, noch Volk auf, ihn zu rächen.[1] Die schwäbische Dynastie war todt; Konradin das letzte Opfer des Princips ihrer Legitimität. Große Geschlechter stellen Systeme einer Zeit dar; doch sie fallen mit diesen, und keine priesterliche oder politische Macht vermochte je eine geschichtlich überwundene Legitimität zu erneuern. Kein größeres Geschlecht vertrat je ein größeres System, als die Hohenstaufen, in deren mehr als hundertjähriger Herrschaft der Principienkampf des Mittelalters seine entschiedenste Ent-

---

[1] De cujus morte tota dolet Germania; Ellenhardi Chron. M. Germ. XVII. 122. Conradinus iste pulcherrimus, ut Absalon, consilio papae ob invidiam Theutonici nominis — crudeliter decollatur: Annales breves Wormatienses, ibid. p. 76.

faltung und seine mächtigsten Charaktere gefunden hat. Der Krieg der beiden Systeme, der Kirche und des Reichs, die sich gegenseitig zerstörten, um die Bewegung des Geistes frei zu geben, war der Gipfel des Mittelalters, und auf ihm steht Konradin durch seinen tragischen Tod verklärt. Der Kampf der Hohenstaufen setzte sich, obwol diese große Dynastie selbst überwunden war, siegreich in anderen Processen zur Befreiung der Menschheit von der Uebermacht des Priester= tums fort, welche ohne die Thaten jenes Heldengeschlechts nicht möglich geworden wären. [1]

[1] Es überlebte die Hohenstaufen der Culturgeist, an dem sie mächtig gebildet hatten, das große Princip der Trennung der weltlichen und der geistlichen Macht, welches auf ihrer Fahne stand (es war und ist noch das wahrhafte ghibellinische Princip, um welches sich die ganze Ent= wicklung Europa's bis auf den heutigen Tag bewegt), und der Gedanke der politischen Monarchie, der mit jenem Princip genau zusammenhängt.

Viertes Capitel.

1. Langes und strenges Regiment Carl's durch seine Prosenatoren in Rom. Seine Münzen. Seine Ehrenbildsäule. Er kommt wieder nach Rom, 1271. Unschlüssigkeit der Cardinäle in Viterbo wegen der Papstwahl. Guido von Montfort ersticht den englischen Prinzen Heinrich. Wahl Gregor's X. Wahl Rudolf's von Habsburg. Ende des Interregnum.

Nachdem Carl die Empörung seines Königreichs im Blute erstickt hatte, war er der mächtigste Herr in Italien. Er konnte sich jetzt zu dem Gedanken erheben, die Halbinsel seinem Scepter zu unterwerfen, und selbst das griechische Reich zu erobern, wozu er längst den Plan gefaßt hatte. Auf dem Trone Friedrich's II. blieb er jedoch nur ein verhaßter Eroberer. Keine Gabe weiser Regierungskunst, kein großer Blick des Gesetzgebers war Carl von Anjou eigen; nur den Fluch seiner Tyrannei und einer langen Feudaldespotie hat er jenen Ländern zurückgelassen. Die Pläne seines Ehrgeizes scheiterten, wie jene der Hohenstaufen, an der Politik der Päpste, am Parteigeiste Italiens, und an dem lateinischen Nationalgefühl, welches sich nun gegen die gallische Fremdherrschaft erhob.

Carl I. regiert Rom durch Prosenatoren.

Die Stadt Rom regierte er zehn Jahre lang als Senator durch seine Vicare, Große seines Hofs, die er für unbestimmte Zeit auf das Capitol sandte, in Begleitung von Richtern und andern Beamten, den Statuten der Stadt gemäß. Die strenge Hand eines Gewalthabers war wolthätig;

die Achtung vor dem Gesetz wurde hergestellt; in Jahresfrist sah man zweihundert Räuber am Galgen hängen.[1] Die Münzen Rom's wurden fortan mit dem Namen Carl's versehen.[2] Sie und eine Bildsäule sind die einzigen Denkmäler seines Senats, des längsten überhaupt, den jemals ein Senator geführt hat. Im Saale des Senatorenpalasts auf dem Capitol sieht man noch die Marmorgestalt eines mittelaltrigen Königs unter Krone, auf einem mit Löwenköpfen geschmückten Sessel, das Scepter in der Hand, bekleidet mit einem römischen Gewande; das Haupt groß und stark; das Antlitz starr und ernst; die Nase sehr groß; die Züge nicht unschön, doch hart. Dies ist die Ehrenbildsäule Carl's von Anjou, welche ihm die Römer wahrscheinlich bald nach dem Siege über Konradin errichteten.[3]

[1] Saba IV. c. 17. Die Reihe der Prosenatoren nach Vitale: Jacob Cantelmi bis 1269. Petrus de Summarofo, 1270. Bernard de Baulio, 1271. Roger de S. Reverino, Marsengraf, 1272. Bernard de Raiano, 1272—1274. Pandulf de Fasanella, 1275. Wilh. de Barris, 1276. Johann de Fossames, Seneschall von Vermandois, 1277, bis Sept. 1278. Ich füge noch für 1274 hinzu: Nicolaaus de Riso regius in urbe vicarius, Instrum. im Archiv S. Silvestro in Capite, dat. A. 1274. Ind. II. m. Aprilia die XIX. Ferner für 1277: Henricus de Caprosia, ernannt am 12. Oct., worauf am 18. Dec. 1277 Johann de Fossames ernannt wird (Reg. Caroli I. 1278. D. n. 32. fol. 288. 291). Pandulf Fasanella war der bekannte Rebell gegen Friedrich II.; vor ihm schickte Carl Tommaso di Fasanella als Marschall nach Rom. Eine Grabschrift in Araceli sagt: Hic Jacet D. Thomasus D. Fasanella Olim Marescalcus Urbis Dni. Regis Karoli Tempore Dni. Comitis Rogerii D. Sco. Severino Vicarii. (Casimiro, p. 247 und Forcella Iscrizioni delle Chiese di Roma, I. 117.)

[2] CAROLVS REX SENATOR VRBIS. Abbild des Löwen mit einer Lilie darüber. Auf der andern Seite die gekrönte Roma mit der Umschrift ROMA. CAPVD. MVNDI. S. P. Q. R.

[3] Auf Münzen des Senats vom Ende Saec. XIII. sitzt auch die Roma auf einem Sessel, dessen Lehnen Löwenköpfe verzieren.

Carl I. in Rom, März A. 1271.

Carl kam wieder nach Rom im März 1271. Es begleitete ihn sein Neffe Philipp, jetzt König von Frankreich, da sein berühmter Vater Ludwig der Heilige auf dem Kreuzzuge vor Tunis gestorben war. Carl zog auf das Capitol, wo der tapfre Ritter Bertrand de Balzo für ihn den Senat verwaltete. Die römischen Ghibellinen, die noch eine Zeit lang unter Angelus Capocci einen Bandenkrieg fortgesetzt, und die Prosenatoren des Königs befeindet hatten, waren nun niedergedrückt. Ihre Festungen in der Stadt hatte bereits Jacob Cantelmi den Guelfen zur Zerstörung überlassen, und so waren die Arpacata auf Campo di Fiore, und die Türme des Petrus de Vico in Trastevere geschleift worden. Carl hielt es für passend, einige Häupter unter den Anhängern Konradin's zu amnestiren, während er Verordnungen erließ, römischen Guelfen den Schaden zu ersetzen, den sie zur Zeit des Senators Heinrich erlitten hatten.[1]

Dringende Angelegenheiten riefen ihn nach Viterbo, weniger weil die Reste der Ghibellinen in Toscana noch gefährlich waren, als um der Wahl des neuen Papstes willen. Denn nach dem Tode von Clemens IV. konnten die in jener Stadt versammelten Cardinäle nicht einig werden; der Einfluß der von Carl abhängigen fand sein Gegengewicht an patriotisch gesinnten, und alle fühlten die Größe ihrer Pflicht,

---

[1] Auf Bitten des Carb. Richard Anibaldi amnestirte er dessen Neffen Ricardellus, welcher Ariano unter dem Algidus an sich gerissen hatte. Saba Malasp. p. 864. — Einige Erlasse über Schadenersatz vom 11. bis 17. April aus Rom, im Reg. 1271. B. n. 10. fol. 159 sq. Carl batirt am 8. März 1271 aus Rom, am 17. März aus Viterbo. Anfangs April war er wieder in Rom, wo er bis gegen den 20. April blieb. Am 21. batirt er von Sculcola; gern nahm er den Weg über das Conradinische Schlachtfeld zurück, wo er ein Kloster baute.

einen Papst für eine neue Epoche zu schaffen. Sie waren 17 an der Zahl. Elf unter ihnen verlangten einen italienischen Papst und durch diesen die Wiederherstellung des noch immer vacanten Reichs; die übrigen wollten einen Franzosen erheben. Ihre Versammlungen fanden unter beständigem Tumult der Bürger Viterbo's statt, welche sogar das Dach des erzbischöflichen Palasts abdeckten, um die dort befindlichen Wahlherren zur Entscheidung zu zwingen.¹ Die fast dreijährige Vacanz des heiligen Stuls in derselben Zeit, als auch das Reich unbesetzt blieb, war das Zeugniß der tiefen Erschöpfung des Papsttums in einer geschichtlichen Krisis. Carl kam nun als Advocat der Kirche, die Wahl zu beschleunigen, oder vielmehr sie nach seinem Sinne zu lenken; jedoch er machte keinen Eindruck auf die Cardinäle. Dagegen schien eine frevelvolle That, die unter ihren Augen begangen wurde, die Kirche zu strafen, weil sie ohne Haupt sei. Mit Carl war in Viterbo der junge Heinrich, Sohn Richard's von Cornwall, von Tunis heimkehrend; Guido von Montfort, Carls Statthalter in Toscana, befand sich gleichfalls in jener Stadt.² Der Anblick des englischen Prinzen setzte diesen wilden Krieger in Wut, und trieb ihn, Blutrache an dem königlichen Hause Englands zu nehmen, durch welches einst sein großer Vater Simon von Leicester und Montfort

Conclave in Viterbo.

---

¹ Brief bei Bussi p. 411, woher die Cardinäle datiren: Viterbii in Palatio discooperto Episcopatus Viterbiensis, VII. Id. Junii A. 1270. Ap. Sed. Vac.

² Guido war Vicar in Toscana seit 1270. Am 23. März 1270 schreibt Carl aus Capua an den Prosenator Petrus de Summaroso, daß er Guido in dieser Eigenschaft nach Tuscien schicke; er möge ihn beim Durchzug durchs Römische vor den Nachstellungen des Angelus Capocci sichern. Reg. Caroli 1269. D. fol. 248.

im Schlachtenkampf getödtet, und im Tode geschändet worden war. Er erstach den schuldlosen Heinrich am Altar einer Kirche, schleifte die Leiche an den Haaren fort, und warf sie auf die Kirchentreppe nieder.[1] Den gräßlichen Mord, begangen im Angesicht der Cardinäle, des Königs von Sicilien, des Königs von Frankreich, strafte niemand; der Mörder floh zu seinem Schwiegervater, dem Grafen Rosso vom Haus Aldobrandi nach Soana. Der Proceß, welcher spät eingeleitet wurde, war mild und schonend; denn Guido von Montfort war einer der größesten Capitäne Carl's, sein bestes Werkzeug zum Sturze des hohenstaufischen Trons. Seine Dienste hatte der Eroberer durch schöne Lehen im Königreiche belohnt, wo er ihm die Grafschaft Nola, Cicala, Forino, Atropaldo und Montforte erblich verliehen hatte.[2] Guido wird übrigens geschildert als ein Mann von hohem Sinn, von großem Talent, und sogar von großer Rechtlichkeit; und diese Eigenschaften konnten neben jener unzähmbaren Wildheit der Leidenschaft bestehen, welche den Charakteren des Mittelalters eigen war. Eine Frevelthat, wie die seinige, erschien in jener Zeit keineswegs so grell, wie am heutigen Tag; ein Mord aus Blutrache galt keineswegs für schimpflich, und die damaligen Menschen, welche bis auf den Tod hassen konnten, vermochten auch bis auf den Tod zu verzeihen. Zwölf Jahre nach einer Mordthat, die heute den

---

[1] Der Mord geschah kurz vor dem 13. März 1271, denn am 13. zeigt Carl aus Viterbo allen von Guido in Toscana eingesetzten Beamten an, daß er Heinrich Graf von Vaudemont und Ariano zum Generalvicar in Tuscien ernannt habe amoto exinde Guidone de Monteforti suis culpis exigentibus. Reg. Caroli I. 1271. B. n. 10.

[2] Liber Donationum 1269. n. 7. fol. 93; Staatsarchiv Neapel. Carl begnügte sich, dem Mörder seine Lehen einzuziehen.

Thäter, und wenn er ein König wäre, aus der menschlichen Gesellschaft unfehlbar ausstoßen würde, nannte denselben Guido von Montfort ein Papst wieder seinen geliebten Sohn, und erhob ihn zum General im Dienst der Kirche.[1]

Vielleicht erweckte jener Frevel die Cardinäle aus ihrer Lethargie; denn am 1. September 1271 gaben sie, durch die Beredsamkeit des großen Franciscaners Bonaventura angeregt, sechs Wahlherren aus ihrer Mitte Vollmacht, den Papst zu machen. Aus diesem Compromiß ging zum tiefen Leidwesen Carl's ein Italiener hervor, Thebald vom Haus der Visconti in Piacenza, Sohn Uberto's, Neffe des Erzbischofs Otto Visconti von Mailand, ein ruhiger und edler Mann, in den weltlichen Geschäften der Kirche erfahren, doch ohne gelehrte Bildung. Die Wahl eines Clerikers von nicht öffentlichen Verdiensten, der nicht Cardinal, nicht Bischof, nur Archidiaconus von Lüttich war, und sich außerdem noch im Orient befand, bewies entweder, daß den Cardinälen

Gregor X. Papst, A. 1271 bis 1276.

---

[1] Dil. filio nob. viro Guidoni de Monteforti Capitaneo exercitus Rom. Ecclesiae, so schreibt Martin IV. Der Fortsetzer des Math. Paris sagt einfach: occiditur in ultionem viriliter paternae mortis (p. 678. Ed. Paris 1644). Benvenuto von Jmola Commentar. p. 1050 nennt ihn vir alti cordis — magnae probitatis. Erst als Prinz Eduard A. 1273 vom Kreuzzug über Italien heimkehrte, bannte der Papst Guido und setzte ihn in eine Burg. Raynald (A. 1273 n. 43) schämte sich nicht, Guido als herrliches Beispiel zu preisen, weil er sich nämlich der Kirchenstrafe unterzog: sprevitque generose corporis servitutem, ut animum e vinculis anathematis vindicaret. Qua in re praeclarum habet demissionis Christianae ac formidandarum ecclesiasticarum censurarum posteritas exemplum, a quo plures aetatis nostrae principes desciverc. Man sieht, was für diese Moral die Hauptsache ist, und jeder edel gesinnte Leser wird sich verächtlich davon abwenden. Der gerechte Dante sah die Seele Guido's in der Hölle: colui fesse in grembo di Dio Lo cor che in sul Tamigi ancor si cola (Inferno XII).

die unabhängige Gesinnung Thebald's bekannt war, oder daß sie aus Ratlosigkeit ihre Stimmen einem indifferenten Papste gaben. Boten eilten mit dem Wahldecret über Meer nach Accon in Syrien, wo sich der Gewählte beim englischen Kreuzfahrer Eduard aufhielt, und der Archidiaconus von Lüttich sah mit hohem Erstaunen, welches glänzende Loos ihm im Abendlande zugefallen war.

Er landete am 1. Januar 1272 im Hafen zu Brindisi; in Benevent empfing ihn Carl mit höchsten Ehren, und gab ihm weiter das Geleit; eine feierliche Gesandschaft der Römer begrüßte ihn an der Lirisbrücke bei Ceperano; aber er lehnte ihr Gesuch ab, nach Rom zu kommen, eilte unaufgehalten nach Viterbo, und kam erst von dort nach der Stadt. Am 13. März hielt er hier seinen festlichen Einzug, geleitet vom Könige Carl: ein Schauspiel, welches für die Römer neu geworden war. Denn zwei Päpste, Thebald's Vorgänger, waren auf den heiligen Stul und von ihm in's Grab gestiegen, ohne jemals Rom betreten, oder am Apostelgrabe ihr Gebet verrichtet zu haben. Nun wurde durch einen italienischen Papst das Papsttum wieder in seinen Sitz zurückgeführt. Am 27. März empfing Thebald Visconti im S. Peter die Weihe, und bestieg als Gregor X. den heiligen Stul.[1]

Der neue Papst übernahm keine verworrene Hinterlassenschaft von seinen Vorgängern, sondern glücklicher als sie, mit einem vollendeten Zustand eine neue Welt. Nach Päpsten, welche mörderische Kriege geführt und zahllose Bannstralen unter die Könige und Völker geschleudert hatten, konnte wieder ein Priester auf die Stufen des Hochaltars treten und

---

[1] Seine erste Encyklika datirt vom 29. März aus Rom.

seine unbefleckte Hand zum Segen über der Welt erheben.
Gregor X. war sich einer großen Aufgabe ganz bewußt, und
die Handlungen dieses edeln Mannes waren in der That,
so viel er vermochte, die eines Versöhners und Friedens=
fürsten. Der Kampf mit dem Reiche war ausgekämpft; die
Kämpfer lagen todt; der letzte noch lebende Sohn Fried=
rich's II., der beklagenswerte König Enzius starb gerade da= *König Enzius*
mals in seinem Gefängniß zu Bologna, am 14. März 1272, †14. März A. 1272.
einen Tag nach dem Einzuge des neuen Papsts in Rom;
die Seinigen, wie die Welt hatten ihn vergessen, und an
seinem traurigen Geiste waren in ewiger Einsamkeit nach und
nach die königlichen Schatten aller Hohenstaufen vorüberge=
zogen, die er, der lebendig Begrabene, überleben mußte.[1]
In kurzer Zeit starb mancher Monarch, der in der jüngst
vergangenen Epoche hervorgeragt hatte: Ludwig der Heilige,
Richard von Cornwall, Heinrich III. von England traten
vom Schauplatz der Geschichte ab. Neue Könige bestiegen
ihre Trone; ein neuer Zustand richtete sich in der geistloser
und nüchterner gewordenen Welt ein. Als nun Gregor X.
das Papsttum übernahm, fand er das Ziel seiner Vorgänger
durchaus erreicht: der Kirchenstaat war hergestellt, Sicilien
wieder ein päpstliches Lehen unter einer neuen Dynastie;
das hohenstaufische Princip überwunden; der Grundgedanke
des Papsttums, die geistliche und richterliche Universalgewalt
erschien als die reife Frucht des großen Sieges.

Aber die schwindelnde Höhe, auf welche die Grundsätze
Innocenz' III. und seiner Nachfolger das Papsttum hinauf=
getrieben hatten, war über der Natur menschlicher Dinge,

[1] Er war erst 47 Jahre alt. Man begrub ihn mit königlichen Ehren.
Sein Epitaph zu Bologna ist modern.

künstlich und unhaltbar. Gregor X. sah sich im Beginne seines Pontificats völlig allein; kein Freund unter den Mächtigen der Welt stand neben ihm; sein Blick fiel nur auf das kalte und habgierige Gesicht Carl's von Anjou, der sich an den heiligen Stul gedrängt hatte, nicht als ein dienstbarer Vasall, sondern als ein lästiger Patricius und Protector. Von den beiden Mächten, auf denen die christliche Welt, das sichtbare Reich Gottes, geruht hatte, war die eine zerstört; die tiefe Lücke in der kosmischen Ordnung mußte ausgefüllt, das Reich wieder aufgerichtet werden, denn ohne dies fühlte sich die Kirche haltlos und unpraktisch. Nur ein Kaiser konnte, nach den Begriffen der Zeit, der neuen Gestalt Italiens, dem neuen Zustande, dem neuen Kirchenstaat durch ein feierliches Concordat staatsrechtliche Gewähr erteilen. Das durch die Päpste beleidigte Deutschland, der ghibellinische Geist, die politische Welt überhaupt waren durch die Päpste zu versöhnen, indem sie jenes alte heilige Reich wiederherstellten, für welches die Kirche selbst eine unauslöschliche Sympathie empfand.

Der Versuch, die Krone der Schwaben ausländischen Fürsten zu übertragen, scheiterte an den legitimen Ansprüchen Deutschlands, und an dessen wieder erwachendem Nationalgefühl. Alfons von Castilien hoffte zwar nach dem Tode Richard's (am 2. April 1272) die Kaiserkrone zu gewinnen, die er vom Papst forderte; doch Gregor X. lehnte seine Ansprüche als unbegründet ab.[1] Der Spanier, welcher Deutschland nie betreten hatte, besaß dort keinen Anhang; die Fürsten nahmen keine Rücksicht auf ihn, sondern wählten nach län-

---

[1] Brief an ihn, Orvieto, 16. Sept. 1272; Rahnald n. 33.

gerem Schwanken, unter der Führung des Erzbischofs Werner von Mainz in Frankfurt am 29. September 1273 den Grafen Rudolf von Habsburg zum Könige der Römer. Ihre Wahl war einstimmig, mit Ausnahme des Einspruchs des Böhmenkönigs Ottocar; sie war fleckenlos und unerkauft, denn Rudolf hatte nicht nach der Krone gestrebt, nicht einmal sie in seinen kühnsten Träumen erhofft.[1] Nach zweiundzwanzig öden Jahren des Interregnum fand demnach das Reich wieder ein anerkanntes Oberhaupt.

Rudolf von Habsburg glänzt in der Geschichte als Erneuerer des Reichs, als Wiederhersteller der Ordnung in dem tief zerrütteten Deutschland, als Mann des Friedens und des Rechts, als Gründer einer berühmten und langedauernden Dynastie. In seiner ritterlichen Jugend (er war am 1. Mai 1218 geboren, und von Friedrich II. selbst über die Taufe gehalten worden) hatte er unter den staufischen Fahnen gedient, und in den Kämpfen des großen Kaisers wie Konrad's IV. sich bemerklich gemacht, doch zu seinem eignen Glücke nicht in hervortretender Gestalt. Wenn er bisher aus persönlicher Ueberzeugung den staufischen Grundsätzen gehuldigt hatte, so entsagte er ihnen sofort, als er den deutschen und römischen Tron bestieg. Ein Neuling ohne Erbrecht, ohne Ahnen, ein Geschöpf der Fürstenwahl und der bischöflichen Gunst, glich er in durchaus neuen Zuständen völlig dem neuen Papst. Sein Beruf vereinigte sich mit wirklicher Tugend, und machte ihn, einen prosaisch nüchternen Menschen ohne Genie, zu einem guten und glücklichen Fürsten.

[1] Formidavimus conscendere tante speculam dignitatis, quodam nimirum attoniti tremore et stupore; so schreibt Rudolf im Oct. 1273 dem Papst. Mon. Germ. IV. 383.

Seine Wahl zeigte er Gregor X. in einem Briefe an, in welchem sich das veränderte Wesen deutlich abspiegelte. Würde ein erwählter König vom Schwabenhause einem Papst geschrieben haben, wie Rudolf von Habsburg schrieb?: „ich ankere meine Hoffnung fest in Euch, und ich stürze zu den Füßen Eurer Heiligkeit nieder, flehentlich bittend, Ihr möget mir in meiner übernommenen Pflicht mit wolwollender Gunst beistehen, und das kaiserliche Diadem mir huldvoll zuerteilen."¹ So ganz waren die Ansprüche, die Grundsätze und auch die Rechte des alten germanischen Kaisertums nun dem Papste hingegeben. Am 24. October wurde Rudolf von Habsburg zu Aachen gekrönt. Wenn der Phantasie jener Zeit die lange Vacanz des Reichs wie eine schreckliche moralische Finsterniß erschienen war, so wich sie jetzt von der Welt, als Rudolf auf dem Tron der Kaiser sich niederließ, nachdem zuvor auch der päpstliche Stul besetzt worden war; die beiden Weltlichter, Sonne und Mond, bewegten sich wieder stralend in ihren Sphären. Mit solchem Gleichniß begann der Erzbischof von Cöln seinen Brief an den Papst, ihm die Krönung des Habsburgers anzuzeigen, dessen streng katholische Gesinnung und königliche Tugenden er pries, und um dessen Anerkennung und Kaiserkrönung zur geeigneten Zeit er bat.² Rudolf

Versöhnung zwischen Papstthum und Kaisertum.

---

¹ In vobis anchora spei nostre totaliter collocata, sanctitatis vestre pedibus provolvimur, supplicando rogantes ... Placeat vestre, quaesumus, sanctitati. nos imperialis fastigii diademate gratiosius insignire. Obiger Brief. Siehe auch die demutsvollen Schreiben von 1274 und 1275 (Cenni Monum. II. 320 und 342). Rudolf gebrauchte zuerst die Formel pedum oscula beatorum, gleich dem sicilischen Vasallkönig und dem bettelhaften Exkaiser Balduin; die frühere Ergebenheitsformel der Kaiser war nur filialem dilectionem et debitam in Christo reverentiam.

² Brief Engelbert's vom 24. Oct. 1273; Mon. Germ IV. 393.

konnte ihrer sicher sein; denn Gregor X. bemühte sich aufrichtig um die Befestigung eines neuen Herrschers im Reich, der in den Augen der Kirche unverdächtig war, und ihr geeignet erschien, den Frieden herzustellen, während seine Erhebung zugleich dem ehrgeizigen Streben Carl's von Neapel die gewünschte Schranke setzte. Denn Gregor X. war der erste Papst, welcher die übermäßige Macht dieses Vasallkönigs dämpfte; dies that er mit überlegener Ruhe, ohne gewaltsame Mittel.

2. Gregor X. reist nach Lyon. Die Guelfen und Ghibellinen in Florenz. Concil zu Lyon. Gregor X. erläßt das Gesetz vom Conclave. Diplom Rudolf's zu Gunsten der Kirche. Ansichten Gregor's X. über das Verhältniß der Kirche zum Reich. Privilegien von Lausanne. Gregor X. in Florenz. Er stirbt. Innocenz V. Hadrian V. Johann XXI.

Ein Concil in Lyon hatte die Welt in Brand gesetzt und den Sturz des Reichs entschieden; ein Concil in Lyon sollte der Welt den Frieden, dem Reiche das Haupt wiedergeben, und die Christenheit endlich zu einem großen Kreuzzuge vereinigen. Gregor X. schrieb eine allgemeine Kirchenversammlung aus; noch im Wahne des Mittelalters befangen, daß es die Aufgabe Europa's sei, Jerusalem zu befreien, widmete der treffliche Papst seine lebhafteste Thätigkeit dem Orient, aus welchem er selbst auf den heiligen Stul gekommen war. Der Plan eines Kreuzzuges füllte seine ganze Seele aus, wie einst die von Honorius III. Er war daher der wesentliche Zweck des Concils von Lyon.

Von Orvieto, wohin er schon im Sommer 1272 seine Residenz aus Rom verlegt hatte, reiste Gregor, in Begleitung des Senators und Königs Carl, im Frühlinge 1273 dorthin

456   Zehntes Buch. Viertes Capitel.

Gregor X. in Florenz. A. 1273. ab.[1] Am 18. Juni traf er in Florenz ein: er kam als Friedenstifter; denn seine unabläſſige Sorge war es, die Guelfen und Ghibellinen in ganz Italien zu verſöhnen, was ihm indeß nicht gelang. Die Parteifurie blieb die dämoniſche Krankheit, der männliche Kraftausbruck, und der ſchöpferiſche Lebensgeiſt zweier Jahrhunderte, ſo ſchrecklich wie groß, und von einer immer ſanfter gearteten Cultur nicht mehr recht zu begreifen. Ihre wilde Leidenſchaft, ererbt und politiſche Religion geworden, zerriß und begeiſterte alle Städte Liguriens, der Lombardei, Toscana's und der Marken. Kaum hatte nun Gregor X. einen öffentlichen Verſöhnungsact in Florenz vollzogen, ſo brach die Flamme mit neuer Wut hervor, und er verließ die Stadt der Guelfen und Ghibellinen voll Zorn, die Bannbulle in der Hand. Er reiste weiter über Reggio, Mailand und Piemont nach Lyon, wo er im November eintraf.

Das Concil von Lyon, 7. Mai bis 17. Juli A. 1274. Das große Concil wurde am 7. Mai 1274 eröffnet, und dauerte bis zum 17. Juli. Gregor hatte die Genugthuung, die griechiſche Kirche zur Union mit Rom ſich bekennen zu hören, was er den beredten Bemühungen des heiligen Bonaventura, Cardinals von Albano, verdankte, der indeß noch vor dem Schluſſe des Concils ſtarb. Die Kaiſer von Byzanz wiederholten ſeither dies eitle Schauſpiel, ſo

---

[1] Von Orvieto, 11. Juli 1272, datirt ſein Breve, worin er ſeinem Neffen, Vicecomes de Vicecomitibus, Rector des Patrimonium, das Regiment Tobis überträgt (Archiv S. Fortunatus v. Tobi, Reg. Vet. fol. 68). Von Orvieto befahl er am 23. Juli 1272 ſeinem Vicar Rayner in Rom, Terracina, Piperno, Sezza und Aquaputrida gegen den Proſenator zu ſchützen, der dort Abgaben und Beſchickung der Spiele forderte (certam comitivam ad Urbem transmitterent causa Ludi de Testacio vulgariter nuncupati, qui in dicta Urbe annis singulis exercetur). Pergament mit Bleibulle, Archiv Gaetani, XLV. n. 6.

oft sie der Unterstützung des Occidents bedurften; der Zweck und die Folge jener in Lyon dargebotenen Union war aber für den klugen Paleologus seine Anerkennung durch das Abendland, und so sah Carl von Anjou mit Unwillen seinen ehrgeizigen Plänen zur Eroberung Griechenlands durch den vorsichtigen Papst Halt gebieten.

Ein berühmtes in Lyon erlassenes Decret bestimmte zum ersten Mal die strenge Form des Conclaves bei der Papstwahl. Nach des Papstes Tode sollten die Cardinäle nur zehn Tage lang ihre abwesenden Brüder in der Stadt erwarten dürfen, wo er gestorben war; dann im Palast des Verstorbenen jeder nur mit einem Diener sich versammeln, und gemeinschaftlich dasselbe Zimmer bewohnen, dessen Ein- und Ausgang zu vermauern sei, bis auf ein Fenster zum Einreichen von Speisen. War nach drei Tagen der Papst nicht gewählt, so sollte den Cardinälen in den fünf folgenden nur je eine Schüssel zu Mittag und Abend gegeben werden, worauf sie endlich auf Wein, Brod und Wasser beschränkt wurden. Jeder Verkehr mit der Außenwelt ward unter Strafe der Excommunication untersagt. Die Einschließung der Cardinäle, wie die Ueberwachung des Conclave wurde den weltlichen Gewalthabern der Stadt zuerkannt, in welcher die Wahl geschah, aber ein feierlicher Eid vor dem Clerus und dem Volksparlament verpflichtete diese Behörden zur arglosen Handhabung ihres wichtigen Amts, unter Strafe des auf sie und ihre ganze Stadt zu legenden Interdicts im Falle des Treubruchs. Wenn die Papstwahl, wie die Kirche behauptet, durch himmlische Eingebung geschieht, so mögen Hunger und Durst als seltsame Mittel erscheinen, um den heiligen Geist auf streitende und verschmachtende

Das Conclave, Gesetz Gregor's X.

Cardinäle herabzuziehen. Ungläubige mochten staunen, daß der Oberpriester der Religion von wenigen hadernden Greisen gewählt wurde, welche man in ein Gemach ohne Licht und Luft wie Gefangene eingemauert hatte, während die Magistrate der Stadt mit ihren Milizen Tag und Nacht die Zugänge bewachten, und das aufgeregte Volk den Palast umlagerte, um den Augenblick zu erwarten, wo die Mauer fiel, und um sich vor einem Unbekannten auf die Knice zu werfen, welcher mit zum Segen erhobener Hand aus dem Conclave weinend oder freudestralend hervortrat. Die Wiege des Papsts war ein Gefängniß, und er stieg aus ihm mit einem Schritte auf den Tron der Welt. Die Wahlform des Oberhaupts der Religion, so abweichend von aller andern Weise Regenten zu erwählen, ist wunderbar, wie alles Wesen in der mittelaltrigen Kirche; man bemerke außerdem, in welche fremde Gestalt sich der päpstliche Wahlact überhaupt im Lauf der Zeiten verwandelt hatte.

Die berühmte Constitution Gregor's X. war die Folge des drei Jahre langen Haders vor seiner eigenen Wahl. Aber die Strenge des Conclaves erschien und war oft wirklich unerträglich; die Cardinäle unterwarfen sich nur mit Sträuben einem Gesetz, welches sie der brutalen Mißhandlung von Stadttyrannen und Magistraten Preis geben konnte. Einer der nächsten Nachfolger Gregor's hob das Decret auf, doch es wurde sofort erneuert, und steht noch heute im Wesentlichen fest. Das Conclave hat zum Princip, die Unabhängigkeit der Wahl zu sichern, und sie sogar durch physischen Zwang zu beschleunigen. Die Geschichte der Papstwahlen mag die Frage beantworten: ob je auch die dichtesten Wände eines Conclave dicht genug waren, um dem Einfluß der

Außenwelt unzugänglich zu sein, und den Geistern der List, der Bestechung, der Furcht, des Hasses, des parteiischen Wolwollens, des Egoismus und anderer Leidenschaften zu widerstehen, welche in feste Mauern einzubringen pflegen, so ungehindert wie das mythische Gold in den Turm der Danae.¹

Auf dem Concil erschienen Gesandte des Königs von Castilien, und wurden abgewiesen; Boten Rudolfs von Habsburg, und wurden ehrenvoll empfangen. Sein Kanzler bestätigte in seinem Namen der Kirche die Diplome früherer Kaiser, namentlich die von Otto IV. und Friedrich II. ausgestellten Urkunden, denen ihrem ganzen Inhalte nach die feierliche Anerkennung durch die neue Reichsgewalt zugesichert wurde; er bestätigte den Kirchenstaat; er verzichtete auf die alten imperatorischen Rechte, auf jede Würde oder Gewalt in den Landen S. Peter's und in Rom; er begab sich jedes Anspruchs auf Sicilien und jeder Rache an Carl, den er als päpstlichen Lehnkönig in jenem vom Reich für immer getrennten Lande anerkennen wollte. Er amnestirte alle Freunde der Kirche, die Feinde von Friedrich II. und dessen Erben; er erklärte sich bereit, seine Zusagen wo und wann Gregor es verlangte zu beschwören, und auch die Fürsten Deutschlands darauf zu verpflichten. Denn dies begehrte der Papst: das ganze Reich sollte jene Privilegien Otto's und Friedrich's als unumstößlich anerkennen, und so für immer der Umsturz des Kirchenstaats durch die Willkür einzelner Kaiser verhütet

Rudolf von Habsburg verzichtet auf die Kaiserrechte in Rom und dem Kirchenstaat.

¹ Die Constitution Gregor's X. ist abgedruckt im Ceremoniale continens ritus Electionis Rom. Pont. Gregorii P. XV. jussu editum, Rom, 1724, p. 6. Sie folgt auf die bekannten Constitutionen von Nicolaus II. A. 1059, und von Alexander III. A. 1180 (unum conclave, nullo intermedio pariete seu alio velamine, omnes habitent in communi; quod — claudatur undique . . .)

werden. Rudolf, des Papsts bedürftig, welcher starke Feinde, Ottocar von Böhmen und Carl von Sicilien gegen ihn bewaffnen konnte, bewilligte ohne jede andere Rücksicht auf das Reich die Forderung des Papsts; und er war weit entfernt von den Absichten und Irrtümern seiner Vorgänger, welche die von ihnen selbst vertragsmäßig abgetretenen alten Kaiserrechte wieder zu einem Reichsdogma erhoben, und dadurch ihren Untergang gefunden hatten.

Er wird vom Papst als König der Römer anerkannt.

Gregor X. anerkannte hierauf den Habsburger als König der Römer.[1] Er zeigte lebhaftere Ungeduld ihn zum Kaiser zu krönen, als dieser die Romfahrt anzutreten. Ein völlig zufrieden gestellter Papst erinnerte sich wieder der wolthätigen Wechselbeziehung beider Gewalten der Kirche und des Reichs, dieser feindlichen Geschwister, welche ein geheimer sympathischer Zug an einander gefesselt hielt; er sprach nicht mehr in mystischen Gleichnissen von Sonne und Mond, sondern erkannte als ein praktischer Mann, daß die Kirche im Geistlichen, das Reich im Weltlichen die höchste Autorität sei. „Ihr Amt," so sagte er, „ist verschiedener Art, aber derselbe Endzweck vereinigt sie unauflöslich. Daß ihre Einheit eine Notwendigkeit sei, lehrt das Unheil, welches entsteht, wenn eines dem andern fehlt. Wenn der heilige Stul vacant ist, so mangelt dem Reich der Verwalter des Heils; wenn der Tron des Kaisers leer ist, so bleibt die Kirche schutzlos ihren Verfolgern Preis gegeben. Kaisern und Königen liegt es ob, die Freiheiten und Rechte der Kirche zu

[1] Die Lyoner Acten vom 6. Juni 1274 in Mon. Germ. IV. 394, und mit den eingeschalteten Diplomen Friedrich's II. bei Theiner I. n. 330. Briefe des Papsts an Rudolf und die Reichsfürsten, ibid. n. 332. Die öffentliche Anerkennung Rudolf's sprach Gregor X. am 26. Sept. aus. Der Papst war eifrig für ihn bemüht.

schützen und ihr das zeitliche Gut nicht zu entziehn; den Regierern der Kirche ist es Pflicht, die Könige in der vollen Integrität ihrer Gewalt zu erhalten."¹ Nach den überschwänglichen Declamationen eines Gregor's IX. und Innocenz IV., welche in den Päpsten nur die alleinberechtigten Herrscher des Erdkreises, in den Königen nur die Geschöpfe ihrer Investitur hatten sehen wollen, ist es sehr erfreulich, die Stimme ruhiger Vernunft im Munde Gregor's X. zu hören. Das Papstthum hatte freilich erreicht, was es wollte. Nicht nur der ohnmächtige Kaiser, sondern auch alle Wahlfürsten Deutschlands bekannten sich jetzt zu den Grundsätzen von Innocenz III., indem sie ohne weitere Bedenken erklärten, daß der Kaiser die Investitur seiner Gewalt vom Papst erhalte, auf dessen Wink er das weltliche Schwert zu gebrauchen habe.² Gregor X. schloß daher Frieden mit einem Reich, welches kein Reich mehr war, aber das priesterliche Ideal, welches er von der friedlichen Wechselbeziehung beider Gewalten aufstellte, blieb trotz des Sieges der Papstidee glücklicherweise nur ein dog-

Das Reich anerkennt die Oberhoheit des Papsts

---

¹ Sacerdotium et Imperium non multo differre merito sapientia civilis asseruit, si quidem illa, tamquam maxima dona Dei a celesti collata clementia, principii conjungit idemptitas — alterum videlicet spiritualibus ministret, reliquum vero presit humanis — — qui ecclesiarum gubernacula gerunt, summa esse cura solliciti, omni debent ope satagere, ut Reges ceterique catholici Principes debite polleant integritate potentie, status sui plenitudine integrentur ... dat. Lyon, 15. Febr. 1275. Theiner I. n. 336. In demselben Brief ladet er Rudolf zur Krönung zum 1. Nov. Am selben Tage fordert er ihn auf, zum Mai ein Heer nach der Lombardei zu senden. Ibid. n. 338. 339.

² Sie selbst nennen den Papst luminare majus, den Kaiser luminare minus — hic est qui materialem gladium ad ipsius nutum excutit et convertit. Bestätigung des Diploms von Rudolf im Sept. 1279. Mon. Germ. IV. 421.

matischer Traum, den das immer freier werdende Bewußtsein der Völker und Staaten zerstörte.

Von Lyon heimreisend traf der Papst den König von Castilien im Juni 1275 zu Beaucaire, worauf Alfons nach langem Sträuben seinen Ansprüchen entsagte. Mit Rudolf kam Gregor in Lausanne zusammen, und hier erneuerte der König der Römer am 20. und 21. October seine Lyoner Zusagen, während zugleich die Vermälung seiner Tochter Clementia mit Carl Martell, dem Enkel Carl's von Anjou, beraten wurde.[1] Der Abschluß des Friedens mit dem Reich sollte durch feierliche Acte vor der Kaiserkrönung in Rom vollzogen werden, und diese selbst wurde auf den 2. Februar 1276 festgesetzt. Die Diplome Rudolf's wiederholten oder bestätigten nur jene von Otto IV. und Friedrich II.; wenn nun ihre Anerkennung die einzige Frucht vernichtender Kämpfe eines halben Jahrhunderts gewesen wäre, so würde nichts die Ohnmacht oder die Torheit des Menschengeschlechts lauter verklagen: jedoch mit den Resultaten des Hohenstaufenkampfs verhält es sich, wie mit jenen des Streites um die Investitur; sie waren andere und geistigere, als in den Pergamenten verzeichnet standen.

Gregor X. ging befriedigt nach Italien zurück, wo er das neue Haupt des Reichs, als dessen wahrhafter Wiederhersteller bald zu krönen hoffte. Am 18. December traf er vor Florenz ein. Weil diese Stadt im Interdict war, so durfte sie der Papst nicht betreten; aber der unwegbar gewordne Arno zwang ihn dazu und er sah sich genötigt, Florenz für so

---

[1] Die Acten von Lausanne Ego Rodulphus — und Ab eo solo, per quem reges regnant, in Mon. Germ. IV. 403. Rudolf gebraucht hier mit großer Deferenz den Ausdruck Beneficia, der zur Zeit Barbarossa's so großen Sturm verursacht hatte.

lange, als er dort verweilte, zu absolviren; er segnete das herzuströmende Volk, er zog wie Sonnenschein durch die Stadt, doch sobald er ihr Tor verlassen hatte, erhob er seine Hand wieder zum Fluch und schleuderte die Florentiner in die Finsterniß zurück — eine seltsame Scene, echtester Geist des Mittelalters. In Arezzo angelangt, erkrankte der Papst, und starb zum Unglück des heiligen Stuls schon am 10. Januar 1276. Der Pontificat des edeln Gregor X. war kurz, glücklich und inhaltreich gewesen; er glänzt als ein Titus in seiner Zeit. Obwol er das Concordat mit dem Reiche nicht völlig hatte abschließen können, so war doch die praktische Einleitung dazu getroffen worden. Ein reiner Erfolg hatte eine reine Thätigkeit belohnt.

Jedermann beklagte den Verlust eines der trefflichsten aller Päpste, nur nicht der mißgestimmte König Carl. Er bemühte sich, die Wahl eines ihm willfährigen Papsts durchzusetzen, und erreichte auch seine Absichten zum Teil, obwol die drei unbedeutenden Nachfolger Gregor's X. schnell nach einander starben. Am 21. Januar 1276 wurde zu Arezzo ein Franzose von Geburt gewählt, Petrus von Tarantasia in Savoyen, Erzbischof von Lyon, und seit 1275 Cardinalbischof von Ostia, der erste Dominicaner, welcher Papst wurde. Er eilte nach Rom, wo er als Innocenz V. am 23. Februar die Weihe empfing. Ein williger Diener Carl's bestätigte er diesen sofort im Senat, und sogar im Reichsvicariat von Toscana, was Rudolf von Habsburg verletzte. Dem so glücklich begonnenen Friedenswerke Gregor's X. drohte Gefahr. Man fürchtete den Romzug Rudolf's und Krieg mit Carl, denn der König der Römer gab seine tiefe Mißstimmung zu erkennen, und schon hatten seine Machtboten im Namen des Reichs den Huldigungseid von der Romagna genommen.

Der neue Papst forderte ihn dringend auf, von den Grenzen Italiens fern zu bleiben, bis er seine Verpflichtungen erfüllt und namentlich die Romagna der Kirche ausgeliefert habe.¹ In dieser dem heiligen Stule schon zugesagten, aber noch nicht überantworteten Provinz, welche seit den Ottonen stets dem Reiche gehört hatte, wollte auch Rudolf noch die Reichs=rechte behaupten, weniger in der Absicht, sie festzuhalten, als um noch ein Mittel in der Hand zu haben, wodurch er den Papst bedrohen konnte; denn auch dieser fuhr fort, die Reichs=rechte in Toscana durch Carl verwalten zu lassen. Inno=cenz V. starb indeß am 22. Juni in Rom.

Weil Carl damals in der Stadt war, gab ihm die Se=natorgewalt das Recht, das Conclave zu bewachen, und auch die Mittel, es zu beeinflussen. Er schloß die Cardinäle mit rücksichtsloser Härte im Lateran ein, wo er die Fenster ihres Gemachs so fest vermauern ließ, daß kaum ein Vogel dort Eingang gefunden hätte. Acht Tage lang stritten die fran=zösischen Cardinäle mit den italienischen, worauf den Hadern=den nur noch Wasser, Wein und Brod gereicht wurde; indeß die Anhänger Carl's sahen sich wol versorgt, und sie setzten sich sogar mit dem Könige in widerrechtlichen Verkehr.² Diese Härte und Unredlichkeit erbitterte die Italienischen, namentlich ihr Haupt Johann Gaetanus Orsini, welcher Carl das Conclave nicht vergaß. Nach langem Kampf wurde endlich ein Italiener durchgesetzt: Ottobonus de Fiesco, der greise Cardinaldiacon von S. Adrian, ward am 12. Juli als Hadrian V. ausgerufen.

Hadrian V. Papst A 1276.

Der Neffe von Innocenz IV., welcher eine Vergangen=

---
¹ Innocenz V. an Carl, dat. Lateran, 2. März 1276. An Rudolf, v. 17. März. Theiner I. n. 349.
² Saba Malaspina, p. 871.

heit wieder zurück rief, an die man nicht mehr hätte rühren sollen, starb jedoch schon nach 39 Tagen, ohne einmal die Priesterweihe empfangen zu haben, am 17. August 1276 in Viterbo. Gleich nach seiner Wahl hatte er das Conclave= gesetz Gregor's X. aufgehoben, sei es wegen der bei der Ein= sperrung erduldeten Pein, oder weil er erkannte, daß die strenge Durchführung jener Form nicht möglich sei.

Carl täuschte sich in seiner Hoffnung zum zweiten Mal; denn auch jetzt fiel die Neuwahl nicht auf einen Franzosen. Die Parteien unter den Cardinälen kämpften lange mit Hef= tigkeit, bei stetem Tumult der Bürger Viterbo's, welche dem Decret des eben verstorbenen Papsts nicht Folge leisteten, sondern die Wahlherren in das engste Conclave sperrten. Hier wurde, durch den Einfluß des mächtigen Cajetan Orsini, der Cardinalbischof von Tusculum am 17. September zum Papst gemacht. Er nannte sich Johann XXI.

Petrus Hispanus oder Juliani, Erzbischof von Braga, Portugiese von Geburt, war der Sohn eines Arzts, selbst bewandert in der Arzneiwissenschaft, gelehrt in philosophischen Studien, namentlich des Aristoteles, und Verfasser von medi= cinischen und scholastischen Schriften. Gregor X. hatte ihn auf dem Lyoner Concil achten gelernt, zum Bischof von Tusculum ernannt und mit sich nach Italien genommen. Unwissende Chronikenschreiber sprechen von Johann XXI. wie von einem Magier; sie nennen ihn zugleich hochgelehrt und albern, einen weisen Narren auf dem heiligen Stul, einen Menschen ohne Anstand und Würde, der die Wissenschaften liebte und die Mönche haßte.[1] Der Pöbel staunte noch im

<small>Johann XXI. Papst, A. 1276 bis 1277.</small>

---

[1] Bernh. Guidonis p. 606; und fast gleichlautend Memoriale Pot. st. Reg. p. 1141. Die Quelle ist der einfältige Martin Polonus: Joannes

XIII. Jahrhundert einen in der Astrologie und den Naturwissenschaften gelehrten Papst mit derselben abergläubischen Furcht an, mit welcher man Sylvester II. im X. Jahrhundert betrachtet hatte. Erbitterte und einfältige Mönche entwarfen von Johann XXI. ein gehässiges Porträt; seine Gelehrsamkeit nicht in den damals canonischen Wissenschaften, sondern in solchen Studien, welche den Klöstern fremd waren, machte diese mißtrauisch; seine rühmliche liberale Art mit Menschen, selbst den Geringsten, besonders mit Gelehrten ohne Zwang umzugehen, erweckte ihm Neider und Spötter. Was nun Johann als Papst würde gewesen sein, konnte er der Welt nicht darthun; er starb schon am 16. Mai 1277 in Viterbo, wo er seine Residenz genommen hatte. Auch die ungewöhnliche Art seines Todes trug dazu bei, die kindische Ansicht von ihm als einem Zauberer zu bestärken; denn die einfallende Decke eines Zimmers, welches er im Palast zu Viterbo sich gebaut hatte, erschlug Johann XXI.[1]

Er stirbt 16. Mai A. 1277.

3. Vacanz des heiligen Stuls. Nicolaus III. Orsini Papst. Reichsrechtliche Anerkennung des Kirchenstaats. Die Romagna dem Papst abgetreten. Bertold Orsini, erster päpstlicher Graf der Romagna. Carl legt den Vicariat in Tuscien und die Senatsgewalt nieder. Constitution Nicolaus' III. über die Besetzung des Senats. Matheus Rubeus Orsini, Senator. Johann Colonna und Panduff Savelli, Senatoren. Nepotismus. Nicolaus III. stirbt 1280.

Sechs Monate lang blieb der heilige Stul wiederum unbesetzt, während die Cardinäle von Viterbo aus die Geschäfte

Papa, magus, in omnibus disciplinis instructus, religiosis infestus, contemnens decreta concilii generalis. Bei Köhler, Vollständ. Nachricht von Papst Joh. XXI., Göttingen, 1760, findet man die Werke, die ihm zugeschrieben werden. Er hätte Joh. XX. heißen sollen: man glaubte noch an die Päpstin Johanna, daher nannte er sich Joh. XXI. (Ciaccionius.)

[1] Bernhard Guidonis p. 606. De cujus morte modicum Eccle-

der Kirche verwalteten.¹ Carl, begierig einen Papst seiner Partei durchzusetzen, hinderte die Wahl, ohne seine Absicht zu erreichen; denn die Lateiner widersetzten sich im Conclave den Franzosen mit immer mehr Erfolg. Nachdem die ungeduldigen Bürger Viterbo's die Wahlherren in ihr Stadthaus eingeschlossen hatten, ward am 25. November der einflußreichste unter den Cardinälen, Johann Gaetani Orsini als Nicolaus III. proclamirt.

In diesem hochgesinnten Sohne des einst zu Friedrich's II. Zeit berühmten Senators Matheus Rubeus lebte nicht die fromme Richtung, aber die ganze Kraft seines Vaters fort. Unter Innocenz IV. war er zum Cardinal von S. Nicolò in Carcere, zum Protector des Minoritenordens und zum Generalinquisitor gemacht worden; unter acht Päpsten hatte er gedient, bei sieben Papstwahlen mitgewirkt; Johann den XXI. hatte er auf den heiligen Stul erhoben und wol auch beherrscht. In den Wissenschaften gebildet, in allen Geschäften der Welt erfahren, war er das entschiedene Haupt des Cardinalcollegium, und allen an politischem Verstande überlegen.² Sein erlauchtes Römergeschlecht nahm seit dem

Nicolaus III. Papst, A. 1277 bis 1280.

sine damnum fuit, quia licet scientia physicali et naturali multum esset repletus, tamen discretione et sensu naturali multum erat vacuus. Johann muß das zweite Gesicht gehabt haben; er soll sich selbst lachend in jenem Zimmer erblickt haben; ein fremdartiges Naturell muß ihm eigen gewesen sein. Auch er forderte Rudolf auf, nicht nach Italien zu kommen, ehe er die Romagna ausgeliefert habe. Theiner I. n. 353. Auch er bestätigte das Decret Hadrian's V., welches das Conclavegesetz aufhob: Raynald ad A. 1276. n. 27.

¹ Sie schrieben am 27. Juli 1277 an Rudolf, ihn bittend, nicht nach Italien zu kommen, bis er die Tractate vollzogen habe. Raynald n. 48, und Theiner I., n. 355.

² Argus et argutus in ecclesia Dei, so nennt ihn noch als Cardinal Saba Malaspina p. 872. Seine Mutter war Perna Gaetani, daher sein Name.

Ende des vorigen Jahrhunderts die höchsten Stellen in der Kirche und der Republik ein; dies gab dem Cardinal ein fürstliches Bewußtsein, verleitete ihn aber, als er Papst wurde, zu einem alle Grenzen übersteigenden Nepotismus. Er war in der That ein römischer Grande, kraftvoll und königlich, rücksichtslos Schätze aufhäufend, ganz weltlich gesinnt, voll Liebe zu seiner Vaterstadt, nicht ohne patriotisches Gefühl für sein Vaterland, und voll Haß gegen die Fremden, die darin schalteten. Wenn er statt Clemens IV. auf dem Stule Petri gesessen hätte, so würde das Haus Anjou wol nicht nach Italien gekommen sein.

Johann Gaetani Orsini bestieg als der erste Römer seit Honorius III. den heiligen Stul unter dem Namen Nicolaus III. am 26. December 1277, wo er in Rom die Weihe nahm. Seinen nur kurzen Pontificat machte der günstige Abschluß des Concordats mit Rudolf von Habsburg und die Wiedererlangung der Rechte auf den römischen Senat sehr bedeutend. Die flüchtigen Regierungen seiner Vorgänger hatten zu keinem endgültigen Vertrag mit dem neuen Reichshaupte geführt. Rudolf hatte mehrmals die Absicht gezeigt, nach Italien zu ziehn, und die Päpste hatten ihn wiederholt davon abgemahnt. Die Vorstellung, daß der erste Habsburger aus freier Entsagung auf die Romfahrt und die Kaiserkrone verzichtet habe, ist unrichtig: er begehrte sie vielmehr öfters und sehr bringend, schon deshalb weil ihm die Kaiserwürde zur Begründung seiner Dynastie notwendig schien. Die Zugeständnisse, die er Nicolaus' III. machte, waren in der That die Bedingungen seiner Kaiserkrönung. Nur die inneren Verhältnisse Deutschlands, und der schnelle Wechsel der Päpste hinderten ihn, wie einst Konrad den III., die

Romfahrt anzutreten, zu welcher ihn selbst italienische Städte
aus Verzweiflung über ihre Zerrissenheit durch die Factionen
als Retter bringend herbeiriefen. Der große Ghibelline Dante
hat es weder ihm noch seinem Sohne Albert verziehen, daß
sie den Garten des Reichs und das verwittwete Rom sich
selbst überließen, aber Deutschland wurde dem Hause Habs=
burg gerade deshalb zu Dank verpflichtet. [1]

Nicolaus III. wollte den Kirchenstaat auf festen staats=
rechtlichen Grundlagen ordnen: dies war sein höchstes Ziel.
Er forderte von Rudolf die Erneuerung der Verträge von
Lausanne, und verlangte, daß mit peinlichster Genauigkeit
der Inhalt des Kirchenstaats nach seinen Städten urkundlich
angegeben werde, wie er in früheren Diplomen verzeichnet
war. In den weitesten Grenzen alter Schenkungen sollte
derselbe für die Dauer festgestellt werden. Am 19. Januar
1278 bevollmächtigte zu Wien Rudolf den Minoriten Kon=
rad, die Privilegien von Lausanne zu erneuern, und diesen
Act vollzog der Gesandte in Rom am 4. Mai. [2] Man holte

Neues Privilegium Rudolfs zur Anerkennung des Kirchen= staats, 4 Mai A. 1278.

---

[1] Die Ansicht des Joh. Victoriensis, daß Rudolf in Lausanne die
Einladung zur Krönung abgelehnt habe, quia Romam vix aliquis pris-
corum venerit sine humani effusione sanguinis, nec coronam adep-
tus fuerit propter obsistentiam Romanorum ist unbegründet (Böhmer
Fontes I. 307). — Man lese den kläglichen Brief der Pisaner an Ru=
dolf A. 1274, Cenni Mon. II. 330: Ecce provincia Thusciae — jacet
in universitate schismatum lacerata bellis, et plusquam civilibus
laceratur — Guelfus persequitur Ghibellinum, filii fiunt exules...

[2] Ratification von Wien, 14. Febr. 1279, und darin die Acte vom
19. Jan. und 4. Mai 1278, Theiner I. n. 387. Der päpstliche Archivar
hat alle betreffenden Acten aus den Originalen gezogen; der schätzbarste
Teil des I. Bandes seines Diplomatars, von n. 358 ab. Rudolf sollte
bei seiner Krönung noch ein Diplom mit Goldbulle ausfertigen, was unter=
blieb. Dagegen bestätigten die Reichsfürsten seine Urkunden im Sept. 1279:
M. Germ. IV. 421. Theiner I. n. 393.

aus dem päpstlichen Archiv Pergamente hervor, um die Rechte der Kirche auf die Romagna und Pentapolis zu verbriefen; man vermochte freilich nicht die erste und berühmteste aller Schenkungsurkunden vorzuweisen, sondern begann die Reihe mit dem sogenannten Privilegium Ludwig's des Frommen, und ging dann zu den Diplomen Otto's I. und Heinrich's II. fort. Der Papst schickte die Abschrift der betreffenden Stellen nach Deutschland, und Rudolf nahm die Echtheit jener Kaiserdiplome sofort an, ohne eine kritische Prüfung über sie anzustellen. Das älteste Geschenk von Ländern an die Päpste war der Exarchat und die Pentapolis, Schenkungen Pipin's; ihre Ansprüche auf diese Provinzen hatten sie nicht verwirklicht, denn seit den Ottonen waren dieselben beim Reiche festgehalten worden, ohne daß irgend ein Papst dagegen namhaften Einspruch erhob. Auch Rudolf sträubte sich, Ländern zu entsagen, welche er selbst den „Fruchtgarten des Reiches" nannte; aber er wich dem entschiedenen Willen von Nicolaus III., der ihm nur unter dieser Bedingung die von Carl als Vicar verwalteten Reichsrechte in Toscana bot. Mit großem Geschick bedienten sich die Päpste sowol Rudolf's als Carls, um den einen durch den andern zu beschränken. Am 29. Mai bevollmächtigte jener seinen Boten Gottfried, die

Rudolf tritt das Reichsland Romagna dem Papste ab, 30. Juni A. 1278.

Acte seines Kanzlers aufzuheben, welcher von der Romagna im Namen des Reichs den Treueid gefordert hatte, worauf der deutsche Gesandte am 30. Juni 1278 zu Viterbo die urkundliche Abtretung der genannten Länder dem Papst einhändigte.[1]

Mit seinen Urkunden in der Hand eilte Nicolaus III. nunmehr Besitz von der Romagna zu nehmen, um dort sein

---

[1] Theiner 1. n. 368 und 388.

Geschlecht fürstlich zu versorgen. Seine Boten forderten Städte und Herren auf, der Kirche zu huldigen: die meisten thaten es, einige weigerten sich. Familiendynasten, Männer von Geist und Kraft, von denen mancher auf einem größeren Schauplatz ruhmvolle Thaten würde verrichtet haben, waren seit den Hohenstaufen teils als Guelfen, teils als Ghibellinen in der Romagna und den Marken emporgekommen, hatten das Regiment in den zerrütteten Republiken an sich genommen, und gründeten mehr oder minder dauernde Herrschaften, welche die Gewalt des Papsts drei Jahrhunderte lang nachdrücklicher bestritten, als es die Demokratieen vermochten. Diese Signoren nannte man im Gegensatz zu den republikanischen Behörden „Tyrannen" (tyrampni), und sie waren es im Sinne der Städtetyrannen des Altertums, durch die Gemeinde beschränkte Alleinherrscher oder königgleiche Podestaten. Sie huldigten damals, wie durch Ueberraschung, dem Papst. Die Malatesta von Veruclo in Rimini, die Polentanen in Ravenna, Guido von Montefeltre, einst Prosenator Heinrich's von Castilien in Rom, dann bald durch List und Kühnheit Tyrann fast der ganzen Romagna und von der Kirche excommunicirt, unterwarfen sich; selbst das mächtige Bologna, durch die Factionen der Lambertazzi und Geremei zerrissen, anerkannte zum ersten Mal die Hoheit der Kirche über sich und sein städtisches Gebiet. Diese berühmte Stadt, „die fruchtbare Mutter von Männern glänzender Gelehrsamkeit, hoher Staatsweisheit, Würde und Tugend, die immer sprudelnde Quelle der Wissenschaften," betrachteten die Päpste von jetzt an als die schönste Perle in ihrer weltlichen Krone. [1]

Die Tyrannen in der Romagna huldigen der Kirche.

[1] Ipsa quidem civitas inter alias Ytalicas speciali prerogativa fecunda viros eminentis scientie, viros alti consilii, viros prepol-

Wie zu Zeiten der Carolinger sandte der Papst wieder seine Gouverneure in jene Länder; Nicolaus machte dort seinen Nepoten Latinus Malabranca Cardinalbischof von Ostia zum geistlichen Legaten, und den Sohn seines Bruders, Bertold Orsini, zum ersten Grafen der Romagna für den heiligen Stul.[1] Ihnen Nachdruck zu verleihen nahm er neapolitanische Truppen unter Wilhelm L'Estendard in Dienst, wozu Carl als Vasall der Kirche verpflichtet war.[2] So kam die Romagna rechtskräftig an die Päpste. Sie hüteten dies Kleinod voll Eifersucht, aber der Trotz der Romagnolen war nicht in Jahrhunderten zu bändigen; die Städte bewahrten ruhmvoll ihre Freiheit, und blieben nur im Schutzverhältniß zur Kirche; ihre Geschichte unter dem päpstlichen Scepter ist ewige Empörung und ewiger Wechsel zwischen Tyrannis und Demokratie.

Die Folge des Vertrages mit Rudolf war die Schwächung der Macht von Carl. Man sagt, daß dieser König Nicolaus den III. persönlich haßte, und nicht minder von ihm

Bertold Orsini, Graf der Romagna.

---

lentes dignitatibus et virtutibus precellentes solet ab antiquo propagatione quasi naturali producere, ipsa veluti fons irriguus scientiarum dulcedinem scaturit. — So rühmte Nicolaus III. Bologna: Theiner I. n. 389.

[1] Briefe des Papsts an die romagnolischen Städte, und einige Unterwerfungsacte derselben, Theiner I. n. 365 sq. In n. 374 die Ernennung des Bertoldus de Filiis Ursi zum Rector totius prov. Romaniole, civitatis Bononiensis etc., dat. Viterbo, 24. Sept. 1278. — N. 374: Verhaltungsregeln an die Legaten und den Rector. — Bologna verwahrte jedoch durch seine Syndici feierlich alle Rechte, Privilegien und Freiheiten der Stadt. Die Urkunde vom 29. Juli 1278, vollzogen in Viterbo, liegt im Archiv zu Bologna, Reg. Nov. f. 383, ebendaselbst noch andere wiederholte Proteste derselben Stadt. Diese Documente fehlen im Codex diplomaticus von Theiner.

[2] Im Sept. 1278. Theiner I. n. 375.

gehaßt ward; denn der Papst war durch die wegwerfende Ablehnung der Vermälung einer königlichen Nichte mit einem päpstlichen Nepoten tief beleidigt worden. Wie dem auch sei, ein so selbständiger Geist mußte dem zu großen Einflusse des Königs ein Ende machen. Er entzog ihm die Reichs= statthalterschaft in Toscana, weil dies Rudolf als Entschä= bigung für die Romagna forderte.¹ Er zwang ihn, auch Carl I. legt seine Senats= gewalt nieder Sept. A. 1278. vom Senat abzutreten, denn weil Clemens IV. jenem Könige die senatorische Gewalt im Jahr 1268 auf zehn Jahre ge= geben hatte, so lief dieser Zeitraum mit dem 16. September 1278 ab. Wegen dieser wichtigen Dinge war Carl nach Rom gekommen, wo er vom Anfang Mai bis zum 15. Juni mit Nicolaus und den Römern unterhandelte.² Er mußte sich dem Willen des Papsts fügen und erklärte sich bereit, die städtische Gewalt niederzulegen. Nicolaus selbst ging im Juni nach Viterbo, von wo er die Cardinäle Latinus und Jacob Colonna nach Rom schickte, mit der Vollmacht das Verhältniß des heiligen Stuls zum Senat zu ordnen, während noch die Officianten Carl's bis zum September im Amt verblieben.³

---

[1] Carl resignirte am 24. Sept. 1278. Sein letzter Vicar war in Toscana Raymund de Poncellis. (Theiner I. 372.) Am 5. Jan. 1281 ernannte Rudolf zwei Reichsvicare für Toscana (Böhmer, 104).

[2] Die Regesten Carl's im Staatsarchiv Neapel (Vol. 31. 1278. D.) haben viele von Vitale nicht gesehene Schreiben an die Beamten auf dem Capitol. Das erste vom 2. April 1278 apud Turrim S. Herasmi prope Capuam; dann datirt Carl aus Rom, vom 8. Mai bis 15. Juni. Am 18. Juni befand er sich schon heimkehrend auf dem Schlachtfeld von Sculcula (oder Tagliacozzo). — Er schrieb selbst an den Papst: Et cum XVI. die m. Septembris proximo futuri dictum decennium finiatur ... regimen ... dimittam. Dat. Rome apud S. Petrum A. 1278. die XXIV. m. Maii VI. Ind. (Cod. Vat. 3980, Ep. 32. fol. 132 a; dieser ausgezeichnete Codex enthält die Regesten von Nicolaus III.

[3] Die Vollmacht, Viterbo, 27. Juli 1278, bei Theiner I. n. 370.

Der Papst erklärte seinen Bevollmächtigten ausdrücklich, daß er die Senatswahl nicht beanspruche, noch sich ein Recht darauf aneignen wolle, weil diese Einmischung ihm und der Kirche Gefahr bringen könne. Er anerkannte demnach das Wahlrecht der Römer;[1] jedoch dies Recht verlor seine Wichtigkeit, wenn der römische Senat in das Investiturverhältniß zurückkehrte, wie es Innocenz III. geschaffen hatte. Dies zu erreichen wurde dem mächtigen Orsini nicht schwer. Er liebte Rom und verherrlichte seine Vaterstadt mit patriotischem Gefühl; den französischen Einfluß zu brechen hatte er im März 1278 drei Römer vom ersten Adel zu Cardinälen ernannt, Latino Frangipani Malabranca, Jacobus Colonna, und seinen eigenen Bruder Jordan Orsini. Seine nationale Gesinnung gewann ihm sogar die ghibellinische Partei, und Carl war nicht einmal bei den Guelfen beliebt, deren Macht jetzt die Päpste selbst zu dämpfen suchten. Indem nun Nicolaus dem Könige die Senatsgewalt nahm, wollte er durch ein Gesetz verhüten, daß dieses wichtige Amt je wieder in die Hände fremder Fürsten geriet. Am 18. Juli 1278 erließ er eine

---

Alme Urbis gesta magnifica resonant et acta testantur, quod ipsa Urbs dignitatum immensitate precellens est et dicitur capud orbis: ibique Deus omnipotens Ecclesiam suam fundari voluit et Romano titulo nominari ... Die letzten Beamten Carl's in Rom waren Johann de Fossames, Seneschall von Vermandois, Profenator, Hugo von Besançon, Kämmerer, und Rogerius de Ars, Marschall. (Nach den Regesten im Staatsarchiv Neapel.)

[1] Die Instruction, welche bei Theiner fehlt, steht im Cod. Vat. 3980 als Ep. XV, Viterbo, 3. Aug. 1278. Non enim intendimus quod iidem nostri processus tales existant, quod ex eis posset convici vel adverti, quod de ipsa electione nos intromittere quoquomodo velimus, vel super hoc aliquod jus seu possessionem accipere vel — vendicare. Nam ob id possit tunc nos magnum scandalum populi formidari —.

Epoche machende Constitution. Er leitete darin das Recht der Päpste auf Rom von Constantin her, der die Herrschaft der Stadt ihnen übertragen habe, damit das Papsttum unabhängig sei.¹ Der Papst, so erklärte er, muß durch die Cardinäle frei beraten sein; sein Urteil darf niemals wanken; die Entscheidung der Cardinäle darf kein weltlicher Terrorismus von der Wahrheit abschrecken; die Wahl des Papsts, die Ernennung der Cardinäle muß in voller Freiheit geschehen.² Er berief sich auf alle Uebelstände, welche in der letzten Hohenstaufenzeit die Senatsgewalt fremder Herren zur Folge gehabt hatte: Zerstörung der Mauern, Verunstaltung der Stadt durch Ruinen; Plünderung des Privatvermögens und der Kirchen; schimpflicher Wankelmut, wie die Aufnahme Konradin's es bewiesen habe. Die volle Unabhängigkeit der Kirche, den Frieden und das Wol der Stadt Rom herzustellen, erlasse er demnach im Einverständniß mit dem heiligen Collegium das Gesetz, daß hinfort kein Kaiser noch König, kein Fürst, Markgraf, Herzog, Graf oder Baron, oder sonst ein mächtiger Edler ihrer Verwandtschaft Senator, Volkscapitän, Patricius oder Rector oder Beamter der Stadt, zeitweise oder für immer werden, noch daß irgend Jemand dazu für länger als ein Jahr ohne Erlaubniß des Papsts ernannt werden dürfe, bei Strafe der Excommunication des

Senatorische Constitution Nicolaus des III., 18. Juli A. 1278.

---

[1] Quin magis ipsa Petri sedes in Romano jam proprio solio collocata libertate plena in suis agendis per omnia potiretur, nec ulli subesset homini, que ore divino cunctis dinoscitur esse prelata.

[2] Fratres ipsos nullus saecularis potestatis metus exterreat, nullus temporalis furor absorbeat, nullus eis terror immineat — Romani pontificis Vicarii Dei ... electio et eorumdem Cardinalium promotio in omni libertate procedant. Wie oft sind nicht diese Gründe für die Notwendigkeit der Fortbauer der päpstlichen Herrschaft über Rom seit 1859 wiederholt worden!

Erwählten wie der Wählenden. Dagegen seien die Bürger der Stadt Rom, selbst wenn sie Verwandte jener Ausgeschlossenen und außerhalb der Stadt als Grafen und Barone mit nicht zu großer Gewalt bekleidet wären, der Fähigkeit, den Senat auf ein Jahr oder auf kürzere Zeit zu verwalten, keineswegs beraubt.[1]

Diese Bestimmung zu Gunsten der Römer sollte sie für große Rechte entschädigen, welche das römische Parlament dem Papst bereits übertragen hatte. Sie mochte vielen patriotisch erscheinen, doch sie erzeugte eine dauernde Gefahr; denn das Edict von Nicolaus III. belebte den Ehrgeiz des großen Geschlechteradels, welcher nun zu neuer Macht gelangte. Orsini, Colonna, Anibaldi und Savelli strebten seither nach der Gewalt im Senat, und suchten, wie andere Familien in andern Städten, die Tyrannen Rom's zu werden. Nur der dauernde Bezug der Stadt auf das Papsttum, und die Teilung des Adels in Factionen, welche einander das Gegengewicht hielten, hinderten das eine oder das andre Geschlecht, die erbliche Herrschaft Rom's an sich zu reißen, wie in den Zeiten der Grafen von Tusculum. Der Adel, welcher das Volksparlament beherrschte, hatte bereitwillig in die Forderungen von Nicolaus III. gewilligt und ihm die städtische Gewalt auf Lebenszeit übertragen, nicht als dem Papst, sondern als dem edeln Römer Orsini; denn so viel erlangte er nicht, daß er das senatorische Amt für immer mit der päpstlichen Würde vereinigte. Er selbst nannte sich nie Senator, aber Rom hatte ihm die Macht verliehen, das Stadt-

Der Stadt- adel kommt zu neuer Macht.

---

[1] Constitution Fundamenta militantis ecclesiae, Viterbo XV. Kal. Aug. Pont. nri a. I.; vollständig bei Theiner I. n. 371.

regiment zu ordnen und die Senatoren zu ernennen.[1] Mehre Päpste wurden seither vom römischen Volk nicht als solche, sondern persönlich zu Senatoren gemacht. Indem sie diese Wahl, in der Regel unter Verwahrung der Rechte des Papsttums, persönlich annahmen und gleichsam zu ersten Beamten der Stadt wurden, so ergab sich daraus ein sonderbares Mittelwesen von Souveränität und einem durch die Republik übertragenen Lehnsamt in ihrer päpstlichen Person.

Carl legte seine Senatorgewalt voll Unwillen in die Hände der Römer nieder. In einem Schreiben vom 30. August an Johann de Fossames seinen Vicar, und an Hugo de Bisuntio seinen Kämmerer in Rom, befahl er die Burg Rispampano, alle Castelle und Türme in und außerhalb der Stadt, und die Gefangenen auf dem Capitol am festgesetzten Termin den Bevollmächtigten des römischen Volks, und keineswegs des Papsts, zu übergeben.[2] Der förmliche Verzicht

[1] In diesem Sinn sagen die Vitae des Papsts: a Pop. Rom. in Senatorem eligitur ad vitam. Er selbst schreibt den Römern, Viterbo, 24. Sept. 1279: nobis dispositionem vestri regiminis quoad vixerimus commisistis, volentes spiritualiter et temporaliter illius ducatu dirigi, quem ipse Deus Urbis patrem instituit sub imposito vobis jugo Apostol. servitutis. Die Angabe des Bonincontrius VI. p. 30, qui solus officium Senatoris Romae administravit, ist als irrig schon von Muratori und Garampi abgewiesen.

[2] Scriptum est Johi. de Fossames Senescallo Viromandie Vicario, et Magistro Hugoni de Bisuntio camerario in urbe... Postulacioni vestre tam super castris et fortelitiis urbis quam super captivis — in Capitolio respondentes fidelitati vestre precipimus quatenus recipientes Roccam seu castrum Rispampani a Stephano de Tolona castellano dicti castri — tam — castrum praedictum quam cuncta alia castra et fortelicias urbis in urbe vel extra urbem posita quae sunt hactenus ratione Senatorie urbis pro parte nostre celsitudinis custodita, adveniente termino resignationis. regiminis urbis quem vos scitis — — illi vel illis cui Populo Romano placuerit liberare debeatis et etiam assignare... Dat. apud Lacum

Matheus Rubens Orsini Senator A. 1278—1279. Johann Colonna und Pandulf Savelli, Senatoren, A. 1279.

Carl's fand hierauf im Beginne des Septembers statt, und Nicolaus III. ernannte sofort mit Zustimmung der Römer zum Senator für ein Jahr seinen eignen Bruder Matheus Rubeus Orsini.[1] Ihm folgten im October 1279 Johann Colonna und Pandulf Savelli als Senatoren.[2]

Für die Einbuße seiner Macht konnte sich Carl durch den Frieden entschädigt halten, welchen der Papst im Jahre 1280 zwischen ihm und Rudolf von Habsburg abschloß; denn der König der Römer anerkannte den König Siciliens; Carl wiederum erklärte die Rechte des Imperium nicht verletzen zu wollen, und er empfing die Provence und Forcalquier als Lehen des Reichs.[3] Der Klugheit von Nicolaus III. war demnach ein bedeutendes Werk gelungen: der Friede mit dem

---

pensilem penultimo Aug. (Reg. Caroli I. 1278. D. n. 31). Von Vitale nicht gesehen, der hier sehr flüchtig ist.

[1] Papa posuit pro se senatorem in Urbe ad suam voluntatem unum suum parentem (Annales Placentini Gibellini, p. 571). Im Decretalienbuch der Stadt Tobi heißt schon am 1. Sept. 1278 Matheus Rubeus Senator. A. 1278. Ind. VI. m. Sept. die I ... Hic est liber reformationum communis Tuderti factus — potestarie tempore Ill. et magnif. viri D. Matthei Rubei de filiis Ursi — Nic. P. III. fratris alme Urbis Rome Senatoris, et Tudertinorum Potestatis. Aber nach Carl's Brief vom 30. Aug. konnte der König am 1. Sept. sein Amt noch nicht abgegeben haben; doch war Matheus schon besignirt. Noch am 5. Sept. 1279 fungirt D. Matheus Rubeus de fil. Ursi Alme Urbis Senator Ill. et dei gr. potestas Tudertinus (Archiv Tobi, Reg. vetus fol. 68).

[2] Vitale p. 179 bringt aus dem Mscr. des Panvinius de Gente Sabella die Briefe des Papsts, wonach die Senatoren Joh. Colonna und P. Savelli vom 1. Oct. 1279 ab auf 1 Jahr ernannt werden, datirt Viterbo, 24. Sept. a. II., und die bekannte Schwurformel Ego N. Senator. Der Brief des Papsts an die Stadt Rom beginnt: Infra Urbis moenia degit populus ingens et sublimis — zum ersten Mal sprachen die Päpste zu Rom mit den Phrasen der Kaiser.

[3] Mon. Germ. IV. 423.

Reich, die reichsrechtliche Anerkennung des souveränen Kirchenstaats, die Beschränkung Carl's, die Unterwerfung des Capitols. In einer langen Reihe von Päpsten war er wieder der erste, der in den friedlichen Besitz der weltlichen Hoheit des heiligen Stuls gelangte. Ein monarchischer Geist lebte im Papst Orsini dem Vorbilde mancher Nachfolger, welche kaum mehr darstellten als weltliche Fürsten über einen schönen Teil Italiens im Papstgewande. Die ideale Größe des Papsttums zeigte sich schon in Nicolaus III. in einer politisch-nationalen Verkleinerung.

Seit Innocenz III. war er der erste Papst, der seinen Nepoten Fürstentümer, und zwar auf Kosten des Kirchenstaats zu stiften unternahm; die spätere Plage der Kirche, der Nepotismus, datirt schon von ihm. Dies und seine Goldgier setzten ihn erbittertem Tadel aus, woher ihm Dante einen Platz in seiner Hölle angewiesen hat. Nicolaus baute in der That Zion in seiner Blutsverwandtschaft auf.[1] Wenn er seinen Plan ausgeführt hätte, Italien außer dem Kirchenstaat in drei Reiche, Sicilien, die Lombardei und Toscana zu verwandeln, so würde er in den beiden letzten seine Nepoten zu Königen gemacht haben.[2] So ausschweifende Pläne konnten die Päpste fassen, nachdem die Kaisergewalt zerstört war. Nicolaus liebte als römischer Magnat Pracht und

---

[1] Aedificavit enim Sion in sanguinibus, Salimbene Chron. p. 55. — Nimis fuit amator suorum: Ptol. Lucensis XXIII. c. 31. Dante (Inferno c. 19) fand diesen Papst Orsini unter den Simonisten und ließ ihn sagen:
E veramente fui figliuol dell' Orsa,
Cupido si per avanzar li orsatti,
Che su l'avere; e qni me misi in borsa.

[2] Ptol. Lucens. ibid. c. 34.

Aufwand; ihn mit dem Vermögen der Kirche und der Christenheit zu bestreiten, war er nicht verlegen. Unter großen Kosten hatte er die Residenzen des Lateran und Vatican wieder aufgebaut, und auch bei Viterbo, wo die damaligen Päpste wohnten, in Surianum sich einen schönen Landsitz eingerichtet. Dies Castell hatte er wider alles Recht römischen Edeln entzogen, und seinem Bruder Ursus gegeben.[1] Er starb auch in Soriano, vom Schlage getroffen, schon am 22. August des Jahrs 1280, nach einer denkwürdigen Regierung von nicht vollen drei Jahren.

Nicolaus III. † 22. Aug. A. 1280.

4. Petrus Conti und Gentilis Orsini, Senatoren. Stürmische Papstwahl in Viterbo. Die Anibaldi und die Orsini. Martin IV. Er überträgt dem Könige Carl den Senat. Martin von Carl beherrscht. Aufstand Siciliens. Die Vesper. Aufstand in Rom. Der französische Prosenator verjagt. Giovanni Cinthii Malabranca, Capitän des Volks. Der Papst gibt nach. Anibaldo Anibaldi und Pandulf Savelli, Senatoren. Tod Carl's I., und Martin's IV.

Der Tod von Nicolaus III. gab das Zeichen zu Tumulten in Rom: die Anibaldi erhoben sich gegen die übermütigen Orsini, wobei das Volk für jene Partei nahm. Die bisherigen Senatoren wurden verjagt, und zwei andere eingesetzt, Petrus Conti aus der Anibaldischen Faction, und Gentilis Orsini, Sohn Bertold's vom Anhange der Gegner. Durch ein geteiltes Regiment sollten die Ansprüche beider Parteien ausgeglichen werden.[2]

Petrus Conti und Gentilis Orsini, Senatoren A. 1280.

[1] Mit Viterbo hatte er einen Tractat wegen der Aufnahme der Curie geschlossen. Die Commune versprach, wenn jene dort residirte, freies Walten der Ketzerrichter, gute Einrichtung des Palasts, freie Wohnung für Cardinäle und Hofleute, nur der Kirche ergebene Magistrate, billige Pension für die Curialen, keine Aufnahme von Kupplern und Freudenmädchen. Theiner I. n. 359, 20. Mai 1478. — Ueber Soriano, Ptol. Lucensis, c. 31. und Francisc. Pipin. p. 724.

[2] Vita Nicol. III. (Murat. III. I. p. 608). Derselbe Bericht mit

Die Papstwahl unterdeß war stürmischer als je zuvor. Die carolinische Faction kämpfte mit der lateinischen Partei des Verstorbenen im Conclave zu Viterbo, wohin Carl selbst gekommen war, um einen Papst durchzusetzen, der ihn für seine Verluste entschädige. Bereits hatte Richard Anibaldi, mit dem Könige einverstanden, den Ursus Ursini aus dem Amt des Podesta verdrängt, und die Bewachung des Conclave an sich gerissen; unter seiner Führung überfielen die Bürger Viterbo's den bischöflichen Palast, wo die Wahl stattfand, ergriffen zwei Cardinäle vom Haus Orsini, Mathens Rubeus und Jordan, und sperrten sie unter Mißhandlungen abgesondert in eine Kammer ein. Als dies geschehen war, riefen die übrigen Wähler am 22. Februar 1281 den neuen Papst aus.[1] Dies war der Franzose Simon, unter Urban IV. Cardinal von S. Cäcilia und als Legat in Frankreich der langjährige Unterhändler mit Carl wegen der Uebernahme Siciliens, ein Mann von ruhigem Geiste, thätig und ohne Eigennutz, welcher aber als Papst kein Genie zeigte. Er sträubte sich gegen seine Wahl; nur mit Gewalt konnte man ihm die päpstliche Kleidung aufzwingen. Als Martin IV. bestieg er den heiligen Stul, und er ergab sich sofort seinem Freunde, dem Könige Carl. So wurden durch seine Schwäche die Schranken wieder eingerissen, in welche sein kraftvoller Vorgänger diesen Vasallen zurückgewiesen hatte.

Martin IV. Papst, A. 1281 bis 1285.

---

besseren Lesarten in Descriptio Victor. p. 850 und Chron. Guill. Nangis ad A. 1280. Beide Senatoren, P. de Comite und G. Domini Bertoldi de Filiis Ursi erscheinen in einem Document vom 21. Nov. 1280 aus S. M. in Via Lata. bei Brugiotti Epitome Juris Viarum ... Rom, 1664, p. 33. u. 48.

[1] Ueber den Vorfall siehe den Brief Honor. IV. bei Raynald 1281. n. 2, und Jordani Chron. bei Murat. Antiq. IV. 1012.

Um die in Rom fortdauernden Unruhen zu schlichten, schickte Martin IV. sofort zwei Cardinäle als Vermittler an das römische Volk.¹ Er selbst wünschte ihnen nachzufolgen, um sich im S. Peter krönen zu lassen, was jedoch unterblieb, weil die trotzigen Römer ihn zu empfangen sich weigerten. Der neue Papst ging nach Orvieto, nachdem er auf Viterbo um der Wahlexcesse willen den Bann gelegt hatte. Die Legaten erlangten übrigens bald in Rom, was der Papst wünschte, und dieser bewilligte, was König Carl von ihm begehrte: nämlich die Wiederherstellung seiner senatorischen Gewalt. Ihr widersprach zwar die eben erst feierlich erlassene Constitution Nicolaus' III., doch Martin IV. konnte binden und lösen, und hob das Edict seines Vorgängers einfach auf, während die uneinigen Römer, schon gewöhnt mächtigen Fürsten zu dienen, dies zu hindern nicht Kraft hatten. Man traf folgendes Abkommen: die bisherigen Senatoren Petrus Conti und Gentilis Orsini wurden vom Volksparlament zu Wahlherren ernannt, worauf sie am 10. März 1281 Martin dem IV. nicht als Papst, sondern persönlich auf Lebenszeit die volle Senatsgewalt übertrugen, mit der Befugniß seine Stellvertreter zu ernennen.² Gesandte

Die Römer übertragen Martin IV. den Senat.

---

¹ Siehe seine Briefe an die Römer und an Carl bei Martene Vet. Mon. II. 1280, 1284.

² Domino Martino pp. IV. non ratione papatus vel pontificalis dignitatis, sed ratione sue persone, que de nobili prosapia traxit originem — plenarie commiserunt regimen Senatus Urbis ejusque territorii et districtus toto tempore vite sue, et — potestatem regendi — Urbem, ejusque — districtum per se, vel per alium seu alios, et eligendi, instituendi seu ponendi Senatorem, vel Senatores — Act vollzogen auf dem Capitol die lune X. Martii IX. Ind., eingefügt in die Bulle vom 29. April. Vitale, Anhang p 592, und Theiner l. n. 395.

des römischen Volks überreichten in Orvieto dem Papst knieend das ihn zum Senator ernennende Pergament; er schien keinen Wert darauf zu legen; er stellte sich wie Jemand, der sich besinnt, ob er ein unbequemes Geschenk annehmen solle oder nicht; dann that er es mit Herablassung.¹ Der Form wegen schickte er zuerst einen Vicar, Petrus de Lavena, auf's Capitol, erkannte sodann, daß der wahre Friedensstifter der Stadt nur König Carl sein könne, und übertrug diesem den Senat auf seine eigene, des Papsts, Lebenszeit am 29. April 1281.² *und vieler macht Carl I. zum Senator. April A. 1281.*

Der König nahm mit ironischem Lächeln von derselben Würde wieder Besitz, welche ihm Nicolaus III. eben erst für immer entzogen hatte, und nach so kurzer Unterbrechung regierten wieder Franzosen, seine Prosenatoren auf dem Capitol.³ Die Vicare Carl's (er nahm dazu seine ausgezeichnetsten Ritter und Räte) erschienen dort mit allem Pomp senatorischer Gewalt, in pelzverbrämten Scharlach fürstengleich gekleidet; sie erhielten täglich eine Goldunze Gehalt; sie hatten bei sich einen Ritter als Camerlengo oder Stellvertreter, einen andern als Marschall mit vierzig Reitern, acht capitolische Richter, zwölf Notare, Herolde, Thürsteher, Trompeter, einen Arzt, einen Capellan, dreißig bis fünfzig Türmer, einen Wächter für den Löwen, den man als Sinn-

---

1 Nosque nostris adjiciens laboribus, ut eorum discrimina vitarentur, electioni, translationi, commissionis et potestatis dationi predictis consensum prestitimus cum multa instantia postulatum. Bulle vom 29. April.

2 Obige Bulle Martin's an Carl, dat. apud Urbem veterem III. Kal. Maji, Pont. nri. a. I.

3 Bekannt sind als solche Philipp de Lavena, Wilhelm L'Estenbard, Goffred de Dragona. Am 13. Juli 1282 lag Lavena im Lager vor Corneto, wo Gesandte Perugia's erschienen. Urkunde bei Coppi Dissert. della Pontif. Acad. Romana XV. 261.

bild in einem Käfig auf dem Capitol hielt, und andere Officianten mehr. Sie schickten Castellane in die Orte, welche Kammergüter der Stadt waren, wie Barbarano, Vitorclano, Monticello, Rispampano, Civita Vecchia, und einen Grafen nach Tivoli.[1]

Die Macht Carl's, und mit ihr die guelfische Partei überhaupt, erhob sich sofort stärker in ganz Italien. Er war nochmals der anerkannte Patricius der Kirche. Als Lehnsvasall verpflichtet, dem Papst Truppen zu stellen, diente er ihm bereitwillig mit Waffen im Kirchenstaat, um dafür die Rechte eines Protectors in Anspruch zu nehmen; und Martin IV. war so ganz in seiner Gewalt, daß er meist nur königliche Räte zu Governatoren der Patrimonien machte. Die ersten Aemter kamen in die Hände von Franzosen; Franzosen regierten überall von Sicilien bis aufwärts zum Po, und so wurde die Freiheit der Städte, welche einsichtige Päpste schonten, mit dem Untergange bedroht. Der Feldhauptmann Carl's, Johann de Appia, wurde an Bertold's Orsini Stelle sogar zum Grafen der Romagna ernannt, wo die erbitterten Ghibellinen unter Guido von Montefeltre mit den aus Bologna vertriebenen Lambertazzi wieder kühn ihr Haupt erhoben.[2] In derselben Provinz war der berühmteste

Carl I. mächtig im Kirchenstaat.

---

[1] Belege bei Vitale in einem Brief Carl's an L'Estendard, p. 188. — P. 192 finden sich städtische Castellane castrorum Pespansan et Civitatis vetule; jenes ist wol verborben aus Rispampano. Die Turmwächter hießen Turrerii. — In mehren Städten, wie in Florenz, hielt man damals auf Stadtkosten Löwen — custodem Leonis unum. — Ferrante della Marra, discorsi delle famiglie etc. Neapel, 1641, p. 147.

[2] Der Name bald Epa, bald richtiger Appia, so immer in den Regesten Carl's. Im Archiv Bologna (Reg. Nov. fol. 377 sq.) befinden sich die Edicte, welche derselbe am 13. Febr. 1283 für die Romagna zu

Rechtslehrer jener Zeit, der Provençale Wilhelm Durante, geistlicher Legat. In der Mark, in Spoleto, selbst in Tuscien und Campanien lagen sicilische Truppen, befehligten königliche Hofleute im Dienst des Papsts, welchen Carl in Person wie ein Argus in Orvieto bewachte.

Aber ein großes Ereigniß zerstörte plötzlich die neue Macht dieses Königs und das mühsame Werk der französischen Päpste. Die römische Curie erwachte nach dem kurzen Traum einer peinvoll erkauften Sicherheit zu neuer Angst, deren ewige Quelle Sicilien blieb. Diese frech gemißhandelte Insel erhob sich mit heroischer Kraft am 31. März 1282 gegen Carl von Anjou. Die weltberühmte sicilische Vesper war das für alle Zeit gültige Urteil der Geschichte über Fremdherrschaft und Tyrannei; sie war auch die erste siegreiche Herstellung der Rechte des Volks gegenüber dynastischen Ansprüchen und diplomatischen Kabinetsverträgen. Die Sicilianer ermordeten alle Franzosen auf der Insel, warfen das Joch Carl's ab, und riefen den Schutz der Kirche an. Der bebende Martin stieß sie zurück, und jene heldenmütige Nation gab

Die sicilische Vesper, A. 1282.

Imola erließ, 6 Pergamentblätter in Folio stark. Strenge Gesetze über die Immunität der Kirche, Ketzer, Hochverräter. Premisse constitutiones fuerunt promulgate in pleno et generali parlamento praelatorum, comitum, baronum, potestatum, ambaxatorum civitatum et locorum et nobilium provintie romagnole et pleno arengo congregato. In civitate Ymole in pallatio communis per magnif. et nob. virum **Johem. de Appia** tocius provintie Romagnole civitatis bonon., comitatus bretenorii et pertinentiarum eorundem per S. R. E. comitem et generalem rectorem. Et presentibus venerabil. patre D. fratre bonefatio archiep. Ravennat. D. Guillo Duranti Dni. ppe. vicario. Dno. Guidone Epo. Arimin. D. Synibaldo Epo. Imolen. D. **Malatesta de Veruclo** pot. Arimin . . . sub anno D. 1283. die 13. Febr. Ind. XI. pont. Dni. Martini PP. IV. So in dem genannten Urkundenbuch.

nun auch das erste siegreiche Beispiel der Lossagung eines ganzen Landes vom Lehnsverbande mit der Kirche, und der Nichtachtung der Bannstralen des Papsts. Schon am Ende des August landete König Peter von Aragon bei Trapani; unter dem Jubelruf der Menge zog er in Palermo ein, wo er die Königskrone Siciliens durch das Volk nahm. Der Schwiegersohn Manfred's, Gemal Constanza's, kam als Erbe und Vertreter der hohenstaufischen Rechte, und so erschien das schwäbische Geschlecht zum dritten Mal in der Geschichte wieder, verwandelt in ein spanisches Königshaus.[1] Der erschreckte Despot Carl war von Orvieto in sein Reich zurückgeeilt, nur um schimpfliche Niederlagen zu erleiden. Die siegreiche Revolution fand alsbald Wiederhall in den Republiken Italiens, und die Ghibellinen griffen ermutigt zu den Waffen; selbst die in ihren Rechten vielfach gekränkten Städte des Kirchenstaats erhoben sich; Perugia fiel vom Papste ab.[2] Das Blutbad von Palermo hatte sich schon am 1. Mai 1282 zu Forli wiederholt, wo zweitausend Franzosen unter dem Befehle Johann's de Appia, durch die List Montefeltre's herbeigelockt, niedergehauen wurden.

Auch in Rom tumultuirte das Volk. Denn hier bestrebten sich die Orsini, die erbitterten Feinde Carl's, die verlorene Gewalt wieder zu erlangen; zwar von Richard Anibaldi und

Peter von Aragon, König Siciliens, Aug. A. 1282.

---

[1] Manfred und Conradin wurden jetzt gerächt. Tu vero Nerone neronior, et crudelior saracenis, innocentem agnum in tuo reclusum carcere mortis judicio subjecisti ... schöner Brief Peter's an Carl, Martene Thesaur. III. p. 32. Auro ebrius alter Crassus nennen Carl die Palermitaner; ihr Brief an Martin IV., ibid. p. 36.

[2] Die dortigen Bürger wagten es sogar, ihn und die Cardinäle als Strohmänner im Purpur öffentlich zu verbrennen — das erste Beispiel dieser bizarren Art von Volksjustiz, welches ich in Geschichten bemerkt finde.

dem französischen Prosenator vertrieben, warfen sie sich doch nach Palestrina und leisteten hier Widerstand. Der Trieb nach Freiheit erwachte unter den Römern, als sie die Herrschaft Carl's wanken, und die guelfische Partei in ganz Italien erschüttert sahen. Sie wollten weder dem Könige, ihrem Senator, noch dem Papst mehr gehorsamen, der sich voll Furcht in das feste Montefiascone begeben hatte, während sie selbst einen Kriegszug gegen Corneto unternahmen.[1] Vergebens waren die Bitten Martin's; selbst eine Hungersnot im Herbst 1283, die er durch bereitwillige Hülfe zu lindern suchte, steigerte die Aufregung im Volk. Aragonische Agenten streuten Gold aus, lockten ergraute Ghibellinen aus ihren Schlupfwinkeln hervor. Konrad von Antiochien, der einzige aus den Schreckenstagen von Tagliacozzo, welchen Henkerbeil und Kerker verschont hatte, erschien wieder, sammelte Volk in Saracinesco und versuchte auf der ihm nur zu wol bekannten valerischen Straße über Cellä in jenes Gebiet der Abruzzen einzufallen, wo das Schicksal den Sturz seines Hauses vollzogen hatte. Seine Grafschaft Alba wollte er wieder gewinnen. Der Versuch scheiterte, denn der päpstliche Rector der Campagna und Stephan Colonna von Genazzano zerstreuten seine Scharen. Doch der alte Ghibelline fiel im folgenden Jahr in die Abruzzen ein, wo er mehre Castelle besetzte, so daß der Papst Johann de Appia selbst gegen ihn aussenden mußte, während zugleich auch in Latium Empörungen stattfanden.[2]

Konrad von Antiochia und andere Ghibellinen erheben sich.

[1] Martin IV. liebte Montefiascone. Von ihm rührt die dortige Burg und päpstliche Residenz her: Vilani, VI. c. 58.
[2] Am 15. Oct. 1284 schreibt der Papst aus Perugia an den Rector Campaniens: Conrado de Antiochia — cum quibusdam perditionis

Die Römer erheben sich A. 1284.

Johann Cinthii Malabranca, Volkscapitän.

Unterdeß bekamen die Orsini die Oberhand in Rom. Am 22. Januar 1284 wurde das Capitol gestürmt, die französische Besatzung niedergehauen, der Prosenator Goffred de Dragona in's Gefängniß geworfen, die senatorische Gewalt Carl's für erloschen erklärt, und ein Volksregiment eingesetzt. Dies war die Wirkung der sicilischen Vesper auf Rom. Man erhob jetzt einen Edeln von der Sippschaft der Orsini zum Hauptmann der Stadt, zum Defensor oder Tribunen der Republik: Giovanni Cinthii Malabranca, den Bruder des berühmten Cardinals Latinus.[1] Als Martin IV. in Orvieto diese Umwälzung vernahm, beklagte er sich über die Verletzung seiner Rechte, verwahrte diese, gab aber nach. Den Johann Cinthii bestätigte er als Capitän der Stadt, jedoch nur in der Eigenschaft eines Präfecten der Verpflegung, auf sechs Monate; er anerkannte den Rat der aus den Handwerkergilden gewählten Prioren, und bewilligte, daß die Römer einen Prosenator ernannten, der neben dem Capitän

filiis partes ipsius regni invadere per castrum Celle temere attentante, tu una cum dilecto filio viro Stephano de Gennazano ... eos ... debellasti. Raynald n. 15. Ibid. A. 1285. n. 9, ein Brief des Papsts an die Bürger von Andria. — In der Campagna rebellirte Adinolf.

[1] Von der Erstürmung des Capitols, Annales Placentini Gibellini p. 577; Vita Martini (Mur. III. 609). Johem. Cinthi fratrem D. Latini, tunc Hostiens Ep. in Capitaneum urbis et Reipublicae defensorem invocaverunt — der Katalog im Capitol schreibt falsch Johes. Turcus Malabranca. Ich finde Johann Cinthii und sein Geschlecht in einer Kaufurkunde aus S. M. in Via Lata, vom 12. März 1286, worin erscheint Domina Angela de Paparescis als uxor nob. viri Dnl. Johis. Cinthii Malabrance (Mscr. Vat. n. 8044). Irrig nennt Villani VII. c. 54 das Haus des Cardinals Latinus mit dem Namen Brancaleoni statt Malabranca. Der Cardinal war Schwestersohn Nicolaus III., und von seinem Vater her ein Malabranca. Siehe über ihn Quetif und Echard Scriptores Ordinis Praedicator T. I. 436.

auf dem Capitol regieren sollte.¹ Die kluge Nachgiebigkeit schlichtete den Aufruhr; Richard Anibaldi, welcher einst im Conclave zu Viterbo die Orsini gemißhandelt hatte, beugte sich jetzt und ging auf Befehl des Papsts baarfuß, einen Strick um den Hals, von seinem Hause in Rom bis zum Palast des Cardinals Matheus, ihm Abbitte zu leisten.² Eine öffentliche Versöhnung der Parteien fand statt; die Beseitigung des Vicariats von Carl wurde anerkannt, und das römische Volk empfing willig zwei päpstliche Stellvertreter mit senatorischer Gewalt, Anibaldus den Sohn des Petrus Anibaldi und den kraftvollen Pandulf Savelli. So kehrte man zu dem von Nicolaus III. geschaffenen nationalen System zurück.³

Anibaldus Anibaldi und Pandulf Savelli, Senatoren A. 1284.

Schon das folgende Jahr 1285 sah Carl und Martin IV. todt. Der König starb am 7. Januar zu Foggia, durch den Verlust Siciliens niedergebeugt und hart bestraft. Er ließ das Reich, welches er unter Blutströmen erobert hatte, so in Kriegssturm und Empörung zurück, wie es gewesen war, als er es zum ersten Mal betrat. Seine ehrgeizigen Pläne hatte ein Windhauch zerstört; der Erbe und Rächer der Hohenstaufen war siegreich in sein Land gedrungen und trug die

¹ Concedemus vobis vicarium, vel vicarios et camerarium — Joannes Cinthii sicut capitaneus super grassiae facto dumtaxat. (Dies ist eine Herstellung des praefectus annonae). — Tolerabimus — volentes — experimento probare, an expediat vobis in posterum, quod remaneant artium capita: Martin an die Römer, Orvieto, 30. April 1284, Raynald, n. 17.

² Die Erzählung von dieser Abbitte im Ptol. Lucensis Hist. Eccl. XXIV. c. 1.

³ Romani ad mandatum D. Papae reversi susceperunt vice D. Pape duos vicarios Senatoriae, vid. Hanibaldum Petri Hanibaldi, et Pandulfum de Sabello, sub quorum regimine quieti fuerunt: Vita Martini p. 610.

Krone Manfred's; selbst seinen eigenen Thron in Neapel sah er nach seinem Tode voraussichtlich leer; denn sein Sohn und Erbe Carl II. war kriegsgefangen in der Gewalt Peter's von Aragon. Kurze Zeit nach dem Könige starb auch Martin IV. in Perugia, welches sich der Kirche wieder unterworfen hatte, am 28. März 1285.¹ Obwol es ihm gelungen war, durch die Hülfe selbst des Königsmörders Guido von Montfort, den er begnadigt hatte, um ihn dem Ghibellinen Guido von Montefeltre entgegenzustellen, und durch die Unterstützung des Königs Philipp von Frankreich die Romagna und manche andre Stadt zum Gehorsam zu bringen, so ließ er doch Italien in Flammen zurück.² Die von ihm unzählige Male excommunicirten Ghibellinen waren nicht bezwun-

Martin IV.
† 28. März
A. 1285.

---

¹ Uebermäßiger Genuß fetter Aale aus dem See von Bolsena soll ihm den Tod zugezogen haben. Nutriri quidem faciebat eas in lacte, et submergi in vino. Unde quidam huic rei alludere volens ait:
    Gaudeant anguillae, quod mortuus est homo ille,
    Qui quasi morte reos excoriebat eas.
Franc. Pipin. p. 726. Ben. von Imola im Commentar zum Dante p. 1224 (mit Bezug auf die Stelle Dante's: e purga per digiuno l'anguille di Bolsena): nec minus bene bibebat cum illis, quia anguilla vult natare in vino in ventre.

² Ueber die Ernennung Montforts siehe den Brief des Papsts, Orvieto V. Id. Maji, a. III., Duchesne V. 886; ferner Gesta Philippi III. per Guil. de Nang. im Recueil XX. 524. Montfort wurde bald darauf vom sicilischen Admiral gefangen und starb im Kerker. Seine Tochter Anastasia war vermält mit Romanellus Gentilis Orsini; durch sie kam Nola an die Orsini. Ihre berüchtigte Mutter Margareta war Erbin der Aldobrandischen Güter Pitigliano und Soana, die auch an die Orsini fielen. Sie hatte ihre älteste Tochter Thomasia von Guido, wider dessen Wissen, vermält mit Petrus de Vico (dem Sohn des gleichnamigen bekannten Mannes), A. 1295 Stadtpräfect. Thomasia, noch nicht 18 Jahre alt, reclamirte als Erstgeborne ihr väterliches Erbgut von Romanellus Orsini. Staatsarchiv Neapel, Reg. Caroli II. 1294. C. 65. fol. 145 sq.

gen, und Peter von Aragon mißachtete seine Bannbullen, die ihm verboten, die Krone Siciliens zu tragen. Der Schwiegersohn Manfred's trug sie durch den Willen des Volks. Nachdem Länder und Völker lange Zeit durch Päpste und Fürsten veräußert, verschenkt, verhandelt worden waren, hatte sich der Wille des Volks als die Macht erhoben, welche Könige zur Herrschaft beruft. Diese Empörung gegen die Grundsätze dynastischer Autorität mußte durch ein herrliches Verhängniß derselbe Papst erleiden, welcher einst die Usur=pation Carl's als päpstlicher Legat eingeleitet hatte. Die abgebrauchten Bannstralen vermochten nichts gegen das ge=rechte Urteil, das die Geschichte an den beiden Genossen desselben Unrechts, an Carl von Anjou wie an Martin IV., vollzog.

Fünftes Capitel.

1. Honorius IV. Pandulf Savelli, Senator. Verhältnisse zu Sicilien und zum Reich. Einjährige Vacanz. Nicolaus IV. Carl II. in Rieti gekrönt. Die Colonna. Cardinal Jacob Colonna. Johann Colonna, und dessen Söhne Cardinal Petrus und Graf Stephan. Rebellion der Romagna. Die Orsini wider die Colonna. Pertold Orsini, Senator. Johann Colonna, Senator 1289. Viterbo, dem Capitol unterworfen. Pandulf Savelli, Senator 1291. Stephan Colonna und Matheus Rahnaldi Orsini, Senatoren 1292. Nicolaus IV. stirbt 1292.

Die Befreiung der Kirche von dem langen Protectorate Carl's hatte die schnelle Erhebung eines Römers auf den heiligen Stul zur Folge: der hochangesehene, sehr alte Cardinal von S. Maria in Cosmedin, Jacob Savelli, wurde in Perugia schon am 2. April 1285 zum Papst gewählt, eilte nach Rom und ward hier am 15. Mai als Honorius IV. geweiht. Er nannte sich so zu Ehren des ersten Papsts aus seinem eignen, schon mächtigen Hause. Er selbst war ein Sohn des Senators Luca Savelli und der Johanna Albobrandesca von den Grafen Santa Fiora. Von seinen Brüdern, welche einst bei Tagliacozzo unter den Fahnen Carl's gefochten hatten, war Johann schon todt, und Pandulf noch neben Anibaldus Senator von

Honorius IV. Papst A. 1285 bis 1287.

Rom.¹ Kaum war nun Honorius IV. zum Papst gewählt, so übertrugen auch ihm die Römer die senatorische Gewalt auf Lebenszeit, worauf er Pandulf im Senat bestätigte.²

Es ist seltsam, diese zwei Brüder, den einen in seinem Palast bei S. Sabina auf dem Aventin als Papst, den andern auf dem Capitol als Senator die Stadt regieren zu sehen, beide gichtbrüchig und unfähig sich zu bewegen. Denn Honorius IV. war an Händen und Füßen so gelähmt, daß er weder frei stehen noch gehen konnte; wenn er am Hochaltar celebrirte, so vermochte er die Hostie nur durch eine mechanische Vorrichtung zu erheben; und Pandulf war nicht minder vom Podagra so arg gequält, daß er auf einem Stule getragen werden mußte. Aber diese würdigen Männer besaßen im siechen Leibe einen gesunden Geist; sie waren ausgezeichnet durch Klugheit und Kraft. Pandulf, ernst und strenge, gleich Cato, führte an Krücken im Capitol hinkend

Pandulf Sabelli, Senator.

¹ Haymericus de Sabello.

Honorius III.	Dessen Bruder, vielleicht Lucas genannt.	
Lucas, Senator, † 1266, verm. mit Giovanna Aldobrandesca, begrab. in Aracoeli.	Thomas, Card. v. S. Sabina.	
Honorius IV.	Johannes, Podestà von Orvieto, † vor 1279.	Pandulf, Senator, † 1306, begrab. in Aracoeli.	Mabilia, verm. mit Agapitus Colonna, begrab. in Aracoeli.
	Lucas.	Jacobus, Senator.	Andrea, Tochter.

Nach der handschriftl. Geschichte der Savelli von Panvinius; nach Ratti, Storia della fam. Sforza, T. II.; und den Inschriften der Familiengruft.

² Am 13. Febr. 1285 werden Pandulfus de Sabello et Anibaldus D. Transmundi Alme Urbis illustres Senatores genannt; Urkunde im merkwürdigen Gemeindearchiv des Castells Aspra, in den entzückenden Wildnissen der Sabina.

ein so machtvolles Regiment, daß Rom der besten Ruhe genoß; die Straßen waren sicher, denn die Räuber wurden aufgeknüpft, und der wilde Adel wagte keinen Tumult. Der Senator Savelli regierte die Stadt als Stellvertreter seines Bruders während dessen ganzen Pontificats.[1]

Die Regierung von Honorius IV. war kurz; sie wurde ausgefüllt durch seine Sorge um den Frieden im Kirchenstaat und die Angelegenheiten Siciliens. Er nahm von Viterbo das Interdict, womit Martin IV. die Wahlfrevel gestraft hatte, aber die Stadt mußte ihre Mauern einreißen; sie verlor ihre Jurisdiction, und ihr Rectorat fiel an den Papst. Es glückte ihm, die Romagna zu beruhigen, nachdem der große Kriegsmann von Montefeltre die Waffen niedergelegt hatte und in's Exil gegangen war. Im Jahre 1286 machte Honorius seinen Vetter den Proconsul Petrus Stefaneschi dort zum Grafen. Mehr Sorge verursachte ihm Neapel, welches Königreich während der Gefangenschaft Carl's II. Robert von Artois und der päpstliche Legat Gerhard verwalteten. Sicilien schien verloren; nachdem König Peter am 11. November 1285 gestorben war, ging dort die Herrschaft auf dessen zweiten Sohn Don Giacomo über, der im Beisein seiner Mutter Constanza in Palermo gekrönt

---

[1] Auf dem Stadthaus von Todi, wo er A. 1267 Podestà war, prangt noch eine lange Inschrift zu seinen Ehren, zwischen den Wappen der Savelli.
   Anxia civilis varia in discrimina belli
   Urbs ego clara Tuder ad te, Pandulphe Savelli,
   Moribus et genere michi dux, paterque, potestas,
   Ex attavis ducibus romano sanguine natus
    Genti nostrali pacem das . . . .
Nicht ganz correct abgedruckt in der leider unvollendeten Geschichte Todi's von Leoni (p. 320).

wurde, ohne daß man der Bannbullen des Papsts achtete. Der große Admiral Roger de Loria war überall siegreich auf dem Meer; eine sicilische Flotte unter Bernardo da Sarriano landete am 4. September 1286 sogar an der römischen Küste, wo die Sicilianer, Konradin zu rächen, Astura niederbrannten, und den Sohn des Verräters Frangipane erschlugen.[1]

Mit Rudolf von Habsburg stand Honorius IV. in freundlichem Verhältniß; die Kaiserkrönung, welche der König der Römer wiederholt begehrte, war auf den 2. Februar des Jahrs 1287 angesagt worden, jedoch niemals wurde die Krone Carl's des Großen dem ersten Habsburger aufs Haupt gesetzt. Schon am 3. April 1287 starb Honorius IV. in seinem Palast auf dem Aventin; denn auf diesem Hügel hatte er sich seine Residenz gebaut, und nur die Sommerzeit in Tivoli zugebracht, wahrscheinlich um die Schwefelbäder der Aquae Albulae zu gebrauchen. Er hinterließ sein Geschlecht

*Honorius IV.
† 3. April
A. 1287.*

---

[1] Barthol. de Neocastro c. 102, 103. Astura dauerte, doch die Gemeinde verkaufte sich den Frangipani. Am 5. Oct. 1287 Verkaufsvertrag des Populus Castri Asturae congregatus per commune in platea dicti castri... auct. duorum dei. castri scil. Manuelis, Petri et Jacobi Frajapan. et Jannonis vicecomitis dei castri... actum in dco.' Castro Asture in login seu statio Dominor. ante Eccliam S. Nicoli (Archiv Gaetani XXXIV. 51). — Die Frangipani verkauften ½ Astura an Petrus Gaetani für 30000 Flor; dieser verkaufte es wieder an Petrus Landulfi Frajapane, am 7. Febr. 1304. Die Grenzen: ab uno lat. est mons Circegi (Cap der Circe). Ab alio Lacus Soresci et Crapolace et lacus Foliani. Ab alio tenimentum Castri Concarum. Ab alio tenim. Castri s. Petri in Formis. Ab alio est ten. Castri Noctuni (Ibid. n. XXXIV. 54). — Hierauf schwören am 12. Febr. 1304 die Leute von Astura an Petrus Frangipane das ligium homagium, wobei ihm zum Zeichen der Besitznahme die Procuratoren Meersand (de arena maris) in die Hände legen. Die lange Liste der Schwörenden beweist, daß der Ort noch stark bevölkert war, während er heute spurlos verschwunden ist.

reich und angesehn. Aus seinem Testament, das er als Cardinal gemacht, als Papst bestätigt hatte, geht hervor, daß die Savelli schon damals im Lateinergebirg, und selbst im Gebiet von Civita Castellana mächtige Herren waren. Zu Rom besaßen sie Palast und Burg auf dem Aventin, Palast und Türme in der Region Parione, wo noch heute der Vicolo de' Savelli an sie erinnert, und später bauten sie in den Trümmern des Marcellustheaters jenen großen Palast, der jetzt von den Orsini genannt wird.[1]

Die Savelli mächtig in Rom.

Die Cardinäle hielten ihr Conclave im Hause des Verstorbenen, ohne sich über die Wahl entscheiden zu können; ihre Uneinigkeit war so groß, daß der heilige Stul fast ein Jahr lang vacant blieb. Die heiße Jahreszeit, wo die Malaria auf dem Aventin tödtlich zu sein pflegt, brach herein: sechs Cardinäle starben am pestartigen Fieber, welches ganz Rom ergriffen hatte, und die übrigen suchten ihr Heil in der Flucht. Nur der Cardinalbischof von Präneste ertrug in den öden Gemächern der Santa Sabina mit Todesverachtung Einsamkeit und Fieberluft, wofür ihn die Tiara belohnte. Als die Cardinäle im Winter auf den Aventin zurückgekehrt waren, wählten sie ihn, doch erst am 22. Februar 1288 zum Papst. Hieronymus aus Ascoli, geringer Abkunft, Ordensbruder der Minoren, hierauf ihr General, hatte sich

---

[1] Testament vom 24. Febr. 1279, Ratti fam. Sforza II. 302; darnach besaßen die Savelli: Albano, Castrum Sabelli, Castrum Leonis, Gandolfo, castr. Fajole, Rignano, Cersano, Turrita, Palumbaria, castr. Scrofani, Mons Viridis. Das Testament ist bestätigt am 5. Juli 1285 in castro Palumbariae in Palacio Arcis ejusd. castri. Von Häusern, Türmen in der Stadt werden namentlich genannt die in monte de Sasso, et in alio monte posito supra marmoratam (Aventin). Den Mons de Sasso hält Martinelli Roma ex ethnica sac. p. 63 für den Monte Giordano, was ich sehr bezweifle.

schon unter Gregor X. als Legat im Orient ausgezeichnet, war von Nicolaus III. zum Patriarchen von Byzanz, sodann zum Bischof von Präneste erhoben worden. Er bestieg als Nicolaus IV. den heiligen Stul — der erste Franciscaner, welcher Papst wurde, ein frommer Mönch ohne Eigennutz, bemüht um den Frieden der Welt, um einen Kreuzzug, und die Ausrottung der Ketzerei.

Nicolaus IV. Papst, A. 1288 bis 1292.

Die Römer übertrugen auch ihm die senatorische Gewalt auf Lebenszeit. Die Ernennung der Päpste zu Podestaten wurde überhaupt auch in andern Städten häufig.[1] Sie suchten deren Magistratswahl an sich zu bringen, und ernannten dann ihre Stellvertreter. Ihr Verhältniß zu den Communen des Kirchenstaats war nie ein anderes, als das des obersten Lehnsherrn zu Vasallen, welche mit ihm einen Vertrag geschlossen hatten. Die Städte anerkannten die päpstliche Hoheit, leisteten Heeresfolge, zahlten Grundsteuer, unterwarfen sich in gewissen Fällen dem Tribunal der Provinzial-Legaten, aber sie behaupteten ihre Statuten, ihre eigene Gerichtsbarkeit, Verwaltung und staatliche Autonomie. Jede von ihnen blieb eine Republik mit besonderen Rechten, Gewohnheiten und Privilegien. Dieser kraftvolle Municipalgeist hinderte die Päpste, welche ihn schonen mußten, um den Geschlechteradel zu beschränken, wirkliche Landesherren zu werden; aber sie benutzten voll Klugheit die Ungleichartigkeit wie die Eifersucht der Communen, sie durch Zwiespalt zu schwächen. Sie entzogen den einen das Recht sich Podestaten

---

[1] So that dies Terracina mit Nicolaus IV. (Contatore p. 206); er machte Octavian de Brunforte, Rector der Campagna, dort zum Podestà. So übertrug ihm auch Ascoli den Rectorat auf Lebenszeit. (Theiner, I. n. 471).

zu wählen, und gaben es den andern für eine jährliche Abgabe.¹ Sie verboten die politischen Conföderationen der Städte, aber sie bezwangen oft die eine durch die andere. Sie zeigten sich bald monarchisch, bald republikanisch gesinnt; ihr Regiment war schwach und milde, oft patriarchalisch, immer schwankend; und die Unfähigkeit ein allgemeines politisches Recht einzuführen, wie die unkluge Feindseligkeit von Legaten gegen das Gemeinwesen ohne den Nachdruck materieller Gewalt, endlich der schnelle erblose Wechsel auf dem päpstlichen Tron erzeugte jenen seltsamen Zustand blos mechanischer Zusammensetzung und wiederholten Zerfalls, welcher dem Kirchenstaat immer eigen geblieben ist.

In Rom war Ruhe während des ersten Jahrs von Nicolaus' IV. Regierung, bis ihn Parteihaber im Frühling 1289 nach Rieti trieb, wo er schon den vorigen Sommer zugebracht hatte.² Er krönte dort Carl II. zum Könige Siciliens. Der schwache Sohn Carl's von Anjou war durch die Bemühungen Eduard's von England und des Papsts im November 1288 aus seiner spanischen Haft entlassen worden, und kam nun nach Rieti, wo seine Krönung am 29. Mai vollzogen wurde. In einer Urkunde bekannte er sich, wie sein Vater, zum

Carl II. zum Könige Siciliens gekrönt A. 1289.

---

¹ Beispiele davon unter Nicol. IV. bei Theiner I. n. 480 sq.; namentlich für die Städte der Mark. Die Gerichtsbarkeit des Podestà wurde freilich durch das geistliche Forum und die Appellation an den Legaten beschränkt. Für das Recht, sich einen Podestà zu wählen, zahlten mittlere Städte an die Kirche jährlich 30 bis 150 Ravennatische Pfunde (n. 482). Die Abgaben an die Kirche waren mäßig. Die Jahresrente von 1290 bis 1291 aus dem Ducat Spoleto betrug 7760 Goldflorene, 41 Solidi und 4 Denare. Theiner I. p. 321.

² Annales Colmar. major. (Mon. Germ. XVII.): A. 1289: Papa Nicol. expellitur de Roma — Rome pars pape a Romanis violenter ejicitur, et ex utraque parte plus quam quingenti numero perierunt.

Vasallen der Kirche durch deren Gnade, beschwor die Lehns=
artikel, und gelobte weder in Rom, noch im Kirchenstaat
die Gewalt des Senators oder Podestà zu bekleiden.[1] Eine
aragonische Partei mochte die Krönung Carl's II. mit Miß=
fallen betrachten, doch die Unruhen in Rom hatten mehr
Grund in der Eifersucht der Adelsgeschlechter gegen einander.
Das guelfische Haus der Savelli und die ihnen verschwägerten
Orsini bildeten seit 50 Jahren die einflußreichsten Glieder der
römischen Aristokratie; sie verdrängten die einst herrschenden
Anibaldi. Auch der neue Papst war den Orsini befreundet
gewesen; denn Nicolaus III. hatte ihn zum Cardinal gemacht,
und er trug aus Dankbarkeit dessen Namen; aber er wandte
sich bald den Ghibellinen, und ausschließlich der Familie
Colonna zu.

Dieses berühmte Haus büßte seinen Ghibellinismus zur *Die Colonna*
Zeit Friedrich's II., wo der Cardinal Johann und sein Neffe *kommen*
wieder zur
Oddo gegen die Kirche standen, durch Zurücksetzung während *Macht.*
der Restaurationsepoche der päpstlichen Herrschaft, und erst
am Ende des XIII. Säculum trat es als das mächtigste Ge=
schlecht Roms hervor, um dann Jahrhunderte lang die erste
Stelle in der Stadt einzunehmen. Es war Nicolaus III.,
der die Colonna wieder begünstigte, um die Anibaldi zu
schwächen; er erhob Jacob, den Sohn Oddo's, zum Cardinal.
Nicolaus IV. gab hierauf ihrem Hause neuen Glanz und
wahre Bedeutung. Als Bischof von Palestrina war er in
vertraute Berührung mit ihnen gekommen; die Tiara hatte
er vielleicht ihrem Einflusse verdankt, und als Papst über=
häufte er sie mit erkenntlichen Ehren. Den Bruder des

---

[1] Die Urkunde beim Raynald a l A. 1289. n. 2.

Cardinals Jacob, Johann Colonna, der schon im Jahre 1280 Senator gewesen war, machte er zum Rector der Mark Ancona; von Johann's Söhnen erhob er Petrus zum Cardinal von S. Eustachio, Stephan zum Grafen der Romagna.[1] Dieser römische Proconsul wurde seither einer der größten Männer seines Geschlechts, später Gönner und Freund Petrarca's, und berühmt durch das tragische Geschick seines Hauses zur Zeit des Tribunen Cola bi Rienzo. Stephan war damals im ersten Mannesalter, feurig und voll Ungestüm. Als Graf der Romagna beleidigte er Adel und Städte jener Provinz durch seine Eingriffe in die Statuten der Communen. Dies hatte zur Folge, daß die Söhne Guido's von Polenta ihn, im November 1290, in Ravenna überfielen und mit seinem ganzen Hofe schimpflich gefangen setzten.[2] Rimini, Ravenna, andre Städte rebellirten, worauf der Papst den Bischof von Arezzo Ildebrand de Romena als neuen Rector der Romagna abschickte, den Aufstand zu stillen, und Stephan aus dem Kerker zu befreien.[3]

Stefano Colonna, Graf der Romagna.

An der Rebellion hatte auch ein Orsini Anteil, Ursellus von Campo di Fiore, Sohn des Matheus, damals Podesta von Rimini. Die Orsini sahen das Wachstum der Colonna

---

[1] Auch einen Orsini, Napoleon, machte er zum Cardinal, aber nur weil er mit den Colonna verschwägert war, und per partire gli Orsini, sagt Villani VII. c. 119.

[2] Stephan Colonna zog am 12. Dec. 1289 in Rimini ein (wo damals die Tragödie der Francesca sich ereignete; Hieron. Rubeus, Vita Nicolai IV. p. 90); im Nov. 1290 wurde er gefangen, erst am 24. Jan. 1291 befreit. Tonnini, Rimini, III. 155. Franc. Pipin. Chron. p. 733, und Petri Cantinelli Chron. p. 282. Die Annales Caesenat. Mur. XIV. 1107 geben als Tag der Gefangennahme den 13. Nov. an.

[3] Die Ernennungsbulle für den Bischof, batirt Orvieto, 22. Dec. 1290. Es heißt darin: cum autem — nuper nob. vir Stephanus de

mit Eifersucht, zumal diese Herren sie auch aus dem römischen Senat verdrängten. Nachdem nämlich Pandulf Savelli sein Amt niedergelegt, was wahrscheinlich bald nach dem Regierungsantritt des neuen Papsts geschah, hatte Nicolaus IV., noch den Orsini günstig, erst Ursus und dann Bertold, den ehemaligen ersten Grafen der Romagna, zu Senatoren ernannt.[1] Jedoch schon im Jahre 1290 gelang es den Colonna, ihre Nebenbuler in der Gunst des Papsts zu stürzen: Johann, der Vater des Cardinals Petrus, des Grafen Stephan und noch vier andrer kraftvoller Söhne, wurde Senator, nachdem Nicolaus de Comite und Lucas Savelli abgetreten waren.[2] Der mächtige Colonnese, ein

Bertold Orsini, Senator A. 1288 und 1289.

Colompna cui regimen provintie Romaniole — duximus comitendum, hiis diebus ad civitatem Ravenne accedens, pro ipsius — statu ad pacem — reducendo, ab Eustachio et Lamberto de Polenta — proditionaliter — captus fuerit et adhuc detineatur carceri mancipatus (Archiv Bologna, Reg. Nov. fol. 393).

[1] Bertold war im Dec. 1288, und noch im Mai 1289 Senator. Dies nach Pergamenten im Archiv Bologna (großer Foliant enthaltend Conventionen zwischen Bol. und andern Städten von A. 1226 ab). In der Urkunde n. 32, vollzogen zu Rom im Palast Quattro Coronati, betreffend den Schadenersatz, den Bertold an Bologna quittirt, heißt es: In nom. Dom. Am. Anno ej. 1289. Ind. II. Pont. D. Nicolai PP. IV. a. I. die XII. m. Febr. In presentia reverend. patris D. Benedicti S. Nicolai in Carcere Tulliano Diacon. Cardis, auditoris a D. PP. specialiter deputati, et arbitri in omnib. causis ... que olim vertebantur inter magnif. et nob. vir. D. Bertoldum de filiis Ursi Romanor. Procons. nunc alme Urbis Senatorem. Das Laudum des Cardinals Benedict (n. 52), datirt 17. Dec. 1288, und darin heißt Bertold schon nunc alme Urbis Sen. Ich stelle damit dies senatorische Datum fest. Domini Brectuldi et Dom. Riccardi de Militiis Senatoris Urbis heißt es schon am 14. Oct. 1288 in einer Urkunde von Corneto, bei Coppi Dies. della Pontif. Acad. Rom. XV. p. 267. — Am 26. Sept. 1288 waren Senatoren Ursus de filiis Ursi et Nicolaus de Comite (Ibidem).

[2] Er war es bestimmt im Sept. 1290, nach dem Brief des Papsts,

wahrer Campagnafürst, sehr befreundet mit Carl II. von Neapel, erschien in Rom mit ganz ungewöhnlichem Glanz. Das Volk führte ihn sogar auf einem Wagen im Triumf auf's Capitol, und acclamirte ihm als Cäsar, um dann gegen Viterbo und andre Städte zu Feld zu ziehen. Der unerhörte Aufzug, eine Erinnerung an das Altertum, zeigte, welche schwärmerische Gefühle oder Ansichten sich bereits wieder unter den Römern regten.[1]

Nicolaus IV., meist in der Sabina, in Umbrien, oder in Viterbo wohnend, hatte in Wirklichkeit keine Gewalt über Rom; er mußte es ruhig geschehen lassen, daß die Römer einen wütenden Zerstörungskrieg gegen Viterbo unternahmen, welcher hierauf zu einem von ihm vermittelten Frieden führte. Johann Colonna, noch immer alleiniger Senator und Herrscher Rom's, schloß ihn im Namen des römischen Volks am 3. Mai 1291 auf dem Capitol, wo die Gesandten der Viterbesen in Gegenwart der Syndici von Perugia, Narni, Rieti, Anagni, Orvieto, Spoleto, der Stadt Rom den Vasalleneid erneuerten, und sich zu großem Schadenersatz verpflichteten.

Orvieto, 27. Sept. 1290: dilecto fil. nob. vir. Joanni de Columna Senatori Urbis, bei Contatore p. 207. Der Eingang dudum tibi-scripsimus zeigt, daß Johann längst vorher Senator war. Am 1. Jan. 1290 aber fungiren als Senatoren Nicolaus de Comite und Lucas de Sabello, bei Coppi ut supra.

[1] Vereinzelte Notiz im Chron. Parm. (Mur. IX. 819): Eo anno (1290) Romani fecerunt D. Jacobum de Columna cor. Dominum et per Romam duxerunt eum super currum more Imperatorum, et vocabant eum Caesarem. Die Chronik verwechselt Jacob mit Joh. Colonna. Joh. wurde von Carl II. hoch geehrt, der am 26. März 1294 dessen Söhnen Agapitus, Stephan und Joh. Lehen im Königreich gab, Monopellum, Toccum, Casale Comitis etc., aus Freundschaft zu ihrem Vater und Oheim dem Card. Jacob. Instrum. vollzogen in Perugia (Archiv Colonna, Armar. I. Fascic. I. n. 5.)

Dieser feierliche Staatsact zeigt die Republik auf dem Capitol unter der Regierung des mächtigen Johann Colonna als so völlig souveräne Macht, wie sie es zur Zeit Brancaleone's gewesen war.[1] Die Herrschaft der Colonna rief indeß unter dem Adel heftigen Widerspruch hervor. Man schmähte den Papst, daß er sich so ganz in die Gewalt eines einzigen Hauses begeben habe; Satiren verspotteten ihn; man bildete ihn ab, steckend in einer Säule, dem Wappen jenes Geschlechts, woraus nur sein Kopf mit der Mitra hervorragte, während zwei andre Säulen, die beiden Cardinäle Colonna, ihm zur Seite standen.[2] Die Orsini erlangten es endlich, daß auch aus ihrer Partei der Senat besetzt wurde; zuerst wurde nämlich Pandulf Savelli im Jahr 1291 wiederum Senator, im folgenden aber teilten sich Stephan Colonna, der ehemalige Graf der Romagna, und Matheus Raynaldi Orsini in die senatorische Gewalt.[3]

Nicolaus IV. starb unterdeß am 4. April 1292 im Palast bei der S. Maria Maggiore, den er sich prächtig erbaut hatte. Kurz vor ihm war am 15. Juli 1291 Rudolf

Nicolaus IV. † 4. April A. 1292.

---

[1] Urkunde aus dem Archiv Viterbo bei Crioli im Giornale Arcadico Vol. 137 p. 201. Die Viterbesen schwören vassallagium et fidelitatem Senatui Populoque Romano.

[2] Der Libell hieß Initium malorum: Franc. Pipin. Chron. p, 727.

[3] Vitale p. 201 bemerkt am 29. Mai 1291 Joh. Colonna und Pandulf in einem Instrum. von S. Lorenzo in Panisperna, das er jedoch nicht gibt. Er bezieht sich für Pandulf falsch auf die Statuten der Kaufleute, wo ich denselben erst am 12. Juni 1297 als Senator finde. Zu A. 1292 sagt die Chronik von Parma (Mar. IX. 823) duo Senatores facti fuerunt Romae, unus quorum fuit D. Stephanus de Columna, et alius quidam nepos D. Mathei Cardinalis. — Am 10. Mai 1292 zeichnen Stephanus de Columnensibus, et Matheus D. Raynaldi de filiis Ursi ein Friedensinstrument für Corneto. Codex Margarita Cornetana, Vatican. Abschrift 7931 p. 171.

von Habsburg ohne die Kaiserkrone in's Grab gestiegen; zugleich hatte der Verlust von Accon, der letzten christlichen Besitzung in Syrien, am 18. Mai, das große Weltdrama der Kreuzzüge beschlossen. Diese zweihundertjährigen Heerfahrten Europa's hatten, ähnlich wie die orientalischen Kriege im alten Rom, in der Maschinerie des Papstthums als starke Hebel der Weltherrschaft gedient. Das Aufhören des großen Kampfs der Kirche mit dem Reich, und das Erlöschen jener Kreuzzüge verengten seither den Horizont des Papstthums. Aus seinem Riesenbau fiel ein Stein nach dem andern; die Welt entzog sich ihm, und den müden Händen der Päpste begann das Scepter Innocenz' III. zu entsinken.

2. Die Papstwahl streitig zwischen den Factionen der Orsini und Colonna. Anarchie in Rom. Agapitus Colonna und ein Orsini, Senatoren 1293. Petrus Stefaneschi und Oddo von S. Eustachio, Senatoren. Conclave zu Perugia. Petrus vom Murrone zum Papst gewählt. Leben und Gestalt dieses Einsiedlers. Sein seltsamer Einzug in Aquila, wo er als Cölestin V. geweiht wird, 1294. König Carl II. bemächtigt sich seiner. Cölestin V. in Neapel. Er dankt ab.

Nur zwölf Wähler an Zahl, zwei Franzosen, vier Italiener, sechs Römer, spalteten sich die Cardinäle in die Factionen der Orsini und der Colonna, jene vom Cardinal Matheus Rubeus, diese vom Cardinal Jacob geführt.[1] Der

[1] Die 6 Römer: Latinus Malabranca Orsini von Ostia, Matheus Rubeus Orsini von S. M. in Porticu; Napoleon Orsini von S. Adrian; Jacob Colonna von S. M. in Via Lata; Petrus Colonna von S. Eustachius; Johannes Boccamazi von Tusculum. Die 4 Italiener: Benedict Gaetani von Anagni, von S. Martin; Gerard Bianchi, Bischof der Sabina, von Parma; Matheus d'Acquasparta von Tobi, Bischof von Portus; Pietro Peregrossi von S. Marco, Mailänder; die 2 Franzosen: Hugo von S. Sabina, Johann Cholet von S. Cecilia. Die Deutschen waren

Decan Latinus von Ostia versammelte sie vergebens nach
einander in S. Maria Maggiore auf dem Aventin und in
S. Maria sopra Minerva. Die Papstwahl konnte nicht zu
Stande kommen. Als die Sommerhitze begann, entwichen
die nichtrömischen Cardinäle nach Rieti; die römischen blie=
ben; der kranke Cardinal Benedict Gaetani ging nach Anagni,
seiner Vaterstadt. Im September kam man wieder in Rom
zusammen, doch der Wahlstreit zog sich in's Jahr 1293
hinein, bis man, nach abermaliger Zerstreuung, aus Furcht
vor einem Schisma übereinkam, sich am 18. October in
Perugia zu versammeln.

Dem Parteikampf der Cardinäle entsprach die wildeste
Anarchie in der Stadt, wo man um die Senatswahl stritt,
in den Straßen kämpfte, Paläste zerstörte, Pilger erschlug
und Kirchen plünderte. Der Nepotismus einiger Päpste hatte
hier die Factionen der Colonna und der Orsini in's Leben
gerufen, in welche sich die guelfische und ghibellinische Partei
zu verwandeln begann. Ihre Kämpfe um die städtische Ge=
walt bilden fortan die Charakterzüge der häuslichen Geschichte
von Rom. Um Ostern 1293 wurden neue Senatoren gewählt,
Agapitus Colonna, und ein Orsini, dessen baldiger Tod die
Ursache neuer Fehden wurde. Das Capitol blieb sechs Mo=
nate lang ohne Senator, der Lateran ohne Papst; die Ver=
wirrung ward unerträglich, bis es den bessern Bürgern im
October gelang, die Ruhe herzustellen. Man machte zwei
neutrale Männer zu Senatoren, Petrus vom Trasteveriner
Geschlecht der Stefaneschi, einen strengen und besonnenen
Greis, welcher Rector der Romagna, und schon früher
aus dem Cardinalscollegium verschwunden, und dies ganz romanisch ge=
worden.

<small>Petrus
Stefaneschi,
und Odo de
S. Eustachio,
Senatoren,
A. 1293.</small>

Senator gewesen war, und Obbo, einen jungen Römer vom Geschlecht S. Eustachio.[1]

Conclave in Perugia, A. 1293.

Um dieselbe Zeit versammelten sich die Cardinäle in Perugia; doch der Winter ging ohne Erfolg hin, und selbst ein Besuch Carl's II., dem dort sein junger Sohn Carl Martell, Titularkönig und Prätendent von Ungarn, entgegenkam, machte keine Wirkung.[2] Wütender Parteihader hielt die Cardinäle ab, ihre Stimmen auf einen Mann aus ihrer Mitte zu vereinigen, und dies hatte zur Folge, daß sie endlich eine Wahl trafen, welche nicht unglücklicher hätte ausfallen können. Die zufällige Erwähnung von Visionen eines frommen Eremiten veranlaßte den Cardinal Latinus, der diesen Heiligen persönlich verehrte, ihn zum Papste vorzuschlagen. Dies hätte als Scherz erscheinen können, aber man stimmte ihm mit Ernste bei, und die ratlosen Cardinäle,

Wahl des Anachoreten Petrus, 5. Juli A. 1294.

welche nach einem Strohhalme griffen, erwählten jenen Einsiedler am 5. Juli einstimmig zum Papst. Das Wahldecret

---

[1] Vitale ist für diese Zeit unkritisch; die einzige, oft hieroglyphische Quelle die metrische Vita Coelestini V. von Jacob Stefaneschi, dem Sohn des Senators Petrus. (Mur. III. 621.) Den Senator Agapitus bezeichnet eine Glosse des Autors (p. 621 n. 33). Bei Vitale figuriren (nach Garampi Saggi di osserv. sul valore delle antiche monete pontificie, App. p. 32) A. 1293 Matheus Rainaldi Orsini und Richard Tebaldi als Senatoren. Vom Oct. 1293 ab waren es die im Text genannten. Petrus Stefani war A. 1280 Podestà von Florenz, als Card. Latinus dort Frieden zwischen Guelfen und Ghib. stiftete. (Instrument vom 18. Jan. 1280, im Cod. Riccardian. n. 1878. p. 349.) Sein voller Name ist Petrus Stephani Raynerii, so nennt er sich als Senator neben Obbo de S. Eustachio am 12. Mai 1294 in einer von mir copirten Urkunde im Archiv Aspra: Reassidation von Bewohnern jener Gemeinde durch beide Senatoren.

[2] Wie es damals in Rom herging, zeigen die Colmarer Annalen: circa pascha (1294) quidam de progenie Ursina in Eccl. B. Petri peregrinos undecim occiderunt. (Mon. Germ. XVII. 221.)

ward ausgefertigt; drei Bischöfe machten sich auf, es dem Heiligen in seine Wildniß zu tragen.

Die seltsame Erscheinung des Anachoreten Petrus vom Berg Murrone in der Tiara von Innocenz III. versetzt in das legendenhafte Dunkel grauer Jahrhunderte zurück, in die Zeiten S. Nil's und Romuald's. Sein Pontificat gleicht in den Annalen des Papstthums in Wahrheit einer Heiligensage, oder einer Dichtung, mit welcher das legendäre Mittelalter seinen Abschied von der Geschichte nimmt. Petrus, der jüngste und elfte Sohn eines Landbauers aus Molise in den Abruzzen, war jung Benedictiner geworden, von mystischen Neigungen getrieben in die Wildniß gegangen, hatte auf dem unwegsamen Gebirg Murrone bei Sulmona geeinsiedelt, und dort ein dem heiligen Geist geweihtes Kloster und einen strengen Orden gestiftet, welcher später von ihm den Namen der Cölestiner erhielt, und die schwärmerische, der weltherrlichen Kirche gefährliche Richtung aufnahm, die sich unter den strengen Franciscanern oder den Spiritualen aus dem Princip der evangelischen Armut erzeugt hatte.[1] Der Ruf seiner Heiligkeit verbreitete sich durch Italien. Zu Lyon hatte er sich Gregor dem X. vorgestellt und die Bestätigung seines Ordens erlangt. Der Anachoret mußte in der That ein ungewöhnlicher Mensch sein, wenn es ihm, wie sein Biograph versichert, gelang, vor den Augen des Papsts seine Mönchskutte an einem Sonnenstral in der Luft aufzuhängen.[2] Er lebte

Sein Leben auf dem Berg Murrone.

---

[1] Durch Diplom vom 31. Juli 1294, dat. Aquila, nahm Carl II. das monasterium S. Spiritus de Marrono situm prope Sulmonam in Schutz. Reg. Caroli II. 1293. 1294. A. n. 63. fol. 213.

[2] Et vir dei exutam cucullam ad solis radium in aere suspendit, non aliter quam suo imperio — eine köstliche Phantasie des Biographen jenes Heiligen, Max. Bibl. Veter. Patrum Vol. XXV. 760.

auf dem Berg Murrone, in entzückte Bußübungen versenkt, als die Papstwahl auf ihn fiel, und dies überraschende Ereigniß scheinen ihm die Geister der Wildniß nicht verkündigt zu haben.

Die atemlosen Boten klommen die Hirtenpfade des Kalkgebirgs empor, um den Wunderthäter zu finden, den sie aus einer dunkeln Höle auf den stralenden Tron der Welt ziehen sollten. Auch der Cardinal Petrus Colonna hatte sich eingefunden, während das Gerücht eines so außerordentlichen Vorganges zahllose Menschenscharen von nah und fern herbeizog. Jacob Stefaneschi, der Sohn des damaligen Senators, hat als Augenzeuge die wunderbarste Scene in wunderlichen Versen lebhaft geschildert. Als die Abgesandten den Ort gefunden hatten, sahen sie eine rohe Einsiedlerhütte vor sich mit einem vergitterten Fenster; ein Mann mit verwildertem Bart, mit bleichem abgehärmtem Antlitz, die feurigen Augen vom Weinen gerötet, in eine zottige Kutte gehüllt, blickte scheu auf die Ankommenden. Sie entblößten ehrfurchtsvoll ihre Häupter und warfen sich auf ihr Antlitz nieder. Der erstaunte Anachoret erwiederte ihren Gruß demutsvoll in gleicher Weise.[1] Als er ihre Botschaft hörte, mochte er eine seiner phantastischen Erscheinungen vor sich zu sehen glauben; denn diese fremden Herren kamen aus dem fernen Perugia, ein besiegeltes Pergament in den Händen, ihm zu melden, daß er Papst sei. Man sagt, der arme Einsiedler habe die Flucht versucht, und sei nur durch stürmische Bitten, zumal der Mönche seines Ordens, zur Annahme des Wahldecrets

Die Abgesandten des Conclave suchen den Eremiten auf.

---

[1] Nudare caput, genibusque profusi
In facies occidere suas: quibus hic viceversa
Procubuit terra — — — (Opus Metricum p. 629).

vermocht worden. Dies ist sehr wahrscheinlich; obwol die
Verse seines Lebensbeschreibers nur die kurze Pause eines
Gebets machen zwischen der Eröffnung der seltsamen Botschaft
und der kühnen Einwilligung des Heiligen.[1] Der Entschluß
eines in Bergwildnissen ergrauten Eremiten, mit der Papst=
krone eine Weltlast auf sich zu nehmen, welcher kaum ein
großes und praktisches Talent gewachsen sein konnte, ist
wahrhaft staunenswert. Wenn auch die Eitelkeit selbst den
Panzer eines Büßers und die rauhe Kutte eines Heiligen zu
durchdringen vermag, so mögen doch Pflichtgefühl, Demut
gegen den eingebildeten Wink des Himmels, und kindliche
Einfalt den Anachoreten vom Murrone zu dieser verhängniß=
vollen Zustimmung bewogen haben. Außerdem trieben ihn
die Genossen seines Ordens; denn diese Jünger des heiligen
Geistes stellten sich voll Entzückung vor, daß mit der Wahl
ihres Oberhaupts jenes prophetische Reich in's Leben treten
solle, welches der große Abt Joachim de Flore verkündet hatte.

Zahlloses Volk, Clerus, Barone, König Carl und sein
Sohn, eilten herbei, den neuen Auserwählten zu ehren, und
das wilde Gebirge Murrone bedeckte sich mit der seltsamsten
Scene, welche die Geschichte jemals gesehen hat. Man zog
nach der Stadt Aquila; der Papst=Eremit ritt in seiner ärm= *Zug des Eremiten nach Aquila.*
lichen Kutte auf einem Esel, den zwei Könige mit sorgsamer
Ehrerbietung am Zügel führten, während Scharen glänzender

---

[1] Petrarca erzählt vom Fluchtversuch (Vita Solidaria II. c. 18);
doch Jacob Stefaneschi sagt:
Post morulam Senior: Missis sermonibus, inquit — — —
Papatus accepto gradum.
Die Boten küßten ihm seine Pantoffeln, chiffonibus oscula figunt —
villosis; wahrscheinlich die Fußbekleidung der heutigen Ciocciaren, aus
Sandalen von Eselshaut.

Ritterschaft, hymnensingende Chöre der Geistlichkeit voraufzogen, und bunte Menschenschwärme folgten, oder an den Wegen andachtsvoll niederknieten.¹ Beim Anblick der schauprangenden Demut dieses Aufzugs eines Papsts auf einem Esel, aber zwischen zwei dienenden Königen, urteilten manche, daß diese Nachahmung des Einzuges Christi in Jerusalem entweder eitel, oder für die praktische Größe des Papsttums nicht mehr passend sei. Der König Carl bemächtigte sich sofort des Neugewählten; diese Puppe, einen Papst seines Landes, ließ er nicht mehr aus den Händen.² Die Cardinäle hatten Peter nach Perugia gerufen; er rief sie nach Aquila, weil es Carl so befahl. Sie kamen widerwillig; der kräftige Benedict Gaetani traf zuletzt ein, und suchte, entrüstet über das, was er sah, des Einflusses auf die Curie sich zu versichern. Es war ein Glück für den Cardinal Latinus, daß er damals in Perugia starb, ohne das Geschöpf seiner Wahl in der Nähe zu sehen, aber sein Tod war ein großes Unglück für Peter selbst.³ Die Cardinäle, weltmännische, gelehrte und feine Herren, betrachteten mit Erstaunen den neuen Papst, der ihnen als ein scheuer Waldbruder, hinfällig, ohne Gabe

---

¹ Intumidus vilem Murro conscendit asellum,
Regum fraena manu dextra laevaque regente —
Opus Metricum.

² Carl verließ Ende März Perugia, und ging über Aquila nach Neapel; am 22. Juli war er in Sulmo, vom 28. bis 6. Oct. in Aquila. Staatsarchiv Neapel, Reg. Caroli II. 1294. B. n. 65.

³ Der berühmte Cardinal starb am 10. Aug. 1294. Das Datum verzeichnet eine in der Bibl. Pobiana zu Perugia befindliche handschriftliche Dominicanerchronik. Er hatte sich in Rom einen schönen Palast gebaut bei S. Michele (Frisonum) im Porticus des Vatican, angelehnt an den Palatiolus und eine alte Mauer qui fuisse dicitur de Palatio Neroniano. Siehe die Bulle Honor. IV. A. 1287, im Bullar. Vatican. I. 209, und das Bruchstück des Testaments des Cardinals, p. 223.

der Rede, ohne Anstand und Würde entgegenkam. Konnte dieser einfältige Anachoret der Nachfolger von Päpsten sein, die mit Majestät über Fürsten und Länder zu herrschen gewußt hatten?

In einer Kirche vor den Mauern Aquila's nahm Petrus als Cölestin V. die Weihe am 24. August 1294, unter dem Zudrang von 200000 Menschen, wie ein Augenzeuge berichtet. Hierauf hielt er seinen Einzug in jene Stadt, nicht mehr zu Esel, sondern auf einem reichgeschmückten weißen Zelter, gekrönt, und mit allem Pomp.[1] Ein Knecht Carl's ernannte er sofort neue Cardinäle, Candidaten des Königs; er erneuerte auch die Constitution Gregor's X. über das Conclave. Verschmitzte Höflinge bemächtigten sich seiner, und erlangten von ihm Siegel und Unterschrift für alles, was sie begehrten. Der Heilige konnte keines Menschen Bitte abschlagen, er gab mit vollen Händen. Seine Handlungen, die eines natürlichen Menschen, erschienen töricht und tadelnswert.[2] Statt nach Rom zu gehen, wie die Cardinäle verlangten, gehorchte er dem Könige und ging nach Neapel.[3]

Cölestin V.
Papst A. 1294.

---

[1] Fueruntque in sua coronatione plusquam CC millia hominum et ego interfui. Ptol. Lucens. Hist. Eccl. XXIV. c. 29. — Cirillo Annali della città dell' Aquila, Rom 1570, p. 14.

[2] Multa (fecit) ne dixerim inepta... Jacob Stefaneschi p. 616. und sonst dessen Urteil im Opus Metricum, und das des Augenzeugen Ptolem. Luc. c. 33. Cardinales mordaciter infestant, quod in periculum animae suae Papatum detinebat propter inconvenientiam et mala, quae sequebantur ex suo regimine.

[3] Am 3. Sept. meldet Carl den Neapolitanern aus Aquila zum nächsten Monat die Ankunft des Papsts in Neapel, wohin er Rostayn Cantelmi und Guido de Alamania schickt, das Nötige anzuordnen. Reg. Caroli II. 1294. B. n. 65. fol. 9. Nach denselben Regesten brach Carl (mit dem Papst) von Aquila nach Sulmo auf am 6. Oct. — in Sulmo bis zum 12. Oct. — am 14. in Isernia; 18. in S. Germano; 27. Oct. in Capua; 8. Nov. in Neapel.

Er geht nach Neapel. Die Curie folgte ihm mit Murren. Er selbst war tief unglücklich und in unbeschreiblicher Verlegenheit. Nachdem er die Geschäfte drei Cardinälen übertragen hatte, verbarg er sich in der Adventszeit im neuen Schloß des Königs zu Neapel, wo man ihm eine Zelle gezimmert hatte, in die er einzog, sich seiner stillen Grotte zu erinnern, und von der geistervollen Einsamkeit des Bergs Murrone zu träumen. Der Unglückliche glich hier, so sagt sein Lebensbeschreiber, dem wilden Fasan, der seinen Kopf verbergend unsichtbar zu sein glaubt, während er sich von den herbeischleichenden Jägern mit der Hand ergreifen läßt.[1]

Es gibt nichts Unerträglicheres für Menschen jeder Art, als eine Stellung einzunehmen, welcher ihre Natur widerstrebt und ihre Kraft nicht gewachsen ist; dafür ist Cölestin V. das auffallendste Beispiel. Hunger, Durst und jede noch so schmerzliche Kasteiung waren nur ein freudiges Tagewerk für einen Heiligen, der sich gewöhnt hatte, in Grotten zu leben, mit den funkelnden Sternen, den rauschenden Bäumen, den Stürmen, den Geistern der Nacht oder seiner Einbildung zu verkehren. Nun fand er sich plötzlich auf dem höchsten Tron der Erde, umgeben von Fürsten und Großen, bedrängt von hundert listigen Menschen, berufen die Welt zu regieren, in einem Labyrint von Ränken sich zu bewegen, und nicht geschickt, auch nur die geringsten Geschäfte eines Notars zu versehen. Die Figur, welche Cölestin V. spielte, war bemitleidenswert, aber der Mißverstand seiner Wähler, der

---

[1] Silvester ut ales
Cum caput abscondit gallus, lacrymabile visu,
Corpore se toto venantibus abdere credens,
Decipitur, capiturque manu (Opus Metr. c. XI).

Versucher eines Heiligen, mehr als strafbar. In frommen Zeiten, wo ein schlichter Mönch das Hohepriestertum ausfüllen konnte, würde Cölestin V. ein guter Seelenhirt gewesen sein, aber auf dem Throne von Innocenz III. erschien er nur als unerträgliche Mißgestalt. Sein Wunsch abzudanken, wurde in Neapel zum Entschluß. Man sagt, daß der ehrgeizige Cardinal Gaetani ihn in der Stille der Nacht durch ein Sprachrohr wie mit himmlischem Ruf aufgefordert habe, dem Papsttum zu entsagen, und daß diese List den Geängstigten zu einem Schritt bewog, welcher in den Annalen der Kirche unerhört war. Diese Erzählung (sie ward schon damals verbreitet) mag grundlos sein; die Augenzeugen jener Tage schweigen davon, aber sie wissen, daß mehre Cardinäle die Abdankung forderten. Ohne Frage hatte König Carl seine Einwilligung dazu gegeben, und die Erhebung des Cardinals Gaetani genehmigt; denn diesem stolzen Prälaten scheint er sich schon auf der Reise von Aquila nach Neapel genähert zu haben.[1]

Als der Entschluß des Papsts laut wurde, veranstaltete man in Neapel eine Massenprocession; das Volk, durch die Brüder vom Orden Cölestin's fanatisirt, stürmte mit Geschrei nach dem Palast, und forderte jenen auf, Papst zu bleiben. Er gab eine ausweichende Antwort. Am 13. December (1294) erklärte er, nach Verlesung einer Bulle, welche die Abdankung eines Papsts durch wichtige Gründe gut hieß, im öffentlichen

Cölestin V. dankt ab. 13. Dec. A. 1294.

---

[1] Schon am 11. Nov. 1294 nennt er ihn seinen treuesten Freund; Brief aus Capua, worin er dem Richter Jacobus de Avellino befiehlt, einer Klage des Vicars dieses Cardinals wegen Schädigung von Rechten auf einen ihm gehörigen Wald Gehör zu geben: venerabilis patris Domini Benedicti dei gr. tituli S. Martini in montibus Pbri. Cardinalis. amici nostri carissimi: Reg. Caroli II. 1294. B. n. 65.

Consistorium, daß er sein Amt niederlege. Dies Schriftstück hatte man ihm dictirt. Das Geständniß seiner Unfähigkeit war ehrenvoll; es stellte nicht ihn, wol aber die Einsicht seiner Wähler blos. Nachdem nun Cölestin V. den Purpur mit tausend Freuden abgelegt hatte, stand er wieder im Kleide der Wildniß als ein natürlicher Mensch, ein Büßer und ehrwürdiger Heiliger vor der erschütterten Versammlung da.[1] Ein wundervolles Verhängniß hatte Peter vom Murrone seiner Einsamkeit entrissen, ihn einen Augenblick lang auf den Gipfel der Welt gestellt, und von diesem wieder herabgenommen. Der Traum von fünf Monaten voll Glanz und Qual konnte ihm als die furchtbarste jener Visionen von Versuchungen durch den Teufel erscheinen, welche Eremiten zu haben pflegen, und seine Abdankung als die Krone aller Entsagungen, die der büßende Mensch sich auferlegen mag. Die Geschichte der Könige zeigt einige große Herrscher auf, welche lebensmüde die Krone niederlegten, um wie Diocletian Blumen zu pflanzen, oder wie Carl V. in der Einsamkeit ohne Trübsinn ihrem Lebensgange nachzusinnen; man hat ihrer Selbstverläugnung jedesmal Bewunderung gezollt; die Geschichte der Päpste kennt nur die eine freiwillige Entsagung von Cölestin V., und diese rief schon zu ihrer Zeit das entgegengesetzte Urteil und die gefährliche Streitfrage hervor, ob ein Papst, als von Gott eingesetzt, abdanken dürfe oder nicht. Der strenge Richterspruch Dante's bestrafte den Schritt von Cölestin durch weltberühmte Verse als feigen Verrat an

---

[1] Defectus, senium, mores, inculta loquela,
   Non prudens animus, non mens experta, nec altum
   Ingenium, trepidare monent in sede periculum.

Opus Metr. c. XV. Aehnliche Gründe gibt Cölestin selbst in der Formel der Abdication an (Raynald n. XX).

der Kirche; Petrarca, der ein Buch zum Lobe der Einsamkeit schrieb, belohnte ihn durch das Urteil, daß er eine Handlung unnachahmlicher Demut gewesen sei, und wir halten eine Entsagung nicht für heroisch, deren obwol glänzender Gegenstand eine unerträgliche Last war.[1]

3. Benedict Gaetani, Papst. Er geht nach Rom. Flucht des Expapsts. Prachtvolle Krönung Bonifacius VIII. Ende Cölestin's V. Sicilien. Jacob von Aragon unterwirft sich der Kirche. Constanza in Rom. Vermälungsfeier. Die Sicilianer unter König Friedrich setzen den Krieg fort. Bonifacius VIII. gibt Sardinien und Corsica an Jacob. Hugolinus de Rubeis, Senator. Pandulf Savelli, Senator 1297. Das Haus Gaetani. Loffred, Graf von Caserta. Cardinal Francesco. Petrus Gaetani, lateranischer Pfalzgraf.

Der herrschsüchtige Cardinal Gaetani hatte die Abbankung Cölestin's mit Eifer betrieben, denn ein Mann von seiner Art konnte die Fortdauer eines solchen Pontificats nicht dulden. Wenn die von ihm angewendeten Mittel rechtliche waren, so durfte man ihn nur loben, daß er einen Unfähigen vom heiligen Stule steigen machte, um das Papsttum grenzenloser Verwirrung zu entreißen. Er selbst erlangte die Tiara mit Carl's Bewilligung durch Stimmenmehrheit schon am 24. December 1294. Kein Gegensatz konnte größer sein, als der zwischen ihm und seinem Vorgänger. Der Versuch der Brüder vom heiligen Geist, einen Apostel der Armut, einen Mann von der Art des S. Franciscus auf dem Papsttron

Bonifacius VIII. Papst. A. 1294 bis 1303.

[1] Chi fece di viltade il gran rifiuto; die Ansicht, Dante habe hier Esau gemeint, ist unhaltbar. Quod factum solitarii sanctique patris vilitati animi quisquis volet attribuat, so sagt Petrarca wol auf Dante anspielend; — ego in primis et sibi utile arbitror et mundo — Papatum vero, quo nihil est altius — quis ulla aetate — tam mirabili et excelso animo contempsit, quam Coelestinus iste? (De vita solitaria II. sec. III. c. 18.)

zu erhalten, und von ihm eine neue Epoche des Gottesreichs auf Erden zu datiren, hatte sich inmitten der praktischen Welt als ein Unding dargethan; und nach dem romantischen Intermezzo, oder der Ohnmacht, in welche ein Wunderthäter die Kirche gestürzt hatte, bestieg jetzt in Bonifacius VIII. ein weltkundiger Cardinal, ein gelehrter Jurist, ein königlicher Geist den Papstthron, um seiner Seits den Beweis zu lie= fern, daß es für den Zustand der Kirche nicht minder ge= fährlich war, ein politisches Oberhaupt ohne jede Eigenschaft des Heiligen, als einen Heiligen ohne die Talente des Re= gierers zum Papst zu haben.

Benedict, Sohn Loffred's, von mütterlicher Seite her Neffe Alexander's IV., stammte von einem alten Campagna= Hause aus dem in Anagni angesessenen Rittergeschlechte Gaetani. Seine Familie wurde vor ihm in den Geschichten Rom's nicht bemerkt, wenn man nicht Gelasius II. ihr bei= zählen will; aber der Name Gaetani war lange vor dieser Epoche bekannt, und auch von einigen Cardinälen, ferner von Mitgliedern des Hauses Orsini geführt. Die Abstam= mung der Gaetani von den alten Herzogen Gaeta's ist un= erweisbar. Langobardischen Ursprungs mag indeß dies Haus gewesen sein, wie schon der darin übliche Name Luitfried, Loffred oder Roffred beweist.[1] Es war angesehn, obschon

Das Geschlecht der Gaetani.

[1] Ein Pergament in M. Casino, v. 4. Aug. 1012, nennt Roffredo Consul et Dux Campanie — habitator de civitate Berulana (Veroli). Möglich, daß er ein Ahn des Hauses war. Ich verdanke der Liberalität des Herzogs Don Michele Gaetani von Sermoneta in Rom die unum= schränkte Benutzung seines reichen Familienarchivs, woraus ich ersah, daß Bonifacius VIII. der wahre Gründer der Hausmacht Gaetani war. Herr Carinci hat jenes Archiv trefflich geordnet; aus ihm und andern Privatarchiven Rom's ließe sich die Geschichte Latium's im Mittelalter schreiben, welche durchaus fehlt.

nicht mächtig, noch ehe Bonifacius VIII. Papst wurde, und einige seiner Mitglieder zeichneten sich als Ritter in Waffen, oder als Podestaten im Regiment von Städten aus.[1] Seine Laufbahn hatte Benedict als apostolischer Notar unter Nicolaus III. begonnen, den Cardinalshut unter Martin IV. erlangt, und mehrmals als Legat sich Ruhm erworben. Beredsamkeit, tiefe Kenntniß beider Rechte, diplomatisches Talent, würdevolles und gebietendes Wesen, vereinigt mit der schönsten Wolgestalt zeichneten ihn aus, aber die Ueberlegenheit seines Geistes flößte ihm statt Demut Hochmut, und statt Duldung Verachtung der Menschen ein.[2]

Als er Papst geworden war, beschloß er den heiligen Stul sofort allen Einflüssen zu entziehn, die in der letzten

---

[1] Die Statuten Benevents v. J. 1230 zeichnet als päpstlicher Rector Roffridus Uberti Anagninus, vielleicht der Vater von Bonif. VIII. (Borgia, Storia di Benev. II. 409). A. 1255 zeichnen ein Privilegium des Johes Compater Ducatus Spoletani rector für Gubbio als Zeugen: Dno trasmundo Zanchari, Dno Jacobo Gaitani militib. de unania. Archiv Gubbio, Liber Privilegior. fol. 7. Nach Acten des Archivs Tobi war dort A. 1283 Podestà nobil. et potens miles Loffredus Gaytanus (Bruder des Papsts). Bonif. war in Tobi erzogen und dort Canonicus, während sein Oheim Petrus, Sohn des Matthias Gaetanus, seit 1252 dort Bischof war. (Handschriftl. Annalen Tobi's Vol. V, von Lucalberto Petti, dem verdienten Archivar des Geheimarchivs jener Stadt im Anfang Sacc. XVII, im dortigen Archiv S. Fortunatus.) Dieselben Annalen bezeichnen einen Matthias Gaetani v. Anagni als Capitän Manfred's. Das Archiv besitzt viele Breven und Bullen des dankbaren Bonif. VIII.

[2] Propter hanc causam factus est fastuosus et arrogans, ac omnium contemtivus; so der Zeitgenosse Ptol. Lucensis XXIV. c. 36. Pastor conscius aevi, nennt ihn Jacob Stefaneschi, und
qui saecula, mores
Pontifices, clerum, reges, proceresque, ducesque
Et Gallos, Anglosque procul, fraudesque, minasque,
Terrarumque plagas orbemque reviderat omnem.

Zeit dessen Freiheit beschränkt hatten. Die Hoffnung Carl's, das Papsttum in Neapel festzuhalten, scheiterte. Mit Bonifacius VIII. war er früher nicht befreundet gewesen; aber beide bedurften einander, der König des Papsts wegen Siciliens, der Papst des Königs, um sich seiner Neider zu erwehren. Der schwache Cölestin V. hatte den bereits eingeleiteten Verzicht Jacob's von Aragon auf Sicilien nicht erreicht; Bonifacius VIII. Carl' versprochen, dem Hause Anjou Sicilien wieder zu gewinnen. Man verständigte sich, und die nächste Zeit lehrte, daß die gegenseitigen Versprechungen gewissenhaft erfüllt wurden. Carl opferte zuerst Cölestin V. der Ruhe des neuen Papstes auf, indem er in seine Festnehmung willigte. Denn Bonifacius fürchtete sich, einen heiligen Mann frei umher gehen zu lassen, welcher eben Papst gewesen war, dessen Abdankung das Urteil der Menschen verwirrte, und der in den Händen von Feinden leicht ein gefährliches Werkzeug werden konnte. Er schickte demnach mit Genehmigung des Königs den Expapst unter Begleitung nach Rom voraus. Der Heilige entwich; Carl sendete ihm eilig Boten nach, ihn festzunehmen, und man trat die Reise nach Rom an.

Bonifacius VIII. geht nach Rom, Jan. A. 1295.

Der neue Papst verließ Neapel in den ersten Tagen des Januar 1295, geleitet von Carl.[1] Kaum war man bei Capua angekommen, als in Neapel das Gerücht entstand, daß Bonifacius VIII. plötzlich gestorben sei. Dies erzeugte ausgelassene Freude; die Neapolitaner feierten Jubelfeste in ihrer Stadt, und solches war das Omen, unter welchem der Nachfolger

[1] Aus Reg. Caroli II. 1294. C. 65 ergibt sich, daß der König am 4. Januar von Neapel aufbrach; am 16. war er in S. Germano; vom 22. Januar bis 24. Mai datirt er aus Rom.

Cölestin's seine Reise nach Rom fortsetzte.[1] Er ging durch Campanien zuerst in seine Vaterstadt Anagni, die ihn mit Stolz empfing, nachdem sie bereits drei berühmte Päpste unter ihren Mitbürgern in einem und demselben Jahrhundert gezählt hatte. Römische Gesandte begrüßten daselbst Bonifacius, und übertrugen ihm die senatorische Gewalt, worauf er, nach seiner Ankunft in Rom, Hugolinus de Rubeis von Parma zum Senator einsetzte.[2]

Der Empfang, der Einzug, das Krönungsfest am 23. Januar 1295 im S. Peter wurden mit unerhörtem Pomp gefeiert. Das Papstthum, welches eben erst im Anachoreten Petrus das unscheinbare fast nach waldensischer Ketzerei aussehende Gewand apostolischer Armut angelegt hatte, schmückte sich jetzt absichtlich mit der stralenden Majestät triumfirender Weltherrlichkeit. Der römische Adel, Orsini, Colonna, Savelli, Conti und Anibaldi, erschienen in ritterlicher Pracht; die Barone und Podestaten des Kirchenstaats,

Bonifacius VIII. in Rom gekrönt, 23. Jan. A. 1295.

---

[1] Merkwürdiger, bisher unbekannter Brief Carl's an Rostayn Cantelmi, Capitän von Neapel, dat. 7. Jan. 1295 apud Turrim S. Herasmi prope Capuam... Nostre nuper auditui majestatis innotuit, quod pridie in civitate nostra Neapolis stolidi cujusdam rumoris vulgaris — stultiloquium insurrexit, quod — Dn. Bonifacius div. prov. S. Pont. diem repente finiverat fatalitatis extremum, et quod ex hoc generali in populo letitia creverat et exultatio insolenter jocunda psallebat.... Er befiehlt die Schuldigen zu strafen; es könne ihm sonst Nachteil und Unehre daraus erwachsen. Staatsarchiv Neapel, Reg. Caroli II. 1294. C. 63. Fol. 159.

[2] Jacob Stefaneschi p. 644. Den Senat des Hugolinus Rubeus verzeichnet ad A. 1295 das Chron. Parmense (ed. Barbieri, Parma 1858) p. 93. Vor ihm war Senator Thomas de S. Severino Comes Marsici, A. 1294. (Papencordt p. 327, nach der Margerita Cornetana). Populus — dispositionem regiminis — Urbis ad vitam nostram nobis hactenus unanimi voluntate commisit, sagt Bonif. selbst A. 1297 in einem Breve (Theiner I. n. 516).

das zahlreiche Gefolge des Königs von Neapel vermehrten den Glanz. In der großen Festproceſſion, die ſich zur Beſitznahme des Lateran durch die mit Ehrenpforten geſchmückten Straßen bewegte, ſchritt der Magiſtrat einher, und der Stadtpräfect, jetzt eine machtloſe Schattengeſtalt.¹ Bonifacius VIII. ſaß auf einem ſchneeweißen, mit Decken aus cypriſchen Federn behängten Zelter, die Krone Sylveſter's auf dem Haupt, gehüllt in die feierlichen Papſtgewänder; zu ſeinen Seiten ſchritten, in Scharlach gekleidet, zwei Vaſallkönige, Carl und Carl Martell, die Zügel des Pferdes haltend. Vor nur einem halben Jahre waren dieſelben Könige neben einem Papſt einhergegangen, welcher im Eremitenkleide auf einem Eſel ritt; ſie mochten ſich jetzt ſagen, wie wenig ihr eigener Dienſt ſie damals erniedrigt hatte. Das Schattenbild des armen Spiritualen, der die Pracht der Welt von ſich warf, aus dem Quell ſeinen Durſt, und von den Früchten des Waldes ſeinen Hunger ſtillte, ſtand ſicherlich mahnend vor Bonifacius VIII. und dieſen Königen, als ſie dem Papſt bei der lateraniſchen Feſttafel die erſten Schüſſeln aufzutragen die Ehre hatten, und dann unter den Cardinälen ihren beſcheidenen Platz an Tiſchen einnahmen, wo zwiſchen koſtbaren Speiſen die „Pokale des Bacchus" funkelten. ²

---

¹ Praefectusque urbis, magnum sine viribus nomen, ruft Jacob Stefaneschi aus, der die Krönung Bonif. VIII. in einem Poem geſchildert hat. Damals war Präfect Petrus von Vico; der Senator, noch vacant, wird nicht bemerkt.

²   Tunc lora tenebant —
   Rex Siculus, Carolusque puer — — —
   Jure tamen: nam sceptra tenet vassallus ab ipso

Während Bonifacius VIII. seine Krönung so festlich beging, irrte Cölestin in den Wäldern Apuliens, seinen Verfolgern zu entgehen. Nach seiner Flucht war er jubelnd, gleich der wilden Bergtaube, der geliebten Einsamkeit bei Sulmo zugeeilt, wo er sein früheres Leben fortzusetzen hoffte; doch ein abgedankter Papst hatte auf Freiheit kein Recht mehr. Mit seiner Entsagungsurkunde hatte Cölestin V. auch sein eigenes Todesurteil unterschrieben. Als die ihn Suchenden auf den Murrone kamen, entwich der Expapst; er wanderte mit einem Begleiter fort, bis er nach mühevollen Wochen das Meer erreichte. Er stieg in eine Barke am apulischen Strand, nach Dalmatien zu gelangen, wo er sich in Wildnissen zu verbergen hoffte. Aber das Meer warf den Heiligen wieder an's Ufer; die Bürger Viesta's erkannten und begrüßten ihn voll Ehrfurcht als Wunderthäter; Anhänger umringten ihn und forderten ihn auf sich wieder als Papst zu erklären, doch der milde Anachoret ließ sich vom Podestà des Orts widerstandslos denen ausliefern, die ihn forderten. Wilhelm L'Estendard, Connetable des Königs, brachte ihn im Mai an die Grenze des Kirchenstaats.[1] Froh, den ge-

Flucht und Gefangennahme Cölestin's V.

> Reticere juvat velamina muri
> Et vestes, mensaeque situs, fulgentia Bacchi
> Pocula, gemmatos calices, et fercula; quonam
> Ordine servitum est; quemnam diademata Reges
> Cum ferrent gessere modum — (Opus Metricum.)

Zu all dieser Herrlichkeit würden S. Bernhard und S. Franciscus ausgerufen haben: in his successisti non S. Petro, sed Constantino!

[1] Am 16. Mai 1295 schrieb Carl II. von Rom an L'Estendard, er habe Rudulf, Patriarch von Jerusalem, den Bruder Wilhelm von Villaret und den Ritter Ludwig de Roheriis abgeschickt pro conducendo fratre Petro de Murrono a Vestis usque Capuam, und er befiehlt ihm sich persönlich dorthin zu begeben, um den Flüchtling nach Capua zu führen. Reg. Caroli II. 1294. C. 65. Fol. 264. — Jacob Stefaneschi

fährlichen Vorgänger in seiner Gewalt zu haben, ließ ihn Bonifacius vorerst in seinem Palast zu Anagni bewachen; dem gutmütigen Eremiten ward vorgestellt, daß fromme Pflicht ihm gebiete, auch der Freiheit zu entsagen, wie er der Tiara entsagt hatte. Man schmeichelte ihm, überhäufte ihn mit Liebesbeweisen, brachte ihn endlich nach der Burg Fumone in Sicherheit. Dies finstre Castell auf einem steilen Bergkegel bei Alatri diente seit alten Zeiten als Staatsgefängniß, in dessen Türmen mancher Rebell, und selbst schon ein Papst sein Leben beendigt hatte. Man sagt, daß Cölestin V. dort in anständigem Gewahrsam gehalten wurde; aber andere wollen wissen, daß sein Kerker enger war, als seine engste Zelle auf dem Berg Murrone. Er starb in kurzer Zeit.[1]

Cölestin V. stirbt im Turm Fumone, 19. Mai A. 1296.

Sein Schicksal ließ ihn als Märtirer, Bonifacius als Mörder erscheinen; die erbitterten Cölestinermönche verbreiteten die dunkelsten Gerüchte; man erfand und zeigte sogar als Reliquie einen Nagel, welcher auf Befehl des Papsts in das schuldlose Haupt seines Gefangenen sollte geschlagen sein.

Der Tod Cölestin's sicherte Bonifacius VIII. auf seinem Tron. Wenn er auch nicht die Reden zum Schweigen brachte, daß er ihn unrechtmäßig bestiegen habe, so beraubte er doch seine Gegner des lebenden Repräsentanten ihrer Ansicht. Was nun den Papst zunächst beschäftigte, war der Wiedergewinn Siciliens für das Haus Anjou und somit für die

spricht von einem Regis sonorum edictum, was nach einem Steckbrief aussieht.

[1] Nach Petrus de Aliaco (bei Raynald ad A. 1295 n. XI. etc.) wurde er im engsten Kerker bewacht, ut vir sanctus ubi habebat pedes, dum missam celebravit, ibi caput reclinaret dum dormiendo quiesceret. Cölestin V. wurde A. 1313 canonisirt, nachdem er am 19. Mai 1296 gestorben war. (Di Pietro, Memorie di Sulmona p. 198.)

Kirche selbst; dieser für die Ehre des heiligen Stuls un=
erträgliche Schimpf sollte getilgt werden. Schon seine Vor=
gänger hatten sich darum bemüht. Als nach dem Tode des
jungen Alfons (am 18. Juni 1291) dessen zweiter Bruder
Jacob auf den Tron Aragon's gestiegen war, hatte Nico=
laus IV. den Frieden zwischen ihm und Carl II. eingeleitet.
Jacob, durch Frankreich bedrängt, weil Martin IV. Ara=
gonien als päpstliches Lehn an Carl von Valois zu ver=
schenken gewagt hatte, willigte ein, Sicilien aufzugeben. Aber
die Sicilianer wollten sich nicht mehr von Päpsten und
Königen verhandeln lassen; sie legten ihr Veto ein, und
fanden am jungen Friedrich, dem Bruder Jacob's und Enkel
Manfred's, ihr nationales Haupt. Jacob verläugnete aus
Staatsgründen seine eigne ruhmvolle Vergangenheit: er schloß
Frieden mit der Kirche und mit Carl, und verzichtete im
Juni 1295 auf die Herrschaft der Insel. Bonifacius hatte
Friedrich in einer Besprechung bei Velletri zur Zustimmung
zu bewegen gesucht; der junge Prinz, erst durch die Aussicht
auf den römischen Senat, dann auf die Hand der Prinzessin
Catharina von Courtenay angelockt, schwankte anfangs un=
rühmlich, und verwarf erst nach seiner Heimkehr wertlose
Verheißungen. Am 25. März 1296 nahm er die Inselkrone
zu Palermo, durch den Willen des Volks. So schlug die
Hoffnung des Papstes fehl; Sicilien behauptete seine Unab=
hängigkeit, selbst nach dem Abfalle Johann's von Prociba,
und des berühmten Admirals Roger de Loria, und selbst
gegen die Waffen Jacob's, den die Verträge zwangen, sie
gegen den Bruder zu wenden.

Jacob kam nach Rom am Ende des März 1297. Seine
fromme Mutter Constanza, die den Frieden mit der Kirche

sehnlich wünschte, folgte ihm auf sein Begehren dorthin von Sicilien, indem sie ihren andern Sohn Friedrich verließ. Seltsame Verhältnisse zwangen die Tochter Manfred's sich nach Rom zu begeben, wo sie freudig empfangen und vom Banne ihres Hauses gelöst ward. Sie brachte ihre Tochter Violanta mit sich, sie dem Vertrage gemäß Carl's II. Sohne, Vermälung Violanta's mit Robert von Cala- brien, 1297. Robert von Calabrien zu vermälen. Die Erben des Hasses der Hohenstaufen und Anjou, der Guelfen und Ghibellinen, Manfred's und Carl's I., die Männer der sicilischen Vesper, fanden sich in Rom zusammen, aber zu einer tagelangen Friedensfeier. Als der Papst Bonifacius (dies war sein schönster Augenblick) die Hand Violanta's in jene Robert's legte, mochten die Gedanken aller sich voll Staunen in jene Schreckenstage von Benevent und Tagliacozzo zurückwenden, auf deren Gräber ein schönes und blühendes Paar, die En= kelin Manfred's, der Enkel Carl's von Anjou, die Zweige des Friedens zu legen schien.[1] Nur Don Federigo nahm an dieser Versöhnung keinen Teil.

Constanza blieb noch eine Zeit lang mit Johann von Procida in Rom, wo sie voll Trauer auf den Bruderkrieg ihrer Söhne blickte, welchen der Papst, der christlichen Re= ligion zum Hohne, forderte und mit Leidenschaft betrieb.

---

[1] Anwesend waren Johann von Procida und Loria, welche Con= stanza nach Rom begleitet hatten. Johann verscholl in Rom. Vorüber= gehend bemerke ich seine Stammtafel aus einer Urkunde vom 23. Juni 1314 aus Salerno, betreffend einen Gütertausch zwischen S. Maria in Ilice und Thomas v. Procida, dem Sohn Johanns, dessen altlango= barbische Ahnen aufgeführt werden. Es heißt darin: nob. vir. D. Thomas. de procida miles dom. Insule Procide, fil. qd. D. Johis. militis qui similiter de Procida dictus est, qui fuit filius Petri, filii Johis., filii Adenulfi, filii Petri, filii Aczonis Comitis. (Archiv Ludovisi Buoncompagni in Rom, Pergam. aus der Rubrik S. Maria in Elce.)

Ihr Herz quälte außerdem der Gedanke an die Söhne Manfred's, ihre eigenen Brüder. Ausgestoßen aus der menschlichen Gesellschaft, schmachteten diese Unseligen noch immer im Kerker von S. Maria del Monte. Wenn je Constanza ihre Befreiung forderte, so ward sie nicht erhört: die echten Erben Manfred's, die legitimen Herren Siciliens blieben den Staatsgründen sowol des Hauses Anjou als Aragons aufgeopfert.[1] Im Uebrigen machte das Glück an Constanza gut, was es an ihrem Vater verschuldet hatte; sie war die Gemalin eines großen Königs, des Befreiers von Sicilien, gewesen; sie sah drei Söhne als Könige gekrönt; sie erlebte den Frieden zwischen Jacob und Friedrich, und die edle Tochter Manfred's starb endlich mit der Kirche versöhnt, in fromme Andacht versenkt, wie einst Agnes, die Mutter Heinrich's IV., im Jahre 1302 zu Barcellona.[2]

Constanza, die Tochter Manfred's, † A 1302.

Nach den Festen von Rom reisten die Könige ab, den Krieg gegen Friedrich zu rüsten, wofür Bonifacius das Vermögen der Kirche und die Kirchenzehnten hergab. Aber die Sicilianer mißachteten seine Bannstralen. Diese geistlichen Waffen, welche in der finstern Periode des Mittelalters ver-

---

[1] Erst 1298 erinnerte sich Carl II., daß es schimpflich sei, die Söhne Manfred's verhungern zu lassen (si ob alimentorum defectum — fame peribunt; del Giudice Cod. Dipl. I. p. 127.) Sodann befahl er A. 1299 ihnen die Ketten abzunehmen, sie zu kleiden und nach Neapel zu bringen (Amari, Vespro, Doc. XXIX und XXX). Doch ihr Loos blieb der Kerker im Castell dell' uovo; Friedrich und Enzius starben zuerst; Heinrich starb, 47 Jahre alt, A. 1309. Dagegen hatte Loria nach seinem Seesiege bei Neapel Beatrix, die Tochter Manfred's, befreit, die sich mit Manfred Marchese v. Saluzzo vermälte.

[2] Surita zeigt die Irrigkeit der Meinung, daß sie in Rom gestorben sei. Annales de Aragon V. c. 28. — Man erinnere sich der schönen Stelle Dante's, wo ihm Manfred's Schatten sagt: vadi a mia bella figlia, genitrice dell' onor di Cicilia, e Aragona …

heerender gewesen waren, als Schießpulver, hatte übermäßiger Gebrauch abgestumpft. Im XIII. Jahrhundert gab es kaum einen bedeutenden Menschen, kaum eine Stadt und Nation, die nicht von einem Hagel von Excommunicationen aus politischen Gründen wären überschüttet worden, und diese Bannflüche wurden so leicht ausgesprochen, wie zurückgenommen, je nachdem es der Vorteil gebot. Bonifacius VIII. erfuhr es bereits, daß solche Mittel nicht mehr wirkten. Seine Niederlage in Sicilien tröstete kaum die Anerkennung eines neuen päpstlichen Lehnreichs; er hatte nämlich Jacob von Aragon zum Bannerträger, Admiral und Generalcapitän der Kirche ernannt und zum Bruderkriege bewaffnet; er gab ihm am 4. April 1297 voraus zum Lohn Sardinien und Corsica, Inseln, worauf der Papst nicht eine Hand voll Erde besaß.[1] Pisa, welches einst dort herrschte, war seit dem Unglück von Meloria geschwächt und im ersten Verblühen; diese einst mächtige Republik, die berühmte Freundin der Kaiser, erwählte sogar Bonifacius VIII. zu ihrem Rector, um seines Beistandes zu genießen.

Die von uns bemerkte Politik der Päpste, sich die Magistratsgewalt in Städten übertragen zu lassen, wußte Bonifacius VIII. mit Erfolg durchzuführen; denn nach und nach ernannten ihn mehre Communen zu ihrem Podesta. Augenblickliche Verhältnisse zwangen sie, sich unter den Schutz der Kirche zu stellen, indem sie dem Papst persönlich ihr Re-

---

[1] Raynald ad A. 1297. n. 2. sq. Jacob selbst nannte sich S. R. E. Vexillarius, Amiratus et Capitaneus Generalis, in einem Privilegium für Corneto, 24. Juli 1298, Datum in Portu Corneti. Original im Geheimarchiv Corneto Casset. A. n. 5, Abschrift in der Biblioth. des Grafen Falzacappa von Corneto.

giment übertrugen. Sie wahrten freilich ihre Statuten, welche der Stellvertreter des Papsts bei seinem Einzuge, noch ehe er vom Pferde stieg, auf das Evangelium beschwören mußte, aber die den Päpsten auch nur vorübergehend übertragene Gewalt schmälerte ihre republikanische Selbständigkeit.¹ Rom selbst empfing ruhig die Senatoren, die Bonifacius dort einsetzte; so machte er im März 1297 den berühmten Pandulf Savelli auf ein Jahr wieder zum Senator.² Seine eigene Familie, die Gaetani, erhob er zu den ersten Stellen in Kirche und Staat. Bald nach seiner Weihe war sein Bruder Loffred von dem in Rom anwesenden Könige Carl zum Grafen von Caserta ernannt worden.³ Von

Pandulf Savelli, Senator, A. 1297.

¹ Terracina ernannte Bonif. zum Podestà auf Lebenszeit, 22. Jan. 1295 (Contatore p. 209). Orvieto demselben am 7. Oct. 1297 für 6 Monate (Theiner I. n. 509); Tuscania, am 6. Juli 1297 auf Lebenszeit (n. 517); Todi am 31. Jan. 1297 auf 6 Monate (Annalen Petti's V. p. 110); Velletri am 3. Oct. 1299 auf 6 Monate (n. 535); Corneto am 27. Febr. 1302 auf Lebenszeit (n. 544). Hier erscheint ein Volksregiment, bestehend aus dem Rector Societatis Laboratorum, dem consul mercatorum, dem Rector societ. Calzorarorum ... überhaupt Rectores artium et societatum.

² Seine Bestallung, Rom, 13. März 1297. Theiner I. n. 516. Er bestätigte die Statuten der Kaufleute am 12. Juni 1297. Sein letzter Senat. Er starb 1306 und liegt begraben in Araceli. Vor ihm waren Senatoren gewesen A. 1296 Petro di Stefano und Andrea Romano aus Trastevere (Vitale, p. 204). Siehe von ihnen die Inschrift im Capitol bei Forcella I. 25.

³ Pergament im Archiv Colonna (Privilegi VI. A. n. 7). Actum Rome presentib. viris nob. Petro Ruffo de Calabria Catanzarii, Ermingario de Sabrano Ariani, et Riccardo Fundorum Comitibus, Guillielmo Estandardo Regni Sicilie marescalco ... A. D. 1295. die XX. m. Febr. Ind. VIII. Regnor. nror. a. XI. feliciter Amen. Considerantes igitur grandia, grata, diuturna et accepta servitia, quae sciss. in Xpo pater et clem. Dom. nr. D. Bonifacius. ... ab olim dum in minori statu consisteret clare mem. Domino patri nostro et nobis ... exhibuit, ne paterna beneficia, que post apicem

Loffred's Söhnen machte der Papst Francesco zum Cardinal von S. Maria in Cosmedin, Petrus zum lateranischen Pfalzgrafen und Rector des Patrimonium von Tuscien. Dieser glückliche Nepot wurde sodann der Erbe seines Vaters, Graf von Caserta, Stifter eines fürstlichen Besitzes an beiden Abhängen der Volskerberge, und Gründer der zwei Hauptlinien seines Geschlechts. Denn dies pflanzten seine Söhne Benedetto als römischer Pfalzgraf, und Loffred als erster Graf von Fundi und Traetto bis auf die Gegenwart weiter fort.[1] Eine neue Campagna-Dynastie erhob sich durch die Mittel der Kirche, gleich den Conti unter Innocenz III., und der Adel Rom's wurde durch ein tapferes, ehrgeiziges und reiches Geschlecht vermehrt, welches ältere Optimatenhäuser zu verdunkeln drohte. Unter diesen Adelsstämmen war damals keiner älter und mächtiger, als die Colonna. Mit ihnen

Graf Loffred, Stifter des Hauses Gaetani.

---

apostolatus assumptum — exhibet ... Roffridum Gaetanum militem fratrem ipsius in honorificentiam decoremque perpetuum domus et generis domini nostri prefati dignitate Comitatus Caserta ... providemus illustrandum. — Die schöne Grafschaft war nach dem Falle Konradin's dem alten mit den Hohenstaufen gestürzten Hause Richard's von Caserta und seines Sohnes Konrad im Hochverratsproceß abgesprochen worden. Verlornes Actenstück aus dem Liber Donat. Caroli I. A. 1269, beim Minieri Riccio Brevi notizie intorno all' archivio Angioino di Napoli (1862), p. 105.

[1] Loffred Gaetani, Ritter von Anagni.

Benedict, Papst Bonif. VIII.	Loffred, erster Graf v. Caserta 1295.
Franciscus, Card. v. S. M. in Cosmedin.	Petrus, Graf v. Caserta, Herr von Sermoneta, Norma, Ninfa, Herr des Turms der Milizen der Stadt 2c.
Franciscus, Cleriker.	Loffred, erster Graf v. Fundi, 1299, verm. mit Margarita Aldobrandini; dann mit Johanna, Tochter Richard's von Aquila, Erbin von Fundi und Traetto.	Benedict, Pfalzgraf.

(Nach dem Hausarchiv Gaetani.)

geriet Bonifacius VIII. bald in einen Streit, welcher tief in seine Schicksale eingriff, und mit größeren Verhältnissen in Zusammenhang gebracht, zu seinem jähen Falle sehr viel beigetragen hat.

4. Familienzwist im Haus Colonna. Die Cardinäle Jacob und Peter verfeinden sich mit Bonifacius VIII. Opposition wider den Papst. Beide Cardinäle abgesetzt. Fra Jacopone von Todi. Manifest wider den Papst. Die Colonna excommunicirt. Pandulf Savelli sucht zu vermitteln. Kreuzzug wider die Colonna. Belagerung von Palestrina. Die Colonna unterwerfen sich in Rieti. Der Papst zerstört Palestrina. Flucht und Aechtung der Colonna. Sciarra und Stephan im Exil.

Familienhader spaltete gerade das zahlreiche Haus der Colonnesen.[1] Die Söhne des Obbo hatten durch Vertrag am 28. April 1292 die Verwaltung ihrer Familiengüter, deren Mittelpunkt Palestrina war, ihrem ältesten Bruder, dem Cardinal Jacob, übertragen. Die jüngere Linie von Genazzano, die Kinder des Senators Johann, Bruders von

---

[1] Obbo Colonna, † um 1257.

Jacob,	Johannes,	Obbo.	Matheus,	Landulf.	Beata Margarita,
Card. 1278, testirt zu Avignon 1318.	Senator, † 1292.		praepositus Ecclesiae de S. Audomaro.		Nonne 1277, † 1284.

Jordan.

Petrus,	Agapitus,	Stephanus,	Jacob,	Johannes,	Obbo.
Card. 1288.	† vor 1318.	Graf der Romagna, Senator. 1292.	genannt Sciarra.	de S. Vito.	

Der Vater des Card. Jacob wird in der Bulle vom 10. Mai 1297 ausdrücklich Obbo genannt. Dies ist auffallend, weil er im Vertrag vom 28. April 1292 (Petrini p. 418) Jordan heißt. Denselben Vertrag sah ich im Archiv Colonna (Scaf. XVII n. 8), wo ebenfalls der Name Jordan ist. Ich halte mich jedoch an die authentische Bulle des Papsts.

Jacob, unter denen sich der Cardinal Petrus und der Graf Stephan befanden, hatten Anteil an jenen Besitzungen. Jacob's Brüder Oddo, Mathäus und Landulf warfen ihm vor, daß er alles den Neffen allein zuwende. In den Streit ward der Papst gezogen: er forderte Jacob wiederholt auf, den Brüdern ihr Recht zu geben, aber die beiden Cardinäle, Oheim und Neffe, weigerten sich dessen, und erschienen seither nicht mehr im Lateran.[1] Sie waren die ersten Männer in der Curie, römische Fürsten vom ältesten Adel, stolz und hochmütig. Sie betrachteten das gebieterische Wesen des Papsts mit Widerwillen, und hatten manche Gelegenheit zur Eifersucht, zumal Bonifacius entschlossen schien, den Uebermut der römischen Aristokratie zu brechen. Die ghibellinische Neigung erwachte in den Colonna; sie empfingen, trotz ihrer alten Verbindung mit Carl II. von Neapel, Boten Friedrich's von Sicilien, welcher die staufische Faction in Rom wieder aufzuwecken suchte.

Die politische Partei verstärkte kirchliche Opposition; denn offenbar waren beide Cardinäle mit der Richtung nicht einverstanden, die das Papsttum der Kirche und den Staaten gegenüber genommen hatte, und welche dasselbe früher oder später in die gefährlichsten Kämpfe mit den Monarchien stürzen mußte. Schon zur Zeit Gregor's IX. war ein Cardinal Colonna der entschiedene Feind dieser Richtung gewesen. Der Tod Cölestin's V. hatte außerdem nicht die Meinung erdrückt, daß Bonifacius VIII. unrechtmäßig Papst sei; die leidenschaftlichen Vertreter dieser Ansicht waren zumal

---

[1] Tosti, Storia di Bonif. VIII. I. 200 glaubt an das Unrecht Jacob's in diesem Güterstreit; dies zu entscheiden ist unmöglich, da wir den Proceß nicht kennen.

die Brüder vom Orden Cölestin's, welche den Sturz ihres Idols nicht verschmerzen konnten; sie eiferten um so mehr, weil Bonifacius die Acte, die sein Vorgänger zu ihren Gunsten erlassen, aufgehoben hatte, und diesen Fraticellen oder Spiritualen erschien er als Simonist und Usurpator, als die Verkörperung der weltlichen Kirche, die sie verdammten und durch ihre edeln Träume vom Reich des heiligen Geistes reformiren wollten.

Die Opposition sammelte sich um die Cardinäle Colonna und deren Verwandte Stephan und Sciarra. Ihre Verbindung mit Sicilien war ruchbar; das Beispiel des Abfalles des Cardinals Johann und seines Neffen Oddo, des Vaters vom Cardinal Jacob, zur Zeit Friedrich's II. warnte Bonifacius; er forderte die Aufnahme päpstlicher Besatzungen in Palestrina und andern Burgen der Colonna, und diese verweigerten sie aus begreiflichen Gründen. Als nun die schismatischen Reden von der Unrechtmäßigkeit seines Papstthums lauter wurden, und man Petrus Colonna als deren wesentlichen Urheber bezeichnete, lud Bonifacius diesen Cardinal am 4. Mai 1297 zur kategorischen Beantwortung der Frage, ob er ihn für den Papst halte oder nicht. Petrus wich dem Befehle aus, und begab sich mit seinem Oheim nach Palestrina. Hierauf versammelte Bonifacius zornentbrannt am 10. Mai 1297 das Consistorium im S. Peter; er entsetzte ohne Weiteres beide Cardinäle ihrer Würde. Die Gründe dieser Sentenz waren: ihre frühere rebellische Verbindung mit Jacob von Aragon, ihre jetzige mit Friedrich; ihre Weigerung päpstliches Volk aufzunehmen; die tyrannische Ungerechtigkeit gegen die Brüder Jacob's. Das rasche Verfahren von Bonifacius zeigte die Energie seines Willens,

Bonifacius VIII. setzt die Cardinäle Petrus und Jacob Colonna ab, A. 1297.

dem Menschenfurcht unbekannt war, aber auch die unmäßige Heftigkeit seines Temperaments. Waren dies so schreckliche Verbrechen, daß sie so schwere Bestrafung verdienten? Die seit lange unerhörte Absetzung von Cardinälen konnte in den Augen vieler durch jene Gründe nicht gerechtfertigt werden; denn diese Kirchenfürsten befanden sich keineswegs in offener Rebellion gegen ihr Oberhaupt.[1]

Die Colonna nahmen den Kampf mit dem Stolze von Aristokraten auf, die ihrer fürstlichen Macht sich bewußt waren. An demselben 10. Mai hielten sie Familienrat in Longhezza, einem der Abtei S. Paul gehörigen Castell an den Ufern des Anio, wo ehemals Collatia stand. Mit ihnen waren Rechtsgelehrte, einige französische Prälaten und zwei Minoritenbrüder, Fra Diobati und Fra Jacopone von Todi, beide eifrige Anhänger Cölestin's V., mit dessen Genehmigung sie auf dem colonnischen Berg von Palestrina eine Congregation von Cölestiner-Eremiten gegründet hatten, welcher jedoch dies Privilegium von Bonifacius war entzogen worden. Fra Jacopone war ein seltsamer Mensch, vom Geiste des heiligen Franciscus angeweht, ein tiefsinniger Mystiker,

Fra Jacopone von Todi und die Cölestiner verbinden sich mit den Colonna.

---

[1] Bulle, bei Raynald n. 27: Praeteritorum temporum nefandis Columnensium actibus ... Columnensium domus exasperans, amara domesticis, molesta vicinis, Romanorum reipublicae impugnatrix, S. R. E. rebellis, Urbis et patriae perturbatrix ... Ein klar und gut geschriebenes Actenstück. — Ich übergehe, was Villani und andere von den Ursachen des Streits sagen. Ich glaube nicht an den Raub des päpstlichen Schatzes durch Stefan, weil der Papst davon schweigt. Petrini (Mem. Prenest.) hat diese Geschichten aus Urkunden zusammengestellt. Die Archive Gaetani und Colonna haben leider kein einziges besonders wichtiges Document über jene Zeit. — Dem ehrwürdigen Greise Don Vincenzo Colonna, welcher mir seit Jahren das berühmte, lange Zeit verschlossene Archiv seines Hauses offen hält, kann ich nimmer dankbar genug sein.

ein leidenschaftlicher Apostel der Nachfolge Christi, ein verzückter Poet, welcher Talent genug besaß, beißende Satiren auf den Papst in der lingua volgare, und im Latein die berühmte Osterhymne Stabat Mater zu dichten.¹ In einem zu Longhezza verfaßten Manifest, dessen dunkle und scholastische Färbung den Stil des Fra Jacopone zu verraten scheint, erklärten beide Cardinäle, daß sie Bonifacius VIII. nicht als Papst anerkannten, weil Cölestin V. nicht habe abdanken können, und weil außerdem dessen Entsagung das Werk trügerischer Ränke gewesen sei. Sie appellirten an ein zu berufendes Concil; eine solche Appellation, einst zuerst von Friedrich II. erhoben, war bedeutungsvoll, weil sie jetzt sogar von Cardinälen ausging. Eine neue richterliche Macht drohte der päpstlichen Hierarchie, und diese Stimme wurde, wenn sie auch jetzt nicht durchdrang, nicht mehr zum Schweigen gebracht. Das Manifest ließen die Colonna in Rom anschlagen, und selbst auf den Altar im S. Peter niederlegen.²

Die Cardinäle Colonna appelliren an ein Concil.

Als Bonifacius Cölestin V. zwang, seine Tage im Gefängniß zu enden, hatte er die Möglichkeit eines Schisma richtig vorausgesehn. Wenn sein Vorgänger noch lebte, so würde er jetzt eine furchtbare Waffe in den Händen der Opposition geworden sein. Aber Cölestin war todt, und Boni-

¹ Tosti teilt einige dieser Satiren mit.
² L'Histoire du Different d'entre le Pape Bonif. VIII. et Philippe le Bel, Preuves p. 34. sq. Respondemus — quod vos non credimus legitimum Papam esse — — — quod in renuntiatione ipsius (Coelestini) multae fraudes et doli, conditiones et intendimenta et machinamenta intromisse multipliciter . . . . Propter quod petimus instanter et humiliter generale concilium congregari. — Die Cardinäle sendeten das ungeschickte Manif. auch nach Paris, wo man über die Abdankung Cölestin's bereits eifrig discutirt hatte.

facius konnte ohne Mühe die Blöße aufzeigen, welche seine Feinde sich gaben. Diese Cardinäle hatten ihn mit erwählt, in Rom seiner Krönung beigewohnt, in Zagarolo ihn festlich als Papst anerkannt. Wie kam es nun, daß sie jetzt erst eine Ansicht aufstellten, welche sie mit sich selbst in Widerspruch brachte? Der Zorn von Bonifacius stand in Flammen: am 23. Mai erließ er eine zweite Bulle, die nun öffentlichen Rebellen zu zermalmen. Er excommunicirte als Schismatiker beide Cardinäle, alle Söhne des Senators Johann, nicht minder ihre Erben; er erklärte sie für infam, für verlustig ihrer Güter, und bedrohte alle Orte mit dem Fluch, welche sie aufnehmen würden.[1] Die Lage von Bonifacius war jedoch nicht ohne Gefahr; die Entsetzung von Cardinälen verletzte das ganze heilige Collegium; er eilte dasselbe durch eine Constitution zu versöhnen, welche die Würde der Cardinäle hoch erhob, schwere Strafen gegen ihre Mißhandlung verhängte, und bestimmte, daß sie fortan, Königen gleich, den Purpur tragen sollten.[2] Er ging nach Orvieto, während seine Feinde ihre Burgen zur Gegenwehr rüsteten. Entschlossen das Schisma mit den Waffen im Keime zu ersticken, sammelte er Truppen, und gab deren Oberbefehl dem Condottiere der Florentiner Inghiramo di Bisanzo, und dem eigenen Bruder Jacob's Landulf Colonna, welchen Rachsucht trieb, gegen seine Verwandte zu streiten.[3]

Bonifacius excommunicirt die Colonna, 23 Mai A. 1297.

---

[1] Bulle Lapis abscissus de monte sine manibus, Raynald n. 35.
[2] Bzovius Annal. ad A. 1297. n. IX. — Tosti I, 215. Die Constitution Felicis Recordationis steht im VI. Decretal. lib. V. Tit. 9. c. 5. — Der rote Hut war den Cardinälen von Innocenz IV. zu Lyon gegeben worden.
[3] Brief des Papsts an Landulf, Orvieto 4. Sept. 1297 (Petrini p. 419).

Nun bemühte sich der Senator Pandulf einen Bürgerkrieg abzuwenden, indem er im Namen der römischen Gemeinde vermittelnd auftrat. Er schickte Abgesandte zuerst nach Palestrina, dann an den Papst; die Colonna antworteten ihm, daß sie zur Unterwerfung bereit seien, unter Bedingungen, die ihre Ehre sicherten und ihre Hausmacht wieder herstellten; der Papst dagegen bot nur Verzeihung für unbedingte Ergebung und Auslieferung der Festungen.[1] Als die Unterhandlungen keinen Erfolg hatten, als in Palestrina Boten Siciliens aufgenommen wurden, wiederholte Bonifacius am 18. November den Bann in Rom, und forderte sogar (am 14. December) die „gesammte Christenheit" auf, gegen seine Feinde das Kreuz zu nehmen, wofür er die üblichen Indulgenzen verhieß.[2] Die Macht des Papsts konnte in der That nicht groß erscheinen, wenn er zu dieser Karrikatur der Kreuzzüge herabstieg, und zu solchen einst gegen große Kaiser angewendeten Mitteln griff, um römische Optimaten zu bekämpfen, die auf der Campagna eine Reihe von Burgen besaßen. Der Krieg des Papsts gegen zwei Cardinäle, ein Bürgerkrieg der Kirche, zeigte der Welt den Verfall des Papsttums, kündigte schlimmere Zeiten an, und minderte die Ehrfurcht von Königen und Völkern vor dem Oberhaupt der Religion. Es gibt keine Fahne, um welche sich nicht Menschen sammelten, sie als Panier ihrer Begierden oder Meinungen zu erheben. Auch dieser Kreuzzug fand Kreuzfahrer, weil er Beute verhieß und ausdrücklich gegen Ketzer, wozu die Colonna erklärt wurden, gerichtet

Er predigt das Kreuz gegen die Colonna.

---

[1] Brief des Papsts an Pandulf, Orvieto 29. Sept. 1297. Ibid.
[2] Die Bannbulle, Rom, 18. Nov. 1297, bei Raynald n. 41. Die Kreuzzugsbulle, bei Petrini p. 421.

schien.¹ Selbst Städte Toscana's und Umbriens liehen Streiter dar, und der heilige Krieg gegen die Burgen der Colonna konnte mit Nachdruck geführt werden.

Sie erlagen bald, weil sie allein blieben. König Friedrich sandte keine Hülfe; die Ghibellinen im Kirchenstaat standen nicht auf; in Latium war die vereinzelte Erhebung Johann's von Ceccano vom Haus der Anibaldi wirkungslos.² Die Römer, welche einst den Bruder des Cardinals Jacob auf einem Triumfwagen einher geführt hatten, blieben neutral; die Bürger freuten sich über die Schwächung eines Aristokratengeschlechts, und Savelli wie Orsini benutzten die Gelegenheit, ihre Gegner zu verderben, mit deren Gütern sie sich dann vom Papst bereichern ließen. Das Kreuzheer belagerte alle Schlösser der Colonna diesseits und jenseits des Tiber. Nepi wurde zuerst, schon im Sommer 1297, bedrängt.³ Diese einst freie Stadt gehörte damals den Co-

---

¹ Der Inquisitor bekam zu thun. Im Archiv Gaetani XXXVII. n. 31 ein Instrum., worin der römische Ketzerrichter Alamannus de Balneoregio vom Orden der Minoren am 8. Sept. 1297 einige Römer verurteilt als adjutores et fautores scysmaticorum et rebellium Columpnensiam. Sie werden für vogelfrei erklärt: exbandimus et exponimus Christi fidelibus capiendos. Die Häuser eines dieser Verurteilten an der Torre delle Milizie verkaufte am 13. April 1301 der Inquisitor Symon de Tarquinio für 1000 Goldflorene dem Petrus Gaetani (Ibid. n. 31).

² In das alte Haus Ceccano waren die ihm verwandten Anibaldi hineingekommen. Ich finde im Archiv Colonna als den letzten der alten Grafen Johannes, Sohn Landulf's, am 26. März 1286. Dann tritt A. 1291 Anibaldus de Ceccano auf, der Vater des Johannes und Ahnherr des zweiten Grafenhauses Ceccano, welches auch in Terracina und der Maritima mächtig war.

³ Im Edict des Ketzerrichters vom 8. Sept. 1297 befindet sich unter den Verurteilten der magister lignaminis Marius, der im Dienst der Colonna in Nepi Maschinen gebaut habe ad exercitum Ecclesie per edificia impugnandum et ad machinas . . .

lonna; Parteikrieg, Bedrängniß durch Barone und Verarmung hatten sie zum verzweifelten Entschluß gebracht, sich einem mächtigen Beschützer zu verkaufen; und so hatte der reiche Carbinal Petrus am 3. October 1293 Nepi erstanden.[1] Sciarra und Johann Colonna von S. Vito hielten sich dort zwar tapfer gegen die Belagerer, aber die Hülfe, welche sie von den Herren von Vico und von Anguillara vertragsmäßig zu fordern hatten, ließ sie im Stich; Nepi wurde erstürmt und hierauf vom Papst den Orsini zu Lehn gegeben.[2] Das Kreuzheer überzog zu gleicher Zeit die Stammgüter der Colonna in Latium; Zagarolo, Colonna und andre Schlösser wurden erstürmt und niedergebrannt, die Paläste der Fa-

Das Kreuzheer erzwingt die Burgen der Colonna.

---

[1] Archiv Gaetani (XIII. n. 79); Pergamentheft, Registr. Allibrati civitatis Nepesine, A. 1293 temp. potestarie magn. vir. D. Pandulphi de Sabello Romanor. Procon. Das Parlament Nepi's beschließt quod Dominium dicte civitatis alicui potenti vendatur — qui bona stabilia per eum empta singulis venditorib. in feudum concedat. Am 3. Oct. 1293 kauft Nepi der Carb. Petrus Colonna für 25,000 Flor. (80,000 Thaler). Der Syndicus übergibt dessen Procurator Stephan Colonna die Stadt per vexillum et sigillum communis, per claves portarum et ipsas portas, und schwört hierauf vassallagium, homagium et fidelitatem. So wurden freie Communen Vasallen der Barone. — Ein anderes röm. Instrum. v. 6. Aug. 1293 enthält ein Bündniß zwischen den Colonna, Petrus und Manfred von Vico und den Anguillara, unter Beistand des Carb. Benedict (Bonif. VIII.); ein drittes aus Rom im Palast des Florentius Capocci vom 13. Aug. 1293 bestimmt, daß Carb. Petrus halb Nepi den Brüdern von Vico verkaufen, aber so lange behalten solle, bis die Summe gezahlt sei. — Ich bemerke in Nepi ein consilium speciale et generale, und Castaldiones als Häupter der Republik, welche das Parlament berufen.

[2] Ptol. Lucens. Hist. Eccl. p. 1219. — Nach einer Urkunde, Histoire du Differend p. 278, übergab Sciarra A. 1297 Nepi der Stadt Rom, und diese forderte es auf Grund solches Vertrags nach dem Tode Benedicts XI A. 1305 von Ponzellus Orsini zurück.

milie in Rom in Schutthaufen verwandelt.¹ Nur Paleſtrina, feſt und treu, widerſtand. In dieſem Stammſitze ihres Geſchlechts leiteten Agapitus und Sciarra ſammt beiden Cardinälen die Verteidigung mit Erfolg. Man erzählt, daß Bonifacius den berühmten Guido von Montefeltre, welcher zwei Jahre zuvor aus Lebensüberdruß die Kutte der Franciscaner genommen hatte, aus ſeinem Kloſter herbeirief, um durch ſein Genie die Wege zu dieſer uneinnehmbaren Cyclopenburg zu finden, und daß der alte Ghibelline, als er die Feſtigkeit des Ortes ſah, dem Papſt riet, ihn mit liſtigen Verſprechungen einzunehmen.²

Paleſtrina ergibt ſich, Sept. A. 1298. Paleſtrina wurde durch Vertrag zu Fall gebracht. In Trauerkleidern, einen Strick um den Hals, erſchienen die beiden Cardinäle, nebſt Agapitus und Sciarra zu Rieti (im September 1298), und warfen ſich dem Papſt zu Füßen. Bonifacius VIII. ſaß, umgeben von ſeiner Curie, gekrönt auf dem Tron, und blickte majeſtätiſch auf die Gedemütigten herab, welche jetzt bekannten, daß er Papſt ſei.³ Er begnadigte ſie, und beſtimmte eine Friſt zur Beendigung des

---

¹ Am 9. Febr. 1298 forderte der Papſt von Rieti Hülfe ad expugnationem castri Columpne. — Breve im Archiv Gaetani, XXVI. n. 56. — Oppidum Columna diu obsessum — subversum: Ricobalt Hist. Imp. p. 144.

² Lunga promessa con l'attender corto, bekannte Worte Dante's (Inferno XXVII), vielleicht Hauptquelle dieſer Erzählung. Siehe auch Fr. Pipin Chron. p. 741. Toſti läugnet das Erſcheinen Guido's durchaus.

³ Die Gaetani benutzten die Umſtände ſofort in Rieti. Nach einem Pergament im Archiv Colonna (Scaf. XVIII. n. 12) cedirte am 19. Sept. 1298 Agapitus, Sohn des Joh. Colonna, dem Petrus Gaytanus Grafen von Caſerta titulo donationis alle ſeine Rechte in Ninfa. Actum Reate praesentib. D. Rogerio Bussa, D. Johe de Serminelo, D. Giffredo Bussa (ſpäter Verräter am Papſt) civib. Anagninie.

ganzen Streits, bis zu welchem sie unter Aufsicht in Tivoli bleiben sollten. Palestrina und alle Castelle der Colonnesen wurden den Päpstlichen sofort ausgeliefert. Der Haß von Bonifacius gegen Rebellen, die seine geistliche Gewalt angegriffen hatten, kannte keine Grenzen; er wollte ein Geschlecht unschädlich machen, das nach der Tyrannis in Rom strebte, wie die Visconti in Mailand. Das grausame Strafgericht, welches er sofort gegen Palestrina verhängte, offenbarte seine Absicht. Ueber diese berühmte Stadt der Fortuna goß ein seltsames Verhängniß dieselbe Schale des Zorns in einem langen Zeitraume zweimal aus. Sulla, dem sich Präneste auf Gnade und Ungnade ergeben, hatte die Stadt dem Erdboden gleich gemacht; nach 1400 Jahren ergab sich dasselbe Präneste einem Papst, und auch dieser warf den Ort mit altrömischem Zorn auf den Boden. Eine dämonische Macht setzte Bonifacius VIII. mit Sulla in Zusammenhang, als er seinem Vicar in Rom den Befehl gab, Palestrina umzureißen. Wenn Barbarossa, der hundert Jahre früher das ihm fremde Mailand zerstörte, oder wenn Attila, der in grauer Zeit Aquileja zermalmte, mit Recht barbarisch erscheinen, mit welchem Titel soll ein Papst bezeichnet werden, der im Jahre 1298 eine Stadt vor den Toren Roms, einen der sieben alten Bischofsitze der römischen Kirche mit kaltem Blut auf die Erde warf?

Bonifacius VIII. läßt Palestrina zerstören, A. 1298.

Palestrina stand damals, wo es heute steht, auf der Mitte des von Oliven und Lorbeern umgrünten Bergs. Auf seinem Gipfel tronte von uralten Cyclopenmauern umgeben die getürmte Rocca S. Pietro, wo einst Konradin in Ketten saß, und es standen dort Paläste und viele Häuser. Unter dieser Burg lag terrassenförmig die fest ummauerte Stadt,

Damalige Beschaffenheit Präneste's.

wie sie aus den Trümmern des sullanischen Fortunatempels gebaut worden war. Viele altertümliche Paläste standen darin; manche Reste jenes Tempels waren noch wol erhalten. Der colonnische Hauptpalast war zum Teil antik. Man schrieb ihn dem Julius Cäsar zu, und deutete dies aus der Form eines C, welche er schon damals hatte, wie auch der heutige Palast in derselben Curve gebaut ist. Mit ihm war der schönste Schmuck der Stadt verbunden, ein damals der Jungfrau geweihter Rundtempel, ähnlich dem Pantheon in Rom, und ruhend auf einer hundertstufigen Marmortreppe von solcher Breite, daß man sie bequem emporreiten konnte.[1] Andere antike Monumente, manche Bildsäule, viele Bronzen aus dem unerschöpflichen Reichtum der Blütezeit Präneste's hatten sich unter dem Schutz der kunstliebenden Colonna erhalten, deren Stolz der Besitz von Palestrina war, und die in ihrem Palast den Luxus ihrer Zeit, die Schätze des Altertums und die Urkunden ihres Hauses vereinigt hatten. Alles dies fand in wenigen Tagen den Untergang; nur die Kathedrale S. Agapitus blieb verschont. Ueber den Trümmerhaufen wurde der Pflug geführt und Salz gestreut, gleichwie, so sagte der Papst mit fürchterlicher Ruhe, über das alte afrikanische Carthago.[2] Bonifacius VIII. schien sich

---

[1] Siehe das Fragment der bem Senat von den Colonna nach des Papsts Tode eingereichten Klage, Petrini p. 429 — Palatium autem Caesaris edificatum ad modum unius C propter primam litteram nominis sui, et Templum palacio inherens opere sumptuosissimo et nobilissimo edificatum ad modum S. M. Rotunde de Urbe. — — Muri antiquissimi opere Saracenico (alter Cyclopenbau im Gegensatz zum römischen Ziegelbau).

[2] Ipsamque aratro subjici ad veteris instar Carthaginis Africanae, ac salem in ea etiam fecimus — seminari, ut nec rem, nec

darin zu gefallen, das Wesen eines antiken Römers und zugleich die alttestamentliche Gestalt des zornigen Jehovah nachzuahmen. Sein Blitzstral war nicht blos theatralisch: er zermalmte wirklich eine der ältesten Städte Italiens, die in ihrer noch antiken Gestalt, gleich Tusculum, unterging, obwol sie dann ärmlich wieder aufgebaut wurde.

Wie Sulla eine Militärcolonie in der Ebene der zerstörten Stadt angesiedelt hatte, so befahl auch Bonifacius den jammernden Einwohnern, deren ganzes Privatvermögen er zum Fiscus zog, sich seitwärts anzubauen. Sie errichteten Hütten in der niedern Gegend, wo heute die Madonna dell' Aquila steht; der Papst gab diesem Ort den Namen Civitas Papalis, und übertrug auf ihn das Cardinalbistum von Palestrina. Im Juni 1299 ernannte er Theodor Ranieri, seinen Vicar in Rom, zum Bischof der neuen Stadt, deren Einwohnern er ihre Güter als Lehen zurückgab; doch schon im Frühjahr 1300 warf er den kaum gebauten Ort als ein zornflammender Tyrann wieder um, worauf die Einwohner ins Elend wanderten und sich zerstreuten.[1] Trotzdem war Bonifacius VIII. keineswegs ein Feind des städtischen Gemeinwesens; unter seinen Acten gibt es manche, welche beweisen, daß er die Rechte der Städte gewissenhaft achtete, und manche Communen gegen die Eingriffe der Provinciallegaten und päpstlichen Beamten großmütig schützte.[2]

---

nomen, aut titulum habeat civitatis: Bulle, Anagni 13. Juni 1299; Raynald n. VI. Petrini p. 426. 428.

[1] Petrini. Bisher war der Cardinal Beaulieu Bischof von Palestrina gewesen; nach dessen Tod im Aug. 1297 hatte Bonifacius keinen Nachfolger ernannt, und dies beweist, daß er schon damals sein Rachewerk beschlossen hatte.

[2] Den Podestaten der Communen im Patrimonium Petri wird das

Die Colonna protestiren über den Treubruch.

Auf die barbarische Zerstörung und den Verlust ihrer Güter erhoben die Colonna einen Schrei der Verzweiflung und Wut. Sie klagten den Papst laut des Treubruchs an; sie erklärten, daß ihre Unterwerfung in Folge eines durch die Römer und den Cardinal Boccamazi abgeschlossenen Vertrages geschehen sei, wonach sie die päpstliche Fahne in ihren Castellen aufziehen, diese selbst aber behalten sollten. Die Wahrheit ihrer Aussagen bestritt noch im Jahre 1311 zu Avignon der Cardinal Francesco Gaetani, indem er behauptete, daß ihre Unterwerfung nicht im Wege der Capitulation, sondern bedingungslos und nach Auslieferung der Castelle geschehen sei. Das Urteil über das Verfahren des Papsts war schon damals geteilt; die Stimme des Volks zieh ihn des Verrats, und dieser Meinung hat Dante ein dauerndes Gepräge gegeben. So viel ist gewiß, daß die Colonna durch Hoffnungen getäuscht wurden, die man ihnen im Namen des Papsts gemacht hatte.[1] Indem sie nun, statt ihre Güter wieder zu erhalten, deren schrecklichen Ruin sahen, erhoben sie sich in neuer Rebellion. Sie fürchteten für ihr Leben

merum et mixtum imperium gestattet, und mancher Schutz gegen die päpstlichen Rectoren gewährt: Bulle Licet. merum v. 20. Jan. 1299, Geheimarchiv Corneto Cassett. A. n. 6. Zum Schutz der Mark Ancona werden am 7. Sept. 1303 Statuten erlassen (Theiner I. n. 571): eins der letzten Actenstücke des Papsts. Dies rühmliche Edict cassirte nachher Benedict XI. am 15. Jan. 1304 (ibid. n. 577). — Die Stadt Todi enthob Bonif. auf ihren Wunsch dem Tribunal des Rectors des Patrimonium. Nur die Städteconföderationen hob er auf, so den alten Bund zwischen Perugia, Todi, Spoleto und Narni (Bulle v. 13. Dec. 1900, im Archiv S. Fortunatus zu Todi).

[1] Benvenuto v. Imola, Sanct Antonin III. 248, Villani, Bonincontrius, die Chron. v. Este (Mur. XV. 341) beschuldigen den Papst geradezu des Treubruchs. Tosti hat ihn davon zu reinigen unternommen; doch seine Beweise sind nicht gelungen.

selbst. Stefan, der sich ebenfalls unterworfen hatte, sollte, so hieß es, durch gedungene Johanniter ermordet werden; er und die Andern seines Hauses entzogen sich dem päpstlichen Tribunal durch die Flucht, worauf sie Bonifacius nochmals excommunicirte.¹ Er ächtete sie, verbot allen Städten und Ländern sie aufzunehmen, erklärte ihre Besitzungen für heimgefallenes Gut der Kirche, und verlieh einen großen Teil davon an römische Edle, namentlich die Orsini. In dies Verderben wurde auch Johann Anibaldi von Ceccano hineingerissen, während der unglückliche Poet Fra Jacopone bis an den Tod von Bonifacius VIII. in einem finstern Kerker zu Palestrina schmachtete, aus welchem er den unerbittlichen Papst in bewegten Versen um seine Absolution vergebens anflehte.²

und fliehen ins Exil.

Die Colonna flohen, der eine hierhin, der andre dorthin; der wilde Sciarra irrte, wie einst Marius, in Wäldern und Sümpfen umher; man sagt, daß ihn Piraten an der Küste von Marseille auffingen und an die Ruderbank schmiedeten, bis er vom Könige Frankreichs losgekauft wurde. Die beiden Cardinäle verbargen sich in Etrurien oder Umbrien bei befreundeten Ghibellinen. Stefan suchte ein Asyl in Sicilien. Als er selbst dort nicht sicher war, wanderte er an die Königshöfe von England und Frankreich. Dieser edle Mann, ein Flüchtling vor dem maßlosen Zorn eines

Stefan Colonna als Flüchtling im Auslande.

¹ Bulle ad succidendos, L. VI. Decretal. V. tit. III.
² Siehe die Satiren XVII. und XIX. in der Venetianer Ausgabe seiner Poesien. Jacopone erlangte erst mit den Colonna durch Benedict XI. die Absolution. Er lebte dann bei Todi, wo in S. Fortunato seine Grabschrift sagt: Ossa Beati Jacoponis de Benedictis, Tudertini, Fr. ordinis Minorum, qui stultus propter Christum, nova mundum arte delusit et coelum rapuit. Sie datirt jedoch erst vom Jahr 1596.

Papsts, den die Welt nicht liebte, wurde überall wo er sich zeigte mit Ehrerbietung betrachtet; er stellte im Exil das Muster eines römischen Verbannten dar, so daß ihn der schmeichelnde Petrarca mit Scipio Africanus verglichen hat. Wir werden diesen berühmten Römer in den Geschichten der Stadt noch wiederfinden, selbst noch in den Zeiten des Tribunen Cola, wo er, ein hochbetagter Greis, an dem Grabe seines unglücklichen Feindes Bonifacius und auch an den Gräbern seiner Kinder stand.[1]

[1] Petrarcha De reb. famil. II. Ep. 3. p. 592. Siehe auch De Sade Mémoires pour la vie de Petrarche I. 100.

Sechstes Capitel.

1. Die hundertjährige Jubelfeier in Rom. Richard Anibaldi vom Colosseum und Gentilis Orsini, Senatoren 1300. Toscanella dem Capitol unterworfen. Dante und Johann Villani als Pilger in Rom.

Noch einen großen Triumf erlebte Bonifacius VIII., ehe er sich schwereren Kämpfen ausgesetzt fand; er eröffnete das XIV. Jahrhundert mit einer berühmt gewordenen Pilgerfeier. Das hundertjährige Jubiläum war im alten Rom durch glänzende Spiele begangen worden, doch die Erinnerung daran erlosch, und kein Bericht erzählt, daß Schluß oder Beginn eines Säculum im christlichen Rom durch große Kirchenfeste je gefeiert wurde. Die massenhaften Pilgerfahrten zum S. Peter hatten während der Kreuzzüge aufgehört; nach deren Erlöschen erwachte die alte Sehnsucht der Völker wieder, und zog sie nach den Apostelgräbern. An diesem frommen Triebe hatte freilich die Klugheit der römischen Priester nicht geringen Anteil. Man begann in Rom um die Weihnachtszeit 1299 (und mit Weihnachten schloß der Stil der römischen Curie das Jahr) in Schaaren nach dem S. Peter zu ziehn, aus der Stadt, wie vom Lande. Ein Ruf von Sündenablaß und Pilgerung nach Rom erscholl in der Welt, und brachte sie in Bewegung. Dem immer stärkeren Zuge gab Bonifacius mit Genugthuung Form und Sanction, indem er am 22. Februar 1300 die Jubelbulle verkündigte, welche allen denen, die während des Jahrs die Basiliken von

Bonifacius VIII. erläßt die Jubiläumsbulle, 22. Feb. A. 1300.

S. Peter und Paul besuchen würden, völligen Sündenablaß verhieß. Die Einheimischen sollten dreißig, die Fremden fünfzehn Tage lang diese Wallfahrt fortsetzen. Nur die Feinde der Kirche wurden ausgeschlossen; als solche bezeichnete der Papst Friedrich von Sicilien, die Colonna und ihre Anhänger, und sonderbarer Weise alle Christen, welche mit Saracenen Handel trieben. Bonifacius benutzte demnach das Jubiläum, seine Gegner öffentlich zu brandmarken und als vom Gnadenschatz des Christentums ausgeschlossen zu erklären.[1]

Der Zudrang war beispiellos. Rom bot Tag und Nacht das Schauspiel von heergleich hereinströmenden oder herausziehenden Pilgern dar. Ein Betrachter dieser großen Scene konnte von einer Höhe der Stadt herab von Süd, Nord, Ost und West Menschenschwärme gleich wandernden Völkern auf den alten Römerstraßen herankommen sehen, und wenn er sich unter sie mischte, Mühe haben, ihre Heimat zu erraten. Es kamen Italiener, Provençalen, Franzosen, Ungarn, Slaven, Deutsche, Spanier, selbst Engländer.[2] Italien gab den Wandernden die Straßen frei, und hielt Gottesfrieden. Sie zogen einher im Pilgermantel, oder in den Nationaltrachten ihrer Länder, diese zu Fuß, jene zu Pferd, oder auf Karren, Müde und Kranke führend, beladen mit ihrem Gepäck; man sah hundertjährige Greise von ihren Enkeln geleitet, und Jünglinge, welche wie Aeneas

---

[1] Bulle Antiquorum habet fida relatio (Raynald A. 1300 n. IV). Clemens VI. verkürzte das Jubiläum auf 50, Gregor XI. auf 33, Paul II. auf 25 Jahre. Bulle Nuper per alias, Rom 1. März 1300 (Tosti, II. 283).

[2] Südfrankreich sandte die meisten Pilger, England, wegen der Kriege, wenige. Siehe Jacob Stefaneschi De centesimo, seu jubilaeo anno Liber (Bibl. Max. Vet. Patr. XXV. 936—944).

Vater oder Mutter auf ihren Schultern nach Rom trugen. [1] Die Campagna und die Stadt erschollen vom ununterbrochenen Pilgergesange, der die Atmosphäre mit dunkler Schwermut erfüllte. Sie redeten in vielen Landessprachen, aber sie sangen in der einen Sprache der Kirche Hymnen und Litaneien, und ihre sehnsüchtigen Vorstellungen hatten ein und dasselbe Ziel. Wenn sie in der sonnigen Ferne den finstern Wald der Türme des heiligen Rom erscheinen sahen, so erhoben sie den entzückten Jubelruf „Roma! Roma!", wie Schiffer, die nach langer Fahrt auftauchendes Land entdecken. Sie warfen sich zum Gebete nieder, und richteten sich auf mit dem inbrünstigen Geschrei: „S. Petrus und Paulus, Gnade!" An den Toren empfingen sie ihre Landesgenossen aus den Fremdenscholen, und Verpflegungsbeamte der Stadt, ihnen Herberge zuzuweisen, doch sie zogen erst zum S. Peter, die Treppe des Vorhofs auf Knieen zu ersteigen, und warfen sich dann mit Ekstase am Apostelgrabe nieder.

Ein ganzes Jahr lang war Rom ein völkerwimmelndes Pilgerlager, und von babilonischer Sprachenverwirrung erfüllt. Man sagt, daß täglich 30000 Pilger aus- und einzogen, und daß 200000 Fremde sich täglich in der Stadt befanden. [2] Der Umfang Rom's wurde nach langer Zeit zum ersten Mal wieder hinreichend belebt, wenn auch nicht ausgefüllt. Eine musterhafte Verwaltung sorgte für Ordnung und für billige Preise. Das Jahr war fruchtreich; die Cam-

---

1 Annales Veteres Mutinensium p. 75.
2 Villani VIII. c. 36. Annales Colon. Majores p. 225. Chron. Parmense (Parma 1858) p. 109. Et singulis diebus videbatur quod iret unus exercitus generalis omnibus horis per stratam Claudiam intus et extra. Der Chronist von Asti zählt für das ganze Jahr 2 Millionen Pilger.

pagna, und die nahen Provinzen schickten Vorrat in Fülle. Ein pilgernder Chronist erzählt: „Brod, Wein, Fleisch, Fisch und Hafer waren reichlich und billig auf dem Markt, das Heu aber sehr teuer; die Herbergen so kostbar, daß ich für mein Bett und für die Stallung meiner Pferde, außer dem Heu und Hafer, täglich einen Torneser Groschen bezahlen mußte. Als ich am heiligen Christabend Rom verließ, sah ich einen großen Pilgerschwarm fortziehen, den Niemand berechnen konnte. Die Römer wollen im Ganzen zwei Millionen an Frauen und Männern gezählt haben. Oft sah ich Männer wie Weiber unter die Füße getreten, und mit Mühe entkam ich selbst einige Male dieser Gefahr."[1]

Der Weg, welcher aus der Stadt über die Engelsbrücke zum S. Peter führte, war zu enge; man eröffnete daher in der Mauer, nicht weit vom alten Grabmal Meta Romuli, eine neue Straße am Fluß.[2] Um Unglücksfälle zu verhüten, traf man die Vorrichtung, daß die Hinziehenden auf der einen, die Herkommenden auf der andern Seite der Brücke gingen, welche damals mit Buden bedeckt, der Länge nach in zwei Hälften geteilt war.[3] Processionen zogen ohne Auf-

---

[1] Chron. Astense des Ventura (Mur. XI. 191). Wenn er für Wohnung und Stall tornesium unum grossum, ⅓ Frank, zu teuer fand, so berechne man darnach die Billigkeit damaligen Lebens. Aus dem Mangel des Heu schließt Tosti mit Unrecht, daß die Campagna damals mehr Getreide zog, als jetzt. Sie hat noch jetzt viel Schaafweide, aber wenig Heu.

[2] Die barbarische Schrift des Jacob Stefaneschi sagt: appositura facta in moenibus alta, qua peregrinantibus compendiosior pateret via inter monumentum Romuli ac vetustum portum. Ich lese vetustum pontem, und verstehe darunter die Reste der Neronischen Brücke. Man durchbrach dort am Fluß die Flankenmauer des Castells, die nur ein Tor hatte.

[3] Darauf bezieht sich Dante Inferno XVIII:
    Come i Roman, per l'esercito molto,
    L'anno del Giubbileo su per lo ponte
    Hanno a passar la gente modo tolto:

hören nach S. Paul vor den Toren, und nach S. Peter, wo man die schon hochberühmte Reliquie, das Schweißtuch der Veronica, zeigte. Jeder Pilger legte eine Opfergabe am Apostelaltar nieder, und derselbe Chronist von Asti versichert als Augenzeuge, daß am Altar von S. Paul Tag und Nacht zwei Cleriker standen, die mit Rechen in der Hand zahlloses Geld zusammenscharrten.[1] Der märchenhafte Anblick von Geistlichen, welche lächelnd Geld wie Heu aufschaufelten, veranlaßte boshafte Ghibellinen zu behaupten, daß der Papst das Jubeljahr nur um des Geldgewinnes willen ausgeschrieben habe.[2] Und Geld brauchte Bonifacius freilich viel, um seinen Krieg wider Sicilien zu bestreiten, welcher unberechenbare Summen verschlang. Wenn die Mönche von S. Paul statt Kupfermünzen Goldflorene aufgehäuft hätten, so würden sie allerdings fabelhafte Reichtümer gesammelt haben; jedoch die Geldberge von S. Paul und S. Peter bestanden meist nur aus kleinen Münzen, den Gaben geringer Pilger. Der Cardinal Jacob Stefaneschi bemerkte dies ausdrücklich, und beklagte die Umwandlung der Zeiten, wo nur noch Arme opferten, die Könige aber,

Massenhafte Pilgergaben.

> Che dall' un lato tutti hanno la fronte
> Verso 'l castello, e vanno a santo Pietro,
> Dall' altra sponda vanno verso 'l Monte.

Der Monte kann nur Monte Giordano sein, und ich werde zeigen, daß er ein castellartig ummauertes Quartier bildete.

[1] Die ac nocte duo Clerici stabant ad altare S. Pauli tenentes in eorum manibus rastellos rastellantes pecuniam infinitam.

[2] Et quia multi contradicentes dictae indulgentiae dicentes ipsam factam fuisse acaptatorium denariorum, ideo contradicentes excommunicavit: Chron. abbreviata Johis. de Cornazano, in der oblgen Ausgabe der Parmenser Chroniken p. 361. Denselben Vorwurf wiederholt Charles Chais: Lettres historiques et dogmatiques sur les Jubilés (La Haye 1751), eine oberflächliche Schrift der Voltärischen Epoche.

unähnlich ben brei Magiern, bem Heiland nichts mehr zum Geschenke brachten. Die Jubiläumseinnahme, wovon der Papst den beiden Basiliken Capitalien zum Ankauf von Gütern zuweisen konnte, war gleichwol beträchtlich genug. Wenn in gewöhnlichen Jahren die im S. Peter dargebrachten Pilgergeschenke 30400 Goldgulden zu betragen pflegten, so mag man baraus schließen, um wie viel ansehnlicher die Gewinnste des großen Jubeljahrs gewesen sein müssen.[1] „Die Gaben der Pilger, so schrieb der Chronist von Florenz, trugen der Kirche Schätze ein, und die Römer alle wurden durch den Verkauf von Waaren reich."

Das Jubeljahr wurde in der That für sie ein Goldjahr. Sie behandelten daher die Pilger mit Zuvorkommenheit, und nirgend wurde von Gewaltthaten gehört. Wenn der Sturz des Hauses Colonna bem Papst Feinde in Rom erweckt hatte, so entwaffnete er sie burch den unermeßlichen Vorteil, welcher ben Römern erwuchs, die immer nur von bem Gelde der Fremden gelebt haben. Ihre Senatoren waren *Richard Anibaldi und Gentilis Orsini, Senatoren, A. 1300.* damals Richard Anibaldi vom Colosseum (aus welchem die Anibaldi bereits die Frangipani verbrängt hatten) und Gentilis Orsini, deren Namen man noch heute auf einer Inschrifttafel im Capitol lesen kann. Diese Herren ließen sich durch die fromme Begeisterung der Wallfahrt nicht hindern, Kriege in der Nachbarschaft zu führen; sie ließen die Pilger an den Altären beten, aber sie selbst marschirten mit den Bannern Rom's gegen Toscanella, und unterwarfen biese Stadt männlich dem Capitol.[2]

---

[1] Ptol. Lucensis Hist. Eccl. p. 1220 sagt: singulis diebus ascendebat oblatio ad 1000 libras Perusinorum.

[2] Mille trecentenis Domini currentibus annis
Papa Bonifacius octavus in orbe vigebat

Man mag sich vorstellen, wie massenhaft Rom damals Reliquien, Amulette und Heiligenbilder verkaufte, und zugleich, wie viele Reste des Altertums, Münzen, Gemmen, Ringe, Bildwerke, Marmortrümmer, und auch Handschriften von den Pilgern in ihre Heimat entführt wurden. Wenn sie ihren religiösen Trieben genug gethan hatten, warfen diese Wallfahrer staunende Blicke auf die Monumente der Alten. Das antike Rom, welches sie mit dem Mirabilienbuch durchwanderten, übte dann seinen tiefen Zauber auf sie aus. Dies classische Theater der Welt belebten im Jahr 1300 neben den Erinnerungen des Altertums die an die Thaten der Päpste und Kaiser seit Carl dem Großen, und ein für die Sprache der Geschichte empfänglicher Geist mußte gerade damals mächtig von ihr ergriffen werden, wo Pilgerscharen aller Länder in dieser majestätischen Trümmerwelt für den ewigen Bezug Rom's auf die Menschheit die lebendigen Zeugen waren. Es ist kaum zu zweifeln, daß Dante in jenen Tagen Rom sah, und daß ein Stral von ihnen in sein unsterbliches Gedicht fiel, welches mit der Osterwoche des Jahrs 1300 beginnt. Der Anblick der Weltstadt entzündete die Seele eines andern Florentiners. „Auch ich befand mich, so schreibt Giovanni Villani, in jener gesegneten

<small>Dante und Villani als Pilger in Rom.</small>

<blockquote>
Tunc Aniballensis Riccardus de Coliseo
Nec non Gentilis Ursina prole creatus
Ambo Senatores Romam cum pace regebant —
— — — — — — tu Toscanella fuisti
Ob dirum damnata nefas, tibi demta potestas
Sumendi regimen est, at data juribus Urbis.
</blockquote>

Die Stadt wird zum Tribut von 2000 Rubbien Korn oder zu 1000 Pfund verurteilt; ihre Glocke, ihre Tore nach Rom zu schaffen. Octo ludentes Romanis mictere ludis. Die Inschrift ist heute am Haupt der innern Treppe des Conservatorenpalasts eingemauert.

Pilgerung, in der heiligen Stadt zu Rom, und wie ich die großen und antiken Dinge in ihr sah, und die Geschichten und großen Thaten der Römer las, welche Virgil, Sallust, Lucan, Titus Livius, Valerius und Paul Orosius und andre Meister von Historien beschrieben haben, so nahm ich Stil und Form von ihnen, obwol ich als Schüler nicht würdig war, ein so großes Werk zu thun. Und so im Jahre 1300 von Rom zurückgekehrt, begann ich dies Buch zu schreiben, zu Ehren Gottes und Sanct Johann's, und zur Empfehlung für unsre Stadt Florenz."[1] Die Frucht der schöpferischen Aufregung von Villani war seine Geschichte von Florenz, die größeste und naivste Chronik, welche Italien in seiner kindlich zauberischen Sprache hervorgebracht hat; und mancher andre Mann von Talent mochte damals befruchtende Eindrücke von Rom empfangen haben.

Für Bonifacius war das Jubiläum ein Sieg. Das Zusammenströmen der Menschheit nach Rom zeigte ihm, daß ihr Glaube diese Stadt noch als den heiligen Bundestempel der Welt betrachtete. Das großartige Versöhnungsfest schien wie ein Gnadenstrom über seine eigene Vergangenheit hinwegzufließen, und die gehässigen Erinnerungen an Cölestin V., an den Krieg mit den Colonna, und alle Anklagen seiner Feinde in Vergessenheit zu tauchen. Bonifacius konnte in jenen Tagen in der Fülle eines fast göttlichen Machtgefühles schwelgen, wie kaum ein Papst vor ihm. Er saß auf dem höchsten Trone des Abendlandes, den die Spolien des Reiches schmückten, als der „Vicar Gottes" auf Erden, als das dogmatische Oberhaupt der Welt, die Schlüssel des Segens und des

---

[1] Villani VIII. c. 36.

Verderbens in der Hand; er sah Tausende aus allen Fernen vor seinen Tron kommen, und sich vor ihm, wie vor einem höheren Wesen, in den Staub werfen. Nur Könige sah er nicht. Außer Carl Martell kam kein Monarch nach Rom, als Bekenner von Sünden den Ablaß zu nehmen. Dies zeigte, daß der Glaube, der einst die Schlachten Alexander's III. und Innocenz' III. gewonnen hatte, an Königshöfen erloschen war.

Bonifacius VIII. schloß das denkwürdige Fest am Weihnachtsabend des Jahrs 1300.[1] Es macht eine Epoche in der Geschichte des Papsttums wie Rom's; denn auf dies begeisterte Jubeljahr folgte als schneller und schrecklicher Gegensatz das tragische Ende jenes Papsts, der Fall des Papsttums von seiner Höhe und das Versinken der Stadt Rom in schauervolle Einsamkeit.

2. Friedrich siegreich in Sicilien. Bonifacius VIII. ruft Carl von Valois nach Italien. Das Reich. Adolf und Albrecht. Toscana. Die Weißen und die Schwarzen. Dante im Vatican. Unglückliches Auftreten Carl's von Valois. Friede von Caltabellota. Streit zwischen Bonifacius VIII. und Philipp dem Schönen. Bulle Clericis Laicos. Eine Bulle öffentlich in Paris verbrannt. Ganz Frankreich wider den Papst. Novemberconcil in Rom. Das französische Parlament appellirt an ein Generalconcil. Der Papst anerkennt Albrecht von Oesterreich. Herabwürdigung des Reichs.

Seit dem Beginne des XIV. Jahrhunderts wandte sich das Glück von Bonifacius VIII. König Friedrich, in welchem ein neuer glücklicher Manfred erstanden war, behauptete Sicilien durch eigene Kraft und die Aufopferung des Volks gegen eine halbe Welt von Gegnern. Nun wollte der Papst noch eine große Anstrengung machen, die Hoheit der Kirche

[1] Die Bulle bei Raynald n. IX.

Bonifacius VIII. ruft Carl von Valois nach Sicilien, A. 1301.

auf der Insel herzustellen. Von Jacob von Aragon verlassen, und unwillig über die Schwäche Carl's II., dem er Befehle vorschrieb, als wäre er selbst der Gebieter Neapels, rief er einen zweiten Anjou zur Hülfe, den Bruder Philipp's von Frankreich. Ein Papst forderte noch einmal einen französischen Fürsten auf, sich in die Angelegenheiten Italiens einzumischen; das zornige Strafurteil Dante's über Bonifacius VIII. nahm daher mit Grund seine Veranlassung von dem Auftreten jenes Fremden in seinem Vaterlande. Carl von Valois, Grafen von Anjou, lockten große Versprechungen; zum Lohne seiner künftigen Thaten, der Unterwerfung Siciliens und der italienischen Ghibellinen, sollte er Senator Rom's werden, und mit der Hand Catharina's von Courtenay, welche einst den jungen Friedrich verschmäht hatte, die Ansprüche ihres Hauses auf Byzanz erben. Der Graf kam mit Söldnern und Glücksrittern, und eilte zum Papst nach Anagni, wo sich auch Carl II. mit seinen Söhnen einfand. Man verabredete den Feldzug, und Bonifacius ernannte Valois (am 3. September 1301) zum Generalcapitän des Kirchenstaats, auch zum Friedensfürsten in Toscana, so daß sich die Zeiten des ersten Anjou in der That wiederholten.[1]

Die Statthalterschaft in Toscana, einem Reichslande, welches der Papst jetzt zur Kirche zu ziehen gedachte, übertrug er ihm in Folge der Vacanz des in tiefer Ohnmacht liegenden Reichs. Dies waren in Kurzem dessen Verhältnisse: als Rudolf gestorben war, hatte man die Krone Deutschlands dem machtlosen aber ritterlichen Grafen Adolf von Nassau gegeben; sein Nebenbuler Albrecht von Oesterreich,

---

[1] Beide Diplome, Anagni 3. Sept. a. VII., bei Theiner I. n. 553. 554.

Rudolf's Sohn, brauchte einige Jahre, um die Deutschen zum Abfall von seinem Gegner zu bewegen, welcher nach seiner Absetzung durch die Reichsstände am 2. Juli 1298 in der Schlacht bei Gellnheim Krone und Leben verlor. Albrecht bestieg den Tron am 24. August desselben Jahrs; jedoch Bonifacius, dessen Einwilligung nicht nachgesucht worden war, weigerte ihm die Anerkennung umsomehr, als Albrecht ein Bündniß mit Philipp von Frankreich schloß. Er betrachtete ihn als Hochverräter und Königsmörder; er forderte ihn sogar vor sein Tribunal, und verbot den Reichsfürsten, ihn als König der Römer anzusehen. Man erzählt, daß er die Boten Deutschlands empfangen habe, theatralisch auf dem Trone sitzend, die Krone auf dem Haupt, ein Schwert in der Hand, und daß er ihnen zornig zurief: „Ich, Ich bin der Kaiser."[1] Es ist wahrscheinlich, daß er Carl von Valois Hoffnung auch auf die römische Krone gab, wenn er seinen Absichten würde gedient haben.

Albrecht, König der Römer, 24. Aug. A. 1298.

Valois besaß keine einzige jener Eigenschaften, die dem ersten Anjou zum Besitz eines Königreichs verholfen hatten. Er spielte in Italien eine unglückliche Figur. Zuerst sandte ihn der Papst nach Toscana, wo eben eine folgenschwere Umwälzung stattgefunden hatte. Das guelfische Florenz, damals in der herrlichsten Blüte von Volk und Vermögen, hatte sich in die Parteien der Donati und Cerchi, der Weißen und Schwarzen, gespalten, von denen jene aus gemäßigten Guelfen zu Ghibellinen wurden. Bonifacius schickte den Cardinal Matheus von Acquasparta dorthin; aber dieser Legat, verhöhnt von den damals herrschenden Weißen, verließ die

Die Bianchi und die Neri in Florenz.

---

[1] Nonne possum Imperii jura tutari? Ego sum Imperator! Franc. Pipin. Chron. p. 739.

Stadt mit dem Interdict. Die kraftvolle Hand des Dino Compagni und Dante's hat jenen florentiner Kämpfen einen unsterblichen Ausdruck verliehen, und aus den Stürmen einer kleinen Republik, welche sonst nur als flüchtige Augenblicke in der Weltgeschichte sich würden verloren haben, entstand das größeste Gedicht des christlichen Zeitalters als ein ewiger Ruhm des menschlichen Genies. Es ist merkwürdig Dante vor Bonifacius VIII. zu sehn, den tiefsinnigsten Geist des Mittelalters vor dem letzten hochmütigen mittelaltrigen Papst.

<small>Dante vor Bonifacius VIII., A. 1301.</small> Dante kam nach Rom als Abgeordneter der florentiner Weißen, um den Schwarzen am päpstlichen Hof entgegen zu treten; seit dieser Zeit (1301) sah er seine Vaterstadt nicht wieder, sondern irrte bis an seinen Tod im Exil.[1] Die Auftritte im Vatican, die Reden Dante's, seine Täuschungen, seine Urteile über Bonifacius sind unbemerkt geblieben; aber der Poet verstieß als Tobtenrichter den stolzen Papst bald darauf in seine poetische Hölle, und dieser phantastische Schauerort ewiger Strafen wurde durch die Macht seines Genies zur wirklichen Richtstätte der Geschichte. Er fesselte die Seele von Bonifacius an den Triumfwagen seines ghibellinischen Zorns, und schleifte sie neun Mal durch den Höllentrichter, wie Achill den toten Hektor um die Mauern von Ilium.[2]

Die Bemühung der Weißen, ihrer Vaterstadt die Einig-

---

[1] Ich verweise auf Villani und die Biografien Dante's, worunter die treffliche von Cesare Balbo allen Lesern zugänglich ist.

[2] In guisa che nel Poema Dantesco l' Ettore trascinato più volte intorno alle Troiane mura pare sia appunto Bonifacio — ein treffendes Bild, welches ich dem geistvollen Don Luigi Tosti (II. 103) entlehne, um seinem Talent zu huldigen, wenn auch seine Ansichten über Bonif. VIII. von den meinigen verschieden sind.

keit wieder zu geben, und die Dazwischenkunft eines Fremden
von ihr abzuhalten, mißglückte. Die Schwarzen stellten dem
Papst vor, daß ihre Gegner seinen Feinden in die Hände
arbeiteten, und Valois, von ihm beauftragt, von den Neri
gerufen, zog am 1. November 1301 in Florenz ein. Der *Valois in Florenz.*
Ruin des Glücks der herrlichen Stadt, die verräterische Verbannung der Weißen war die Folge dieser Intervention.
Toscana spaltete sich in die beiden Factionen, und die starke
Stütze, welche das Papsttum bisher an dem dortigen Guelfen-
wesen besessen hatte, ging darüber verloren. Die selbstsüchtige Begünstigung einer Partei durch Bonifacius rächte
sich bald genug. Untüchtig in Florenz, welches er in Verwirrung ließ, kam Valois im Frühjahr 1302 nach Rom.
Die Würde des Senators wurde ihm hier keineswegs erteilt;
er ging nach Neapel, um sich nun an die Spitze der großen
Unternehmung gegen Sicilien zu stellen, welche der Papst
aus dem Kirchenschatz gerüstet hatte. Er war dort nicht
glücklicher. König Friedrich rieb im kleinen Kriege die feindliche Armee auf, und errang einen unverhofften Frieden.
Durch den Vertrag von Caltabellota (am 31. August 1302)
wurde er für seine Lebenszeit als König Siciliens anerkannt;
er vermälte sich mit Leonore, einer Tochter Carl's II., dessen
Erben er nach seinem Tod die Insel abzutreten versprach. *Boni-*
Dieses Versprechen, vom sicilischen Parlament nie anerkannt, *facius VIII.*
ward auch nie gehalten. Bonifacius sträubte sich den Frieden *unterliegt in Sicilien,*
zu genehmigen, in welchem weder auf die Kirche noch ihn *A. 1302.*
selbst Rücksicht genommen war, er bestätigte ihn jedoch unter
der Bedingung, daß Friedrich sich als Lehnsmann der Kirche
bekannte. Doch nie hat derselbe Tribut an Rom bezahlt.
Das Machtgefühl des Papsts war schon geschwächt: ein

größerer Kampf, welchen aufzunehmen ihn das Princip der römischen Kirche zwang, kam eben zum Ausbruch, und in diesem kurzen, doch weltgeschichtlichen Streit erlag Bonifacius VIII.

Den Kampf gegen die kirchliche Uebermacht, in welchem die Hohenstaufen nur untergingen, nachdem sie die Grundvesten des Papsttums erschüttert hatten, nahm der französische Monarch auf. Dies Ereigniß wurde zu einer der bedeutendsten Revolutionen in der kirchlichen und staatlichen Welt. Denn Frankreich war im ganzen Mittelalter das Asyl und die treueste Schutzmacht des Papsttums gewesen; die Hohenstaufen hatte es zum Sturz gebracht, an Stelle des deutschen Einflusses in Italien und Rom seinen eigenen gesetzt. Als die Päpste das französische Königshaus auf einem italischen Tron zum Protector der Kirche gemacht hatten, bestrafte sich ihre Schwäche durch das stets wiederholte Gesetz, daß aus Beschützern Eroberer werden. Mit Carl von Anjou wurde das Papsttum in der That schrittweise durch Frankreich erobert, bis der heilige Stul an die Ufer der Rhone verpflanzt und 70 Jahre lang nur mit Franzosen besetzt ward. Der Zusammenstoß der römischen Hierarchie mit dem nationalstolzen Frankreich war unvermeidlich, als Bonifacius VIII. in einer vorgeschrittenen Zeit versuchte, den Grundsatz päpstlicher Universalgewalt gegen die französische Schutzmacht zu wenden. Das deutsche Reich unterlag den Päpsten, weil es nicht auf praktischen Grundlagen beruhte; aber der Streit des Königs von Frankreich mit dem Papst war ein Kampf des praktischen Staatsrechts gegen das Kirchenrecht auf dem Boden einer nationalen, und durch die Landesstände verteidigten Monarchie. Die langsame Reaction des staatlichen Geistes gegen dies europäische Kirchenrecht, welches alle civilen und ökonomischen Verhältnisse durchdrang, ist überhaupt das wichtigste Motiv der Geschichte des Mittelalters; es erscheint in jeder Periode unter verschiedenen Formen und Namen, zumal als Investiturstreit und staufischer Streit, setzt sich in der Reformation, in der französischen Revolution fort, und ist noch in den modernsten Concordaten und den Gegensätzen unserer eigenen Zeit sichtbar.[1]

Damals herrschte in Frankreich Philipp der Schöne, Enkel jenes Ludwig IX., welchen Bonifacius VIII. selbst im Jahr 1297 unter die Heiligen der Kirche aufgenommen hatte: ein Fürst von Talent, doch gewissenlos, ein Heuchler ohne Moral, ein unersättlicher Despot, aber einer der kraftvollen Gründer der französischen Monarchie. Ein solcher Mann war ganz geeignet, dem herausfordernden Stolze eines Bonifacius VIII. zu begegnen. Des Papsts Einmischung in den Krieg Frankreichs mit England, worin er Richter zu sein hoffte, Investituren und eingeforderte Kirchenzehnten brachten Philipp in Streit mit der römischen Curie. Bonifacius erließ zum Schutze der Immunität der Kirchen überhaupt im Jahr 1296 die Bulle Clericis Laicos, ein feierliches Verbot an alle geistliche Personen und Körperschaften, Geschenke oder Abgaben ohne päpstliche Erlaubniß an Laien zu entrichten. Diese Bulle traf am schwersten den König Philipp, der für seine flandrischen und englischen Kriege der Beisteuer des Clerus bedurfte, und in seiner Geldnoth zum schamlosesten Münzverfälscher wurde. Er antwortete durch das Verbot,

Philipp der Schöne, König von Frankreich,

kommt in Streit mit Bonifacius VIII.

---

[1] Der Erlaß der Encyklika und des Syllabus vom 8. December 1864 hat die Zeiten Bonifacius' VIII. in das Gedächtniß zurückgerufen.

Geld aus Frankreich zu führen, wodurch Rom nicht minder hart getroffen wurde.

Als sich dieser Sturm durch die Nachgiebigkeit des Papsts beschwichtigt hatte, brach ein stärkerer im Jahr 1301 aus. Seine Ursachen waren Streitigkeiten zwischen geistlichen und weltlichen Besitzesrechten, und über die Verwaltung vacanter Benefizien, welche die französische Krone als Regale beanspruchte. Der päpstliche Legat wurde festgenommen, und unter Proceß gestellt; ein Parlament stimmte dem gewaltsamen Verfahren des Königs bei, und Bonifacius richtete hierauf am 5. December Bullen an Clerus und König, welche Frankreich vollends in Aufruhr brachten. Er verwies Philipp seine Eingriffe in die Rechte der Kirche, erklärte ihm, daß der Papst in absoluter Machtfülle von Gott über Könige und Königreiche gesetzt sei, warnte ihn vor der Einbildung, keinen Oberen über sich zu haben, ermahnte ihn, seine schlechten Räte von sich zu entfernen, und lud die französische Geistlichkeit auf den 1. November 1302 zu einem Concil oder Parlament nach Rom, wo über des Königs Recht oder Unrecht geurteilt werden sollte. [1] Ein Sturm der Entrüstung erhob sich am französischen Hof; die Rechtsgelehrten, unter ihnen Peter Flotte und Wilhelm von Nogaret, reizten den König durch Reden und vielleicht auch durch erdichtete päpstliche Schreiben auf; man rief, daß Bonifacius sich anmaße, das freie Frankreich als Vasallenland zu betrachten.

---

[1] Bulle Ausculta fili, bei Dupuy Hist. du Differ. n. 48; die an die franz. Geistlichkeit n. 53. Die Actenstücke sind in den Regesten Bonif. VIII. verstümmelt, denn Philipp ließ später durch Clemens V. alle Stellen ausradiren, die ihm zuwider waren — der stärkste Beweis der sclavischen Dienstbarkeit, in die er das Papsttum gebracht hatte.

Die päpstliche Bulle, der Hand des Legaten entrissen, wurde am 11. Februar 1302 öffentlich in Nôtre Dame zu Paris verbrannt, und ihre Vernichtung unter Trompetenschall vom Herold ausgerufen. Die erste Flamme, welche eine Papstbulle verzehrte, war ein geschichtliches Ereigniß. Der Legat wurde mit Schimpf verwiesen; ein königliches Edict verbot, wie einst in den Tagen Friedrich's II., dem Clerus die Reise zum Concil; ein vom Könige am 10. April in Nôtre Dame versammeltes Parlament der drei Landesstände bestätigte seine Beschlüsse; Adel und Bürgerschaft boten ihm Unterstützung dar, und die Bischöfe, deren Macht bereits in ein Unterthänigkeitsverhältniß zum Könige verwandelt worden war, beugten sich willig oder nicht seinem Gebot. Es war das erste Mal, daß der Clerus eines Landes den Papst verließ, und zum Fürsten stand. Als Bonifacius die Briefe empfing, worin die gallicanische Kirche seinem Satz entgegentrat, daß der Papst auch im Weltlichen über dem Könige stehe, und ihn bat, sie von der Reise nach Rom zu befreien, konnte er mit tiefer Bestürzung erkennen, daß sich vor ihm ein Abgrund öffne. Aber er durfte sich aus dem Kampfe nicht mehr zurückziehen, ohne die päpstliche Gewalt in den Augen der Welt moralisch zu vernichten; er mußte versuchen, die sich vereinigende französische Monarchie zu brechen, wie seine Vorgänger das absolut werdende Reich der Hohenstaufen zerbrochen hatten.[1]

Auf dem Novemberconcil im Lateran, wozu kaum einige Geistliche Frankreichs erschienen waren, erließ Bonifacius die Bulle Unam Sanctam. In dieser Schrift faßte er alle

---

[1] Gut zeichnet Flathe, Gesch. der Vorläufer der Reformation, Leipzig 1835, II. 27 das Verhältniß von Bonifacius VIII. zu Frankreich.

Grundsätze seiner Vorgänger von der göttlichen Gewalt des Papsttums und alle Eroberungen der Päpste in langen Jahrhunderten bis auf ihn selbst in den tollkühnen Spruch zusammen: „Wir erklären, daß aus Notwendigkeit des Heils dem römischen Papst jede menschliche Creatur unterworfen ist." Dies Dogma setzte er als Krone auf das zum Himmel emporgetürmte Gebäude der mittelaltrigen Hierarchie.[1] Aber die unumwundene Proclamation der päpstlichen Richtergewalt auf Erden blieb im Munde von Bonifacius VIII. nur noch ein machtloses Wort, obwol dieselbe Ansicht noch in der avignonischen Periode wiederholt wurde und in den Sphären der Theologie und Rechtswissenschaft einen langdauernden Sturm von Untersuchungen hervorrief, welche selbst am heutigen Tage noch nicht beendigt sind. Als nun ein Versuch der Ausgleichung gescheitert war, und der Papst mit dem Banne drohte, bediente sich Philipp zur Bekämpfung seines Feindes voll Klugheit der Landesstände: das erste wahrhafte Landesparlament Frankreichs stürzte das herrschende Papsttum des Mittelalters. Es tagte im Louvre am 13. Juni 1303. Die angesehensten Magnaten erhoben sich als Ankläger des Papsts. Die Beschuldigungen, welche sie auf einen mehr

---

[1] Subesse Rom. Pontifici omnem humanam creaturam declaramus, dicimus, et diffinimus omnino esse de necessitate salutis. Letzter Satz der Bulle v. 18. Nov. 1302 (Raynald n. 13). Andere Sätze: oportet autem gladium esse sub gladio, et temporalem auctoritatem spirituali subjici potestati. — Spiritualis potestas terrenam potestatem instituere habet et judicare, si bona non fuerit. — Dieselben keineswegs neuen Grundsätze sprach Bonif. schon A. 1300 in seinem Brief an den Herzog von Sachsen aus: Apostolica sedes divinitus constituta super Reges et Regna — cui omnis anima quasi sublimiori preminencie debet esse subjecta, per quam principes imperant. — (Theiner I. n. 547).

als achtzigjährigen Greis warfen, waren meist zu abge- *Das französische*
schmackt, um mehr zu sein, als Ausbrüche des Hasses; doch *Parlament appellirt an*
die Thatsache, daß ein vollständiges Nationalparlament einen *ein Concil.*
Papst in Anklage versetzte, und gegen ihn an ein Generalconcil appellirte, war sehr ernst und folgenschwer.[1] Vor
wenigen Jahren hatten zwei Cardinäle denselben Papst vor
ein Concil gefordert, jetzt thaten dies die Vertreter einer
großen streng katholischen Nation, und so wurde gegen das
Princip der päpstlichen Alleingewalt die Macht heraufbeschworen, an die einst Friedrich II. zuerst sich berufen hatte.
Ganz Frankreich in allen seinen geistlichen und weltlichen
Körperschaften wiederholte diese Appellation.

Bonifacius sah eine schreckliche Katastrophe vor sich;
jedoch er verlor den Mut nicht; er täuschte sich in seiner Verblendung über die Grenzen der päpstlichen Gewalt. Erst
sein eigener Fall, erst die Niederlage des Papsttums, welche
seine unmittelbaren Nachfolger als Thatsache anerkennen
mußten, klärte die Welt darüber auf. Das Papsttum unterlag, weil es unfähig war, Italien nach dem Falle des Reichs
an sich zu ziehn, und das guelfische Princip zu verwirklichen.
Die große Nationalpolitik Alexander's und Innocenz III.
war von den Päpsten aufgegeben worden; um die Hohenstaufen zu stürzen hatten sie fremde Fürsten nach Italien
gerufen, aber nicht vermocht, den Widerspruch zwischen

[1] Diese Anklagen wurden noch im Proceß A. 1311 wiederholt.
Außer Häresie, Tyrannei, Unzucht wird dem Papst auch Verkehr mit
dem Teufel zugeschrieben. Die Cardinäle Colonna glaubten, daß er
einen Geist in einem einst König Manfred gehörigen Ringe eingeschlossen
hielt. Siehe die Anklageschriften in den Preuves de l'histoire du Different etc.; und das Actenstück in Höfler's „Rückblick auf Bonif. VIII."
S. 32.

Guelfen und Ghibellinen aufzulösen. Das politische Ideal des Papsttums war eine Täuschung; es wurzelte nicht im Boden Italiens; der guelfische Gedanke erschien einem großen Teil der Italiener als revolutionäre Neuerung; sie hatten zumal vor dem Papsttum niemals Achtung, und selbst die Religion war nie für sie ein nationales Band, nur eine Angelegenheit der Person. Alle Parteien ließen den Papst fallen, so wenig ruhte seine Macht auf nationalem Grunde.

Bonifacius hatte bereits am deutschen Reiche Schutz gegen Frankreich gesucht; Albrecht bot ihm jetzt unter großen Versprechungen seine Dienste dar, und der Papst fand, daß der Hochverräter und Königsmörder der römischen Krone würdig sei. Er anerkannte ihn am 30. April 1303, behandelte ihn aber in hochtönender Sprache als flehenden Sünder, dem er Erbarmen für Recht, und nur aus Gnade die römische Krone gab.[1] Indem er ihn von allen Bündnissen mit fremden Königen löste, versicherte er sich ausdrücklich seines Beistandes gegen Philipp den Schönen. Die Nürnberger Diplome vom 17. Juli 1303 sind die kläglichsten Zeugnisse sclavischer Unterwerfung der Reichsgewalt unter das Papsttum. Ohne Erröten bekannte der römische König, daß der Papst allein die Kaiserkrone verleihe, daß die Reichsfürsten die nur von ihm übertragene Gewalt der Kaiserwahl besäßen, daß alles, was Kaiser und Reich besitze, aus der päpstlichen Gnade geflossen sei. Er versprach in das italienische Reichsland keinen Vicar ohne die Einwilligung des heiligen Stules zu schicken, und ließ sich sogar zu dem Gelöbniß herab, keinen seiner Söhne, von einer Stiefschwester Konradin's,

---

[1] Misericordiam humiliter implorasti. — Theiner I. p. 567.

zum römischen Könige wählen zu lassen, ohne Erlaubniß des Papsts. Bis zu so tiefer Erniedrigung war das Kaisertum in der Person des einäugigen, geistig unbedeutenden Sohnes von Rudolf herabgesunken; das Haupt des Reichs, der Nachfolger der Hohenstaufen, bekannte sich als Lehnsmann des Papsts in derselben Zeit, wo der König von Frankreich diesen Papst vor ein Generalconcil lud, weil er erklärt hatte, daß die königliche Gewalt dem heiligen Stule unterworfen sei. Dies war ein Grund mehr für die Täuschung von Bonifacius VIII. über seine wirkliche Macht.[1]

3. **Französischer Plan zum Sturz des Papsts. Sciarra und Nogaret kommen nach Italien. Verschwörung der lateinischen Barone. Nachweis, wie die Hausmacht der Gaetani in Latium gegründet wurde. Katastrophe von Anagni. Rückkehr des Papsts nach Rom. Seine verzweifelte Lage im Vatican. Sein Tod, 1303.**

Wenn die Kaiser Päpste, ihre Feinde, stürzen wollten, so kamen sie in ihrer Eigenschaft als römische Imperatoren mit einem Heer und erhoben offenen Krieg; der König Frankreichs besaß keinen solchen Titel für einen Kriegszug

[1] Olenschlager meint, daß diese Urkunden nicht aus deutscher Feder geflossen seien, da sie so abenteuerliche Sätze enthalten. (Erläuterte Staatsgesch. des Röm. Kaisertums, Frkf. 1755, p. 13.) Dies ist jetzt das Credo des Kaisers: recognoscens — quod Rom. Imp. per Sed. Ap. de Grecis translatum est in persona magnif. Caroli in Germanos, et quod jus eligendi Rom. regem, in Imp. postmodum promovendum, certis principib. ecclesiasticis et secularib. est ab eadem sede concessum, a qua reges et imperatores, qui fuerunt et erunt pro tempore, recipiunt temporalis gladii potestatem ad vindictam malefactorum, laudem vero bonorum — profiteor... Es folgt der förmliche Lehnseid non ero in consilio etc. (Mon. Germ. IV. 483; Theiner I. n. 570. N. 569 enthält das Privilegium Alberti regis R. de tuendis regalib. B. Petri, welches in den Monum. Germ. fehlt).

gegen einen Papst; er nahm zu einem unehrenvollen Handstreich seine Zuflucht, um den Gegner stumm zu machen. Der räuberische Ueberfall Bonifacius' VIII. im Herzen Italiens, in seiner eignen Vaterstadt Anagni, ausgeführt durch Soldknechte eines fremden Despoten und durch mit ihm verschworene lateinische Barone, war eine in der Geschichte der Päpste unerhörte Thatsache. Die Verbannten vom Haus Colonna hatte Philipp an seinem Hofe aufgenommen; sie stachelten seinen Zorn, und er bediente sich ihrer Rachlust für seine Absichten. Wilhelm Nogaret von Toulouse, Doctor der Rechte, ehemals Professor zu Montpellier, jetzt Vicecanzler Philipp's, und der dienstfertige Minister seines Willens, ging mit Sciarra nach Toscana, wo beide im Schloß zu Staggia bei Siena ihren Plan entwarfen. Sie waren mit Wechselbriefen auf das florentiner Haus Peruzzi ausgerüstet, und sparten kein Gold, Söldner zu werben, oder Freunde wie Feinde des Papsts zu bestechen, während Nogaret sich das Ansehen gab, als sei er als Unterhändler an den Papst nach Italien geschickt worden.

Das französische Gold fand Zugang in den Castellen der römischen Campagna.[1] Fast ganz Latium nahm an der Verschwörung Teil. Der Nepotismus des Papsts, der seine Verwandte zu Grafen, Cardinälen und Bischöfen gemacht hatte, rächte sich schwer, und in Latium war es, wo die Gaetani ihre neue Herrschaft, und nicht ohne Beeinträchtigung früherer Besitzer, gegründet hatten.[2] Es ist sehr wichtig

---

[1] Noch am 29. Oct. 1312 quittirte in Paris Raynald von Supino 10000 Flor. de auxilio quod fecit pro executione captionis Bonifacii (Preuves p. 608—611).

[2] Ferretus Vicentinus Hist. p. 996 wirft dem Papst vor, daß er selbst Anagni für seine Nepoten mit Gewalt auskaufte. Ich las viel

für das Verständniß des Sturzes von Bonifacius VIII., und nebenbei lehrreich für die Baronalverhältnisse jener Zeit, das schnelle und riesige Anwachsen eines einzigen Nepotenhauses an dem Beispiel der Gaetani zu zeigen.

Das Unglück der Colonna hatte jener Papst benutzt, eine große Familienmacht zu gründen; dies geschah wesentlich innerhalb der Jahre 1297 und 1303, und aus Mitteln des Kirchenschatzes. Die Päpste Martin IV. und Nicolaus IV. hatten zwar den Verkauf von Gütern in der Campagna an mächtige Barone Rom's untersagt, um dem Anwachsen des Landadels in Latium Einhalt zu thun, doch Bonifacius VIII. hob diese Constitutionen zu Gunsten seines Neffen Petrus auf. Der Kern der gaetanischen Herrschaft in Latium (er ist dem berühmten Hause noch heute geblieben) wurden auf den volskischen Abhängen Sermoneta, sodann Norma und Ninfa, uralte, der Kirche einst von einem byzantinischen Kaiser geschenkte Güter.[1] Sermoneta, im Altertum Sulmona, wovon die Gaetani heute den Herzogstitel führen, gehörte den Anibaldi, welche dies Castell nebst Bassano und S. Donato bei Terracina, am 16. Juni 1297 für 34000 Goldgulden an Petrus Gaetani verkauften.[2] Norma hatte Bonifacius schon als Cardinal am 2. Januar 1292 von

Sermoneta, Norma, Ninfa und andere Güter der Gaetani.

Urkunden, die den Ankauf von Besitzungen in Anagni durch die Gaetani beweisen. Das gaetanische Hausarchiv hat mich in Stand gesetzt, darzuthun, daß der Sturz von Bonifacius lediglich durch die Barone der Campagna geschah.

[1] Nymphas et Normias, Bd. II. 257 dieser Geschichte.
[2] Es waren Anibaldus et Johes. filii quond. Petri Transmundi de Anibaldis de Urbe. Der Papst bestätigte den Verkauf in Anagni, 7. Octob. 1299 (Archiv Gaet. VI. n. 20). Die andern Anibaldi, Riccardus de Militiis und dessen Verwandte ratificirten am 17. December 1297 zu Rom (Ibid. XXXI. n. 30).

Johann Jordani um 26000 Goldgulden erkauft.¹ Das wundervolle Ninfa am Rande des pontinischen Sumpfs, heute in Epheu und Blumen märchenhaft versunken, erstand Graf Petrus für die damals erstaunliche Summe von 200000 Goldgulden, am 8. September 1298; und so wurde die eigentliche Stammherrschaft der Gaetani mit Sermoneta, Norma und Ninfa bereits abgerundet. Ninfa war, und ist noch heute die reichste, die schönste und größeste Besitzung in ganz Latium; sie erstreckte sich von den Volskerbergen über die Sümpfe mit Türmen, Höfen, Seen und Wäldern bis ans Seegestade, und noch hundert Millien weit ins Meer hinein.² Die römische Kirche, die Colonna, die Frangipani, Anibaldi, viele andre Eigentümer, und die Ortsgemeinde teilten sich in die Rechte auf Ninfa; doch schon seit dem Jahr 1279 kauften Loffred und sein Sohn Petrus Gaetani die Privatbesitzer nach und nach aus.³ Die Gemeinde selbst übergab Petrus das Dominium am 11. Februar 1298, und geriet so in die Vasallenschaft eines Herrn. Wenn ein einzelner Baron vermögend genug war, 200000 Goldgulden oder 630000 Thaler baar in Gold auszuzahlen, welche Summe nach dem Verhältniß der Geldwerte heute mindestens

---

¹ Archiv Gaet. XLIV. n. 40: Johes. fil. quond. Jordani de Normis.... vendidit — D. Benedicto — Cardinali... tres partes Rocce et totius Castri de Normis.

² Noch im Proceß zu Avignon, wo die königlichen Ankläger dem todten Papst vorwarfen, daß er die Barone Latiums aus ihren Gütern verdrängt habe, heißt es: castrum tamen Nymphae, quod ditissimum castrum est et uberrimum in reddilibus, quod ad jus D. Petri de Columpna pertinet — violenter — usque hodie contra Deum et justitiam detinetur per nepotes ipsius. Histoire du Diff. 343.

³ Dies zeigen massenhafte Urkunden im Archiv Colonna, in welches viele Pergamente vom Haus Gaetani gekommen sind.

5 Millionen Thalern gleich ist, so mag man urteilen, wie große, ja unbegreifliche Reichtümer sich schon damals in den Händen von Nepoten aufhäuften.[1] Bonifacius bestätigte Ninfa seinem Neffen auch im Namen der Kirche als ewiges Familienlehn, doch unter dem ausdrücklichen Verbot, es jemals den gebannten Colonna unter irgend einem Titel abzutreten.[2] Petrus baute seither dort ein prächtiges Schloß mit einem gigantischen Turm, der noch heute, von Epheu umschlungen, halbzersplittert sich im Ninfasumpfe spiegelt.

Von Richard Anibaldi kaufte der rastlose Nepot im Anfange des Jahrs 1301 den Turm der Milizen in Rom, und das Castell S. Felice auf dem Cap der Circe; denn darnach wie nach Astura trachtete er, um seine Herrschaft am Meer bis Terracina auszudehnen, und so zum Fürsten der lateinischen Maritima zu werden. Die uralte Circeburg, im

---

[1] Urkunde v. 11. Febr. 1298 (Archiv Gaet. XXV. 35): actum in territorio Nimphe in loco ubi dicitur Foliano.... usque ad centum millia intus mare... Die Formel der Besitzergreifung war ambulando, eundo et calcando pedibus, wobei dem Procurator des Barons in die Hände gegeben wurden Erde, Baumzweige, Laub, süßes Wasser, Meerwasser. — Das Geld ward baar bezahlt. In einer Urkunde v. 8. Sept. 1298 (Ibid. XXVIII. 36) quittirt der Syndicus von Ninfa die Baarzahlung von 200000 Flor., als sibi integre solutam et numeratum: actum in Palatio quondam Communis; d. h. nun war Ninfa keine freie Gemeinde mehr. Daß am 19. Sept. 1298 Agapitus Colonna in Rieti seine Rechte auf Ninfa cedirte, habe ich schon bemerkt.

[2] Non trasferatis aliquo alienationis genere — in Jacobum de Columpna vel Petrum nepotem ejus olim S. R. E. Cardinales nunc depositos, vel filios quond. Johis. de Columpna — charakteristisch für den Haß von Bonif. — Originalbulle, dat. Anagni, 2. Oct. 1300, gezeichnet von 14 Cardinälen (Archiv Gaet. und aus den Regesten des Papsts, bei Theiner I. n. 550). Hierauf setzten die Cardinäle Matheus Orsini und Francis. Gaetani den Grafen Petrus in Besitz von Ninfa, wofür er der Kirche einige Paläste in Orvieto abtrat (Lateran, 10. Oct. 1300; Archiv Gaet. XXV. 39).

Mittelalter Rocca Circegii und Castrum Sancti Felicis, wie noch heute genannt, war zwischen der Kirche, der Stadt Terracina, den Frangipani und andern Herren streitig, oder geteilt. Innocenz III. hatte das Schloß zur Kirche eingezogen; später war es an die Tempelherren gekommen, welche ihr Ordenskloster S. Maria auf dem Aventin besaßen, und sie hatten es dem nachherigen Cardinal Jordan Conti vertauscht; worauf die Anibaldi Herren der Circeburg wurden. Von ihnen kaufte sie Graf Petrus am 23. November 1301 für 20000 Goldgulden.[1] Halb Astura erwarb er um 30000 Goldgulden von den Frangipani um eben diese Zeit, doch schon im Jahr 1304 mußte er sich dieses Besitzes wieder entäußern. Herr eines so großen Gebiets in der Maritima suchte der mächtige Graf nun auch jenseits des Volskergebirgs in der Campagna, wo die Heimat seines Geschlechts Anagni lag, und in der Sabina Castelle zu erwerben. Er erhielt Carpineto vom Capitel des Lateran für den Jahreszins von nur einem Goldgulden, am 15. August 1299; die Burg Trevi in demselben Jahr von den Erben Raynald's und

---

[1] Vita Innoc. III. p. 489: Roccam Cicergii redemit a Rolando Galdonis de Leculo, cui Oddo et Robertus Frojapanis in feudum concesserunt —. Am 3. Mai 1259 vertauschte Petrus Fernandi, Ordensmeister der Templer in Italien, in Vollmacht des Magister generalis Thomas Berardi locum Sci. Felicis in monte Circego ad dictum ordinem pleno jure spectantem mit Genehmigung des Ordensconvents von S. Maria de Aventino in urbe dem Vicekanzler der Kirche Jordan für das Casale Piliocta (heute Cicchignola an der Via Ardeatina, Nerini p. 229). Dieser Act ist eingefügt der Bestätigungsbulle Alex. IV., Anagni 29. Oct. 1259, und gerichtet an Jordan, denselben, welcher Konrabin's Auslieferung in Astura gefordert hatte (Archiv Gaetani XXXVIII. 39). — Der Act v. 23. Nov. 1301, vollzogen im Lateran, ibid. XLVIII. 76. — Der Papst bestätigt den Kauf am 28. Jan. 1302 (Theiner I. n. 559).

Berald's für 20000 Goldgulden, das Castell Sculcola von Adinolf von Supino, dem Erben des alten Hauses Galvan und Konrad, am 15. December 1299 für eine ungewisse Summe.[1]

Der glückliche Nepot hatte demnach mit Geldmitteln, welche vielleicht heute dem Betrag von 10 Millionen Thalern gleichkommen würden, in nur vier Jahren seine lateinische Herrschaft zusammengebracht; der Papst hatte sie ihn während des Streites mit den Colonna und nach deren Falle, worin auch ein Zweig der Anibaldi verflochten war, erwerben lassen, um durch eigene Hausmacht die Rachepläne jenes tobfeindlichen Hauses zu hindern. Das schöne Baronalreich bestätigte er durch die Bulle vom 10. Februar 1303, „seinem geliebten Sohne Petrus Gaetani, seinem Neffen, dem Grafen von Caserta und Dominus der Milizen der Stadt." Er hob darin die schon genannten Verbote Martin's und Nicolaus' IV. auf; er zählte mit Genugthuung die Orte, die sein Nepot durch Kauf, Schenkung und Tausch erworben hatte, erkannte sie für immer dessen Nachkommen, und gab ihm das Privilegium noch andere Güter zu erwerben.[2] Die

Bonifacius VIII. bestätigt die Güter seines Neffen Petrus, 10. Feb. A. 1303.

---

[1] Carpineto: Bulle des Papsts dat. Trevi, 4. Spt. 1299 (Archiv Gaet. CXVII. 15). Trevi, womit andre Castelle verbunden waren (Ibid XLIII. 24. XLV. 35). Sculcola (XLVII. 16; und der Vasallenact des Castells vom 4. Mai 1300, XLVII. 14. Das Volk von Sculcola reservirt seine Gewohnheiten, „wie zur Zeit des Conrabus". Am 27. Febr. 1300 kaufte Petrus von mehren Nonnen des Klosters S. Maria de Biano, Erbinnen des Galvan und Konrad, ihre Rechte in Sculcola (Archiv Colonna XIII. Scafale V. n. 3).

[2] Bulle Circumspecta sedis, dat. Lateran., IV. Id. Febr. a. IX. (Archiv Gaetani XXXVI. n. 43). Cum itaque tu post inhibitiones hujusmodi in eisdem Campanie ac Maritime partibus Castra Trebarum, Fellectini et Vallispetre, Gabiniani, Sculcule, Turris, Tribilliani, Posarum, Carpini, Falvaterre, Collismedii, Carpineti, Ser-

so plötzlich entstandene Baronie umfaßte nun das ganze untere Latium, und reichte vom Cap der Circe bis Ninfa, von Ceperano über die Berge hinweg bis nach Jenne und Subiaco. Jenseits des Liris und hinter Terracina lagen außerdem die neapolitanischen Lehen des Hauses; denn dort war Petrus als Erbe seines Vaters Graf von Caserta und andern Castellen, sein Sohn Loffred aber Lehnsherr der uralten Grafschaft Funbi. Den jungen Loffred nämlich hatte der Papst mit Margareta der Pfalzgräfin von Toscana vermält, der Tochter des Grafen Aldobrandinus Rubeus, Wittwe erst des berühmten Guido von Montfort, dann des Ursus Orsini. Die Ehe Loffred's mit diesem üppigen und ruhelosen Weibe hatte Bonifacius im Jahre 1297 mit planvoller Absicht aufgelöst, und er vermälte sodann jenen Großneffen im Jahre 1299 mit Johanna, der Tochter Richard's von Aquila, der Erbin von Funbi, wodurch eben diese Grafschaft an die Gaetani kam. [1]

mineti, Bassani, S. Donati, Normarum, Nimphe, Sce. Felicis et Asture ... ac alia quamplurima bona, possessiones, dominia ... in nonnullis civitatibus ... de nostra conscientia acquisivisse noscaris. — Der Erbteilungsact des Hauses Gaetani, v. 24. Nov. 1317 in Anagni, zwischen den Söhnen Peters, Loffred v. Funbi, Benebetto und Francesco fügt noch andre Castelle hinzu (Ibid. XXXII. 24).

[1] Alles Kirchenlehn entzog der Papst Margareten, worauf das Kloster ad Aquas Salvias mehre ihr früher verliehene Güter, Ansidonia, Porto d'Ercole, Monte Argentaro, Orbitello und Giglio dem Pfalzgrafen Benedict, drittem Sohn des Petrus, verlieh, für den Jahrszins von nur 15 Pf. Provisinen (Archiv Gaet. XLVII. 39; 12. März 1303). Jene tuscischen Städte, Insel, Häfen besaß das eine Kloster bei Rom, und beanspruchte sie als Schenkung Carl's des Großen. — Funbi kam an Loffred Gaetani im Octbr. 1299 (Archiv Gaet. XXXIX. 39). Am 3. Oct. 1298 befahl Bonif. VIII. in Rieti dem Bisch. der Sabina die Ehe zwischen Loffred und Margareta, welche in Bigamie lebe, aufzu-

Dies waren die Verhältnisse und dies die Macht des Hauses Gaetani kurz vor der Katastrophe des Jahres 1303, und man wird nun erkennen, wie groß die Erbitterung gegen dies Nepotengeschlecht in Latium war. Die Barone, die noch auf ihren Burgen saßen, oder solche, welche sie an Petrus abgetreten hatten, die ghibellinischen Herren aus Sculcola, Supino, Morolo, Collemezzo, Trevi, Ceccano, viele Ritter aus Ferentino, Alatri, Segni und Veroli gingen bereitwillig in den Plan Nogaret's ein, hoffend, mit dem Papst auch dessen Nepoten zu stürzen.¹ Selbst Edle und Bürger Anagni's, welche Stadt fürchten mochte in die Baronalgewalt der Gaetani zu fallen, verrieten den Papst, von dem sie manche Wolthaten empfangen hatten.² Die Söhne des Ritters Matheus, Nicolaus und Adenulf, der eine damals Podestà, der andre Capitän von Anagni, waren die Häupter der Verschwörung, nebst Giffrid Bussa, dem Marschall des päpstlichen Hofs.³ Der Verrat ergriff die nächste Umgebung

Die lateinischen Barone als Verschworene gegen den Papst.

heben (Ibid. XXVII. 2). Der Leser blickt mit Hülfe dieser Actenstücke in eine planvoll angelegte Hauspolitik von Bonifacius.

¹ Die Häupter der Verschworenen: Raynald v. Supino, Thomas v. Morolo, Petrus Colonna v. Olevano und Genazzano, Gottfried v. Ceccano, Maximus v. Trevi, Jordan und dessen Söhne Galvan und Petrus v. Sculcola, ein Johannes Conti — welche alle Clemens V. als Getreue des Königs Philipp A. 1312 und als seine geliebten Söhne absolvirte. Die Namen: in den Proceßacten, in der Bulle Flagitiosum Benedict's XI. und Clemens' V., Vienne 20. April 1312. Ferner in der Urkunde aus den Statuten Anagni's bei Joh. Rubeus (Bonif. VIII., Rom 1651 p. 338.)

² Zwanzig Anagnesen, Freunde und Verwandte, hatte Bonif. VIII. zu Bischöfen und Erzbischöfen gemacht: Sanct Antonin, III. 259.

³ A. 1263 nennt Urban IV. den Mathias de Anagnia als nepos felicis mem. C(oelestini) pape predecessoris nostri (Theiner I. 285); seine Söhne, ibid. n. 585. Innnocenz IV. wohnte, als er mit Manfred unterhandelte, zu Anagni in palatio Domini Mathiae

des Papsts; man fürchtete oder haßte ihn; keiner wußte ihm Dank. Im Cardinalscollegium selbst wünschten erbitterte Feinde, zumal die Anhänger der Colonna, seinen Sturz; Richard von Siena und Napoleon Orsini waren dort in die Verschwörung eingeweiht. Der letztere nahm Sciarra, seinen Schwager, in Marino auf, wo er mit ihm die Ausführung des Planes verabredet haben soll.[1]

Raynald von Supino, Capitän von Ferentino, andere Barone der Campagna, Nogaret und Sciarra sammelten mehre hundert Mann in Sculcola. Der Papst befand sich in Anagni, wo er sicher zu sein glaubte, gerade am unsichersten. Am 15. August hatte er im öffentlichen Consistorium einen Reinigungseid abgelegt; am 8. September wollte er die Excommunication und Tronentsetzung Philipp's in demselben Dom Anagni's aussprechen, wo einst Alexander III. Friedrich den Ersten, und Gregor IX. den zweiten Friedrich in den Bann gethan hatten.[2] Die Verschworenen eilten daher, Bonifacius stumm zu machen, ehe er diese Bannbulle verkündigte. Sie brachen von Sculcola auf in der Nacht vom 7. zum 8. September und rückten im Morgengrauen durch das ihnen geöffnete Tor in Anagni ein, das Banner Frankreichs entfaltend, mit dem Ruf: "Tod dem Papst Bo-

(Nicol. de Curbio). Mathias war mit den Conti verwandt, doch vom Haus de Papa. In einer Urkunde vom 30. März 1300 heißt es: nobiles viros Adinulphum et Nicolaum filios quond. Domini Mathie de Papa cives Anagninos (De Magistris Storia di Anagni, p. 148). — Dem Geschlecht Buffa hatte Bonif. VIII. schon als Cardinal die Rechte auf das Castrum Silvamolle abgekauft (Archiv Gaetani).

[1] Ferretus Vicentin. (p. 1002) stellt diesen Cardinal als den wahren Verräter des Papstes dar.

[2] Siehe das päpstliche Actenstück Super Petri Solio, welches am 8. Sept. verlesen werden sollte, in Histoire du Diff. p. 181.

nifacius! Es lebe König Philipp!" Alsbald stieß Adenulf mit der städtischen Miliz zu ihnen, und Nogaret erklärte dem Volk, daß er nur gekommen sei, den Papst vor ein Concil zu laden.

Waffenlärm und grenzenlose Verwirrung weckten den Greis in seinem Palast, dessen Zugänge sein tapferer Neffe Graf Peter mit andern Nepoten, mit Sippen und Vasallen versperrt hielt. Die Feinde gelangten nicht eher an den Dom, mit welchem die Residenz des Papsts verbunden war, als bis sie die verschanzten Häuser Peter's und dreier Cardinäle erstürmt hatten. Die Nepoten wehrten sich mannhaft im Palast, und Bonifacius versuchte durch Unterhandlung Zeit zu gewinnen. Sciarra bewilligte ihm eine neunstündige Frist zur Annahme von entehrenden Bedingungen, worunter auch die Unterwerfung unter das Concil und die sofortige Herstellung des Hauses Colonna war. Als diese Artikel abgelehnt wurden, setzte man den Sturm fort. Der Palast stand in Flammen; der Dom brannte; man kämpfte voll Rachewut und Verzweiflung, wie um die Burg des Priamus. Der greise Papst sah sich bald allein; seine Diener flohen oder gingen zum Feind; die Cardinäle entwichen, mit Ausnahme des Nicolaus Boccasini von Ostia und des Spaniers Petrus von der Sabina. Seine Verteidiger wurden überwältigt; seine Nepoten streckten die Waffen; man führte sie als Gefangene in das Haus Adenulf's. Nur dem Cardinal Francesco Gaetani und dem Grafen von Fundi gelang die Flucht.[1]

---

[1] Siehe den officiellen Bericht Nogaret's v. 7. Sept. 1304, in den Preuves de l'histoire p. 239., und die erste Hälfte der Erzählung Walsingham's (Hist. du Diff. p. 194): die zweite Hälfte ist voll Fabeln und Uebertreibungen, wie bei Knighton.

Als Nogaret und Sciarra, der eine der Repräsentant des Hasses seines Königs, der andre der Rächer seines gemißhandelten Hauses, über die Leichen der Erschlagenen hinweg, worunter sich auch ein Bischof befand, zornflammend mit gezückten Degen, in das Gemach des Papstes drangen, sahen sie den Greis vor sich in den pontificalen Gewändern, die Tiara auf dem Haupt, sitzend auf dem Tron und gebeugt über ein goldenes Kreuz, das er sammt den Schlüsseln in den bebenden Händen hielt. Er wollte als Papst sterben.¹ Sein ehrwürdiges Alter und sein majestätisches Schweigen entwaffneten diese Menschen für einen Augenblick;² dann forderten sie mit Geschrei seine Erniedrigung, erklärten ihm, daß sie ihn in Ketten zu seiner Absetzung nach Lyon führen würden, und ließen sich durch seinen Widerstand oder seine Reden zu Schmähungen hinreißen, die er mit Größe ertrug.

Mißhandlung u. Gefangenschaft Bonifacius VIII. Der furchtbare Sciarra faßte ihn beim Arm, zog ihn vom Tron herab, und wollte ihm den Degen in die Brust stoßen: man hielt ihn mit Gewalt zurück.³ Die Wut, die Aufregung, die Angst und die Verzweiflung waren grenzenlos; doch die Besonnenheit siegte endlich über die Leidenschaft. In enger Haft, bewacht von Raynald von Supino, wurde

---

¹ Villani VIII. c. 64. Franc. Pipin Chron. p. 40. Istorie Pistolesi, Mur. XI. 528. Unwahrscheinlich ist die Darstellung bei Ferretus Vicentinus.

² Sed Papa nulli respondit; beim Walsingham.

³ Die Ohrfeige Nogaret's ist sicher unwahr. Die Bulle Benedict's XI. schweigt von körperlicher Mißhandlung, welche auch Villani, Benvenuto v. Imola, Franc. Pipin ausdrücklich läugnen. Personam ejus non tetigi, nec tangi permisi, erklärte Nogaret, der, so viel er sonst lügt, hier nicht so frech hätte lügen können. — Die fabelhaftesten Erzählungen verbreiteten sich im Ausland, wie man aus Knighton und Thomas Walsingham ersehen kann.

Bonifacius im Palast eingeschlossen, während Soldknechte wie Bürger der Stadt seine unermeßlich geglaubten Schätze, das Gut der Kirche, und auch die Häuser der Nepoten plünderten.

Dies fast rätselhafte Gelingen jenes Ueberfalls beweist, wie haltlos der Papst in seinem eignen Lande geworden war; seine eigene Vaterstadt gab ihn einer feindlichen Rotte Preis, die außer Nogaret und einem französischen Dienstmanne nur aus Italienern bestand. „O elendes Anagni, so rief ein Jahr später der ohnmächtige Nachfolger von Bonifacius aus, daß du solches in dir geschehen ließest! Kein Tau noch Regen falle auf dich; er falle auf andre Berge und gehe dir vorüber, weil unter deinen Augen und obwol du ihn schützen konntest, der Held gefallen und der mit Kraft gegürtete überwältigt ist!" [1]

Drei Tage lang harrte Bonifacius, welcher aus Schmerz oder Argwohn die Nahrung zurückwies, unter den Schwertern seiner Feinde standhaft aus, und diese schienen nicht zu wissen, was sie thun sollten, da ihr Gefangener mit heroischer Todesverachtung sich weigerte, ihren Forderungen nachzugeben. Auf die Kunde des Vorfalles griffen die Freunde der Gaetani in der Campagna zu den Waffen, und auch die Stadt Rom bewegte sich. Am Montag, den 10. September, erschien der Cardinal Lucas Fieschi in Anagni, durchritt die Straßen, und rief das schon reuige Volk auf, den am Papst begangenen Frevel zu rächen. Man antwortete mit dem Geschrei: „Tod

Befreiung des Papsts, 10. Sept.

---

[1] Bulle Flagitiosum, 7. Juni 1304. Später schrieben die Bürger oder Priester Anagni's den Verfall ihrer Stadt jenem Frevel zu, und suchten noch A. 1526 feierliche Sühne durch den Papst. Siehe, was Leandro Alberti davon erzählt, beim Tosti II. 242.

den Verrätern!" und dieselbe Menge, welche Bonifacius so schimpflich verlassen hatte, stürmte jetzt wutentbrannt den Palast, wo er gefangen saß. Die Eingekerkerten wurden schnell befreit; Nogaret und Sciarra entwichen nach Ferentino.

Der zu spät Gerettete redete von den Stufen des Palasts zum Volk, welches um Vergebung flehte; in einem Augenblick großmütiger Rührung vergab er allen denen, die ihn so frech mißhandelt hatten. Er verließ seine undankbare Vaterstadt am achten Tag, geleitet von Gewaffneten, um sich nach Rom zu begeben. Man erzählt, daß die Colonna noch unterwegs einen Ueberfall versuchten, aber abgeschlagen wurden.[1] Rom sandte Hülfe; wenn indeß nur 400 Reiter Bonifacius entgegenkamen, so mag dies zeigen, wie kühl die Stimmung in der Stadt war; der Cardinal Matheus und Jacob Orsini führten jene Schar, vielleicht weniger um dem Papst beizustehen, als um sich seiner zu bemächtigen. Denn die Orsini hatten jetzt die Gewalt in Rom, wo sie auch den Senat besetzten.[2] Als Bonifacius nach dreitägiger Fahrt

---

[1] Zeitgenössisches Chron. Parmense, Murat. IX. 848. Der Carb. Stefaneschi (Opus Metric. p. 659) sagt als Augenzeuge:
— rediens festinus in almam
Urbem, quippe sacram, miro circumdatus orbe,
Vallatusque armis. O mira potentia, tantis
Enodata malis! Numquam sic glorius armis,
Sic festus susceptus eā . . . .

[2] In den letzten Jahren des Papsts waren fast nur Orsini Senatoren. Am 2. Juni 1302: Jacobus D. Napoleonis et Matheus D. Rainaldi de filiis Ursi (Vol. LXI. p. 115 delle Deliberazioni, Archiv Siena). Papencordt p. 335 beruft sich auf jenes Archiv irrig z. J. 1300, nur nach Gigli und Vitale; ich habe die Urkunde in Siena selbst copirt. Auch seine Angaben in Bezug auf 1301 und die sogenannten Vicare von 1302 sind nur dem fehlerhaften Capitolin. Register entlehnt. Die Angabe bei Olivieri, daß Stefan Colonna A. 1302 Senator war, ist willkürlich. — Am 19. Jan. 1303 bestätigt Guido de Pileo als Se-

Rom erreichte, empfing ihn das Volk mit Beweisen von Ehrfurcht; es führte ihn in Procession nach dem S. Peter, und der erschütterte Greis sank erschöpft auf sein Lager im Vatican.

Sein Zorn, seine Aufregung kamen dem Wahnsinn nahe; Rache war sein quälender Gedanke; er wollte ein großes Concil ausschreiben, den König Philipp zu vernichten, wie Innocenz IV. einst Friedrich II. durch ein Concil gestürzt hatte. Doch seit seiner Demütigung war er nur noch eine Schattengestalt, die niemand mehr fürchtete. Seine Umgebung betrachtete er mit wachsendem Argwohn; wenn er gezwungen war, dem Cardinal Napoleon, den man als Mitverschworenen bezeichnete, zu verzeihen, so lehrt dies, daß er seine Freiheit verloren hatte. Die jetzt gewaltigen Orsini bewachten ihn mit Argusaugen, und fingen an ihm Gesetze vorzuschreiben; sie hielten die Engelsburg, wie den vaticanischen Borgo mit Bewaffneten angefüllt. Von der Aufregung des Papsts fürchteten sie Excesse, oder sie waren undankbar genug, aus seinem Unglücke Vorteil zu ziehen. Er rief Carl von Neapel zur Hülfe; sie unterdrückten sein Schreiben; er verlangte nach dem Lateran zu gehen, wo in dem dortigen Stadtviertel die Anibaldi mächtig waren, ein Geschlecht, welches die Orsini haßte und die Colonna nicht liebte; sie widersetzten sich seinem Auszuge aus dem Vatican, und er sah, daß er der Gefangene der Orsini sei.[1]

Schreckliche Lage des Papsts im Vatican.

nator die Statuten der Kaufleute; derselbe erscheint am 17. April 1303 als D. Pape nepos alme urbis Senator (Cod. Vat. 7931. Urkunde aus S. M. in Via Lata). — Am 11. Juni 1303 Tebaldo di Matteo Orsini und Alessio di Giacomo di Bonaventura, Senatoren, nach demselben Archiv bei Vitale p. 207. Und diese beiden mögen Senatoren gewesen sein, als die Katastrophe von Anagni stattfand.

[1] Ferret. Vicent. erzählt das Ende des Papsts wie ein Dramatiker, aber übertreibend.

Die Tage, welche der unglückliche Greis im Vatican hinlebte, waren über alles Maß furchtbar. Wilder Schmerz um seine Mißhandlung, das Gefühl der Ohnmacht, Mißtrauen, Furcht, Rache, freundlose Einsamkeit bestürmten sein leidenschaftliches Gemüt. In jenen dunkeln Stunden stand der Schatten vom Turm Fumone vor seinem aufgeregten Geist.[1] Wenn ein so hochgemuteter Mensch in der erschütternden Reaction gegen seinen Zustand außer sich geriet und in Wahnsinn fiel, so war dies naturgemäß. Man erzählte, daß er sich in sein Gemach verschloß, die Nahrung verweigerte, in Tobsucht fiel, sein Haupt gegen die Mauer stieß, und endlich auf seinem Bette tobt gefunden ward.[2] Die Feinde von Bonifacius gefielen sich darin, sein Ende in den grellsten Farben auszumalen, und mehr gemäßigte Gegner sahen in seinem schrecklichen aber gerechten Fall das Gottesurteil über die Herrschsucht und den Hochmut der Mächtigen.[3] Ein päpstlicher Geschichtschreiber, der wol in Rom war, als Bonifacius starb, sagt dies: „am 35. Tage nach seiner Ge=

---

[1] Die Prophezeihung an Bonif. VIII., welche man Cölestin V. in den Mund legte, ist bekannt: intrabit ut vulpis, regnabit ut leo, morietur ut canis (Istorie Pistolesi, Mur. XI. 528).

[2] Zeitgenossen reden davon, so wie die Sage ging: Villani, Fr. Pipin; Ferretus; diabolico correptus a spiritu caput muro saevus incussit; Chron. Estense, Mur. XV. 350; Paolino di Piero, p. 64; selbst Antonin III. 259. Diese Schriftsteller und andere machen aus Bonif. VIII. einen Lear. Die deutschen Chronisten schweigen vom Wahnsinn. Daß er sich selbst zerfleischte, hat seine unversehrte Leiche widerlegt, als sie A. 1605 enthüllt wurde. Amtlicher Bericht beim Raynald A. 1303, n. 44. Sein Antlitz war noch im Tod majestätisch: severitatem magis quam hilaritatem ostendebat.

[3] Aurumque nimis sitiens aurum perdidit et thesaurum, ut ejus exemplo discant superiores Praelati non superbe dominari in Clero et Populo (Bernard Guibonis, Mur. III. 1. 672). — Ferretus p. 1019.

fangennahme starb er; sein Geist war außer sich; er glaubte, daß jeder der zu ihm käme, ihn gefangen nähme." Diese einfachen Worte enthalten ein richtigeres Maß von Wahrheit, als die dramatischen Schilderungen anderer Erzähler.[1] Die letzten Stunden von Bonifacius VIII. bedeckt ein Schleier; er starb, 86 Jahre alt, am 11. October 1303, und ward in einer vaticanischen Gruftcapelle beigesetzt, die er sich selbst erbaut hatte.

Bonifacius VIII. † 11. Oct. A. 1303.

Selten hat ein Papst so viele Feinde, so wenige Freunde gehabt; selten haben sich über einen andern Mitwelt und Nachwelt gleich heftig ausgesprochen. Wenn auch Parteileidenschaft das Urteil gefärbt hat, so steht doch im Ganzen die Ansicht über ihn fest: Bonifacius VIII. war ein sehr begabter Mensch von despotischer Art. Jede wahrhaft geistliche Tugend fehlte ihm; ein jähzorniges Wesen, gewaltsam, treulos, gewissenlos, unerbittlich, nach dem Pomp und den Schätzen der Welt begierig, erfüllt von Ehrgeiz und irdischer Herrschsucht. Schon seine Zeitgenossen nannten ihn „den hochherzigen Sünder," und treffender läßt er sich nicht bezeichnen.[2] Der Zeit-

[1] Ptol. Lucensis Hist. Eccl. XXIV. c. 36, und besser beim Jordan, Cod. Vat. 1960. fol. 261: decessit ex tremore cordis, et ab omni superveniente putabat capi, et ideo in eorum oculos et facies manus injicere cupiebat. Siehe auch Chron. Nicol. Triveti bei Dachery Spicil. III. 229. Ohne Uebertreibung sagt auch Bernard Guibonis (Mur. III. I. p. 672): in lecto doloris et amaritudinis positus, inter angustias spiritus, cum esset corde magnanimus obiit Romae V. Idus Octobris. Nach dem Bericht Stefaneschi's, der wol im Vatican anwesend war, starb er sogar, nachdem er gebeichtet hatte, und die Verteidiger seines Andenkens in Avignon erklärten: in morte confessus fuit coram octo Cardinalibus (Preuves de l'hist. p. 402).

[2] Magnanimus peccator: Benvenuto v. Imola (Mur. Antiq. I. 1039) nahm dies Prädicat von andern auf. Dante nennt ihn mit achtungsvollem Haß: il gran Prete. — Das Urteil Villani's, VIII. c. 64. — Sehr richtig sagt Manfi: ingentes animi dotes in pontificatum contulit, quamquam saeculari principatui potius, quam ecclesiastico

geist stürzte ihn, wie er Friedrich II. gestürzt hatte. Er strebte nach einem schon phantastisch gewordenen Ziel, und zum letzten Male hat in ihm ein Papst den Gedanken der weltbeherrschenden Hierarchie so kühn aufgefaßt, wie Gregor VII. und Innocenz III. Aber von diesen Päpsten war Bonifacius VIII. nur eine sehr verunglückte Nacherinnerung, ein Mann, der nirgend etwas Großes zu Stande brachte, und dessen hochfliegendes Streben statt Bewunderung nur ein ironisches Lächeln erregt. Den Gipfel des Papsttums konnte er nicht behaupten. Die Scene von Anagni, so enge und klein im Vergleich mit den früheren Kämpfen der Kirche wider das Reich, ist ein solches Schlachtfeld in der Geschichte der Päpste, wie es Benevent oder Tagliacozzo in der Geschichte des Reiches war, wo mit geringen Mitteln, unter kleineren Verhältnissen das Resultat langer Processe gezogen wurde. Das Grab von Bonifacius VIII. ist der Denkstein des mittelaltrigen Papsttums, welches von den Mächten der Zeit mit ihm selbst begraben ward. Man kann es noch in den Grotten des Vatican sehen, wo dieser Papst in Stein auf seinem Sarkophage liegt, die zwiefach gekrönte Tiara auf dem Haupt, mit einem Antlitz streng und schön, und von königlicher Miene.

4. **Benedict XI., Papst. Seine verzweifelte Lage. Er hebt die Erlasse seines Vorgängers auf. Gentilis Orsini und Luca Savelli, Senatoren. Die Colonna wieder hergestellt. Benedict XI. erhebt Proceß gegen den Frevel von Anagni und stirbt 1304. Langer Wahlstreit. Rachekrieg der Gaetani in der Campagna. Clemens V. Papst. Der heilige Stul wird in Frankreich festgehalten.**

An der Bahre von Bonifacius VIII. standen die Cardinäle, auch wenn sie den Lebenden gehaßt hatten, erschüt-

potiores (Note zu Raynald A. 1303 p. 356). Die Urteile von Schlosser, Neander und Drumann sind nicht frei von Uebertreibung.

tert und tief nachdenklich über den Ruin der päpstlichen Macht, den dieser Todte ihnen darstellte. Die Stadt Rom war in Waffen; die Freunde der Colonna blickten wieder den Orsini herausfordernd ins Angesicht; die Verhältnisse der Parteien änderten sich mit einem Schlag. Durch die Porta Maggiore rückten Neapolitaner ein; denn Carl II. kam, von den letzten Vorgängen herbeigerufen, nebst seinen Söhnen Robert und Philipp mit Truppenmacht, gerade am Tage, da Bonifacius starb; selbst Friedrich von Sicilien hatte Schiffe nach Ostia geschickt, als er von der Not des Papsts hörte. Der König von Neapel wollte die Neuwahl überwachen oder beherrschen.[1] Die Cardinäle vereinigten sich indeß in gesetzmäßiger Frist im S. Peter, und wählten hier ohne Kampf einen gemäßigten Mann, den Cardinalbischof von Ostia, schon am 22. October zum Papst. Er stieg am 1. November als Benedict XI. auf den heiligen Stul.

Carl II. zieht in Rom ein, A. 1303.

Die kurze Regierung Benedict's XI. erweckt den tiefsten Anteil, weil sie den Uebergang zur avignonischen Periode bildet. Er selbst würde als ein Geist des Friedens und der Versöhnung neben Bonifacius VIII. so schön dastehen, wie Gregor X. neben Clemens IV., wenn sein sanftmüthig melancholisches Wesen der Ausdruck von ruhiger Kraft, nicht von furchtsamer Schwäche gewesen wäre. Nicolaus Boccasini, Trevisaner geringer Abkunft, war als Jüngling Lehrer im Hause eines edeln Venetianers gewesen, dann Dominicaner geworden, und durch Kenntnisse wie Tugenden in der Kirche

Benedict XI. Papst, A. 1303 bis 1304.

---

[1] In die mortis Papae Bonifacii, venit Rex Carolus Romam cum 1500 militibus, et VIII. millibus peditum ad favorem Ecclesie. Ptol. Lucensis, Mur. XI. 1224; die Truppenanzahl ist sicher übertrieben. Siehe auch Ferretus p. 1010.

emporgekommen. Bonifacius VIII. selbst hatte ihn zum Cardinal und Bischof von Ostia gemacht, und wir sahen ihn pflichtgetreu im Palast von Anagni neben seinem Wolthäter ausharren, als andre Cardinäle diesen verlassen hatten.[1] Was sollte in so verzweifelter Lage der neue Papst thun? Durfte er aus der kalten Hand seines Vorgängers die Waffe nehmen, um sie von neuem gegen dessen siegreiche Feinde zu schleudern? Die Völker — dies hatten Sicilien und Frankreich gezeigt — verachteten schon das geistliche Schwert; die Blitze des Lateran zündeten nicht mehr.[2] Der Ueberfall von Anagni und die geringe Bewegung, welche er in Italien hervorrief, machten eine aufregende Gewißheit klar: daß alle jene guelfischen Grundlagen der päpstlichen Macht verwittert waren, daß diese im italienischen Volk ihren Halt verloren hatte. Das Papstthum, welches die Kaisergewalt zu zerstören vermochte, hatte sich Italien entfremdet, und stand wie in der Luft. Die hülflose Einsamkeit von Benedict XI. in jenen Tagen der Enttäuschung muß in Wahrheit schrecklich gewesen sein.

Dem Könige Frankreichs gegenüber sah er sich ohne Verbündete und wehrlos; das deutsche Reich besaß weder die Kraft mehr, noch am wenigsten den Willen, das nun auch geschwächte Papstthum mit den Waffen wieder aufzurichten.

---

[1] Er selbst spricht über die Wechselfälle seines bürftigen Lebens in seiner ersten Encyklika: timor et tremor nos vehementer invadunt, dum infra mentis arcana revolvimus quod et quantas immutationes receperit hactenus status noster, qui ab olim ordinem fratrum Praedicatorum professi, putabamus abjecti esse in domo Domini — dat. Lateran, 1. Nov. 1303 (Raynald n. 47).

[2] Der Benedictiner Tosti sagt: temevasi non il martirio, ma il difetto delle spirituali armi spuntate dal disprezzo de' populi: Storia di Bonif. VIII. II. 205.

Zum ersten Mal hatte sich eine ganze Nation in allen ihren Ständen gegen die Forderungen eines Papsts erhoben, und dieser Widerstand war unbesiegbar. Der ohnmächtige Benedict XI., ein furchtsamer und beschränkter Mönch, vermochte nichts, als sich schnell zurückzuziehen; er war es, nicht Bonifacius VIII., welcher das Papsttum von der weltlichen Macht überwunden bekannte. Es capitulirte, wie eine erstürmte Burg. Diese Wandlung in der Zeit ist aufregend, wie der Anblick jeder wahrhaften Größe, welche in ihr vergeht. Zwar mußte Benedict XI. etwas thun, um den Schimpf zu strafen, den die Kirche erfahren hatte, doch er that dies ohne Nachdruck und zögernd. Er erhob am 6. November Proceß gegen die Räuber des Kirchenschatzes in Anagni, und forderte die Rückgabe des Raubes. Es ist nicht bekannt, ob dies irgend Erfolg hatte.[1] Die Colonnesen, welche zum Theil schon triumfirend in die Stadt gekommen waren, begehrten die Tilgung des ihnen von Bonifacius VIII. angethanen Unrechts; der Papst gab nach; am 23. December sprach er sie, mit Ausnahme Sciarra's, vom Banne los, setzte sie in ihre Rechte und Familiengüter ein, gestattete ihnen die Rückkehr aus dem Exil, und gab ihnen Palestrina wieder, obwol mit dem Verbot, diese Stadt ohne Erlaubniß des Papstes neu aufzubauen. Die Cardinäle Jacob und Peter, aus ihrem Versteck bei Perugia und in Padua zurückgekehrt, verlangten die Herstellung ihrer Cardinalswürde, und riefen, als ihnen der Papst dies abschlug, von neuem den Schutz des Königs von Frankreich an.[2]

Er löst die Colonna vom Bann, Dec. A. 1303.

[1] Bulle v. 6. Nov. 1303, bei Theiner I. n. 573, und eine zweite v. 7. Decbr. 1303 bei Raynald n. 57, und Theiner I. n. 574.
[2] Raynald ad Ann. 1304, n. 13.

Philipp selbst erlangte ohne Mühe die Aufhebung der Maßregeln von Bonifacius VIII.; denn Benedict war sogar gezwungen, ihm damit entgegen zu kommen. Der König, welcher seinen Anteil an dem Frevel von Anagni läugnete, stellte die Forderungen des Siegers an den Besiegten. Statt daß der Papst den Proceß gegen ihn fortsetzte, drohte Philipp gegen den todten Bonifacius ihn fortzuführen; die Stimme Frankreichs verlangte ein Concil, wie die Verurteilung aller Handlungen jenes Papsts, und Benedict beugte einer offnen Niederlage vor, indem er, ohne die feierliche Gesandschaft Philipp's abzuwarten, den Bann und alle Sentenzen zurücknahm, die Bonifacius VIII. über das königliche Haus und ganz Frankreich verhängt hatte. Die Bullen vom 13. Mai 1304, in welchen er die Acte seines Vorgängers aufhob, um Frankreich mit der Kirche wieder auszusöhnen, waren die Todesurteile des politischen Papsttums überhaupt. Sie bezeichnen den Rückzug desselben aus der weltgebietenden Stellung, und den Wendekreis seiner mittelaltrigen Geschichte.[1] Ein seltsames Verhängniß schien nun Cölestin V. an Bonifacius VIII. zu rächen; denn dieser war als Gefangener gestorben, wie jener, und seine Nachfolger vernichteten seine Decrete, wie er einst die Acte von Cölestin ausgelöscht hatte. Benedict XI. hob sogar die Constitutionen auf, die sein Vorgänger zum Schutz der städtischen Freiheiten erlassen hatte,

Er hebt die Bullen Bonifacius VIII. wider Frankreich auf, 13. Mai A. 1304.

---

[1] Die erste Absolution geschah wol zu Ostern in Rom (Mansi zu Raynald A. 1304, p. 376); dann folgten die Absolutionsbullen aus Perugia, 13. Mai 1304, Cum sicut accepimus und ad statum tuum, worin die Stelle propter evitandum scandalum, praesertim ubi multitudo delinquit, severitati est aliquid detrahendum. Benedict milterte auch die Bulle Clericis Laicos.

und er zeigte sich dadurch so kleinlich, als Bonifacius groß=
mütig und freisinnig gewesen war.¹

Die jüngsten Ereignisse hatten die Stadt in tiefe Auf=
regung gebracht, und Benedict XI., bedrängt von den Fac=
tionen, bestürmt vom Geschrei der Gaetani und Colonna,
und von den Orsini beherrscht, genoß dort keines ruhigen
oder freien Augenblicks. Kaum waren die Colonna in ihre
bürgerlichen Rechte wieder eingesetzt, so erschienen sie Schaden= *Gentile Orsini und*
ersatz fordernd auf dem Capitol, wo Gentile Orsini und Luca *Luca Savelli, Senatoren,*
Savelli Senatoren waren.² Benedict, von Niemand gefürchtet, *A. 1304.*
Alle fürchtend, wünschte den heiligen Stul irgendwo in
Oberitalien in Sicherheit aufzuschlagen; er verließ Rom nach
dem Osterfest, ging nach Montefiascone, nach Orvieto, nach
Perugia. Erst hier in der Hauptstadt des guelfischen Um=
briens faßte er den Mut, mit einem Proceß gegen alle die=
jenigen hervorzutreten, welche direct oder indirect an dem
Ueberfalle von Anagni Teil genommen hatten. Er sprach über
Nogaret, Rainald von Supino, Sciarra Colonna und eine
Reihe anderer den Bannfluch aus, und lud sie vor sein Tri=
bunal.³ Dies erregte einen Sturm unter den Schuldigen,
welche ihre Frevelthat mit Bonifacius VIII. begraben glaubten.
Auch Philipp der Schöne, den die Stimme der Welt und

---

¹ Ich bemerkte schon die Aufhebung der Statuten für die Mark;
am 1. Febr. 1304 cassirte Bened. XI. auch die Privilegien von Bonif.
für Spoleto (Theiner I. n. 578). Mit mönchischer Angst klammerte er
sich an die jura Ecclesiae gegenüber den Communen, aber die große
Stellung der Kirche gegenüber den Monarchien gab er auf.

² Petrini p. 153. 429. Ueber die beiden Senatoren A. 1304,
Vitale p. 207, und Benedict's Brief v. Lateran. 16. März 1304
(Theiner I. n. 580), gerichtet an Gentilis de Filiis Ursi Senator Ur-
bis, worin Lucas de Sabello sein Consenator genannt wird.

³ Bulle Flagitiosum scelus, Perugia 7. Juni 1304. Raynald n. 13.

der Abscheu Benedicts still oder laut als den Urheber des Sturzes jenes Papsts bezeichnete, wurde von der Bulle schweigend mit betroffen. Am 7. Juni veröffentlichte Benedict dies Decret; am Anfang des Juli war er todt. Man sagt, daß er in Feigen vergiftet wurde; doch dies ist sicherlich Erdichtung.[1] Benedict XI., zwischen den Pflichten die Kirche durch Nachgiebigkeit zu retten und zugleich ihre Ehre zu wahren, vom Gefühl seiner Ohnmacht erdrückt, starb in Perugia als der letzte italienische Papst vor einer Reihe von Franzosen. Hinter seinem Grabe liegt Avignon.

Benedict XI. † 7. Juli A. 1304.

Die Cardinäle versammelten sich im erzbischöflichen Palast von Perugia zur schwierigsten der Wahlen. Sie blieb fast ein Jahr lang streitig. Zwei Parteien spalteten das Collegium, die italienisch patriotische unter Matheus Orsini und Francesco Gaetani, dem Neffen Bonifacius VIII.; die französische unter Napoleon Orsini und Nicolaus von Prato. Napoleon namentlich war schon damals einer der mächtigsten Männer der Kirche, und unermeßlich reich; Sohn Rinaldo's, Enkel des berühmten Senators Matheus Rubeus, Cardinal seit dem Jahre 1288. Seine ghibellinische Richtung hatte er längst deutlich genug kund gegeben, und man wagte sogar ihm nachzusagen, daß er mit dem französischen Cardinal Le Moine vereint dem unglücklichen Benedict Gift hatte mischen lassen.[2] Im Hintergrunde dieses Conclave's stand König

---

[1] Mit baaren Worten sagt es Ferretus p. 1013. Er gibt dem Papst 56 Jahre. Villani, VIII. 80. — Doch die Annalen Perugia's schreiben: à di 7. Luglio 1304 passò di questa vita di morte naturale (Archiv. Storico XVI. I. 60).

[2] Sein Vater Rinaldo war Gründer des Zweigs Orsini-Monterotondo, welcher im XVII. Saec. ausstarb. Ich copirte im Archiv Gaetani viele Urkunden, welche zeigen, daß dieser berühmte Carb. Napoleon

Philipp, begierig einen Papst durchzusetzen, der das Papsttum seinem eignen Willen unterwarf. Während nun die Cardinäle in Perugia haderten, war Rom und Latium vom wilden Factionskriege voll. Die mächtigen Nepoten Bonifacius VIII. zogen mit Vasallen und catalanischen Söldnern in der Campagna umher, Rachekrieg führend gegen die Barone, welche den Sturz ihres Oheims herbeigeführt hatten.¹ Die Colonna kämpften zugleich gegen sie und die Orsini, weil sich dies Geschlecht in Besitz von manchen ihrer Güter gesetzt hatte; sie erschienen wiederholt auf dem Capitol klagend vor dem Senat, und dieser decretirte, daß die Colonna wieder herzustellen seien, weil ihre Verfolgung das Werk des Neides, des Hasses und der Bosheit von Bonifacius VIII. gewesen sei; er vernichtete alle Verleihungen colonnischer Güter durch jenen Papst, und verurteilte Petrus Gaetani wie dessen Söhne in den Schadenersatz von 100000 Goldgulden.² Aber die Gaetani wehrten sich als tapfere Männer; dies Nepoten-

<small>Krieg der Colonna, Orsini und Gaetani in Latium.</small>

<small>mit königlichem Vermögen Städte und Castelle, namentlich in Tuscien, erwarb. Er starb erst, am 23. März 1342. Siehe über ihn die XII. Dissert. in Garampis B. Chiara.

¹ Conductis 300 stipendiariis Catalanis vindictam sumpserunt de inimicis Papae proditoribus, in regione Campaniae: Antonin III. 259. Domarono quasi tutta campagna e terra di Roma: Villani VIII. c. 64; und er sagt, wenn Bonif. gesehen hätte, wie tapfer seine Neffen seien, di certo gli avrebbe fatti re o gran signori. Ein Instrum. aus Alatri v. 26. Aug. 1304 enthält ein Bündniß zwischen Landulf v. Ceccano, Adenulf dem Sohn Mathias, Raynald v. Supino und der Stadt Ferentino gegen Anagni und die Gaetani (aus dem Stadtarchiv Alatri, im Besitz des Bibliothekars des Archivs Gaetani, Herrn Carinci).

² Petrini Mon. 32, und das Decret des röm. Volks in den Preuves p. 278—282; wodurch den Colonna die reassidatio gegeben wird unter dem heftigsten Tadel der Bosheit von Bonif. VIII. Zugleich verlangte der Senat die Auslieferung von Nepi an die städtische Kammer, wodurch ihn die Colonna gewonnen hatten.</small>

geschlecht blieb auch nach dem Sturze seines Oheims mächtig; es besaß in der Stadt den Turm der Milizen, vor dem appischen Tor das feste Grabmal der Cäcilia Metella; seine Vasallen standen in 19 Castellen auf der Campagna in Waffen, und in vielen Schlössern bei Viterbo und im Patrimonium; es hatte in Toscana große Lehen, im Königreich Neapel die Grafschaften Caserta und Fundi mit 32 Castellen. Der Rachekrieg zwischen Gaetani und Colonna wütete daher noch lange Jahre fort, bis der König Robert von Neapel Friede unter ihnen stiftete.[1]

Conclave in Perugia.

Unterdeß wurde wegen der Papstwahl zu Perugia ein Compromiß gemacht: indem die italienisch gesinnten Cardinäle drei Wahlcandidaten von jenseits der Berge aufstellten, sollte die französische Faction einen davon innerhalb 40 Tagen zum Papst erwählen. Drei Franzosen, durchaus Anhänger von Bonifacius VIII. und Gegner Philipp's, kamen auf die Wahlliste, worauf die französische Partei heimlich dem Könige meldete, daß sie den Gascogner Bertrand de Got, Erzbischof von Bordô, wählen wolle, und ihm, Philipp, über diese Wahl Gewalt gebe. Der König eilte Bertrand aufzusuchen; er stellte ihm seine Bedingungen; der ehrgeizige Prälat (Bonifacius VIII. hatte ihn einst zum Erzbischof erhoben) bewilligte sie, und so wurde er vorweg der Sclave eines Despoten, dessen Widersacher er noch eben gewesen war. Nachdem dies

---

[1] Die Urkunde, Neapel 24. März 1327, liegt im Archiv Gaetani. Der zum Schiedsrichter gewählte König bezieht sich auf die Forderung der Colonna von 100000 Goldflor., und bestimmt, daß die Gaetani, nämlich Loffred v. Fundi, der Pfalzgraf Benedict, und der Prälat Franciscus in 3 Jahren den Colonna zahlen sollen quilibet pro eorum rata supradicto Stephano ac filiis et heredib. ejus tam clericis quam laicis ... florenorum tria millia. Auch die Söhne des Mathias sollten in Anagni wieder hergestellt werden.

Uebereinkommen getroffen worden, riefen ihn die Cardinäle in Perugia, am 5. Juni, zum Papst aus.¹

Statt nach Rom zu eilen, forderte sie der Gewählte auf, nach Frankreich zu kommen; sie vernahmen dies mit Staunen; der überlistete Matheus Orsini sagte voll schmerzlicher Ahnung voraus, daß der heilige Stul nun für lange Zeit in Frankreich bleiben werde. Am 14. November 1305 wurde dort Bertrand be Got, in St. Just zu Lyon, als Clemens V zum Papst gekrönt, im Beisein des Königs von Frankreich, Carl's von Valois, des Herzogs Johann von der Bretagne, und vieler französischer Großen. Bei der Krönungsprocession ereignete sich ein seltsames Unglück; als der Papst im Zuge daherritt, fiel eine Mauer auf ihn nieder; er stürzte vom Pferd; seine Papstkrone rollte im Staub; ein prächtiger Karfunkel, ihr schönster Schmuck, verlor sich; zwölf Barone seines Gefolges wurden zerschmettert, Valois stark beschädigt, und der Herzog von der Bretagne starb sogar in Folge seiner Wunden. Das Volk weissagte Unheil und finstre Zeiten.

Clemens V. Papst, A. 1305 bis 1314.

Die kühnsten Träume des französischen Monarchen waren nun erreicht: ein Papst, dem er die Tiara gegeben, ein Franzose, Diener seines königlichen Willens, war in Frankreich nach nur zwei Jahren der Nachfolger des gemißhandelten Bonifacius VIII. Er hielt ihn fest; Clemens V. verließ Frankreich nicht mehr; er schlug seinen Sitz abwechselnd in Lyon und Bordô auf, und zog dann nach Avignon, wo die Päpste lange Zeit wohnen blieben, während die Weltstadt Rom, kaiserlos und papstlos, unter den Trümmern ihrer zwiefachen Größe in das tiefste Elend heruntersank.

¹ Dies ist die Darstellung der Wahl beim Villani, dem Antonin folgt. Sie, und die 6 Bedingungen Philipp's, sind bekanntlich bezweifelt worden, aber schwerlich konnte Villani dies alles erfinden. Daß der König seine Hand im Spiele hatte, liegt außer allem Zweifel.

Siebentes Capitel.

1. Die Wissenschaft im XIII. Jahrhundert. Gelehrte Päpste und Cardinäle. Uncultur Rom's. Römer studiren in Paris und Bologna. Keine Universität in Rom. Die päpstliche Palastschule. Innocenz IV. befiehlt die Stiftung einer Rechtsschule. Die Decretalensammlungen. Herrschaft des Rechtsstudiums im XIII. Jahrhundert. Die Statuten der Communen. Carl von Anjou befiehlt die Gründung einer Universität in Rom. Urban IV. Thomas von Aquino, Bonaventura. Römer als Professoren in Paris. Bonifacius VIII., der wahre Gründer der römischen Universität.

Im XIII. Jahrhundert überwand das Wissen die Barbarei, und erschien bereits in bedeutender Gestalt. Die Menschheit überhaupt hat selten so heiße Kämpfe um hohe und wirkliche Güter geführt, und eine so ernsthafte Geistesarbeit verrichtet. Italien nahm einen neuen Aufschwung. Mitten im Waffenlärm der Factionen, unter fast täglichen Staatsumwälzungen, unter den Excommunicationen der Päpste, sammelten hier Rechtslehrer, Philosophen, Dichter und Künstler zahlreiche Schüler um sich her. Die Summe der Intelligenz jenes Jahrhunderts stellte sich schon in ihm, oder im Anfange des folgenden in bleibenden Culturresultaten dar. Ihre Reihe bezeichnen: das Gesetzbuch Friedrich's II.; die Statuten der Städte; die Decretalensammlungen der Päpste; die Arbeiten der großen Juristen Accursius, Odofredus und

Wilhelm Durante; die „Summa" des Scholastikers Thomas von Aquino; die Chronik des Giovanni Villani; die Werke Cimabue's und Giotto's; endlich das große Weltgedicht Dante's, das wahrhafte Monument des ganzen geistigen Processes des XIII. Jahrhunderts.

Ein Reflex davon fällt auch in die Stadt Rom, obwol dieses Haupt der Welt, aus bekannten Ursachen, fast durchaus unproductiv blieb. Von den 18 Päpsten seit dem Jahr 1198 bis 1303 waren die meisten gelehrte Männer; nicht minder waren es die Cardinäle. Das politisch fortgeschrittene Zeitalter forderte auf dem päpstlichen Tron statt Heiliger Männer der Wissenschaft, zumal des Rechts, dessen Kenntniß als das erste Erforderniß eines Regenten sowol auf dem Stule Petri, als auf dem eines Gemeindehauses galt. Innocenz III., Honorius III., Gregor IX., Innocenz IV., Urban IV., Johann XXI., Nicolaus IV. und Bonifacius VIII. würden durch ihr Wissen überall hervorgeragt haben; es ist daher natürlich, daß sie auf die geistige Cultur ihrer Zeit einigen Einfluß ausübten. Innocenz III. begann seine Laufbahn mit literarischer Thätigkeit, und wir besitzen noch seine kleine, merkwürdige Schrift „Von der Weltverachtung," das düstre Buch nicht eines philosophischen, sondern eines religiösen Geistes, welcher darin seinen Tribut an die mönchische Richtung der Zeit bezahlt, um sodann seinen ehrgeizigen Herrscherwillen nicht mehr von ihr behindern zu lassen.[1]

Rom war freilich nicht die Quelle, aus welcher Päpste

---

[1] De Contemptu Mundi, sive de miseria conditionis humanae, libri tres, Lugduni 1561. Diesen Tractat schrieb Innoc. III. als Cardinal. Ad deprimendam superbiam humanae conditionis utcunque descripsi. Die Gebrechen der menschlichen Natur sind darin mit abschreckender Nacktheit geschildert. Das Latein darin ist klar und gut.

und Cardinäle ihre Bildung schöpften; die Hauptstadt der Christenheit blieb vielmehr nach wie vor hinter geringen Städten in der Cultur zurück, und ihr Volk unter Trümmern zu beschämender Unwissenheit verdammt. Es bestand auch im XIII. Jahrhundert hier keine gelehrte Schule. Die edeln Römer, Conti, Orsini, Colonna, Anibaldi, Stefaneschi, schickten ihre Söhne nach Paris, wo sie Scholastik studirten und die akademischen Grade des Magister erwarben. Von Paris pflegte man nach Bologna zu gehen, denn die Universität dieser Republik, auf deren Türmen das stolze Wort „Libertas" als Wappen prangte, war die erste Rechtsschule Europa's. Aus allen Ländern kamen Studirende (oft 10000 an Zahl) dorthin, die Vorträge eines Azzo, Accursius, Odofredus und Dino zu hören. Die Päpste sendeten an diese Hochschule sogar ihre Decretalensammlungen, und Friedrich II. seine Gesetze, um ihnen in der Welt Verbreitung und die Autorität der Wissenschaft zu geben. Seit 1222 begann auch Padua zu glänzen; seit 1224 Neapel. Auch in andern Städten bildeten sich höhere Schulen, bleibend, oder vorübergehend, wenn politische Umwälzungen, Zwist oder Eifersucht berühmte Lehrer zur Auswanderung trieben. Dies Schauspiel der demokratischen Bewegung der Wissenschaft in Italien ist bewundernswert. Nur Rom hatte keine Universität. Sträubten sich die Päpste sie zu gründen, weil die Aufregung der Geister beim Zusammenfluß einer zahlreichen Jugend in ihrer Hauptstadt ihnen gefährlich schien? Die stiefmütterliche Behandlung Rom's kann aus örtlichen Ursachen nicht hinreichend erklärt werden, weder durch Mangel an wissenschaftlichem Triebe, denn Römer studirten zahlreich im Auslande; noch durch die

<small>Bologna als Rechtsschule.</small>

fieberoolle Oede der Stadt, denn in Rom, dem Vaterland der Welt, hielten sich trotz der Malaria sehr viele Fremde jahrüber auf.

In der ersten Hälfte des XIII. Jahrhunderts wird nichts von römischen Schulen, nichts von Bibliotheken, nicht einmal jener alten im Lateran gehört, wo kein Bibliothekar mehr auch nur mit Namen aufzufinden ist.[1] Innocenz III. pflegte Paris und Bologna durch Privilegien, aber er stiftete keine Schule in seiner eignen Vaterstadt. Er gab auf dem Concil von 1215 nur das allgemeine Gesetz, Kathedralschulen zu errichten, und Honorius III. befahl, daß die Kapitel junge Leute an die Universitäten schicken sollten. Dieser gebildete Papst setzte einen Bischof ab, welcher den Donatus nicht gelesen hatte, aber seine Erneuerung der päpstlichen Palastschule für scholastische Theologie reicht keineswegs hin, ihn als Beförderer der Wissenschaft in Rom erscheinen zu lassen.[2]

Das Studium im Auslande war für die Römer kostbar und weitläufig, zumal wenn es nur galt, das Wissen gewöhnlicher Grade zu erlangen. Das Bedürfniß einer eigenen Schule beider Rechte wurde um so fühlbarer, je mehr Rechtsgelehrter die römische Curie und die städtischen Tribunale bedurften. Es zwang endlich Innocenz den IV. (wahrscheinlich war er selbst Professor in Bologna gewesen), die Er-

---

[1] Cardinäle legten Privatbibliotheken an, so Mathäus von Acquasparta, dessen Bibliothek an Tobi kam, wo ich noch einen Teil davon im Archiv S. Fortunatus im Staube aufgehäuft liegen sah.

[2] Schola Sacri Palatii; er berief als ihren ersten Magister Domenicus. Seither dauerte diese Palast-Professur fort. Joh. Carafa De Gymnasio Romano et de ejus professoribus, Rom 1751, p. 134; Renazzi Storia dell' Università degli studj di Roma (Rom 1803), zeigt, daß dieses Studium Curiae durchaus vom Studium Urbis, der späteren Universität Roms, zu trennen ist.

Erste Rechts-schule in Rom, A. 1243. richtung einer öffentlichen Rechtsschule, jedoch nur in Verbindung mit der Schule des päpstlichen Palasts anzuordnen. Er gab ihr die Privilegien einer Universität, und so entstand ein dürftiges Schattenbild der großen Rechtsschulen von Ulpian und Papinian wieder in Rom.[1] Auf das Recht allein bezog sich die Sorge der Päpste. Die römische Curie hatte seit Innocenz III. alle kirchliche Gerichtsbarkeit in sich vereinigt, alle nur irgend beträchtlichen Entscheidungen nach Rom gezogen; sie war das allgemeine Rechtstribunal in der christlichen Welt. Die päpstliche Justiz entschied zahllose Processe, und zog daraus unermeßliche Einkünfte; der oberste Gerichtshof, die Ruota, war schon im XII. Jahrhundert von europäischer Geltung. Es wurde nun bringendes Bedürfniß, die Constitutionen der Päpste geordnet zusammenzustellen, und so entstand der Codex des Kirchenrechts, das berühmte und berüchtigte mittelaltrige Erzeugniß der römischen Jurisprudenz.

Außer dem „Decretum" Grazian's, der ersten großen Sammlung des canonischen Rechts im XII. Jahrhundert, gab es zur Zeit von Innocenz III. drei sogenannte Decretalensammlungen; er fügte ihnen die vierte, Honorius III. die fünfte hinzu; und diese fünf Bücher ließ hierauf Gregor IX. in ein vollständiges Gesetzbuch vereinigen, durch den spanischen Dominicaner Raimund da Pennafort, den er nach Rom berief. Er veröffentlichte seinen Codex im Jahre 1234, und ihm fügte Bonifacius VIII. im Jahre 1298 noch ein sechstes Buch hinzu, zu welchem Zweck ihm Dino da Mugello aus Bologna behülflich war.[2] Die Redaction des Fundamental-

Die Decretalen-sammlung Gregor's IX.

---

[1] Bulle des Papsts v. 1243, bei Carafa p. 131.
[2] Sarti, de claris. Archigym. Bonon. Prof. p. 256 sq.

gesetzbuchs der Kirche gehört also der Zeit an, wo sie selbst die Höhe ihrer Macht erstiegen hatte. Sie gab dadurch ihrer monarchischen Gewalt eine unumstößliche Grundlage der Autorität, ähnlich wie der Riesenbau des alten kaiserlichen Rom sich im Rechtscodex vollendet hatte. Die Welt war dem römischen Gesetz nochmals unterworfen. Erdichtungen und Fälschungen, welche die moderne Kritik erst entlarvt hat, mischten sich in diesen Decretalen mit weisen Gesetzen, und sie schufen die Grundlagen für die alles bewältigende Herrschaft des Papstes. Das canonische Recht beschäftigte die Welt in gleichem Maße, wie das justinianische Gesetzbuch. Es fand zahlreiche Commentatoren. Seine Kenntniß war das eifrigste Bestreben des Clerus, weil der sicherste Weg zur Cardinalswürde und zum Papsttum selbst. Die Legaten, die Gouverneure des Kirchenstaats mußten ausgezeichnete Rechtsgelehrte sein. Der Provençale Wilhelm Durante, welcher sich ganz in Italien gebildet hatte, Professor des Rechts in Bologna und Modena und weltberühmt als Verfasser des „Speculum," verdankte es nur dieser Wissenschaft, daß ihn Bonifacius VIII. zum Grafen der Romagna ernannte.

Diese eine Wissenschaft des Rechts beherrschte die Zeit; sie entsprach zumal dem realistischen Geiste der Italiener. Sie war das angestammte Besitztum dieses Volks, seit den Römerzeiten, und bei ewigen Umwälzungen das tägliche Bedürfniß in allen staatlichen, kirchlichen und persönlichen Verhältnissen. Aus dem römischen Kaiserrecht bewiesen die deutschen Könige schon im XII. Jahrhundert ihre legitime Cäsarengewalt; Juristenschwärme erfüllten ihren Hof. Aus dem Kirchenrecht und den falschen Decretalen bewiesen die Päpste ihre Universalgewalt, und ihre Curie war von Juristen überfüllt.

Die Kämpfe zwischen Kirche und Reich waren Kämpfe von Recht gegen Recht. Die besten Streiter Friedrich's II., welcher Sicilien durch ein Rechtsbuch von der päpstlichen Herrschaft befreite, waren seine gelehrten Hofrichter und Kanzler, und dem Papst galt es einem Siege gleich, als der Jurist Roffred von Benevent die Dienste des Kaisers verließ. Die Nationalmonarchie kämpfte gegen das Papsttum mit den Waffen der Legisten; die Rechtsgelehrten Philipp's des Schönen waren dessen Werkzeuge zum Sturze von Bonifacius VIII., und die theokratische Gewalt der römischen Kirche wurde endlich durch das Civilrecht zu Fall gebracht.

Während nun Päpste und Könige Gesetze sammelten und reformirten, befanden sich in gleich eifriger Thätigkeit die Republiken. Ihre Communalschreiber schrieben die Edicte der Podestaten und Prätoren nieder, und sammelten sie in Registern auf Pergament; ihre Protokollführer verzeichneten den Inhalt jeder Ratssitzung, wie heute die Stenographen, auf Heften von Baumwollenpapier, welche sorgsam bewahrt wurden; ihre Statutare oder Reformatoren der Stadtgesetze sammelten die Gemeindebeschlüsse und legten sie als das Buch der Verfassung in das Archiv des Stadthauses nieder. Jede Republik besaß ihr Archiv, und hielt es oft sorgsamer, als es damals Kaiser und Könige mit den ihrigen thaten. Noch heute erfüllen die ehrwürdigen Reste italienischer Archive mit Achtung vor der praktischen Verwaltung, wie vor dem staatsmännischen Geist jenes herrlichen Städtetums in einer Zeit, wo im übrigen Europa nichts Aehnliches gefunden wurde. Die ältesten Gemeindestatuten gehören schon dem XII. Jahrhundert an, wie die von Pistoja, Genua und Pisa, aber die Ausbildung der städtischen Constitutionen fällt in die

Die Statuten der Gemeinden.

erste Hälfte des XIII. Säculum, und sie zieht sich bis ins XV. hinein. Kaum gab es ein Castell, welches nicht seine auf Pergament sauber geschriebenen Statuten besaß. Mailand, Ferrara, Modena, Verona, andre Städte Lombardiens, redigirten solche im ersten Drittel des XIII. Jahrhunderts; Venedig reformirte sie im Jahr 1242; Bologna veröffentlichte sie im Jahre 1250. Die sorgsame Wissenschaft unserer Gegenwart sammelt, edirt und commentirt diese Denkmäler eines freien und glänzenden Bürgertums, aber leider hat sie ihnen die ältesten Statuten Rom's nicht beifügen können, weil diese in den Katastrophen späterer Zeit untergingen. Im heutigen Archiv des Capitols datirt das älteste auf Pergament geschriebene Originalstatut erst von 1469.[1]

Die Stadt besaß indeß noch um das Jahr 1265 keine bleibende öffentliche Rechtsschule, geschweige denn eine Universität. Das Decret von Innocenz IV. bezog sich nur auf die Schule des Palasts, welche den Päpsten überall folgte, wo sie ihre Residenz aufschlugen. Wäre dies nicht der Fall gewesen, so würde Carl von Anjou sich auf die Verordnung jenes Papsts berufen haben. Der Tyrann Siciliens erscheint nämlich in einer unerwartet menschlichen Gestalt, als Stifter

---

[1] Der Sacco Roms hat nach Aussagen röm. Archivare das capitolische Archiv zerstört. Man versichert mich, daß in das ehemalige Geheimarchiv S. Angelo nur einige ökonomische Acten aus dem Capitol gekommen sind. Vitale und Vendettini, die Geschichtschreiber des Senats, kannten keine im vatican. Archiv befindliche capitolische Acten. Sie zu sehen, wenn sie da waren, besaß Vendettini volle Freiheit. Moroni's Dictionär sagt im Artikel Roma p. 157, daß im Vatican. Archiv ein Codex der Statuten Roms liege, der zwischen 1358 und 1398 gehört; dies entlehnt er nur aus Gnrampi Appendice de' Documenti alle osservasioni sul valore delle antiche monete Pontificie, p. 68. — Die Editio princeps der röm. Statuten ist von 1471.

einer Universität (studium generale) in Rom. Zum Dank für seine Berufung zum Senator erklärte er am 14. October 1265 durch ein Edict, daß er beschlossen habe, Rom, die Herrin der Welt, mit einem „Allgemeinen Studium" beider Rechte und der liberalen Wissenschaften zu zieren, und diesem alle Privilegien einer Universität zu erteilen.[1] Die anjovinische Stiftung lehnte sich demnach keineswegs an den Beschluß von Innocenz IV. an, weil sie ein Studium Urbis sein sollte, aber sie fand einigen Boden in den freundlichen Bemühungen von Urban IV., einem Manne, der das Wissen aufrichtig beförderte, und überhaupt der erste Papst war, welcher Verständniß für die heidnische Philosophie besaß. Er hatte den damals berühmten Philosophen und Mathematiker Campanus von Novara zu seinem Capellan gemacht, ermunterte dessen Studien, und empfing die Widmung von dessen astronomischen Schriften. Er umgab sich gern mit Gelehrten und hörte ihren Gesprächen zu.[2] Er berief Thomas von Aquino nach Rom, und forderte ihn auf, die Schriften des Aristoteles zu erklären, welche schon seit dem XII. Jahr-

Carl von Anjou verordnet die Stiftung der römischen Universität, A 1265.

---

[1] Generale in ipsa studium tam utriusque juris quam artium duximus statuendum. Universitatem vestram ad illud tamquam ad fontem et riguum, unde quilibet juxta votum poterit irrigari, leto animo invitantes ac concedentes tenore presentium scolaribus et magistris in veniendo, morando, et redeundo securitatem plenariam, aliaque privilegia que a jure accedentibus ad generale studium concedantur. Datum Rome per man. Roberti de Baro Magne Regie Curie nostre protonotarii. Das bisher unbekannte Document aus Reg. 1280 C. fol. 3, n. 40 edirte zuerst Del Giudice Cod. Dipl. n. XXIV. Es fügt eine neue Thatsache zur Geschichte der römischen Universität hinzu.

[2] De pulvere, Pater, Philosophiam erigitis, que lugere solet in sue mendicitatis inopia, nostrorum Presulum auxiliis destitutata; so schreibt Campanus an den Papst: Tiraboschi IV. 147.

hundert aus dem Griechischen wie Arabischen übersetzt wurden, und für deren Cultur der große Friedrich II. so viel gethan hatte. Thomas, vom Stamme alter Langobardengrafen Aquino's, Dominicaner, in Paris gebildet, Schüler von Albertus Magnus in Cöln, verließ seinen pariser Lehrstul, und begab sich im Jahre 1261 nach Rom.[1] Der große Scholastiker lehrte an der Palastschule Philosophie und Moral bis zum Jahre 1269, teils in Rom, teils in den Städten, wo die Päpste Hof hielten. Zwei Jahre lang wirkte er hierauf wieder in Paris, und kehrte im Jahre 1271 nach Rom zurück, doch nur für kurze Zeit, weil ihn Carl I. nach Neapel berief. Der geniale Mann starb schon im Jahre 1274 auf der Reise zum lyoner Concil im Kloster zu Fossanova, und bald darauf starb in Lyon auch der große Mystiker Bonaventura von Bagnorea, der Stolz der Minoriten, deren General er war, berühmt als Commentator des Meisters der Sentenzen. Er hatte lange Zeit in Paris gelehrt, und mochte auch vorübergehend, wie Albertus Magnus von Cöln und Thomas, in Rom Vorträge gehalten haben.

Thomas erkannte bald, daß die Scholastik unter den Römern keinen Boden hatte. Rom war nie die Heimat der Philosophie; das abstracte Denken blieb den Menschen des Rechtsbegriffs und des praktischen Wollens fremd; die Scholastik faßte in Rom keine Wurzel, wie sie überhaupt in Italien nur vorübergehend die Geister beschäftigte. Die großen Genies der Speculation, welche dieses Land erzeugte, wanderten nach Paris, wie schon im XII. Jahrhundert Petrus Lombardus, im XIII. Thomas und Bonaventura. Talent-

---

[1] Tenuit studium Romae, quasi totam Philosophiam, sive Moralem, sive Naturalem exposuit. — Ptol. Luc. XXII. c. 24.

volle Römer selbst fanden keine Stätte für ihre Wirksamkeit in Rom, sondern sie zogen es vor, an ausländischen Universitäten zu dociren. Es finden sich mehre Römer als Lehrer besonders an der Pariser Hochschule, so Anibaldo degli Anibaldi (1257—1260), Romano Orsini im Jahre 1271, ferner Egidius Colonna, und Jacob Stefaneschi zur Zeit Bonifacius VIII.[1] Kein Papst hielt diese Männer in Rom fest; kein Senator berief sie auf den Lehrstul ihrer Vaterstadt; denn es bestand dort keine öffentliche Universität.

Das von Carl I. befohlene Studium gab, wenn es wirklich errichtet wurde, kein Lebenszeichen von sich, und keinem der Päpste seit Urban IV., worunter manche Römer und bedeutende Männer waren, fiel es ein, die Hauptstadt der Welt mit einer Universität auszustatten, bis auf Bonifacius VIII. Erst dieser gelehrte Papst wurde der Gründer der römischen Universität, welche heute Sapienza heißt. Er verordnete die Errichtung eines Generalstudiums für alle Facultäten in Rom, und der Wortlaut seiner Bulle lehrt, daß er diese Anstalt völlig neu erschuf. Er bewilligte den Doctoren und Scholaren eigene Gerichtsbarkeit unter selbsterwählten Rectoren, befreite sie von Abgaben, und gab ihnen alle Privilegien einer Hochschule. Die Gründung dieser Universität, welche sofort ins Leben trat, und von der Stadtgemeinde aus den Renten von Tivoli und Rispampano unterhalten wurde, ziert das Andenken jenes Papsts mit bleiben-

Bonifacius VIII. gründet die römische Universität A. 1303.

---

[1] Anibaldus de Anibaldis, Cardinal unter Urban IV., war Neffe des berühmten Richard Anibaldi. Scriptores Ordin. Praedicator. von Quetif und Echard I. 261; und Prospero Manbosius Bibl. Romana seu Romanor. Scriptor. Centuriae, Rom 1682. I. 288. Ueber Romanus de Romano Orsini, Echard p. 263. 272.

dem Ruhm. Er erließ die Stiftungsbulle zu Anagni am 6. Juni 1303, wenige Monate vor seinem Fall. Sie ist sein bester Abschiedsbrief an Rom.[1]

2. Aufschwung der Geschichtschreibung. Erste Vulgärhistoriker. Rom ohne Geschichtschreiber, ohne Stadtannalen. Das capitolinische Archiv ohne Documente des Mittelalters. Historiographen der Päpste und der Kirche. Saba Malaspina. Johann Colonna. Egidius Colonna. Sein Tractat von der „Regierung der Fürsten." Der Oculus Pastoralis. Die Poeten. Die Dichtung der Franciscaner. Fra Jacopone. Die römische Vulgärsprache, und Dante's Urteil über sie. Der Cardinal Jacob Stefaneschi, Dichter und Mäcen.

Neben der Rechtswissenschaft nahm auch die Geschichtschreibung in Italien einen bedeutenden Aufschwung. Sie blühte im Königreich Sicilien unter der glänzenden Dynastie der Hohenstaufen, während in Nord- und Mittelitalien Chronisten aus freiem Entschluß, oder amtlich beauftragt die Annalen ihrer Freistädte niederschrieben. Florenz stellte bald den ersten wirklichen Geschichtschreiber in der Sprache Toscana's auf, Dino Compagni und Giovanni Villani.

Geschichtschreiber.

Bei dieser Fülle von Historikern ist es wahrhaft befrem-

---

[1] Ideoque ferventi non immerito desiderio ducimur, quod eadem Urbs quam divina bonitas tot gratiarum dotibus insignivit, Scientiarum etiam sit foecunda muneribus — — — auctoritate apostolica duximus statuendum, quod in urbe predicta futuris temporibus generale vigeret studium in qualibet facultate... Bulle In supremae, Dat. Anagniae A. Inc. Dom. 1303. VIII. Idus Junii, Pont. N. A. Nono, an den Abt v. S. Lorenzo, den Prior von Sancta Sanctor. und den Erzpriester von S. Eustachio. (Anhang der Gregorian. Statuten Roms A. 1580.) Renazzi macht es wahrscheinlich, daß die Universität schon damals bei S. Eustachio ihren Sitz hatte. Die Besoldung eines Professors jener Zeit betrug in der Regel 100 Goldflorene.

Mangel römischer Annalen. benb, daß Rom auch während des XII. Jahrhunderts beren kaum einen hervorbrachte. Wir bemerken es mit Staunen, daß wir die besten Nachrichten über die römische Stadtgeschichte selbst in ihren hervortretenden Epochen aus Chronisten Englands schöpfen müssen. Ueber die Zustände der Römer waren Roger Hoveden und Mathäus Paris, wie schon früher Wilhelm von Malmesbury, und war Wilhelm von Nangis in Frankreich besser unterrichtet, als italienische Chronisten selbst. Die Engländer, welche damals in lebhaftem Verkehr mit Rom standen, besaßen schon den auf die Welt gerichteten Geist ruhiger Beobachtung, während die italienische Geschichtschreibung den Charakter ihrer nationalen Zersplitterung trug, und daher Städtechronik blieb. Der römische Senat faßte nicht den Gedanken, einem Schreiber die Ausführung eines Annalenwerks zu übertragen, wie dies Genua that; noch irgend ein Römer den Plan, die Geschichte seiner Vaterstadt niederzuschreiben, wie Giovanni Villani in Florenz, und andere patriotisch gesinnte Bürger selbst in kleineren Gemeinden Italiens.

Der Mangel römischer Annalen erklärt sich jedoch durch einige Ursachen. Eine solche Aufgabe war schwieriger als die Chronik jeder andern Stadt, weil die welthistorischen Bezüge Rom's ihr zu große Dimensionen gaben. Die Republik des Capitols besaß weder die kraftvolle Individualität, noch die Freiheit anderer Städte. Ein bürgerlicher Geschichtschreiber Rom's konnte nicht unabhängig schreiben, ohne mit dem weltlichen Papsttum in Streit zu geraten. Wir werden daher wahrnehmen, daß die Anfänge der römischen Stadtannalen erst der Epoche angehören, wo die Päpste in Avignon wohnten. Es gibt keine römische Stadtchronik im XIII. Jahr-

Die Papstgeschichte. 605

hundert, und ihr Mangel kann nicht mehr hinreichend durch Documente des städtischen Archivs ersetzt werden, denn diese fehlen. Während selbst Mittelstädte Umbriens und des Patrimonium, wie Viterbo und Todi, Perugia und Orvieto, selbst Narni und Terni noch große Reste von Acten ihrer republicanischen Epoche bewahrt haben, während in ihren leider zum Teil sorglos gehaltenen Archiven sich sauber auf Pergament zusammengetragene Regesten, und die Protocolle der Ratssitzungen (libri deliberationum) vorfinden, enthält das capitolische Archiv nichts mehr von Urkunden der Art, an denen es doch einst reicher war, als alle jene Städte.

Nur zu einem kleinen Teil kann die römische Stadtgeschichte aus den „Leben der Päpste" jener Zeit ergänzt werden. Die päpstlichen Schreiber durften sie nicht umgehen, aber sie behandelten sie oberflächlich, vom Standpunkt der Kirche aus, und entschieden feindlich. Das alte officielle Buch der Päpste, welches im XII. Jahrhundert Petrus Pisanus, Pandulf, und der Cardinal Boso fortsetzten, war mehrfach unterbrochen und in der letzten Zeit lückenhaft geblieben. Mit Innocenz III. beginnt eine andere, doch unterbrochene Reihe entweder von Fortsetzungen der Papstannalen, oder von selbständigen Biographien, welche aus der amtlichen Kanzelei geschöpft sind, und die Acten dieser haben sich vom Jahr 1198 ab bis auf unsre Zeit als „Regesten der Päpste" fast vollständig erhalten. „Die Thaten Innocenz' III." von einem zeitgenössischen Clerifer beginnen jene Reihe. Der ungenannte Autor behandelt schon sehr ausführlich die Weltverhältnisse, namentlich den Orient und Sicilien, wirft keinen Blick auf Deutschland und redet ohne Klarheit und

Die Geschichten der Päpste.

Zusammenhang von der römischen Stadtgeschichte. Er bricht plötzlich ab, noch vor dem Tode des Papsts.

Von einem Zeitgenossen rührt auch die amtliche Schrift über das Leben Gregor's IX. her, durchdrungen von fanatischem Haß gegen Friedrich II., in biblisch gefärbtem Curialstil. Viel bedeutender ist die Lebensgeschichte Innocenz' IV. von seinem Caplan, Nicolaus de Curbio, nachmals Bischof von Assisi, welcher an die Biographie Gregor's IX. anknüpfte. Sein Buch verdient große Anerkennung, obwol es keineswegs genau und nur eine Lobschrift ist; aber bequeme Ordnung, gutes Latein, und leichter Stil machen es zu einem der anziehendsten Werke dieser Gattung überhaupt.

Nicolaus de Curbio.

Keiner der folgenden Päpste des XIII. Jahrhunderts fand ähnliche Biographen. Ihre kurzen Lebensgeschichten finden sich in den Sammlungen des XIV. Jahrhunderts, vom Dominicaner Bernard Guidonis, und vom Augustinerprior Amalricus Augerius. Die Papstgeschichte ging in die Hände der Bettelmönche über; namentlich waren die Dominicaner fleißige Historiographen. Der Böhme Martin von Troppau, oder Martinus Polonus schrieb seine Chronik der Kaiser und Päpste, ein von unsinnigen Fabeln erfülltes Handbuch, welches weltberühmt wurde und die Geschichtschreibung des Papsttums verfälschte und beherrschte.[1] Er fand bessere Nacheiferer: den Dominicaner Ptolemäus von Lucca, der eine brauchbare Kirchengeschichte von Christi Geburt bis auf das Jahr 1312 verfaßte, und Bernhard Guidonis, der eine bemerkenswerte Geschichte der Päpste und Kaiser schrieb.

---

[1] Die Chronik Martin's reicht bis Johann XXI. (A. 1277). Von Nicolaus III. nur ein paar Worte.

Diese Werke gehören dem folgenden Jahrhundert an, und überhaupt nicht zur Culturgeschichte der Stadt Rom.[1]

Ein einheimischer Geschichtschreiber ziert jedoch Rom, Saba Malaspina, Decan von Malta, und Scriptor Martin's IV., dessen guelfisch gefärbtes, aber doch keineswegs abhängiges Werk über den Fall der Hohenstaufen und die anjovinische Umwälzung viel Licht verbreitet hat. Seine Sprache ist dunkel und schwerfällig, aber sein Geist voll Kraft und Wahrheitsgefühl. Auch auf die städtischen Verhältnisse hat Malaspina Rücksicht genommen, und bisweilen mit patriotischem Sinn. Trotz seiner amtlichen Stellung besaß er Herzensgröße genug, seine Bewunderung für die Genialität Manfred's und seine Trauer um das Schicksal Conradin's auszusprechen. Dieser eine Geschichtschreiber steht in der literarischen Oede Rom's als seltne Erscheinung da, und er macht es tief beklagen, daß nicht auch andere Römer ihre politische Zeitgeschichte uns überliefert haben.[2] Sein Zeitgenosse war Johann Colonna, Erzbischof von Messina im Jahre 1255, und im letzten Viertel des Jahrhunderts gestorben. Er schrieb eine Weltchronik unter dem wunderlichen Titel Mare Historiarum, eine Compilation, welche den Ver-

Saba Malaspina.

---

[1] Bernard Guibonis, Dominicaner-Inquisitor, † 1331 als Bisch. v. Lodève. Sein Werk Flores Cronicorum oder cathalogus pontificum romanor. Cod. Vat. 2043, schließt mit Joh. XXII. Es ist edirt nur bis auf Gregor VII. von Angelo Mai (Spicileg. Rom. VI); sodann von Gregor VII. ab benutzt von Muratori und Baluzius.

[2] Seine Res Siculae sind unvollständig abgedruckt von Carusius, Muratori, Baluzius, reichend von 1250 bis 1276; die Fortsetzung bis 1285 gab Gregorio im Tom. II. der Bibl. Aragon. Er nennt sich selbst am Ende seiner Geschichte de urbe. Auch Fabricius (Bibl. Latina Medine et Infim. aetatis) bezeichnet ihn richtig als Nationalrömer. Das Geschlecht Malaspina kommt in römischen Urkunden vor.

faffer nicht als großen Geist erscheinen läßt.¹ Sein Stammgenoffe Egidius Colonna (geb. um 1247) glänzte dagegen als ein Papist von zweifelloser literarischer Größe, Schüler des Thomas von Aquino, Lehrer Philipp's des Schönen, Bischof von Bourges, ein hochberühmter Magister der Scholastik und Theologie in Paris, welcher als römischer Absolutist und Bekenner der Grundsätze des Thomas von Aquino über die Allgewalt des Papstes Bonifacius den VIII. gegen den König Frankreichs eifrig verteidigte.² Egidius war die erste literarische Berühmtheit in jenem Haus Colonna, welchem im XVI. Jahrhundert Vittoria als Dichterin Ruhm verlieh. Man nannte ihn den Fürsten der Theologen; er verfaßte eine große Zahl philosophischer und theologischer Werke, und schrieb für Philipp von Frankreich das Buch „Von der Regierung der Fürsten," eine der ältesten Schriften von der Art der „Fürstenspiegel," worin jedoch kein staatsmännischer Verstand sichtbar ist. Der französische König fühlte sich durch die monarchischen Grundsätze seines Lehrers geschmeichelt, aber wir zweifeln, daß er diese pedantische Schrift überhaupt gelesen hat.³ Man kann ihr als Gegensatz den Oculus

---

¹ Mare Historiarum, Cod. Vat. Membran. 4963, und 2 Codices in Paris. Dubin de Scriptorib. Eccl. antiquis III. 185. Die Stammtafel Litta's ist in Bezug auf Joh. Colonna zweifelhaft. Quetif und Echard I. 418 bezeichnen ihn als Neffen des Carb. Joh. aus Friedrich's II. Zeit. Er schrieb auch De viris illustribus; Fragment, bei De Rubeis De gestis et scriptis S. Thomae Aquinatis, Venedig 1750, p. 27 sq.

² De Renunciatione Papae Ausgabe der Werke des Egidius, Cordova 1706. Siehe Ouvrage in édit de Gilles de Rome, en faveur de la papauté, extr. du Journal gén. de l'Instr. publique, Paris 1858, von Charles Jourdain.

³ De Regimine Principum (Röm. Ausg. 1607 und im T. II. der Bibl. Pontificia Rocaberti's). Dies Werk scholaftischer Form stützt sich

Pastoralis an die Seite stellen, einen republicanischen Regentenspiegel, welcher in naiver Weise die Podestaten der italienischen Städte über die beste Art sie zu regieren belehrt.[1]

Die literarischen Monumente der Römer im XIII. Jahrhundert sind demnach nicht Epoche machend. Ihre träge Natur wurde auch nicht von dem poetischen Feuer ergriffen, welches damals die italienische Nation zu durchströmen begann, und eins der schönsten Phänomene in der Culturgeschichte darbietet. In Norditalien schrieben Dichter noch in der provençalischen Sprache; Albert Malaspina, Parcival Doria, und der berühmte Sordello erfüllten die romanische Welt mit ihren Namen. In Sicilien wurde die lingua volgare die poetische Hofsprache der Hohenstaufen. In Bologna und Toscana traten Dichter auf, welche in das weltliche Liebeslied einen metaphysischen Geist der Reflexion ergoßen. Guido Guinicelli ragte dort hervor, und der junge Dante dichtete seine Canzone Amor che nella mente mi ragiona. In Umbrien, dem Lande empfindungsvoller Grazie, erschien Franciscus, die volksthümliche Heiligengestalt voll dichterischer Macht eines in überirdischer Liebe schwelgenden Herzens. Wenn er auch selbst nicht Dichter war (der Hymnus „Altissimo, omnipotente, bon Signore," worin alle Creatur

---

auf die Politik und Ethik des Aristoteles. Im III. Buche einige merkwürdige Capitel gegen den Communismus Plato's. Egidius war Anhänger der erblichen Monarchie. Sein Grundsatz: Optima est autem monarchia unius Regis, eo quod ibi perfectior unitas reservetur (p. 458). Ueber die Thätigkeit von Egidius in Paris, Buläus Historia Universitatis Parisiensis, Paris 1615, p. 671. Er starb in Avignon 1316.

[1] Oculus Pastoralis, sive Libellus erudiens faturum Rectorem Populorum, anonymo auctore conscriptus circa A. 1222. Mur. Antiq. IV. 93. Die Schrift, sicher von einem Geistlichen, ist durch ihr Princip merkwürdig, sonst ein unbedeutendes Product.

ben Herrn der Welt verherrlicht, wird ihm, doch nicht mit voller Sicherheit, zugeschrieben), so erweckte er doch poetische Begeisterung unter seinen Jüngern. Es entstand die hym=
Die Poesie der Francis-
caner. nische Franciscanerpoesie, erhaben und schwelgerisch im Ge= fühl, naiv in unbeholfenem Ausdruck, für schwärmerische Gemüter noch heute begeisternd. Es ist anzuerkennen, daß diese mönchischen Troubadours das Vulgär zu Ehren brachten und einen volksmäßigen Ton anschlugen, der sich indeß in der Poesie Italiens nicht behauptete, sondern bald im Lati= nismus und der Künstelei unterging, Schwächen, welche der italienischen Dichtung bis auf unsre Tage eigen geblieben sind. Die Franciscaner dichteten auch lateinisch. Thomas von Celano schrieb die furchtbar erhabene Hymne Dies Irae, und Jacopone von Todi das berühmte Stabat Mater, diese großartigen Tonfiguren vom Weltgericht und der Passion, welche später berühmte Maler in Farben übertrugen.[1] Fra Jacopone, der vom heiligen Wahnsinn ergriffene Poet und Demagog der spiritualen Armutsgenossenschaft, erhob sich gegen Bonifacius VIII. und brandmarkte ihn mit Versen, wie Dante bald nach ihm. Er war der größte Dichter der Franciscanerschule, von echtem poetischem Genie und dem Feuer schöpferischer Leidenschaft durchdrungen.[2]

In Rom finden wir keinen Liederdichter jener Zeit. Die alte Handschrift im Vatican, welche die Poesien der

---

[1] Das Stabat Mater wird ohne Grund Innocenz' III. zugeschrieben, dem Papst des großen und kalten Verstandes. Im Kloster zu Monte Santo bei Todi sah ich eine Handschrift der Poesieen Fra Jacopones, vom Ende Saec. XIV., worin auch das Stabat mater aufgenommen ist. Es fehlt in der Venetianer Ausgabe A. 1617.

[2] Siehe Ozanam: Les Poëtes Franciscains en Italie au XIII siècle.

ersten Jahrhunderte vulgärer Dichtung enthält, nennt keinen römischen Namen, neben Don Arrigo, dem Senator von Rom und Infanten Castiliens. Die Volkssprache, die sich in Italien als vulgare illustre so glücklich ausbildete, fand in Rom keine Cultur. Das Latein blieb hier die Sprache der Kirche, des Rechts, der bürgerlichen Verhandlung. Keine Vulgärinschrift zeigt sich unter den vielen Grabschriften jener Zeit, welche meistens noch mit Absicht die schon altertümliche leoninische Form festhalten. Die Römer blickten geringschätzend auf die Vulgärsprache, und Dante nannte wiederum mit beleidigender Verachtung ihren Stadtdialect, „die triste Sprache der Römer," roh und abscheulich, wie ihre Sitten; er verglich ihn mit der Sprache der Marken und Spoleto's. Dies war ohne Zweifel übertrieben; denn sollte die römische Vulgärsprache wirklich roher gewesen sein, als der von Dante so auffallend gepriesene Dialect der Bolognesen?[1]

Die römische Volkssprache.

Wir besitzen jedoch lateinische Gedichte eines Römers aus der Zeit Bonifacius VIII., des Cardinals Jacob Stefaneschi. Er erzählt mit Genugthuung, daß er in Paris die liberalen Wissenschaften, in Bologna die Rechte, und für sich selbst Lucan und Virgil studirt habe, um sie als Vorbilder zu benutzen. Dies Geständniß mag beweisen, daß die classischen Studien damals nicht in blühenden Schulen gelehrt wurden; wenigstens hören wir nichts davon in Rom, während in Toscana und Bologna Buoncompagni und Brunetto Latini sich darin Ruhm erwarben. Jacob Stefaneschi besang

Jacob Stefaneschi.

[1] Dicimus ergo Romanorum non vulgare, sed potius tristiloquium italorum omnium esse turpissimum; nec mirum cum etiam morum, habituumque deformitate prae cunctis videantur foetere. Dicunt enim: Me sure, quinte dici (d. h. Mia sorella, che cosa dici?) De Vulgari Eloq. I. c. XI.

in drei Dichtungen das Leben und die Wunder Cölestin's V., und die Tronbesteigung Bonifacius VIII.; er schrieb außerdem eine Schrift über das Jubiläum des Jahrs 1300, und einen Tractat über das römische Kirchenceremoniell. Seine Werke sind kostbare Beiträge zur Geschichte der Zeit, deren Augenzeuge er war, doch seine gequälte Muse ist nur die Sclavin gelehrter Pedanterie. Seine Sprache, selbst in der Prosa, erscheint von so hieroglyphischer Natur und so barbarisch verworren, daß sie geradezu Staunen erregt, und auf Rechnung einer unnatürlichen Bizarrheit gesetzt werden muß. Der Cardinal schrieb bereits in Avignon, wo er im Jahre 1343 starb. Er war ein wirklicher Freund der Wissenschaften, und im Mittelalter wieder der erste Mäcen Rom's, namentlich auch der Künstler, unter denen er das Genie Giotto's erkannte und pflegte. Dieser verdiente Römer glänzt am Ende des XIII. und am Anfange des XIV. Jahrhunderts durch eine so vielseitige Bildung, daß er schon in die humanistische Periode Petrarca's hinübergreift. [1]

3. Kirchenbauten. S. Peter und der Vatican. S. Paul. Lateran. Die Capelle Sancta Sanctorum. Ausbau von S. Lorenzo vor den Mauern. S. Sabina. Hospitäler. S. Spirito. S. Thomas in Formis. Das Hospital am Lateran. S. Antonio Abbate. Das gothische Kunstprincip in Rom. S. Maria sopra Minerva. Casamari, Fossanova. Gothische Tabernakel in römischen Kirchen. Die Künstlerfamilie der Cosmaten. Die Grabmäler des XIII. Jahrhunderts. Charakter der römischen Monumentalschrift.

Auch unter den Päpsten jener Epoche gab es Förderer der Kunst, wie Innocenz III., Honorius III. und IV., vor allen

---

[1] Das Domarchiv S. Peters bewahrt die Handschrift der Vita S. Georgii, welche dieser Carb. von S. Georg in Velabro verfaßte, und Giotto mit Miniaturen schmückte. Seine Poeme, bei Murat. III.

Nicolaus III. und IV., und auch Bonifacius VIII. Keiner war freigebiger als Innocenz. In dem langen Register seiner Weihgeschenke fehlt kaum eine römische Kirche, und überhaupt nahm er eine allgemeine Wiederherstellung der Basiliken Rom's vor.¹ Im S. Peter schmückte er die Tribune mit Mosaiken, welche erst mit der alten Basilika untergingen, auch stellte er den durch Barbarossa verwüsteten Vorhof wieder her. Seine Restauration vollendeten Honorius III. und Gregor IX. Am vaticanischen Palast nahm Innocenz die Anlagen seiner Vorgänger auf, errichtete einen größeren Bau, und umgab ihn mit Mauern und Eingangsthürmen². Die Unruhen in Rom, wo der Lateran Schauplatz wüthender Stadtkriege wurde, machten eine befestigte Wohnung der Päpste am S. Peter zum Bedürfniß. Sie richteten sich seit dem Beginne des XIII. Jahrhunderts dort eine Residenz ein, wo sie abwechselnd wirklich wohnten. Nach seiner Rückkehr aus Lyon baute Innocenz IV. am vaticanischen Palast weiter, und ihn setzte der prachtliebende Nicolaus III. Orsini seit 1278 fort, wozu er die Baumeister Fra Sisto und Fra Ristori aus Florenz nach Rom berief. Er machte den Zugang zum Vatican frei, und legte die dortigen Gärten an, die er mit

Römische Architectur.

Vatican.

I. 641; seine Schrift über das Jubiläum, in Bibl. Max. Patr. XXV., 930. Sein Ceremoniale, bei Mabillon Mus. Ital. II. 243.

¹ Das amtliche Register, Cod. Vat. 7143, und beim Mai Spicil. VI. 300—312. Als Card. hatte Innocenz S. Sergius und Bacchus hergestellt. Siehe die Inschrift bei Martinelli Roma ex ethn. p. 399. Im Lib. II. Ep. 102 der Regesten des Papsts sein Privilegium für diese Kirche, wichtig für die Topographie des Capitols. Darin duo casalina juxta columnam perfectissimam (?) — Hortum S. Sergii, sive post S. Sergium, et hortum inter columnas usque ad abscidam, et usque ad custodiam Mamortinam.

² Fecit fieri domos istas de novo — palatium claudi muris et super portas erigi turres — Cod. Vat. 6091.

Mauern und Türmen umgeben ließ. So erwachte auch der Natursinn wieder; zum ersten Mal nach Jahrhunderten sah Rom die Anlage eines Parks. Nicolaus III. ist der erste Gründer der vaticanischen Residenz in ihrer geschichtlichen Gestalt.[1]

Die Basilika von S. Paul wurde wiederholt restaurirt und ausgeschmückt. In der ersten Hälfte des XIII. Jahrhunderts entstand dort der herrliche Klosterhof, der schönste Bau dieser Art in Rom. Ihm ähnlich ist der Hof im Lateran aus derselben Epoche; beide waren wol Werke der römischen Cosmaten.[2]

Die lateranische Mutterkirche wurde bald nach der Verlegung des Papstthums nach Avignon vom Brand verzehrt, und enthält demnach heute nur wenige Denkmäler des XIII. Jahrhunderts. Nicolaus III. hatte sie restaurirt, und

---

[1] Fr. Pipin p. 723. Im Cod. Cencii zu Florenz viele Documente über diesen Bau. Der Papst kaufte Grundstücke extra portam auream in monte Geretulo, den Garten anzulegen. Dies Local wird auch so bezeichnet: extra portam auream seu castri S. Angeli prope Ecclesiam S. M. Magdalene ad pedes montis Malis. Eine von der Mauer des vatican. Gartens A. 1727 nach dem Capitol gebrachte Inschrift sagt: † A. D. MCCLXXVIII. SCISSIM. PAT. DNS. NICOLAVS. PP. III. FIERI. FECIT. PALATIA. ET. AVLAM. MAIORA. ET. CAPELLAM. ET. ALIAS. DOMOS. ANTIQVAS. AMPLIFICAVIT. PONT. SVI. A. PRIMO. ET. A. SEC. PONT. SVI. FIERI. FECIT. CIRCVITVM. MVROR. POMERII. HVIVS. FVIT. AVT. P. DCS. S. PONT. NATIONE. ROMANVS. EX. PATRE. DNI. MATHEI. RVBEI. DE. DOMO. VRSINORVM.

[2] Die musivische Inschrift des Hofs von S. Paul sagt, daß ihn Abt Peter II. (1193—1208) begann, Joh. V. (1208—1241) vollendete. Nicht so schön ist der Klosterhof von Subiaco, erbaut 1235 unter Abt Lando: Cosmas et Filii Lucas et Jacobus alter Romani cives in Marmoris arte periti Hoc Opus explerunt Abbatis tempore Landi; dortige Inschrift.

im dortigen Palast die Capelle Sancta Sanctorum durch einen Cosmaten neu erbauen lassen. Der Leser dieser Geschichten weiß, daß sie die Hauscapelle der Päpste war, und daß dort die feierlichsten Handlungen zumal am Osterfest vollzogen wurden. Sie verwahrte die angesehensten Reliquien, das „nicht von Händen gemachte" Bildniß des Salvator, und die Häupter der Apostelfürsten. Der anmutige Neubau von Nicolaus III., innen auf den Wänden mit Marmor bekleidet, mit gewundenen Säulen unter gothischen Giebeln verziert, mit Mosaiken und Malereien geschmückt, besteht noch als der einzige Ueberrest des alten lateranischen Palasts.[1] Dieser selbst, die herkömmliche Papstresidenz, durch Alter und die Menge seiner Bestandteile im Verfall, war schon von Gregor IX. neu ausgebaut und befestigt worden.[2] Nach ihm führte Nicolaus III. den Bau fort. Die Päpste begnügten sich indeß nicht mehr mit den Residenzen im Vatican und Lateran; Honorius IV. baute sich eine bei der S. Sabina, Nicolaus IV. eine andere bei S. Maria Maggiore. Selbst in der Campagna, zu Montefiascone, Terni, Viterbo, Soriano legten die Päpste Villen und Paläste an, und diese steigende Prachtliebe zog ihnen von mancher Seite Tadel zu, weil man darin zu viel Weltlichkeit oder zu viel Nepotismus sah.[3]

[1] Vom Bau: Ptol. Luc. c. 30 und Marangoni Istoria dell' antich. Oratorio o Capella di S. Lorenzo, Rom 1747. Die Inschrift Magister Cosmatus fecit hoc opus an der Wand am Eingange.

[2] In Laternensi Palatio domos construxit altissimas, et Palatium nobile pauperum usibus deputatum. Vita, Mur. III. 577. Auch in Terni baute Gregor IX. einen päpstlichen Palast.

[3] Nam quisque suas educet in altum
Aedes, et capitis Petri delubra relinquet,
Ac Lateranenses aulas regalia dona
Despiciet, gaudens proprios habitare penates.

So Jacob Stefaneschi über Nicol. IV. im Opus Metricum.

Bemerkenswert ist der Bau von Honorius III. in S. Lorenzo, wo er die Vorhalle anlegte, und die beiden alten Basiliken vereinigte. Das Entstehn ferner von Klöstern der Bettelorden ist bemerkt worden. Aber auch diese Bauten waren nur Erweiterungen schon vorhandener, vielleicht mit Ausnahme des Klosters der S. Sabina, welches Dominicus gründete, und wo sich ebenfalls ein Hof römischen Stils befindet.[1]

Die rühmlichste Thätigkeit der Päpste gehörte den wolthätigen Anstalten. Die größeste davon ist das von Innocenz III. gestiftete Hospital und Findelhaus von S. Spirito, wozu ihn ein Traumbild aufforderte, oder der Spott der Römer veranlaßte, welche ihn tadelten, daß er für die ehrgeizigen Zwecke seines Hauses den Riesenturm Conti hatte erbauen lassen.[2] Er errichtete das Hospital neben S. Maria in Saffia, wo einst der Angelsachsenkönig Ina ein Pilgerhospiz (schola Saxonum) gegründet hatte. Dies ruhmvolle Institut wurde von Innocenz III. im Jahr 1204 der Verwaltung des Provençalen Guido übergeben, des Stifters eines Hospitalordens

Hospital von S. Spirito, A. 1204.

---

[1] Es gab damals 20 privilegirte Abteien in Rom: Alexius et Bonifacius (Aventin). Agatha (Suburra). Basilius juxta palatium Trajani. Blasius inter Tyberim et pontem S. Petri. Caesarius in Palatio. Cosmas et Damianus (Trastevere). Gregorius in Clivo Scauri; Laurentius in Panisperna. S. Maria in Aventino; in Capitolio; in Castro Aureo (Circus Flaminius); in Pallara (Palatin); in Monasterio (bei S. Pietro ad vincula). Pancratius in Via Aurelia. Prisca et Aquila (Aventin). Saba Cellae Novae (neben dem Aventin). Silvester inter duos hortos (auch de Capite, am Corso). Thomas juxta formam Claudiam (Cölius). Trinitatis Scottorum (heute de' Pellegrini). Valentini juxta pontem (sc. Milvium): Joh. Diacon. liber de Eccl. Lateranensi (Mabill. Mus. Ital. II. 574).

[2] Hospitale — fecisse dicitur, quia reprehensus fuerat de tanto fastidioso aedificio: Ptol. Luc. p. 1276. Ricobald. p. 126.

zu Montpellier unter dem Titel vom heiligen Geist. Das alte Angelsachsenhaus verwandelte sich in das Hospital S. Spirito, und dieser Name ging auf die Kirche selbst über. Die Anstalt wurde von späteren Päpsten erweitert, überreich ausgestattet und zum großartigsten Institut dieser Gattung in der Welt gemacht. [1]

Einige Jahre früher entstand das Hospital von S. Thomas auf dem Cölius, beim Bogen des Dolabella, von der dortigen Wasserleitung in Formis genannt; Innonenz III. übergab es dem Nizzarden Johann von Matha, welcher den Orden der Trinitarier zum Zweck des Loskaufs von Christensclaven gestiftet hatte. Die kleine Kirche besteht in veränderter Gestalt; vom Hospital erhielt sich nur ein Rest des alten Portals am Eingang der Villa Mattei. [2] Ein drittes Hospital gründete im Jahre 1216 der Cardinal Johann Colonna am Lateran, wo es noch dauert. Ein viertes, S. Antonio Abbate bei S. Maria Maggiore, stiftete der Cardinal Petrus Capocci durch Testament. Die vom Entzündungsfeuer des heiligen Antonius Befallenen fanden dort Pflege von Brüdern

---

[1] Gesta Innoc. c. 143; und Bulle, lib. XI. ep. 104. Sixtus IV. baute A. 1471 das Hospital prächtig auf. Es besitzt eine Rente von 85000 und 36000 Scudi Staatszuschuß. Es nimmt jährlich über 12000 Kranke und 2000 Findelkinder auf. Merichini, Istituti di publica carità Rom 1835 und 1870. Piazza Opere pie di Roma (Rom 1698).

[2] Mit einem Musiv: Christus zwischen zwei befreiten Sclaven, und der Inschrift Signum Ordinis S. Trinitatis Et. Captivorum. Auf dem Portalbogen: Magistri Jacobus Cum Filio Suo Cosmato Fecit Ohc Opus. Das Kloster ging A. 1348 ein. Das Local beschreibt eine Bulle Honor. III. A. 1217. (Bullar. Vat. I. 100), welche jenem Orden einen Teil des Cölius verleiht: Montem cum Formis et aliis aedificiis positum inter clausuram Clodei (Castell der Aqua Claubia) et inter duas vias; unam videl. qua a praedicta Eccl. S. Thomae itur ad Coliseum, et aliam qua itur ad SS. Johem et Paulum.

eines Ordens, der in Südfrankreich entstanden war. Das Hospital ist eingegangen, und nur das alte Marmorportal im römischen Rundbogenstil lehrt, daß es einst ein nicht geringer Bau gewesen ist.¹

Im Ganzen zeigt sich auch während des XIII. Jahrhunderts in der kirchlichen Architektur Roms kein großartiger Sinn. Das Bedürfniß neuer Bauten war nicht vorhanden, die Restauration der alten Basiliken gab vollauf zu thun. Rom hatte keine großen Kirchen mehr in der Epoche zu schaffen, als aus einem neuen Leben die Prachtdome von Florenz, Siena und Orvieto entstanden. Nach der Mitte des XIII. Jahrhunderts trat freilich auch hier das Princip der Gothik auf, wie wir es zuerst in der Capelle Sancta Sanctorum erscheinen sahen. Dieser ritterliche und mystische Stil des Nordens wurde von den Bettelmönchen ergriffen, schon in der Grabkirche ihres Heiligen zu Assisi angewendet, und dem italienischen Kunstgefühle angepaßt; aber die Gothik entwickelte sich in dem ernsten und classischen Rom nicht, wenn man die S. Maria sopra Minerva ausnimmt, deren Bau Nicolaus III. im Jahre 1280 durch Fra Sisto und Fra Ristori, die Architekten der S. Maria Novella in Florenz beginnen ließ.² Jene halbgothische Kirche war in langen Jahrhunderten der einzige selbständige Neubau von einigem Belang in der Hauptstadt der christlichen Welt! Dagegen waren in Latium die Klosterkirchen von Casamari und Fossa-

---

¹ Die Portalinschrift sagt, daß die Testamentsvollstrecker Otto von Tusculum und Joh. Gaetani (Nicol. III.) das Hospital erbauten. Petrus † 1259.

² Fra Sisto starb in Rom, im März 1289. Commentar zum Leben des Gabbo Gabbi, Vasari, I. 300, Florentin. Ausgabe.

nova in schönem gothischen Stil schon am Anfange des XIII. Jahrhunderts angelegt worden.[1]

Nur in Tabernakeln über Altären und Grabmälern wurde auch in Rom am Ende jenes Säculum gothische Form, verbunden mit römischer Musivdecoration, vorherrschend. Die Kirchen der Stadt besitzen noch manche dieser graziösen Werke, die zu den anziehendsten Denkmälern des römischen Mittelalters gehören. Sie sind teils Arbeiten toscanischer Meister, wie das schöne Tabernakel von S. Paul, welches Arnolfo di Cambio, der berühmte Schüler von Nicola Pisano, im Jahre 1285 verfertigt haben soll, teils Schöpfungen der Cosmaten, wie das Tabernakel von S. Maria in Cosmedin, welches der Cardinal Francesco Gaetani durch Deobatus arbeiten ließ.[2] Schon seit dem XI. Jahrhundert waren römische Künstler als Marmorarbeiter selbst in Mittel- und Süditalien thätig. Sie nannten sich Marmorarii oder arte marmoris poriti, ein für Rom charakteristischer Begriff.[3] Denn diese Stadt war

[1] Daß dies schon unter Innoc. III. geschah, zeigt das Register seiner Weihgeschenke ... Ecclesiae Fossenovae pro consumatione edificii ejusd. ecclesie C. libras — Monasterio Casemarii pro fabrica ipsius 200 Unc. auri. Der Grundstein dieser herrlichen Kirche ward A. 1203 gelegt.

[2] Die Inschrift auf dem Tabernakel v. S. Paul:
Anno Milleno Centum Bis Et Octuageno
Quinto, Summe Deus, Tibi Hic Abbas Bartholomeus
Fecit Opus Fieri, Sibi Tu Dignare Mereri.
Sodann Hoc Opus Fecit Arnolfus Cum Socio Suo Petro. Abbildung bei Agincourt Tav. XXIII, und ausführlich bei Moreschi, Discrizione del tabernocolo di S. Paolo, Rom 1840. Demselben Arnolfo wird auch das Tabernakel in S. Cecilia zugeschrieben.

[3] Eine Kirche im Marsfeld S. Andree de Marmorariis mochte ihrer Genossenschaft angehören, und deutet vielleicht auf das Local ihrer Werkstätten. Sie ist aufgeführt im Katalog der röm. Kirchen avignonischer Zeit, bei Papencordt, Gesch. d. St. Rom p. 54.

Marmor-arbeiten. mit köstlichen Marmortrümmern überstreut, ja ein wahrhaftes Carrara auch für fremde Städte. Es erzeugte sich daher hier eine eigene Kunst des Mosaicirens mit Marmorstücken, wozu auch das Vorbild antiker Haus- und Tempelmosaik fortdauernd einlud. Man riß die Marmorplatten von antiken Bauten ab, man zersägte herrliche Säulen, um Material für decorativen Schmuck zu gewinnen, namentlich für die Fußböden in den Kirchen, welche mit Stücken Porphyr, Serpentin, Giallo, weißem und schwarzen Marmor kunstvoll ausgelegt wurden. Man mosaicirte Tabernakel, Ambonen, Altäre, Grabmäler, Bischofstühle, Osterkandelaber, Säulen, Bogen und Friese von Klosterhöfen. Alle diese zum Teil zierlichen Arbeiten, namentlich die der Fußböden in Kirchen, sind die Ankläger fortdauernder Plünderung der antiken Herrlichkeit Rom's, dessen Marmorfülle täglich gewaltsame Umgestaltung erfuhr, ohne sich jemals zu erschöpfen.

Die Schule der Cosmaten. Aus solcher römischer Steinarbeit erwuchs seit dem Ende des XII. Jahrhunderts das ausgezeichnete Steinmetzen-geschlecht der Cosmaten, und wurde von einheimischer Bedeutung für die Kunst. Diese merkwürdige Familie, deren Thätigkeit ein ganzes Jahrhundert bis zum Anfange des XIV. ausfüllt, glänzt um so mehr, weil Rom an schöpferischen Talenten arm blieb. Sie blühte in Söhnen und Enkeln unter den Namen Cosmas, Laurentius, Jacobus, Lucas, Johannes und Deodat. Die Cosmaten nahmen durch Vermittlung Toscana's am Ende des XIII. Jahrhunderts das gothische Princip auf, und dasselbe trieb durch sie in Rom einige anmutige Bildwerke hervor. Wenn ihre Werke auch nicht mit der pisaner Schule wetteiferten und nicht den Ruhm eines Nicola und Giovanni, eines Arnolfo, Cimabue und

Giotto erreichten, so veredelten sie doch Rom durch die einzige originale Kunstschule, welche sich hier nachweisen läßt, und sie erfüllten in rastloser Emsigkeit Rom, Latium, Tuscien, selbst Umbrien mit graziösen Werken, die ihrer Natur nach Architectur, Sculptur und musivische Malerei vereinigten, wie Tabernakel, Ambonen, Grabmäler, Portiken und Klosterhöfe. Sie verschwanden aus Rom in derselben Zeit, als das Papstthum, welches die Kunst zu fördern begonnen hatte, aus der Stadt nach Avignon entwich, und sie wie ihre Wirkungen verschlang das undurchdringliche Dunkel der römischen Verlassenheit in Folge des avignonischen Exils.[1]

Sehr hervortretend in Rom als künstlerische, wie historische Monumente sind die Grabmäler, die freilich meist nur der hohen Geistlichkeit angehören. Der Gebrauch, antike Sarkophage zu benutzen, dauerte noch fort, doch wurden in Folge des Aufschwunges der pisaner Schule auch selbständige Monumente errichtet. Als Innocenz V. gestorben war, befahl Carl von Anjou seinem Kämmerer in Rom nachzuforschen, ob sich ein Porphyrsarkophag für die Bestattung jenes Papsts auftreiben lasse, wo nicht, ihm ein schönes Grabmal fertigen zu lassen.[2] Kein Monument berühmter

---

[1] Karl Witte im Kunstblatt 1825, n. 41 sq., und Notizie epigrafiche degli artefici marmorarii romani dal X. al XV. secolo... da Carlo Promis, Turin 1836, und dazu Gaye im Kunstblatt 1839. — Bemerkenswert ist die Vorhalle des Doms von Civita Castellana, welche Laurentius und sein Sohn Cosmas A. 1210 bauten. Der griechische Name Cosmas kommt in Ravenna vor, Mitte Saec. IX. (Marini Papiri n. 98. p. 153).

[2] An Hugo de Besançon: per Urbem inquiras — si aliqua concu porfidis vel alicujus alterius pulchri lapidis prout illi qui sunt in S. Joanne Laterani poterit inveniri — et in ea corpus — Pontificis reponi facias — Et si — non poterit inveniri, volumus quod —

Grabmäler. Personen aus der ersten Hälfte des XIII. Jahrhunderts hat sich in Rom erhalten, wo der Untergang so vieler Grabmäler, namentlich in S. Johann und in S. Peter, zu beklagen ist. Die Reihe der noch vorhandenen beginnt in S. Lorenzo das Grabmal des Cardinals Wilhelm Fieschi († 1256), jenes von Manfred so übel heimgeschickten Legaten Apuliens. Er liegt in einem antiken Marmorsarkophag, dessen weltbekannte Reliefs eine römische Hochzeit darstellen — ein wunderliches Symbol für einen Cardinal! Der mittelaltrigen Kunst gehört nur das einfache geradlinige Tabernakel, in welchem Malereien den tronenden Christus darstellen, neben sich Innocenz IV. mit S. Laurentius, und den Cardinal mit S. Stephan. Lange und übertriebene Inschriften preisen den Todten.

Es folgt das Grabmal des Cardinals Richard Anibaldi, des Freundes von Thomas von Aquino, des berühmten Führers der Guelfen und Anhängers Carl's von Anjou. Das einfache Monument, im linken Schiff des Lateran an der Wand erhoben, ist modern, wie die Inschrift, aber die marmorne Figur noch die ursprüngliche. Dies Grabmal ruft die große Hohenstaufenzeit und das Interregnum ins Gedächtniß zurück; denn Richard durchlebte als Cardinal die ganze Epoche von den Tagen Gregor's IX. bis zu Gregor X. Er starb zu Lyon im Jahre 1274.

Ein anderer jüngerer Cardinal jenes Zeitalters, Ancherus von Troyes († 1286), liegt in S. Prassede in einem wolerhaltnen Monument, welches schon den mächtigen Fortschritt der römischen Sculptur zeigt, und sicherlich ein Werk

fieri facias sepulturam consimilem illi Comitisse attrebatensis et etiam si poterit pulchriorem — (Vitale p. 152.)

der Cosmaten ist. Der Todte ruht auf einem Bett mit zierlich ricamirter Decke von Marmor, welche über kleinen Säulen herabhängt. Der Grund zwischen ihnen ist mosaicirt.[1]

In Araceli finden wir die Familiengruft der Savelli. Dies edle Geschlecht baute sich dort in der zweiten Hälfte des XIII. Jahrhunderts eine Capelle, die mit Gemälden ausgeschmückt war. Sie umschließt heute noch zwei Grabmäler, das der Mutter von Honorius IV., worin dieser Papst selbst bestattet liegt, und das senatorische Mausoleum. Das erste ist ein selbständig gearbeiteter, mit Mosaik auf Goldgrund gezierter Sarkophag, unter einem geradlinigen Tabernakel. Auf ihm ruht die Marmorgestalt Honorius IV., eines Mannes mit schönem bartlosem Angesicht; sie ward erst von Paul III. aus dem Vatican gebracht und auf jenen Sarkophag gelegt, wo schon die Mutter von Honorius, Vana Aldobrandeschi, bestattet lag.[2] Das zweite Monument verbindet in bizarrer

Die Grabmäler der Savelli.

[1] Die Inschrift darüber in der Wand:
Qui Legis Ancherum Duro Sub Marmore Claudi
Si Nescis Audi Quem Nece Perdis Herum.
Greca Parit Puerum, Laudunum Dat Sibi Clerum
Cardine Praxedis Titulatur Et Istius Edis
Defuit In Se Lis: Largus Fuit Atque Fidelis;
Demonis A Telis Serva Deus Hunc Cape Celis:
Anno Milleno Centum Bis Et Octuaceno
Sexto Decessit Hic Prima Luce Novembris.
Aus A. 1287 die Grabschrift des Cardinal Glusiano Comes von Mailand, ihm gesetzt vom Card. Jacob Colonna im Lateran. Adinolfi, Laterano e Via Maggiore, Rom 1857, p. 26.

[2] Auf der Vorderseite zweimal das Wappen der Savelli, rote Löwen, dazwischen ein Vogel über einer Rose, darunter rote und goldene Querbalken. Das Wappen in der Mitte, roter Löwe und roter Adler, gehört der Vana. Oldoin's Note zur Vita Honorii IV. beim Ciacconius. Pandulf hatte Honorius IV. A. 1296 zu S. Alessio ein gothisches Zenotaph errichtet; Abbildung bei Rerini p. 260; wol ein Werk der Cosmaten, wie die Grabmäler in Araceli.

Weise das Antike mit den Formen des Mittelalters; eine Marmorurne mit bacchischen Reliefs aus der Zeit des römischen Kunstverfalls dient zur Grundlage, worüber sich ein mosaicirter Sarkophag mit gothischem Frontispiz erhebt. Die Wappen des Hauses dreimal auf der Vorderseite; Inschriften aus verschiedener Zeit unregelmäßig eingegraben. Denn in diesem Monument ruhen mehrere Savelli; zuerst der Senator Lucas, Vater von Honorius IV., von Johann und Pandulf, welchem dies Grabmal von eben diesen Söhnen errichtet ward; sodann der berühmte Senator Pandulf und seine Tochter Andrea; ferner Mabilia Savelli, die Gemalin des Agapitus Colonna, und noch andre Familienglieder aus späteren Epochen. [1]

In der Minerva liegt der Cardinal Latinus Malabranca, auf dessen Vorschlag Cölestin V. Papst wurde; mit ihm der Cardinal Mathäus Orsini. Der Sarkophag hat die Form eines Ruhebetts, worauf die Gestalt des Todten schlummert. Dies Grabmal führt uns in die Epoche von Bonifacius VIII., welcher die schönsten Werke der Cosmatenschule angehören. Gerade damals arbeitete Johannes, Sohn des zweiten Cosmas, unter den Augen Giotto's, der in Rom war, mehre Grabmäler von trefflicher Composition, bedeckte Sarkophage in gothischen, mosaicirten Tabernakeln, worin Musive die Jungfrau nebst Heiligen über dem Todten darstellen, dessen Schlaf zwei marmorne Engel bewachen — eine Vorstellung

[1] Hic Jacet Dns Pandulfus De Sabello Et Dna Andrea Filia Ejus Qui Obierunt Anno Dni. MCCCVI In Vigil. Beati L(ucae). — Hic Jacet Dns. Lucas De Sabello Pater Dni Papae Honorii Dni Johis. Et Dni Pandulfi Qui Obiit Dum Esset Senator Urbis Anno Dni. MCCLXVI. Cujus Aia Requiescat In Pace. Amen. (Hauptinschrift.)

von solcher Grazie, wie sie später nicht mehr wieder erscheint.[1] Das berühmteste Werk von Johannes ist das Monument Wilhelm's Durante in der Minerva, eine fein durchgefühlte Arbeit.[2] Aehnlich ist das Grabmal des Cardinals Gunsalvus von Albano vom Jahre 1299, in S. Maria Maggiore.[3] Der Künstler schrieb seinen Namen auf ein drittes Werk der Art, das treffliche Monument des Caplans von Bonifacius VIII., Stephanus aus der ghibellinischen Familie der Surdi, in der S. Balbina.[4] Ob auch das Grabmal Bonifacius' VIII. in den Grotten des Vatican eine Arbeit Johann's war, ist ungewiß. Man sieht dort den Sarkophag des Papsts mit seiner Marmorgestalt; dies Werk, einfach und kräftig, hat nicht die feine Grazie der vorhergenannten.

Die Kunst der Cosmaten nimmt ihren Abschied im Grabmal des im Jahre 1302 gestorbenen Franciscanergenerals Matheus von Acquasparta in Araceli, einem Monument, das nicht mehr den Namen Johann's trägt, überhaupt ohne

[1] Die Cosmaten machten in demselben Stil auch das Grabmal der Präfecten von Vico in S. Maria in Gradibus zu Viterbo, das Clemens' IV., und das Grabmal der Familie Bonif. VIII. im Dom Anagni's.
[2] Joh's Filius Magistri Cosmatis Fec. Hoc Opus. Das Musiv: Madonna mit dem Kinde, S. Dominicus, Bisch. Privatus, der knieende Durante. Eine pomphafte Inschrift in trefflichen Charakteren auf dem Sockel. Der Todestag: 1. Nov. 1296. Crowe und Cavalcaselle (New History of Painting in Italy I. 104) begehen den Fehler, das Todesjahr trecentis quatuor amotis annis für 1304 zu halten, und setzen daher die Epoche des Monuments in dieses Jahr, wo Joh. nicht mehr arbeitete. Auch starb der Card. Math. von Acquasparta nicht 1304, sondern 1302.
[3] Hoc Op. Fec. Johes. Magri Cosme Civis Romanus.
[4] Joh. Filius Magistri Cosmati Fecit Hoc Opus. Die Grabschrift bezeichnet einfach den Todten: STEPHAN D. SVRD. DNI. PP. CAPELLAN. Hier fehlt das Tabernakel.

Inschrift ist, aber der Schule jenes Künstlers angehört.[1] In demselben Jahre starb der Cardinal Gerhard von Parma; sein Monument im linken Seitenschiff des Lateran, jetzt hoch an der Wand eingemauert, ist ein einfacher Sarkophag mit langer und barbarischer Inschrift in leoninischen Versen. Der Deckel, nur die eingravirte Figur des Todten zeigend, wurde später an der Wand aufgerichtet, um jene sichtbar werden zu lassen.

Wir werfen noch einen Blick auf die in römischen Kirchen so häufigen Grabplatten, merkwürdige Todeskalender von Stein, welche einst den Boden der Basiliken wie Mosaik bedeckten und jetzt nach und nach verschwinden. Seit dem VIII. Jahrhundert begrub man Todte in den Kirchen. Ihre Stätte bezeichnete lange Zeit nur eine Platte am Boden, mit Namen, Todesdatum und dem Zusatz „dessen Seele in Frieden schlafen möge." Später grub man neben der Inschrift auch das Bild einer Kerze auf den Stein; dann pflegte man, zumal seit dem XIII. Jahrhundert, die Person selbst abzubilden, sei es als Relief, oder im Umriß, auf einem Kissen schlummernd, die Hände über der Brust gekreuzt, die Familienwappen links und rechts neben dem Haupt; auf dem Rande der Platte die lateinische Inschrift. Die ältesten dieser Denkmäler sind meist zerstört; doch finden sich deren noch manche aus dem XIII. Jahrhundert in Araceli, S. Cecilia, Maria sopra Minerva, Prassede, Sabina, Lorenzo in Paneperna und andern Kirchen. Bisweilen sind die Platten mit Mosaik ausgelegt. Das schönste musivische Werk dieser Art ist die

Grabplatten.

---

[1] Carbella bezeichnet dies inschriftlose Grabmal als das jenes Cardinals. Matheus, sehr gelehrt, war Legat Bonif. VIII. in der Romagna; A. 1300 in Florenz. Dante erwähnt ihn, Parab. XII. v. 124.

Grabplatte des Dominicanergenerals Munio de Zamora vom Jahr 1300 in der S. Sabina, eine Arbeit des Meisters Jacob de Turrita.¹

Solche Monumente, die im XIV. Jahrhundert immer häufiger werden, sind auch als Abbilder der Trachten ihrer Zeit merkwürdig. Außerdem zeigen sie die allmälige Verwandlung der Schriftcharaktere, worüber wir nur dies bemerken. In der ersten Hälfte des XIII. Jahrhunderts behauptete sich in Rom noch der alte epigraphische Charakter; gegen das Ende desselben wurden die Buchstaben unruhig; man bemerkt völlige Willkür in der Zeichnung namentlich des E, M, N und V. Die römische Linie nimmt Bogenform an, und das E und C beginnen sich durch einen Strich zu schließen. Am Ende des Jahrhunderts wird die Schrift schnörkelhaft. Bezeichnend für die neue Form ist das T, welches die Haken des Querbalkens tief und ausgebogen herunterzieht. Dies malerische Princip macht die Schrift bunt, fremdartig und mönchisch aussehend. Man hat solche Charaktere, welche das ganze XIV. Jahrhundert beherrschen und erst mit der Epoche der Wiedergeburt im XV. Jahrhundert verschwinden, gothisch genannt. Obwol sie mit den Gothen so wenig zu thun haben, als der von ihnen genannte Kunststil, so hängen sie doch mit jener Gothik der Kunst zusammen,

Epigraphische Charaktere.

---

¹ Ebendaselbst der Grabstein der Domina Ocilenda Uxor Dni. Angeli De Manganella Et Filia Normanni De Monte Mario; ferner der Perna Sabelli: weibliche Gestalt mit Kapuze. Am Rand Anno Dni. Millo. CCCXV. Mense Januarii Die. XXVIII. Obiit Nobilissima Dna. Dna. Perna Uxor Quondam Dni. Luce de Sabello Cuius Anima Requiescat In Pace. Amen. Dies als Beispiel für die ganze Gattung. In S. Alessio die Grabplatte des Canonicus Petrus de Sabello v. J. 1287, bemerkenswert durch die Zeichnung der geistlichen Gewänder.

die gerade am Ende des XIII. Jahrhunderts auch in Italien Form gewann. Sie stimmen in Inschriften mit ihr so vortrefflich, wie die arabische Schrift mit der maurischen Architectur. Sie drücken eine Verwandlung in dem ästhetischen Gefühle der Menschheit aus, und stehen auch in Verbindung mit der zusammengesetzter werdenden Tracht der Zeit. Sie verhalten sich gegen die aristokratische Form der altrömischen Schrift, wie die gothische Kirche zur Basilika, und wie die vulgäre Nationalsprache zum Latein.¹

4. Die bildende Kunst. Sculptur. Das Standbild Carl's von Anjou auf dem Capitol. Ehrenstatuen für Bonifacius VIII. Die Malerei. Wandgemälde. Giotto malt in Rom. Aufschwung der Mosaikmalerei. Die Tribunenwerke Jacob's de Turrita. Giotto's Musiv, Navicella im Vatican.

Im Schooß der Kirche ruhten die bildenden Künste wie Blätter im Blumenkelch; sie entfalteten sich nur in ihr; sie standen nur in ihrem Dienst. Die Malerei, vorzugsweise die Kunst der heiligen Erscheinung, mußte sich reicher ausbilden, als die von heidnischen Erinnerungen lebende Sculptur. Aber auch diese machte während des XIII. Jahrhunderts in Rom einen Fortschritt, obwol sie im untergeordneten Ver-

Sculptur. hältniß zur kirchlichen Architectur blieb. An Grabdenkmälern, Tabernakeln, Thüren und Portiken läßt sich ein höherer Formensinn erkennen, selbst das Studium der Antike. Die Werke der Alten, ihre Sarkophage, Säulen und Statuen waren nirgend zahlreicher als in Rom; der Sinn dafür erwachte. Schon Clemens III. hatte am Ende des XII. Jahrhunderts die antike Reiterfigur Marc Aurel's vor dem Lateran

¹ Noch auffallender ist ihr Wesen in der Lombardei. In Rom arteten die Charaktere nicht ganz so aus, wie im Norden.

als öffentliche Zierde aufstellen lassen, und sollten nicht die römischen Künstler des XIII. Jahrhunderts prüfende Blicke auf die Schönheit antiker Bildwerke geworfen haben? Das Genie des Pisaners Nicolo nährte sich am Geiste der Alten; nach Rom kamen Künstler seiner Schule; doch hier erhob sich keiner der Cosmaten als ein wirklicher Bildhauer, und die Meisterwerke des Altertums, der Laokoon, der Apollo vom Belvedere, der sterbende Fechter lagen noch tiefverwahrt in ihren Gräbern, um erst in einer Epoche aufzuerstehen, die für ihren Anblick reif geworden war. Die Composition von Statuetten, welche der gothische Stil so reich entwickelte, zeigt sich in den Werken der Cosmaten nur wie im Keim; sie wurde in Rom bald als dem Princip der Basiliken widersprechend ganz verlassen. Hier entstand nichts, was den Reliefs an den Kanzeln von Pisa, Siena und Pistoja nur ähnlich sieht; nichts was mit den Sculpturen am Dom zu Orvieto wetteifern mochte. Nur eine vereinzelte Erscheinung zeigt, daß sich die Sculptur ihres antiken Zusammenhangs mit dem politischen Leben wieder bewußt wurde. Die Errichtung einer lebensgroßen Porträtstatue Carl's von Anjou auf dem Capitol durch Senatsbeschluß ist ein Ereigniß in der Geschichte der Kunst. Die Bildhauerei trat dadurch zum ersten Mal in Rom wieder aus dem Dienst der Kirche. Auf dem alten Capitol, wo einst die Römer ihren Helden und Tyrannen so viele Ehrenbilder errichtet hatten, deren zerbrochene Glieder noch im Schutte umherlagen, stellten die späten Enkel einen gallischen Eroberer, ihren Senator, den Nero des Mittelalters, mit rauh ungeschickter Kunst in Marmor dar. Die antike Sitte war übrigens außerhalb Rom schon durch Friedrich II. wieder aufgenommen worden; denn seine und seines Kanzlers Standbilder sah man in Capua. Um dieselbe Zeit stellte man zu Mailand den Podestà Oldradus in einer kleinen Reiterfigur dar, die dort noch am Broletto gesehen wird. Mantua weihte dem Virgil eine Büste, und im Jahre 1268 errichteten die Modenesen einer vornehmen und wolthätigen Frau Buonissima eine öffentliche Statue.

<small>Porträtfigur Carl's von Anjou.</small> Dem Standbilde des Anjou mochte die ähnliche Bildsäule des großen Friedrich zum Vorbilde gedient haben; oder der Meister benutzte die Figur des sitzenden Petrus im Vatican als Modell; oder er studirte irgend eine Marmorgestalt eines alten Imperators, die noch in den Trümmern eines Forum einsiedlerisch zurückgeblieben war. Jedoch der König Carl selbst saß ihm als Modell; denn seine Statue ist wirkliches Porträt nach der Natur; ein unschätzbares Denkmal des mittelaltrigen Rom, durch Jahrhunderte der Barbarei von den Marmorstatuen des Posidippos und Menander, oder des göttergleich tronenden Nerva im vaticanischen Museum getrennt, aber energisch, wie das Zeitalter der Guelfen und Ghibellinen, und ausdrucksvoll in seiner rauhen Wirklichkeit. Der Meißel eines vollendeten Künstlers würde in der starren und finstern Gestalt des Mörders von Conradin das Bild eines Tyrannen kaum so gut darzustellen vermocht haben, als es hier der ungeschickten Hand eines Bildhauers des XIII. Jahrhunderts gelang, welcher, trotz der Verbindung antik idealer Gewandung mit dem geschichtlichen Porträt, die Natur Carl's unidealisirt wiedergab. [1]

---

[1] Im J. 1481 wurde diese Statue vom Senator Matteo Toscano neu aufgestellt, mit einer jetzt verschwundenen Inschrift:
   Ille ego praeclari tuleram qui sceptra Senatus,
   Rex Siculis Carolus jura dedi populis.

Das Princip, bedeutenden Männern Ehrenbilder zu errichten, erscheint zur Zeit von Bonifacius VIII. wieder. Mehre Städte, zumal solche, wo er Podestà war, setzten diesem Papste Bildsäulen; so Orvieto, Florenz, Anagni, Rom im Vatican und Lateran. Selbst Bologna stellte seine Statue im Jahre 1301 vor dem Gemeindepalast auf.[1] Seine Feinde machten Bonifacius VIII. daraus einen Vorwurf; denn in der Anklageschrift von Nogaret und Plasian wird ausdrücklich gesagt, daß er sich in Kirchen silberne Bilder aufrichten ließ, um das Volk zum Götzendienste zu verführen — ein schlagender Beweis von der barbarischen Auffassung dieses Kunstprincips im damaligen Frankreich.[2] Was sich von den Statuen jenes berühmten Papsts erhalten hat, zeigt übrigens noch keine freiere Entwicklung des bildnerischen Porträts. Die sitzende Figur in der Außenwand des Doms von Anagni erscheint sogar auffallend roh und plump, wie ein Götzenbild.

Porträtfiguren Bonifacius VIII.

Viel bedeutender als die Sculptur trat in Rom die Malerei auf, weil sie in den alten Basiliken ihre Voraussetzungen hatte, und ein unerläßliches Princip blieb. Wandmalerei wie Mosaik wurde fortdauernd angewendet, und namentlich erreichte diese eine neue bemerkenswerte Blüte am Ende des XIII. Jahrhunderts. Die ältesten Wandgemälde dieses Säculum sind die von S. Lorenzo aus der Zeit

Malerei.

> Obrutus heu jacui saxis fumoque, dederunt
> Hunc tua conspicuum tempora Sixte locum.
> Hac me Matthaeus posuit Tuscbanus in aula,
> Et patriae et gentis gloria magna suae.
> Is dedit et populo post me bona jura Senatus
> Insignis titulis, dotibus atque animi
> Anno Domini MCCCCLXXXI. III. Semestri.

[1] Joh. Rubeus, Vita Bonif. p. 89.
[2] Hist. du Differ. p. 331.

Honorius' III., welcher jene schöne Basilika, wo er Peter von Courtenay krönte, neu eingerichtet hatte. Er bedeckte die Vorhalle wie das Innere mit Fresken; sie sind jetzt teils verblichen, teils eben erst so ganz neu aufgefrischt, daß sie ihre Ursprünglichkeit verloren haben. In den Compositionen zeigt sich ein roher, doch lebhafter Charakter unentwickelter Kunst, ähnlich den Wandgemälden in der Silvestercapelle der Viergekrönten.[1] Sie beweisen übrigens die Anwendung der Frescomalerei auf großen Wandflächen am Anfange des XIII. Jahrhunderts, und diese zeigt sich nur in der Grottenkirche von Subiaco in ähnlicher Fülle und räumlicher Ausbreitung.

Mit der Zeit Giotto's, des großartigen Schöpfers cyclischer Wandmalerei, blühte diese Kunst in Italien herrlich auf, *Fresken von Giotto.* wie Assisi, Padua und Florenz lehren. Auch in Rom malte Giotto zwischen den Jahren 1298 und 1300. Seine Fresken im S. Peter und der lateranischen Jubeljahrsloge von Bonifacius VIII. sind leider untergegangen, wie auch die Malereien seines römischen Schülers Pietro Cavallini verloren gingen. Nur ein Bruchstück von Giotto's Hand al fresco, den Papst mit porträtgetreuen Zügen darstellend, wie er von jener Loge das Jubiläum verkündigt, ist noch unter Glas an einem Pfeiler im Lateran zu sehen.

Bedeutende Werke schuf im XIII. Jahrhundert die römische Mosaikmalerei; sie zieren noch heute einige Kirchen. Diese nationalrömische Kunst hatte bis ins VI. Jahrhundert

---

[1] Die Wandgemälde in der Vorhalle (Agincourt Taf. 99) stellen meist Scenen aus dem Leben von Stephan und Laurentius dar. Einige bezieht man auf die Krönung Peter's; doch habe ich sie nirgend entdeckt. Die Figur eines vor dem Papst knieenden Kaisers trägt den Nimbus, und ist wol Heinrich II., von welchem dort auch eine Legende gemalt ist.

noch Treffliches geleistet, war dann verfallen, und im XII. Säculum zu neuem Leben erwacht. Im XIII. gab ihr der Einfluß der toscanischen Malerei mächtigen Aufschwung, ohne daß ihr römisch-christliches Ideal dadurch wesentlich verändert wurde. Vielmehr erscheint die musivische Kunst Rom's in jener Epoche als die Wiedergeburt ihres früheren altchristlichen Glanzes, mit Anlehnung an das Antike. Auch hier beginnen die Arbeiten mit Honorius III., erst roh und ungeschickt, wie auf dem Fries der Vorhalle von S. Lorenzo, und wie in den Nischengewölben der S. Constanza bei S. Agnese aus der Zeit Alexander's IV., dann immer freier sich gestaltend. Schon Honorius III. begann das große Tribunenbild von S. Paul, welches sodann Nicolaus III. noch als Abt jenes Klosters vollendete. Dieses Werk trägt daher einen doppelten Charakter, beginnt aber bereits die zweite Epoche der römischen Malerei, welche, Cimabue begleitend, dem Giotto vorangehend, am Ende des XIII. Jahrhunderts überraschend aufblühte, und dann durch die neu einbrechende Barbarei während des avignonischen Exils gewaltsam in ihrer organischen Fortbildung gehemmt ward und unterging.

Mosaiken.

Um das Ende des XIII. Jahrhunderts glänzte in Rom eine Schule von Mosaicisten, als deren Haupt sich Jacob della Turrita mit seinem Genossen oder Schüler Jacob von Camerino verewigt hat. Beide waren, wie man glaubt, Mönche vom Orden der Minoren. Die franciscanische Begeisterung, welche in der Grabkirche von Assisi den ersten Bundestempel italienischer Künste geschaffen hatte, wirkte überhaupt belebend auf die schöpferische Thätigkeit Italiens. Turrita vollführte die Composition in der Tribune des Lateran unter Nicolaus IV. in einer Reihe von Heiligengestalten und

Jacob della Turrita.

christlichen Symbolen, wenn auch noch mit befangenem Sinn, so doch mit einem malerischen Reichtum, wie er in Rom seit langen Jahrhunderten nicht mehr gesehen war.[1] Der Mittelpunkt des Ganzen ist hier das von Edelsteinen funkelnde Kreuz unter einem schon älteren Brustbilde des Erlösers auf Goldgrund; es teilt die Gruppen der Figuren. Die beiden neuen Heiligen, Franciscus und Antonius, erscheinen hier bereits unter die Apostel aufgenommen, wenn auch erst als Neulinge in kleinerer und gebückter Gestalt.

Das beste Werk Turrita's entstand in S. Maria Maggiore, wo Nicolaus IV. und der Cardinal Jacob Colonna die Tribune mosaiciren ließen. Hier ist die Haupthandlung die Krönung Maria's durch den Heiland, in einem großen Gemälde auf azurblauem Grunde. Eine Glorie anbetender Engel schwebt umher. Je zu beiden Seiten nahen sich durch den funkelnden Goldhimmel der Gekrönten, welche mit Demut ihre Hände erhebt, Petrus und Paulus, beide Johannes, hier Franciscus und dort Antonius von Padua. Ueber den Goldgrund winden sich üppige Weinranken mit bunten Vögeln, und bilden eine großartige, doch die Handlung fast überwuchernde Decoration. Die Werkbesteller Nicolaus IV. und der Cardinal sind knieend in sehr verkleinertem Maßstabe dargestellt, eine Vorstellungsweise, die sich auch sonst oft wiederholt. Die beiden neuen Heroen der Kirche, Franciscus und Antonius, erscheinen dagegen schon in lebensgroßer, den Aposteln ebenbürtiger Gestalt. Man möchte glauben, daß

[1] Auf dem Musiv der S. M. Maggiore schreibt sich der Künstler Jacobus Torriti Pictor Hoc Opus Mosaicen fecit, mit der Jahreszahl 1295. Unmöglich war er identisch mit Jacobus, frater S. Francisci, welcher A. 1225 die Tribune von S. Johann in Florenz mosaicirte. Vasari I, Commentar zur Vita di Andrea Taff.

der Künstler antike Mosaikböden, etwa jenen von Palestrina, vor sich sah, und daß er auf beiden Musiven die Barken mit Liebesgöttern, die Schwäne, die trinkenden Thiere, die Blumen, die Flußgötter von dort entlehnte. Das großartige Musiv überstralt noch heute die Basilika Maria Maggiore mit überirdischem Goldglanz voll feierlicher Pracht. Wenn die Sonne durch die purpurnen Vorhänge der Fenster fällt, erscheint es wie jener flammende Himmel, in welchen Dante die Heiligen Bernhard, Franciscus, Dominicus und Bonaventura getaucht hat. Die zaubervolle Wirkung ergreift dann durch Lichtausstralung wie ein Tönechoral. Turrita vervollständigte den Schmuck jenes alten Marientempels; denn den berühmten, noch von antiker Kunst durchdrungenen Musiven aus der Zeit Sixtus' III., welche dort dies Hauptschiff zieren, fügte er als Abschluß sein Tribunenbild hinzu, das schönste Werk der römischen Mosaikmalerei überhaupt.

Vor derselben Kirche sieht man in der großen Außenloge Mosaiken, welche die Cardinäle Jacob und Petrus Colonna durch Philipp Rusuti am Ende des Jahrhunderts malen ließen: Christus auf dem Tron zwischen Heiligen; Scenen, die sich auf die Legende vom Bau der Basilika beziehen. Die Colonna liebten Maria Maggiore, wo ihrer einige begraben wurden. Während ihr erlauchtes Haus von den Bannstralen Bonifacius' VIII. zerschmettert ward, sah das Volk die Gestalt des verfluchten Cardinals Jacob im Glorienhimmel des Musivs jener Kirche unter Heiligen knieen. Sein furchtbarer Feind Bonifacius war pracht- und kunstliebend, wie er, und nur seine politischen Händel hinderten ihn sich in Monumenten größerer Art zu verewigen. Er baute jene Loge im Lateran, von wo er während des Jubeljahrs den Segen erteilte, und seine Gruftcapelle im Vatican, welche unterging. Im Vatican arbeitete auch Giotto; der Cardinal Jacob Stefaneschi, der diesen Meister in S. Giorgio in Velabro, seiner Titelkirche, beschäftigte, trug ihm das unter dem Namen „Navicella" berühmte Musiv auf, welches ehemals den Vorhof vom S. Peter schmückte, und jetzt in der Vorhalle über dem Eingange eingemauert ist. Dies merkwürdige Gemälde verlor den Reiz seiner Ursprünglichkeit in späterer Wiederherstellung. Nur die Zeichnung Giotto's ist unzerstört; sie stellt die Kirche als das im Sturme segelnde Schiff Petri dar, während der Apostelfürst auf den galiläischen Wellen zu Christus wandelt, und dies uralte Symbol war so passend, wie ahnungsvoll für Bonifacius VIII. und den Schluß des XIII. Säculum.[1]

Die Navicella von Giotto.

5. **Allgemeines Bild von Rom im XIII. Jahrhundert. Die römischen Türme und Adelsburgen. Der Turm der Grafen, und der Turm der Milizen. Die Burg Capo di Bove an der Via Appia. Der Stadtpalast auf dem Capitol.**

Die Epoche der Parteikämpfe, des Exils von Päpsten und Bürgern, und der Stadtverwüstung war nicht geeignet, Monumente bürgerlicher Architectur zu schaffen, oder zu erhalten. Die Großen bauten nur Türme, die Päpste Hospitäler und Residenzen, die Senatoren besserten die Stadtmauern aus. Im XIII. Jahrhundert finden wir kaum eine

---

[1] Ueber das Musiv, Torrigio lo sacre grotte p. 162. Es kostete 2200 Goldflorene. Die Musive Giotto's in S. Georg gingen unter. Ein anderer Stefaneschi, Bertoldus Filius Pet., wol Bruder des Cardinals, ließ am Ende saec. XIII. das Musiv machen, welches in der Wand der Tribune von S. M. in Trastevere die Jungfrau im Brustbild zwischen Peter und Paul, und die knieende Figur des Bestellers zeigt.

Nachricht über öffentliche städtische Bauten. Tiefes Schweigen bedeckt die Wasserleitungen; und nur einmal wird berichtet, daß Gregor IX. die Kloaken reinigen, die Brücke S. Maria herstellen ließ. Rom sank in Trümmern. Keine Behörde überwachte die Monumente. Erdbeben, Wasserflut, Stadtkriege, der Turmbau des Adels, die Restauration von Kirchen, das Bedürfniß der Marmorarbeiter, die Nachsuchung fremder Käufer zerstörten die Monumente, und der höher wachsende Schutt begrub tief und tiefer die alte Stadt. In ihre Unterwelt versanken, wie durch wolthätigen Zauber, viele Gebilde der Kunst. Sie entzogen sich der Gegenwart, welche auf ihren Gräbern ihre wilden und zerstörenden Kämpfe fortkämpfte, und sie stiegen als Geister der Vergangenheit erst in später Zeit wieder empor. Noch heute schlummern viele Statuen im unterirdischen Rom; sahen wir doch im Sommer 1864 den bronzenen Koloß des Hercules aus den Trümmern des Pompejustheaters, worin er so viele Jahrhunderte lang begraben lag, plötzlich fast unversehrt an den Tag kommen.

Das Relief der Stadt im XIII. Jahrhundert würde uns das sonderbarste Gemälde zeigen. Sie glich einem von bemoosten Mauern umfaßten großen Gefilde mit Hügeln und Tälern, mit wüstem und bebautem Lande, woraus finstere Türme oder Schlösser, graue in Ruinen gehende Basiliken und Klöster, vom Ephcu umschlungene Monumente colossaler Größe, Thermen, zerbrochene Wasserleitungen, Säulenreihen von Tempeln, einzelne Säulen, betürmte Triumfbogen emporragten, während sich ein Gewirre enger und schmutziger Straßen, durch Schutt unterbrochen, unregelmäßig an Ruinen hinzog, und der gelbe Tiberstrom unter hie und da schon eingestürzten Quaderbrücken diese trümmervolle Wüste melan-

Bild der Stadt Rom.

cholisch durchfloß.¹ Rings um die alten Mauern Aurelian's lagen innerhalb öde ober als Acker bebaute Strecken, Landgütern an Ausdehnung gleich, mit emporragenden Ruinen; Weingärten und Gemüsefelder durch die ganze Stadt, gleich Oasen zerstreut, selbst in der Mitte des heutigen Rom, am Pantheon, an der Minerva, bis zur Porta del Popolo; das Capitol bis zum Forum herab, auf dessen Schutt schwarze Türme standen, mit Weingärten bedeckt, nicht minder der Palatin; die Thermen, die Circus mit Gras überwuchert, und hie und da völlig eingesumpft. Ueberall, wohin der Blick fiel, düster trotzige Türme mit Zinnen, aus Monumenten der Alten aufgebaut, und crenelirte Castelle originellster Form, aus zusammengerafftem Marmor, Ziegeln und Peperinstücken errichtet, die Schlösser und Paläste des guelfischen oder ghibellinischen Adels, welcher auf den classischen Hügeln und in Ruinen fehdelustig basaß, als wäre dies Rom nicht Stadt, sondern ein durch täglichen Krieg streitiges Landgebiet. Es gab damals in Rom keinen Edeln, der nicht Türme besaß. In Acten der Zeit finden sich bisweilen als Besitzungen von Römern in der Stadt selbst bezeichnet: „Türme, Paläste, Häuser und Ruinen."² Die Geschlechter wohnten in unheimlichen, durch schwere Eisenketten versperrten Quartieren unter Trümmern mit ihren Sippen und Gefolgschaften beisammen,

¹ Schutt hinderte den Weg päpstlicher Processionen. Sed propter parvitatem diei et difficultatem viae, facit (Papa) stationem ad S. M. Majorem — sagt der Ordo Rom. bei Mabillon II. 126 — eine Stelle, welche Hobhouse (Historical Illustrations of the fourth Canto of Childe Harold, p. 132) bemerkt hat.
² Magister Matthaens Alperini — certam partem Turrium, Palatiorum, Domorum, ruinarum, possessionum et bonorum suorum in Urbe consistentium, Basilicae Principis Ap. — reliquit; Bulle von 1278, Bullar. Vatican. I 125.

und sie brachen daraus ab und zu mit wildem Waffengetöse hervor, ihre Erbfeinde zu bekriegen.

Wir zählen die ansehnlichsten dieser Adelsburgen auf; sie sind die wesentlichen Charaktere der Stadt im XIII. und XIV. Jahrhundert, wo die Aristokratie sich in den Besitz Rom's geteilt hatte.

In Trastevere standen die Türme der Papa und der Romani, der Normanni und Stefaneschi, wozu später die Festung der Anguillara kam.¹ Auf der Tiberinsel erhoben sich die frangipanischen Türme, welche um die Mitte des XIII. Jahrhunderts den Präfecten von Vico gehörten. Heute ist nur noch einer von den Brückentürmen übrig. *Türme des Adels.*

Das vaticanische Gebiet, wo rings um den S. Peter kleine, unansehnliche Häuser standen, besaßen die Orsini sammt der Engelsburg seit der Mitte des Säculum; und schon deshalb faßte Nicolaus III. den Plan zu seiner vaticanischen Residenz, denn so befand er sich im Quartier seines eigenen Geschlechts. Mit der Engelsburg beherrschten die Orsini den Zugang zum Vatican wie zur Stadt, wo sie diesseits der Brücke auch in den Regionen Ponte und Parione saßen. Ihre Paläste standen auf dem Monte Giordano, und in den Trümmern des Pompejustheaters auf Campo di Fiore. *Burgen der Orsini.* Der Monte Giordano, durch Schutthaufen antiker Gebäude in der Nähe der Engelsbrücke gebildet, hieß noch im Jahre 1286, wo auf ihm die Orsini bereits wohnten, Monte Johannis de Roncionibus, und erhielt bald nachher seinen

¹ Ein Turm Anguillara steht noch an der Lungaretta. Von der Cestischen Brücke aus bilden Trastevere und die Flußufer ein seltsames Gemälde. Unter modernen Häusern am Fluß steigt noch hie und da ein grauer Baronalturm auf. Es war beim Anblick Rom's von dieser Brücke aus, daß der Plan zu dieser Geschichte der Stadt entstand.

Namen von Jordan Orsini. Im Jahre 1334 erscheint er schon als ein ganzes mit Mauern umgebenes Quartier.[1] Die andre Burg der Orsini auf Campo di Fiore, Arpacata genannt, wurde aus den riesigen Trümmern des Pompejustheaters erbaut. Die Burg ist verschwunden; sie muß dort gestanden haben, wo heute der Palast Pio steht. So besaß jenes eine Adelsgeschlecht, außer ungezählten Häusern, diesseits und jenseits des Flusses drei Hauptfestungen, die Engelsburg, den Monte, die Arpacata.

In einem andern Teil desselben Viertels saßen bereits die Savelli, nämlich dort, wo beim Palast der Cancelleria noch heute eine Straße Vicolo de' Savelli genannt wird. Aber schon der Orsini wegen konnten sie daselbst nicht zur Macht kommen.

Das diesseitige Flußufer entlang, durch die Regionen Ponte, Parione, Regola und S. Angelo bis zum Capitol hin, erhoben sich die Türme vieler Geschlechter. Die Massimi wohnten schon dort, wo ihr heutiger schöner Palast steht;

[1] Am 21. Oct. 1286 verkauft Mattheus Rubeus Orsini seinem Neffen das Castrum Castellucia bei Albano. Der Act ist vollzogen: Rome in domib. in quib. tunc morabatur rev. pater D. Jordanus mis. div. S. Heustachii Diacon. Card. germanus frater praefati D. Mathei Rubei ... vid. in Monte qui dicitur Johannis Roncionibus (Archiv Gaetani XLVIII. n. 11). Es lag dort auch die Kirche S. Marie de Monte Johannis Ronzonis: Katalog der römischen Kirchen aus der Zeit des avignonischen Exils, bei Papencordt p. 55. Am 20. Mai 1334 sendet der Card. Napoleon Orsini aus Avignon Befehle an seinen Vicar im Römischen. Darin heißt es: Item habet dictus D. Card. infra muros Montis domos suas principales, quas consuevit inhabitare quond. Matheus et Ursus nepos ejus, habet et ibidem alias parvas domos in diversis locis montis praedicti infra muros ipsius montis. (Ibid. n. 18.) Der Monte (Giordano), den auch Dante in der Stelle über das römische Jubiläum bezeichnet, stellte sich damals als förmliche Festung dar.

Die Stadt im XIII. Jahrhundert.

die Margani und Statii hatten sich im Circus Flaminius angebaut; die Bonfilii, Amateschi, Capizuchi, Boccapaduli und Buccamaza wohnten in benachbarten Vierteln. Am Marcellustheater saßen noch die Pierleoni; aber die Macht dieser Sippschaft Anaclet's II. war im XIII. Jahrhundert bereits so hingeschwunden, daß ihr Name kaum noch in der Stadtgeschichte erscheint. Ihre Hauptburg in jenem Theater, das mittelaltrige „Haus der Pierleoni," kam an die Savelli, doch erst im folgenden Jahrhundert.

Das große Marsfeld bot zwar viele Ruinen zum Bau von Burgen, aber wegen seiner Lage nicht hinlängliche Sicherheit. Dies Viertel war den Tiberüberschwemmungen ausgesetzt, noch wenig bevölkert, meist mit Gemüsegärten bepflanzt, und daher nur selten das Theater von Stadtfehden, welche den Colonna galten. Denn dies Geschlecht beherrschte die ganze wüste Ebene von der Porta del Popolo bis zum Quirinal, also das einst prachtvolle Stadtgebiet Trajan's, Hadrian's, und der Antonine.[1] Die colonnischen Hauptburgen waren im Marsfeld das Mausoleum des August, und der Mons Acceptorii, heute Monte Citorio.[2] In den Ruinen

Burgen der Colonna.

---

[1] Die Porta del Popolo führte schon diesen Namen. Vineae — extra portam Sce. Marie de Populo, Urkunde vom 12. Jan. 1293; Cod. Vat. 8050. p. 79.

[2] Ein Docum. v. 7. Febr. 1252 bei Petrini Mem. di Palestrina sagt: Fines ad Montem Acceptorium hii sunt: domus Romanucciorum, et Synebaldorum, ab alio dom. Macellariorum, et dom. Cesarlinorum, ab alio sunt Zarlonum, et Toderinorum ... Der Name (bei Montfaucon Dior. Ital. p. 243 auch Mons Acceptabilis) mag nach Fulvius erklärt werden: citatorius a citandis tribubus, acceptorius ab acceptandis suffragiis, septorium a proximis Septis. Siehe Carlo Fontana, discorso sopra l'antico Monte Citatorio, Rom 1694, p. 1. Die Lage der Septa in der Nähe des heutigen Platzes Colonna möchte die Erklärung „Septorius" wahrscheinlich machen.

des Stadium von Domitian bauten die Millini und die Sanguigni ihre noch stehenden Türme, und im Viertel des Pantheon Sinibaldi und Crescenzi ihre festen Paläste.

Die größesten Adelsburgen lagen indeß im eigentlichen alten Rom auf den Hügeln, die sich zum Forum und zum Circus Maximus herabsenken. Dies war der Schauplatz der Stadtgeschichte im Mittelalter, seitdem die Volksgemeinde ihren Sitz im Capitol genommen hatte. Die veröbeten Hügel bekamen dadurch neues Leben, und bevölkerten sich zum Teil wieder, trotz ihres Mangels an Wasser. Auf dem Cölius und Palatin herrschten die Frangipani, denen indeß die Anibaldi vom lateranischen Quartier her, wo ihr Hauptsitz war, das Colosseum bereits streitig machten. Dies Amphitheater, von welchem das Erdbeben am 1. Juni 1231 einen beträchtlichen Teil eingestürzt hatte,[1] das Septizonium auf dem Palatin, die Turris Cartularia, die Triumfbogen des Titus und Constantin, der Janus Quadrifrons, und die Türme am Circus Maximus bildeten die große frangipanische Burg, oftmaliges Asyl der Päpste, und Stätte ihrer Wahl. Diese Festung, der als Forts die berühmtesten Monumente des alten Rom dienten, mit schwarzen mittelaltrigen Mauern, Zinnen und Türmen, war sicher die originellste der Welt zu nennen, und muß den sonderbarsten Anblick gewährt haben.

Der Palatin und seine Kaiserpaläste waren ganz verfallen, oder nur von Mönchen, Priestern und dem Dienstvolk der Frangipani bewohnt.[2] Der Cölius aber war be-

Das Colosseum und die Burgen der Frangipani.

---

[1] Et tunc de Colliseo concussus lapis ingens eversus est. Rich. Sangerm. p. 1026. Im Sept. 1255 neues Erdbeben, und wol neue Zerstörungen. (Wilh. Nangis, Duchesne V. p. 362.)

[2] A. 1215 verleiht der Abt von S. Gregor dem Paulo de Gri-

völkerter, als jetzt; denn noch im Jahre 1289 wird dort die uralte Straße Caput Africae genannt; ein Beweis, daß jener Hügel nicht, wie man geglaubt hat, schon in Folge der Verwüstung durch Robert Guiscard verödet war.[1] Auch das Quartier um das Colosseum her und nach dem Lateran zu war noch einigermaßen bevölkert. Denn im Ritualbuch des Cencius werden bei Gelegenheit der Austeilung von Geldgeschenken für Ehrenpforten auf der Strecke vom Turm Cartularia bis zu S. Nicolaus am Colosseum 23 Häuser bezeichnet, darunter der Familien Mancini, Rainuci, Bulgarelli und Crassi. Dagegen nahm die Bevölkerung vom Colosseum zum Lateran wieder ab, und von S. Clemente aufwärts bis dorthin wird kein Haus angeführt.[2]

Der Aventin, zur Zeit Otto's III. noch bewohnt, dann verödet, wurde von den Sabelli eingenommen. Sie besaßen hier schon lange einen Palast bei der S. Sabina; denn Honorius III. schenkte einen Teil davon den Dominicanern zum Klosterbau. Honorius IV. baute ihn zu seiner eigenen Residenz aus, und umgab ihn mit Mauern, Zinnen und Türmen. Große Reste dieser savellischen Burg in der Bauweise, die man saracinesco nennt, haben sich noch erhalten.

Burg der Savelli auf dem Aventin

sayco ... duas cryptas — positas Rome in vocabulo Circli sub palacio majori nostri monasterii juris loco, qui dicitur vel dici solet porticus Materiani: Mitarelli Annal. Camald. IV, n. CCIX. Der größte Teil des Palatin gehörte also noch jenem Kloster.

[1] In einer Urkunde vom 8. Dec. 1289 wird diese Straße durchaus als bewohnt angeführt: domos de Viculo Capite Africe — Ecclesia S. Stephani de Capite Africe: Mscr. Vatican. 8050. p. 73. Heute ist von ihr keine Spur. —

[2] Ordo des Cencius p. 190. Obwol er sagt, daß manche nomina transacta sunt et termini sive signa mutata, so war doch jenes Viertel noch zu seiner Zeit bevölkerter als heute.

Sie blieb der Hauptsitz des Geschlechts, und dieses besetzte später auch die Marmorata und das Marcellustheater. Die Marmorata trug fortwährend ihren Namen von dem Marmorlager auf dem alten Emporium, welches wol schon ganz mit Schutt überdeckt war. Mehre Kirchen standen dort unter dem Aventin am Fluß, mit dem merkwürdigen Zunamen de Marmorata.[1] Honorius IV. wollte den Aventin neu bevölkern. Er lud viele Römer dort zum Anbau ein und gab dem verödeten Hügel schon durch seine Residenz ein neues Leben; doch der Mangel an Wasser ließ diese savellische Colonie nicht gedeihen.[2]

Volkreicher waren die Abhänge des Esquilin, weil dort vielbesuchte Kirchen standen, wie die S. Maria Maggiore, bei welcher Nicolaus IV. eine päpstliche Residenz angelegt hatte; ferner die Abhänge des Quirinal und die noch stark bewohnte Suburra, während der Viminal von Gebüschen, Einöden und Weinbergen bedeckt lag. Die Trümmer der entlegenen Thermen Diocletian's luden kein Adelsgeschlecht zum Bau von Burgen ein, auch nicht die riesigen Bäder des Caracalla, oder das prätorianische Lager.[3]

Mächtige Familien besetzten dagegen jene Abhänge des Quirinal, und verschanzten sich namentlich in der Nähe der alten Kaiserfora. Im XIII. Jahrhundert war gerade dies

---

[1] Ecclesia S. Anastasii de Marmorata. S. Salvatoris de Marmorata. S. Anne de Marmorata. S. Nicolai de Marmorata. Katalog der röm. Kirchen aus der Zeit des avignonischen Exils.

[2] Totusque ille mons renovatur in aedificiis (Ptol. Lucens. XXIV. c. 13). — Siehe auch Platina, Vita Hon. IV.

[3] An den Thermen Caracallas lag ein Sumpf, der wol Teile des Circus Maximus bedeckte. Orium et Pantanum juxta Palatium Antoninum: Bulle Honor. III. A. 1217 (Bullar. Vatican. I. 100).

Gebiet der Kampfplatz der Factionen. Denn dort saßen die Pandulfi von der Suburra, die Capocci, welche sich in den Thermen Trajan's angesiedelt hatten, und die Conti, während in der Nähe die vierte Burg der Colonna, der uralte Sitz der Grafen von Tusculum, in den Thermen Constantin's lag. Noch heute stehen auf jenen Abhängen die gigantischen Ueberreste von zwei Türmen jener großartigen Zeit. Während die übrigen Abelsburgen untergingen, erhielten sich der „Turm der Grafen" und der „Turm der Milizen" in bedeutenden Ueberresten, so fest und unzerstörlich, wie Bauten des antiken Rom, mit denen sie einst wetteiferten.

Der „Grafenturm" (Torre de' Conti) bezeichnet die Epoche der Macht des Geschlechts von Innocenz III.; der ehrgeizige Richard Conti erbaute ihn mit den Mitteln seines päpstlichen Bruders im alten Forum des Nerva, und von hier aus wurde die republikanische Freiheit Roms bekämpft.[1] Die riesigen Ruinen der Fora von August, Nerva und Cäsar boten sich leicht zu einer Festung dar, und die Conti errichteten sie als eine Zwingburg, welche das Capitol wie die frangipanischen Türme schrecken konnte. Der Bau jenes Riesenturms, eines Monuments, welches einem Papst nicht geziemte, fiel in den Anfang der Regierung von Innocenz III. Nichts beweist, daß er schon Jahrhunderte stand, und von den Conti nur vergrößert wurde.[2] Als er vollendet war,

<small>Der Turm der Conti.</small>

---

[1] Fulvius, Donatus, Bisconti, andre Italiener stimmen für das Local des Nerva-Forum. Bunsen hat nicht überzeugende Gründe darzuthun, daß der Turm auf dem Tempel der Venus Genitrix stand. Stadtbeschr. III. 2. p. 146.

[2] Ptol. Luc. (Mur. XI. 1276); in Hist. Eccl. XXI. c. 16 sagt er von Inn. III.: quod in Urbe fecerat ad sui tuitionem, Turris Comitum. Nach Ricobald (Mur. IX. 126) baute er ihn sumptibus

erhob er sich finster und pharaonenhaft über Rom. Albanische Tuffquadern bildeten seine Grundlagen aus antiken Resten, gebrannte Ziegeln seine Mauern. Viereckig, über der gewaltigen Basis in drei sich verjüngenden Stockwerken mit einem dreigezackten Aufsatze von Zinnen, schien er in die Wolken emporzusteigen. Man pries ihn als den herrlichsten aller Stadttürme, ja als ein Wunderwerk, obwol er keineswegs durch architectonische Schönheit, sondern nur durch koloffale Größe ausgezeichnet war. Petrarca, der ihn sah, ehe ihn ein Erdbeben zertrümmerte, beklagte seinen Fall mit dem Ausruf, daß er in der Welt ohne Gleichen sei.[1] Er wurde demnach nicht einmal von dem berühmten Trouillas des avignonischen Palasts erreicht, welchen Johann XXII., als ein schrecklicher Turmbauer Nimrod, wie Petrarca spottete, dort errichten ließ. Er überbauerte manchen Sturm;

ecclesiae. — Opus tanto Pontifici inutile, non sine ipsius infamia constructum: Bonincontr. p. 288. — Bartolom. della Pugliola (Mur. XVIII. 248) läßt ihn A. 1203 errichtet sein. Fea sulle rovine p. 365 zieht die Angaben für dies Jahr aus. Hurter behauptet grundlos, von diesem Turm habe Crescentius (Anfang Saec. XI.) de Turre Romanorum geheißen. Die von ihm angezogene Urkunde des Jatteschi steht bei diesem nicht. Daß Torre ein sabinisches Castell der Crescentier war, zeigt Galletti in seiner Schrift Gabio antico.

[1] In seiner Gestalt zeichnet ihn der mittelaltrige Stadtplan im Cod. Vat. 1960 als Turris Comitum. Bonincontrius: Turrim mirae altitudinis — unde late prospectus ad Latium. Turris mirabilis, Ricobald. Singularis quidem in orbe — cujus altitudo et latitudo omnem turrim transcendit, Ptol. Luc. p. 1276. Er hieß der „Stadtturm". Testam. des Joh. Conti v. 3. Mai 1226: praecipio — reparari — domos Montis Balnei Neapolis, et domos et turrim Urbis. Beim Contatori Geneal. Comitum p. 5, und Bisconti Città e famiglie p. 753. — Cecidit edificiorum veterum neglecta civibus, stupenda peregrinorum moles. Turris illa toto orbe unica quae Comitis dicebatur ingentibus ruinis laxata dissiluit. Petrarca ad Socratem, Rer. Famil. XI. ep. 7.

selbst das Erdbeben vom Jahre 1348 zerstörte nur sein Obergeschoß, denn Benozzo Gozzoli malte noch im XV. Jahrhundert ein Bild über seiner Eingangsthüre. Erst Urban VIII. ließ ihn bis auf seine heutigen Reste abtragen. [1]

Sein Zwillingsbruder war der wegen seiner hohen Lage noch großartigere Turm der Milizen (Torre delle Milizie). Der Wanderer in Rom bestaunt ihn noch heute vom Monte Pincio aus, oder aus dem Kloster von Araceli, wo er sich überaus prachtvoll darstellt, als die schönste Ruine des Mittelalters die Stadt königlich überragt, und als ausdrucksvollstes Wahrzeichen an die guelfische und ghibellinische Epoche Rom's gemahnt. Das Volk, oder die Phantasie der Pilger, erblickte in ihm den Palast Octavians, und fabelte erst spät, daß der schreckliche Nero von seiner Zinne dem Brande Rom's citherspielend zugeschaut habe. Man erinnerte sich in Rom, daß die Gärten des Mäcen, und das Haus des Poeten und Zauberers Virgil in jener Gegend lagen. [2] Der Turm steht auf dem quirinalischen Abhange über dem Trajans=Forum, wo das bekannte Local der Balnea Neapolis (Mugna napoli)

---

[1] Vasari IV. 186. Ohne Beweis nennt er (I. 243) den Erbauer des Turms Marchione von Arezzo, und Donatus nahm dies auf. Valesius widmete diesem Turm eine Abhandlung; Brief an Baron Stosch, bei Calogera T. 28. Auf der Mauer des Turms sagt eine Inschrift aus der Zeit des Petrus de Comite (A. 1288):
    Haec domus est Petri valde devota Nicholae
    Strenuus ille miles, fidus, fortissimus atque;
    Cernite, qui vultis secus hanc transire Quirites:
    Quam fortis intus, composita foris
    Est unquam nullus vobis qui dicere possit.

[2] Villani VIII. c. 6 sagt von Bonif. VIII.: comperò il castello delle milizie di Roma, che fu il palazzo d'Octaviano imperadore. Es war ursprünglich ein hoher La Mesa genannter Rest von Bauten Aurelian's auf dem Quirinal, welcher „Turm des Nero" hieß.

sich befindet. Das dortige Viertel hieß im Mittelalter Biberatice, und der Turm selbst gab einer Straße den Namen Contrata Miliciarum.[1] Seine Erbauungszeit ist ungewiß; sein römischer Stil, und sein dem Grafenturm ähnliches Mauerwerk sprechen für die Epoche Innocenz' III. oder Gregor's IX. Er stieg aus seiner breiten und hohen Basis als ein viereckiger Koloß empor, verbunden mit einem crenelirten Castell, einer vollständigen Burg.[2] Weil auf dem Quirinal, wo er heute im Klosterbezirk der Nonnen von S. Catarina di Siena steht, schon im XII. Jahrhundert ein Ort Miliciae Tiberianae genannt wird, so geht daraus hervor, daß er auf einem alten Monument errichtet wurde, welches vielleicht eine militärische Station der Kaiserzeit war.[3] In der letzten Hälfte des XIII. Jahrhunderts gehörte er den Anibaldi, von welchen er an die Gaetani kam. Sein Besitz galt für so wichtig, daß seine Herren von ihm, wie von

---

[1] Das Viertel Biberatice, schon im dunkelsten Mittelalter so genannt, manchesmal corrumpirt in Libantica, wird bisweilen auch Viperatica geschrieben. Dieser Name ist vielleicht der richtige, und deutet in diesem Falle auf das Bild einer Schlange zurück.

[2] So erscheint die Gestalt der „Milicie" im Stadtplan Cod. Vat. 1960. Auf der bekannten, das Relief Rom's darstellenden Bulle Ludwig's des Baiern sind beide Türme nicht sichtbar.

[3] Ascendens per montem circa militias Tiberianas. Ordo XI., Mabillon p. 143. Es ist eher Trajanas zu lesen. Baluzius, Vita Innoc. III., meint, daß Petrus Alexii den Turm baute, und Donatus schreibt ihn Gregor IX. zu. Im Testam. vom 3. Mai 1226, wo Joh. Conti Häuser auf dem Mons balnei Neapolis und turrim urbis herzustellen befiehlt, wird der Milizenturm nicht genannt, was wol geschehen wäre, wenn er damals den Conti gehörte. Vielleicht war er noch nicht gebaut. — A. 1271, 30. Sept. testirt Crescentius Leonis Johis.; das Actenstück ist vollzogen: in Urbe apud militiam praedicti testatoris (Mittarelli VI. n. 127); und ich bemerke dies um zu zeigen, daß militia damals Burg bedeutet zu haben scheint.

einer Baronie den Titel führten: Petrus, der Nepot von Bonifacius VIII., nannte sich seit dem Jahre 1301, wo er ihn von Richard Anibaldi erstand, Dominus Miliciarum Urbis, Herr der Stadtmilizen, und wahrscheinlich erhielt er damit das Recht, in dieser großen Stadtfestung Kriegsvolk zu halten.[1]

Jene beiden Türme sind die Denksäulen des römischen Mittelalters, wie die Säulen des Trajan und Antonin die Denksteine der römischen Kaiserzeit, merkwürdige Charakterfiguren der Stadt, welche deutlicher als Geschichten die unbändige Kraft jenes Jahrhunderts aussprechen. Als sie, in nur mäßiger Entfernung von einander vollendet dastanden, mußten sie von gewaltiger Wirkung sein. Sie überragten ganz Rom, schon in Meilenweite sichtbar, wie heute die Kuppel des S. Peter. Diese Nimrodtürme geben jedoch das entschiedenste Zeugniß vom römischen Wesen, welches im Mittelalter blieb, wie es im Altertum gewesen war. Kein Formensinn, kein Gefühl für Belebung der Massen, wie bei

[1] Die Kaufurkunde fand ich nicht im Archiv Gaetani. Petrus heißt Herr der Milizen erst A. 1301. Am 13. April kaufte er für 1000 Goldflor. Häuser des vom Ketzergericht verurteilten Freberigotius in Regione Biveratica in Contrata militiarum juxta domos Militiarum praedicti D. Petri (Archiv. Gaet. 37 n. 31). Am 23. Nov. 1301 heißt Richard Anibaldi quondam dictus de Militia — Petrus Dominus Casertanus, Dominus Militarum Urbis (Ibid. 48. n. 76). Am 30. Nov. 1301 wird ein Kauf zwischen Petrus und Franciscus Frajapane vollzogen: Actum Rome in domibus Militiarum, in Lobia juxta salam majorem (Theiner I. 560). Die Gaetani behaupteten die Rechte auf den Turm auch gegen Heinrich VII. A. 1312 erklärt der Kaiser: domos seu palatia militiarum, que intelleximus spectare de jure ad D. Franciscum Gaetanum Card. (Theiner I. n. 628.) Am 22. August 1322 testirt Peter, Sohn des Pfalzgraf Benedict Gaetani: item legamus . . . Bonifacio (s. Sohn) omnia jura nostra comitatus Alibrandesi et milicias urbis (Archiv Colonna XIII. Scaf. V. n. XI.).

den Toscanern, zeigt sich hier; nur finstre und majestätische Kraft. Die Römer nahmen ihre Vorbilder aus den Ruinen der Vorfahren; sie wollten Kolosse schaffen, die mit jenen wetteiferten, und die beiden Türme erhoben sich mit steilen und nackten Wänden als cyklopische Werke des Mittelalters über Rom.

Die Reihe der genannten Adelsburgen enthält die Namen aller großen Geschlechter Rom's jener Epoche; es fehlt darunter das jüngste des XIII. Jahrhunderts. Die Gaetani hatten Paläste auf der Tiberinsel, und im Viertel von S. Maria Maggiore, doch nie eine Stammburg in Rom; aber sie legten um dieselbe Zeit, als sie Herren der „Milizen" wurden, vor dem Tore Sebastian die merkwürdige Veste Capo di Bove auf der appischen Straße an. Dies Castell erhielt den Namen vom Grabmal der Cäcilia Metella, seinem Kern und Mittelpunkt; denn das herrliche Mausoleum der Tochter des Metellus Creticus und Gemalin des Crassus hieß schon im grauesten Mittelalter von den Stierschädeln auf seinem Gesims Capo di Bove.[1] Wie die Grabmäler des August und Hadrian, und der Plautier an der lucanischen Aniobrücke mochte es schon längst in einen Baronalturm verwandelt gewesen sein. Die Verödung der appischen Straße ließ es in Vergessenheit fallen, bis der colonnische Krieg Bonifacius den VIII. veranlaßte, es seinem Neffen zu

Die Burg Capo di Bove.

---

[1] In einer Urkunde aus Subiaco A. 953 verkauft Rosa, Tochter Theophylact's, filum saline quod ponitur in Bardunario in pedica quae vocatur Capite bove (Galletti del Prim. p. 204). Hier kann freilich nicht Capo di Bove an der Via Appia gemeint sein. Nibby bezieht irrig den Namen Ta canetricapita in einem Diplom A. 850 (Ibid. p. 187) darauf. Dies Monument konnte von einem Relief des Cerberus so genannt sein, wie Marini vermutet.

übergeben. Der Graf Petrus Gaetani legte dort ein Castell an, um von hier aus die Bewegungen der Colonna zu überwachen, mochten sie aus ihren Campagnaschlössern auf der lateinischen oder appischen Straße heranziehn.¹ Die Reste dieser bald darauf durch die Savelli erweiterten Festung, welcher die Nähe der Ruinen des Circus Maxentius Stärke gab, selbst die des alten Baronalpalasts und eines dort im XIV. Jahrhundert entstandenen ummauerten Burgflecken nebst einer Kirche gothischen Stils, stehen noch heute aufrecht. Man sieht dort die Wappenschilder des Hauses Gaetani. Das Material dieser Bauwerke ist der Tuff von Albano. Seine schwarze Farbe und die kleinliche mittelaltrige Architectur stehen in grellem Gegensatz zur Majestät des antiken Grabmals aus gelben Travertinquadern, über dessen Gesims jene Tuffsteine aufgemauert sind, um das Mausoleum in einen Turm mit Zinnen zu verwandeln. Das Innere des Grabmals war übrigens nicht beschädigt worden; denn der Sarkophag der Cäcilia Metella blieb darin unversehrt, während hundert Belagerungsstürme über ihm fortrasten, und es war erst Paul III., der diese Urne von dort in den Palast Farnese bringen ließ, wo sie noch steht.

Welche Verheerungen sonst die Erbauer jener gaetanischen Burg am Circus des Maxentius, wie an den Monumenten der Via Appia anrichteten, um sich des Materials zu bedienen, mag man sich leicht vorstellen. Die alte, schon seit Jahrhunderten geplünderte Gräberstraße wird damals eine der ärgsten Verwüstungen erlitten haben.² In antiken

---

¹ Ferret. Vicent. Mur. IX. 1107 sagt: Capitis Bovis moenia, quod oppidum Bonifacius VIII. construi fecerat.
² Auch die sogenannten Ruinen Roma Vecchia auf der Via Appia

Gräbern auf der Campagna wohnten Hirten und Colonen, und auf dem ganzen Ager Romanus, dem Weichbilde der Stadt, erhoben sich zahllose Türme, teils aus alten Grabmonumenten, Tempeln und Resten von Villen, teils neu und zum Schutze der sparsamen Landwirtschaft aufgebaut. Noch heute gibt es im Bezirk von Rom viele Tenuten oder Güter, welche von mittelaltrigen Türmen ihre Namen tragen.¹

Umringt und bedroht von den Burgen des Adels stand auf dem Capitol das Senatshaus, der Sitz der Republik. *Das Capitol.* Die Senatoren wohnten hier, obwol in der Mitte des XIII. Jahrhunderts der Klosterpalast der Viergekrönten bisweilen als ihr Aufenthalt bemerkt wird. Aber wenn Carl von Anjou und der Infant von Castilien dort ihre Residenz nahmen, so wohnten doch ihre Prosenatoren auf dem Capitol, und dasselbe gilt von den andern, nicht fürstlichen Senatoren. Keine Ueberreste geben uns heute ein Bild von der mittelaltrigen Befestigung über der Rupe Tarpea, und die Gestalt des Senatspalasts selbst im XIII. Jahrhundert ist unbekannt. Wir haben keine früheren Nachrichten von seinem Ausbau bis auf das Jahr 1390, wo Bonifacius IX. das alte Ge-

zeigen mittelaltrige Befestigung, und waren wol von den Gaetani oder Savelli benutzt, welche letztere sich nach dem Tode Bonif. VIII. in Besitz von Capo di Bove setzten. Im Archiv Gaetani fand ich keine Urkunden über den Bau der Festung; da sie aber zur Zeit Heinrich's VII. den Savelli gehörte, und bald darauf an die Colonna kam, so kann ihre gaetanische Gründung nur der Epoche von Bonif. VIII. angehören.

¹ Torraccio, Torricola, Torricella, Tor Bella Monaca, Tor de' Cenci, Tor de' Sordi, Tor del Vescovo, Torrimpietra, Tor Marancia, Torpagnotta, Tor Pignatarra, Torre Rossa; Tor Tre Teste, Tor vergata. Nicolai Memorie — sulle Campagne e sull' annona di Roma. Rom 1803.

bäude auf den Resten des Tabellarium erneuerte. Obwol italienische Städte schon mit dem Anfange des XIII. Jahrhunderts ihre Communalpaläste anzulegen begannen, so fällt doch der Bau der berühmtesten Stadthäuser erst in das Ende des XIII. und in den Anfang des XIV. Jahrhunderts.[1] Im römischen Stadtplan aus dem XIV. Säculum erscheint das palatium Senatorum als ein Viereck mit crenelirtem Aufsatz und einem Flankenturm von der Bauart und Lage, wie der heutige Eckturm, welcher sicherlich sehr alt ist.[2] Die Thatsache, daß feierliche Staatsacte zur Zeit Carls von Anjou im Kloster von Araceli vollzogen wurden, zeigt, daß damals das Senatshaus nicht Raum genug darbot; während jener Klosterpalast von großem Umfange und festester Lage war, und auch dem städtischen Richtercollegium zur Wohnung diente. Er war das alte Palatium Octaviani, seit dem Jahr 1250 Sitz des Franciscanergenerals, und noch heute ist er über den steilen Tuffwänden des Capitols eins der mächtigsten Bauwerke des römischen Mittelalters. Das Senatshaus konnte indeß auch in seinem späteren Umbau, wozu man das Capitol barbarisch genug plündern mochte, kein zeitgemäßes Gepräge haben, weil ihm ein antikes Monument zum Grunde lag. Die Republiken Umbriens und Toscana's, wie Perugia, Siena und Florenz, errichteten großartige Residenzen für den Podestà und den Volkscapitän; ihre noch dauernden Stadtpaläste, in deren Archi-

Der Senatspalast.

---

[1] Erste Erwähnung eines solchen Bau's in Padua A. 1218. Eo tempore incoeptum fuit Palatium magnum communis Paduae. (Mur. Ant. IV. Chron. Patavinum.)

[2] Papencordt (p. 335) behauptet, daß Gentile Orsini um 1300 den Senatspalast ausbaute, was unerwiesen ist.

tectur die romanische Gothik zu ihrer schönsten Erscheinung kam, gehören unter die prächtigsten Denkmäler des Mittelalters, und sprechen für die Macht und den Wolstand der freien Städte. Rom konnte nicht mit ihnen wetteifern. Selbst manche Adelsburgen der Stadt waren großartiger als das Gemeindehaus mit seinen seltsamen Trofäen von Ketten, Torflügeln und Glocken kleiner eroberter Orte, oder mit dem Rest des mailänder Fahnenwagens. Der römische Senatspalast erhob sich als ein wunderliches halb antikes, halb mittelaltriges Wesen auf dem trümmervollen Hügel, und sein stolzester Schmuck war, daß er auf Monumenten der alten Römer stand, umgeben von den Ruinen der Herrlichkeit des einst weltbeherrschenden Capitols.

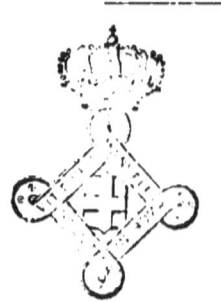

www.ingramcontent.com/pod-product-compliance
Lightning Source LLC
Chambersburg PA
CBHW021220300426
44111CB00007B/368